# 中国中央电视台年鉴

2005

主　编　赵化勇

副主编　程　宏
苏　峰
唐世鼎

中国广播电视出版社
CHINA RADIO & TELEVISION PUBLISHING HOUSE

# 编辑说明

一、《中国中央电视台年鉴》以翔实的图文资料，记录中央电视台在宣传报道、技术装备、党政工作、事业建设、产业经营等各个方面的基本情况，反映电视事业的发展变化，是一本实用性较强的工具书。

二、本年鉴1994年创刊，每年编印一卷。主体是记录和反映中央电视台上一年度的宣传情况和各项成果。2005年刊为第十二卷。

三、本卷设：图片纪事、特载、概况、专辑、机构、频道·栏目·节目、央视国际网络、获奖·表彰、观众调查、规章制度选载、文论辑览、央视研发、电视书报刊及音像出版物、新技术设备、产业经营、同港、澳及台湾交流与合作、对外交流与合作、人物、统计、大事记、附录及索引等22个栏目。

四、随着中央电视台深化改革，不断创新，《中国中央电视台年鉴》的内容更为丰富，形式更加新颖。本卷突出反映了2004年中央电视台以邓小平理论、“三个代表”重要思想统领新闻宣传工作，认真贯彻党的十六大精神，坚持“三贴近”原则，坚持正确导向，实现了宣传创新、事业发展、技术领先、经营扩大、管理改进的新突破，真实全面地记录了中央电视台在改革前进中取得的新成果和新经验。本卷在编排方面求新求实，尽量减少资料性不强的材料，增加有创意、有价值的新条目，同时对照片和图表的编排也作了较大的改进与扩充。

五、《中国中央电视台年鉴》编辑工作得到了全台各级领导和各中心特约编辑、资料员以及出版单位的大力支持。在此，一并表示感谢。

## 中国中央电视台年鉴（2005）

# 编 辑 委 员 会



## 中国中央电视台年鉴（2005）

# 编 辑 部

**图书在版编目（CIP）数据**

中国中央电视台年鉴·2005/赵化勇主编；《中国中央电视台年鉴》编辑部编．—北京：中国广播电视出版社，2005.8

ISBN 7-5043-4727-2

Ⅰ.中... Ⅱ.①赵...②中... Ⅲ.中央电视台—2005—年鉴 Ⅳ.G229.24-54

中国版本图书馆CIP数据核字（2005）第089783号

CCTV

## 中国中央电视台年鉴（2005）

主　　编　赵化勇
编　　者　《中国中央电视台年鉴》编辑部
责任编辑　沈楚瑾
装帧设计　雅　启　大盟文化
出版发行　中国广播电视出版社
社　　址　北京市西城区真武庙二条9号（邮政编码：100045）
经　　销　全国各地新华书店
印　　刷　深圳市鹰达印刷包装有限公司
开　　本　787毫米×1092毫米　1/16
字　　数　945（千）字
印　　张　29.75
插　　页　96面
版　　次　2005年9月第1版　2005年9月第1次印刷
书　　号　ISBN 7-5043-4727-2/G·1803
定　　价　180.00元

2005年新年前夕，国家主席胡锦涛通过中央电视台、中央人民广播电台、中国国际广播电台，发表了题为《共同创造人类美好未来》的新年贺词。

2004年12月28日，中共中央总书记、国家主席胡锦涛在中南海录制2005年新年讲话后，与中央电视台、中央人民广播电台、中国国际广播电台领导等合影。

2004年4月，全国人大常委会委员长吴邦国在四川考察时与中央电视台记者合影。

2004年春节期间，温家宝总理到河南新乡慰问。温总理与七里营刘庄村村民亲切交谈。中央电视台记者拍下这感人的一幕。

2004年1月16日下午，中央电视台2004年春节联欢晚会剧组到国务院办公厅进行慰问演出。中共中央政治局常委、国务院总理温家宝，副总理黄菊等中央领导同志，与国务院办公厅机关的600多名干部职工兴致盎然地观看了演出。

2004年3月1日，中共中央政治局常委、全国政协主席贾庆林在人民大会堂现场视察和了解“两会”电视转播的准备情况。

2004 年 6 月，中共中央政治局常委、国家副主席曾庆红出访突尼斯，中央电视台记者随行报道。

2004年7月8日，中共中央政治局常委、中央纪委书记吴官正同志（前左二）参加在中央电视台举行的全国党内法规知识竞赛决赛颁奖晚会。

2004年8月26日，中共中央政治局常委、中央宣传思想工作领导小组组长李长春，中共中央政治局委员、书记处书记、中宣部部长刘云山，国务委员陈至立视察了第十三届北京国际广播影视设备展（BIRTV）中央电视台展区和中数传媒展区。

2004年10月，中共中央政治局常委罗干出访芬兰，在芬兰首都赫尔辛基城市公园与中央电视台记者亲切交谈。

2004年9月22日，中共中央政治局常委、中央宣传思想工作领导小组组长李长春，中共中央政治局委员、北京市委书记刘淇，中共中央政治局委员、书记处书记、中宣部部长刘云山等领导同志为中央电视台新台址建设工程奠基。

中央电视台台长、副台长合影

赵化勇
台分党组书记
台长
总编辑

王庚年
台分党组副书记
副台长

张长明
台分党组副书记
副台长

罗　明
台分党组成员
副台长

胡　恩
台分党组成员
副台长

何宗就
台分党组成员
副台长

李晓明
台分党组成员
副台长

张海鸰
台分党组成员
纪检组组长

刘国良
台分党组成员
总会计师

李培森
台分党组成员
中国电视剧制作中心主任

李　建
台分党组成员
中国国际电视总公司总经理

王晞建
台分党组成员
北京科学教育电影制片厂
党委书记

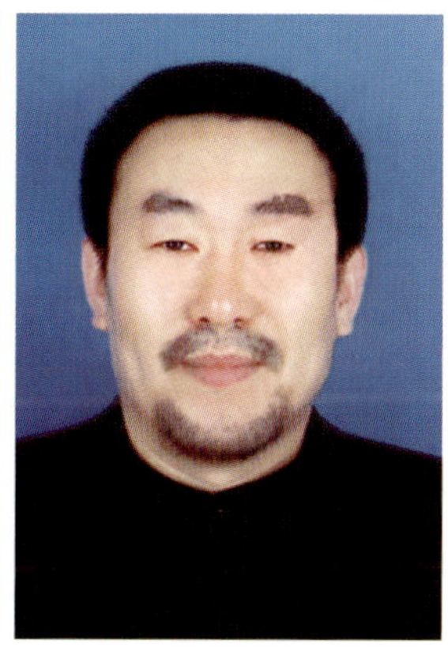

高　峰
台分党组成员
中央新闻纪录电影制片厂
党委书记、厂长

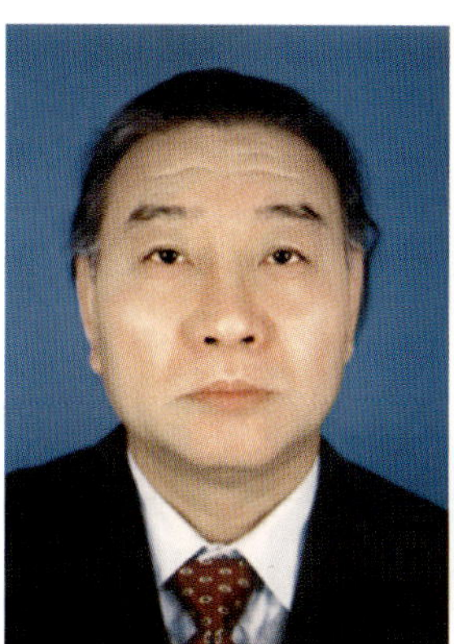

孙冰川
台分党组成员
副总编辑

孙玉胜
副总编辑
中央数字电视传媒有限公司
总经理

丁文华
总工程师

张华山
副总编辑

# 1 坚持正确舆论导向，圆满完成多项重大宣传报道

中央电视台认真宣传贯彻落实党的十六届三中、四中全会提出的科学发展观和加强党的执政能力建设等指导思想，切实改进新闻宣传，做好重大事件的报道。围绕隆重纪念邓小平诞辰100周年，圆满完成一系列重点报道和中央组织的重要纪念活动，并相继推出新闻、专题、文艺等系列节目和特别节目，精心制作和播出了《百年小平》、《小平您好》等一批优秀影视作品；雅典奥运会期间，连续19天在综合、经济、体育频道和两个付费频道进行奥运赛事转播和新闻专题报道，全面展示了我国奥运健儿的风采，极大地振奋和弘扬了民族精神；围绕庆祝新中国成立55周年，相继推出《精彩中国》、《经典中国·辉煌的55年》等特别节目、系列报道和文艺节目，将国庆宣传推向高潮；澳门回归五周年庆祝活动报道全面、及时，充分展示了澳门回归五年来取得的成就和变化。

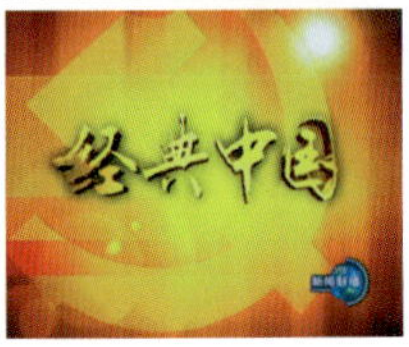

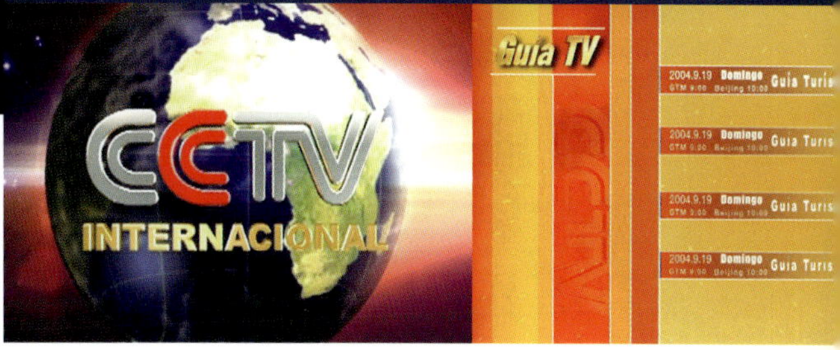


## 2 推进频道专业化改革，开办音乐频道、西法语频道和社会与法频道

坚持“三贴近”的原则，深化频道改革，突出频道专业化特色。9月1日和10月8日，综合频道、综艺频道全面改版，强化了综合频道在全台各频道的龙头地位。经济频道、中文国际频道、体育频道、英文国际频道、科教频道、戏曲频道也都进行了改版，全台节目整体竞争力、影响力明显提升，年平均收视份额达29.745%，较去年提升了1.5个百分点。音乐频道3月29日正式开播，以播出中外古典音乐和世界各民族音乐为主要内容，引导和提高国民音乐素质和欣赏水平。西法语频道10月1日正式开播，是继中文国际频道、英文国际频道之后，中央电视台开办的又一个国际频道，形成了多语种对外宣传格局。12月28日，西部频道置换为社会与法频道，大力宣传“依法治国”、“以德治国”的重要方略，传播法治精神，普及法律知识，增强公民的法治意识。

## 3 中国卫星电视长城平台在美国开播，扩大电视外宣影响力

10月1日，由中央电视台牵头与地方台、境外中文媒体联合推出“中国卫星电视长城平台”，传送包括中央电视台6个频道、7个省级地方频道，以及境外中文媒体共17套节目。这不仅标志着中国电视对外宣传跃上了一个新台阶，而且也标志着中央电视台外宣工作在理念和运作方式上发生了重大变化。

# 4 中央电视台新台址建设工程奠基开工

中央电视台新台址建设工程于2004年9月1日经国务院第62次常务会议核准。9月20日，国家发展和改革委员会签发了关于建设项目的批复意见。9月22日，中央电视台新台址建设工程顺利奠基，中央领导同志参加了奠基仪式。10月25日正式破土动工。截至年底，土方工程施工过半，其他建设项目陆续启动。

# 5 整合全台经营资源，开拓新兴电视业务

为进一步加强全台经营工作的领导和管理，加快电视产业的发展，7月1日，中央电视台成立经营管理委员会，7月22日召开中央电视台首届经营工作会议。会议确定新的经营发展战略，努力拓展新的经营业务。中央电视台付费电视自8月9日正式播出，年底前已开办10个数字付费频道。“央视网络电视”于5月31日正式开播，至2004年底已有28个频道在北京、上海、江苏先后落地。

## 6 全年总收入突破110亿元，取得历史性突破

全台事业年收入约87亿元，企业收入约25亿元。广告净收入80亿元，广告收入实现了自2001年5月以来逐月连续增长。同时，2005年黄金段位广告招标取得新的突破，招标额达52.48亿元。在巩固传统业务、稳健经营的基础上，中国国际电视总公司积极拓展，全年营业额达23.6亿元。中央卫星电视传播中心完成上缴4.5亿元。

# 7 创新制度建设，深化人事改革，促进科学管理

坚持“与改革相结合、与发展相结合、与现实相结合”的原则，组织修订《中央电视台管理规章制度总则》，第一次建立了中央电视台管理运行体系的系统框架，首次纳入办台理念、立台精神、发展目标、组织结构等内容，并先后制定出台了关于加强信息工作、督查督办、形象标识、名片管理、事业发展数据统计、人员管理、财务报销、技术设备维护和委托维护、运行项目管理等规章制度，促进全台科学管理。同时，编外人员公司化管理改革基本完成，全台编外人员纳入规范化管理，四千余人转入劳务派遣公司。制片人竞争上岗试点也在全台加快推广。

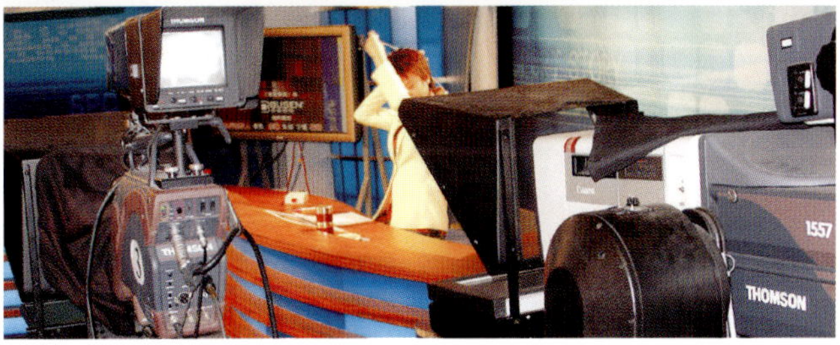


# 8 加快新技术开发应用，提高设备利用率，安全播出再创佳绩

积极推进技术创新。开发基于专业光盘存储技术的体育节目综合业务系统，奥运会远程节目网络制作系统发挥作用。加快开发基于半导体存储技术的经济频道节目制作与管理系统；全力推进新闻共享系统的应用，实现了地方台新闻、国际新闻共享收录、编辑制作和播出；音像资料馆工艺系统初步投入运行；调整演播室和设备使用时间，利用率明显提高。安全播出再创佳绩，2004年共播出119652小时，总事故率2.52秒／百小时，比2003年减少了1.34秒／百小时，是1995年以来10年间的最好成绩。

# 9 加强媒体资产管理，清理积压磁带工作成效突出

为充分开发利用电视节目、素材资源，从7月1日起，全面启动清理积压磁带工作，对查明散落在栏目和个人手中的438000盘磁带进行统一回收，进一步加强媒体资产的科学规范管理。截至12月31日，全台收回各种素材、播出磁带41万盘，还带率达95%。

# 10 党建工作取得新成绩，抓好廉政建设和队伍教育

12月，中央电视台第七次党代会召开，并顺利完成机关党委、机关纪委、工会联合会、团委换届选举。全年广泛深入开展“三项学习教育活动”，完善党风廉政建设责任制、问责制、追究制等各项制度，加强正反两方面典型教育，举办专题报告会、全员培训班，建成台史馆并开展多种主题活动，推出《感动CCTV》先进事迹报告会，产生良好效果。

CHINA CENTRAL TELEVISION YEARBOOK

# 1. 纪念邓小平同志诞辰100周年报道

“纪念邓小平同志诞辰100周年”大型文艺晚会——《小平你好》演出现场。

邓小平同志诞辰100周年纪念大会。

中央电视台摄制的大型文献纪录影片《小平您好》开播式暨新闻发布会。

2004年6月18日，中共中央政治局委员、书记处书记、中宣部部长刘云山在中宣部，接受了中央电视台大型文献纪录片《百年小平》摄制组的专访。

2004年7月27日，中共中央政治局委员、书记处书记、中组部部长贺国强，在中组部接受中央电视台大型文献纪录片《百年小平》摄制组的专访。

2004年6月6日，中央电视台记者在邓家采访邓小平的子女。

# 2.雅典奥运会报道

国际奥委会主席罗格会见中央电视台台长赵化勇。

2004年8月12日，赵化勇台长、张长明副台长、宋宜纯副总工程师视察中央电视台雅典奥运报道中心。

雅典奥运火炬传递队伍和电视直播移动车通过长安街时的情景。

记者在采访刘翔。

中央电视台前方报道团8位主持人。

中央电视台记者在射击现场采访雅典残奥会的获奖运动员。

# 3．庆祝中华人民共和国成立55周年报道

庆祝中华人民共和国成立55周年大型文艺晚会《五星红旗迎风飘扬》于2004年9月30日在人民大会堂演出。

庆祝活动之一——大型电视歌会。

庆祝活动之一——《江山如此多娇》大型音乐会。

# 4. 澳门回归五周年报道

2004年12月21日，澳门回归五周年，记者在拍摄胡锦涛主席将要检阅的驻澳部队。

中央电视台在澳门外景地搭建的演播室。

2005年12月8日，中央电视台主持人徐俐在澳门采访澳门立法会主席曹其真。

澳门中联办宣传文化部孔繁壮部长视察央视国际频道设在澳门的演播室。

中央电视台记者在澳门街头直播《行走澳门》。

2004年12月13日，央视转播车进入澳门，准备进行直播特别报道《澳门回归五周年》。

CHINA CENTRAL TELEVISION YEARBOOK

# 5.中央电视台少儿频道从2004年六一起，推出以“五个一百”节目、“十大活动”为主要内容的“5·10工程”

于蓝、田华、柳斌等同志参加少儿频道咨询委员会座谈会。

胡恩副台长在六一“5·10工程”新闻通气会上讲话。

## 公德行动

孩子们踊跃提问。

《公德大辩论》现场。

## 关爱行动

邓亚萍、李玲蔚共同启动多米诺骨牌。

《爱心献孤儿》晚会。

《童言无忌》节目。

## 快乐行动

《智慧树》特别节目：超级演演演。

《快乐行动》串联现场。

六一儿童相声擂台赛。

杨利伟给少先队员们讲解航天知识。

《动画歌会》

“欢乐快车”行动在江苏镇江举行。

主题歌舞《和祖国在一起》。

CHINA CENTRAL TELEVISION YEARBOOK

# 6. 2004年居报道收视前列的部分重大新闻事件

火星探测器发射(2004.1.4)

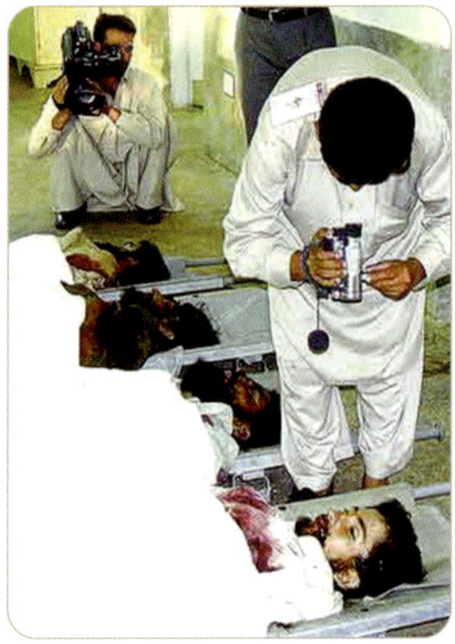

中国人质脱险内幕(2004.4.14)

新闻调查：西安宝马彩票风波(2004.4.19 2004.12.3)

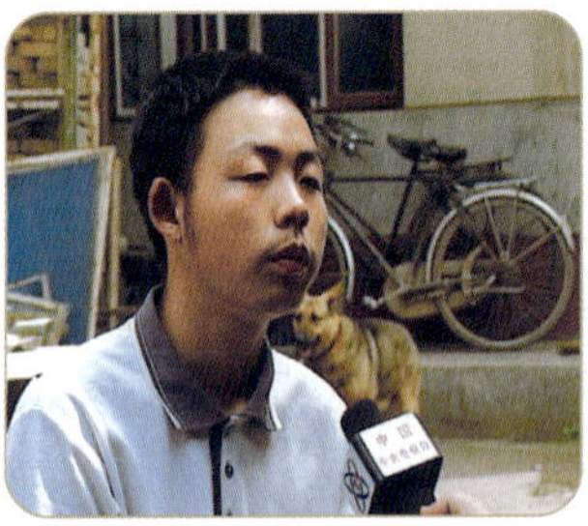

金星凌日现象(2004.6.8)

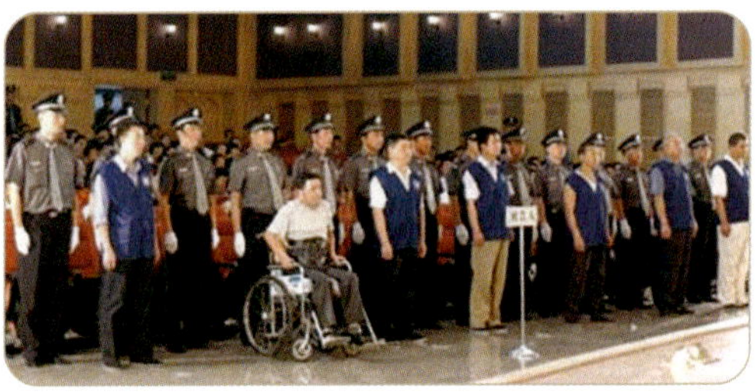

吉林中百商厦火灾案(2004.7.10)

纪念全国人民代表大会成立 50 周年大会(2004.9.15)

中国人民政治协商会议成立55周年大会(2004.9.21)

孔子诞辰 2555 年祭祀大典(2004.9.28)

美国大选结果即将揭晓(2004.11.2)

第五届中国国际航展飞行表演(2004.11.1)

印度洋大海啸(2004.12.28)

# 7．中央电视台2004年度优秀栏目

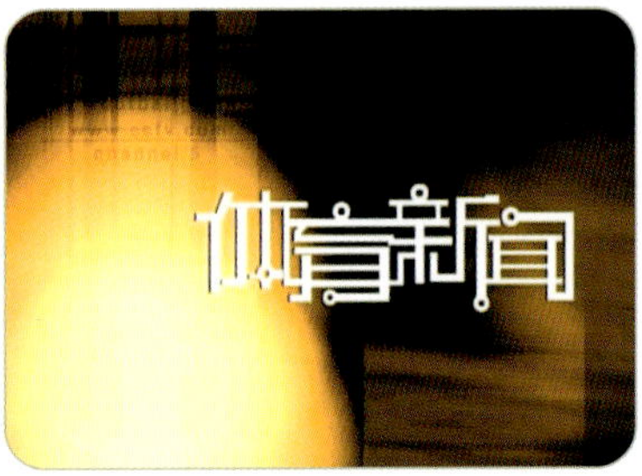

# 8. 新技术新业务新发展

丁文华总工程师向赵化勇台长介绍系统情况。

运到奥运雅典前方的系统核心：收录存储与传输编码设备。

由频道集成、技术平台、节目业务营销三位一体构成的中央数字电视节目平台正在运行工作。

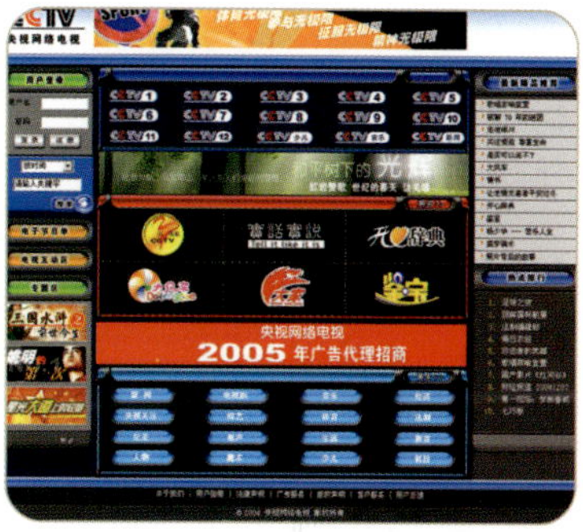

2004年5月31日，央视网络电视正式在北京地区开播，8月8日在上海电信网内落地，9月24日在江苏电信网内落地。

为庆祝中法两国建交40周年，2004年10月10日晚，中央电视台成功转播了“中法文化交流——法国文化年开幕式暨雅尔激光音乐会”。此次转播中央电视台首次采用高清晰数字信号及5.1环绕声。



CHINA CENTRAL TELEVISION YEARBOOK

# 9. 精神文明与文化建设成果丰硕

2004年2月，赵化勇台长带领台分党组成员到献血现场看望无偿献血的职工。

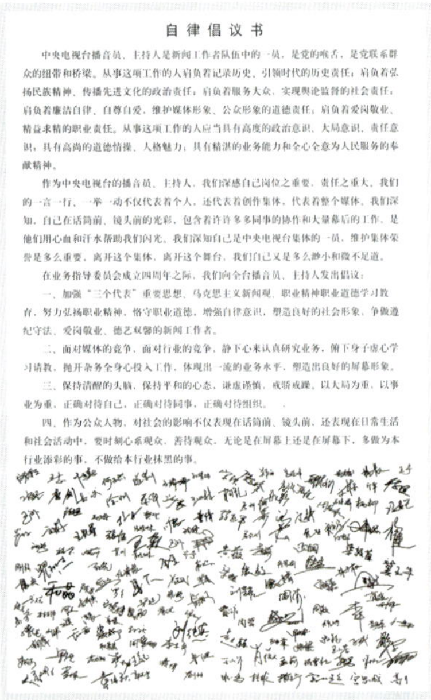

自律倡议书

中央电视台播音员、主持人是新闻工作者队伍中的一员，是党的喉舌，是党联系群众的纽带和桥梁。从事这项工作的人肩负着记录历史、引领时代的历史责任；肩负着弘扬民族精神、传播先进文化的政治责任；肩负着服务大众、实现舆论监督的社会责任；肩负着廉洁自律、自尊自爱、维护媒体形象、公众形象的道德责任；肩负着爱岗敬业、精益求精的职业责任。从事这项工作的人应当具有高度的政治意识、大局意识、责任意识；具有高尚的道德情操、人格魅力；具有精湛的业务能力和全心全意为人民服务的奉献精神。

作为中央电视台的播音员、主持人，我们深感自己岗位之重要，责任之重大。我们的一言一行、一举一动不仅代表着个人，还代表着创作集体，代表着整个媒体。我们深知，自己在话筒前、镜头前的光彩，包含着许许多多同事的协作和大量幕后的工作，是他们用心血和汗水帮助我们闪光。我们深知自己是中央电视台集体的一员，维护集体荣誉是多么重要，离开这个集体，离开这个舞台，我们自己又是多么渺小和微不足道。

在业务指导委员会成立四周年之际，我们向全台播音员、主持人发出倡议：

一、加强“三个代表”重要思想、马克思主义新闻观、职业精神职业道德学习教育，努力弘扬职业精神，恪守职业道德，增强自律意识，塑造良好的社会形象，争做遵纪守法、爱岗敬业、德艺双馨的新闻工作者。

二、面对媒体的竞争，面对行业的竞争，静下心来认真研究业务，俯下身子虚心学习请教，抛开杂务全身心投入工作，体现出一流的业务水平，塑造出良好的屏幕形象。

三、保持清醒的头脑，保持平和的心态，谦虚谨慎，戒骄戒躁。以大局为重，以事业为重，正确对待自己，正确对待同事，正确对待组织。

四、作为公众人物，对社会的影响不仅表现在话筒前、镜头前，还表现在日常生活和社会活动中，要时刻心系观众，善待观众，无论是在屏幕上还是在屏幕下，多做为本行业添彩的事，不做给本行业抹黑的事。

作为社会公众人物，要把德艺双馨作为高尚及现实的追求与目标。2004年8月，中央电视台播音员、主持人业务指导委员会向全体播音员、主持人发出自律倡议，得到全台播音、主持工作者的积极响应。

新建中央电视台台史馆。

中央电视台“双周论坛”，每次请一位知名专家、学者开讲座。

2004 年春季，中央电视台精神文明办组织全台职工义务植树。

2004 年 9 月 26 日，中央电视台优秀青年社会实践考察团抵达辽宁省鞍山市，进行了为期 5 天的社会实践活动。

中央电视台合唱团在广电总局举办的“祖国在我心中”合唱节比赛中荣获第二名。

新年之际，中央电视台团委组织台内优秀青年职工举办集体婚礼。

CHINA CENTRAL TELEVISION YEARBOOK

# 10. 收视统计

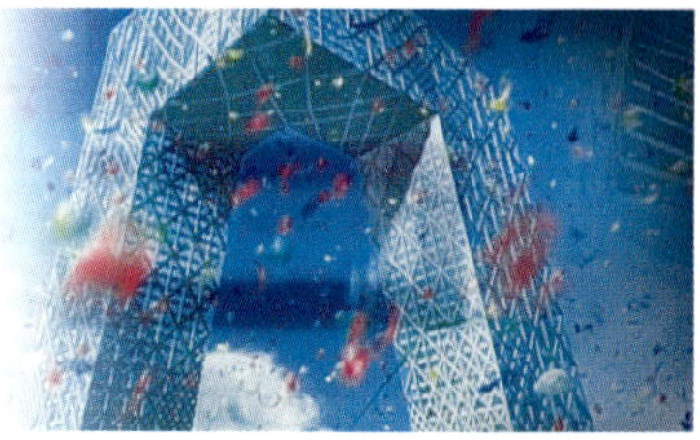

## 2004年中央电视台栏目观众满意度排行前十位

| 栏目名称 | 栏目年度满意度 | 全年栏目样本量 |
|---|---|---|
| 今日说法 | 91.00 | 3247 |
| 焦点访谈 | 90.96 | 4786 |
| 新闻联播 | 90.61 | 5275 |
| 开心辞典 | 89.73 | 2675 |
| 同一首歌 | 89.65 | 3485 |
| 新闻调查 | 89.49 | 2436 |
| 非常6+1 | 89.48 | 1697 |
| 实话实说 | 89.17 | 3532 |
| 幸运52 | 88.79 | 2687 |
| 动物世界 | 88.68 | 2447 |

## 2004年全国上星频道观众满意度前十位

| 排名 | 频道 | 观众满意度 |
|---|---|---|
| 1 | CCTV-1 | 90.48 |
| 2 | CCTV-新闻 | 90.15 |
| 3 | CCTV-3 | 89.30 |
| 4 | CCTV-4 | 88.81 |
| 5 | CCTV-5 | 88.61 |
| 6 | CCTV-2 | 88.06 |
| 7 | CCTV-7 | 87.82 |
| 8 | CCTV-8 | 87.66 |
| 9 | 湖南卫视 | 87.64 |
| 10 | CCTV-音乐 | 87.51 |

## 2004年中央电视台节目最高收视率排行前十位

| 排名 | 日期 | 名称 | 收视率% |
|---|---|---|---|
| 1 | 2004-1-21 | 直播2004年春节联欢晚会 | 28.44 |
| 2 | 2004-1-21 | 新闻联播 | 16.15 |
| 3 | 2004-1-21 | 直播一年又一年—— 年夜饭（下） | 12.15 |
| 4 | 2004-2-5 | 特别节目2004年元宵晚会 | 11.60 |
| 5 | 2004-5-14 | 电视剧《大姐》(18) | 10.59 |
| 6 | 2004-8-22 | 冠军荣耀 | 8.97 |
| 7 | 2004-8-24 | 第28届奥运会女子排球中国-日本 | 8.62 |
| 8 | 2004-8-22 | 第28届奥运会乒乓女子单打决赛 | 8.52 |
| 9 | 2004-9-11 | 电视剧《成吉思汗》(24) | 8.07 |
| 10 | 2004-8-23 | 第28届奥运会乒乓男单决赛 | 7.71 |

台办公室主任唐世鼎在2004年中央电视台信息工作会议上讲话。

国家社科基金重点项目《中国特色的电视产业运营模式研究》课题获准立项。

中央电视台办公室2004年度工作总结表彰会。

行政处工作人员在中国国际广播影视博览会上提供礼仪服务。

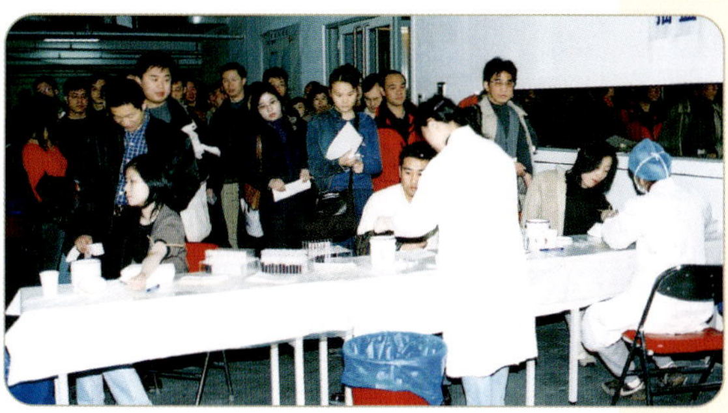

医疗保健科组织全台职工进行体检。

房管处工作人员在讨论全台房屋管理计划。

CHINA CENTRAL TELEVISION YEARBOOK

2004年5月8日至9日，中央电视台与德国贝塔斯曼集团旗下的RTL集团合作举办了“CCTV—RTL频道制管理及优秀新闻节目观摩研讨会”。总编室主任程宏在主持会议。

总编室领导到节目资料管理处清理积压磁带现场检查工作。

总编室副主任倪代光（右一）和节目资料管理处工作人员与美国CNN音像资料专家国新英女士交流经验。

音像资料馆领导参加国际电视档案联盟第27届年会并与联盟主席奥格先生等交流经验。

节目版权管理处工作人员在讨论中央电视台节目版权管理的相关问题。

“抓住未来的营销之道”——CCTV.com网络营销研讨会剪彩仪式。

人事办公室主任杨晓民（左）与北京中视汇才文化发展有限公司签订人事代理协议。

人事办公室召开 2004 年工作总结会。

人事办与总编室联合举行了研究处科组长竞聘上岗公开会。

人事办与海外节目中心联合举行了《走遍中国》栏目制片人竞聘上岗公开会。

培训职称处工作人员在中央电视台“双周论坛”现场。

离退休人员管理处工作人员参加人事办公室知识竞赛后留影。

财经办公室召开2004年工作总结会。中间为中央电视台总会计师刘国良，右二为财经办公室主任许二春。

2004年2月2日，新建成的近300平方米的财务核算大厅正式投入使用。

基建处召开2004年年终工作总结会。

财产物资处工作人员在搬运新购进的设备物资。

中国广播电视音像资料馆工程获中国建筑工程鲁班奖。

中央电视台荣获广电总局 2003 年度精神文明标兵单位称号，机关党委专职副书记郭秀英上台领奖。

2004 年 12 月 8 日至 9 日，中国共产党中央电视台第七次代表大会隆重召开。

中国共产党中央电视台第七次代表大会代表投票，选举产生第七届机关党委委员 27 人，第六届机关纪委委员 13 人。

2004 年 12 月，中央电视台召开中国共产主义青年团第十次代表大会。

中央电视台第十次团代会与会代表进行新一届团委委员选举投票。

首都精神文明办主任张慧光、中直文明办主任伍绍祖、广电总局领导和台领导在中央电视台精神文明宣传展板前合影。

2004年12月3日，中央电视台工会联合会组织召开了第二届会员代表大会。

中央电视台推出《感动CCTV》先进事迹报告会。

中央电视台第五届职工田径运动会开幕式。

精神文明协调办举办人口与计划生育宣传员培训班。

中央电视台机关党委、团委与《瞬间世界》栏目共同举办中央电视台“红五月”青春风采摄影大赛。

新闻节目中心主任李挺在2004年中心年会上讲话。

新闻节目中心副主任张宁获得韬奋新闻奖。

国庆55周年特别节目——《精彩中国》演播室录制现场。

新闻节目中心记者在2004年“两会”记者招待会现场进行直播报道。

2004年国庆节期间，时政新闻部工作人员在编辑机房紧张工作。

2004年6月，《新闻联播》推出大型系列报道——《经典中国》。



CHINA CENTRAL TELEVISION YEARBOOK

2004年10月，法国总统希拉克对我国进行正式友好访问，中央电视台记者对希拉克总统进行了专访。图为希拉克总统与采访组成员合影。

为了宣传中央“一号文件”中关于国家惠农政策实施中“以人为本，实现可持续发展”的要求，中央电视台记者在宁夏农村采访。

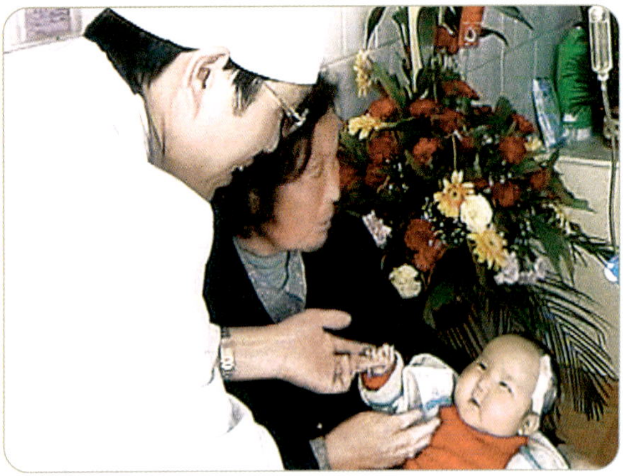

安徽阜阳劣质奶粉致死多名婴儿的恶性事件发生后，中央电视台新闻及专题节目对这一事件的调查处理进行了全程关注。

新闻采访部记者在抗击禽流感一线进行报道。

印度洋海啸灾难发生后，新闻节目中心迅速派出多路记者前往受灾国采访。图为记者在印度尼西亚重灾区现场。

中央电视台记者赴南极采访“中国第21次南极科考”。

2004年，中央电视台新闻节目中心军事节目部全面贯彻执行党中央和中央军委的方针政策，结合军队的实际，组织报道、积极宣传全军官兵在推进中国特色社会主义的军事变革，完成机械化和信息化建设的双重历史任务，实现我军现代化建设跨越式发展中出现的新举措、新经验、新成就，创作出了大量贴近实际、贴近生活、贴近群众的优秀电视军事作品。

军事节目部主任赵元贵（左一）向总政治部领导汇报军事宣传情况。

特别节目《老兵你好》摄制组在三军仪仗队进行采访。

《央视防务周刊》栏目制作现场。

军事记者在部队进行采访拍摄。

《军事天地》栏目演播现场。

《军事天地》记者在第五届珠海国际航空博览会现场进行报道。

海外节目中心主任盛亦来(左一)和颁奖嘉宾为获得2004年CCTV杯全国大学生英语演讲大赛一等奖的选手颁奖。

2004年CCTV杯全国大学生英语演讲大赛现场。

《再说长江》摄制组赴青海长江源头进行拍摄。

《中华医药》栏目记者在浙江绍兴采访国学大师文怀沙。

海外新闻部记者在澳门外景地进行澳门回归五周年报道。

《沿着青藏铁路》报道组在青藏铁路施工现场进行拍摄。

中央电视台桑晨和台湾中天电视台谢振武共同主持《第三届海峡两岸知识大赛》节目。

获得《第三届海峡两岸知识大赛》二等奖的台湾大学代表队。

国家一级文物“龙耳虎足方壶”。

《国宝档案》栏目主创人员和专家在策划节目选题拍摄方案。

《互动星期天》导演组在特别节目现场讨论拍摄方案。

《华夏掠影》栏目组工作人员。

社教节目中心主任袁正明在中央电视台2004年年中工作会议小组会上发言。

社会与法频道开播宣传海报。

《大家看法》栏目主持人与编导讨论现场录制方案。

社会与法频道记者在特别节目——《平安2005》呼和浩特市网络化110采访现场。

《董必武》摄制组在江西瑞金董必武同志办公室旧址进行拍摄。

教师节大型特别节目——《奠基中国》晚会录制现场。

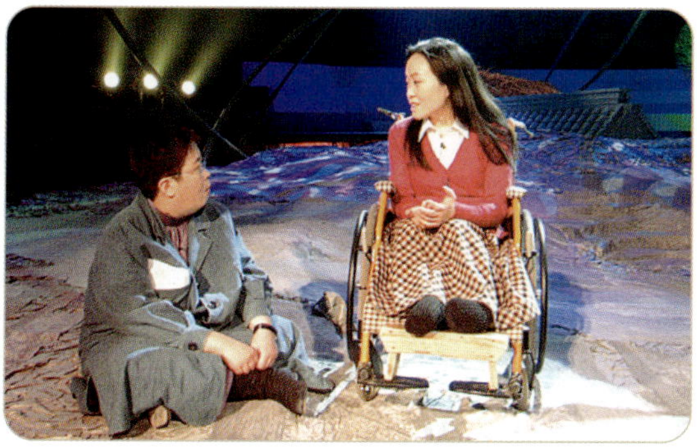

《半边天》栏目“三八”特别节目——《女人》录制现场。

世界预防艾滋病宣传日主题晚会《我们携手同行》节目现场。

《DV2004——我们的影像故事》作品征集与评选活动获奖嘉宾与全体工作人员合影。

CHINA CENTRAL TELEVISION YEARBOOK

文艺节目中心主任朱彤在第五届 CCTV 小品大赛直播现场。

中央电视台第七届“金玛格杯”音乐电视大赛颁奖晚会上，主持人采访获奖歌手。

《让我们喝彩》——中央电视台音乐频道开播庆典音乐会。

《星光大道》栏目录制现场。

《真情无限》栏目录制现场。

国际部党支部组织工作人员参观中国人民抗日战争纪念馆。

首届“中国—东盟博览会暨南宁国际民间艺术节”开幕式《大地飞歌·2004和平歌圩》晚会现场。

《曲苑杂坛》栏目主持人汪文华在编辑机房。

《正大综艺》栏目在埃塞俄比亚拍摄专辑。

中央电视台摄制组在世界文化自然遗产——奥地利哈尔施塔特山拍摄外景。

《正大综艺》栏目主持人王雪纯采访苏格兰首席行政长官杰克·迈克康尼尔并合影。

广告经济信息中心主任梁晓涛（左）、副主任韩建群（右）在工作中。

※ · ※ · ※ · ※ · ※ · ※ · ※ · ※ · ※ · ※ · ※ · ※ · ※ · ※ · ※

共同走过——《证券法》实施五周年特别节目录制现场。

中央电视台 2005 广告招标现场。

经济频道特别节目《梦想中国》直播现场。

2004CCTV 中国经济年度人物颁奖典礼直播现场。

全国政协副主席王选（左）在“2004CCTV 中国最具经济活力城市颁奖典礼”上为杭州市颁奖。

《非常 6+1》主持人李咏在录制现场。

《超市大赢家》节目录制现场。

《中国财经报道》特别节目《记者见证 2004》录制现场。

《欢乐英雄·帕拉丁汽车训练营》拍摄现场。

体育节目中心主任马国力参加雅典奥运会火炬传递。

中央电视台记者在雅典奥运会现场单边注入点进行采访。

中央电视台记者在雅典演播室采访刚刚获得69公斤级举重冠军的刘春红。

雅典奥运会现代五项颁奖转播现场。

《雅典猜想》主持人在节目现场。

承担雅典奥运会乒乓球项目公用信号制作的中央电视台制作组全体工作人员。

欧洲杯足球锦标赛大型专题节目《豪门盛宴》直播现场。

2004 年亚洲杯足球赛转播工作人员在讨论现场转播方案。

黄健翔在欧洲杯足球锦标赛葡萄牙转播工作现场。

中央电视台前方记者在雅典采访参加残奥会火炬传递的我国运动员。

NBA 季后赛转播演播室现场。

《全明星猜想》节目录制现场。

CHINA CENTRAL TELEVISION YEARBOOK

青少节目中心主任余培侠主持第五届国际少儿电视节目观摩研讨会。

“少儿频道走进贵阳”活动中，主持人刘纯燕和小朋友一起表演《汉堡包舞》。

少儿频道开播一周年庆祝活动开场仪式。

《感动未来》——少儿频道开播一周年联欢晚会现场。

《智慧树》栏目录制现场。

参加《第二起跑线》节目录制的同学在进行才艺表演。

鞠萍和白燕升共同主持《第二届少儿戏曲电视大赛》。

《名师名校》栏目主持人采访北京大学校长许智宏。

《异想天开》节目录制现场，参赛选手制作的“水火箭”顺利升空。

《第二届少儿戏曲电视大赛》参赛小选手在表演京剧《挡马》。

第六届全国儿童音乐电视大赛颁奖典礼表演现场。

《2004 全国大专辩论会》宣传板报。

技术管理办公室主任徐威在中央电视台 2004 年年中工作会议小组会上发言。

质量管理处高级工程师杨德新在狭窄的转播车内进行技术指标检测。

工程管理处组织专家进行调音台选型现场测试。

技术管理办公室举办“数字电视高新技术专题系列讲座”。

值班人员在改造后的空调冷站自控系统监控室。

副台长何宗就（左二）、技术制作中心主任李宏虹（右一）参观雅典奥运转播中使用的音频设备。

广电总局领导视察新建成的西法语频道播出机房。

技术制作中心工作人员在直播机房紧张工作。

2004 年专业电视设备展示暨技术交流会开幕式现场。

技术制作中心举办虚拟演播室节目制作推介会。

技术制作中心领导带队参加中央电视台第五届职工田径运动会。

CHINA CENTRAL TELEVISION YEARBOOK

播出传送中心主任黄平刚在编外人员公司化管理签约仪式上讲话。

中央电视台技术人员与香港TVB同行在雅典演播室合影。右一为播送中心副主任陈泽时。

承担雅典奥运会羽毛球项目公用信号制作的中央电视台制作组全体工作人员。

中央电视台技术人员在欧洲杯足球锦标赛球场评论席调试播音员评论声线路。

传送部工作人员在《敦煌再发现》直播的一个微波机位点进行设备调试。

播出部工作人员认真接待广电总局2004年度“科技创新奖”专家评审团。

中、法技术人员在高清晰度电视直播机房合作进行“中法文化年”开幕式直播。

中央电视台分党组成员、纪检组组长张海鸽在纪检监察会议上讲话。

中央电视台监察室主任黄瑞刚在总结2004年纪检监察工作。

《感动 CCTV》先进事迹报告会现场。

台审计人员在未来广告公司召开审前动员会。

台审计人员在中国国际电视总公司下属企业开展经济责任审计工作。右一为审计处处长续建勇。

中国电视报社社长吴继尧（右二）、副社长郭卫翔（右一）、赵成璧（右三）进行报纸印刷前审查。

报社表彰 2004 年广告额前十名的广告公司。

报社领导与 2004 年第三、第四季度优稿获奖记者合影。

《中国电视报》印装车间。

国际组工作人员在讨论选题计划。

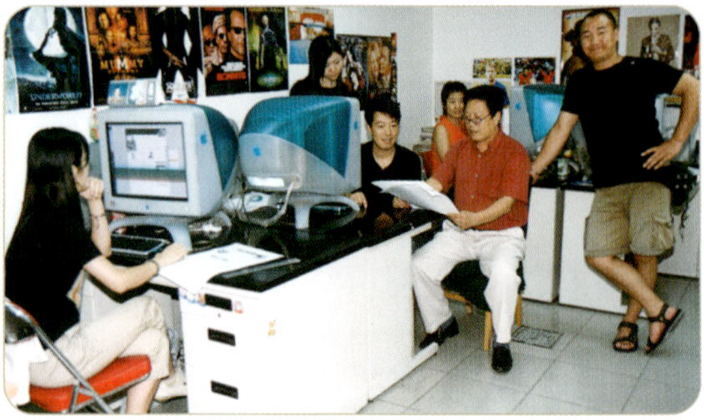

美术编辑在研究版面设计。

新台址建设工程办公室主任徐威（中）与工作人员在研究工作站方案设计。

新址办工作人员在香港 TVB 考察电视工艺设计。

新址办现场管理人员在施工现场研究工程技术问题。

技术部工作人员在研究新台址工艺技术。

技术部工作人员全力投入新台址工艺设计工作。

中国电视剧制作中心2004年工作总结表彰大会。图中右二为副台长胡恩，右三为剧中心主任李培森。

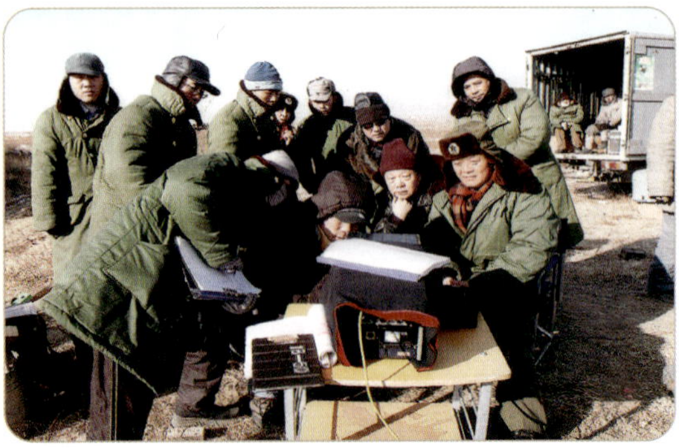

剧中心主任李培森到电视剧拍摄现场指导工作。

电视剧《叶挺》剧组工作人员与叶挺同志家属进行座谈。

电视剧《任长霞》导演工作现场。

电视剧《双筒望远镜》剧照。

剧中心工作人员为东南亚海啸受灾人民捐款。

台长赵化勇（右四）、副台长李晓明（左二）到新影厂视察工作。图中右三为新影厂厂长高峰。

新影厂厂长高峰（右二）到《名段欣赏》栏目组视察工作。

韩美林在《影像地带》栏目录制现场作画。

著名京剧表演艺术家谭元寿正在扎靠，准备录制《战太平》。

摄影师为节目拍摄剧照。

《天堑通途》摄制组采访人大常委会副委员长热地（中）。

科影厂党委书记王晞建(前排右三)、厂长薛继军(前排左三)与荣获第十届中国电视纪录片学术奖获奖人员合影。

第十届中国电影“华表奖”优秀科教片奖获奖者在颁奖现场合影。

《发现之旅》高校巡回展映月宣传海报。

第十届中国电影“华表奖”优秀科教片《咱也学学打官司》拍摄现场。

《史前部落的最后瞬间》获奖奖牌、奖杯。

动画片《黑客狙击手》剧照。

广电总局领导等步入第十届中国电影“华表奖”暨第七届夏衍电影文学奖颁奖典礼现场。

第四届电视电影“百合奖”颁奖典礼现场。

电影卫星频道节目制作中心主任阎晓明（中）在“CCTV-6第七届上海国际电影节传媒大奖”颁奖现场与获奖者合影。

第五十六届“艾美奖”颁奖典礼转播后期制作现场。

电影卫星频道节目制作中心工作人员在广电总局合唱节上表演参赛曲目。

副台长李晓明、纪检组组长张海鸽、中国国际电视总公司总经理李建出席中视传媒股东大会。

总公司总经理李建(右)在法国电视节上同外商进行交流。

中视鸿运公司举行《丁丁历险记》新闻发布会，公司董事长马润生讲话。

央视网络电视江苏站开播仪式现场。

总公司与日本NHK集团就境外卫星合作方面问题进行会谈。

中国国际孔子文化节大型文艺晚会项目负责人与导演商讨晚会节目方案。

中央卫星电视传播中心主任薛大力（右二）在进行工作部署。

卫传中心成立十周年座谈会与会人员合影。

卫传中心全国代理工作会议上为代理单位颁发证书。

卫传中心全体党员在西柏坡中共七届二中全会会址前宣誓。

中央电视台第五届职工田径运动会上，卫传中心代表队入场。

公司全体员工参加广电总局“祖国在我心中”合唱节。

中国爱乐乐团艺术总监余隆在国家图书馆音乐厅指挥乐团演出。

音乐会版歌剧《卡门》排练现场。

中国爱乐乐团参加“香江明月夜中秋晚会”，在香港文化中心音乐厅排练现场。

中国爱乐乐团在保利剧院演出。

# 目　录

## 图片纪事



## 特　　载



## 概　　况



## 专　　辑

## 机　构

## 频道·栏目·节目

## 央视国际网络



## 获奖 · 表彰

## 观众调查



## 规章制度选载



## 文论辑览

## 央视研发

# 电视书、报、刊及音像出版物

## 新技术设备



## 产业经营



## 同港、澳及台湾交流与合作



## 对外交流与合作



## 人　物

## 统　计

# 大事记



# 附录



# 索引

# CCTV 2005 YEARBOOK

## Contents

## Channels, Shows, Programming

# T E Z A I

# 特 载

# 特　载

## 一、党和国家领导人讲话摘编

### 科学发展观是我党提出的新重大战略思想

中共中央总书记、国家主席胡锦涛说，坚持以人为本，全面、协调、可持续发展观，是中国共产党以邓小平理论和“三个代表”重要思想为指导，从新世纪新阶段党和国家事业发展全局出发提出的重大战略思想。

胡锦涛指出，科学发展观总结了二十多年来中国改革开放和现代化建设的成功经验，吸取了世界上其他国家在发展进程中的经验教训，概括了战胜“非典”疫情的重要启示，揭示了经济社会发展的客观规律，反映了中国共产党对发展问题的新认识。

胡锦涛说：“经验表明，一个国家坚持什么样的发展观，对这个国家的发展会产生重大影响，不同的发展观往往会导致不同的发展结果。”

胡锦涛阐述了科学发展观的深刻内涵和基本要求。他说，坚持以人为本，就是要以实现人的全面发展为目标，从人民群众利益出发谋发展、促发展，不断满足人民群众日益增长的物质文化需要，切实保障人民群众的经济、政治和文化权益，让发展的成果惠及全体人民。全面发展，就是要以经济建设为中心，全面推进经济、政治、文化建设，实现经济发展和社会全面进步。协调发展，就是要统筹城乡发展、统筹区域发展、统筹经济社会发展、统筹人与自然和谐发展、统筹国内发展和对外开放，推进生产力和生产关系、经济基础和上层建筑相协调，推进经济、政治、文化建设的各个环节、各个方面相协调。

胡锦涛说，树立和落实科学发展观，要注意把握好以下几个问题：必须始终坚持以经济建设为中心，聚精会神搞建设，一心一意谋发展；必须在经济发展的基础上，推动社会全面进步和人的全面发展，促进社会主义物质文明、政治文明、精神文明协调发展；必须着力提高经济增长的质量和效益，努力实现速度和结构、质量、效益相统一，经济发展和人口、资源、环境相协调，不断保护和增强发展的可持续性；必须坚持理论和实际相结合，因地制宜、因时制宜地把科学发展观的要求贯穿于各方面的工作。胡锦涛还强调，各级党委、政府和领导干部都要自觉地树立和落实科学发展观和正确的政绩观，坚持按照科学规律来谋划发展大计。

胡锦涛说：“凡是符合科学发展观的事情就全力以赴地去做，不符合的就毫不迟疑地去改，真正使促进发展的各项工作都经得起历史和人民的检验。”

（摘自新华社2004年4月4日电）

# 牢固树立和认真落实科学发展观

2004年2月21日，中共中央举办的省部级主要领导干部“树立和落实科学发展观”专题研究班在中央党校结业。中共中央政治局常委、国务院总理温家宝在结业式上作了重要讲话。

他指出，牢固树立和认真落实科学发展观，是全面贯彻“三个代表”重要思想和党的十六大精神的要求，关系到党和国家工作的大局，对于我国建成完善的社会主义市场经济体制，实现全面建设小康社会进而实现现代化的宏伟目标，具有重大而深远的意义。各级领导干部一定要提高认识，统一思想，自觉地用科学发展观来指导我们的各项工作，推进中国特色社会主义事业顺利发展。

温家宝指出，我们党提出的科学发展观，把坚持以人为本和实现经济社会全面、协调、可持续发展统一起来，按照“五个统筹”的要求推进改革和发展。这是我们党对社会主义现代化建设规律认识的进一步深化。科学发展观同毛泽东、邓小平、江泽民同志关于发展的重要思想是一脉相承的，是“三个代表”重要思想的具体体现。科学发展观的实质是要抓住和用好战略机遇期，实现经济社会更快更好地发展。科学发展观进一步指明了新世纪新阶段我国现代化建设的发展道路、发展模式和发展战略，进一步明确了中国要发展、为什么发展和怎样发展的重大问题，是全面建设小康社会和实现现代化的根本指导方针。只有以科学发展观为指导，辩证地认识和处理与发展相联系的各方面重大关系，发展才能有新思路、新局面。

温家宝强调，必须全面理解和正确把握科学发展观的主要内涵和基本要求，认真加以贯彻落实。(一)坚持以经济建设为中心。我国正处在并将长期处在社会主义初级阶段，这个阶段的根本任务就是发展生产力。我们党执政兴国的第一要务是发展，首先要集中力量把经济搞上去。作为一个发展中大国需要长期保持较快的速度，并实现速度、结构、质量、效益的统一。这样才能为社会全面进步和人的全面发展提供物质基础。(二)坚持经济社会协调发展。在推进经济发展的同时，更加注重加快社会发展，努力解决经济和社会发展存在的“一条腿长、一条腿短”的问题。(三)坚持城乡协调发展。要站在国民经济发展全局的高度研究解决“三农”问题，实行以城带乡、以工促农、城乡互动、协调发展，逐步改变城乡二元经济结构。(四)坚持区域协调发展。坚持推进西部大开发，振兴东北地区等老工业基地，促进中部地区崛起，鼓励东部地区加快发展，形成东中西互动、优势互补、相互促进、共同发展的新格局。(五)坚持可持续发展。统筹人与自然和谐发展，处理好经济建设、人口增长与资源利用、生态环境保护的关系。建设资源节约型和生态保护型社会。(六)坚持改革开放。统筹推进各方面改革，为促进经济社会全面、协调和可持续发展提供体制和机制保障。统筹国内发展和对外开放，处理好内需与外需、利用外资与利用内资的关系，充分利用国内外两个市场、两种资源。(七)坚持以人为本。这是科学发展观的本质和核心，是坚持立党为公、执政为民的必然要求。要把人民的利益作为一切工作的出发点和落脚点，不断满足人们的多方面需求和实现人的全面发展。

温家宝指出，树立和落实科学发展观，必须统筹兼顾，提高党的执政能力和领导水平。各级党委、政府和领导干部要在领导和管理经济社会工作中，切实做到把握全局、统筹兼顾。第一，努力提高贯彻落实科学发展观的自觉性。正确处理当前与长远、局部与全局、政府与市场的关系，正确处理物质文明、政治文明和精神文明的关系。要从我国国情出发，深刻认识解决发展不平衡的问题是长期的历史任务。要把积极进取精神同科学求实态度很好地结合起来，积极而又扎扎实实地向前推进。第二，正确把握宏观调控各项目标。要统筹考虑促进经济增长、增加就业、稳定物价、国际收支平衡。根据不同时期的实际情况，把握好宏观调控的方向、重点和力度。第三，全面履行政府职能。在继续加强和改进经济调节和市场监管的同时，更加注重履行社会管理和公共服务职能。第四，树立正确的政绩观。要用全面的、实践的、群众的观点看待政绩，大兴求真务实之风，为人民谋利益。第五，抓紧研究制定统筹兼顾的政策和规划。合理调整与完善有利于促进经济社会全面、协调、可持续发展的政策措施，同时加强与落实科学发展观相适应的体制、制度、机制和法制建设。要加强宣传舆论引导，在全国形成树立和落实科学发展观的良好氛围与环境。

（摘自新华社2004年2月21日电）

# 新闻宣传工作要把握正确导向

中共中央政治局常委李长春在走访慰问中央主要新闻单位时强调，新闻宣传工作要高举邓小平理论和“三个代表”重要思想的旗帜，按照党的十六大、十六届三中全会和全国宣传思想工作会议的要求，紧紧围绕党和国家的中心工作，把握正确导向，坚持求真务实，解放思想、实事求是、与时俱进，贴近实际、贴近生活、贴近群众，不断开拓新闻宣传工作的新局面。

李长春说，刚刚过去的2003年是极不平凡的一年。新闻宣传战线坚决贯彻中央精神，大力宣传邓小平理论和“三个代表”重要思想，大力宣传十六大和十六届三中全会精神，热情讴歌全面建设小康社会的伟大实践，充分反映人民群众的意愿和心声，忠实记录中国特色社会主义蓬勃发展的历史进程，始终坚持以正确的舆论引导人，为促进改革发展、维护社会稳定，建设社会主义物质文明、政治文明和精神文明营造了良好的舆论环境。

李长春指出，2004年是实现“十五”计划的关键一年，改革发展稳定的任务很重。新闻宣传战线要始终坚持以邓小平理论和“三个代表”重要思想为指导，坚定自觉地同以胡锦涛同志为总书记的党中央保持高度一致，紧紧围绕党和国家中心工作，全面准确地宣传中央的重大决策部署和各项方针政策，及时充分地反映各行各业和各条战线的发展新思路、改革新突破、开放新局面、工作新举措。要认真落实胡锦涛总书记在中央纪委第三次全体会议上提出的要求，弘扬求真务实精神，大兴求真务实之风。要在新闻宣传战线大力倡导踏踏实实干事业、扎扎实实抓工作的良好风气，报实事、鼓实劲、求实效，坚决反对官僚主义、形式主义和虚报浮夸。

李长春强调，贴近实际、贴近生活、贴近群众，是新闻宣传工作贯彻“三个代表”重要思想的具体体现，是新世纪新阶段加强和改进新闻宣传工作的突破口，是宣传思想工作增强针对性、实效性和吸引力、感染力的重要实现途径。要以开拓创新的精神，努力探索实现“三贴近”的有效途径，把体现党的意志与反映人民心声统一起来，把思想性、指导性与可读性、可视性、可听性统一起来，办出特色，办出风格，不断增强新闻宣传的针对性、实效性和吸引力、感染力。要切实加强和改进对外宣传工作，充分发挥互联网等新兴媒体的潜力和优势，进一步整合新闻宣传资源，不断拓展对外宣传新渠道，大力发展互联网在线视听，尽快形成同我国国际地位相适应的对外宣传体系。

李长春还来到中央电视台演播大厅，看望了正在紧张排练春节联欢晚会的演职人员，勉励大家再接再厉、精益求精，向全国人民奉献一台高水平的晚会，为新春佳节增添欢乐、喜庆、祥和的气氛。

（摘自新华社2004年1月19日电）

中央电视台2004年春节联欢晚会现场

# 二、中宣部和广电总局领导讲话摘编

## 贯彻十六届四中全会精神　做好宣传思想工作

全国宣传部长座谈会9月22日在北京举行，中共中央政治局委员、书记处书记、中宣部部长刘云山出席会议并讲话。他强调，要把学习宣传贯彻十六届四中全会精神作为宣传思想战线的一项重要政治任务，努力为加强党的执政能力建设、不断推进中国特色社会主义事业提供精神动力和舆论支持。

刘云山在讲话中指出，十六届四中全会明确把提高建设社会主义先进文化的能力，作为加强党的执政能力建设的一项重要任务。这对做好宣传思想工作提出了新的更高要求。面对深刻变化的国际国内形势和意识形态领域面临的复杂情况，切实加强党对意识形态工作的领导，努力做好宣传思想工作，不断巩固马克思主义在意识形态领域的指导地位，不断巩固全党全国人民团结奋斗的共同思想基础，已成为加强党的执政能力建设必须解决好的一个重大课题。宣传思想战线一定要始终保持清醒的政治头脑，牢牢把握正确的政治方向，进一步提高巩固马克思主义指导地位的能力；一定要唱响主旋律，打好主动仗，进一步提高引导社会舆论的能力；一定要抓住机遇，深化改革，进一步提高推动宣传文化事业发展的能力；一定要解放思想、更新观念，按照“三贴近”要求，进一步提高创新宣传思想工作的能力。我们要在以胡锦涛同志为总书记的党中央领导下，自觉坚持以“三个代表”重要思想为统领，以饱满的热情、创新的精神、务实的作风，创造性地开展工作，努力把宣传思想工作提高到新水平，不断开创宣传思想工作新局面。

（摘自2004年9月23日《人民日报》）

## 新闻宣传必须主动占领互联网这个阵地

6月11日，中共中央政治局委员、书记处书记、中宣部部长刘云山在任长霞先进事迹宣传报道座谈会上强调，新闻宣传必须主动占领互联网这个新阵地，用正面的声音主导这块阵地，用正面的形象占领这块阵地。

刘云山强调，新闻宣传工作要以“三个代表”重要思想为统领，着眼于服务经济建设这个中心，着眼于服务党和国家工作大局，坚持贴近实际、贴近生活、贴近群众，不断与时俱进，大力改进创新，体现时代性、把握规律性、富于创造性，更好地完成党和人民赋予的历史使命。

刘云山在讲话中指出，新闻宣传要唱响时代主旋律，必须用体现时代精神的先进典型来吸引人、感染人、打动人，在深入挖掘思想内涵上下功夫，在生动刻画人物形象上下功夫，把握时代脉搏，弘扬时代精神，唱响时代的正气歌。

刘云山强调，新闻宣传要做到“三贴近”，必须深入实际、深入生活、深入群众，用平实的语言阐释深刻的道理，用生动的事例揭示真实的本质，用群众易于接受的方式表现高尚的精神。新闻宣传要形成合力，必须充分发挥各类、各家媒体的优势，各展所长。

刘云山指出，新闻宣传要扩大覆盖面、增强影响力，必须主动占领互联网这个新阵地，用正面的声音主导这块阵地，用正面的形象占领这块阵地。新闻宣传要得到群众的认同、受到群众的欢迎，就必须有崇高的职业精神，满怀对人民群众的深厚感情。

（摘自2004年6月11日中新网）

# “五改一加强” 全面开创广播影视改革发展新局面

中宣部副部长、国家广电总局局长　徐光春

我着重讲一下2004年的一些重点工作，概括来说，就是要做好“五改一加强”。

## 一、 改进宣传，提高质量，扩大广播影视的影响力

**1．改进宣传的重要任务是增强理论宣传的感染力、说服力，把“三个代表”重要思想宣传的新高潮引向深入**

如何做到理论宣传不枯燥、不单调，具有强烈的感染力、说服力，为广大人民群众乐于接受，是能否把“三个代表”重要思想宣传的新高潮引向深入的关键问题。要结合纪念邓小平同志诞辰100周年、新中国成立55周年等重要活动的宣传，帮助广大干部群众深刻理解“三个代表”重要思想与马列主义、毛泽东思想、邓小平理论是一脉相承而又与时俱进的科学体系，阐明坚持“三个代表”重要思想，就是坚持马列主义、毛泽东思想和邓小平理论，就是坚持实事求是的思想路线，不断提高人们学习实践“三个代表”重要思想的自觉性、坚定性，使“三个代表”重要思想真正化为指导实践、推动实践的强大动力。

**2．改进宣传的根本途径是要坚持“三贴近”原则，把党的意志和群众的愿望结合起来**

广播影视宣传要达到预期效果，为广大人民群众所接受，有效地把党的意志和人民群众的意愿相统一，就要坚持“三贴近”原则，做到观念创新、内容创新、方法创新、体制创新，不断增强宣传的针对性、时效性和吸引力、感染力。要积极引导和鼓励广播影视工作者深入实际、深入生活、深入群众；继续深化频率频道和栏目节目改革，不断推出深受人民群众喜爱的好栏目、好节目；进一步贯彻落实中央关于改进会议和领导同志活动报道的要求，着力提高报道的质量，增强宣传效果；进一步改进重大突发性事件报道，完善报道机制。要针对人民群众关心、关注的热点、难点问题，切实加强舆论监督和引导，站在积极的立场上把理顺情绪、平衡心理、化解矛盾的工作做实做细，维护社会稳定，促进改革发展。

**3．改进宣传的重要措施是要唱响主旋律，提倡多样化，不断净化荧屏声频**

主旋律与多样化是统一的，只有既唱响主旋律，又体现多样化，才能有真正全面的繁荣，才能有真正有效的引导。多样化可以使我们的荧屏声频更为丰富多彩，但不是无原则地放任自流、什么都可以播出。要坚决防止给有害的、错误的东西提供传播渠道。对荧屏声频上还存在一些严重影响人民群众特别是少年儿童身心健康的不良倾向和不良风气，必须坚持不懈地进行整顿，净化荧屏声频。

**4．改进宣传的关键因素是发挥广播影视的优势，不断扩大广播影视的影响**

广播影视要充分发掘和利用自身的特点和优势；要加强互动，相互融合，形成合力，强化整体宣传效果；要主动向外，积极利用新兴媒体，不断拓展宣传的新渠道新阵地。特别是要加强广播影视重点网站建设，重视网上宣传。要结合广播影视的特点和国际传媒竞争发展的趋势，切实加强和改进广播影视对外宣传。

## 二、 改革体制，创新机制，解放和发展广播影视生产力

改革是广播影视事业产业发展的动力。当前，中央关于广播影视改革的大政方针已定，关键是如何把握中央精神，从广播影视的实际出发，积极稳妥地推进。

**1．准确掌握中央精神，增强改革的自觉性和主动性**

党的十六大和十六届三中全会提出要大力发展文化事业和文化产业，加快推进文化体制改革。中办发[2003]21号文件对文化体制改革提出了明确的要求，全国宣传思想工作会议对文化体制改革工作又作了具体部署，各级广播影视部门特别是领导班子成员，一定要认真学习领会中央精神，认真学习领会中央领导同志关于文化体制改革的一系列重要指示精神，切实提高对广播影视体制改革重要性、紧迫性的认识，切实增强改革的自觉性、主动性和坚定性，确保广播影视改革工作按照中央的要求顺利向前推进。

**2．坚持改革正确方向，制定切实可行的改革方案**

电台电视台是党、政府和人民的喉舌，广播影视是社会主义的重要思想文化阵地，广播影视业的改革

事关经济发展、国家安全和社会稳定，政治性、政策性很强，既要大胆探索、勇于创新，又要谨慎稳妥、有序推进。要按照中央和总局确定的广播影视改革的方针原则、基本目标、重点任务、具体要求，充分考虑我国国情和我国广播影视的意识形态特殊性，结合本地区、本单位的实际，制定切实可行的改革方案。需要强调的是，大力发展广播影视事业和产业。

**3．紧紧把握改革重点，着力解决影响改革的障碍和难题**

广播影视改革的重点就是两句话：改革体制、创新机制，面向群众、面向市场。改革就是要把局和台的职能分清楚，把事业和产业分清楚，改变旧体制，大力创新用人、分配、劳动保障等内部机制；要把电台电视台中允许经营的资产资源和业务从目前的事业体制中分离出来，按照现代产权制度和现代企业制度面向市场进行转制重组，与事业部分分开管理、分别运营，电影的生产制作、发行放映，电视剧的生产制作、销售播映，一律进行企业化运作、产业化发展，一些适宜于产业经营的服务性、娱乐性频道频率也可以进行企业化运作、股份制改造。

## 三、改变思路，着眼发展，增强广播影视的实力和竞争力

党的十六大指出，发展要有新思路。如何改变旧思路，理清新思路，加快广播影视事业产业协调发展，需要做大量的工作。这里强调几点：

**1．牢固树立发展是第一要务的思想，加快广播影视事业产业发展**

发展是硬道理，必须牢固树立发展是第一要务的思想，切实增强发展的责任感、紧迫感和使命感，聚精会神搞建设，一心一意谋发展。

**2．大胆突破旧的思想观念，积极拓展新的发展思路**

明确新的发展方向和目标任务，制定一系列适应发展的新政策、新措施，牢牢掌握发展的主动权。要大力发展民营广播影视，要面向市场，借用别人的资金和技术，借用社会力量来发展壮大自己。要通过解放思想，开拓思路，多想一些办法，多采取一些措施，使西部贫困地区的广播影视能够尽快发展起来。

**3．巩固发展成果，积极拓展新的领域**

总局确定2004年为“数字发展年”和“产业发展年”，大力推进广播影视数字化和产业发展。

**4．认真贯彻统筹兼顾原则，促进广播影视协调发展。**

## 四、改造技术，更新设备，提升广播影视的现代化水平

**1．切实提高认识，重视高新技术应用**

要进一步完善我国广播影视发展高新技术的战略规划，切实加大投入，加强广播影视高新技术的研究，要特别重视广播影视高新技术标准体系和政策的制定。

**2．积极采用数字和网络技术，努力提高广播影视制作播映水平**

要积极利用数字技术、网络技术加快广播电视中心的技术改造和建设。

**3．加强基础设施建设，建立功能完善、技术先进的无线广播覆盖系统和实验体系，大力提高广播电视传输覆盖水平**

**4．积极运用高新技术，促进广播影视与其他媒体的融合发展**

在确保传输好广播电视公共服务节目的前提下，充分利用广播电视网络发展互联网接入及其他信息业务，同时积极利用广播影视的节目内容优势，大力开发基于宽带互联网的视音频业务。

## 五、改善管理，依法行政，建立科学规范高效的广播影视管理体系

**1．从增强政治意识、大局意识、责任意识入手，充分认识广播影视管理的重要性**

必须认识到，越是在转轨时期，越是在广播影视大变革的形势下，各级广播影视局越是要加强管理，越是要管好管到位。因此，必须进一步增强政治意识、大局意识、责任意识，进一步提高对加强管理重要性、必要性、紧迫性的认识，切实抓好管理工作。

**2．从适应时代发展要求出发，积极推进管理创新**

要切实转变政府职能，由办广播影视向管广播影视转变，由管微观向管宏观转变；政府的职能要转到维护公共利益的立场上来，而不是只维护行业或企事业单位的利益。要深化管理体制改革，真正建立起一个适应变化发展新形势的、完整高效的广播影视行政管理新体制。

**3．以加强法制建设为重点，加强依法管理力度**

**4．以高新技术为手段，提升现代化管理水平**

（本文是作者在全国广播影视工作会议上的报告摘要，摘自《中国广播电视学刊》2004年第一期）

# 以科学发展观推进电视改革工作

中宣部副部长、国家广电总局局长 徐光春

## 一、关于宣传工作

2004年下半年宣传工作的重点，是要高度重视"三个代表"重要思想、邓小平同志百年诞辰纪念活动、经济宏观调控和社会稳定等几方面的宣传。

**1.要高度重视"三个代表"重要思想的宣传**

高度重视"三个代表"重要思想的宣传是宣传工作的一条主线。在过去"三个代表"重要思想宣传的基础上，怎样把宣传继续引向深入，特别是怎样把"三个代表"重要思想贯穿到各个领域的宣传之中，通过各条战线、各个方面所取得的新成就，展现的新面貌，积累的新经验，更深入、更具体、更实在地宣传"三个代表"重要思想，使"三个代表"重要思想的宣传进一步得到深化，效果更加明显。上半年中央电视台已经作了一些探索，下半年还要紧紧把握这条主线，继续强化"三个代表"重要思想的宣传。希望电视台各中心、各部门和各个频道进一步加强研究，特别是结合下半年整个国家的政治、经济和社会形势，在"三个代表"重要思想的宣传上继续进行新的探索，争取取得更好的效果。

**2．要高度重视邓小平同志百年诞辰的宣传**

纪念邓小平同志百年诞辰，要把握两个重要原则：一是要有利于党的团结，二是要有利于党的形象。要抓住两个关键：一是要进一步发扬邓小平同志的革命精神，二是要进一步推进中国特色社会主义建设，进一步推进改革开放和现代化建设，进一步推进十六大确定的全面建设小康社会宏伟目标的实现。要在发扬邓小平同志的精神，进一步推进发展上面下功夫。

**3．要高度重视经济宏观调控的宣传**

实施宏观调控是国家经济工作的一项重大举措，是在科学发展观的指导下进行的，是在整个国家的经济还没有发生严重问题的时候及时采取的，是为了国民经济更好地持续健康发展而进行的。另外，这次调控是局部的调控，不是全面的调控，也就是说有些要紧缩，有些还要进一步发展，进一步加大投入。要根据经济宏观调控的特点搞好宣传。现在经济宏观调控的宣传已经取得了很好的效果，下半年更多地要从宏观经济所取得的成效方面来搞好宣传。

**4．要高度重视社会稳定的宣传**

目前社会稳定面临一些新的情况，西方分化、敌对势力捣乱进一步加剧，国内改革发展过程中也出现了一些新情况、新问题，引起局部地区群众的思想不稳定、生活不安定，给社会带来了新的冲击和压力。在这样的情况下，电视宣传要很好地维护稳定，疏解情绪、化解矛盾，不能激化情绪、激化矛盾。

我相信，中央电视台在宣传方面很有经验，也很有责任心。下半年这四个方面重点的宣传工作，一定能够取得好的成果。

## 二、关于改革发展工作

中央电视台改革和发展的势头很好，台分党组高度重视，各部门积极性很高，广大干部群众都有这方面的热烈企盼。总体说，中央电视台的改革和发展是顺应整个国家形势的，是顺应整个文化体制改革需要的。面对新的形势，中央电视台迫切需要解决好三个影响和决定改革发展的大问题：

**一是需要吸纳新机制。**

长期以来，中央电视台完全按照事业性质运转的体制机制，在发展中受到了很多方面的制约。现在既要发展事业，又要发展产业；既要符合社会主义精神文明建设的特点和规律，又要适应社会主义市场经济发展的要求。所以，迫切需要吸纳新的、充满活力的内部运转机制，否则将会严重影响事业产业的发展，影响宣传工作。

**二是需要吸纳新资金。**

中央电视台每年八九十亿元的收入真正能够用于发展的资金是相当有限的，大量的资金主要是用于维护运转，而不能用来发展。可以说，中央电视台的事业发展需要大量的资金，需要有雄厚的资金作为支撑，而国家的投入又非常有限，很大程度上需要自筹资金。现有的资金不够用，就需要开辟新的产业，开辟新的资金来源，否则就很难完成中央交给的日益繁重的宣传任务。

**三是需要吸纳新人才。**

我们缺乏进行产业化运作的人才，缺乏既懂宣传、又懂技术、又会管理的复合型人才。要把中央电视台建设成一个复合型的、多种业务共同发展的实体，没有复合型的人才不行。电视台以宣传为中心，宣传人才是主体，但不能仅仅只有宣传人才。我们需要的复合型人才，一方面要靠自己培养，另一方面还要靠向社会吸纳。

## 三、关于加强队伍教育

中央电视台承担着十分繁重的宣传任务，承担着十分繁重的改革和发展任务，确实需要一支强有力的高素质、高水平的队伍。应该说这些年来，中央电视台在队伍建设方面下了一些功夫，也取得了明显的成效。特别是进行了“三项学习教育”以后，有了新的起色。但还是要抓住队伍建设这个问题不放。“天下大事，人事为大”，一切事的出发点是人，落脚点也是人。中央电视台要发展，关键在体制，根本在队伍。没有一支好的队伍，再好的想法也难以变成现实，任何事情也都不可能保证在实践中取得成功。

我特别强调一下，中央电视台有一大批著名的主持人、播音员、导演、编辑、记者。作为一个媒体，必须要有名人，要有名人效应，但是越是名人越是要加强教育。要维护中央电视台这块牌子，名人更要为这块招牌贴金，不能糟蹋这块牌子。希望名人首先要正确对待自己，其次要正确对待自己的同事，第三要正确对待组织。当然，领导和组织也要充分肯定他们的成绩，肯定他们的才能，但是不能放松对他们的教育，该指出的问题要指出来，对他们更要严格要求，要为他们的健康成长形成一个良好的环境。“敢管”就是对他们最大的爱护。电视名人作为公众人物，对社会的影响不仅表现在话筒前、镜头前，而且表现在日常生活和社会活动中。因此，要注意自己的形象，树立正确的世界观、人生观、价值观，提高自己的素养。我们的电视宣传很热闹，节目做得很精彩，影响力很大，但在炒作名人这方面不要热闹。要使中央电视台的名人真正成为业务的带头人，成为中央电视台的象征，为中央电视台增光添彩。这方面一要靠教育，二是要靠制度，要建立起一些必要的制度来，要重视这项工作。

（本文是作者在中央电视台2004年年中工作会议上的讲话摘要，摘自《电视研究》2004年第八期）

# 务实务实再务实　创新创新再创新

国家广电总局副局长　赵　实

## 认清形势，把握大局，充分认识做好广播影视工作的极端重要性

广播影视工作千头万绪，把握全局，从何入手？必须首先认清形势，明确职责，这是做好广播影视工作的重要前提。广播影视作为现代化的重要媒体和宣传思想工作的主力军，既处在宣传思想文化工作的前沿阵地，同时也处在意识形态斗争和国际竞争的最前沿，在促进社会主义物质文明、精神文明和政治文明建设中肩负着重大使命，对党和国家的工作大局和社会稳定的全局具有极端重要的责任。因此，广播影视工作者一定要从党和国家事业发展的战略高度认识做好广播影视工作的极端重要性，切实增强忧患意识、大局意识和责任意识。

当前，随着改革的深入和对外开放的扩大，广电宣传工作会遇到许多新情况。正确认识这些新情况，认真思考和解决好这些新课题，不仅是做好宣传思想工作的关键，也是做好2004年广播影视工作的关键。

## 解放思想，与时俱进，加快推动广播影视理论创新与观念创新

理论创新和观念创新涉及到广播影视各个领域、各个方面。我们一定要加强对广播影视产业属性和产业发展规律的正确把握，研究广播影视产业发展理论和确立新的产业发展观。我们要根据日益国际化、市场化和日益开放、日益竞争的产业发展环境，根据文化需求和文化选择日益多样化、个性化的受众特点，根据传播渠道和传播手段多媒体交融，信息技术边缘模糊化的发展趋势，根据内容产业资源利用共享化、创作生产社会化、制作播映数字化的新要求，树立新的宣传观、新的经营观、新的媒体观和新的创作观。

树立广播影视新的发展观，需要我们进一步保持与时俱进、开拓创新的精神状态；需要我们努力学习和掌握新知识、新技术，紧密跟踪和把握世界广播影视发展的新趋势新动向，研究规律，开阔视野，更新观念，提高创新的能力和素质；需要我们勇于改革、大胆实

践，通过实践创新推动广播影视理论创新和观念创新；需要我们大力加强调查研究和理论研究工作。

## 抓住机遇，拓展市场，促进广播影视跨越式发展

2004年是广播影视“产业发展年”和“数字发展年”，这是整个广播影视发展充满机遇的一年。徐部长对于产业发展和数字发展都提出了明确的目标，并进行了总体部署，总局制定的《关于促进广播影视产业发展的意见》、《广播影视数字发展年实施意见》、《关于加快电影产业发展的若干意见》三个重要文件，将根据这次会议的讨论意见修改完善，尽快出台。希望大家结合本地实际，下大力气，联合推动，抓出成效。重点要围绕发展的主题，解决好面向群众、扩大服务、拓展市场的问题和体制机制创新问题。

## 鼓励创新，提高质量，增强内容产品的核心竞争力

传媒产业的核心是内容产业，内容永远都是广播影视发展的源泉。我们在任何时候、任何情况下，都不能忽视、不能放松内容产品的生产，不能丢了广播电影电视节目制作的主业，这是发展广播影视产业的根本和关键。我们应该始终把提升广播影视内容产品的核心竞争力作为出发点，努力提高原创能力，打响新的品牌，丰富产品供应，引导市场的需求，在增强核心竞争力的同时适时向其他相关领域拓展。

内容生产的核心就是要面向群众，繁荣创作，多出精品，努力提高节目质量，满足广大人民群众多层次、多方面、多样化的需求。广播影视所有的制作单位都要认真贯彻“三贴近”和“三性统一”的原则，在市场中获得两个效益的有机统一，把人民群众的精神文化需要和市场需求作为内容生产的根本目标和尺度。

要鼓励内容创新，不断改革体制机制，充分调动广大创作者的积极性，推进内容产品生产的社会化和市场化。要重视数字技术、信息技术在内容创作、生产和传播等各个环节的应用，推动内容产品的集约生产和规模经营，增强内容产品的表现力、感染力和辐射力。同时，要特别注意树立品牌保护意识，坚决打击走私盗版，营造健康公正的市场环境。

2004年，我们要继续着力抓好电视剧的创作，同时大力推进电影产业和动画产业。

## 加大力度，加快试点，带动广播影视全面改革

这项工作的启动是推动全系统改革不可缺少的重要环节。目前，试点单位按照中央关于文化体制改革试点工作的统一部署，积极推进，已经取得了显著的成效。随着试点工作的推进，一些深层次问题矛盾将被触及，改革涉及利益面也将不断扩大。所以2004年的改革工作要求更高，任务更重，难度更大。各试点单位一定要按照徐部长的要求，着重做好以下三个方面的工作：

一是要抓好促进改革试点的配套政策的制定和实施工作，为改革创造良好宽松的政策环境，确保改革顺利进行。同时，我们继续积极争取加快立法进程，巩固改革成果。

二是要抓好改革试点中的剥离转制工作。这是改革试点的关键，更是个难点。我们要充分认识到这是进行体制改革、机制创新、产业发展的必然要求，要进一步组织实施好事业转企业以及企业进行规范的公司制和股份制改造等工作。在以市场为主导的产业发展格局中，市场竞争的主体必须要建立现代企业制度和现代产权制度，大胆探索混合所有制等公有制的有效实现形式，多积累好的经验和做法。要大力发展民营企业，引导和鼓励社会资本、民营资本投资政策所允许的广播影视产业领域，拓宽融资渠道，逐步形成以国有资本为主导、多种资本共同参与的广播影视多元化的产权结构，增强广播影视整体竞争力。剥离转制工作的方法步骤一定要有序推动，配套进行，确保转制后的企业能够成为真正有发展的新型市场主体。

三是以“数字发展年”为契机，加快科技创新，改善硬件设施，构建新的市场平台，加快网络整合，建立现代化的监管手段，通过数字发展大力推进产业发展，扩大市场份额，在市场竞争中发展壮大。这是检验改革工作成效的一个关键指标。广播影视的经营实体特别要强化经营和竞争意识，努力探索合理的经营机制和科学的盈利模式，增强活力，壮大实力，提高竞争力。

要结合各地的实际，精心组织实施，创造性地开展工作，在实践中探索解决问题的新思路、新办法、新经验。

(本文为作者在全国广播影视工作会议上的总结讲话节选，摘自《中国广播电视学刊》2004年第二期)

# 全力推进广播影视向现代媒体转变

国家广电总局副局长 张海涛

## 一、以发展为第一要务，在增量上下工夫

生产力决定生产关系，生产关系必须适应生产力的发展，但矛盾的主要方面在生产力。我们应当在生产力的发展上下工夫，在数字化的增量发展上做文章，切实把发展作为第一要务。当前，数字化是广播影视与国家发展、社会进步和人民生活紧密相连的有效结合点，是加快广播影视增量发展的有效切入点。数字化为广播影视满足人民群众日益增长的多样化、个性化、对象化的需求提供了新的途径，使千家万户拥有了数字多媒体终端，为家庭通向社会开辟了新的服务窗口。数字化为广播影视拓展了社会主义精神文明建设阵地，为电子政务进入千家万户提供了新的载体，为我们党和政府联系群众提供了新的桥梁和纽带。数字化为广播影视拓展了新的发展空间，为社会各界搭建了一个广阔的信息平台，将带动内容和设备两个市场的发展，有利于促进节目制作、内容服务、信息服务等文化产业和信息产业的发展，促进电子产品制造业和软件业等民族工业的发展，有利于培育新的文化娱乐消费市场，培育新的经济增长点，拉动内需、扩大就业，促进国民经济的发展。可以说，数字化是科技进步的必然趋势，是国家信息化、社会信息化的必然要求，是人民精神文化生活的必然选择，是发挥广电自身优势的现实途径，我们必须充分认识数字化带来的机遇和挑战，进一步增强责任感、使命感和紧迫感，以发展的眼光、开放的心态、务实的精神，在数字化发展上下工夫，调动各方积极性，突出自身优势，先建“新城”，再改造“旧城”，以增量发展来激活存量资产，以增量发展来带动存量改革，占领数字化的新阵地，占领数字化的新市场，形成合力，形成百家争鸣、百花齐放、百舸争流的良好局面，为我国广播影视的可持续发展不断开辟新领域，拓展新空间。

## 二、立足我国实际，以信息化带动数字化

推动广播影视数字化必须从我国的国情和广电的实际出发。节目和用户是广播影视的两大优势，抓住了节目和用户“两端”的数字化，也就抓住了广播影视数字化的关键，也就抓住了广播影视节目资源、用户资源由资源优势转为市场优势的关键。

节目是广播影视的主业，是数字化的龙头，但我们不能像国外一样用成人节目、博彩节目等来推动数字化，更不能把境外节目作为数字化的推动力。我们必须立足于国情，立足于自身优势，把数字化与满足人民群众精神文化需求紧密联系在一起。中央和省级电台、电视台要积极面对数字化带来的挑战，要有紧迫感、危机感，要针对13亿人的千差万别、千变万化的需求办好节目，要在“三贴近”上下工夫，在提高节目质量上下工夫，满足人民群众多样化、专业化、个性化的需求。总局已批准中央电视台、北京广电集团以及一些省级电视台开办38套付费电视节目和8套数字广播节目，取得了初步效果。

由于我国付费电视等新业务刚刚起步，以付费节目带动数字机顶盒推广普及难度很大，必须另辟蹊径，建立新的运营模式。各试点城市在推动整体转换方面进行了有益的探索。青岛市探索出了一个以本地化、个性化、信息化服务带数字化发展的新模式。他们把有线电视数字化与当地党委政府工作要求、社会各界和当地居民的需求紧密相连，为党委政府提供了电子政务平台，为社会各界搭建了信息平台，为人民群众提供了文化娱乐、社会教育、生活信息等多种服务，把老百姓对本地化、信息化服务的需求作为有线电视数字化的重要推动力，初步走出了符合当地实际的以信息化带动数字化、以数字化促进信息化的发展新路子，受到了中央领导的充分肯定。目前，他们正按照小规模试点、中规模推进、大规模推广整体转换方案，分区分片推进，采取增加节目和服务、保证质量、无偿提供机顶盒、适当提高收视费的方式，大力推广普及机顶盒。同时采取有力措施，确保公共服务，维护用户权益。比如在有线网中免费提供中央两套、教育一套、山东省一套、青岛市两套共六套模拟节目；对低收入家庭实行减半收费优惠；对3万个低保家庭和困难家庭按照原来的收

费标准不变，这些都取得了较好的社会效果。广东、绵阳等地也有各自的特色。

### 三、加强体制创新，构建“三个体系”

数字化和市场经济加速了广播影视的改革，广播影视改革必须顺应数字化、产业化的发展要求。要按照中央对文化体制改革的部署和总局“数字发展年”、“产业发展年”的要求，一手抓公益性事业发展，一手抓经营性产业发展，加快构建适应社会主义市场经济要求和广电自身发展规律的广播影视公共服务体系、市场服务体系和政府监管体系。

构建公共服务体系，就是要完善公共服务主体，明确资金经费保障，提高公共类节目质量，夯实传输覆盖网络基础，确保无论任何时候、任何条件下都要安全播出、政令畅通，让党和国家的声音进入千家万户，把中国的声音传播向世界各地；使每一位公民都能够享受到广播影视的基本服务，真正满足广大人民群众的公共需要和普遍需求。构建市场服务体系，就是要按照现代产权制度和现代企业制度的要求塑造市场服务主体，培育公平竞争的市场秩序，用新思路、新机制、新方式不断提供付费电视、信息服务等新业务，推动网络升级改造，推动网络整合，促进广播影视产业大发展，真正满足人民群众多层次、多样性和个性化的精神文化需求。构建政府监管体系，就是要转变政府职能，健全监管机制，制定发展规划，完善政策法规，加强市场监管、行业管理和社会管理，建立以法律手段为主、行政手段和经济手段为辅的宏观调控和监管体系，确保广播影视健康有序和可持续的发展。

（本文是作者在广电总局科技委七届一次会议暨全国广播电视科技工作会议上的报告摘要，摘自《中国广播电视学刊》2004年第四期）

## 关于当前广播电视宣传中应注意的几个问题

国家广电总局副局长　胡占凡

### 一、认清思想理论战线的情况，确保正确的舆论导向

#### 1．要确保政治导向

要防止杂音、噪音干扰主旋律，干扰主流声音。政治导向应该放在今后工作的第一位。错误观点、错误思潮不能出现在我们的媒体上，不仅不能出现在新闻里，也不能出现在其他节目里，如谈话类节目、报刊、网站。在一线工作的同志要牢牢树立正确的导向意识。对敌对势力的攻击、造谣、污蔑要进行有针对性的回击。不该炒热的不炒，该冷处理的冷处理。保证正确的舆论导向首先是保证正确的政治导向。希望大家从当前思想理论战线出现的新情况这个高度出发，更加重视政治导向，确保万无一失。

#### 2．确保政策导向

政策导向很重要，广播电视节目中有相当一批节目是解释政策。比如新的法规法律出台，请专家来解读，这个方式很好，老百姓非常欢迎。但政策的解读不能有误导。一是选题要准确，二是选人要准确。要有规定，嘉宾必须经过有关部门推荐，不能自己随便找。我们有过这样的教训，看起来选题没有问题，但是在解读政策的时候观点有问题。广播电台、电视台是党和政府的喉舌，希望大家严格把好选题关和嘉宾关。

#### 3．确保价值观导向

很多节目不涉及政治，也不涉及政策，就是讲一般的情感或者人际关系。这种节目老百姓也非常欢迎，特别是一些娱乐节目、竞猜节目。这些节目应当办好，这里面要注意的就是价值观问题。这个问题包括两方面，首先是主持人，其次是邀请的嘉宾。我们通过总局的收听收看中心关注了很长时间，发现有一个共同的问题，就是娱乐节目的品位不高。我们不要求它个个都是阳春白雪，但是大众化的节目不应该必然是庸俗和低下。应当说，现在好多节目里充斥着不正确的人生观、价值观，一些低俗的语言和行为很多。我们这两年抓的净化荧屏，主要是解决这个问题。经过去年一年的整顿，这方面的问题已经大大减少了，但是还没有根除。比如说，讲游戏人生，讲享乐，讲腐化，这对观众，特别是广大未成年人有很大的误导作用。

### 二、遵守宣传纪律，确保安全播出

总局对这个问题三令五申，以各种方式频繁地向

各级广电局和电台、电视台提出要求。对宣传纪律的把握和遵守，首先是要了解纪律。各个宣传和播出机构一定要把宣传纪律传达到第一线做节目的人手里，让他们及时掌握和了解。我们要求传达精神不走样，不过夜，广播电视节目晚了一分钟，恐怕就会出现问题。有的电台、电视台不遵守宣传纪律，把关不严，造成了不良的影响。

要杜绝这些问题，第一播出机构、电台、电视台和广电局要向大家传达纪律、规定。第二做节目的人要提高自身理论政策水平，这也是我们新闻工作者起码的素质。

## 三、 精心办好节目，提高节目质量，满足群众需求

评奖的目的最终是提高我们的节目质量，让老百姓爱听，爱看，喜欢我们的广播电视节目。现在的问题是，老百姓看得越多，对节目的要求越高，所以，广播电视节目永远面临着改进、提高、创新问题。

我们要从这几个方面来提高节目质量：

**1. 增强品牌意识**

评奖的目的是评选我们的优秀品牌，打造我们的节目、栏目和名人。要防止广播电视节目的同质化问题。现在，节目同质化倾向是比较明显的。求异的思维还没建立起来，哪一种节目受欢迎，大家就纷纷效仿。以广播为例，有一种模式到处在用：主持人加嘉宾加短信，老三样。很多栏目节目都是这样，电视同样有这样的问题，没有自己的特色。这样发展下去，我们的受众会厌倦，就没有什么名牌栏目可言。

**2. 加强广播电视的短线节目建设**

这几年，无论是日常节目还是评奖节目，都有一些短线节目。如未成年人节目、理论节目、农村节目和科教类节目。这些节目由于特定的受众对象，收听率收视率不高，许多台不愿意办，有些节目获奖都很勉强。电视剧也是如此。可见业界对它投入不多，重视不够。所以中央决定采取一些措施，大力扶持未成年人节目和频道。希望大家认真考虑未成年人这个庞大的群体。他们是比较忠实的受众群，如何制作他们需要的节目是一个非常重要的问题。特别是全国各个省级频道开办少儿频道以后，这个问题会更加突出。少儿频道的建设开头不错，今后怎么把它巩固下去，希望大家认真考虑。其他节目，如理论节目、农村节目、科教节目，甚至民族节目也都存在受冷落的问题。我们必须全面地进行考虑，不能单独考虑一个指标和数据。

**3. 认真解决好会议新闻和领导同志活动报道问题**

经过多年努力，中央去年发了文件，专门讲这个问题，现在总体情况看，中央媒体是严格按照文件的要求，严格控制中央领导同志活动的报道，严格控制会议报道。但是，一些地方的上星台，地方台的全省联播，还大量地充斥着领导活动和会议。这提出一个问题：我们做节目的人怎么办？应该遵循新闻规律，抓会议里的关键，抓会议里新决策、新规定的出台，抓领导同志参加会议或到下面视察活动里的亮点和新闻，我们获奖的都是这些东西。希望大家要认真重视会议报道，一是严格执行有关规定，一是注意创新。

**4. 抓好游戏类和娱乐类的节目**

游戏类和娱乐类的节目是总局监听监看的一个重点，也是老百姓反映问题的一个重点。其核心问题是品位问题，请做这些节目的同志认真研究这个问题。首先，每个娱乐节目要有定位，要有方案，不能由着性子来。定位和方案要有把关人，做什么节目，什么主题，怎么做，节目大纲一定要由有关部门把握，不能想做什么就做什么。庸俗无聊的话题，坚决不能做节目。围绕明星桃色新闻的一律不做。我们的广播电视节目，尤其是娱乐节目绝不能沦落成外国的狗仔队。我们的广播电视是喉舌工具，这个意识大家一定要牢牢树立。第二点，这类节目不能变成主持人自娱自乐的节目，现在很多游戏娱乐节目成了主持人自娱自乐、天马行空的节目。

**5. 关于主持人的问题**

主持人是我们广播电视一个非常重要的力量，是广播电视节目一个最终载体，主持人的形象已经遍布在所有的节目、栏目里。因此，大家要高度重视主持人队伍的建设问题。首先要提高主持人的政治素质。绝大多数的主持人是优秀的，但也有相当多的主持人政治素质不够，理论水平和政策水平不高，有的几乎一无所知，不了解天下大事，不了解我们党和国家的工作重点。所以提高主持人的政治素质是第一位的。第二要提高主持人的学识修养。现在，一些主持人非常主动地向艺人靠拢，向流行歌手看齐，极力摆脱广播电视传媒的特点。他们举止幼稚化，谈话的内容以及男女主持人之间的交流，不像一个媒体应当表现的层次，无聊的插科打诨，缺少知识含量和幽默感。这些问题，经过广电总局前段时间加强管理，有了很大的改善，低俗行为已大大收敛了，但问题还时有发生。大家不要小看主持人，老百姓评价广播电视，很大程度上是来自于他们，希望大家注意。

（本文是作者在中国广播电视新闻奖颁奖会上的讲话摘要，摘自《中国广播电视学刊》2004年第十二期）

# 三、中央电视台领导讲话摘编

## 实施人才强台战略

中央电视台台长　赵化勇

### 确立一项战略

"人才是第一战略资源"是中央电视台建业强台的长期战略思想。"功以才成，业由才广"，这是经过古今中外多少兴衰事例验证的一句至理名言。看古代，我国刘邦若不得三杰，未必能赢得楚汉之争的最后胜利；刘备若不得卧龙，也很难成就割据西蜀的霸业；看近代，美国一个多世纪的兴盛，日本的后来居上，亚洲"四小龙"的异军突起，靠的无不是人才的支撑。改革开放20年来，我国取得了举世公认的辉煌成就，应该说，这离不开我国成功走出了一条"以人才促发展，以发展促人才"的人才强国之路。

在知识经济时代，人才资源的价值可以从劳动贡献、收入分配和资产价值三个方面来体现。在劳动贡献方面，工业经济时代的一位熟练工人，充其量只能完成一般工人工作量的两倍；而今天一位优秀的IT软件工程师则能完成普通软件工程师工作量的30倍；在收入分配方面，工业经济时代造一辆汽车，其工资成本的80%以上支付给一般工人和投资者；而今天以上两种人的所得仅占16%，其他84%支付给了设计师、工程师、战略家、金融家、广告商、营销师和经理人员。当今世界发达国家，其一般劳动力成本一般仅占工资成本的10%左右。随着社会的发展，人才在生产力构成中的作用方式不断变化，重要性不断升级。从根本上讲，人才是最具有战略意义的第一资源。

### 抓住两个机遇

党中央提出的"人才强国战略"和"科学的人才观"，为中央电视台实施"人才强台计划"和加快人事制度改革提供了政策机遇。胡锦涛同志在全国人才工作会议上指出："实施人才强国战略，是抓住和利用重要战略机遇期，应对日益激烈的国际竞争的必然要求，是全面建设小康社会、开创中国特色社会主义事业新局面的必然要求，是增强党的执政能力，巩固党的执政地位的必然要求。"党中央提出"坚持德才兼备原则，把品德、知识、能力和业绩作为衡量人才的主要标准"的新人才观；坚持"不惟学历、不惟职称、不惟资历、不惟身份，不拘一格选人才"的新用人观；坚持"要树立以人为本的观念，坚决破除那些不合时宜、束缚人才成长和发挥作用的观念、做法和体制，推动人事工作体制和机制的全面创新"等等，推动中央电视台人事体制改革具有重要指导意义。

近年国外留学人才大量回国和高校毕业生就业相对过剩，为中央电视台建设人才高地提供了巨大的市场机遇。由于全球经济增长减速和中国经济发展"一枝独秀"的巨大反差，出国留学人才学成归来的势头空前高涨。目前在国外的留学人才有58.3万人，回国15.3万人，占26.2%。调查表明，80%的海外求学者打算学成之后回国创业，标志着新一轮人才回流高潮已经到来。人才回流的本身就包含着科技回流、产业回流、知识回流和财富回流。留学回国人员和高校毕业生中不乏优秀人才，这是一笔宝贵的战略资源。哪个单位认识早、动手快、待遇高，人才就会流向哪个单位，哪个单位就能赢得主动。中央电视台应充分利用自身的品牌优势和相对雄厚的资金实力，采取切实有效措施，以事业留人、感情留人、待遇留人的战略，迅速选拔录用一批高精尖经营管理人才和专业技术人才，为建设国际电视大台储备丰富的人力资源。

### 强化三个观念

#### 1.强化"人力资本积累优先"的观念

长期以来，我们比较注重"物力资本积累"，忽视"人力资本积累"。对人才资源的开发过程，也是一种资本的投资和积累过程。只有通过投资才能把人才资源转变为人才资本。人力和人才资本投资，是市场经济条件下开发人才资源的基本途径。在电视台，人们一说到投资，就想到买机器、购设备等。中央电视台要在激烈的媒体竞争中立于不败之地，最便捷、最快速的方法，就是加大人才资本的投资，优先人力资本的积累。

**2.强化人才“国际化”和人才竞争“零距离”的观念**

中国加入世贸组织后，中央电视台更加全方位、宽领域、深层次地面对全球化所带来的各种挑战。因此，在引进、培养与使用人才上，必须与国际惯例接轨，按照参与国际竞争的标准来投资人才、开发人才，使我们的人才不仅能在国内大展宏图，而且能在国际上一争高低。由于我国社会经济成分、组织形式、就业方式、利益关系和分配方式日益多样化，人才竞争“零距离”现象已经出现。人才分布越来越广，人才流动越来越快，人才竞争越来越无国界、越来越激烈。

**3.强化“人人可以成才”和“德才兼备”的观念**

全国人才工作会议对“人才”进行了重新定义：凡具有一定知识和能力，能进行创造性劳动，对物质文明、精神文明和政治文明建设作出贡献的人，都是人才。学历、资历、职称、身份，都只是人才的外在标志，而不是人才的根本属性。这说明，党和国家对人才问题的认识更加深入，意义更加深远。我们既要注重有特殊专长的专门人才，同时也要高度重视自学成才者，包括“偏才”、“怪才”、“奇才”。中央电视台对有较高知识水平、创造能力的拔尖人才和有丰富实际经验、一技之长的实用人才要一视同仁；对新生人才与传统人才、台正式聘用人才与临时借用人才，都应一视同仁。对一个电视工作者而言，可以没有较高的文凭或学历，但应当有较高的知识水平；没有全面的专业知识，但应当有较好的胜任工作的能力和爱岗敬业的美德。我们在用人标准上，既要爱才，更要爱德。相比之下，德比才更为重要，而我们最需要的是“德才兼备”、“求真务实”型的人才。

## 处理好四个关系

**1.正确处理高精尖人才与中初级人才的关系**

中央电视台正处于事业全面发展的时期。事业建设的系统性，决定了人才需求的多样性和多层次性。一方面要集中适当财力，创造一定条件，引进培养一部分高级人才；另一方面也不可忽视需求量很大而引进培养成本相对较低的中级人才，根据工作和岗位的需要，坚持各类人才队伍建设合理配置，协调发展，优化劳动力后备资源结构。

**2.正确处理专门技术人才与复合型人才的关系**

电视是专业性、技术性很强的行业，需要大批受过良好专业训练的专门人才。同时，电视传播又是一项复杂的管理工作，需要大量懂管理、懂经营、懂技术的复合型人才。中央电视台目前人才结构总体呈“橄榄球型”，即“两头小、中间大”，节目、技术部门专业技术人才相对较多，管理、经营部门的复合型人才相对较少。随着文化体制改革的深入，尤其是制播分离的推行和电视产业化步伐的加快，这种节目和技术专门人才相对较多的“橄榄球型”人才结构，应当注意广泛吸纳高级的管理和经营人才，形成合理的适应当前电视事业发展的新型人才结构。

**3.正确处理引进人才与用好现有人才的关系**

引进人才是为了使用人才，要重视引进人才，更要重视用好人才。“桃李不言，下自成蹊”。中央电视台现共有各类职工1万多人，他们之中有相当多优秀的有识之士和精英人才。可以说，中国目前最优秀的电视人才相当大的比例集中在中央电视台。如何用足、用好现有人才，最大限度地调动他们的积极性、创造性，应当成为中央电视台人事制度改革的重要目标。现有的人才用好了，对其他人才就会起到良性示范作用。

**4.正确处理人才所有与人才所用的关系**

中央电视台事业的发展和创新需要成千上万优秀人才共同努力。但中央电视台没有满足也没有可能拥有自己所需的全部人才。现代科技和市场经济发展，使得人才日益冲破单位和部门所有而成为社会化人才。他们在为本单位、本地区工作的同时，还可以多种方式为其他单位、其他地区服务。这不仅可以更充分地发挥人才的作用，也可使聘用单位以最低成本获得使用人才的最大效益。上海市已把“上海人才”重新定义为“能为上海服务的人才”，提出了“人才柔性流动”的全新模式。中央电视台应当坚持“不求所有，但求所用，来去自由，合同聘任”的办法，聘请一批“高人”，借用一批能人。无论“所有人才”，还是“所用人才”，都要能够做到人尽其才，才尽其用，使用上应法律手续完备，待遇公平合理。

## 创新五项机制

实施人才强台战略，必须解决三个关键问题：一是让人才有展现自身价值的平台，二是给人才提供干事业的条件，三是形成尊重人才的环境氛围。中央电视台将坚持“以人为本”的理念，进一步创新人才机制。

**1.创新人才引进机制**

引进优秀人才是人才强台的前提和关键。在目前事业单位人事编制体制尚未根本改革的情况下，中央电视台要用好每一个进人指标。为适应文化体制改革和制播分离的需要，逐步调整人才引进的结构，加大对高级经营管理人才、电视策划人才以及高新技术专门人才的引进比例；为适应媒体竞争的需要，应加大对高、精、尖人才和外向型人才的引进比例；为适应电视产业化的需要，应适当增加现代企业管理、资本运营和跨媒体经营的高级专门人才的引进比例。要制定严格的人才引进标准，人事部门根据标准广揽天下贤才；要拓展人才引进渠道，逐步由计划分配向市场选择转变；要制定严格的人才引进程序，让那些有才能、愿意从事电视工作、中央电视台又急需的人才，都可以通过公开、公正、公平的方式实现自己的事业理想。

**2.创新人才培养机制**

用人先育人。人才竞争的激烈，使国内外许多企业不仅追求“用人不养人”的节省投资，也开始注重“用人先育人”的超前投资。西方发达国家比如美国，用3块钱拿来造机场、楼房、机器，1块钱拿来培养人，这种投资的比例是值得借鉴的。发达国家与发展中国家科技水平、经济实力的差距本质是人力资本的差距。中央电视台在大力引进人才的同时，要不断加大对职工的培养力度。通过举办专题讲座、涉外培训班、业务观摩等“请进来、走出去”的办法，定期或不定期地对领导干部、业务技术骨干、播音员主持人进行知识的继续教育。近五年来，全台参加各种学习培训人员共达10786人次。其中组织各类业务培训班190期，参加不同层次学历教育278人次；参加出国留学、短期培训37人。实践证明，这是一条投资少、见效快、周期短的人力资源开发好办法。今后还要加强这方面的工作，并力求出新。

**3.创新人才选拔机制**

引进和培育人才的最终目的是使用人才。近年来，我国人事部门对人才选拔制度进行了改革，探索了很多新模式、新做法。中央电视台已经推行的“春节联欢晚会总导演公开招标制度”、“栏目制片人和处级干部竞争上岗制度”、“播音员主持人持证上岗制度”以及以后将要推出的“干部能上能下、职工能进能出、待遇能高能低”的竞争制度等，相对于过去内部确定的选拔机制，无疑具有很大的进步。这样做的目的就在于让每个普通职工都有机会在其岗位上脱颖而出。

**4.创新人才评价机制**

人才评价是选人用人的基础，评价机制要公正科学，制度合理最重要。人才评价不能简单化、一刀切。中央电视台现有四类人才：行政管理人才、企业经营人才、专业技术人才和节目宣传人才。这四类人才应当有不同的评价方式，采用不同的评价尺度。对行政管理人才的评价，应当以群众评价为主要标准；对企业经营人才，应当以市场评价为主要标准；对专业技术人才，应当以社会和同行评价为主要标准；对节目宣传人才，应当以受众评价为主要标准。从2003年开始，中央电视台推行了节目综合评价体系，对全台栏目进行综合量化评价。当然，这些评价方法需要进一步完善，以使它更科学、更有效。

**5.创新人才奖惩机制**

将人才当做资本来看待，就意味着人才的薪酬待遇必然有巨大差异。薪酬制度要能体现人才的特点和价值，让创造一流业绩的一流人才能获得一流报酬。近年来，中央电视台不断加大收入分配改革力度。通过设立职务津贴，拉开各级行政职务津贴标准之间的差距，充分体现责、权、利挂钩的分配原则。为贯彻向关键岗位和优秀人才倾斜的方针，中央电视台在2003年6月实施了《优秀播音员、主持人特殊津贴管理发放办法》，以一种动态管理的方式，激励播音员、主持人不断进取和创新，从而促进全台播音员、主持人队伍整体素质的提高，鼓励优秀播音员、主持人脱颖而出，提升中央电视台的整体形象。

人才建设是一项长期、复杂的系统工程。中央电视台虽然在这方面作了一些有益探索，但由于种种原因，还存在着有待于进一步完善之处。我们将遵循中央关于人才强国的战略部署，紧密结合中央电视台人事工作实际，大力实施人才强台战略，求真务实，与时俱进，为把中央电视台建设成为在国际上有影响的电视大台而努力奋斗！

（摘自《电视研究》2004年第四期）

# 认清形势 调整思路 统筹规划 推进发展

中央电视台台长 赵化勇

中央电视台年中工作会议刚刚结束，建台以来第一次经营工作会议又在此召开。这是中央电视台发展史上值得纪念的一天。(1) 这次会议是一次“传递信息”的会议，旨在表明中央电视台从此将进一步加强经营管理，加快推进经营发展；这是一次“统一思想”的会议，面对当前的新任务、新情况、新形势，把全台职工的思想统一到抓宣传、抓经营上来，积极“抢滩”，扩张发展；这是一次“增强信心”的会议，在电视产业化的激烈竞争中，中央电视台将一如既往，一定能够取得成功。(2) 这次会议之后，中央电视台将根本转变经营理念，高度重视经营工作，一手抓宣传，一手抓经营，坚持“两手抓，两手都要硬”的方针。(3) 鉴于当前国内外媒体经营的环境和格局，中央电视台需要在热运行中冷思考，在冷思考之后加快热运行，继续发挥国内传媒“领头羊”的作用。(4) 中央电视台经营工作可以归纳为“知己知彼、开源节流”八个字。

所谓“知己”：一是一定要知道自己队伍的素质情况，做到知人善用。二是一定要找到最适合自己的经营管理的组织构架。三是一定要探索盈利模式，这是至关重要的步骤。四是一定要明确经营的“主力阵容”。五是一定要培养后备力量，确保全台可持续的发展。所谓“知彼”：首先是了解目前经营工作的大环境和整体格局；其次是了解我们的合作伙伴，明确“合作”的目的；三是了解竞争对手的情况。所谓“开源节流”：最好方式是既能开源，又能节流，实现效益的最大化。如果我们能够做到“知己知彼，开源节流”，那么我们就可能尽快地发展起来。

在经历了十多年迅猛发展之后，中央电视台将树立大经营战略思想，进一步强化经营管理，统一经营资源，规范经营业务，实现电视产品的系列开发、深度开发，进一步扩大传播影响，确保经营创收持续稳步增长，不断增强全台经济实力和竞争能力，为电视事业健康快速发展奠定坚实的经济基础。

## 一、经营工作的地位和作用

在计划经济时代，中国电视业的规模比较小，国家能够提供财政资金，确保电视宣传任务的完成，同时也不允许电视台开展经营活动。十一届三中全会以后，随着电视事业的飞速发展和社会主义市场经济体制的逐步确立，以及国家财政拨款逐步相对减少，电视的生存和发展有了危机感。在这种情况下，电视台必然要开展经营活动，自1979年1月播出了中国大陆第一条电视商业广告起，便开始了以广告经营为突破口的产业经营。

在这一大背景下，中央电视台的产业经营从无到有、从小到大，逐步发展起来，由国家全额拨款的事业单位逐步转为自收自支的事业单位。中央电视台的广告收入在十多年间一直保持快速增长的势头；所投资的企业也由1984年12月成立的中国电视国际服务公司一家增长到现在的中国国际电视总公司、中数传媒、中视传媒、新影厂、科影厂、中央卫星传播中心等多家经营实体，形成了集团化格局。

众所周知，当今是市场经济，电视媒体的竞争日趋激烈，电视产业经营的范围正不断扩大，已由单纯的广告经营发展到节目经营、资本经营和跨行业、跨区域经营。中央电视台要实现快速发展，靠的是政策优势和综合实力，不仅要抓好宣传报道，确保舆论导向正确，而且还要积极开发电视产业，大力发展电视产业经济，不断增强自身的实力。实践证明，电视产业化既是电视发展的必然方向，也是增强媒体实力的必经之路。唯有如此，才能在国内外传媒竞争和扩张中始终处于领先地位，立于不败之地。因此，对于中央电视台来说，除宣传工作外，经营工作占据着重要的位置，发挥着举足轻重的作用，为宣传工作有序开展和电视技术不断进步提供有力的资金保障，为电视事业的蓬勃发展奠定坚实的物质基础。坚持“一手抓宣传、一手抓经营”，“两个轮子一起转”是中央电视台今后必须明确的工作方针。

## 二、经营市场的环境和格局

一是电视经营市场的国际化。加入世贸组织，标志着中国经济正式融入了国际经济一体化进程，作为文化产业组成之一的中国电视业，不可能独立于经济生态环境之外继续保持封闭的格局。中国不仅正逐步放开对国外传媒、影视产品和传媒资本的准入政策，而且中国电视产业也必须走向国际市场，并在融合碰撞中整合资本，实现自身的壮大和市场的拓展。同时，加入世贸组织后国内传媒与国外传媒集团的抗争会愈来愈激烈，国外传媒正以节目进入、市场进入、资金进入、经营进入，以及文化渗透等形式进入广播电视传媒业。目前，对中国市场早已虎视眈眈的境外媒体正以多种方式“抢滩”中国电视传媒市场，不断“蚕食”尚未完全培育成熟的电视产业经营市场。眼下，30余家境外媒体已在国内有限落地。比起世界性的传媒大鳄，中国传媒业的脆弱显而易见。不难推测，在不久的将来，中国电视产业经营会遭遇境外电视机构的全面挑战，这才是更大的潜在压力。

二是节目经营社会化。近年来，在经营上，媒体有了比以往更多的操作空间。同时，在节目制作上放宽了对社会资本的限制，这一切为民营资本进入媒体产业提供了更大的机遇。目前中国电视媒体每年的播出总量2000多万小时，首播量870多万小时，国有媒体自制节目能力却不到100万小时。集团化后，各行政区域内的电视媒体由于资源整合，重复制作和播出的状态有可能改变，大量的非卫星传输频道可能较快地向专业频道方向发展，节目缺口会进一步加大。急于寻找市场机遇的社会资本和虎视眈眈的境外资本便共同致力于占领集团化后的各区域电视市场空间。

三是电视广告争夺白热化。2000年以前，尽管电视发展速度较快，但广告经营仍停留在粗放型经营上，谈不上真正的专业媒介经营，只是简单的卖时间、卖广告时段，而且基本上是站在卖方市场的角度，等客户上门。2000年以来，广告经营愈来愈被各电视媒体所重视，广告竞争势头不断升级，竞争形式和策略不断更新，呈现多元化、全方位激烈“拼杀”的态势。特别是针对中央电视台一年一度的广告招标，地方电视广告经营开始“合纵连横”，许多广告竞争新举措也纷纷“出笼”，“开放、竞争、合作”已经成为中国广告经营业的主题词。

四是产业经营的多样化。随着传播新技术的飞速发展和广泛应用，网络电视、移动电视、付费数字电视等新兴媒体逐渐崛起，对传统媒体构成严重挑战。同时，也推动了前沿电视产业的变革，电视产业经营的范围日益扩大，比如，电视节目衍生产品开发、图文电视业务、电视购物、部分有线电视网络增值服务业务等，电视产业的经营方式和盈利模式发生了重大变化。

## 三、经营工作的战略思路和对策

综观电视产业环境和现状，应对国内外媒体的强烈冲击，中央电视台必须积极有为，改变传统的经营思维和行为方式，确定新的经营发展战略，实行以市场为基础的多向拓展，开发新的产业经营空间，全面实施“五项战略”。同时，重视和加强经营人才的培养，特别是现代企业经营管理人才、技术开发人才和战略研发人才，加强与国际大型传媒的战略合作，努力实现“五个转变”，努力把中央电视台建设成为中国影视产业的支柱和龙头，成为亚洲一流、世界前列的电视媒体集团。

### 1. 参与产业经营竞争，全面实施五项战略目标

第一，巩固广告经营优势。

现在乃至今后相当长的一段时期内，广告经营仍是中央电视台的支柱产业，是中央电视台的经济命脉，其他新兴产业在电视传媒产业结构体系中所占的比重还远不足以和广告产业相提并论。2001～2003年，中央电视台事业收入分别为61亿元、70.4亿元、81.05亿元，广告经营收入所占事业收入的比例分别为88.2%、91%和92.7%。过去三年，中央电视台广告营销的专业化有了很大的进步，确立了“以客户为中心”、“面向市场需求，面向客户需要”、“抓大而不放小”等广告经营策略，建立了科学规范的营销体系，实现了与客户的共同成长。从2001年5月到2004年6月底，中央电视台广告经营实现了38个月持续快速增长，广告已经成为中央电视台的支柱性产业。今后，中央电视台仍要积极创新营销模式。深度开发广告资源，深入挖掘广告创收潜力。确保广告创收稳步增长，力争实现质的提升和新的突破，继续在国内保持领先优势。

第二，拓展新的经济增长点。

“以科技创新为先导，以信息化为目标，以新业务发展为龙头，以有线电视数字化为突破口，全面推进广播影视数字化”，这是中国电视数字化纲领。随着电视传媒业的发展，社会需求层次的更新和提高，以及电视

制作及传播技术的进步，广告业的支柱产业地位渐渐地要被数字广播影视扩展业务以及增值业务等产业所取代，而付费电视、网络电视、移动电视等新兴产业将逐步成长为电视传媒业新的支柱产业。为此，开发新兴媒体业务，寻找新的经济增长点是中央电视台经营工作的新目标。下一步，中央电视台重点推进付费数字电视，启动视频点播业务，满足受众日益个性化、多样化、多层次的文化需求，改变主要依赖传统电视广告创收的经营模式和盈利模式。同时，利用中央电视台丰富的节目资源，积极开发“网络电视”、手机电视，充分整合平面媒体、网络和电视媒体的优势，进一步延展电视经营产业，增加新的经济增长点。

第三，构建跨媒体，跨行业的产业链。

近年来，美国传媒产业掀起大规模重组浪潮，重组构建“大文化产业”已成国际趋势。所谓“大文化产业”是将电影、电视、报纸、刊物、广播、网络等传媒产业与广告业、娱乐业、旅游业，乃至玩具业、服装业等整合起来。这种跨媒体、跨行业的传媒扩张的“一体化”模式，是中央电视台做强做大的发展目标，以此有效提高资源（包括信息资源、客户资源、受众资源、品牌资源等）的利用效率，有助于提升中央电视台的品牌及社会影响力。

从目前电视体制、市场环境来看，中央电视台电视节目的销售、电视节目衍生产品的开发和运作要首先选择市场比较成熟、政策比较优惠、前景比较乐观的动画产业，以此为突破口，带动中央电视台产业链的形成。据统计，我国每年需要国产卡通片26.28万分钟，而目前，全国动画实际生产不到2万分钟。因此，中央电视台要重点扶持动画产业。一是依靠中央电视台本体，力争在几年内建成国内规模最大、制作一流的动画生产基地，重点推出几部如《哪吒传奇》的动画大制作。二是借鉴日本、韩国等国外动画产业的开发和经营模式，集中力量着力开发动画衍生产品（如《哪吒传奇》的衍生产品），形成由动画片、音像制品、漫画书、动画期刊和玩具、文具、食品包装、展示展览等构成的一个完整的动画产业链。

此外，中央电视台以动画产业开发为样板，面向市场，重视节目的上、中、下游产品的开发，拉长电视台节目产业链，以获得更大效益。一是由电视节目或栏目延伸出来的产业。如“老年类”节目延伸出来的老年服务中心、老年用品专卖店；“健康类”节目延伸出来的系列健康书籍、保健知识讲座等等。二是电视产业开拓出的新产业，如电视剧拍摄后留下的影视城成为旅游场所或演播现场与观光场所合一。或者介入其他媒介形态：报纸、杂志、书籍、互联网，形成新的利润增长点。

第四，发展高新媒体经营产业。

作为中国“强势媒体”，中央电视台要以更远的眼光和更大的气魄占领传媒产业的制高点。在几年里，要有计划、有步骤地尽快发展以信息产品为主的互联网、手机等前沿媒体产业，开拓跨媒体的产业经营，形成规模效益。一是利用央视国际网络（CCTV.com）实行商业化运作，全面开发互联网业务，开发网上视音频及增值业务，开发网络广告资源，丰富网页信息和功能，办出网站特色，提高点击率，扩大市场影响。二是利用节目资源优势，独家或联合开发移动电视、手机电视等高新产业，有效控制节目资源市场，形成新的经营业务。

第五，加强资本市场运营。

中央电视台要参与全国性竞争乃至国际竞争，实现做强做大的目标，单纯依靠自身的经济实力是不够的，必须实施以市场为导向、以资产为纽带的跨区域、跨媒体、跨所有制的外延式整合，最终形成投入——产出——再投入——再产出的资本运营链条及相应的风险投资机制。

要加强资本的市场经营，在强化媒体内部管理、改变生产方式、提高资产使用效益的基础上，将中央电视台部分资产从本体剥离，作为公司化的经营性资本，迅速走向资本市场，利用本体播出资源垄断性专营优势所具有的吸附力和整合力，让这部分资本在市场的运营中获得尽快的增值和获取最大的效益。中国国际电视总公司要发展成企业型的经营集团，形成具有竞争力的新型产业构架。同时，坚持规模、效益并重的策略，在保持合理利润的同时，强化资本的规模扩张，以迅速壮大资本实力，在扩张中形成合理的产业结构。

一是产品资本运营。通过电视产品的制作、营销，谋求较高的资本回收率，最终实现资本利用效益的最大化。将电视节目直接投放市场，开发多种视频、音频产品形态和模拟开路、数字加密的多种传播方式，面向国际、国内大市场开展经营，实现产品销售市场的多元化和产品价值方式的多元化，实现资本利润的最大化。

二是原生形态资本运营。以资本的原始形态——资金、设备、人才等，通过市场运作的方式进行资本的链接组合，实现资本配置结构的最优化和规模化。主要形式：跨区域的本体整合；跨媒体的立体整合；跨所有制的多元整合。

**2. 面向社会和市场，努力实现五个经营转变**

第一，实现由宣传型向宣传经营型转变。

作为国家的电视媒体，坚持对主流意识形态和文化的守护与传播，即“坚持正确的舆论导向”是始终不渝的追求和始终不变的责任。中央电视台的主业就是宣传，抓好舆论导向，搞好宣传报道是中央电视台根本职能和首要职责，也是包括经营在内一切活动的基本前提。同时，中央电视台赖以生存和发展的关键因素是经营实力，经营工作的好与坏将直接影响中央电视台的事业发展速度，甚至生存问题。因此，要始终坚持“宣传工作”这个中心，大力推进和发展电视产业经营，尽快实现由宣传型向宣传经营型的根本性转变。

第二，实现由依赖广告经营向多元化经营转变。

现在，在付费电视业务全面展开之前，中央电视台产业收益相当程度上依赖广告经营。但是为了争夺很窄的广告资源，各个电视台相互“拼杀”，竞争进入白热化阶段。因此，在现行的经营体制和环境中，要尽快改变经营理念，以广告业作为支柱产业的单一经营模式必须向多元化经营模式转换，走一业为主、多业发展的新路子，大力开拓相关产业，把单纯依赖广告收入转向以广告产业开发为主，电视节目市场开发、有线电视网络的扩展业务和增值业务开发多业并进，培植广告收入之外的其他盈利增长点。

第三，实现由计划主导型经营向市场主导型经营转变。

以前，在计划经济体制迈向市场经济初期，电视经营以计划为主导。随着市场经济的深入发展，市场成为电视产业化赖以生存的基本环境，要按照产业的经济规律以及市场的规则和需求，确定中央电视台产业经营发展的方向，努力革除旧体制下形成的思维模式和运作方式，转变传统的“等靠要”观念，推动产业化改造和现代企业制度的建立。尤其是站在产业化发展的思维制高点上，开展多种电视产业经营，以市场为手段，认识市场、分析市场、适应市场，从而占领市场，形成由市场主导的经营发展格局。

第四，实现由粗放型外延式经营向集约型内涵式经营转变。

随着电视产业的进一步发展，粗放经营的模式已经到了“寿终正寝”的时候，集约经营的“精耕细作”时代已经来临。因此，在电视经营中，要采用现代化管理方法和科学技术，开展分工协作，提高资金、资源的使用效率，进一步提升电视产业的经营水平。具体说，用专业的智慧、专业的能力和专业的操作实行专业化的经营，精细了解和掌控传播市场的终端“客户资源”（广告商、受众群体等），这是传媒业经营中最为关键的“制高点”。

第五，实现由电视节目“自制自播”向社会化、国际化制作与发行转变。

面对电视节目经营的市场化、社会化和国际化，中央电视台要面向全国观众和市场，整合全台资源，开展多种节目经营（如，娱乐类节目、社会纪录片、文化类节目和少儿节目等），向国内传媒（主要是地方电视台）以及境外传媒（主要是华语电视机构）提供内容广泛的节目服务，实现由传统的电视节目“自制自播”向社会化、国际化制作与发行转变，以拓展新的经营空间。同时，在几年内，要迅速占领国内市场，使中央电视台成为面向华语世界有规模、有效益的电视节目的最大提供商和发行商。

特别需要强调的是，在努力加强电视产业开发的同时，要加强与国际大型传媒集团、国内相关领域的大公司的战略合作关系，不能妄自尊大、闭关自守，而要目光长远，在合作的基础上达到双赢、多赢，一同开发市场，调动更多的资金拓展市场。在拓展付费电视业务，开发网络电视、手机电视、移动电视等新媒体业务，进行资本运营和跨媒体、跨区域拓展，积极实施“走出去工程”时，要加强与国际大型传媒集团的合作，充分吸取其发展经验和管理理念；要加强与相关行业大型公司的合作，达成长期的伙伴关系。要与真正有实力、有信誉的公司合作，不要怕别人挣钱，重要的是我们自身要得到更快的发展，要占领更广阔的市场。只有这样，我们才能真正做强做大。

## 四、经营工作的基本要求

根据中央文化体制改革精神和国家广电总局关于促进广播影视产业发展的意见，中央电视台近期经营工作的主要目标是：以做强做大电视事业为目标，以确保电视宣传为中心，强化以电视为龙头和支柱的优势产业，实现电视产业经营的转型，大力发展付费电视、网络电视，扩大电视节目经营和资源开发，对经营性资源进行电视、电影、网络等多种媒体的多重开发和利用，研发卫星直播、移动电视、手机电视等高新产业，不断增强中央电视台的经济实力和竞争力。为此，提出以下四点要求：

**1. 加强领导，转变观念，尽快形成适应市场发展的经营管理模式**

通过台经营管理委员会，加强对经营工作的组织领导，积极协调配合有关部门特别是产业经营部门，创造有利于推动全台经营工作的环境。同时，产业经营部门要树立"大经营"的思想，面向市场，走向市场，统一资源，统筹规划，结合当前国内外电视产业发展和经济社会发展的实际情况，进一步加强经营工作的前瞻性战略研究，分析当前电视产业经营的有利条件和不利因素，制定具有战略性的长期经营发展的前景规划。

同时，各个经营单位要真正成为市场运营的主体，企业的工作人员，特别是由台内转至公司工作的高层管理人员要切实增强市场观念。绝不能再沿袭事业单位的做法，而要了解市场、融入市场、摸清市场的运行规律，建立适应市场经济的制度。只有这样，才能在市场中立住脚，才能在市场中打拼，才能求得发展。

**2. 创新体制，建立并完善电视产业经营机制**

为使中央电视台经营性电视产业走向良性循环、健康发展的轨道，就必须健全符合市场要求的经营机制，充分利用市场手段。首先，要建立起多元化、开放型的投资体制。充分利用我国目前能够利用的资本来源：民间资本、海外资本、股市和银行，逐步改变中央电视台奖金主要依赖电视广告收入的模式，在未来的市场竞争中赢得先机。其次，要充分发挥中央电视台的节目资源优势，建立灵活完善的节目营销体制，面向全国电视节目市场，为电视节目的自由交易提供场所，形成高效的节目交易网络。第三，要建立起灵活快速科学的节目反馈机制，通过科学的调查和正确的市场引导，使中央电视台节目制作走上一条高质量、低消耗的路子。

**3. 发挥优势，积极探索扩张产业经营的新领域、新渠道**

经过四十多年的发展，中央电视台拥有电视人才优势、技术优势、资金优势、品牌优势、节目资源优势和传播优势，这是国内任何媒体无法比拟的并在短时间内不可能拥有的得天独厚的资源。要积极利用和发挥这种资源优势，在保证电视的意识形态导向和电视播出终端控制权的前提下，整合人力资源、智能资源、技术资源、传播资源、内容资源、客户资源、受众资源、品牌资源和社会资源，开发电视产业，发展电视经济，努力探索扩张电视产业经营的新领域、新渠道，逐渐形成报纸、广播、电视杂志、网络、图书出版以及娱乐业、旅游业和玩具业等多层次、立体化的经营运作新模式。

**4. 明确目标责任，实行科学的经营考核办法**

各个经营部门要创新经营思路，自加压力，制定科学量化的经营指标（包括利润指标）和发展前景计划，明确任务，明确责任，明确进度。特别是要超额完成全台的经营指标，力争全台全年总收入突破110亿元。

同时，各个经营实体要实行一体化的经营考核体系，经营指标、经营效益、经营业绩要与部门、个人的利益挂钩，奖惩分明，有章可依，坚决杜绝"干好干坏一个样，干与不干一个样"的现象。此外，还要防止出现不实事求是、弄虚作假、故意拉低或抬高经营指标的现象发生，切实维护全台良好的经营环境和经营秩序，确保全台走向良性循环、健康发展的经营轨道。

十六大报告指出："一切妨碍发展的思想观念都要坚决冲破，一切束缚发展的做法和规定都要坚决改变，一切影响发展的体制弊端都要坚决革除。"面对当前十分严峻的经营形势和风起云涌的电视产业化改革，我们要以十六大精神和"三个代表"重要思想为指导，按照中央文化体制改革的总体部署以及广电集团化的推进发展规划，坚定信心，迎接挑战，深化改革，创新体制，用我们的智慧，用我们的激情，为进一步加强和规范经营管理，加快推进电视产业的发展，为使中央电视台继续成为中国电视传媒业的"龙头"作出应有的贡献！

（本文是作者在中央电视台经营工作会议上的报告摘要，摘自《电视研究》2004年第九期）

# 关于电视科学发展观的哲学思考

中央电视台副台长　王庚年

党的十六届三中全会明确提出“坚持以人为本，树立全面、协调、可持续的发展观，促进经济社会和人的全面发展”。在对科学发展观的学习和思考过程中，笔者体会到，它不仅是与时俱进的时代理念，而且体现了中国传统哲学一以贯之的思想精髓。而从传统哲学角度进行思考，则有助于贯彻执行的坚定性和自觉性。

## 一、从中国传统哲学“民本”思想看“以人为本”的电视理念

“以人为本”是科学发展观的本质特征，也应是中国电视媒体核心的传播理念。党中央提出的电视宣传“贴近实际、贴近生活、贴近群众”的“三贴近”思想，从根本上讲就是“以人为本”。为广大电视观众提供优质的精神服务，是我们办电视的根本出发点和归宿点。我们常说的“观众满意不满意”、“观众喜欢不喜欢”、“观众欢迎不欢迎”，实际上也体现了“以人为本”的电视经营理念。

“以人为本”理念的提出，是时代的需要，事业发展的需要。不仅如此，我们还可以从传统文化中找到它的思想渊源和哲学依据。中国传统文化强调：人是宇宙万物的中心，人要“参赞天地之化育”，与天地“相参”。考察事物，明辨物理，既要“上揆之天”，又要“下察之地”，更要“中考之人”。人是衡定万物的尺度。“以人为本”思想，在传统文化中称为“民本”思想。它可以溯源到殷周之际。《尚书·盘庚》记载：“重我民”，“罔不唯民之承”，“施实德于民”，“视民利用迁”《左传》、《国语》等典籍中，“民本”思想多处呈现。如“民之所欲，天必从之”；“夫民，神之主也。是以圣王先成民而后致力于神”。发展到后世，儒家哲学政治理论基石，便是“民本”说。孔子主张富民、教民。孟子坚持“民为贵，社稷次之，君为轻。”道家也主张“民为邦本”。老子说：“无常心，以百姓为心。”

从传统文化的这些论述中，我们看到封建时代，进步思想家和开明的政治家首先是倡导“民本”在立国兴邦方面的重要性的。民本思想是中国传统文化的重要组成部分。而“文化”一词，在中国古代最早是指“文治和教化”。这恰恰是今天电视的功能之一。因此，今天中国电视人应该坚定地坚持“以人为本”的发展理念，把满足观众日益增长的精神文化需求作为发展的出发点和落脚点，切实保护广大电视观众收视权益。通过改革创新，壮大中国电视媒体的实力，增强中国电视媒体的影响力，使广大电视观众获得更多的精神实惠，推进社会主义物质文明、政治文明和精神文明建设。当然，今天的“以人为本”思想，较之古代哲学文化笼统的“民本”思想，更具有时空的穿透力，更具有现代文明的感召力，更具有中华民族伟大复兴的凝聚力！

## 二、从中国传统哲学“天人合一”论看电视的全面发展

电视工作是一项复杂的系统工程。它需要电视宣传、电视管理、电视经营、电视技术四大系统的良性互动和全面发展。宣传始终是电视台的中心工作，导向正确，出新出彩始终是我们追求的目标；管理是提升电视传播效益的根本手段，管理出效益，管理出生产力，想管、敢管、会管，始终是我们的努力方向；经营是电视发展壮大和可持续发展的命脉，必须高度重视，不容懈怠；技术是电视做大做强的基础、关键和保障，必须加大投入，紧赶时代。这四大系统中的任何一个系统发展得不平衡，都将直接影响电视台的实力和综合竞争力。因此，我们应该树立全面的电视发展观。

全面发展观体现了哲学整体性的思维方式。在中国传统哲学中，“天人合一”被视为整体性哲学思维的最高境界，强调天与人、人与人、人与自然的和谐状态。这点对我们树立全面的电视发展观至关重要。它提倡人们在观察处理问题时，从客观事物的整体联系出发，从内在矛盾着眼，寻求事物间的整体统一与和谐发展，实现最佳效益。《易传·文言》所谓的“夫大人者，与天地合其德，与日月合其明，与四时合其序，与鬼神合其吉凶，先天而天弗违，后天而奉天时”，其哲学蕴意正在于此。老子玄览洞察天地万物，反复告诫人们要创造平衡和谐的环境；要“有余者损之，不足者补之”。

站在全面发展观的哲学高度来看中国电视业现状，可以清楚地看到历史性的失衡和偏颇。比如：宣传产

业的顾此失彼，事业企业的你我不分，阻碍发展的政策弊端，你争我抢的市场分割等等。所有这些，都是中国电视业全面发展、壮大整体实力的突出障碍。因此，应该依照科学发展观的要求，深化改革，整合资源，包括：人才资源、智力资源、设备资源、宣传资源、节目资源、社会资源。面向市场，面向社会，尽早打破计划模式、行业垄断、地区分割。

## 三、从中国传统哲学的“阴阳之道”看电视的协调发展

从哲学上讲，协调发展观强调的是，在抓主要矛盾、讲重点的同时，应讲统筹、讲兼顾、讲协调，照顾到方方面面。有了重点、有了协调，社会才能健康发展。中国古代哲学特别强调事物的和谐发展。“阴阳合德”、“中和均衡”等理念，从哲学的高度诠释了社会协调发展的世界观和方法论。“阴阳合德”是《周易》内涵的一个重要原则。《周易·系辞》曰：“一阴一阳之谓道。”从现代治国角度看，“阴阳合德”，要求全社会树立整体观念，处理好各分系统之间的关系，实现社会协调有序的健康发展。“中和均衡”既是一种理想境界，同时也是一种科学方法。其核心思想是坚持中庸之道，不偏不倚、适量守度，消融矛盾、避免冲突、稳定秩序，保证全社会合理有序运行。

从传统哲学的“阴阳之道”的和谐观念中，我们应能明了中国电视四十多年的运作方式为什么不适应今天的发展，确定的正确目标为什么不见成效的原因，那就是：是否有重点、有整体，讲协调、讲兼顾。具体讲就是：(1) 改革是个系统工程，受多种因素制约。世界上没有孤立存在、孤立发展的事物。所谓“孤阳不生，孤阴不长”。(2) 做大做强，首先是做强；做大做强，不等于经营的泛多元化；做大做强不等于行政合并，现有资源并非都是优良的，必须以资产为纽带；做大做强不能忘了本行。多挣钱只是手段。(3)《道德经》讲：“其安易持，其未兆易谋，其脆易判，其微易散。为之于未有，治之于未乱。合抱之木，生于毫末；九层之台，起于累土；千里之行，始于足下。”万里长征，脚下的第一步是躲不过的；万里长城，第一块砖是不能少的。广电集团化、产业蓝图的施工，有效的办法、稳妥的办法、长久的办法、不会翻烙饼的办法之一应是：从品牌建设着眼，从机制创新入手。

## 四、从中国传统哲学“变易之律”看电视的可持续发展

世界是物质的，物质是运动的，运动是有规律的。可持续发展观的哲学特质就是彰显变易。变易是中国古代哲学最基本的命题，是宇宙万物的根本法则和基本规律，又是当今中国社会发展的时代主题和文化特征，其本质是自强不息和改革创新。所谓“苟日新，日日新，又日新”；“穷则变，变则通，通则久”；“天行健，君子以自强不息”，“天地之大德曰生”等等，就是中华民族自强不息可持续发展精神的集中概括和生动写照。《周易》的核心是变易原则。《周易·系辞上》曰：“一阖一辟谓之变”，“日往则月来，月往则日来，日月相推，而明生焉；往者屈也，来者信也，屈信相感而利生焉”。变易是有规律的。《易经》是中国传统文化宝库中的重要经典之一，是一部探索宇宙人生规律的重要典籍。《周易》在强调变化的同时，又认为这个变化是有规律的。它说：“夫《易》，开物成务，冒天下之道，如斯而已者也。”开物，开启万物，找出物质世界（客观世界）的根本、规律；成务，成就事务，找到人类社会（主观世界）的法则、准绳。抓住了宇宙万物的规律、原则之后，一切都变得“如斯而已”，轻轻松松，不过如此了。

变易的关键是创新。可持续发展观的核心思想也是创新。对我们电视工作者来说，创新主要体现在六个方面：一是电视观念的创新。这是实现中国电视可持续发展的观念源泉和先导。必须变革传统思维方式，树立新的环境意识，在文化观念上进行批判和反思，同时进行建设，实现创新。二是电视环境创新。这是实现电视可持续发展的关键。要在深度和广度以及观念形态上不断突破电视自然资源的有限性，实现电视与人类社会发展的良性互动和协调发展。三是电视广告经营创新。既重视电视量的增长，更重视电视质的提高，实现电视生产方式和运作机制的创新，在中国电视媒体的广告增幅和比重逐步下降的情况下，实现中央电视台广告经营的可持续发展。四是电视科技创新。这是实现中国电视可持续发展的杠杆。当今世界电视科学技术日新月异，数字技术和网络技术的广泛应用，要求我们必须追赶时代潮流。五是电视机制创新。严格地说，同世界电视强势媒体相比，我国电视媒体在规模、效率、盈利性、创新能力和国际化水平等方面的差距是次要的，根本差距是体制机制上的差距。我们应当借助中央关于文化体制改革的东风，实现中国电视媒体机制制度的创新。六是电视人的创新。这是可持续发展的根本目的。我们应当努力为人人可以成才营造良好的事业平台和发展氛围。

（摘自《电视研究》2004年第五期）

# 坚定信心　抓好落实　全面提升电视产业经营水平

中央电视台副台长　张长明

中央电视台经营工作会议圆满完成了各项预定议程。会议期间，宣布成立了全台经营管理委员会，与会代表就如何进一步开发经营资源，拓展电视产业，促进全台经营创收快速增长等问题建言献策，提出了很多好的意见和建议，并形成了许多共识。会议始终洋溢着求真务实、团结鼓劲、创新改革、与时俱进的氛围。这是一次传递信息的会议，一次统一思想的会议，一次增强信心的会议，也是中央电视台历史上具有里程碑意义的会议。它标志着全台经营工作从此走上了统筹规划、面向市场、迎接挑战、参加竞争的健康发展的轨道。

会上，张海涛同志代表国家广电总局作了重要讲话，从国内外传媒战略发展的高度阐述了加快推进中国电视产业化的必要性、紧迫性和重要性，展望和明确了我国电视产业化改革的前景和方向，同时，对中央电视台创新发展电视产业寄予深切的厚望和很高的期待。张海涛的讲话，使我们进一步认清了形势，明确了方向，对我们大力开展经营工作具有很强的前瞻性和指导性。

赵化勇台长代表分党组作了非常重要的报告，深刻剖析了电视产业经营市场的环境和格局，全面提出中央电视台经营工作的基本方针、战略思路和对策，着重强调了当前经营工作的具体任务和要求。尤其是赵化勇台长提出的全面实施“巩固广告经营优势，拓展新的经济增长点，构建跨媒体、跨行业的产业链，发展高新媒体经营产业，加强资本市场运营”的五项经营战略，以及努力实现“由宣传型向宣传经营型转变，由单纯依赖广告经营向多元化经营转变，由计划主导型经营向市场主导型经营转变，由粗放型外延式经营向集约型内涵式经营转变，由电视节目‘自制自播’向社会化、国际化制作与发行转变”的五个转变，对做强做大电视产业，保持中央电视台在中国电视传媒的“龙头”地位，具有积极而深远的意义。赵化勇台长的讲话彰显了创新的精神，充满了坚毅的勇气，贯穿了有为的作风，精辟透彻，实事求是，使我们的经营工作目标更具体，责任更明确，信心更坚定。

赵化勇台长在报告中明确指出，当前，电视产业经营的生存环境发生了巨大和深刻的变化，初步形成了“内变外进”的多元化格局。这既是加速发展的机遇期，又是生存的临界点。面对瞬息万变的国内外媒体产业经营环境，我们不能盲目自大，坐吃山空，而要迎接挑战，参与竞争，以奋发有为的精神状态和求真务实的工作作风，努力开创全台经营工作的新局面。

为了深入学习、全面贯彻此次经营工作会议精神，抓紧、抓实各项经营工作，努力实现全台全年总收入突破110亿元的目标，希望会后各单位抓好以下几项工作：

**一是抓好思想落实。**各部门要认真组织传达学习2004年经营工作会议精神，特别是要深入理解赵化勇台长在会议报告中提出的“五项经营战略”和“五个转变”，开动脑筋，认真思考，一手抓宣传，一手抓经营，以“大经营”的思想，积极探索经营工作的新思路、新办法。

**二是抓好目标落实。**各部门特别是经营部门要按照全年经营指标，创新机制，整合资源，发挥优势，扎实工作，确保超额完成全年经营目标。

**三是抓好措施落实。**结合当前电视产业化的新情况、新特点、新形势，各部门要充分发挥经营工作的特点，围绕目标，寻找差距，制定对策，健全体制，确保各项经营措施顺利实行。

**四是抓好责任落实。**坚持实行经营目标责任制，既明确分工，明确责任，又团结协作，形成合力，使经营工作常抓不懈、常抓常新。

目前，中国电视正处在电视产业发展的关键期和机遇期，机不可失，时不我待。面对前所未有的变革、前所未有的机遇和前所未有的挑战，我们要根据中央关于文化体制改革的精神，按照广播影视产业化的具体要求，抢抓机遇，深化改革，突出重点，抓好落实，为推进电视产业化改革，实现中央电视台跨越式发展作出不懈努力！

（本文是作者在2004年中央电视台经营工作会议上的总结讲话摘要，摘自《电视研究》2004年第九期）

# 与中国经济同行

中央电视台副台长 罗 明

## 一、中国电视媒体的基本状况

与世界其他国家一样，电视媒体已成为中国的第一媒体。从受众人口看，目前，中国的电视收视人口为11.15亿，领先于其他形式的媒体；从广告营业额看，2003年，中国的广告营业额为1078.68亿元，其中各种媒体广告收入为550.78亿元，而2003年电视的广告收入为255.04亿元，占全国媒体广告收入的46.3%，高过其他形式的媒体。

截至2003年底，全国共有电视台2924家，与行政区划的级别相对应，就像一个金字塔的结构：处在金字塔塔尖的是中央电视台，是唯一的国家电视台，对内代表党和政府，对外代表中国，是中国电视媒体的领导品牌；处在金字塔塔腰的是各省级电视台，是中国电视媒体的中坚力量；处在金字塔塔基的是广大的市级电视台，是中国电视媒体的新兴力量。

中国目前有3000多个电视频道，其中，中央电视台有15个频道，省级卫星频道31个，按央视——索福瑞媒介研究公司提供的日记卡数据，2003年，中央电视台的收视份额为31.6%，省级卫视的收视份额为16.1%，其它电视台的收视份额为52.3%。

## 二、中央电视台的节目和广告经营的情况

中央电视台无论是从媒体地位，还是从市场份额上，都是中国电视媒体的领跑者，也被业内称为“中国第一媒体”。

### 1. 中央电视台节目的基本情况

中央电视台开播46年来，节目内容不断发展完善，特别是近几年围绕“频道专业化、栏目个性化、节目精品化”的战略，中央电视台综合实力有了大幅度提升。目前全台栏目总数近400个，日播出量达270小时，其中自制节目量约占总播出量的75.36%，使用中、英、法、西班牙四种语言和粤语、闽南话等方言向国内外播出，全国人口覆盖率达90%，观众超过11亿人。第4套节目（中文国际频道）、第9套节目（英文国际频道）通过卫星传送覆盖全球，2004年10月1日，中央电视台开通西班牙语、法语频道。

在频道专业化方面，面对不同层次的观众个性化需求，通过改革和对频道结构的调整，进一步突出频道专业化个性。目前，中央电视台已形成了以第1套综合频道为龙头，经济、综艺、体育、电影、农业·军事、电视剧、科教、戏曲、社会与法、新闻、少儿、音乐等专业频道相互支撑、门类趋于齐全、服务领域广泛、覆盖国内国际的频道网络。

在栏目个性化方面，中央电视台注重突出个性化特色，开办了一大批贴近观众、贴近生活的栏目，以普通百姓视角关注生活，为百姓提供天气、住房、医疗、购车、求职、证券、教育等方面的大量信息。

在节目精品化方面，中央电视台一直非常重视和观众的联系，将收视调查、观众的反馈建议作为提高节目质量、制作优秀节目的重要依据。我们在研究节目制作规律和观众心理需求的基础上还进行了制度创新。2002年，推行了节目测评和栏目末位淘汰制度，2003年，又开始实行栏目制片人竞聘上岗制度，加强内部竞争，充分调动栏目积极性。实施这些制度之后，全台节目收视率和观众满意度明显上升。

此外，中央电视台还拥有中国最大的电视剧制作机构——中国电视剧制作中心和中央新闻纪录电影制片厂、北京科学教育电影制片厂，形成从各类电视节目到电视剧、各类纪录片的较为完备的节目制作体系。

为了让世界各国更好地了解一个真实的、开放的中国，中央电视台实施了“走出去”工程，努力拓展节目在海外的落地入户范围，目前，全世界每天有120个国家和地区的观众能收看到中央电视台的节目。另外，中央电视台还积极参与国际电视传媒之间的交流和合作，更重要的是，中央电视台在新闻传播上关注世界的每一个角落，努力做到与事件同步、与世界同步。

### 2. 中央电视台广告经营的基本情况

中央电视台广告经营概括起来有两大特点：一是增长迅猛，二是占据1/3市场份额。

“增长迅猛”是指：从1980年第一条商业广告播出到现在，中央电视台广告经营经历了24年的发展，也经历了24年的快速成长，特别是近十多年来，与中国经济的快速增长同步，中央电视台的广告收入也出现了高速的增长。1991年，中央电视台广告收入为7662

万元，到2003年，中央电视台的广告收入为75.3亿元，12年里增长了近100倍。2001年6月，面对电视媒体竞争激烈、行业市场变化、电视广告发展低迷的情况，中央电视台制定了“以客户为中心”的广告经营新策略，并积极主动走向市场，开始了新一轮的增长，从2001年5月到2004年8月，中央电视台实现了连续40个月的持续快速增长，也成为中国电视媒体广告经营的一面旗帜。

“占据1/3市场份额”是指：中央电视台广告收入多年来一直稳居全国电视媒体广告总收入的1/3左右，以2003年为例，中国电视媒体广告收入255.04亿元。中央电视台广告收入75.3亿元，约占全国电视广告收入的30%，遥遥领先于国内其他媒体，是全国广告收入最高的媒体。

近几年，中央电视台黄金时段广告招标的中标额大幅增长，2002年招标总数达到26.26亿元，比上年增长22%；2003年中标总额33.1465亿元，比上年增长26%；2004年招标总额达到44.1157亿元，比上年增长33%。

## 三、中央电视台与中国经济同行，见证并参与中国经济发展

中央电视台作为国家主流媒体，记录了46年来中国政治、经济、社会、文化的发展，同时，中国自改革开放以来，经过了连续25年的经济快速发展，中央电视台的广告经营也经过了近25年的快速成长。作为国家电视台，近十年来，中央电视台积极投身中国经济主战场，与中国经济同行，参与并促进了中国经济的发展。

三年多来，中央电视台广告经营坚持“以客户为中心”，着力开发重点地区和重点行业，抓住中国全面建设小康社会、消费结构升级的机遇，通过打造品牌激活企业和行业的整体发展，从而推动地方经济和行业的发展。

在重点地区开发方面，2001年12月28日，中央电视台在泉州召开了第一个地区推广会，此后，又先后在20多个大中城市进行了地区推广，与更多的企业面对面接触，有效扩大了客户面，新客户大量增加。2002年上半年，中央电视台广告客户量比上年同期增长46%；全年新增广告客户1281家，比前两年新增客户的总和还要多26%；2004年黄金段位广告招标，参与竞标的客户比上年增长25%以上，其中新客户比上年增长50%。在央视广告客户群扩大的同时，也促进了地区经济的发展。以福建泉州地区为例，中央电视台多次与泉州当地政府与企业沟通交流，泉州先后有“安踏”、“劲霸”、“柒牌”、“七匹狼”、“九牧王”、“才子”、“雅客”、“利郎”等几十个品牌在中央电视台主要时段投放广告。广告投入取得可喜的结果，据统计，2003年泉州服装业的产值高达490亿元，一大批当地的品牌迅速跃上龙门，成为家喻户晓的知名品牌。由此也进一步激发了福建企业家群体的创业精神和把企业做强做大的信心和动力，福建特别是闽南地区已成为全国民营经济快速发展的最大亮点之一。其他一些地区经济的快速发展也与中央电视台这一强势传播平台紧紧相连。

在重点行业开发方面，2002年以来，中央电视台大力加强了行业开发力度，召开了多个行业推广会，将新的增长点与行业竞争、市场趋势结合起来，在推动行业发展的同时赢得广告收入的增长，像乳品、手机、润滑油、日化等行业的开发就是典型的例子。

从2002年8月16日在钓鱼台召开中国手机品牌高峰论坛以来，中央电视台已先后联合有关政府主管部门，共同召开了十几个行业高峰论坛，就行业品牌传播与行业发展出谋划策，实效明显。2002年12月22日，中央电视台与国家学生奶办公室一起召开乳品行业品牌传播高峰论坛后，伊利、蒙牛、光明等乳品品牌都得到了迅速增长，液态奶消费市场得到了极大扩充。至今，我们已成功召开手机、乳品、空调、饮料、汽车、日化、医药、服装、摩托车等行业论坛，帮助行业寻找品牌传播与发展良策，深受企业欢迎。这种积极的行业开发，不但为央视的广告经营找到了新的增长点，而且利用中央电视台的影响力，为中国经济、民族企业、行业发展鼓与呼，成了新兴行业成长的“加速器”和“助推器”。

在行业开发策略影响下，就连一些看起来很不起眼的行业类别，也开始采取利用央视黄金段位的广告策略，并取得快速的成长，像润滑油行业，自从2003、2004年统一、昆仑、长城等润滑油品牌在中央电视台投放广告后，都获得了大幅度的增长，润滑油行业也得到了更大的关注和发展。

纵观最近几年，央视黄金时段广告投放的情况与行业竞争和新兴行业发展情况有着惊人的同步性，而且，当某个行业在央视黄金时段投广告时，这个行业一般会发生三个变化：市场扩容、品牌集中度提高、本土品牌市场份额快速提升。从这个意义上讲，中央电视台促进了民族品牌的快速成长。这么多年来，中央电视台广告经营与改革开放同步，与中国经济同行，与中国企业携手，是中国产业界的朋友。

（本文是作者在第三十九届世界广告大会上的讲话摘要）

# 电视剧要多出精品之作

中央电视台副台长　胡　恩

现在中央台的电视剧管理分三大块：

（1）中国电视剧制作中心。中国电视剧制作中心以制作为主体，运作机制仍保持原有模式，所拍电视剧由中央电视台投资，拍成的作品在中央电视台不同时段播出。

（2）中国国际电视总公司和中视传媒股份公司。中国国际电视总公司和中视传媒股份公司有一项电视剧制作职能，影视部所分离出去的制作职能归入国际电视总公司。公司所运作的电视剧项目由公司投资或融资拍摄，自负盈亏，拍出的作品，优先供中央电视台选择，同时也向市场发行。

（2）中央电视台文艺中心影视部。调整后的影视部，仍为中央电视台文艺中心的一个编辑管理部门，具体负责国产（包括港澳台）电视剧的审查、选购和播出工作，为中央电视台的相关频道提供各类电视剧节目。影视部选片，面向全国各个电视剧制作单位，只要作品拍摄审查符合法定程序，具备发行资格，又符合中央电视台的播出标准，经与制作单位达成版权交易协议，都可以在中央电视台播出。购片方式分现货和期货两种。以现货为主，期货为辅。期货是在对剧本、主创班子、成本控制有把握的情况下进行，拍摄前支付一定订金予以订购。

中央电视台的电视剧，不管是全资投拍还是选购播出，都必须坚持三项标准：

第一是导向标准。必须以“三个代表”重要思想为指导，坚持先进文化的前进方向，坚持贴近实际、贴近生活、贴近群众，坚持政治意识、责任意识、大局意识，确保正确的舆论导向。作为艺术作品，艺术性和观赏性也不能忽视，尤其是艺术上的创新，应该提倡和鼓励，但艺术上的创新和追求必须以导向正确为前提。

第二是质量标准。中央电视台一贯坚持质量第一的原则，根据影视作品的艺术质量高低，确定不同播出时段和价格，鼓励艺术创新和“三贴近”的作品。一方面，要努力将全国范围内拍摄的优秀作品选择到中央电视台播出；另一方面，决不为思想内容不健康、艺术质量低劣、粗制滥造的作品开绿灯。

第三是示范标准。这由中央电视台的地位和影响所决定。中央电视台播出的电视剧应该对全国起示范作用，不仅政治导向要正确，艺术导向也要正确，给地方电视台做好表率。

2004年是中央电视台电视剧制作机制改革后的第一年，总的说是平稳过渡，但如何确保中央电视台的播出需求，还要作进一步努力。目前有把握在一套黄金时间播出并能像2003年那样产生较大反响的电视剧还不多。在各类剧种中，能积极生动地表现基层干部群众生活，尤其是普通群众生活及弘扬传统美德、亲情友情等内容的相对欠缺。相当多的作品还局限于城市白领、大款大腕、老板经理的生活圈子，手法老套，人物千篇一律，不能真实地表现时代生活。

2004年的重大节日纪念日主要有8月份邓小平同志诞辰100周年和国庆55周年。

国庆55周年，中央电视台将播2～3部有分量的现实题材作品，体现改革开放以来的巨大成就和祖国的繁荣昌盛。目前我们制作和参与制作的有表现农村改革的《天高地厚》，有展示国家高科技水平的《国家使命》。同时，如市场上有符合要求的作品，可随时纳入播出计划。

明后两年，是重大节日纪念日较集中的年份。世界反法西斯战争胜利60周年、建党85周年、建军80周年、辛亥革命95周年、孙中山诞辰140周年等，这些纪念日都要有相应的电视剧配合宣传。

目前，中央电视台主要是集中精力抓好为纪念世界反法西斯战争胜利60周年而筹拍的重点电视剧《八路军》。这部电视剧将全方位表现中国共产党领导下的八路军在整个抗日战争中发挥的中流砥柱作用和中国人民取得抗日战争的伟大胜利。

我们希望在今后的电视剧创作生产进程中，继续加强与各制作单位的合作，为进一步推动优秀电视剧创作生产播出，促进我国电视剧市场的更加繁荣而共同奋斗。

（本文是作者在2004年电视剧题材规划会上的讲话摘要）

# 中央电视台技术现状与发展思考

中央电视台副台长　何宗就

中央电视台在数字化领域下了很大力气，经过几年的建设，基本上全面实现了制播数字化。

新闻在中央电视台占有极其重要的地位，众多频道中都有新闻节目，节目生产涉及新闻、海外、广经、体育、西部等多个中心。但是，长期以来，各中心基本上采用的都是各自为战的方式，各自建立了小而全的新闻系统。

这种模式实质上是一种手工作坊式的方式，不仅生产效率低下，而且造成了资料难以共享、热点新闻重复采访、多版收录等一系列弊病，同时制约了今后的扩大生产。为此，中央电视台决定以新闻节目为试点，建立以网络化技术为基础的新闻共享系统。

新闻共享系统于2003年开始投入使用，目前已实现全部国内外新闻资料的收录、共享，日均制成新闻300条，周均制成新闻2000条。

总控系统是电视台内各个信号节点之间以及电视台内部与外界信号节点之间信号交换的枢纽，是全台技术系统信号交换的核心和窗口。

为了提升总控系统的整体业务运作能力，满足和适应今后事业的发展需求，中央电视台于2003年对总控系统进行了数字化改造。根据当前业务的需要以及对未来业务发展趋势的评估，新的主控数字系统在整体设计方面力求五年内技术水平保持国内先进，十年内保证系统安全运行。新总控系统从2002年5月开始试运行，7月开始正式运行。

鉴定委员会认为，该项目适应当前数字化、智能化的发展趋势，并为未来业务的发展留有空间，在系统规模和技术上达到国际先进水平。

中央电视台加扰数字电视始于1995年。随着MPEG-2/DVB标准的逐步完善，以及国家广电总局在全行业大力推进标准化的总体精神指导下，中央电视台从长远发展考虑，于2001年决定对原加扰数字电视系统进行重新规划，建立一个符合我国数字电视标准且能够满足未来业务发展需求的数字电视系统。新系统从2002年6月开始运行，目前成功地管理着CCTV-3、5、6、8、新闻、少儿、西法语和新开播的央视付费频道。

鉴定委员会认为中央电视台数字电视同密系统属国内首创，技术上达到了国际先进水平。

对两车光纤集联系统和光纤通道网络系统两个项目，鉴定委员会经过认真讨论，认为该系统规模大、设计合理、性能稳定、扩展性强，在技术上处于国内领先水平。

在完成上述高新技术项目的同时，我们还选择了全台计算机网络系统、硬盘播出、影视资料馆等几个重点方向，作为实现数字化、网络化战略的具体举措。

2004年，中央电视台继续在数字化、网络化战略方面不断深化和发展，并从有重点地选择若干建设项目全面升级到有系统地规划和实施数字化、网络化战略。根据几年来的实践经验，我们认为电视台数字化、网络化的根本目标在于为广播电视节目的生产开创一条低成本、高效率、高质量、高水平的途径，为广播电视迈向以效率为基础的产业化服务。本着这个原则，2004年我们在三个方向实施数字化、网络化战略。

**1．信息化应用**

电视台是以节目生产为核心，以安全播出为基础的特殊机构，因此信息化、网络化建设的重点应紧密围绕这两个方面。2004年我们将充分利用网络化带来的巨大技术进步，加强节目生产的管理和上下游的协作，实现低成本的节目制作；建立联网的监控检测系统，实现自动化的安全播出体系。

随着广播电视节目和频道的不断增加，制作成本正成为电视台不可回避的重要因素。而网络制作技术的日益成熟，特别是国产化的网络制作技术的发展，使低成本制作成为可能。但是，低成本制作是以牺牲节目艺术效果和降低节目技术质量为代价的，所以要根据不同的节目类型制定最恰当的工艺制作流程，采用最合适的制作方法，才能达到最好的艺术效果和广播级的技术质量。为此，需要根据节目制作的需求选择适当的制作设备和设施。大制作和精品制作采用高投入，一般制作采用低投入。总之，低成本制作是由综合因素构成的，要在节目制作的每个环节都控制最高效率和最低成本。要实现这一目标，建立网络制作系统是必由之路。

安全是广播电视的老课题。但是，传统的以人工监测为主的方式已不能适应越来越大的节目规模和越来越复杂的系统，通过设备和系统的联网实现自动监测监控是根本解决之路。

**2．高新技术应用**

存储技术是实现网络化的重要基础，我们将着重开展存储技术方面的研究和应用。

（1）体育中心综合业务系统

数字压缩技术使电视频道资源得到极大释放。频道的专业化、多样化的发展趋势导致节目制作量大幅度增加，资源共享和素材利用的最大化是所有电视台面临的同样问题。传统的制作模式已经不能满足这种发展趋势的需要。以网络技术为基础，以媒体资产管理为核心，建立全新的生产方式和工作流程已经成为发展的必然。

中央电视台体育节目中心承担着CCTV–5综合体育频道、付费足球频道和付费城市体育频道以及正在试播的交互电视节目的制作与播出任务。节目包括新闻、专题、演播室直播等，几乎涵盖了除文艺节目以外的所有节目形态。我们以体育节目为试点，探索具有普遍意义的新的生产方式和工作流程。

索尼专业光盘技术将非线性引入采、编、播、存、管等各个环节，形成顺畅、高效的工作流程。上载前移、编辑前移以及编目前移打破了传统流程中无法克服的瓶颈，带来真正意义上的数字全程非线性。中央电视台与索尼和索贝一道，联合开发了中央电视台体育中心综合业务系统。这一系统将支持体育频道的日常节目制作，同时作为中央电视台新址系统的试验工程，将平滑地移入新台，并为2008年奥运会的电视转播提供支持。

体育中心综合业务系统是以媒体资产管理为基础，以节目制播系统为核心，提供业务运行管理和节目制播一体化的综合解决方案。系统建设将借鉴新闻共享系统和音像资料馆系统建设的成功经验，充分利用电视技术发展的最新成果。在对体育中心的业务现状进行调查与分析的基础上，经过流程的优化与完善，将节目制播、媒体资产管理、行政管理、日常业务运行等环节进行优化整合，形成高效、协调，面向流程的、全新的、标准化业务模型。

体育中心综合业务系统采用全程非线性的解决方案，对媒体资产管理的标准化提出了新的课题，对基于文件形式的媒体资料的传输、存储、交换的标准化工作提出了迫切的需求。而通过体育中心综合业务系统项目的建设，进行实际的探索和尝试，为中央电视台的媒体资产管理标准制定和今后的系统建设提供了借鉴和参考。

奥运会远程节目制作系统是中央电视台体育中心综合业务系统的子系统。它以前方中央存储为核心，充分利用网络技术和媒体资产管理的优势，支持前后方素材共享，收录素材的实时场记、归档管理和部分节目的现场制作，并通过国际传输链路，支持后方对前方低码率素材的远程浏览、编辑，以IP和IP OVER DVB两种方式实现高码率节目的回传和高码率素材的选择性回传，真正实现前后方资源共享和制播一体，为大型体育报道建立一种全新的工作模式。

目前传统的节目制作方式正在向网络化制播方式转变，但在相当长的时间内传统制作方式依然会占据一定的比例。体育中心综合业务系统将利用媒体网关技术，探索在传统的线性节目制作系统和网络制播系统间架起一座桥。通过磁带与网络素材的混合编辑，实现资源共享，保护现有投资，实现平稳过渡。

技审作为节目安全播出的保证，是节目制播流程中的重要环节。如何实现节目流和文件级技审呢？建立适合网络制作环境下的节目技术质量控制体系是事业发展的必然要求。体育中心综合业务系统将继续探索和建立相应的节目技术审查手段，以确保网络制播模式下的节目技术质量与播出安全。

（2）基于P2技术的经济频道制作系统

2003年底，中央电视台与松下公司、大洋公司开始联合开发基于P2半导体存储技术的制作系统，并率先将其应用于经济频道。其目标是建立一套全新的面向频道的多业务流程综合制作业务系统，应用范围包括了中央电视台广告经济信息中心除广告部以外的所有经济频道的节目制作系统，重点是节目制作的五个工作室以及整个中心的节目制作流程。

广告经济信息中心承担着CCTV–2频道的节目制作，主要涉及财经和经济发展类节目，包括新闻类、专题类以及王牌的益智类节目，在中心建立全新的节目制作流程，对中央电视台今后整体的发展具有至关重要的意义。

P2半导体存储技术是松下公司开发的一种先进的固态储存器技术。P2半导体存储卡几乎可以无限次再使用，一块卡可重写多达10万次。这种半导体存储卡可直接插入计算机的PCMCIA卡槽，提供即时的现场编辑或向视频服务器的高速文件传送。即时随机存取和与PC网络的高度兼容性为用户提供巨大的工作流程改进空间。

摄像机采用半导体存储卡进行记录，可充分适应采集所遇到的各种环境，适应性强，抗震动性好，功耗低、噪音低、操作成本低。在编辑方面，由于P2存储卡与计算机良好的连接性，无论是对现场快速编辑还是对电视台内部网络编辑，都可实现快速上载，不需要等待时间就可迅速进入非线性编辑网络进行加工处理。

新一代的记录媒体P2卡，给电视台、媒体的工作流程带来了革命化，在国内外引起了强烈反响。汤姆逊公司将在他们的服务器上面，加装P2卡的驱动装置和配套支持；品尼高和Avid也将在板卡方面提供支持P2卡的技术。国内的大洋公司已经表示其全系列产品都将支持P2卡，并将在松下推出P2卡产品的同时，推出基于P2卡应用的单机方案和网络系统。P2技术不仅能更好地适应电视台现有的数字网络系统，还能对电视台的新工作流程提出整体解决方案，具有划时代的意义。

**3. 新业务、新服务**

2004年，我们发展广播新业务、新服务的重点是高清晰度电视和立体声节目的制作。

（1）高清晰度电视制作

中央电视台高清晰度电视自1999年开始，对国庆50周年庆典盛况采用高清晰度电视进行了实况转播，开创了我国高清晰度电视在重大活动中实际应用的先河。根据几年来的研究和实践，结合本台的特点，我们将发展高清晰度电视的重点放在节目制作方面。

2004年我们将加大高清节目制作力度，完成以下目标：

a.落实高清晰度电视节目的制作规划，完成高清节目的制作任务。精选部分精品栏目采用高清录制、播出，充分利用高清转播车和400平方米高清演播室等制作设备，录制有高清重播价值的高清节目；组织京剧、芭蕾等专场录像；积极支持高清电视剧录制。

b.继续开展高清晰度电视节目制作工艺的研究。充分发挥高清摄录设备的艺术创造力。研究确定高清与标清兼容性节目的制作流程。建立规范，开展双声道、5.1声道环绕声制作实践。探索摄像、舞美、灯光、化装、服装、道具等方面对高清节目制作质量的影响，探索高清在节目包装制作工艺中的应用，培训高清节目制作队伍。

c.继续完成“高清晰度电视节目制作示范工程”建设。以新建的800平方米高清晰度电视演播室和后期制作系统为中心，按照低成本、高效率原则继续扩大节目制作规模，形成具有一定规模的高清晰度电视节目的采集、录制、编辑、转播和播出的电视节目生产播出链。达到每年900小时高清晰度电视节目制作能力，能够支撑每天3小时首播量的高清晰度电视频道的实验播出。

d.积极推进高清晰度电视实验频道播出。适时开办高清晰度电视实验频道播出是让高清晰度电视从研究实验阶段走向实践发展阶段的关键环节。只有高清晰度电视节目达到相当数量，质量达到精品水准，才能适时推出高清频道。加大高清节目制作力度的主要措施是推广高清与标清兼容性节目制作。中央电视台相关部门要作好高清节目入库储存管理工作。建立全国高清节目目录，探索建立高清节目市场化交流机制。研究收费电视的高清有线接入体制、市场运营和管理体系。

（2）立体声制作

目前，中央电视台数字电视的发展已经提供了立体声节目的制作的技术条件，我们将利用音乐频道开播的契机适时推出立体声节目频道。电视立体声节目向广大观众提供高品质的艺术欣赏，它更能体现音乐频道的特色，是提高节目收视率的重要尝试。对提高中央电视台节目技术制作水平，跟上国际电视节目发展有着重要意义。

（摘自《现代电视技术》2004年第六期）

# 面向市场 整合资源 开创经营工作新局面

中央电视台副台长　李晓明

中央电视台经营工作在台分党组的领导下，紧密围绕和配合宣传工作，不断创新经营理念，开拓市场发展空间，以坚实的业绩为全台事业发展提供了有力保证。

## 经营工作面临的问题

**1．广告收入高增长背后的高投入**

中央电视台连年广告收入的增长背后存在较高的成本投入。以2003年为例，广告收入为75.3亿元，直接用于宣传支出的费用为29.3亿元，同时因为节目而支出的人员费用、设备购置费用分别为3.7亿元、8亿元，这三项费用都是直接用于节目的，三项费用总计达41亿元。

**2．产业经营与台本部资源的关联度偏高**

中央电视台下属经营单位的收入中有很大一部分都是依靠台本部的业务来获得的，没有真正实现完全的市场化运作。卫传中心、科影厂、新影厂的收入对台里的依靠性强，这三个单位的大部分收入都是通过台本部的业务获得的。

**3．产业盈利徘徊不前**

由于受到政策调整等客观条件的影响，从1999年以来，中央电视台下属经营单位的净利润呈现徘徊不前的局面。中视传媒、科影厂、新影厂的净利润呈现了急剧下降的趋势。

**4．资源整合不力，尚未形成完整的产业链**

全台在新闻资源的多媒体开发、电影、纪录片等版权的开发、动画产业链的构建、媒体资本运作等方面还在起步阶段，而国内外不少同行在上述方面已积极运作并卓有成效。

中央电视台近年也采取了一些资本运作的举措，1997年成立的中视传媒是中央电视台间接控股的中国第一家兼营影视制作业和文化旅游业的A股上市公司。但通过比较可见，中视传媒各主要经济指标排名均靠后，且其上市公司融资功能远没有得以充分发挥，上市以来累计融资额明显低于其他电视媒体上市公司。

**5．经营结构不合理，广告收入比重过高**

近年来，中央电视台收入结构与国外电视机构收入结构呈现明显的不同：广告收入是全台收入的支柱，而国外传媒机构的广告收入均低于30%，对广告收入的依靠性不强，收视费是国外电视机构的主要收入来源。

**6．资产、收入规模和发展速度尚不足**

（1）中央电视台资产、收入规模与国外大型电视机构相比还有一定的差距。2003年，中央电视台与维亚康姆、迪斯尼等大型跨国媒体集团相比，资产总量和收入差距均较大，与英国广播公司、日本电视台和朝日电视台等电视机构相比，资产总量接近，收入水平也处在一个数量级上，但仍有一定的劣势。

（2）与国内电视机构相比，中央电视台资产、收入的增长速度不具有优势。近年来，全台的资产虽然一直处于增长趋势，但相对于国内其他电视机构，中央电视台的资产增长速度较慢。以2002年为例，中央电视台的总资产增长率不到10%，但上海文广的资产上升非常快，总资产增长率达到27.46%。近年来，中央电视台的收入和电视行业收入呈同步增长趋势，但仅处于行业平均的增长速度上。

**7．缺乏既懂传播又懂经营的复合型人才**

中央电视台下属经营单位的人才结构中，具有新闻、编辑、技术学历背景的人员占绝大多数，而具有经营管理专业学历背景的人员极少，有的单位连一个经营管理专业毕业的人员都没有。缺乏既懂传播又富有现代企业经营和资本运营经验的复合型人才。

**8．缺乏市场意识，经营机制滞后**

目前中央电视台经营部门还存在企业单位事业化管理现状，现代企业经营理念和机制缺位，法人制度不完善。要强化现代经营理念，培养和强化积极主动开拓市场、成本控制、质量监控等现代企业管理与经营观念。在思想上要纠正长期以来形成的过度依赖台本部划分经营任务的“等、靠、要”心理，树立独立走向市场的自信心和竞争意识。

## 面临的内外压力与挑战

**1．节目覆盖的优势正在逐步弱化**

地方电视台大量上星、境外电视台入境，以及下一步较多地方节目上星，使本已非常激烈的卫视频道竞争更趋白热化。中央电视台“一枝独秀”的覆盖优势相对弱化。

**2．受众收视市场竞争日趋激烈**

目前，地方电视台的节目质量、制作水平在不断提高，节目类型不断推陈出新，节目编排不断创新，与中央电视台的差距也在缩小，中央电视台的领先优势在减弱，尤其上半年地方电视节目收视率不断提高，已成为与中央电视台争夺受众收视市场的强力竞争对手，并已对中央电视台广告收入形成冲击。

**3．其他媒体分流受众**

随着互联网、手机等新型媒体的兴起，电视受众被分流情况也日益严重。据2001年统计数据，我国约有2194个县级以上电视频道；3400多个县级以上广播频道；有刊号的正式出版的报纸有2000多家，杂志8000多家；还有各类新媒体，都在与电视争夺眼球。面对丰富的选择空间，媒体内容竞争日益激烈。

以互联网用户数据为例，据尼尔森媒体研究公司对美国在线所作的一项研究显示，其用户家庭每天观看电视的时间比其他家庭的平均时间少1小时。美国时代华纳公司1999年的调查表明，在网民中，11%的人减少看报、18%的人减少读书、78%的人减少看电视。这些数据表明，各个媒体对于受众资源的争夺是个此消彼长的过程。

**4．电视广告竞争加剧**

（1）地方合纵连横，掀起广告价格大战。各地方电视台合纵连横，形成地方联盟对中央电视台广告经营产生直接冲击与威胁。就在中央电视台广告黄金档位招标的前一个月，全国31家省级卫视中的28家联手推出了一个广告新品，在“整合传播”的概念下，将28家电视台的固定广告时段整体推出以优惠价格进行销售。2004年3月，来自大长三角、大珠三角以及山东半岛经济圈的四家省级地方电视台（浙江教育科技频道、安徽影视频道、山东齐鲁电视台和湖南经济电视台）宣布联盟，在标志其合作开始的“金牛工程”揭牌仪式上，四家电视台推出“中国媒介金牛工程之无底价招标”，先向企业提供价值4000万元的广告时段，企业取得收益后再返还一定比例的报酬。

（2）国家广电总局加强对电视市场的监管力度。近年来，国家对电视市场监管政策呈现出放宽与紧缩并存的局面，放宽的是市场准入，紧缩的是行业规范，这意味着中央电视台将在政府监管力度日趋增大的市场竞争舞台上，与更多的竞争对手共舞。2004年6月25日，国家广电总局又向16家民营电视剧制作机构颁发了《电视剧制作许可证（甲种）》。截至目前，已有24家民营电视剧制作公司获此种许可证。外界评价这24家机构将“享受和央视一样的‘正规军’待遇”。这意味着，中央电视台不再独享一些制作电视剧方面的政策优惠，影视剧制作业务将面临竞争对手的有力挑战。同时，更意味着，在传媒行业日益市场化的今天，中央电视台曾独占的政策资源将在市场化的过程中被逐渐稀释、分解。

**5．数字技术挑战既有格局**

现代数字传播通信技术的进步使得电信网、电视网和互联网的三网合并成为可能。各个机构都会在融合背景下争夺更多利益增长点，占领更多的盈利领域。

手机电视的运用和发展使电信开始介入以往由电视台和节目制作公司等把持的内容提供领域，成为新的内容提供商，对电视台和节目制作公司形成新的竞争压力。以往以业务结构来划分的利益分配格局也因此被打乱，原本界限分明的广电和电信的盈利领域及模式变得模糊和相互交融。

**6．内部资金压力加大**

（1）事业发展对资金的需求量大大增加。中央电视台已开设15个频道，其中国际中文频道、国际英语频道、西部频道、科教频道、戏曲频道等主要以社会效益为重，经济效益并不明显。中央数字的30个付费频道都属长线投资，短期内还无法见效。2004年中央电视台预算高达41亿元。随着事业发展，资金投入必然逐年上涨。

（2）新台址工程资金投入压力大。新台址工程是中央电视台事业实现跨越式发展的重要里程碑，是重要的基础设施建设。中央电视台已为新台址工程前期注入大量资金，今后几年还要逐年追加资金，这无疑给全台经营工作带来巨大压力。

## 迎接挑战，开创经营工作新局面

**1．强化市场意识，拓展经营思路**

改变节目内容生产只管节目、经营开发只管经营的思想意识和做法，积极在台内建立内容生产和经营部门互动、协调的机制，树立前期市场调研意识，积极拓展衍生产品开发。

**2．培养、引进经营管理人才**

积极吸纳既懂传播又懂经营管理的优秀的复合型人才，并提供良好的发展空间，不断优化队伍结构，适应市场经济发展。引进人才的渠道：一是从社会吸纳，二是从业务部门挖掘和培养管理专家。

**3．调整经营结构，使经营资产配置合理，形成良好的产业链**

借助目前文化体制改革的春风，整合全台经营资源，按照可经营资产剥离的原则，明确可经营资产剥离后的运作平台，避免央视品牌的分散和削弱。全台应更加注重品牌立体开发，搭建电视产业链，拓展资本运营等业务。

**4．强化广告经营职能，加强广告与节目互动**

（1）强化广告经营职能。广告收入作为电视媒体的"经济命脉"，历来为国内电视媒体所重视。广告经营本质上更注重以整体的市场营销为先导，普遍采取的是独立于节目部门的机构设置，这样做便于整合全台各方面的资源，通过各种渠道为客户提供最优质的服务。中央电视台现行体制反应速度太慢，下一步将积极探索广告经营体制的创新之路。

（2）加强广告与节目生产联动运作。广告创收的持续增长有赖于媒体品牌和节目资源优势的确立。长期以来，中央电视台的广告经营和节目制作、编排分属不同的系统，广告经营部门难以考虑节目制作与编排方面的问题，也很难根据市场信息对节目部门的生产作相应调整。随着电视媒体竞争日趋激烈，电视台越来越重视广告经营的市场反馈，在频道、栏目设置以及节目编排时，广告收入成为节目评估的一项重要指标。

（3）积极探索灵活多样的广告促销策略。要以客户为中心，面向市场，面向客户需求，积极探索灵活多样的广告促销策略；树立市场意识，主动挖掘客户资源，加强与广告客户及广告代理公司的沟通，通过行业推广会、地区推广会等，优化客户结构，扩大客户群。同时，创新广告投放模式，挖掘广告空间，形成新的经营增长点。

**5．健全企业法人制度**

中央电视台办企业始于1984年，其后现代企业制度的建设和改制工作一直没有停止过，事业体制向企业体制、传统企业体制向现代企业体制发展的路径是明确的。但在文化体制改革日益加快的今天，还应看到，中央电视台下属主要企业依然是国有企业，绝大部分是全额投资，相当一部分企业机关行政运行特色依然浓厚，结构不完善导致决策速度慢，领导更迭频繁导致战略决策断层，以及激励约束机制不完善导致活力不足等国有企业的通病依然存在。在电视媒体产业化的背景下，需要在改制问题上切实推进，既要探索事业体制下可以企业化经营的部分的企业改制问题，更要考虑现有企业如何进一步走向市场，特别是资本市场的问题。只有不断推进和完善现代企业制度，才能为电视产业的发展提供保障。

**6．重视新业务，培养新的经济增长点**

中央电视台要积极寻求盈利新模式，开辟除广告经营之外的新的利润增长点，积极发展付费电视、网络电视、移动电视、动画产业等业务。

**7．加大力度，整合全台经营资源**

使台本部节目资源、技术资源、品牌资源等与经营资源形成良性互动。一方面要整合全台经营资源，使经营结构更加合理，让全台经营资源形成一盘棋，避免各自为战，相互内耗；一方面要充分开发中央电视台的品牌资源和内容资源，让这些资源与电视产业经营平台形成良性互动。

**8．争取国家广电总局政策支持和业务指导**

在我国文化体制改革日渐深入的背景下，在压力与挑战面前，中央电视台经营工作也在进行一系列改革和探索。中国电视产业的改革，尤其是中央电视台经营体制的改革，任务重、难度大。因此，我们要努力争取国家广电总局的业务指导和政策支持，积极、稳妥地推进经营体制创新，从而带动中国电视产业的成长和繁荣。

（本文是作者在中央电视台经营工作会议上的报告摘要，摘自《电视研究》2004年第九期）

2005

CHINA
CENTRAL TELEVISION
YEARBOOK

中国中央电视台
年 鉴

GAIKUANG

# 概　况

# 概况

## 中央电视台2004年十件大事

### 一、坚持正确舆论导向，圆满完成多项重大宣传报道

中央电视台认真宣传贯彻落实党的十六届三中、四中全会提出的科学发展观和加强党的执政能力建设等指导思想，切实改进新闻宣传，做好重大事件的报道。围绕隆重纪念邓小平诞辰100周年，圆满完成一系列重点报道和中央组织的重要纪念活动，并相继推出新闻、专题、文艺等系列节目和特别节目，精心制作和播出了《百年小平》、《小平您好》等一批优秀影视作品。雅典奥运会期间，连续19天在综合、经济、体育频道和两个付费频道进行奥运赛事转播和新闻专题报道，全面展示了我国奥运健儿的风采，极大地振奋和弘扬了民族精神；围绕庆祝新中国成立55周年，相继推出《精彩中国》、《经典中国·辉煌的55年》等特别节目、系列报道和文艺节目，将国庆宣传推向高潮；澳门回归五周年庆祝活动报道全面、及时，充分地展示了澳门回归五年来取得的成就和变化。

### 二、推进频道专业化改革，开办音乐频道、西法语频道和社会与法频道

坚持“三贴近”的原则，深化频道改革，突出频道专业化特色。2004年9月1日和10月8日，综合频道、综艺频道全面改版，强化了综合频道在全台各频道的龙头地位。经济频道、中文国际频道、体育频道、英文国际频道、科教频道、戏曲频道也都进行了改版，全台节目整体竞争力、影响力明显提升，年平均收视份额达29.75%，较去年提升了1.47个百分点。音乐频道3月29日正式播出，以播出中外古典音乐和世界各民族音乐为主要内容，引导和提高国民音乐素质和欣赏水平。西法语频道10月1日正式开播，是继中文国际频道、英文国际频道之后，中央电视台开办的又一个国际频道，形成了多语种对外宣传格局。12月28日，西部频道置换为社会与法频道，大力宣传“依法治国”、“以德治国”的重要方略，传播法治精神、普及法律知识，增强公民的法治意识。

### 三、中国卫星电视长城平台在美国开播，扩大电视外宣影响力

2004年10月1日，由中央电视台牵头与地方台、境外中文媒体联合推出“中国卫星电视长城平台”，包括中央电视台6个频道、7个省级地方频道，以及境外中文媒体共17套节目。不仅标志着中国电视对外宣传跃上了一个新台阶，而且也标志着中央电视台外宣工作在理念和运作方式上发生了重大变化。

### 四、中央电视台新台址建设工程奠基开工

中央电视台新台址建设工程于2004年9月1日经国务院第62次常务会议核准。9月20日，国家发展和

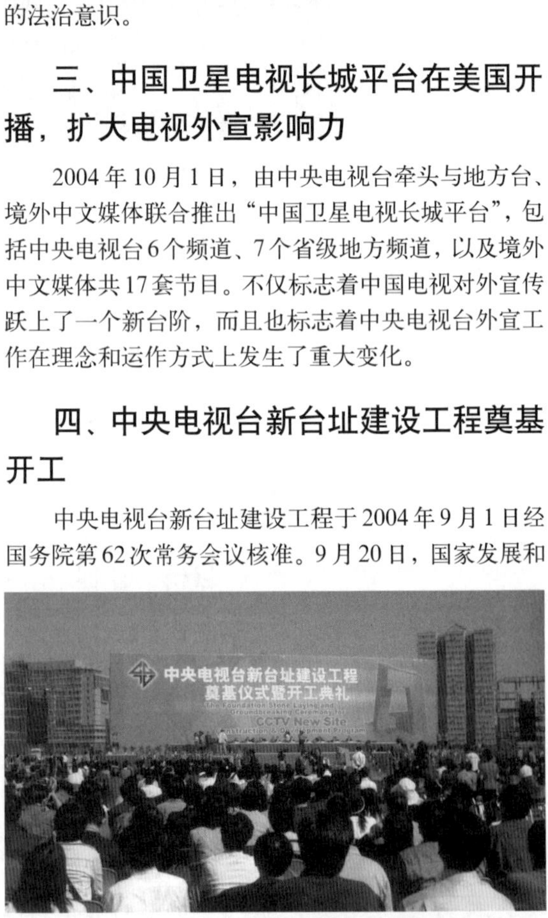


中央电视台新台址建设工程奠基仪式暨开工典礼会场。

改革委员会签发了关于建设项目的批复意见。9月22日，中央电视台新台址建设工程顺利奠基，中央领导同志参加了奠基仪式。10月25日正式破土动工。截至2004年年底，土方工程施工过半，其他建设项目陆续启动。

## 五、整合全台经营资源，开拓新兴电视业务

为进一步加强全台经营工作的领导和管理，加快电视产业的发展，2004年7月1日，中央电视台成立经营管理委员会，7月22日召开中央电视台首届经营工作会议。会议确定新的经营发展战略，努力拓展新的经营业务。中央电视台付费电视自8月9日正式播出，2004年年底前已开办10个数字付费频道。“央视网络电视”于5月31日正式开播，截至2004年年底有28个频道在北京、上海、江苏先后落地。

## 六、全年总收入突破110亿元，取得历史性突破

全台事业年收入约87亿元，企业收入约25亿元。其中，广告净收入80亿元，广告收入实现了自2001年5月以来逐月连续增长。在巩固传统业务、稳健经营的基础上，中国国际电视总公司积极拓展，全年营业额达23.6亿元。中央卫星电视传播中心完成上缴4.5亿元。同时，2005年黄金段位广告招标取得新的突破，招标额达52.48亿元。

## 七、制度建设创新，深化人事改革，促进科学管理

坚持“与改革相结合、与发展相结合、与现实相结合”的原则，组织修订《中央电视台管理规章制度总则》，第一次建立了中央电视台管理运行体系的系统框架，首次纳入办台理念、立台精神、发展目标、组织结构等内容，并先后制定出台了关于加强信息工作、督查督办、形象标识、名片管理、事业发展数据统计、人员管理、财务报销、技术设备维护和委托维护、运行项目管理等规章制度，促进全台科学管理。同时，编外人员公司化管理改革基本完成，全台编外人员纳入规范化管理，四千余人转入劳务派遣公司。制片人竞争上岗试点也在全台加快推广。

## 八、加快新技术开发应用，提高设备利用率，安全播出再创佳绩

积极推进技术创新。开发基于专业光盘存储技术的体育节目综合业务系统，奥运会远程节目网络制作系统发挥作用。加快开发基于半导体存储技术的经济频道节目制作与管理系统；全力推进新闻共享系统的应用，实现了地方台新闻、国际新闻共享收录、编辑制作和播出；音像资料馆工艺系统初步投入运行；调整演播室和设备使用时间，利用率明显提高。安全播出再创佳绩，2004年共播出119652小时，总事故率2.52秒／百小时，比2003年减少了1.34秒／百小时，是1995年以来10年间的最好成绩。

## 九、加强媒体资产管理，清理积压磁带工作成效突出

为充分开发利用电视节目、素材资源，从2004年7月1日起，全面启动清理积压磁带工作，对查明散落在栏目和个人手中的438000盘磁带进行统一回收，进一步加强媒体资产的科学规范管理。截至2004年年底，全台收回各种素材、播出磁带超过41万盘，还带率达95%。

## 十、党建工作取得新成绩，抓好廉政建设和队伍教育

2004年12月，中央电视台第七次党代会召开，并顺利完成机关党委、机关纪委、工会联合会、团委换届选举。全年广泛深入开展“三项学习教育”活动，完善党风廉政建设责任制、问责制、追究制等各项制度，加强正反两方面典型教育，举办专题报告会、全员培训班，建成中央电视台台史馆并开展多种主题活动，推出《感动CCTV》先进事迹报告会，产生良好效果。

（台办公室提供）

# 中央电视台2004年工作概况

2004年是全国广电系统的“数字发展年”和“产业发展年”，也是中央电视台深化改革、全面发展关键的一年。在党中央、国务院的亲切关怀和中宣部、广电总局的正确领导下，中央电视台以邓小平理论和“三个代表”重要思想统领新闻宣传工作，紧紧围绕改革发展稳定的大局，按照中央文化体制改革的精神，坚持“三贴近”原则，坚持正确导向，以改革创新为动力，以促进发展为目标，团结协作，与时俱进，求真务实，奋力拼搏，实现了宣传改革、事业发展、经营创收、技术创新、职能管理的新突破。

**1．宣传报道有声有色，呈现新气象**

（1）坚持正确导向，圆满完成各项重大宣传报道

认真宣传贯彻落实党的十六届三中全会、四中全会提出的科学发展观和加强党的执政能力建设重要思想，努力改进新闻报道，切实做到“在事实上求真、在报道上求新、在表现上求活、在效果上求实”的报道宗旨。邓小平诞辰100周年宣传庄重大气，及时报道了一系列重要纪念活动，相继推出专题、文艺等系列节目和特别节目，精心制作和播出《百年小平》、《小平您好》等一批优秀影视作品。雅典奥运会报道规模空前，连续19天在综合、经济、体育频道和两个付费频道进行赛事转播和新闻专题报道，全面展现我国奥运健儿的风采，极大地振奋和弘扬了民族精神。新中国成立55周年报道隆重热烈，先后推出《精彩中国》、《经典中国·辉煌的55年》、《中国魅力城市》、《城市中国》等特别节目、系列报道和文艺节目。澳门回归祖国五周年庆祝活动报道全面准确，充分展示澳门回归五年来取得的成就和变化，展示“一国两制”的成功实践。此外，配合宣传加强和改进未成年人思想道德建设，重点推出以“五个一百”和“十大活动”为内容的主题活动。

（2）坚持“三贴近”原则，改进新闻报道见成效

2004年，进一步加大新闻宣传改革力度，继续促进传播理念的改变、文化品位的提升和社会责任的凸显，新闻节目在内容、功能、形态和报道手段方面都发生了新变化。一是创新领导同志活动报道方式，增加直播报道量。二是继续改进会议报道，加大民生资讯和国际新闻的报道量，实现直播常态化。三是加强对突发事件和敏感事件的舆论引导。

**2．事业发展形成规模，开创新局面**

（1）坚持推进频道改版，加快频道专业化建设

推进各频道改版和深度整合，打造频道品牌。强化第一套节目在新闻、电视剧、综艺节目的领先优势和全台各频道的龙头地位，努力打造中国电视的“旗舰频道”。经济频道、中文国际频道、体育频道、英文国际频道、科教频道、戏曲频道节目整体竞争力、影响力明显提升，年平均收视份额达到29.75%。较2003年提升了1.47个百分点。

（2）坚持优化频道结构，开播音乐频道、西法语频道和社会与法频道

音乐频道于2004年3月29日正式播出，主要播出中外古典音乐和世界各民族音乐，引导和提高国民音乐素质和欣赏水平，它的开播标志中央电视台开始有针对性地细分受众群体。10月1日，正式开播西法语频道，这是中央电视台开办的第三个国际频道，从而形成多语种电视外宣新格局。12月28日，西部频道置换为社会与法频道，主要宣传“依法治国”、“以德治国”的重要方略，传播法治精神，普及法律知识，增强公民法治意识。

（3）坚持开发新兴电视业务，重点发展数字付费电视和网络电视

数字付费电视目前已开办了第一剧场、世界地理、风云音乐、风云足球等10个频道。网络电视已开通新闻、影视、娱乐等28个频道，先后在北京、上海、江苏落地。央视国际网络继续整合资源，积极拓展，日均点击量超过2.8亿次。

（4）积极推进“走出去”工程，成功开办中国卫星电视长城平台

2004年10月1日，由中央电视台牵头与地方电视台、境外华语媒体联合在北美推出“中国卫星电视长城平台”，其中包括中央电视台的中文、英文国际频道，西法语频道，戏曲频道，娱乐频道和电影频道等6套节目。不仅标志着中国电视对外宣传跃上新台阶，而且也标志着中央电视台外宣工作的理念和运作方式发生了重大变化。目前，中文、英文国际频道节目信号基本覆盖全球，并在120多个国家和地区实现落地入户。CCTV－4落地用户超过1000万户，CCTV－9达4000万户。

（5）着眼未来发展，中央电视台新台址建设工程奠基开工

2004年9月22日，举行了新台址建设工程奠基仪式，中央领导同志出席并为工程奠基。10月25日正式

动工。新台址工程的建设将成为中央电视台事业发展史上又一个里程碑，也将是中国广播影视事业走向辉煌的新起点。

**3. 新技术开发力度空前，达到新水平**

积极推进技术创新。开发了以专业光盘存储技术为核心的体育节目综合业务系统，并加快开发以半导体存储技术为核心的经济频道节目制作与管理系统。全力推进新闻共享系统的应用。安全播出再创佳绩，2004年共播出119652小时（不含付费电视、长城平台播出量），总事故率为2.52秒／百小时，是1995年以来10年间的最好成绩。

**4. 行政管理建章立制，迈上新台阶**

(1) 加强制度创新，促进科学管理

组织修订《中央电视台管理规章制度总则》等多项规章制度，促进全台科学管理。同时，完成全台办公业务自动化改造一期工程，初步建立事业发展决策信息支持系统，开展了“制播体制改革”等多项重点调研。

(2) 深化人事制度改革，搭建新型人力资源管理平台

重点深化编外人员管理、制片人管理、播音员和主持人管理、奖金管理四项改革，加大干部调整交流力度，人事制度改革取得实质性进展。以公开选拔、竞争上岗为重点，25个栏目实施了制片人竞争上岗，制片人管理改革在全台顺利推行。

(3) 清理积压磁带，强化媒体资产管理

从2004年7月1日起，中央电视台全面启动清理积压磁带工作，收回各种素材、播出磁带超过41万盘，还带率达95%。

(4) 推进财务制度改革，规范财经秩序

推出了《关于若干经费报销的规定》，继续推行成本核算，进一步规范财务管理，为电视事业发展营造良好的内在环境。

(5) 深入开展“三项学习教育”活动，加强党风廉政建设

广泛深入地开展了“三项学习教育”活动，完善了党风廉政建设责任制、问责制、追究制等，强化审计监督，注重从源头上预防和治理腐败。加强正反两方面典型教育，建成台史馆并开展了多种主题活动，提高了队伍整体素质。

**5. 经营创收实实在在，实现新突破**

(1) 加强经营管理，确立新的发展战略

2004年7月成立了中央电视台经营管理委员会，加强全台经营工作的领导和管理，明确了新的经营发展战略和电视产业发展方向，进行以市场为基础的多向拓展，开发新的产业增长点。

(2) 建立科学营销体系，广告创收保持增势

建立了科学的媒体广告营销体系，大力开发节目广告资源，深入挖掘市场潜力。2004年广告总收入达80亿元，实现自2001年5月以来44个月连续增长。2005年黄金段位广告招标取得新突破，总额达52.48亿元，国际知名品牌、大型国有企业加大广告投放成为新亮点。中央电视台的品牌和传播实力得到更广泛认可。

(3) 拓展经营业务，全年经营收入再创新高

全台事业年收入约87亿元，企业收入约25亿元，全年总收入达112亿元。

综观2004年工作，我们有以下深刻体会：

**第一，始终坚持正确导向，引导舆论。**

作为党和人民的“喉舌”，我们视导向为生命。各节目部门和频道能够按照中央宣传精神，牢固树立政治意识、责任意识和“喉舌意识”，抓住重点、精心策划，一方面不折不扣地做好“规定动作”，确保导向正确；另一方面做足做好“自选动作”，确保宣传报道生动深入。宣传报道的针对性、实效性和吸引力、感染力进一步增强，舆论引导水平进一步提升。

**第二，始终坚持与时俱进，改革创新。**

2004年是中央电视台深化改革、加快创新的一年，在宣传上，坚持“三贴近”，创新典型报道手法，注重细节挖掘，突出体现“以人为本、于细微处见精神”的宣传主题，实现了“榜样深入人心、精神感动社会”的宣传效果。在管理体制上，建章立制，推进人事、财务管理改革，基本建立起新的行政管理模式。在频道管理上，推行频道扁平化模式，积累了由节目中心管理制向频道管理制转变的经验。在技术上，加大创新，加快推进数字化、网络化，保持了领先优势。在经营上，重点发展付费频道和网络电视等新型业务，抢占国内媒体制高点。通过实施不同层面、不同类别的改革，增强了创新能力，并有效降低了运行成本。

**第三，始终坚持团队精神，形成合力。**

2004年，无论是宣传、行政、技术部门，还是中央新闻纪录电影制片厂、北京科学教育电影制片厂、中国电视剧制作中心、《中国电视报》社等，都表现出强烈的责任心、使命感和荣誉感，同心同德，团结协作，出色完成了各项重大宣传报道任务。在人事改革上，全台各部门积极配合，精减编外人员，特别是中国国际电视总公司成立了“中视劳务派遣公司”，有效推进了全台编外人员公司化管理改革。

**第四，始终坚持两翼齐飞，协调发展。**

发展是硬道理，发展是第一要务。中央电视台认

真落实科学发展观，全面发展。在抓好宣传主业的同时，积极抓好产业发展，实现了“事业和产业两个轮子一起转”。在抓好广告创收的同时，重视开发动画产业、节目制作和付费电视等，培育新的经济增长点。在重视国内媒体竞争，实现国内大发展的同时，也重视发展国际竞争力，积极拓展国际市场份额。在抓好宣传的同时，切实抓好队伍建设，确保“两手抓，两手硬”。

**第五，始终坚持加强管理，执行有力。**

管理是基础，制度是保障。全台强化管理意识，推进制度建设，做到“想管、敢管、会管”。其一，全面修订了中央电视台管理规章制度，推出了一系列新措施、新办法。其二，制定了频道化改革方案，建立了频道考评指标体系，完善了“节目综合评价和栏目末位淘汰制度”。其三，做到了抓教育，思想认识到位；抓责任，领导职责到位；抓规范，完善制度到位；抓分解，工作落实到位；抓监督，工作机制到位；抓追究，组织处理到位。

（摘自赵化勇台长工作报告）

中央电视台 2004 年工作会议会场

# 2004 年中央电视台频道概况

中国中央电视台是中华人民共和国国家电视台，1958年5月1日试播，9月2日正式播出。初名北京电视台，1978年5月1日更名为中央电视台，英文简称CCTV。

## 一、宣传状况

中国中央电视台现开办开路频道16个。同时开办了10个付费电视频道和28个网络电视频道。

16个开路频道：

| 套　别 | 频道名称 |
|---|---|
| 第1套 | 综合频道 |
| 第2套 | 经济频道 |
| 第3套 | 综艺频道 |
| 第4套 | 中文国际频道 |
| 第5套 | 体育频道 |
| 第6套 | 电影频道 |
| 第7套 | 少儿·军事·农业频道 |
| 第8套 | 电视剧频道 |
| 第9套 | 英文国际频道 |
| 第10套 | 科教频道 |
| 第11套 | 戏曲频道 |
| 第12套 | 社会与法频道 |
| 第13套 | 新闻频道 |
| 第14套 | 少儿频道 |
| 第15套 | 音乐频道 |
| 第16套 | 西法语频道 |

其中，2004年3月29日开办音乐频道，10月1日西法语频道开播，12月28日原西部频道置换为社会与法频道。

10个付费电视频道：

| 套　别 | 频道名称 |
|---|---|
| 第80套 | 高尔夫·网球 |
| 第81套 | 风云足球 |
| 第82套 | 风云音乐 |
| 第83套 | 第一剧场 |
| 第84套 | 家庭影院 |
| 第85套 | 风云剧场 |
| 第86套 | 世界地理 |
| 第87套 | 电视指南 |
| 第90套 | 央视精品 |
| 第92套 | 怀旧经典 |

中央电视台拥有近80万小时的节目资源，为国内其他电视机构所无法比拟。目前，中央电视台开路频道的栏目总数为391个，16个开路频道平均每天播出约370小时。2004年播出总量为163303小时，自办节目（含自制、购买、译制）量约占全年首播节目总量的82%。

## 二、开路频道简介

CCTV-1：中央电视台“综合频道”，于1958年9

月2日正式播出，是中央电视台开办最早、覆盖最广、影响力最大的频道，频道覆盖率达94.3%。

CCTV-2：中央电视台“经济频道”，是以经济资讯为主要内容的专业频道，开播时间是1986年1月1日。第二套节目主要分为资讯、服务、财经、益智娱乐四大板块，共20个栏目。

CCTV-3：中央电视台“综艺频道”，是融综艺、时尚、流行音乐、资讯服务、歌舞等各类文艺性节目为一体的专业频道，于1989年3月开播。除固定栏目外，还安排播出大量的文艺晚会和大赛节目。

CCTV-4：中央电视台“中文国际频道”，是以海外华侨、华人和港、澳、台同胞为主要服务对象的卫星电视频道，开播时间是1992年10月1日，全天24小时播出。

CCTV-5：中央电视台“体育频道”，是中国国内创办最早、规模最大，拥有世界众多顶级赛事国内独家报道权的专业体育电视频道，于1995年1月1日正式开播。倡导全民健身，普及体育知识。

CCTV-6：中央电视台“电影频道”，是全国最早开办的专业电影频道，通过卫星压缩加扰向全国传送节目。1996年1月1日正式播出。每天播出9部中外影片及科教片、纪录片，播出时间19小时。

CCTV-7：中央电视台“少儿·军事·农业频道”，是以播出少儿、军事、农业节目为主的专业频道，1995年11月30日开播，日播时间17小时。

CCTV-8：中央电视台“电视剧频道”，是以电视剧为主要播出内容的专业频道，于1999年5月3日开播，主要选取内容轻松、娱乐性强的精品剧目，是唯一覆盖全国的电视剧专业频道。

CCTV-9：中央电视台“英语频道”，是我国第一个以非母语播出的电视频道，2000年9月25日开播。通过6个卫星覆盖全球，全天24小时播出。以新闻和新闻性节目为主，以专题、文艺节目为补充，为海内外英语观众服务。

CCTV-10：中央电视台“科教频道”，是以科学、文化、教育类节目为主要内容的专业频道。2001年7月9日正式开播，每天播出20小时。频道追求宣传教育品格、科学品质、文化品位。

CCTV-11：中央电视台“戏曲频道”，是以弘扬民族文化、展示中国戏曲艺术，满足观众欣赏各类戏曲节目为宗旨的专业频道。2001年7月9日开播，全面展示我国200多个戏曲剧种的风采神韵。

CCTV-12：中央电视台“社会与法频道”，2002年5月12日开播，2004年12月28日由原来的西部频道置换为社会与法频道。频道宗旨是宣传“依法治国”，“以德治国”方略，普及法律知识，提高国民法律素质，开展思想道德和精神文明建设。每天播出20小时。

CCTV-新闻：中央电视台“新闻频道”，2003年5月1日试播，7月1日正式播出。全天24小时播出，每逢整点有新闻，以最快速度向观众提供第一手的国内国际新闻资讯。

CCTV-少儿：中央电视台“少儿频道”，2003年12月28日开播，是以0～18岁少年儿童为主要收视对象，以“引领成长、塑造未来”为宗旨的少儿专业频道，包括教育、游戏、科普、综艺、动画片和儿童剧等各类节目。

CCTV-音乐：中央电视台“音乐频道”，2004年3月29日开播，以播出中外古典音乐和世界各民族音乐为主要内容，致力于提高全民的音乐素养。每天播出18小时，节目信号覆盖全国。

CCTV-E&F：中央电视台“西法语频道”，2004年10月1日开播，是一个24小时播出的新闻综合频道，传输信号覆盖全球。采用西班牙语和法语交替播出方式，每8个小时为一个播出区间。节目以展示现代中国为主要内容。

## 三、传播效果

中央电视台16个开路频道在国内落地的总覆盖率达到94.3%，观众近11.88亿人，平均每天收看中央电视台节目的观众规模达到6.5亿人。

（总编室宣传规划处提供）

中央电视台主持人活动合影

2005

CHINA
CENTRAL TELEVISION
YEARBOOK

中国中央电视台
年鉴

# ZHUANJI

# 专辑

# 专辑

## 中央电视台对十六届四中全会进行突出而深入的宣传报道

**2004**年**9**月**16**日至**19**日，中国共产党第十六届中央委员会第四次全体会议在北京举行。中央电视台精心组织、周密安排，配备精干力量，圆满完成了对大会的报道任务。

从报道前期筹备阶段开始，赵化勇台长、罗明副台长、新闻节目中心李挺主任、时政新闻部王连生主任，便多次召集参与报道人员研究报道重点，细化报道方案，并于9月19日会议闭幕当天坐镇现场指挥布阵。

鉴于十六届四中全会重大的历史意义，在报道展开前特别加强了报道力量，组成了由多个部门共同参与的报道组。报道组在对报道方案不断完善的基础上，依据会议程序，提前考察场地，并对稿件结构、镜头顺序、画面拍摄提出了严格的要求。9月19日上午，时政新闻部会同新闻制作部、技术中心以及电信部门有关人员，在人民大会堂临时架设了编辑和传送机房，配备各类工程技术人员，为新闻及时编辑和传送提供保障。在9月19日对四中全会闭幕的报道中，前方与后方密切配合，并尽可能将问题在现场解决，为后期播出赢得了宝贵时间。

9月19日下午15：00，全会召开闭幕会议。报道组采取多机拍摄、分段编辑的方式，在16：00获得第一部分画面资料并进入编辑阶段；16：30，全会公报定稿，随即进行配音。在紧张有序的配合下，18：30，时长近15分钟的《十六届四中全会公报》制作完成并顺利通过审看。17：45，胡锦涛同志和江泽民同志共同会见了与会全体同志，报道组完整记录了现场一幕幕感人瞬间，会见活动在18：30结束，随后进入后期编辑。在《新闻联播》已开播20分钟的情况下，时长6分钟的《胡锦涛江泽民会见参加党的十六届四中全会的全体同志并发表重要讲话》及时传送回台，并顺利播出。该片大量使用现场同期声，通篇贯穿热烈的掌声，收到了很好的收视效果，得到在场的中办、中宣部领导的高度肯定。

十六届四中全会闭幕后，新闻节目中心以高度负责的政治责任心，全力做好四中全会后续报道，接连打赢了几场硬仗，凸显高水准的专业水平和团队协作精神。

围绕四中全会后续报道，《新闻联播》先后播出《江泽民胡锦涛出席中央军委扩大会议并发表重要讲话》、《载入史册的辉煌》等7篇重要稿件。其中，9月20日头条播出的《江泽民胡锦涛出席中央军委扩大会议发表重要讲话》，是在节目开播前5分钟稿件内容多处调整、时间不允许重新配音的情况下，由播音员罗京直播完成的。节目中，长约8分钟的直播内容，罗京一气呵成，没有出现任何差错；9月24日《新闻联播》头条播出的《载入史册的辉煌》，则是编辑、记者用了一天一夜的时间，对上百盘资料梳理后精心编辑而成的。《载入史册的辉煌》画面气势恢宏，充分展现了十三年来中国经济和社会发展所取得的巨大成就，报道得到了中央领导的充分肯定。

应对重大报道要求高、强度大的情况，新闻中心从前期采访到后期编辑以及技术支持，都提前配备精锐力量予以保障。在应急任务频发、人力吃紧的情况下，各部编辑、记者还主动请缨，积极参战，确保了后续报道的顺利进行。

为深入宣传十六届四中全会精神，10月14日，《新闻联播》推出了《加强党的执政能力建设——深入学习贯彻十六届四中全会精神》13集系列报道，通过对全会报告起草人、权威党建专家的采访，对全会精神进行了深入细致的解读，准确把握了全会决定的精髓，创造性地完成报道任务。与此同时，《焦点访谈》推出《深谋远虑的历史性决策》和《新思想 新论断 新举措》两期节目，权威解读十六届四中全会《中共中央关于加强党的执政能力建设的决定》的精神实质。节目邀请中央党校和中央党史研究室专家严书翰和张树军作客演播室，从宏观、历史的角度说明了我们党全面加强党的执政能力这一命题的重要性和紧迫性，阐述了提高执政能力的总体目标和任务。用名词解释的方式，选择了这次全会提出的最独特、最新颖的几个论断进行解释，针对性强，通俗易懂。

上述配合报道播出后，中央党校专家认为节目既准确、到位，抓住了四中全会精神的核心和重点，又鲜活好看，言之有物，较好地传达了四中全会的精神，在同类题材中表现出色。观众反映，节目阐释的四中全会精神，通俗明了，入耳入心。

（新闻节目中心供稿）

# 中央电视台2004年“两会”报道
# 用“人文”的方式传递人文精神

宣传报道“两会”历来都是中央电视台第一季度的重要工作。

2004年“两会”报道的中心是：以人为本，集民智、聚民意、凝民心，体现新一届国家领导人执政为民的亲民意识。

**帮助观众理解“两会”议题，让不同知识背景的观众感受“两会”**

中央电视台2004年“两会”报道是一次较为典型的议程设置。这次报道中，新闻频道上午和下午直播的《“两会”之窗》采取“直播会场＋演播室访谈”交互切换的编排方式，会议现场提出的抽象议题在演播室不断地被转化为具体议题，会议语言也不断地被转化成媒介语言。如3月7日，会议代表正在审议《政府工作报告》，其中，出现频率最高的词汇就是“科学发展观”。当镜头切回演播室时，主持人和嘉宾却从“点”进入，谈报告中的“大亮点”和“小亮点”。“大亮点”是GDP增长预期目标降到7%，“小亮点”是温家宝总理在宣读时，情不自禁地加上了“郑重提出”四个字，这是报告文稿中没有的。通过“点”的深挖，提供了解读“两会”精神、领略领导人人性光辉的多重视角，帮助观众理解报告的核心内容。之后，画面切入会场：全国人大贵州代表团审议《政府工作报告》现场，再切回演播室时，话题从“西部大开发”开始；直播了全国人大辽宁代表团审议《政府工作报告》后，演播室话题又进入“振兴东北等老工业基地”。专家答疑的同时，观众对政策的理解也进入新层次。

《“两会”全接触》、《央视论坛》、《共同关注》、《新闻调查》、《面对面》等栏目都结合各自主持人的特点、栏目定位和观众定位对一些重要议题进行了多层分解。

**让知名的主持人主持或参与节目，加快“两会”信息在观众中的传递速度**

在2004年的“两会”报道中，CCTV－2的一个创意吸引了不少观众的眼球，即《小丫跑“两会”》、《马斌读“两会”》、《老姚说“两会”》，亲切而有动感。在品牌节目《经济半小时》、《经济信息联播》中用名主持人为老百姓算经济账。当大家熟悉喜爱的主持人出现在“两会”现场时，庄严肃穆的会场在观众心中又有了几分亲近和活泼。随着他们的身影、话语和视线，“两会”信息的流动变得快速而有效。这和新一届政府平实亲切的执政态度是和谐的，也保证了策划者创意的实现，即通过电视这种通俗的方式把国家的政策信息传达到老百姓的心中。

新闻频道采取固定时段、固定新闻栏目、固定主持人的方式培养观众的收视惯性，如张泉灵与《“两会”之窗》，董倩与《央视论坛》，白岩松、沈冰与《“两会”全接触》，栗忠民与《共同关注》等。

与主持人、记者跑“两会”、说“两会”、评“两会”相对应的是代表、专家进演播室。嘉宾的设置成了“两会”报道中的常态。从内容方面，他们提升了节目的可信度和权威性，延展了议题范围，开掘了话题深度，构筑了视听新空间。

除了每天播出“两会”会场上的发言和在固定栏目中进行访谈外，央视“两会”报道还安排了一些有设计的主题访谈。如CCTV－4对一些省、直辖市、自治区领导的访谈，CCTV−12《新闻夜话》节目对中部地区六省长的访谈。这样的安排好处一是省市领导人对一个地方的发展有很大的影响力，那些地方的人们会关心他们说些什么；二是对不同地域观众的收视期待心理进行关照；三是反映了媒体对新闻的追踪和反馈意识。这些全部是通过对“人”的关注实现的。这种考虑，看似脱离了“两会”的议题，其实是放大使用了“两会”的题材，从不同的视角扩大了“两会”的影响。

**满足观众求新求异的心理，用灵动的语言增强受众对议题重要程度的感受**

央视“两会”报道中，CCTV−2《经济信息联播》就利用新技术手段在电视语言表现形式上大胆创新，用动画、漫画图解《政府工作报告》、计划报告和预算报告。由于画面设计新颖，想象力丰富，音乐表现力强，渲染到位，解说活泼亲切，对报告内容的解析也很到位，所以看惯了太多会议画面的观众一下子就有了耳目一新的感觉。“书”合上的时候，《政府工作报告》在脑海里形成了一幅幅立体而生动的画卷，许多观众对温家宝总理《政府工作报告》的形象记忆就来自于CCTV−2这个名为《解读〈政府工作报告〉》的特别报道。

新闻频道为配合各省、直辖市、自治区代表团分组审议《政府工作报告》的直播和专题节目，推出了31个时长40秒的系列宣传片，开创了“两会”报道的新样式。每个宣传片只有短短40秒钟，却容量丰富。编排精巧大气、独具匠心；画面鲜活丰富、亲切感人；配乐突出地方特色；解说简洁凝练、内涵丰富。历史现实，人文地貌，尽纳其中。当这些宣传片穿插播出时，调节了会议气氛，引起观众注意，成为“两会”报道中的一个亮点。

灵动的语言也体现在主持人的语言表达上。以沈冰和《“两会”全接触》为例。节目的定位是：互动“两会”，为百姓传声。沈冰为自己的定位是以平和、亲切的语言拉近“两会”和观众的距离。沈冰在节目中一直保持着微笑，她说，因为“两会”所讨论到的一些话题，跟老百姓都有密切关系，微笑可以让一些看似严肃的话题更加贴近生活，更加真实一些。

**探索了电视语言的新形式，为大型会议报道积累了新经验**

一是在整体策划上，存在或多或少的资源内耗现象。如多名记者、多个节目组聚集在同一个事件现场按自己的方案进行报道。如果是多个电视台之间，这种竞争是良性的，但发生在同一个电视台各频道、各节目之间，不管主观上如何避免撞车，如何在报道角度上求新求异，实际上已发生了资源内耗。所以，报道“两会”这样的大事件时，应考虑成立专门的报道组总体策划，各频道抽调专人协同作战，有效整合资源，提高媒体的整体竞争力。

二是有些报道过于强调形式，如演播室和前方记者连线、和观众连线过程中出现了局部错位、失真等现象。观众发现，有时晚上收看，演播室主持人用“现在我们连线现场记者看看会场情况”引出记者报道，可连线的记者所在地时间却是下午；或者是记者现场所显示的时间、电话另一端的时间明显早于演播室当时的时间。电视报道无小事，哪怕只是些细微的疏忽都会影响传播的效果或媒介在公众中的权威性、公信度。

三是“两会”报道的后续报道不足。传播效果研究显示：一条新闻或一个议题从报道者的接受到受众的接受、传播之间存在一个必然的时间差，这个时间差大致是2至6个月。议题不同，时间差也不一样。而且，由于记忆力的自然衰退，议程设置效果会在持续一段时间后消失。电视新闻有很强的短期效果，所以，不能把“两会”报道当做应景之作，会开完了，报道就结束了，应该用适时适宜的后续报道巩固强化议题的传播效果。

“两会”不仅是对前一年工作得失的总结，更为重要的是提出了新一年的任务和方向。2004年的“两会”，以人为本、以民为重，洋溢着深切高尚的人文精神。传递这种精神，需要电视人更加深入实际、深入生活、深入群众，不断地在社会改革和百姓生活的河流中采撷变化的浪花和水滴；实践这种精神，需要电视人将人文关怀作为报道创新的切入点，提升电视节目中人文精神的含量，使电视语言闪现人性化的亮点，在将党和国家领导人“情为民所系，利为民所谋，权为民所用”的人文精神传递到千家万户的过程中，做到润物渐有声。

（本文摘自《电视研究》2004年第五期。
作者：叶凤英 宋素丽）

# 中央电视台对邓小平百年诞辰纪念的报道以创新求实效

在纪念邓小平百年诞辰宣传报道中，新闻中心以“在事实上求真，在报道上求新，在表现上求活，在效果上求实”作为报道宗旨，从前期策划上精心部署，在表现形式上着力突破，收到了良好的传播效果。

2004年8月22日，中央电视台各部门通力协作，在综合频道、新闻频道、中文国际频道内，对“邓小平同志诞辰100周年纪念大会”成功进行了现场直播，全国30多家地方台也同步并机直播了大会实况。

广电总局和台领导对这次直播高度重视。直播筹备前期，广电总局副局长胡占凡同志专门出席直播协调会，并作动员讲话。他要求各部门要精心组织、认真实施，以高度的政治责任心完成好报道任务。直播当天，胡占凡副局长、王庚年副台长坐镇，罗明副台长、何宗就副台长以及新闻中心、播送中心负责人在前方指挥。从前方到后方，各部门密切配合，保证了直播的顺利完成。

承担本次报道任务的新闻中心，早在20多天前就成立了由时政新闻部、频道编辑部等部门共同组成的报道小组，并制订了相应的预案。由于这次直播报道的特殊性和重要性，报道小组在节目的筹备策划阶段就实施了更高的标准、更严的要求，力争不仅顺利完成任务，而且在新闻报道中体现出符合新闻事件本质的内涵和深度。本次直播采取演播室加现场的报道方式，报道小组在不断完善策划方案的基础上，对直播特别节目的结构编排、报道口径的把握、画面拍摄、机位的选择，都提前进行了周密设计。对演播室部分的文字和画面认真锤炼，精心制作了相关的纪录片。

8月22日当天，直播节目在简要回顾邓小平同志生平之后，先后以“家人眼中的邓小平”、“外国人眼中的邓小平”、“百姓眼中的邓小平”三段纪录片扼要展示了各界对邓小平的评价。短片播放顺序的巧妙安排，准确地把握了观众的接受心理，在此基础上过渡至纪念大会现场，整体衔接自然流畅，庄重不失生动，有效烘托了直播主题，凸显人文亲情。在大会进行当中，直播通过各类镜头、景别和角度，忠实而生动地记录了大会全程，最终顺利完成了这次任务。

此前，为做好配合报道，新闻中心从8月8日起，在《新闻联播》大型系列报道《经典中国》中推出了《经典中国·百年小平》系列报道。

总长18集的《百年小平》选取了与邓小平同志密切相关的数十个“经典事件”、“经典语录”和“经典地点”作为主线，追寻一代伟人的光辉足迹。《百年小平》报道内容既反映了小平同志出生地的变迁，也展现了小平同志曾经战斗过的百色、大别山、太行山地区等革命老区的巨大变化，小平同志十分关心的科教事业、农村改革、国防事业、旅游产业、宝钢等所取得的辉煌成就，在本组系列报道中也都得以集中展示。报道从正在发生的新闻事件切入，将历史与现实有机地融为一体，在缅怀伟人丰功伟绩的同时，突出体现国家改革开放以来所取得的巨大成就。

与新闻节目同步，新闻频道联动专题节目扩大了宣传声势。

《新闻会客厅》于7月27日至28日推出了特别节目《家人邓小平》。节目播出后，央视国际、新浪等各大门户网站和多家地方报纸对全长80分钟的内容进行了连载，网站点击率居国内新闻前10位。

《新闻会客厅》早在7月初对邓小平家人提前进行了长达3个小时的预采，在此基础上确定了节目策划方案。根据邓小平极具亲和力的特点以及预采获得的信息，两集特别节目分别以“亲人回忆伟人的平凡生活”和“亲人解读伟人之所以为伟人”作为主线，讲述了小平退休生活中很多鲜为人知的故事，小平同志亲人的评价更将一代伟人还原于生活，真实可亲。根据设计，节目中还穿插了9个小片，从内容上强化了信息量，丰富了节目的可视性。7月20日、7月22日《新闻会客厅》又推出了“发现邓小平”和“伟人故里归来忆小平”，节目分别邀请《小平您好》纪录片的导演以及中央电视台“心连心”艺术团赴广安演出的总导演，以艺术家的切身感受，从具有亲和力和人性化色彩的角度解读特定的历史事件，向观众还原了一个鲜活、真实、立体的邓小平。

8月11日，《东方之子》推出“我眼中的邓小平”系列人物访谈节目。节目选取改革开放以来若干重大历史事件中的代表性人物，以其亲历讲述了小平同志丰富多彩的情感世界和一代伟人的风采魅力。

为确保选题人物的权威性和准确性，《东方之子》节目组提前与中央文献研究室联系，展开前期策划。经过多次研讨论证，节目组获得大量第一手鲜为人知的资料，并在反复斟酌的基础上最终确定了6位采访人物（谷牧、周南、赵东宛、赵启正、李灏、查全兴）。他们都曾和小平同志有过密切接触，并亲历了许多重大历史事件。

本次系列节目突破传统叙事结构，注重细节的挖掘，在与被采访人的交流中，通过对重大历史事件不同侧面的细节展示，让观众得以贴近真实的邓小平，并感受伟人的智慧胆识和个人魅力。该系列节目推出后，在观众中引发强烈反响。不少观众反馈说："抚今追昔，该系列节目通过亲历者的讲述，使大家对小平非凡的韬略和思想有了更新的理解和认识。"

8月21日至22日，新闻频道《面对面》推出纪念邓小平百年诞辰两集特别节目——《小平往事》。

《面对面》栏目从3月就开始筹备小平百年诞辰特别节目的策划和运作。经过反复论证，节目组根据《面对面》栏目的特点，将采访重点放在邓小平家人的身上，以亲人的视角解读邓小平。依据这一创作思路，节目组完成了对邓朴方、邓林、邓楠、邓榕以及外孙女卓苒的采访，这也是邓小平的家人第一次这么多人接受同一个节目的采访。节目中，邓小平家人真切感人的讲述，呈现了邓小平可亲、可敬、可爱的人物形象，节目在以亲情为主线的基础上，突出表现了邓小平在改革开放阶段的历史功绩。

特别节目《小平往事》打破了《面对面》栏目原有的"一对一"的采访样式，由主持人王志采访多人，使节目整体更富变化和节奏感，节目充满温情而又不失大气。节目播出后，得到了各界观众的普遍好评。

《央视论坛》栏目于8月23日至26日，连续播出四集特别节目《历史的贡献》。

四集特别节目《历史的贡献》分别是《我是实事求是派》、《改革是中国的第二次革命》、《和平和发展是当代世界的两大主题》、《我是一个普普通通的人》。《历史的贡献》全片通过递进式展示小平同志鲜明的个性话语或警句，间或穿插展示由短片、照片闪现的令人难忘的历史瞬间，跳跃式选取重大历史事件中反映小平同志重大贡献的关键情节点，通过主持人导引评点，由资深专家延展背景，层层递进地阐述了小平"思想集束"中诸多的闪光点，以"说事"来"证理"，还原了小平同志作为一代领袖所具有的光辉风采与作为一个普通人所具有的鲜活生动形象。为准确把握节目的思想性和较高的理论水准，《央视论坛》栏目组从7月下旬开始，先后组织来自中共中央文献研究室、中共中央党史研究室、中共中央党校等研究邓小平专题的各方资深专家召开研讨会，经过认真分析讨论，确定了四期节目的报道主题。同时，各期节目的嘉宾也分别由资深研究人士担纲，极大地提高了节目的总体水准和档次。《央视论坛 · 历史的贡献》节目播出后，以其独有的节目类型，立论分类和谈话风格，深入浅出的表现形式，得到有关方面的肯定和专家学者的好评以及广大观众的赞誉。

"一百年前一个普通的农家少年，一百年前在虚弱中抗争的民族，一段你从未倾听的声音，一段你从未了解的经历。珍贵的档案，珍藏的记忆，探寻伟人儿时鲜为人知的故事，揣摩革命先行者成长的足迹。"这是8月21日《纪事》播出的《广安往事》开篇语，在邓小平同志诞辰100周年之际，《广安往事》借助大量珍贵的历史资料，追寻革命先行者成长的足迹，还原了伟人的少年时代。

与其他纪念类节目不同的是，《广安往事》关注的是邓小平从出生到15岁离开广安县城的这段历史，通过大量的文史资料和知情人讲述，展现了小平少年时期一段鲜为人知的历史。透过这段历史，使人们了解到辛亥革命、军阀混战、"五四"运动等重大历史事件，对邓小平走上革命道路所产生的特殊影响。在创作上，针对历史画面资料的缺乏，该片使用了连环画作为画面补充，辅助特殊的光处理，使全片表现出了厚重的历史感。节目将邓小平同志的少年时代与他以后的丰功伟绩紧密连接在一起，体现出邓小平少年时代的经历对他日后革命事业所起到的积极作用。片中，《满江红》的使用将节目推向一个高潮，使观众能够真切地感受到一位少年意气风发，以天下为己任的慷慨胸怀，也更深刻地理解了邓小平同志在香港主权回归中的历史功勋。《广安往事》通过对历史碎片的挖掘、整理，真实地还原、记录了邓小平的少年时代，这种还原和记录对深刻理解邓小平的人格魅力和邓小平理论的深刻内涵，具有积极的意义。

（新闻节目中心供稿）

图为中央电视台记者采访邓小平之妹邓先群

# 中央电视台系列报道《经典中国》让历史活在今天

2004年6月27日，中央电视台《新闻联播》推出《经典中国》系列报道，为纪念中国共产党建党83周年、中华人民共和国成立55周年、红军长征出发70周年和邓小平同志诞辰100周年，以中国革命、建设和改革开放中的特殊日子、特殊事件、特殊人物为切入点，报道在中国共产党的领导下，中国人民续写的社会主义建设新篇章。这种“打包”的集束式报道给系列报道注入了新的活力。

## 浓缩精华　恢宏大气

从《经典中国》已经播出的60多集来看，历史感厚重。它回顾了中国共产党的革命历史、新中国社会主义建设和改革开放的历程。人们从《上海的光荣与梦想》、《嘉兴南湖：红船启航地　今日小康城》中可以看到中国共产党诞生、发展和壮大的历程；从《江西南昌：军旗升起的地方》和历次国庆阅兵仪式，可以看到新中国军队的精兵之路；从《经典中国·百年小平》可以看到世纪伟人的光辉足迹和他为中华民族作出的丰功伟绩；从《经典中国·辉煌的55年》可以看到中国共产党领导下的新中国取得的辉煌成就。

《经典中国》系列报道注重新闻时效性，内容涉及领域广泛：从贫困的革命老区正在脱贫致富，到上海宝钢迈入世界500强，从中国自己设计建造了最大的船舶——30万吨的“新金洋号”，再到北京正负电子对撞机建成运行以来实施第一次重大改造，将成为全球最先进的双环对撞机之一，直至北京出台了“两轴、两带、多中心”的最新城市规划……

从总体上看，《经典中国》每集的报道长度平均为3分钟，在这短短的几分钟里，节目内容跨越了几十年、上百年的时间，空间上由点及面，从一个地区到全省、全国，从一个经典事件带出全行业的发展，这样的时空跨度展示，化繁为简的选材，对惜墨如金的电视新闻报道可以起到事半功倍的效果。

## 传奇性史料的运用

《经典中国》系列报道对历史材料的选择侧重其传奇性。对服务于主题、带有揭秘性质的传奇故事的讲述，既满足了观众的求知欲，又让历史题材的主题报道显得生动、好看。

### 1.当事人现身说法

这是《经典中国》报道中讲述历史时比较常用的手段。在报道新疆建设兵团50年的屯垦戍边事迹时，记者通过第一代军垦老战士王凤元的讲述，回忆了40多年前带领近千人在大沙漠里开荒造林两万多公顷，创造了“人进沙退”奇迹的传奇经历。在《宝钢的启示》一集中，记者通过正在拍摄纪录片《邓小平与上海》的摄制人员找到了全国政协副主席、时任上海市委副书记兼宝钢工程建设总指挥部党委书记的陈锦华，为观众讲述当年上海宝钢上马后不久差一点被“五马分尸”的危险情形，以及在这样的情况下，邓小平高瞻远瞩，力排众议，果断决策的伟人风范。随着当事人的讲述，整个报道既有悬念，扣人心弦，又揭开了历史鲜为人知的一面。

### 2.文物背后有故事

在当事人已不在人世或难以找寻时，博物馆和档案馆的文物也可“讲述”经典传奇。正在北京举办的《纪念邓小平同志诞辰100周年展览》，首次展出的两张普普通通的捐款单让观众第一次知道了邓小平曾以“一位老共产党员”的名义为中国青少年发展基金会捐款3000元的往事。在江西兴国革命历史陈列馆，珍藏着曾经挂在长冈乡苏维埃政府门口的控告箱，上面写着“凡是能控告的都控告”，使人们感受到“自觉接受群众监督，听取群众意见”的苏区干部的好作风。在深圳博物馆，有一份最早的“三来一补”加工协议，从中可以看到深圳人的创新勇气；而当年深圳第一代打工妹从家里带出来的、掰下一小块用水熬了洗头，可以洗用一年的“茶籽油渣饼”，更让人见识了深圳人的拓荒精神。

### 3.纪录片和电影资料做红线

这也是《经典中国》电视化表达的一个重要手段。在报道“人间天河”红旗渠时，引用了早期新闻纪录片《红旗渠》中的两个片断：因为缺水，过去全县一万多人要长年翻山越岭，跑到几十里外的地方担水；共产党员任羊成腰系绳索凌空飞荡，用撬杠清除爆破后松动的碎石。这样的资料真实再现了当时修渠的惊险场面。而《百色起义》、《南昌起义》和《洪湖赤卫队》等许多人们耳熟能详的“红色经典”影片的精彩片段，更让观众在回忆中品味经典。

## 电视手段的充分运用

总体上看，《经典中国》中电视报道的各种表现手段得到了充分运用。

《经典中国》每一集都有记者出镜的现场报道，记者不仅可以告诉观众“我在现场”，而且可以把观众带到现场，使之身临其境，让报道事件本身更加真实可信。由于《经典中国》报道的时间跨度大，因而现场记者还起着起承转合的作用。《经典中国》每集报道往往有两次记者出现场，第一次介绍新闻由头，第二次则引出报道的递进发展阶段，使得节目报道更加紧凑，浑然一体。

记者现场报道和同期声采访的运用使新闻报道更加真实可信，同时还起到调整报道节奏的作用。比如《天津：做活水文章　实现大发展》一集中，记者现场报道和同期声采访占了一半以上的篇幅，整篇报道简洁明快，不拖沓，节奏感很强。大量同期声采访的运用使报道更具有真实性和客观性。

在报道中，山歌《苏区干部好作风》、电影插曲《红色娘子军》、《请到天涯海角来》等音乐元素增加了新闻报道的艺术效果和感染力。在《上海的光荣与梦想》一集结尾处，一幅幅新旧上海城市的画面配上优美的《茉莉花》乐曲，撼动人心，起到了深化主题的作用——在中国共产党领导下，上海翻开了崭新的一页。

细节是新闻报道的血肉，对电视新闻更是如此。一个精彩细节，一个经典画面，其含金量远远胜过一通长篇大论。在《上海的光荣与梦想》中，对东方明珠塔解说词十几年来变化几十次的报道，很好地说明了上海城市面貌的变化。细节的作用在于以小见大。报道中，记者在上海银行博物馆拍到了世界上最大面额的钞票——解放前夕新疆发行的60亿元大钞，在当时只能买70粒米。这一细节更是生动形象地表现了那时国民党政府留下的金融烂摊子，也反衬出中国共产党解决危机的胆识和能力。

电视靠画面说话。活动的画面是电视区别于广播、报纸等其他媒体的重要因素。因为报道时间跨度大，新旧画面最能直观体现变化。在上海的报道中，参照旧上海城市的资料画面，对同一个内容，采用相同的拍摄角度，几十秒的画面展示出半个多世纪的变迁，新旧上海的变化一目了然。

总之，《经典中国》对跨越半个多世纪的历史进行了点面结合、角度多元、对比鲜明、详略有致的报道，既注重历史资料的科学运用，又着意于电视手段的丰富性、可视性，得到了广大观众的认可。

（本文摘自《电视研究》2004年第十一期。作者：郑昭红）

# 中央电视台系列报道《精彩中国》何以出彩

2004年9月18日，中央电视台新闻频道推出31集国庆55周年系列报道《精彩中国》。它以新闻栏目的形式系列化、全方位地展现各地的人文、经济和社会发展动态，为各省、直辖市、自治区搭建了一个展示风采的平台。栏目设置了《风景这边独好》、《地灵人杰》、《热爱家乡的N个理由》和《一张请柬》4个板块，旨在反映新中国成立55年来祖国各地的崭新面貌。

与以往不同的是，《精彩中国》对建国以来成就的展示不再单纯以报道经济成就为主，而是涵盖了环境、人文、科技、能源、运输、制造业等诸多方面，对社会的综合发展给予了更多的重视，突出了“协调发展”的理念。对经济建设的报道也不再是单纯列举数字，而是突出“精彩”之处，抓住经济建设中具有典型意义的亮点，使经济成就的展现更加具体化。

作为央视新闻频道国庆报道的重头戏，《精彩中国》突破了以往电视新闻系列报道单一化的报道模式，提高了文化发掘和信息的社会化表达能力，使媒介产品拥有了独特的文化品格，成为大众认可度较高的电视系列报道节目。

节目选取在各个领域取得突出成就的典型人物，将杰出人物与地域联系在一起，一方面符合我国传统的乡土人情，杰出的典范能够起到榜样的作用，乡土自豪感与榜样的精神支撑可以促进当地精神文明建设；另一方面，也体现了当今社会对“人”的重视和对“以人为本”理念的张扬，这同样也是一种进步。《精彩中国》抓住了典型人物和突出成就两者之间的内在联系，很好地将“人”与“成就”联系在一起，使节目独具匠心。

《精彩中国》的基调鲜明、突出，内容深厚、丰富，视角接近大众，文化内涵挖掘深入，这些变化得益于

《精彩中国》在传播理念和节目形态上所作的新的尝试和突破。

## 话语平衡的实现

《精彩中国》每期节目的开篇都采用演播室访谈形式，由一位具有当地生活背景且颇具特色的人物做嘉宾，他们往往出语不俗，点评精彩。小板块《热爱家乡的N个理由》是由同期声采访组成的，每次采访约15～20位身份各异的百姓，而这个采访集群就组合成了大众文化的舆论表达。小板块《一张请柬》则把新闻传播的话语权交给了当地官员，以人物专访的形式，表现了地方官员的风采。三种不同的视角、不同的表现形态统一于《精彩中国》，在节目中成为有机的一体，实现了话语平衡，达到了多维度传播的效果。

## 新闻叙事角度的多向化

《精彩中国》对事物的报道不再是单向度的逐层开掘，而是多向度的新闻组合。以往报道成就的系列节目往往以单纯的成就展示为主，大量报道新闻事实，新闻表达也多是单向度的叙述。《精彩中国》则以社会流变为背景，以区域性、地方性的人文变化同社会发展之间的本质的、内在的、深层的联系为节目主体。它的信息表达是多向度的组合与拓展，新闻的深度、高度、可信度和可视性得到了统一，避免了成就报道中容易出现的“同质、同构、同向”的问题，给人以耳目一新的感觉。

《精彩中国》在《山东篇》、《安徽篇》、《山西篇》、《新疆篇》、《四川篇》、《上海篇》等专辑中，都采用了微型专题加简讯的形式。如《山西篇》中的《山西味道》，仅3分钟的篇幅就从太原国际面食节，说到山西汾酒、山西人吃醋的爱好、山西的面食文化，体现出专题报道集中、深入、信息容量大的特点。接着，在演播室的访谈中，主持人话题一转，说起山西丰富多彩的戏曲文化，在新闻结语中主持人引用当地民谚：“拉起镢头会种地，放下锄头会唱戏。”这里，信息流转自然，开合有度，多角度地展现了山西独特的人文内涵，不仅得到了山西观众的认同，而且使全国其他地区的观众也都感受到了厚重的山西民风。

## 地方新闻非地方性的变化

过去受传播理念等多种因素的影响，对地方新闻的报道显得单一化、模式化。在《精彩中国》系列报道里，地方新闻不再只是各地的新闻，而是成为全国观众可以接受的共同文本。地方新闻的地域性和全国受众心理的结合点、认识上的接近点及收视的兴趣点实现了巧妙的结合。

在20分钟的节目时间里，要把发掘出来的新闻有层次、有重点、鲜活生动地表述出来，并吸引观众的目光，很重要的就是要强化接近性。节目对山东的报道没有停留在山东的山水风光上，而是在展现山水美的同时将新闻的目光投射在人文美的层面上，表现出山东人豪爽、重承诺的气质和品格，同时将视角深入社会呼唤诚信经营的背景参照中，放大了这种地方的人文美，使选题摆脱单一的地方化色彩，具有了广泛的社会意义，这既是新闻价值的开掘，也是它赢得受众喜爱的根本原因。

## 新闻审美的突破和影像表现力的突破

一些传统的报道成就的电视新闻，其主体语言是生产画面和数字，是道路、桥梁等交通工具和通讯设施等社会变迁的硬符号。在《精彩中国》中新闻主体语言表述的是人文和社会环境的变化，是人的活动和观念认知的变化，是社会变迁的软性符号的解读。

作为电视新闻，应当提倡影像语言的表现力、视觉的冲击力和审美的认同力。不少电视新闻平面化的镜头多，信息含量大但有美感的镜头少。对新闻镜头的认识，决定了拍摄内容的质量。高奏主旋律是《精彩中国》全片的基调，新闻的审美意识也在这之中得到了强化，电视新闻语言的美感更突出了，两极镜头（即全景和特写）的组合取代了大全景、中景镜头的组合，新闻的表现力和可视性得以增强。

此外，《精彩中国》一些广告化的影像段落成为节目的楔子，让整个新闻节目有了更强的审美特征，节目的节奏感、形式感都更加明晰，信息表达形成了缓冲。在《山东篇》、《山西篇》和《四川篇》等节目中，都能欣赏到这样舒展大气的影像。没有解说，唯有音乐和画面的广告化段落，强化了整个节目的张力，有效地避免了节目信息过载的现象，有利于观众在张弛有度的叙述中接受并储存有效信息，实现传播效果的最大化。

## 系列报道的栏目化和形式感的突破

电视频道的竞争，最终是节目的竞争。频道的竞争应当坚持节目本位原则。没有节目形态，节目难有基本格式，也难以方便观众欣赏。个性化的节目，才能赋予频道更多个性化的色彩和竞争力。电视节目形态的创新，决定着电视信息的容量和收视率能否有突破。因此，节目形态建设是电视进入频道化竞争时代的一个主题。

电视节目的形态在一定程度上决定着电视节目信息承载量。从央视《新闻联播》、《新闻30分》等节目的传播状况看，30分钟的新闻板块是观众信息接受峰值的理想形态。这次《精彩中国》采用独立的板块节目的形态，时长30分钟，符合电视传播规律的基本要求；其中的电视报道形式多样化，从演播室访谈、新闻专题、长短消息到人物专访、道具的使用，乃至影像的广告化段落等，共同构成了《精彩中国》的独特节目形态。

《精彩中国》的板块设置为信息的叠加、拓展和延伸提供了造型基础，而且易于观众接受。现在，许多新闻节目内在的新闻板块杂乱，节目整体缺乏和谐的形式感。有的形式感强了，新闻的厚度和深度却没有了；有的厚度和深度有了，节目中又出现信息过载的现象，以致观众反映看这样的节目累，不吸引人。

《精彩中国》中的4个板块是相互补充、延伸拓展的整体。节目的段落化为信息的表达提供了层次清晰的叙述空间。按照格式塔心理学派接受心理的理论分析，"如果一个格式塔中包含了太多的互不相关的单位，眼脑就会试图将其简化，把各个单位加以组合，使之成为一个知觉上预处理的整体。如果办不到这一点，整体形象将继续呈现为无序状态，从而无法被正确认知"。分析《精彩中国》的4个板块，可以看出它们是多向化的同主题下的一个"格式塔"，这样的文本给观众很强的整体感、层次感、和谐感。在每期节目中基本都有演播室访谈+专题报道的形式，然后是两个由5条左右的短资讯组成的信息集群。它们分布在节目的第一段落、第三段落之后，既加快了节目的节奏，又加大了节目的信息量。因此，新闻专栏节目的形式感，让节目增添了活力和动感色彩。这也是其区别于其他新闻栏目的重要因素。

《精彩中国》的成功说明，新闻传播的理念必须跟上社会的变革要求，新闻节目的形态创新和新闻价值的开掘，应当成为媒体关注的重要内容。电视新闻节目完全能够成为有文化含量的媒介产品，能够更好地影响受众，促进社会文明的进步和发展。

（本文摘自《电视研究》2004年第十一期。
作者：王晓真　冯旭宏　陈志生）

# 坚持"三贴近"是《焦点访谈》发展的力量源泉

作为中央电视台的一个新闻评论类日播栏目，《焦点访谈》创办于1994年4月1日，至今已历时十年之久，共播出了3000多期节目。

创办伊始，《焦点访谈》就以"时事追踪报道，新闻背景分析，社会热点透视，大众话题评说"为栏目定位，秉承"用事实说话"的创作理念，按照"政府重视、群众关心、普遍存在"的选题原则，主动而创造性地在党的工作重点、群众关注的热点、各级政府部门着力解决的难点这"三点"之间寻找报道的结合点，制作播出了大量影响广泛的优秀节目，使宣传党的意志与反映人民呼声实现了有效的结合，并形成了以舆论监督著称的栏目特色，成为中国政治生活中"下情上达"和"上情下达"的重要窗口，被誉为"中国新闻界舆论监督的一面旗帜"，受到广大观众的充分肯定和中央领导同志的高度重视。

我们总结《焦点访谈》成功的经验，可以清晰地看到它十年走过的历程就是中国电视新闻界与时俱进、改革创新、努力提高宣传引导水平的历史过程，就是党的群众路线在新闻宣传工作中全面体现的过程，就是中国电视新闻工作者主动贴近实际、贴近生活、贴近群众，开拓舆论监督空间的实践过程。可以说，党和各级政府的大力支持是《焦点访谈》发展的根本保证，人民群众的无比信赖是《焦点访谈》壮大的不竭动力，而自觉地坚持"三贴近"则是《焦点访谈》栏目走向成功的力量源泉。

## 坚持正确的舆论导向，"吃透两头"，在党性和人民性的紧密结合上下工夫

新闻工作者常说"吃透两头"，这个"两头"指的就是领导与群众这上下两头，用新闻专业术语讲，就是党性和人民性。历史经验证明做到"吃透两头"绝非易事，从这一点上看，《焦点访谈》的实践具有双重的意义。

《焦点访谈》除了在中国电视传统的脉络内拓展了新闻工作者的活动舞台之外，更重要的是，在这一实践

活动中，将政府关注和百姓关心的事情结合在一起，实现了政府之意（上头）、群众之意（下头）与《焦点访谈》自身之意（中间）这三者的有机结合。这种结合具有两个基本特征：(1)《焦点访谈》以舆论监督的形式表达了、从而也帮助政府回应了人民的心意，喊出了群众的心声；(2)《焦点访谈》在三方面找到了一个重叠的复合空间，并形成了和谐的统一。也就是说，《焦点访谈》长期以来始终把是否坚持正确的舆论导向，是否符合宣传的需要，是否符合老百姓的根本利益，是否具有良好的社会效益作为选择报道内容、采访制作节目的根本标准。坚持正确的舆论导向，就是坚持党性原则；符合老百姓的根本利益，就是坚持人民性；追求良好的社会效益，就是坚持媒体的社会责任。

根据这个标准，《焦点访谈》在“吃透领导和群众两头”的工作中，首先从坚持正确的舆论导向入手，并具体提出了栏目创作实践的“三原则”，就是：“政府重视、群众关心、普遍存在”。“政府重视”，解决的是新闻报道的出发点和归宿点问题。即在制作节目的过程中，无论是正面报道还是舆论监督，都必须紧紧围绕党和政府在一个时期、一个阶段的重点工作进行，即使是舆论监督的指向，也往往是政府迫切希望在工作中解决的问题，也就是说代表党和政府的意志。

“群众关心”，解决的是新闻报道的广泛性和接近性问题。就是记者应该深入到社会生活中去，聚焦在广大人民群众关心的热点问题上，代表他们的利益，也就是表达民意。

“普遍存在”，解决的是新闻报道的典型性问题。这就要求选择题材时注重社会效果，最大限度地发挥舆论宣传的社会效益，即使是制作舆论监督节目，也要有善意的态度，不恶意炒作某些极端、孤立的事件和人为制造所谓的“焦点”、“热点”。

政府重视、群众关心、普遍存在的选题“三原则”，一个都不能少，这是《焦点访谈》把握宣传报道导向的政治坐标。《焦点访谈》在长期的宣传报道中没有出现过任何政治偏差，始终站在新闻的第一线，并且受到领导和群众的一致肯定，一个很重要的原因就是首先在选题上自觉、全面、准确地运用了这三个原则。

改革开放二十多年来，农村问题始终是党中央和各级政府高度重视的大问题，也是广大农民普遍关心的大事情，当然也是存在问题最多、最集中、最难办的症结所在。为此，《焦点访谈》栏目每年都会在深入领会、坚决贯彻落实党中央指示精神的基础上，将关注的目光投向农村，从农村土地问题、农民负担问题、农业生产问题入手，制作了大量的相关节目。仅以2001年上半年为例，《焦点访谈》就集中精力，制作播出了五期节目：《如此农机太坑农》、《负重的农舍》、《如此改种要不得》、《放贷巧算计　农民苦难堪》、《难到手的扶贫款》等等，这些节目不仅在社会上反响强烈，而且引起中央领导同志的关注和重视，多次批示要加大解决的力度，许多长期以来积重难返的问题很快得到了解决和处理。许多农民来信来电说：反映出来的问题太及时了，《焦点访谈》是为农民说话的。

正因为如此，在2003年2月11日，也就是“两会”召开之前，时任国务院总理的朱镕基同志召开座谈会，征求教、科、文、卫代表对《政府工作报告》的意见时，听完敬一丹关于舆论监督和畅通言路的发言之后，他动情地说，《焦点访谈》的品牌很重要，《焦点访谈》一曝光，下面马上就反应，什么什么总动员。其实，那些现象早就存在了。舆论监督是有力的镜鉴，施政的指导。《焦点访谈》是政府最好的助手，人民的希望。

实践证明，把电视新闻宣传工作与中央的中心工作结合起来，与人民群众的心声结合起来，并在结合过程中树立大局意识、政治意识、导向意识，是确保舆论宣传具有强大生命力的重要基础和关键。这种结合越紧密，舆论宣传的影响就会越大，社会效果也就会越好，人民性就会更为加强，党性就会更为鲜明。

## 时刻牢记人民嘱托，用事实说话，在“三贴近”的具体内涵和丰富实践上下工夫

电视新闻宣传工作，“贴近实际、贴近生活、贴近群众”，不是一句空话，而是有着具体的内涵和丰富的实践的。长期以来，《焦点访谈》的全体工作人员始终没有忘记自己身上肩负的社会责任，在实际工作中努力做到“三贴近”。

《焦点访谈》一直要求自己的记者、编辑始终坚持正确的导向，把体现党的意志同反映人民的心声相结合，深入改革开放和现代化建设第一线，把镜头对准基层，把画面留给群众，多用群众的语言，多联系群众身边的事例，多采用群众喜闻乐见的形式，多报道有实在内容、有新闻价值的事情。

曾有观众来信说，《焦点访谈》是在“帮哑巴说话，扶盲人过河”，这话虽然有些过誉了，但是却真实地反映了《焦点访谈》在宣传党的意志的同时所具有的“群众意识”和“平民思想”，而且这种意识和思想已经成

为了一种传统，一脉相承。

其实《焦点访谈》这种强烈的“群众意识”传统之所以在《焦点访谈》人心目中根深蒂固，除了党的新闻宣传工作的性质使然之外，人民群众对栏目的发展所起的巨大作用更为这种思想的确立和光大奠定了强大的物质基础，因为《焦点访谈》成功的发展动力就来自于最广大的普通民众。

据统计，《焦点访谈》每天收到的观众来信、来电、电子邮件、热线寻呼和接待来访等两千多件次，这是一笔宝贵的财富，它不仅为《焦点访谈》提供了稳定的信息来源，同时也为《焦点访谈》分析民情、捕捉热点提供了可靠的资源。人民群众通过这种独特的方式表达他们的信赖和支持。而这使《焦点访谈》在新闻宣传中拥有了极其宝贵的信息资源，掌握了第一手鲜活而及时的素材，为报道的独家性和权威性提供了坚实的基础和可靠的保证。从1996年起，《焦点访谈》历年获中国新闻奖的节目，如《巨额粮款化为水》、《“罚”要依法》、《粮食“满仓”的真相》、《吉烟现象》、《铲苗种烟　违法伤农》、《河道里建起商品房》和《违法收缴违民心》等节目，其报道线索均来自观众反映的情况。

面对中央领导的重视和广大观众的信任，令人欣慰的是，《焦点访谈》的工作人员一直保持着清醒的认识，自觉地履行对国家、对百姓、对职业的责任，不断地在实践中思考栏目的生存与发展的问题，有效推进对舆论宣传的探索和实践，在群众喜闻乐见的内容和形式上下功夫。

## “打铁先求自身硬”，把握角色规范操作，在强化职业道德和为人民服务的自觉性上下工夫

早在两千多年前，孔子就说过：“不义而富且贵，于我如浮云。”一个人民的记者，如何用好手中的武器，行使好党和人民赋予自己的采访权、报道权，做到富贵不淫、贫贱不移、威武不屈，说到底，就是要与党和人民的利益保持一致，与人民群众保持血肉的联系，不为名利所诱，仗义执言、伸张正义，敢为人民鼓与呼，善为人民鼓与呼，乐为人民鼓与呼。为此，把握角色，规范操作，在强化职业道德和为人民服务的自觉性上下工夫，始终是《焦点访谈》栏目常抓不懈的重要工作。

在《焦点访谈》，大家经常面临的问题中还有一种感情的折磨，也就是被社会广泛关注的“说情风”问题所困扰。既然说情，就离不开诱惑，离不开金钱与物质，离不开人情。面对诱惑，如何把握，实在是考验一个人品行、一个栏目品质的关键所在。

然而令人欣慰的是，以舆论监督著称的《焦点访谈》的记者们却能够常在河边走，就是不湿鞋。在面对说情这个问题上，不论是作为一个有权力的总制片人和栏目组的制片人，还是普通的记者编导，大家始终保持着清醒的认识，绝不含糊。多年来，大家自觉形成了三点共识，就是“对事实负责，对自己的良知负责，对当事人负责”。

实际上，《焦点访谈》承载了过多的社会责任与负担。由于民主法制建设本身尚不够健全，社会监督的渠道不够畅通，观众有事就想到《焦点访谈》，把《焦点访谈》看成是万能的，当成了“包青天”。其实《焦点访谈》仅仅是个新闻栏目，它不可能代替也不允许代替公检法部门，它也不可能扮演政府的决策机构的角色。人们关心《焦点访谈》，喜欢看《焦点访谈》，对于《焦点访谈》的记者来说，肯定是一件很高兴的事，但正因为这种关注是如此强烈，如此重要，就要求记者要把握好自己角色的度。对此，《焦点访谈》强调，记者要做到的事情只是敏锐地发现事实，忠实地报道事实，当好党和人民的耳目喉舌；只是代表记者身后成千上万的观众，由记者代他们向被采访的对象发问或是探查一件观众感兴趣的事情，然后用旁观者的身份、平静的心态，客观真实地写出一份报道，为观众释疑解惑——这，就是《焦点访谈》栏目对记者角色把握的要求。

《焦点访谈》的实践告诉我们，只有事实准确无误，舆论监督才能成立，也才有力度。《焦点访谈》上下已经形成这样一个共识：“不是我们在说话，也不是被肢解的事实在说话，而是我们通过事实来说话。”——这就要求记者不能道听途说，不能断章取义，不能闭门造车，必须深入到事实发生的现场去调查，千方百计地采访到第一手的材料。这样的事实才能经得起时间的考验，经得起当事人的推敲，经得起严格的司法程序的检验。我们在“用事实说话”的同时，坚持的一个职业准则就是对事实负责。

《焦点访谈》的实践还告诉我们，电视台作为新闻媒体，报道事实的角度、采访报道的初衷应该是善意的，在报道事实的过程中采取的评价态度应该是公允的，节目所产生的社会效益应该是积极的。长期以来，《焦点访谈》始终围绕党和政府的中心工作以及重大举措进行报道，严格以党的路线、方针、政策和各种法律、法规作为判断节目制作的依据，始终坚持团结、稳

定、鼓劲，正面宣传为主的原则，弘扬社会正气，正确引导社会热点，及时反映群众心声，加强新闻舆论监督，帮助各级政府改进工作，打击各种歪风邪气，维护社会稳定。

正因为如此，中央领导同志认为《焦点访谈》的品牌很重要，是政府最好的助手，施政的指导，人民的希望。李鹏和朱镕基同志都曾视察过《焦点访谈》，并分别为之题词“表扬先进，批评落后，伸张正义”和“舆论监督，群众喉舌，政府镜鉴，改革尖兵”。温家宝同志也于2003年8月下旬来到《焦点访谈》与记者、编辑们亲切座谈，寄语大家要坚持“与人民同行、与祖国同在、与世界同步、与时代同进”的精神，要适应人民群众对精神文化产品的多方面需求，办出特色，多出精品，增强吸引力、感染力。

这些无疑为《焦点访谈》今后的发展指明了前进的方向，也更加增强了《焦点访谈》人继续坚持党的群众路线、走“三贴近”之路的信心。有党和国家的支持，《焦点访谈》一定会更加一往无前；有人民群众的信赖，《焦点访谈》一定会更加发展壮大；有一支始终自觉而坚定地为人民服务的记者队伍，《焦点访谈》一定会为党和人民献上一份更加满意的答卷！

（本文摘自《电视研究》2004年第五期。
作者：关海鹰 孙金岭）

中央电视台名牌栏目《焦点访谈》创办十周年。图为主持人敬一丹。

# 选题是《焦点访谈》成功的源头活水

长期以来，《焦点访谈》之所以能够在央视众多栏目的激烈竞争中立于不败之地，并且在栏目的个性化方面独领风骚，就在于它始终把选题当做一件重要的事情来做。

## “三个原则”是《焦点访谈》选题的根本方向

《焦点访谈》取舍选题的标准为：是否坚持正确的舆论导向，是否符合宣传的需要，是否符合老百姓的根本利益，是否具有良好的社会效益。根据这个标准，《焦点访谈》确立的选题原则是：“政府重视、群众关心、普遍存在”。《焦点访谈》人自己把这三条称之为“选题三原则”。《焦点访谈》在长期的舆论监督报道中没有出现任何政治偏差，并且受到上下的一致肯定，最重要的原因就是在选题上自觉、全面、准确地运用了“选题三原则”。

《焦点访谈》的选题方向，首先表现在积极主动地与中央的中心工作相配合，也就是说当好“耳目”，做好舆情监测，为中央决策提供事实依据。这就需要策划者及时、敏锐、准确地判断社会、经济发展进程中出现的必须加以解决的矛盾，根据中央的政策精神，揭示问题。这就要求新闻从业人员具有吃透政策的深厚功底，同时还要求在选题的策划过程中，必须做到所提出的问题有前瞻性，所选个案具有典型性。

《焦点访谈》舆论监督的选题方向，还表现在做好“喉舌”，为中央工作提供舆论支持上。也就是说《焦点访谈》在确立选题时，不仅要着眼于为中央的决策提供事实依据，而且当中央的重点工作确立之后，《焦点访谈》必须不遗余力地鼓与呼，给予有力的配合，尤其是对于违反中央工作精神的做法和行为进行及时而无情的揭露。在这方面，《焦点访谈》的目标是不仅自身要在舆论监督中做到舆论导向正确，而且力争以正确的导向引导舆论。

《焦点访谈》常常对选题策划人员提出严格的要求，那就是按照“选题三原则”，在具体操作中，必须做到心中有数，“抓大放小不添乱”。这具体表现在对选题内容的严格筛选上，对于一些敏感题材，宁可放弃轰动效应，也绝不给工作带来被动。可以说，这种“抓大放小不添乱”的做法，不仅仅维护了《焦点访谈》舆论监督的权威性，增强了栏目的力度，而且也保证了栏目的生存与发展，保护了记者本身。

## 角度独特是《焦点访谈》选题的追求目标

好的选题一般有这样几个收视卖点：独家事实、独家观点、独家分析、独家背景、独家人物。面对今天这样一个信息飞速发展的时代，这些是很不容易做到的。但是，没有了独家新闻，却可以有独特的视角。以什么角度介入新闻事件并报道新闻事件，对于一个倡导舆论监督的栏目来讲更为重要，也是其成功与否的一个不可忽视的因素。如果说，准确把握选题的内容是解决“选什么”的问题，那么选择恰当的角度则是做好“怎样选”的关键。一般人认为，选题角度的优劣也就是能否使报道锦上添花的事，并不会影响对问题判断的性质。但事实上，选题的角度不仅有优劣之分，还有对错之别。对于同一新闻事件选题，从不同角度看待、从不同角度表述，往往会得出不同的结论，甚至会影响到节目能否正常进行。

综观《焦点访谈》的选题角度，大致是从三个方面把握的。

**1. 选题角度应以事实为基础**

选题的角度既包含媒体看待问题、分析问题的角度，也包含媒体筛选事实、组合事实的角度。《焦点访谈》始终坚持在全面、完整掌握事实的基础上来选取恰当的角度，不说没有事实根据的话。《焦点访谈》报道过很多地方在农村产业结构调整中出现的形式主义、好大喜功的问题，比如安徽某镇政府强迫推行搞所谓的“四万工程”——让农民建万亩果园、万亩菜园，种万米葡萄绿色长廊，养万只肉食种鸽。由于不切合市场变化的形势，结果“四万工程”变成了农民的“抱怨工程”。《焦点访谈》还报道过重庆某县政府强迫农民毁掉青苗，改种烟叶的事件。从主题上看，这两个节目有相近性，都是反映地方政府无视农民的经营自主权，以强迫命令的方式侵犯农民权益，加重农民负担的事件。但在选题角度上，《焦点访谈》对这两个舆论监督节目的处理是完全不同的。安徽的那起事件，是当地政府领导为追求所谓的政绩，大搞形式主义所致。而重庆的那起事件，则是当地政府为增加地方财政收入，不顾农民利益的行为。两期节目本着不同的事实基础，所取的选题角度也有所不同。

**2. 选题角度应以政策为依据**

这里所说的政策既包括党和政府在一段时期工作的方针政策、制度规定，也包括国家的法律和宣传纪律。舆论监督节目能忠实地反映出党、政府和人民的意愿，而政策恰是党和政府意志的具体体现。

《焦点访谈》人常说，舆论监督就是围绕党的方针政策做文章，这话确实如此。2001年夏季，福建发生了一起制假大案。一个制假团伙假冒军人，甚至建立假军营，大肆进行制售拼装汽车的造假行为，可谓从头至尾“假”到了极致。在这起案件中，假军队、假军营成为一些媒体炒作的焦点，《焦点访谈》的记者认为在声势浩大的打假专项斗争中出现这种情况，其背后的原因更令人深思。于是记者选题时在深刻领会和消化中央政策的前提下，主动把角度往政策上靠。节目选择报道这个案件的角度是——在地方保护主义保护下滋生出来的腐败（而并非仅仅是地方保护主义）。地方保护主义已经与腐败合流，这其实也正是制假售假活动屡打不绝的症结。这样的选题角度不仅大气，而且最大限度地寻找到了报道空间，先后制作了两期节目。

其实，一则报道要做到大家风范，而不是显得“小家子气”，最便捷的方法就是依据政策确定选题角度。因为政策是为保护绝大多数人利益而制定出来的规范，只有顺着政策的角度深入，做出的报道才能被大多数观众接受、认可。要保证节目在舆论监督的报道中不出问题，就要在选题角度上主动往政策上“靠”。政策不仅是衡量节目选题角度是否正确的依据，同时也是确认舆论监督类报道导向的最可靠的“保护伞”。

**3. 选题角度应以独到为目标**

在充分占有事实、深刻领会政策的基础上，如果媒体对事件本身有自己正确而独到的报道角度，那么报道的社会价值就会更大。

这里所说的选题角度的独特，不是越偏越刁越好，而是越准越深越佳。丰富多彩的社会生活和鲜活生动的新闻事实，为媒体寻求独到的选题角度提供了可能。

《焦点访谈》2000年年底曾分别做过两期河南、河北等一些地方往棉花中掺杂使假的节目。本来做打假的节目，只要表现出制假过程的触目惊心，展现出有关人员的内外勾结就已经很好看了，但是《焦点访谈》在策划《追踪假棉》这个选题时，没有停留于此，而是在此基础上，拓展新的角度。

往棉花中掺杂使假的节目，在1995年时《焦点访谈》就制作过很多期，当时主要问题是棉花市场供不应求，致使一些不法分子铤而走险。但近两年棉花市场供大于求，为什么又突然出现了掺杂使假的现象呢？这个疑问，恰恰引出了一个新的角度。经了解，2000年的市场出现了新变化，不是棉花供不应求，而是新棉供不应求。一些不法分子见有利可图，又干起了制假勾当。但即使回答了这个为什么，其选题角度仍与1995年时的重合，只不过略有变化。《焦点访谈》的策划人员又进一步了解到，眼下的棉花造假，其危害要比那时大得多，因为我国的纺织企业经过3年的艰苦努力，刚刚摆脱行业亏损的境地。由于假棉横行，纺织企业的经营成本大幅度上升，如果造假这一势头不尽快遏制住，全国的纺织企业有可能因此重新陷入困境。这是影响全局的大事，于是记者将选题的角度就放在了这一点。《追踪假棉》播出后反响强烈，中央和国务院领导要求有关部门紧急部署，在全国开展一场声势浩大的打击棉花掺杂使假行为的专项斗争。

由此可见，一个独到的选题角度，会大大增强舆论监督的功能。

## 完善制度是《焦点访谈》选题的重要保证

《焦点访谈》的内部管理制度应该说是很严格的，而且这种制度的建立，首先是从选题申报制度作为起点的。

### 1. 选题的“预警”机制

综观《焦点访谈》收到的来信、来电、来访，其中是有规律可循的。

有50%左右反映的是常年的“热点”问题——腐败。有20%左右是反映个人蒙受冤屈或利益受到损害的问题。另外有30%左右的线索具有变移性，一个时期、一个阶段，反映的问题明显不同。一叶知秋，基层群众反映的这种“季候性”的问题，当达到一定量积累时，就意味着群众关心的热点问题已经形成。这是《焦点访谈》分析民情的重要依据，它可以对一个时期、一个阶段的选题方向作出提示。

在操作中，《焦点访谈》对这类变移性信息十分重视，进行了系统的分类管理，制定了量化分析标准。对同一类现象，如果连续三天，每天观众反映的线索超过50件以上，策划人员就会建立专档，指定专人监控，并进行调查、分析，如果有报道价值，则会从中筛选报道选题。

### 2. 选题的筛选机制

线索的大数量是选题高质量的基础。为了保证所有的反映线索都能得到及时、有效的处理，《焦点访谈》确立了选题筛选分工负责的做法。

（1）由《焦点访谈》中心组设立专人，分别处理群众来信、来电、电子邮件，接待群众来访。要求当周的信件必须当周处理完毕，热线电话值班从早8∶30至晚9∶30，每天的电子邮件当日查看，群众来访随时接待。（2）记者组采编轮空的记者，同时可以对热线寻呼中提供的线索进行处理，并帮助中心组处理一部分群众来信。（3）中心组策划人员在每个工作日提交一份选题报告，列出约3～5个有效的报道选题，供节目组选择采用。

为了适应复杂的工作，《焦点访谈》一直在培养建立一支选题策划的专业队伍，要求策划人员既要熟悉有关政策，又要懂得电视业务，能够透过现象看到本质，能够拨开烟幕探出真相。比如，关于甘肃庆阳私盐的报道，线索源于观众的电子邮件。但当时来信反映的主要问题并不是私盐，而是当地的滥采滥挖和其他一系列腐败问题，只是在举报信的末尾提到一句私盐泛滥的问题。负责网络选题的编辑意识到这一情况更有选题价值，立即复函让其补充相关情况，这才有《“盐”过其实》这期轰动的节目。

### 3. 选题的储备机制

许多人经常叹服《焦点访谈》反应神速，中央刚出台一项重大政策，它就能找到一个极其生动而鲜活的事例来阐释与表达。这其实是《焦点访谈》建立选题储备制度的效果。

来自观众的报道线索，量大、面广、事杂，尽管会从中筛选出许多有报道价值的选题，但是这并不意味着马上操作，其实由于各种各样的原因，大部分是不能立即拍摄的。另外，当《焦点访谈》播出某个舆论监督的节目后，观众常常会大量反映同类问题的线索。并且具有较高的利用和参考价值，而栏目显然短期内不宜重复报道相同题材的节目。

有鉴于此，《焦点访谈》实行的是选题储备制度。对有价值的观众来信要摘要登记；所有的观众来电都要做记录备查；所有的观众来访都要登记；有价值的电子邮件都要下载复制存盘。另外，所有的选题报告和记者申报的选题都按类别、地域等项目输入计算机，由专人管理，保存期至少半年。

对于某些热点问题，观众反映强烈，也提供了大量的报道线索，但短期内不准备操作的，就选择出一些有代表性的个案存档，为今后报道做好储备。而对于有些特殊且敏感的重点选题，由于宣传形势要求，可能短期内无法报道，那么《焦点访谈》则采取“重点储存”的方式，即“活养”而不是“死放”，由专人负责与举报人保持联系。随时了解进展情况，一旦时机成熟，立即将选题做大。

### 4. 选题的论证机制

选题论证是确立选题的最重要环节。《焦点访谈》几乎对每一个舆论监督的选题，都进行相反的论证。一般情况下，选题论证的要点集中在以下几个方面：

(1) 选题与党和政府现阶段的路线、方针、政策是否有不和谐的地方；(2) 选题事实是否包含有可能引起不安定的因素；(3) 对于基本轮廓清楚的选题，关键事实是否存在疑点和不确定性；(4) 选题所包含的事例是否非常极端，不具普遍性；(5) 选题是否符合电视新闻的操作规律；(6) 选题清楚、事实准确、责任明白，但报道的问题能否得到解决。

**5．选题的优化机制**

经过层层关口，选题最终获得通过，但是这并不意味着每一个获批的选题都能够进行拍摄，并最终制作播出，这里面还有一次更为严格的筛选。为了保证播出节目的事实准确，优中选优，《焦点访谈》在制度上还确立了一个运作有序、分层把关的机制：

——记者把关：选题获批后，如果记者在采访中发现主体事实不明确，或会带来负面影响，将与制片人进行沟通；确应放弃的，就不进入采访阶段。这样被筛掉的选题占《焦点访谈》已获批选题的10%左右。

——制片人和部主任把关：记者采访回来后，制片人、部主任要与记者反复研究节目，不符合要求被过滤掉的节目大概占了10%左右。

——主管台领导终审把关：主管台领导出于政治大局和制作水平等方面的考虑，会严格把关。

“三关”之后，应该说最终播出的节目代表了《焦点访谈》的水平。而“三关”机制的实施是保证《焦点访谈》的报道导向正确和播出安全的重要手段。

（本文摘自《电视研究》2004年第五期。作者：梁建增）

# 中央电视台《感动中国——年度人物评选》的成功运作

2004年2月20日，历时三个月的CCTV“中华轿车杯”《感动中国——2003年年度人物评选》活动落下帷幕，中央电视台第一套节目在晚8时播出了颁奖盛典。当获奖十大人物杨利伟、钟南山、达吾提·阿西木、高耀洁、梁雨润、陈忠和、巴金（委托代表出席）、成龙和衡阳武警消防兵群体的代表以及日本律师尾山宏登台亮相时，整个中国都被他们崇高的精神深深打动了。许多观众纷纷打电话、发短信或写信给中央电视台表达他们的激动心情。全国上百家媒体争相报道，用大量版面刊登“感动中国”年度人物的感人事迹。

中央领导同志对该特别节目给予了充分肯定。中央领导同志认为，《感动中国》令人十分感动，十个年度人物选得好，看了给人以力量，给人以鼓舞。颁奖词写得很好，主持人也很动感情，弘扬了主旋律，相信广大电视观众看了都会感动的。这个节目再一次证明，主旋律的节目，只要坚持“三贴近”，是会有强烈的吸引力和感染力的。

《感动中国——年度人物评选》是中央电视台从2002年开始举办的特别年度节目，这次是第二届。2003年2月14日首届颁奖盛典播出时，就有超过5000万的观众收看。

## 一、大手笔策划

不断用新的视角审视新的现象，用新的方式表述新的内容，这是时代赋予媒体不断创新的重要内涵。可以这样说，一项媒体活动创意、策划“含金量”的高低，将直接决定其胜出把握性的大小。一个绝妙的创意、策划往往能收到“四两拨千斤”和“以一当十”的奇效。

**1．立意新**

《感动中国——年度人物评选》仅凭其名称就可一语道破活动的宗旨——通过评选一年来“感动公众、感动中国”的年度人物，振奋昂扬向上的民族精神，弘扬无私无畏的社会正气，倡导与时俱进的时代精神，褒奖鼓舞人心的传统美德。

当一些媒体热衷于“另类”、“边缘化”的评选，极尽炒作之能事争夺受众眼球时，《感动中国——年度人物评选》却大胆从主流意识入手，以“感动中国”为主题，以“感动公众、感动中国”的人物作为评选对象，无论他们的身份、背景、经历如何，也无论他们是曾经见诸媒体还是尚不为外界所知。在人们关注的视线里，他们或者用自己的力量，推动中国社会的进步和发展，诠释着一个人对国家、对社会，应该担当起怎样的责任，以坚强的民族精神挺起国人的民族脊梁；他们或者用自己的故事，解读人与人之间应该有着怎样的情感，带给人们感人至深的心灵冲击。他们是一群以震撼人心的人格力量感动中国的人，他们是当今时代精神和行动上的双重“巨人”。因为有了他们的故事，公众的心灵被一次次地打动；因为有了他们，公众的世界被一次次地照亮。记录下这一年被感动的瞬间，记录下这一年感动中国的人们，也就记录下了曾经有的这样一个年头。

在这里，最朴实的表现手法成了最高明的技巧；在这里，十位“感动中国”的年度人物在千千万万聚焦的目光中成为了真正的明星；在这里，真情成了真善美的催化剂，感动成了人们心灵和行动的指南针。这样一次打破行业限制和身份限制、极具人文关怀和价值追求的年度人物大评选，从更大的意义上讲是完成了一次具有时代特征的人格大检验。

**2. 起点高**

《感动中国——年度人物评选》对“年度人物”的定义是：人物事件发生在本年度，或者人物本年度引起社会广泛关注。被推选人物须具备以下一种或几种特点：

(1) 为推动社会进步、时代发展作出杰出贡献，获得重大荣誉并引起社会广泛关注；

(2) 在各行各业具有杰出贡献或重大表现，国家级重大项目主要贡献者；

(3) 爱岗敬业，在平凡的岗位上做出了不平凡的业绩；

(4) 以个人的力量，为社会公平正义、人类生存环境作出突出贡献；

(5) 个人的经历或行为，代表了社会发展方向、社会价值观取向及时代精神；

(6) 个人在生活、家庭、情感上的表现特别感人，体现中国传统美德和良好社会风尚。

具体到2003年《感动中国——年度人物评选》的推选办法及运作流程，从邀请各行各业杰出人士组成阵容强大的推选委员会、评选委员会、成立组委会，召开新闻发布会正式启动，全国各地合作媒体推荐人选，填报候选人材料，央视国际网站和《中国电视报》同时公布候选人的详细资料供观众、网友和读者参与投票，央视《东方时空》栏目陆续展播，到最终评选出2003年年度十大“感动中国”的人物，也是环环相扣、步步推进，设计非常严密。

在评选过程中，节目组是高效的信息集散地，推选委员会和组委会是强健的信息处理器，信息的首端和末端都是大众。评选活动组织构架及其功能定位的合理性，最终确保了“三贴近”的原则得以最大化的体现。

**3. 公信度好**

活动的公信度不仅来自于评选规则的公正、公开，还来自于尊重大众。而央视国际网站及时推出网友推荐的人选及评语，动态显示各位候选人的网上票数，则极大地确保了活动的广泛参与性，最终使整个活动赢得了大众的信赖和尊重。

## 二、大范围整合

握指成拳才有力量，更何况，电视作为一个高投入、高产出，并且需要高度合作的行业，整合资源就显得尤为重要。而组织内外的合作则是整合资源的最常见的一种形式。

《感动中国——年度人物评选》就是通过精心策划和制定科学的规则很好地整合了中央电视台内外资源的。

**1.链条式整合内部资源**

中央电视台将《感动中国——2003年年度人物评选》列为2003年度的重大项目来运作。这就从组织上突破了栏目行为或部门行为力量单薄的局限，为全台相关栏目或部门实现全面互动、最终形成合力提供了保障。如《东方时空》展播候选人物的事迹、央视国际网站和《中国电视报》紧密配合、《面对面》制作访谈节目、《新闻联播》进行新闻报道、安排主持人、开辟颁奖典礼时间等都在台里的统一组织协调下有条不紊地进行。

**2. 全方位整合专家资源**

中央电视台充分发挥强大的资源整合能力和社会动员能力，在出色举办第一届评选活动的基础上再次扩大了推选委员会的规模，邀请更多专家学者、社会各界精英参加推选，包括国家统计局副局长邱晓华，外交部发言人、新闻司副司长章启月等政府官员；中国人民大学校长纪宝成、中国农业大学校长陈章良等教育界名流；金庸、王蒙、濮存昕等知名人士；敬一丹、白岩松、崔永元、水均益等著名主持人……具有广泛的代表性、权威性。

**3. 跨媒体整合地方资源**

为更大程度地打响“感动中国”这一品牌，中央电视台还在全国各地遴选了30家优秀的地方媒体，组成“感动”联盟。在评选过程中，中央电视台还邀请各界知名人士陆续举行一系列活动，以深化诠释“感动”这一主题。《北京晚报》突出报道当选十大人物的“十种精神”。《三湘都市报》、《海峡都市报》等地方媒体不仅积极参与评选活动，有的还以“感动”为主题进行了地方的年度人物评选。通过地方联动媒体的层层辐射，“感动中国”也自然触动了社会的神经末梢——家庭。

## 三、大气魄制作

《感动中国——年度人物评选》颁奖典礼，无论从舞美设计、灯光布置、片头及短片制作、背景音乐运用、节奏把握、镜头运用，还是主持人现场把握、颁奖辞风格、活动形象标识来看，都较好地体现了庄重、大气这一品质。所有表现元素聚集在一起，合奏出的是震撼人心的时代强音。

### 1．节奏感强

本届颁奖典礼的形式是：事迹介绍性短片＋专家评语＋颁奖辞＋颁奖＋简短访谈。

由于舞美灯光的巧妙变化、背景音乐的有机烘托，再加上颁奖程序的规律性安排，使得观众容易感受到一种生命的韵律和节拍，从而产生一种愉悦感。

### 2．颁奖词独具特色

评委会为每位获奖人物“量身”撰写的颁奖辞准确、生动、大气、权威，极富人情味，并且为观众提供了多种视角。比如，评委会为杨利伟撰写的颁奖词为：

“那一刻当我们仰望星空，或许会感觉到他注视地球的眼睛。他承载着中华民族飞天的梦想，他象征着中国走向太空的成功。作为中华飞天第一人，作为中国航天人的杰出代表，他的名字注定要被历史铭记。成就这光彩人生的，是他训练中的坚韧执著，飞天时的从容镇定，成功后的理智平和。而这也正是几代中国航天人的精神，这精神开启了中国人的太空时代，还将成就我们民族更多更美好的梦想。”

简单几笔传递出的却是极为丰富的信息，几乎句句都是画龙点睛之笔。短短一个多小时，十大年度人物的光辉形象和崇高精神就跃然荧屏之上，真可谓“浓缩人生精华”。

### 3．人物短片极具冲击力

介绍年度人物事迹的短片资料和表现手段极为丰富，信息量非常大，细节捕捉也很到位。每个短片就像一个人物的小纪实片，现场感强，镜头具有很强的冲击力。同期声中既有获奖者心声的自然吐露，也有见证人的评价。例如，77岁的高耀洁已经是一位步履蹒跚的老人，但她在实现民间防治艾滋病的路上却迈着坚定的脚步。在节目录制现场，高耀洁情不自禁地在舞台上落泪，她说：“我介入艾滋病已经8年，在这8年的岁月中，酸辣苦甜不敢想，很多事情不敢想。”但她是母亲，是医生，是艾滋病人心头的阳光，她还要继续宣传、写书，并抓紧时间想办法帮助解决孤儿的“生存问题、教育问题和心理问题”。短片所产生的强烈冲击波在观众心中形成了巨大的情感共鸣。

颁奖典礼最后在《感动中国》的主题曲和获奖人物的感人画面重现中结束。节目首尾呼应，一气呵成，看后令人荡气回肠。

（本文摘自《电视研究》2004年第三期。作者：欧阳国忠）

“感动中国”令人感动。图为主持人白岩松与成龙在节目现场。

# 中央电视台雅典奥运报道的新思路

四年一届的奥运会是当今世界优秀运动员的最高竞技场，也为从事体育报道的电视工作者提供了最大、最广阔的施展天地。中央电视台在此次雅典奥运会的报道中，既为全国电视观众提供了一套丰美的电视大餐，也在电视转播中探索了新的思路。

请先看几个数据：截止到8月28日，全国收看奥运会和奥运会相关专题节目的电视观众已达9亿人次。而这9亿人次的观众中，通过中央电视台收看奥运节目的观众就有8.6亿人次以上，以24小时播出的奥运频道（CCTV－5）为例，8月14日至8月28日两周的收视份额，达到了14.5%以上，排到了全国卫星频道的第一位。比去年（2003年）同期的收视份额的1.91%提高了近8倍。更具体的例子，8月24日直播的女排比赛（中国队对日本队）收视率达到8.61%，观众人数超过了1亿，8月28日凌晨播出的有中国选手刘翔参加的田径男子110米栏的决赛收视率为1%，收视份额为90%，和平时相比，仅此一项赛事带动起来的收视率就提高了20倍，收视份额提高了89个百分点。8月22日晚间由于连续播出了乒乓球女单决赛、女排决赛（中国对俄罗斯）和网球女单决赛，使得当日19：20～24：00时段平均收视率达6.55%，收视高峰维持270分钟，收视份额19.06%，创单日连续收视率之最。

中央电视台取得如此好的收视成绩，除奥运的赛事精彩，中国运动员的骄人成绩及国人的爱国热情等因素之外，尚有以下几点可为同行借鉴：

**1.变不利为有利，在节目编排上下大工夫**

雅典和北京时差为5小时，雅典比赛的晚上黄金时间正是北京时间的次日凌晨甚至下半夜，这对中国观众无疑是残酷的。中央电视台一方面坚持安排重要赛事的直播，满足有条件熬夜的观众在第一时间的收视需求，同时也充分利用早晨和上午时间，对前天夜里的比赛情况和比赛结果进行立体的全方位的报道。原来体育频道早晨7时直播的55分钟的栏目《早安中国》临时改造成为从早6时到8时15分长达两小时15分钟直播的《早安中国》奥运版，滚动式全面报道刚刚结束的雅典比赛的全部新闻，紧接着是直播的专题栏目《全景中国》、《全景奥运》及《奥运金牌榜》、《王者英雄》等，既为观众详细介绍和分析了昨日战况，又为当日精彩赛事做了铺垫。此后13时又安排观众直接参与的互动式节目《雅典猜想》。中央电视台奥运频道的丰盛的奥运大餐，让不能熬夜的观众在雅典的非比赛时间也能全面了解新闻和精彩赛事，有兴趣的还能参与其中，形成了吸引观众的强大的收视磁场。有些专题节目的收视率超过了8%，收视成绩毫不逊于奥运赛事直播。

**2.形成全台的转播和报道合力**

奥运期间，中央电视台除体育频道改为24小时播出的奥运频道外，还充分利用其综合频道（CCTV—1）覆盖面广、影响力大的特点，在综合频道中每天安排了不少于5个小时的精彩的比赛直播，在晚上00：50安排长达1小时50分钟的专题节目《奥林匹克回到故乡》。奥运期间综合频道安排体育节目不仅没有使CCTV—1的收视率下降，反而较平时有较大的提高，其中专题节目《奥林匹克回故乡》最高收视率达3.72%，收视份额超过10%。综合频道白天播出的奥运男篮七、八名的争夺收视率达1.9%，收视份额超过15%，与体育频道形成了非常明显的收视互补。另外，第二套节目也在适当时候播出奥运赛事，同样取得了不错的收视成绩。据统计，奥运期间中央电视台综合频道、经济频道打破常规，共播出奥运节目15188分钟，既充分利用了奥运会赛事的丰富节目资源，又满足了不同观众观看奥运节目的需求，和专业的奥运频道形成强大的合力和互补力。

**3.精心制作节目，以观众的需求为最高要求**

此次奥运报道，中央电视台除为奥运会制作乒乓球、羽毛球、现代五项公共信号的人员之外，在前方从事报道的工作人员达160人，后方各岗位从事奥运工作的近400人。这支近600人的队伍，除充分利用奥运会广播电视中心提供的公共信号做好各项精彩赛事的直播、录播之外，还有十几个采访组将摄像机镜头深入各个赛场，向观众提供更加鲜活的独家奥运新闻。开闭幕式、重要比赛都有中央电视台记者的直播关注点，让观众直接感受赛场的氛围，获得第一手资讯。据统计，奥运期间仅奥运频道播出的新闻就达810分钟。另外，在前后方演播室每天都制作播出的8～10档各类专题节目，仅第一套节目播出的专题《奥林匹克回到故乡》就累计达1780分钟，创历届奥运报道之最。专题节目内容丰富，既报道赛事，又报道运动员的喜怒哀乐，也报道雅典和希腊的文化和风土人情。在前方的记者和评论员队伍中，有王涛、刘璇等7个前奥运冠军，在后方的演播室里，有中央电视台各套节目的名主持人，有奥运冠军的父母、亲人，甚至有希腊驻华大使。前后方主持人互动，演播室与赛场对接，形成了全方位，立体化的报道格局，使观众通过现代化的电视手段，感受浓烈酣畅的奥运氛围。

**4.做好奥运节目的包装、预告，以频道为阵地做好观众的收视引导**

奥运会不比单项运动会，奥运会是大型综合运动会，有28个大的比赛项目，有301块金牌产生。面对着复杂的赛程、纷繁的项目、错落的比赛时间、交错的预赛、决赛，就是专家们也会头昏脑胀，更何况一般观众。因此做好整个奥运节目的包装和节目预告就显得格外重要。奥运之前，奥运包装组就制作了大量的节目宣传片，反复播放。宣传导视片画面之精美，制作之精良，时效之及时，都是空前的。在此期间，除广告之外，专门奥运导视和奥运宣传片的制作总量超过90分钟，总数超过150条。播出频次每60分钟2～3次。另外，无论是演播室还是赛场，主持人、评论员都把预告节目当作服务观众的内容之一，体育中心还专门设立观众热线，以回答关于播出时间的观众咨询为己任，无疑对提高观众对转播赛事的兴趣，提高收视率大有益处。

**5.中央电视台购买了在中国内地的独家版权，在媒体竞争激烈的形势下，充分利用好报道权的优势，也**

**是提高收视率的重要因素**

赛前几个月，中央电视台体育中心就与广告部等台内各部门配合，分赴各地，既做奥运广告推销，又做节目的推广。独家报道奥运的优势，吸引了国内外大批广告客户，而大批的广告投入，又促使体育中心精心安排好赛事，报道好赛事。这种相互促进的结果，使得观众满意，广告商满意，大大拉动了中央电视台的收视率，实现了社会效益与经济效益的双赢。据统计，奥运期间中央电视台第一套、二套、五套共播出奥运节目39098分钟，当然，广告收入也创了历史的新高。

回望中央电视台之雅典奥运报道，我们有理由对北京2008年的奥运报道充满信心。

（本文摘自《中国广播电视学刊》2004年第九期。作者：周经）

# 中央电视台新闻频道“以新闻眼看奥运”全线出击拉动收视增长

雅典奥运会是新闻频道开播以来第一次直面奥运的报道盛事。面对新课题，新闻频道将奥运会作为包括赛事、经济、科技、社会反响等丰富内容在内的重大新闻事件，通过新闻与专题节目同步推进，以独到的视角为观众献上了一道奥运报道的“视觉盛宴”。

新闻频道依据观众收视习惯和雅典奥运赛事的分布特点，将全天24档整点新闻划分为早、中、晚三个时段重点进行组织设计，从不同的信息层面密切关注奥运赛事中的新闻事件。8月12日，新闻频道奥运特别报道——“从雅典到北京”在《今天》栏目中首次亮相。这一特别报道汇集了新闻中心各个节目部门的精锐力量，从雅典赛场到北京演播室，前后期节目采制，包括节目包装和推介，都纳入了专门成立的奥运报道小组的工作范围，在统一协调推进下，频道新闻及专栏节目的资源配置得到进一步优化。

作为2008北京奥运会前最后一届夏季奥运会，新闻频道在本届奥运会报道中除重点关注中国代表团表现以外，如何成功举办北京奥运会是本次报道的一大主攻方向。报道中，前方记者将利用其近距离、全方位的观察体验，配合后方演播室加强对事件的深度分析。为了增加奥运报道的广度和厚度，新闻频道还最大限度地运用国际传媒的新闻资源，以国际视角展开奥运报道。

为了增强报道的生动性，可视性，新闻频道在整点新闻内还推出了一系列凸显人文亲情的小专栏。雅典奥运会期间，新闻频道《新闻社区》从8月14日开始，推出了特别板块“奥运奖牌的背后”。

这个特别节目紧密结合奥运会赛程，挖掘我国参赛选手在成长道路上的感人故事，借助老照片、父母回忆、教练述说等，为观众展示中国健儿赛场之外的真情，奖牌背后的艰辛，向观众介绍一个个“活生生的人”。节目以独特鲜明的人文关怀色彩在众多的奥运报道节目中独树一帜。截止到8月19日，“奥运奖牌的背后”已经介绍了13位运动员的成长故事。节目不仅把焦点对准获得奖牌的选手，而且把虽奋力拼搏但最终与奖牌无缘的选手纳入报道范围，以引导观众正确看待奖牌，看待比赛结果。许多观众给栏目组打电话，认为“奥运奖牌的背后”好看、感人，看了以后深受启发。此外，新闻采访部还与编辑部联手推出了《我的奥运故事》、《奥运经济》、《奥运科技》、《奥运工程》等4组配合报道，以及《奥运冠军出我家》直播报道。其中，《我的奥运故事》系列报道通过平凡人物与奥运会之间鲜为人知的故事，全方位、多角度展示奥运的精神面貌。《奥运经济》、《奥运科技》、《奥运工程》系列报道深入报道雅典奥运会给我国中小企业带来的商机，中国高科技技术和产品在奥运会上的运用，以及2008年北京奥运会工程建设进程。《奥运冠军出我家》系列则在本届奥运会前4个比赛项目赛事结束时对参赛选手家庭的反应进行了直播报道。在奥运首金报道大战中，新闻频道展现了对重大新闻事件提前布控、应急组织的能力。在对中国运动员杜丽参加的射击比赛进行报道时，新闻频道在引入赛场直播信号对最后夺金瞬间进行关注的同时，联动地方台对杜丽远在山东的家人共同欢庆胜利的场面进行了直播，赛场内外动人场景相互交织，提升了报道的感染力。随后新闻频道《新闻社区》等其他节目还迅速跟进报道了杜丽夺冠背后的故事，以亲人和朋友的讲述展示了一个可亲、可爱的奥运冠军。此前，新闻频道已提前锁定了一批有望夺金的运动员，并制订了相应的报道预案。

雅典奥运会期间，新闻频道充分利用直播手段对奥运会这一重大新闻事件进行了全方位关注。本次奥运会期间，新闻频道对有中国队参加的重点项目的决赛随时以新闻视角进行直播报道。

新闻频道对奥运赛事的直播最重要的是抓住新闻频道做新闻的特点，以区别于体育专业频道完全从专业角度关注比赛本身的方式。本着这一原则，新闻频道的直播不采取转播全场比赛的方式，而是在比赛的高潮阶段切入，采取前方信号、演播室及连线采访相结合的方式，对比赛进程、结果和赛后反响进行实时报道，力求以简捷、快速和全方位的信息含量凸显新闻频道的特色。

奥运期间，需直播的内容很多，而比赛时间变数又大，这一时期新闻频道的节目编排将体现最大程度的灵活性，在保证骨干栏目的基础上实现频道整体联动。

与新闻节目同步，专题节目也都对奥运赛场内外的新闻事件进行了关注。《新闻会客厅》从7月中旬起推出的特别节目“走进中国奥运军团”截止到8月5日已播出13期。节目邀请了国家体操队、乒乓球队、举重、中国男子花剑以及女子垒球等夺金希望较大参赛项目的教练和运动员，通过与主持人的交流，介绍了我国强势竞技项目团队及个人备战状况，结合比赛形势分析，节目在呈现给观众更多信息的同时，准确传递了运动员为国家荣誉而战的情感信息，增强了传播效果。一向以发问见长的《面对面》栏目先后采访了第二十八届奥运会中国体育代表团副团长何慧娴、国家田径集训队总教练冯树勇、中国女排主教练陈忠和等人，通过主持人设置的问题，对奥运会参赛运动员的选拔过程、选拔标准、田径项目能否突围等公众密切关注的话题进行了交流，节目在介绍本次参赛特点的同时，还对北京2008年奥运会进行了前瞻性的分析。“同样的奥运，不同的视角”，《东方时空·时空连线》为配合此次奥运报道，从8月9日至8月30日，连续三周播出每日一期的“直通雅典”专题。节目采取双主持人的形态，在连线前方主持人张泉灵获取最新消息的同时，后方由白岩松和中国奥委会、北京奥组委等奥运专家坐镇北京演播室，共同开展深入而有趣的讨论。赛场外的奥运热点，例如安全保卫、交通困局、兴奋剂问题、奥运商务以及北京作为下一个奥运城市能够从雅典学到什么，都成为“直通雅典”关注的题材范畴。

《焦点访谈》、《新闻会客厅》、《中国周刊》、《社会记录》等专栏节目也都对正在进行中的奥运赛事给予了关注。其中，《纪事》栏目推出了《百姓心中的奥运》，以民间调查的形式，讲述了中国百姓对奥运会的理解和人们记忆中印象最深的奥运一幕，通过回顾历届奥运会中国参赛夺金的精彩瞬间，凸显奥运精神对中国民众所产生的积极影响；《新闻会客厅》栏目继关注中国军团场上表现之后，又推出了特别节目“茶话奥运”，在轻松的氛围中，主持人和嘉宾围绕奥运这一新闻事件衍生的话题展开交流，形式和内容令人耳目一新。

据最新公布的收视调查数据显示，雅典奥运会期间，新闻频道收视率得到明显提升。

（新闻节目中心供稿）

图为中央电视台记者在现场采访中国奥运健儿。

# 中央电视台《挺进南极冰盖最高点》特别报道总结

2004年，正值南极建站20周年之际，国家海洋局派出了第二十一次南极科学考察队。此行的主要目的就是寻找南极冰盖的最高点，这个被称为“不可接近之极”的DOME—A点也是南极冰盖尚未开展科学探测的制高点，迄今为止，还没有任何人从地面进入。如果这个代表全人类探索自然的壮举成功，将极大提升我国在南极事务上的发言权和影响力，成为中国科技文明史上的又一次辉煌。为了向全国乃至世界观众及时报道这一具有历史意义的科技事件，中央电视台社教节目中心科技专题部承担了第二十一次南极科考的报道工作，从全部门抽调人员，组成了《挺进南极冰盖最高点》报道节目组，并从部门内选拔出两名出色的记者陈晓夏、李亚玮参加了南极内陆冰盖考察队，进行全程跟踪报道。在持续了近100多天的报道过程中，《挺进南极冰盖最高点》节目组前后方密切配合，共计完成了累计1310分钟的专题报道。报道分为两个阶段，第一阶段是从2004年10月25日上海出发到中山站，每周制作播出一期15分钟的《踏浪远征》专题节目，报道科学考察队的航行情况；同时，35期时长3分钟以讲述南极人的南极故事为主题的《南极档案》节目，也在频道里推出。第二个阶段是从2004年12月6日，中国南极冰盖科学考察队正式开始向南极冰盖最高点挺进到最后寻找到最高点，《挺进南极冰盖最高点》节目开始日播，时刻关注前方最新动态。节目实效性非常强，当日传送，当日录制，当日播出，在业界、在社会上都引起了很大的反响。

## 一、《挺进南极冰盖最高点》特别报道实现了电视史上的两个突破，一是从西风带传送画面，二是从南纬80度以南成功传送画面

2004年10月25日，承载着南极科学考察队的“雪龙号”从上海出发，拉开了第二十一次南极科考的序幕。当日，《挺进南极冰盖最高点》节目播出了60分钟的《起航》节目，也拉开了特别报道的序幕。

在一个多月的枯燥单调的海上航行过程中，前方的央视记者李亚玮和陈晓夏克服着晕船的反应，每天进行拍摄和传送。在穿越令所有船只谈虎色变的“魔鬼西风带”时，记者为了让观众朋友能够更加真实地感受到西风带的惊涛骇浪，仅仅依靠一根并没有安全把握的绳子，就站在了随时会被大浪吞噬的甲板上拍摄，并在风浪之中成功传送回了非常具有冲击力的画面，这也是电视史上第一次在船舱之外发回有关西风带的报道。而拍摄第二天人们就发现钢制的桅杆都被狂放不羁的风暴打断了，可是我们的记者并没有害怕退缩，而是更加勇敢地面对挑战。

2005年1月10日，南极内陆冰盖考察队终于跨越了南纬80度，中国人首次进入了南极冰盖最高点的中心区域，这也标志着人类第一次进入DOME—A地区。就在科考队员们进入南纬80度后，两名记者又开始迎接一项新的挑战，就是要在南纬80度以南的地区回传电视画面。因为，海事卫星公司对于画面成功传送的承诺，只是在南纬78度以内。也就是说，超过这个范围，他们的设备不能保证将声像资料传送回中央电视台。但是我们的记者凭借着聪明才智，在零下40多度的低温环境中努力寻找卫星信号，连续工作6个小时之后，他们终于成功地回传了电视画面，创造了人类从最高纬度传送电视信号的纪录，是电视史上的一次突破。前方记者保证了电视画面的顺利回传成功，这为继续对南极科考壮举进行报道，打下了坚实的基础。

## 二、《挺进南极冰盖最高点》特别报道前方记者经历了无数危险，历尽了无数的艰辛，出色完成了报道任务，充分体现了新一代电视人的事业和精神追求

在历时两个多月的行进过程中，科考队员遇到了严寒、暴风、气流、冰缝、白化天气、高原反应、雪地车故障、雪橇断裂、食物匮乏等等数不清的危险困难。每个队员都经受着严峻的考验，很多人出现了冻伤、呕吐、血压升高、缺氧、甚至尿血等种种身体不适的状况，而同时身为科考队员的两名记者就在这样的艰苦环境之下，完全进入了一种忘我的工作状态。

他们的眼中不再有危险。陈晓夏航拍时，由于冰面突然塌陷，直升机被迫起飞，还未解下安全带的他被吊在半空之中，身下就是冰冷的大洋。李亚玮为了拍摄冰裂隙，亲身进入深不见底的冰裂隙中，绑在身上的绳索随时会被尖利的冰峰割断，出现一点差错都没有任何办法补救。而这样的危险几乎每天都在考验着我们年轻的记者。

他们的眼中也不再有困难。在两个多月里，他们每天都会为广大的电视观众朋友们发回精彩的报道。而完成这一切他们却需要付出许多代价。科考队每天行进将近10个小时，除了拍摄，作为科考队成员的记者还肩负着繁杂的后勤保障工作，例如做饭。只有在其他队员入睡之后，他们才有时间编辑传送节目，才有时间和后方通话，传送稿件。由于海事卫星的传送特点，回传1分钟的电视画面需要30分钟的传输时间。所以为了保证节目的安全播出，他们每天要传送四五个小时，而且，常常是传输了一半，信号中断了，又要重新再传。就这样，他们几乎每天都要忙到凌晨。一个多月的时间里只能保证每天一两个小时的睡眠时间，但是在传回的报道中我们却丝毫看不到他们脸上显出的疲惫，在与他们的通话中我们也从未听到过一句怨言。

## 三、《挺进南极冰盖最高点》特别报道后方节目组周密安排，灵活机动，保障节

目安全播出

就在前方记者奋战在南极这个冰天雪地之时，《挺进南极冰盖最高点》节目后方报道组全天24小时值守加班。由于前方传回消息与画面的时间经常是凌晨，在长达四个月的时间里，为了保证安全播出，后方节目组没有漏掉一个前方的信息、电话，整个节目组的同事们没有休息过一天，大家吃住在办公室，光是方便面就吃掉了16箱。负责当日节目的编导往往是深夜接完电话，第二天一早又赶去机房，将最新发生的事件在第一时间播出；由于专题节目所需要的节目素材量比较大，拿到素材的时间又非常的晚，大家承受着很大的压力，超负荷、高强度的工作使得很多同事都生病了，但大家毫无怨言，为了挺进最高点而努力。

由于此次报道的特殊性，后方报道组在整个报道计划上进行周密细致的安排，一切工作都围绕着安全播出。后方节目组制作了一批备播节目，以防电视信号传送出现问题：设计了几套备播方案，以保证在出现各种突发事件时能有应对措施。尽管很多问题都想到了前面，但是在节目播出过程中还是遇到了很多问题。由于报道组形成了一个灵活的管理机制，从领导到普通的编导每天都处于随时待命的状态，遇到问题马上汇报，马上解决，因此极大地提高了工作效率，保证了这次特别报道及时安全的播出。

### 四、《挺进南极冰盖最高点》特别报道开创了科教节目的新思路

北京时间2005年1月18日3时16分，第二十一次南极冰盖科学考察队终于寻找到了南极内陆冰盖最高点。考察队的勇士站在DOME－A上，举行了简单但却隆重的升旗仪式。就在当天晚上，《挺进南极冰盖最高点》节目组就制作了120分钟的专题节目《为了这一刻》，在第一时间内播出，向全国的观众朋友们及时报道了这一重大的历史事件。而就在冰盖最高点上，我们的记者李亚玮也实现了自己的人生追求，举行了一场非常感人的火线入党仪式，而另一名记者共产党员陈晓夏就是他的介绍人之一。

《挺进南极冰盖最高点》特别报道，不仅仅是完成了一项重大的报道任务，不仅仅是实现了电视史上的两个突破，更重要的是它成功地尝试了一种新形态的科教节目，这就是科技探险类节目的创新和发展。通过此次报道开创出了新的思路，积累出了很多经验，总结出了许多问题，培养出了一些记者和编导，这都为今后新形态科技节目的发展打下坚实的基础。当然《挺进南极冰盖最高点》特别报道还给我们留下了宝贵的精神财富，那就是这种不怕苦、不畏险、敢创新的“挺进最高点”的精神。

（社教节目中心供稿）

## 中央电视台新闻节目充分报道“法国文化年”

新闻节目中心发挥新闻与专题节目互动推进的报道优势，全面展开“法国文化年”报道工作。报道融知识性、趣味性和可视性于一体，多角度、多层次地展示了鲜活立体的法国文化，进一步激发了中国观众对法国文化的浓厚兴趣。

从10月8日起，新闻节目中心在以《新闻联播》为主的各档新闻节目内开设了“法国文化年”报道专栏，对“法国文化年”从预热到开幕期间的各项活动及时进行了充分报道。为了突出本次活动“人文与革新、浪漫与创新”的报道主题，新闻节目中心提前制定了详尽的报道方案。在对“文化年”动态消息第一时间关注的同时，新闻频道通过特写、新闻背景等方式，带领观众走进“法国文化年”，解读中法文化交汇的魅力。新闻频道《文化报道》栏目还专门结合观众兴趣点，推出主题性特别报道节目，以富有法国文化特征、中国观众耳熟能详的电影等文化作品作为切入点，展现了法国文化的浪漫和智慧。10月10日和11日，新闻频道还对“法国文化年开幕式”、“‘法兰西巡逻兵’特技飞行表演队”进行了现场直播。

为了增进观众对“法国文化年”活动意义的认识，在法国总统希拉克启程前，新闻节目中心还专门派出采访组前往法国对希拉克总统进行了专访，并在《焦点访谈》、《国际观察》、《高端访问》等节目中播出。片中，希拉克总统对中国文化的浓厚兴趣，显示了中法两国文化牵手背后源远流长的友谊。此外，《新闻会客厅》、《中国周刊》等节目也都推出相关的专题报道，讲述了“法国文化年”举办背后的新闻故事。随着“法国文化年”系列活动的延伸，新闻频道全面跟进。报道在及时

关注动态消息的同时，结合观众兴趣点，加强了背景分析，有效强化了节目的解读功能。

在10月11日新闻频道成功对“法兰西巡逻兵”特技飞行表演进行现场直播后，10月12日新闻频道《新闻会客厅》栏目播出了“看法国巡逻兵”。节目通过主持人对“法兰西巡逻兵”队长阿诺德，以及我国八一飞行大队副队长张信民的采访，丰富了观众对特技飞行表演以及“法兰西巡逻兵”特技飞行队的认识。在报道“法兰西巡逻兵”特技飞行表演队抵达武汉时，新闻频道对表演日程、地点、当地天气以及表演队随后的行程安排进行了全面报道，充分体现了新闻的服务性。在各档整点新闻迅速跟进动态报道的基础上，新闻频道《文化报道》以文化视角对信息资源进行整合，并增设了“法国文化在中国”报道专栏，围绕“毕加索帷幕作品真迹展揭幕，‘文化年’香港活动启动”、“法国浪漫情景焰火，世纪公园缤纷上演”等消息，节目从台前至幕后展开深入报道，以诙谐的语言和精妙的剪辑，集中展示了法国多元文化独有的韵味。

报道中，新闻频道还对“我国航空公司订购26架空中客车飞机”、“空中客车公司宣布扩大与中国航空工业合作”等消息进行了重点关注，充分体现了文化交流促进中法两国经济贸易合作的积极作用。

（新闻节目中心供稿）

# 中央电视台新闻频道周年全备忘

作为中国第一个国家级新闻专业频道，中央电视台新闻频道（以下简称新闻频道）的开办，是中国电视新闻发展史上具有里程碑意义的大事。自2003年5月1日诞生起，它就引起了海内外的高度关注。

## 一、新闻频道与中央新一代领导集体的新闻思想

新闻频道的创办及其健康成长，是中央新一代领导集体深化新闻改革思想在电视新闻传播领域的重要体现，是新一轮新闻改革语境中的一个重要举措与环节。

2002年12月初，刚刚当选为党的总书记的胡锦涛同志就对思想宣传工作发表了重要谈话，提出：思想宣传工作既要“宣传我们国家的大好形势，歌颂党和人民的光辉业绩，同时也要反映人民的呼声，要把党性和人民性结合起来，要把我们的媒体办出特色，办出风格。要繁荣社会主义先进文化，满足人民的精神文化需求”。这是新的党中央对思想宣传战线提出的新要求，是为进一步深化新闻改革而吹响的战斗号角。

李长春同志在随后对中央电视台等单位进行的调研活动中进一步明确提出了思想宣传工作要从贴近实际、贴近生活、贴近群众入手，“不断改革创新，使我们的工作体现时代性，把握规律性，富于创造性”的要求；并为此提出了明确的评判标准：“我们必须高度重视反映人民群众的心声，使党的主张和人民利益更好地统一起来。衡量精神文化产品，最终要看人民满意不满意、人民喜欢不喜欢。”可以说，这为思想宣传领域进行深化改革确定了根本原则，指明了具体方向。

2003年3月29日，胡锦涛总书记在中央电视台创办新闻频道的报告中亲笔批示：“贴近群众、服务大局、办出特色、办出水平。”作为国家级电视台，新闻频道肩负着“上情下达、下情上传”的重要桥梁作用，自觉地在思想上、政治上、行动上与党中央保持一致，紧紧围绕“发展”这个执政兴国的第一要务，更好地服务于全党全国工作大局，不断丰富人们的精神世界，及时反映人民群众的呼声，最大限度地激发广大人民群众的积极性和创造性，这正是新闻频道最基本的任务。“办出特色”为新闻频道提出了长期奋斗目标。作为一个频道，没有特色就不可能有长久的生命力，特色是频道生存、发展、壮大的牢固基础。“办出水平”则是基本要求，如果连自身水平都无法发挥出来，又何谈什么特色？胡锦涛同志的批示，不仅是党中央对中央电视台这一重大举措的充分肯定，而且对创办新闻频道提出了明确要求，更为整个中国电视新闻领域与时俱进、改革创新指明了前进的方向。

对于电视媒体而言，新闻需求是中国电视观众收视需求强度最高的内容之一，而专业新闻频道则是所有电视频道中最有影响力的频道，更是国际电视新闻界高度重视、普遍采用、具有前瞻意义的发展潮流。多年以来，以《新闻联播》、《焦点访谈》为代表的新闻报道和新闻评论一直是最受广大观众喜爱的节目，收视率始终名列各类电视节目之前列。电视新闻已经成为

现代社会生活中不可缺少的一部分，电视新闻记录时代进程，也成为时代的组成元素和促动因素。从都市到乡村，从儿童到成年人，人们习惯于从电视上获得新闻，人们的生活和工作离不开电视新闻。

随着我国改革开放的深入和社会主义现代化建设事业的不断发展，随着人民物质生活和精神生活质量的不断提高，广大观众对电视新闻的需要越来越多，要求也越来越高。人们不仅要知道发生了什么新闻，还要知道新闻怎样发生；不仅要关注事态的现状，还要关注事态的进展，事件和事件中的新闻人物现在怎么样；不仅要看到事件一个侧面，还想看到事件的全貌，想知道别人的观点是怎样的。境外媒体的成功经验、中国媒体激烈的竞争态势，观众对于信息的多层次追求等多个方面因素的影响，使广大观众对于中国自己的电视新闻频道创办寄予厚望，有着强烈的现实需求；电视新闻工作者对此始终孜孜以求，努力实践。

因此，经过周密的筹备，中央电视台于2003年5月1日推出了24小时全天候为广大电视观众更快、更多、更全面地报道新闻的新闻频道，并于2003年7月1日正式播出。

那么，新一轮新闻改革的着力点是什么？它具有哪些特点？

依照相关资料与讲话精神，可以总结出新一轮新闻改革的着力点有：(1) 改进会议和领导同志活动的新闻报道；(2) 以“三贴近”为突破口，加强对人民群众及他们所关心问题的报道；(3) 以发展社会主义民主政治、建设社会主义政治文明为基点，进一步推动健康、有力的舆论监督工作；(4) 从新闻规律和争取报道的主动权及国家和媒体的责任与形象出发，积极改进对突发事件、敏感事件的报道。

而新一轮新闻改革的特点是：(1) 中央直接推动，自上而下，上下互动；(2) 以“三个代表”重要思想和“立党为公、执政为民”思想为出发点，以解放思想、实事求是、与时俱进之路线为宗旨，坚持和贯穿了对深化新闻改革具有特别意义的一系列基本理念：以民为本理念、开放性理念、遵循新闻工作自身规律理念、全面发挥媒体建设性作用理念以及最为重要的“以人为本”理念。

实际上，新一轮新闻改革的着力点及其基本特点，与新闻频道的创办和良性有序发展，有着十分密切的关联性。因此，我们认为，新闻频道所蕴含的时代背景和重大意义，从根本上说是党中央新一代领导集体为深化新闻改革所作出的一项符合潮流、顺乎民意的重要决策与战略部署，更是“繁荣社会主义先进文化，满足人民的精神文化需求”的实践成果。它的适时推出，既是应对境外媒体新闻竞争的需要，也是开创我国电视新闻事业新局面的需要；既是正确引导宏观舆论的需要，又是满足人民群众日益增长的信息需求的需要。

## 二、新闻频道：大国的电视新闻传播之梦

多年来，中国电视新闻传播始终坚持正面宣传为主的方针，在宣传科学精神、传播先进文化、塑造美好心灵、倡导科学精神、弘扬社会正气等方面作出了突出贡献。特别是在配合党和国家的中心工作，正确引导社会热点，及时反映群众心声，加强新闻舆论监督，帮助各级政府改进工作，打击各种歪风邪气，维护社会政治稳定等方面发挥了重要而积极的作用。

但放眼全球，从电视新闻业发展的历史和现状来看，自1980年6月1日世界第一个24小时全新闻频道美国有线电视新闻网(Cable News Network，CNN)开播以来，创办新闻频道已成为一种世界性的发展趋势。正是在这样一种潮流的推动下，近年来世界很多国家如美国、法国、德国、俄罗斯、印度等的主要电视媒体纷纷开始建立自己的新闻频道，港台的华语新闻频道也呈蓬勃发展之势。中国大陆真正意义上的新闻频道却一直没有出现。尤其是随着中国加入WTO，境外大传媒集团虎视眈眈、纷至沓来，中国电视新闻传播正面临着前所未有的竞争压力。可以预见的是，在WTO规则之下，我们原来所拥有的一些垄断性优势将发生重大改变。如果不居安思危、未雨绸缪，抓紧目前保护期的时间发展壮大自己、增强抵抗能力，必将使未来发展陷入被动。

从1998年首次提出创办新闻频道的设想以来，中国在新闻频道的创办与建设上，从理论和实践两个层面进行探索与准备。中国人意识到，创办新闻频道不仅是充分利用电视新闻传播的优势，使新闻宣传形成规模化效应，进一步发挥宏观舆论导向作用的有力举措，而且是顺应世界传媒潮流、按照新闻规律办事、勇于投入世界电视新闻媒体的大竞争中，将电视新闻宣传做大做强，使中央电视台向世界级大台地位迈出的坚实一步。

**1.新闻频道的创办，使中央电视台作为国家电视台的地位更具权威性**

尤其在重大政策出台和重大事件发生时，中央电

视台肩负起与之相应的社会责任，以权威的声音和形象积极引导社会舆论，以事实的准确和平衡来建立正确的传播观念等方面更加全面、更加专业、更加有力。

**2.新闻频道的创办，使中国电视新闻传播“频道专业化”的发展战略更趋完善**

中国电视事业从节目时代到栏目时代再到频道时代已经成为历史的必然趋势。新闻频道的创办正是适应了我国当代文化的多元化趋势与受众市场巨大变化的必然结果。

**3.新闻频道的创办，使中国电视新闻传播能以更加开放的姿态参与国际竞争**

新闻频道从一开始就旗帜鲜明地把“与世界同步”作为频道的宗旨。这个理念的确定，必然促使新闻频道具有强烈的开放性。而这种开放性不仅表现在它能够充分发挥中央电视台信息整合和传播的优势，主动适应时代和媒体的发展变化，而且表现在它必须及时汲取国内外先进的新闻理念，大胆探索新闻传播手段，以开放的姿态选择和吸纳海内外的一切信息资源，从而构筑中国最权威的信息平台，使新闻频道成为国内外新闻精华的总汇。

## 三、“三个第一”：新闻频道的传播理念定位

“第一时间、第一现场、第一需要”作为新闻频道的品牌形象词，正日益深入观众的认知心理与观看诉求。我们从深层次看，这“三个第一”，正是中外电视新闻传播的主导理念，因为它传达了当代电视传媒的效率意识与受众意识。

第一时间不仅是“快”的代词，而且还强调占领受众的信息空白和理解空间，给受众传递第一信息乃至第一理解。第一时间，除了“第一时间的报道”之义外，还包含着“第一时间的解释”之义。

所谓第一现场，就是指与新闻发生最直接、距离最近的地点、场所、场景环境。2003年新闻频道的大量报道，记者出现在新闻事件的最前沿，第一现场的新闻大量出现，观众和事件融在了一起。有学者指出：“记者进入第一现场，观众才能进入新闻，新闻频道的影响力取决于第一现场的重大新闻所占有的比例。”

“第一需要”则道出了新闻频道的最高诉求。无论强调“第一时间”还是“第一现场”，都是为了满足观众的迫切需要。观众的“第一需要”是指对新闻事实的需求，渴望获悉世界变动的具体信息，在此基础上产生观众的第二需要，即了解事实的利害。

正是秉承了“三个第一”的电视新闻传播理念，新闻频道在一年里获得了社会各界的认同。这一点，可以从新闻频道的收视率（即观众反馈）上得到某种程度说明。

据北京费尔通媒体调查公司在北京地区的入户跟踪调查显示，2003年5月到8月，新闻频道的收视率为18.4%，在国内各卫星频道的新闻节目中名列第一，信任观众占该频道观众的89%，而收视率以每月0.7%的速度增长。另外，在2003年全国卫星频道满意度的调查中，新闻频道也名列第一，满意度为9.1（10分制）。从中可以看出，新闻频道在“三个第一”传播理念导引下的新闻报道，确实得到了受众的关注，在观众中形成较为稳定的收视企盼。

## 四、新闻频道：运营模式的创新

新闻频道全天24小时播出，每逢整点有新闻，全天24档，以最快的速度向观众提供第一手的国内国际新闻资讯，实现滚动、递进、更新式报道，观众可以随时获取电视新闻资讯。同时，新闻频道还增加了新闻背景分析和新闻评论力度以及直播报道量。《新闻会客厅》、《法治在线》、《每周质量报告》、《国际观察》、《面对面》、《中国周刊》、《世界周刊》等已迅速成为知名栏目。

在运营模式上，为了保证根据周遭事态的发展随时展开新闻直播、插播以及现场实时同步报道，新闻频道建立了一套与之相适应的从频道整体利益出发的管理机制和组织结构，随时以最快的反应速度及时整合丰富多彩的新闻资源。这就是“大编辑部” 运营模式。

“大编辑部”模式的核心就是设立作为整个频道大脑和神经中枢的频道编辑部，以频道为管理单元，协调选题策划，记者高度灵活，整体把握各新闻栏目对重大事件作连续追踪报道。这种以大编辑部为中心、相对完善的业务管理组织结构的建立，彻底打破了传统意义上以栏目为单元、以部门所有制为主体、各自为战的管理模式，在中央电视台第一次实现了真正的专业化整体运作，完成了管理机制上的系统组合。

从频道“大编辑部”机制运作情况看，其作用越来越大，其优势更加明显，传播效果日趋增强。实践证明，这一创新的举措，不仅提高了新闻频道快速报道和直播的能力，统一了全体采访、编辑、制作、播出人员的新闻评价、选择和播出标准，而且整合和合理配置了新闻资源，使高效能的新闻生产与规范化的市场运作有机结合在一起，降低了成本，提高了效益，形成了新闻

生产的24小时高效流水作业。

目前，新闻频道在“大编辑部”的管理运作机制下，正在完善一个与之配套的覆盖广泛、高效运转、功能强大的新闻采集网络，建立一系列新闻资源内部网和数据库，并配备一整套新闻资源管理系统，以随时随地快捷方便地获取最鲜活的新闻信息。

## 五、新闻频道：作为中国国家台舆论引领者的鲜明传播特征

**1．新闻现场直播成为新闻频道标志性的传播手段与特征**

在开播当天，新闻频道就进行了3场直播，最多的一天有5场直播。中央电视台2002年全年直播的新闻时间为60小时，而新闻频道开办至今的一年间，大大小小的现场直播报道累计近700个小时。需要注意的是，与以前直播多是仪式和会议不同，现在的直播更多关注新闻的事件性。对突发事件的直播，也成为新闻频道的追求。

重大事件、突发事件发生时，作为国家媒体、作为新闻资源的占有者，如没有独立的声音，渐渐就会失去权威性和公信力，直至失去影响与市场。如，2004年1月胡锦涛主席访问法国的直播、2003年12月温家宝总理在美国哈佛大学演讲的直播，均通过良性的互动，本着更加尊重观众、更加满足观众的理念，利用长年积累的优势资源为广大观众努力做好展现和呈现。新闻频道围绕“神舟”五号报道创立了国内外重大新闻事件的全新报道模式。贯穿两天的“特别新闻”和“特别报道”始终在第一时间把最新进展传递给广大观众：第一时间报道发射；第一时间报道返回和着陆；还第一次抓拍到了飞船喷火降落的镜头；第一时间在回京专机上专访了杨利伟；第一时间与刚刚回到北京航天城的杨利伟连线；“神五”七大系统的老总轮流作客央视演播室，让观众吃了道尽享新闻背后感人内幕的流水席……通过流畅连贯的直播，透过隽永动人的故事，展示了中国日益雄厚的科技实力和综合国力，更向世界传达了一个古老而又年轻的东方民族焕发出的峥峥活力和不可阻挡的强国之势。

现场直播报道作为展示实力和优势的表现手段，也做到了为新闻频道增光添彩。2004年1月18、19日的大型直播报道《直击中国铁路春运》，节目长达10个小时，横跨两天26小时，设置8个直播点，全程跟随两条客运线路；4天内快速联络、调动、落实了上海电视台、广东电视台、湖北电视台、江苏电视台、河南电视台、四川电视台、成都电视台等多家省市电视台参与到直播节目中，共投入250多人，对中国铁路春运进行了迄今最为充分的全景式报道。节目有对铁路员工辛勤忙碌的关照，有对旅客路途颠簸的关怀，充分验证了新闻中心直播的常态化、专业化的运作水平。

能够在以前不可想象的极短时间内完成多个省市台的联动，源于新闻频道对现代新闻理念的不断追求。从新闻频道开办前夕练兵的《中国第一条跨海铁路——粤海铁路正式开通》、《哥伦比亚号航天飞机爆炸直播》、《伊拉克战争直播》、乃至后来的《抗击非典直播》、《“神舟”五号直播》、《见证135：三峡工程蓄水及永久船闸通航直播》、《“伊布都”台风登陆直播》、《淮河抗洪直播》等，均体现着新闻频道操作者对电视新闻发展方向的追求和契合，显示了新闻频道在重大新闻事件直播中的非凡气势。

**2．24小时滚动播出，大大增强了新闻的时效性和信息量**

多条新闻的滚动播出满足了公众追踪、了解新闻事件连续和相对完整过程的需求。新闻频道现在全天播报的信息量比原来翻了两番。像文化新闻、财经新闻等分类新闻，原来是很少看到的，现在有了专门的阵地。新闻频道不仅使单位时间的新闻含量较以往大大增加，而且90%的新闻属于观众要看、爱看、有用的新闻，以往那种应景新闻、工作新闻、公式化新闻的数量逐渐减少。

每天播出的400多条字幕新闻成为对整点新闻及时迅速的有益补充。海军361核潜艇遇难、宋美龄去世、萨达姆被捕、梅艳芳病逝等重大新闻都是通过滚动飞播的字幕，第一时间进入观众的视野。

**3．细化各栏目的优化组合，体现了新闻传播的综合效应**

新闻频道，除了24小时滚动播出的整点新闻（含《新闻联播》、《新闻30分》、《晚间新闻报道》）外，共有《新闻会客厅》、《社会记录》、《法治在线》、《媒体广场》、《央视论坛》、《文化报道》、《财经报道》、《亚洲报道》、《共同关注》、《体育报道》、《东方时空》、《国际时讯》、《地方社会新闻》、《国际观察》、《今天》、《纪事》、《面对面》、《新闻调查》、《中国周刊》、《世界周刊》、《每周质量报告》、《声音》、《小崔说事》、《本周》等24个专栏性的栏目。这些栏目将社会生活、经济生活、文化生活、体育生活等方方面面的新闻资讯呈现给观众，满足了不同层次观众的需要，并在新闻的分析与解释方

面，进行了新的探索。

**4. 对突发新闻事件及时而全面的报道，是新闻频道展示出来的一个鲜明特点**

依托容量大和滚动播出的优势，新闻频道处理可预知突发事件更加成熟和稳健。如北京时间2003年12月14日下午，伊拉克前总统萨达姆被捕，新闻频道当晚推出了直至凌晨的5个半小时的直播节目。这是继3月20日至4月20日，新闻频道作为新闻改革号角吹响者、大规模伊拉克战争报道后，再次对伊拉克局势的密切跟进报道。美国"勇气"号和"机遇"号探测器登陆火星的全程直播，新闻频道也是快速运作到位的。

习惯于应对地震、火灾、洪水、矿难等常规突发事件的电视新闻记者，2003年里还经历了美加大停电、重庆井喷等前所未有的、真正含义上的突发事件的考验。新闻频道越来越多的记者在第一时间，抵达第一现场，展示现场景况，触及新闻内核，记录事件发展，满足观众的第一需要。于是：巴格达的炮火硝烟中有新闻频道的记者；淮河岸边滔天的洪水旁有新闻频道的记者；河北辛集烟花爆炸的余烟中有新闻频道的记者；上海轨道四号线坍塌的废墟旁有新闻频道的记者；湖北秭归滑坡的现场有新闻频道的记者；湖南衡阳大火、东北吉林大火、未散尽的烟雾中有新闻频道的记者；重庆开县井喷冲天的火柱旁有新闻频道的记者；禽流感的鸡舍鸭舍旁有新闻频道的记者，等等。

**5.尊重和服务的理念增强**

如每天播出19档的《天气·资讯》栏目，以轻松、自然、灵活、亲和的风格，以不断更新的背景知识使天气预报更加富于人性和贴近观众。炫美精彩的频道形象、栏目宣传、节目预告等宣传片，气势恢宏，内容练达，方便了观众收视。

**6.新闻频道与中央电视台第一套节目的良性互动**

经过一年的探索和磨合，作为专业的新闻频道已经与作为中央电视台龙头的综合频道第一套节目形成了良性互动的关系，逐渐培养了观众新的收视习惯。如，2004年"两会"报道，央视有史以来第一次做到了"两会"期间的《新闻联播》不延长，始终控制在30分钟，这极大方便了全国众多省、直辖市、自治区电视台的转播，充分尊重了亿万观众长年养成的收视习惯。观众认为《新闻联播》不延时是以人为本、求真务实、执政为民的体现。中央电视台在具体操作实施中，通过认真编排，精心安排，切实做到了《新闻联播》节目保证"两会"程序性报道的完整，保证了《新闻联播》播出形态和内容构成的完整，如保证了每天都有相关动态新闻和国际新闻等。2004年"两会"期间的《新闻联播》不延长更得益于大量的"两会"节目转入了新闻频道。会期的12天中，除了在各档整点新闻及时播发"两会"消息外，新闻频道推出了覆盖上午、下午、晚上黄金时间的《两会之窗》、《两会全接触》直播特别节目，累计播出85小时，平均每天7个多小时。直播的增多不单纯是数量的增加，通过大量的直播把"两会"内容原生态地展现给观众，使观众"原汁原味"直观地了解人民代表、政协委员的参政议政，体现了我国政治透明度的增强。

当然，我们也必须注意到，新闻频道毕竟是一个新生的婴儿，它不可避免地显露了它的稚嫩性。新闻频道开办初期，有人总结了新闻频道的八大"软肋"：信息量太小、时效性太差、原创节目太少、广告量太大、宣传味道过浓、直播方式运用不充分、缺乏个性化主持人、栏目各自为政。我们认为，这些看法尽管不是全部确切，但也说明新闻频道确实有许多值得总结的方面，如节目的重播率过高等。另外，从总体上看，新闻频道还可以"更开放一些，更深入一些，更大胆一些，更灵活一些"。一方面不要照搬境外新闻频道的传播模式，但另一方面，也要学习借鉴他们的长处，以赢得观众更多的好评与支持。

历史注定了2003年的春天对于中国电视新闻事业的发展是一个不平凡的季节。新闻频道开播与运作的意义，已经不仅仅是它那些丰富的新闻信息、独特的传播方式、全新的节目形态带给观众新鲜而强烈的冲击，还在于它开启了中国电视新闻事业崭新的一页，标示着中国电视新闻改革走向新的历程。同样，历史的脚步不会停留在2003年的春天，从领导的期望到观众的希冀到频道自身的更高要求，新闻频道尚有很长的路要走，且难免遇到艰辛与荆棘，这是我们每一个关注、热爱新闻频道的人必须冷静、理性面对的。

（本文摘自《现代传播》2004年第二期。作者：吴风 韩彪）

# 中央电视台评出2004年“双十”新闻

中央电视台首次组织31个省、自治区、直辖市电视台，以中国电视新闻界整体面貌推出的年终特别节目——2004中国电视国内、国际十大新闻评选揭晓。为了充分体现出权威性，“双十”评选活动在新闻的选择、顺序的排列和具体措辞上都反复斟酌，力求准确突出。“双十”揭晓特别节目以十大新闻发布为主线，并结合了四个话题：三农问题、宏观调控、中国外交、和谐社会。在话题展开中，分别采用了“驻外记者连线”、“新闻日历”、“精彩瞬间”等电视手段与现场访谈相结合，有点有面地对2004年重大新闻事件做了梳理回顾。

## 2004中国电视国内十大新闻

1．中国共产党十六届四中全会召开，审议通过《中共中央关于加强党的执政能力建设的决定》，会议同意江泽民同志辞去中共中央军事委员会主席职务，决定胡锦涛任中共中央军事委员会主席。

2．国民经济持续稳步增长，宏观调控成果初步显现。

3．十届全国人大二次会议审议通过《中华人民共和国宪法修正案》。

4．《中共中央、国务院关于促进农民增加收入若干政策的意见》出台，粮食连续4年减产局面得以扭转，农民现金收入7年来增幅最高。

5．第二十八届雅典奥运会中国队夺得32枚金牌，列金牌榜第二，实现了我国竞技体育在奥运会上新的历史性突破。

6．全社会高度重视未成年人思想道德建设，全国公共文化设施免费向未成年人开放。

7．中国审计结果公告力度进一步加大，审计署陆续向社会公布一系列审计结果。

8．安徽阜阳劣质奶粉事件被严厉查处，食品安全引起全社会关注。

9．我国2004年成功发射8箭10星，“神舟”六号飞船将于2005年发射升空。

10．H5N1亚型高致病性禽流感波及我国，各地严密防控成功消灭疫情。

## 2004中国电视国际十大新闻

1．阿拉法特病逝，巴以和平进程面临新的变数。

2．印度洋发生强烈地震引发海啸，造成了极为罕见的人员伤亡。

3．驻伊美军爆出虐俘丑闻。

4．10个新成员国加入欧盟，欧盟25国正式签署《欧盟宪法条约》。

5．国际原油价格剧烈波动。

6．中国——东盟自由贸易区建设进入全面启动阶段。

7．西班牙马德里火车站发生系列爆炸。

8．俄罗斯发生重大恐怖袭击事件，国际反恐任重道远。

9．布什赢得大选连任美国总统。

10．欧美火星探测器在火星上发现曾经存在水的证据。

（据《中国电视报》）

中央电视台圆满直播十届全国人大二次会议开幕盛况。图为记者正在采访。

2005

CHINA
CENTRAL TELEVISION
YEARBOOK

中国中央电视台
年鉴

JI GOU

# 机构

# 机构

## 2004年中央电视台机构设置

中央电视台分党组书记赵化勇，分党组副书记王庚年、张长明，成员：罗明、胡恩、何宗就、李晓明、张海鸽、刘国良、李培森、李建、王晞建、高峰、孙冰川。

中央电视台台长、总编辑赵化勇，副台长王庚年、张长明、罗明、胡恩、何宗就、李晓明，分党组纪检组组长张海鸽，总会计师刘国良，副总编辑孙冰川、孙玉胜、张华山，总工程师丁文华。

中央电视台总编辑赵化勇。

中央电视台机关党委书记张长明。

中央电视台经营管理委员会主任赵化勇。

中央电视台技术委员会主任何宗就。

中央电视台行政管理委员会主任李晓明。

中央电视台下设15个中心、室（副司局级）。

1．办公室

下设：秘书处、保卫处、外事处、法规处、行政处、房管处、事业发展调研处。

2．总编室

下设：宣传规划处、节目播出管理处、节目资料管理处、节目版权管理处、观众联系处、研究处、网络宣传部、音像资料馆。

3．人事办公室

下设：干部管理处、劳动工资处、培训职称处、离退休人员管理处。

4．财经办公室

下设：综合业务处、计划统计处、财务处、财产物资处、基建处。

5．机关党委

下设：党委办公室、团委、工会联合会、精神文明协调处。

6．新闻节目中心

下设：综合部、时政新闻部、新闻采访部、社会新闻部、地方新闻部、新闻编辑部、新闻评论部、新闻频道编辑部、军事节目部、新闻制作部。

7．海外节目中心

下设：综合部、英语频道编辑部、西法语频道编辑部、海外新闻部、海外专题部、海外编辑部、海外联络部、对台编辑部。

8．社教节目中心

下设：综合部、频道编辑部、教育专题部、科技专题部、文化专题部、社会专题部、法制专题部。

9．文艺节目中心

下设：综合部、文艺部、国际部、影视部、戏曲·音乐部。

10．广告经济信息中心

下设：综合部、广告部、图文电视部。

11．体育节目中心

下设：综合部、体育编辑部、体育新闻部、体育竞赛部。

12．青少节目中心

下设：综合部、青年部、少儿部、动画部。

13．技术管理办公室

下设：技术业务处、质量管理处、工程管理处、信息通信处、动力处。

14．技术制作中心

下设：综合部、录制一部、录制二部、录制三部、制作部、音频部。

15．播出传送中心

下设：综合部、播出部、转播部、传送部、总控部、

台直属机构：台纪检组监察室、机关纪委、审计处、中国电视报社、新台址建设工程办公室。

台直属单位：中国电视剧制作中心、中央新闻纪录电影制片厂、北京科学教育电影制片厂、中国国际

# 中央电视台 2004 年机构设置图

- 分党组 台领导
  - 分党组纪检组
    - 监察室 机关纪委
  - 办公室
    - 秘书处
    - 保卫处
    - 外事处
    - 法规处
    - 行政处
    - 房管处
    - 事业发展调研处
  - 总编室
    - 宣传规划处
    - 节目播出管理处
    - 节目资料管理处
    - 节目版权管理处
    - 观众联系处
    - 研究处
    - 网络宣传部
    - 音像资料馆
  - 人事办公室
    - 干部管理处
    - 劳动工资处
    - 培训职称处
    - 离退休人员管理处
  - 财经办公室
    - 综合业务处
    - 计划统计处
    - 财务处
    - 财产物资处
    - 基建处
  - 机关党委
    - 党委办公室
    - 团委
    - 工会联合会
    - 精神文明协调处
  - 新闻节目中心
    - 综合部
    - 时政新闻部
    - 新闻采访部
    - 社会新闻部
    - 地方新闻部
    - 新闻编辑部
    - 新闻评论部
    - 新闻频道编辑部
    - 军事节目部
    - 新闻制作部
  - 台直属部门
    - 监察室 机关纪委
    - 审计处
    - 中国电视报社
    - 新台址建设工程办公室
  - 海外节目中心
    - 综合部
    - 英语频道编辑部
    - 西法语频道编辑部
    - 海外新闻部
    - 海外专题部
    - 海外编辑部
    - 海外联络部
    - 对台编辑部
  - 社教节目中心
    - 综合部
    - 频道编辑部
    - 教育专题部
    - 科技专题部
    - 文化专题部
    - 社会专题部
    - 法制专题部
  - 文艺节目中心
    - 综合部
    - 文艺部
    - 国际部
    - 影视部
    - 戏曲·音乐部
  - 广告经济信息中心
    - 综合部
    - 广告部
    - 图文电视部
  - 体育节目中心
    - 综合部
    - 体育编辑部
    - 体育新闻部
    - 体育竞赛部
  - 青少节目中心
    - 综合部
    - 青年部
    - 少儿部
    - 动画部
  - 技术管理办公室
    - 技术业务处
    - 质量管理处
    - 工程管理处
    - 信息通信处
    - 动力处
  - 技术制作中心
    - 综合部
    - 录制一部
    - 录制二部
    - 录制三部
    - 制作部
    - 音频部
  - 播出传送中心
    - 综合部
    - 播出部
    - 转播部
    - 传送部
    - 总控部

电视总公司、中央卫星电视传播中心、中央数字电视传媒有限公司、中国爱乐乐团。

台属15个中心（室）的主任分别是：台办公室主任唐世鼎，总编室主任程宏，人事办公室主任杨晓民，财经办公室主任许二春，机关党委专职副书记郭秀英，新闻节目中心主任李挺，海外节目中心主任盛亦来，社教节目中心主任袁正明，文艺节目中心主任朱彤，广告经济信息中心主任梁晓涛，体育节目中心主任马国力，青少节目中心主任余培侠，技术管理办公室主任徐威，技术制作中心主任李宏虹，播出传送中心主任黄平刚。

中国电视剧制作中心主任李培森，副主任邹庆芳、李汀；中央新闻纪录电影制片厂党委书记兼厂长高峰，副厂长王盟盟、干颖力、郭本敏；北京科学教育电影制片厂党委书记王晞建，厂长薛继军，副厂长安为民、张晓光，党委副书记赵布光；中国国际电视总公司总经理李建，常务副总经理高建民、沈向军，副总经理冷敏述、赵健、张海潮、庞建；中央卫星电视传播中心主任薛大力；中央数字电视传媒有限公司总裁孙玉胜；中国爱乐乐团团长王庚年（兼）。

中央电视台台本部，即台15个中心(室)加上监察室、审计处、中国电视报社和新台址建设工程办公室等4个直属部门，共有各类员工8227人。其中，台聘人员2543人，企聘等各类编外人员5684人。

## 中央电视台编辑委员会

中央电视台编委会是中央电视台宣传工作的最高决策机构。编委会在台分党组和台长的领导下，按照中央的宣传方针、政策和广播电影电视总局编委会的部署，负责全台节目规划的制订、审查、各频道栏目的设置、栏目出台前的论证、重大选题的立项审批、重要节目的审查、重大宣传战役的部署等。编委会还有责任对各个节目中心和节目制作单位的舆论导向、节目内容和制作水平进行监督、检查和评估。

台编委会由下列人员组成：

赵化勇　张长明　罗　明　胡　恩　李培森
高　峰　孙冰川　孙玉胜　张华山　程　宏
李　挺　盛亦来　袁正明　朱　彤　梁晓涛
马国力　余培侠　郭本敏　薛继军　吴继尧
徐　威

台总编室为编委会的办事机构。

## 中央电视台技术委员会

中央电视台技术委员会（简称技委会）是中央电视台最高技术决策机构，其成员由主管技术的台领导及技术系统的部分负责人和专家组成。中央电视台技术委员会的主要职责是：研究把握电视台未来电视技术的发展方向；对新技术、新设备的引进做出规划和决策；审查批准电视技术工程项目；审定系统配备计划和关键设备购置计划；审定电视技术标准；审定大型活动的技术方案；审定科研项目立项。另外，技委会还为台领导重大决策和全台管理工作提供技术依据和发挥参谋作用。

技委会由下列人员组成：

主　任：何宗就

副主任：丁文华

委　员（按姓氏笔画排序）：

丁文华　于　志　米绍行　何宗就　肖月桃
李宏虹　李建成　李　勇　李树声　李跃山
宋宜纯　陈泽时　陈　默　季小军　张宝安
郭　忱　高东生　徐　威　黄平刚　梅剑平
曹　青　程　星　路晓俐　缪暑金

秘　书：王　丹

## 中央电视台行政管理委员会

中央电视台行政管理委员会（简称行管会）是在台分党组领导下负责全台重大行政工作的议事机构，成员包括各行政职能部门的主要领导。行管会办公会议由分管副台长主持，主要根据台分党组的授权，审议职能部门提交的全台性重大事项，协调宣传、技术系统与职能部门间的工作关系，提出行政管理部门保障宣传工作实施的工作方案。行管会主要通过每两周一次的办公会议开展工作。会议的组织工作和记录由台办室负责，会议纪要由分管副台长签发。重要的决策方案报台分党组批准后实施。

行管会由下列人员组成：

主　任：李晓明

副主任：张海鸽　刘国良

成　员：唐世鼎　杨晓民　许二春　郭秀英
黄瑞刚

## 中央电视台经营管理委员会

主　任：赵化勇
副主任：罗　明　李晓明（常务）
委　员：张海鸽　刘国良　李培森　李　建
　　　　高　峰　孙玉胜　薛大力　薛继军
　　　　唐世鼎　程　宏　徐　威　许二春
　　　　袁正明　高建民　郭振玺　张小毛
　　　　高小平

## 分党组纪检组、监察室、机关纪委

1994年10月，经中央纪委同意，原广播电影电视部党组批准，设立中央电视台分党组纪检组并同监察室合署办公。2000年9月根据中央纪委及中央纪委驻广电总局纪检组、监察局、总局机关纪委的工作部署，中央电视台纪检组、监察室与机关纪委合署办公。

分党组纪检组、监察室、机关纪委主要职责和任务是：在中央纪委、监察部驻广播电影电视总局纪检组、监察局的管理及台分党组的领导下，检查中央电视台各部门和所属单位的党组织与党员领导干部执行党的路线、方针、政策和决议的情况，对台分党组及其成员和其他党员领导干部实行党章规定范围内的监督；检查中央电视台党员领导干部违反党纪的案件以及所属单位的重要违纪案件，并根据有关规定提出处理意见，按照《中国共产党纪律处分条例》对所查案件中的党员作出处理决定；配合有关部门对党员和党员领导干部进行党风党纪教育；指导中央电视台和所属单位党的纪律检查工作；监督检查中央电视台各部门和所属单位工作人员贯彻执行国家法律、法规和政策、决定、命令的情况；调查处理中央电视台各部门和所属各单位工作人员违反政治纪律、宣传纪律、组织纪律、财经纪律的检举、控告；受理中央电视台各部门的所属各单位党员领导干部及其他工作人员不服行政处分、党纪处分的申诉。

台分党组成员、纪检组组长张海鸽，纪检组副组长、监察室主任黄瑞刚，机关纪委专职副书记兼监察室副主任赵玉东，监察室副主任范浩。本届机关纪委于2004年12月在中央电视台第七次党代会上换届选举产生，为中央电视台第六届纪委会，由13名委员组成。纪委书记郭秀英（兼）。

## 台办公室

台办公室是台分党组和台领导的日常办事机构，是组织协调全台行政管理工作的主管部门，是中央电视台对外联络的主要窗口。主要任务是：管理全台的文秘、信息、法规、安全保卫、外事、行政后勤和房屋分配与修缮工作；组织协调全台宣传、技术、行政、经营工作的重大活动；督促检查台领导交办的日常工作的完成情况，提出全台行政管理工作改进意见和建议。下设秘书处、保卫处、外事处、法规处、行政处、房管处、事业发展调研处。台办公室主任唐世鼎，副主任刘建中、李欣雁，党总支专职副书记王瑞山。

### 秘书处

秘书处是隶属于台办公室的一个综合职能部门，承办台分党组和台领导交办的日常事务。负责台办室担任的全台性宣传、技术、行政、经营等方面重大活动的协调工作，以及全台文秘、信息、会务、联络、调研、档案、公关、收发等承上启下的工作；主办全台《工作日报》、《中央电视台简报》等内部刊物。保证全台政令畅通，运转有序。下设秘书一科、秘书二科、秘书三科、档案科、摄影科、收发科。副处长肖文俊、田忠卿、柏杨。

### 保卫处

保卫处成立于1981年8月，是中央电视台的一个职能部门。其主要任务是负责中央电视台的安全保卫工作，包括治安、内保、警卫、消防、交通管理、综合治理等项任务。配备有先进的消防监控系统及先进的治安闭路电视监控系统。保卫处设治安科、警卫科、消防科、消防中心科、交通管理科。保卫处处长刘建中（兼），副处长吴雪民、高进印。

### 外事处

外事处成立于1984年，是中央电视台的一个职能部门。主要职责是接待外国及港、澳、台地区的电视界人士来访；安排台领导的外事活动；负责管理在中央电视台工作的外国专家；审核中央电视台各部门出国任务，办理出国手续及保管护照；组织协调涉外合作项目，签订合作协议及其他有关的外事管理工作。下设欧美大科、亚非拉科、接待科。外事处处长张永富，副处长迟洪业。

### 法规处

法规处成立于1998年6月，是隶属于台办公室的一个职能部门，负责全台的法律事务工作。法规处的主要职责有：审议和管理本台与外单位签署的合同、协议等法律文件；代理本台进行诉讼和仲裁；参与起草、制订、修改全台的各项规章制度；参与本台的投资、租赁、资金转让、拍卖、招投标及下属企业改制等涉及本台重要权益的经济活动；进行本台相关版权事务的管理；进行名牌栏目的商标注册等。法规处处长仇刚。

### 行政处

行政处是中央电视台职能管理部门之一，隶属于台办公室。承担着全台行政办公、后勤保障、服务接待、职工食堂、医疗保健、文字印刷、车辆管理、绿化美化等工作。同时，承担着中央电视台的交通安全委员会办公室、绿化委员会办公室、爱国卫生委员会办公室的日常管理工作。行政处下设综合科、财务科、行政科、接待服务科、交通科、食堂一科、食堂二科、文印科、医疗保健科、影视之家管理科等10个科室。行政处处长武小川，副处长安俊、胡志发。

### 房管处

房管处成立于1998年6月，隶属台办公室，负责全台房产管理工作。主要职责是：根据国家及广电总局的有关规定逐步落实房改政策。负责全台房屋及其产权资料的积累、立卷、归档工作；负责全台办公用房的调整管理和维修改造；负责全台职工宿舍的物业监督管理和大、中修及改造工程。房管处下设维修科、物业管理科、房管科、综合科。房管处处长刘威，副处长杨怀文。

### 事业发展调研处

事业发展调研处成立于2000年6月，是隶属于台办公室的战略研发部门，主要职能：(1)发展战略研究：立足全台整体，对中央电视台事业发展的体制改革、机制创新和宏观战略进行调研分析，承接台领导交办的重大专项课题的组织实施，为台领导决策提供科学依据和理论参考，开办内参《调研信息》，每年还推出《CCTV事业发展年度分析报告》；(2)行业动态分析：密切监测国内外电视行业的发展动态，并结合台内宣传、管理、经营、技术等方面的业务数据进行对比分析，并加工提炼，为台领导提供及时、准确的决策支持信息，开办有《电视观察》(周刊)、《CCTV事业发展季报》等内部信息刊物；(3)媒体公关服务：关注央视整体品牌建设和媒介公关工作，组织承办相关重大活动及文稿撰写等。事业发展调研处下设策划组、课题组、内刊组、信息组、秘书组。事业发展调研处副处长黎斌、李琼（兼）。

## 总编室

中央电视台总编室是编委会的执行机构，按照编委会的要求负责处理日常宣传业务，定期向编委会报告工作并提供决策性建议。总编室的日常工作是在编委会的领导下，根据中央的指示精神，负责组织管理全台的宣传工作。总编室下设宣传规划处、节目播出管理处、节目资料管理处、节目版权管理处、观众联系处、研究处、网络宣传部、音像资料馆。总编室主任程宏，副主任王建宏、倪代光、罗琴，党总支专职副书记许唐生。

### 宣传规划处

宣传规划处是中央电视台负责宣传管理工作的职能部门。它负责组织管理中央电视台宣传规划，制订全年宣传计划和重点选题计划；负责审定各部门栏目选题；负责全台节目预算分配、各类节目数据的统计与分析；协调全台节目引进工作；负责全台电视剧、引进节目的证件发放管理工作；负责中央电视台内参节目的选题、编辑、报送工作；管理全台记者证的发放工作；负责组织“五个一工程”评奖和国际节目评奖活动；负责管理全台节目声讯信息的开设工作；负责审看重点电视剧、译制片，以及外部委送播的专题片。宣传规划处下设：宣传规划组、综合组、节目引进组、特别节目组、审片组。宣传规划处副处长冯万友、杨明。

### 节目播出管理处

节目播出管理处成立于1998年，是总编室负责节目编排、节目宣传、频道包装和频道管理的职能部门。负责全台每周各套节目表的编排，召集全台有关部门讨论即将登报的一周各套节目的栏目表，日常节目的更改协调，下达节目播出指令并审定各套节目的栏目表；对全台重点节目、优秀栏目和频道特色进行宣传和包装；完成固定专题栏目《电视你我他》、《收视指南》、《请您欣赏》的拍摄和编辑工作；对全台入库待播节目进行技术整备，对台外制作的所有拟用节目进行技术审查。节目播出管理处下设节目组、宣传一组、宣传二组、包装组、导视组和技审科。节目播出管理处处长霍振恒，副处长陈忠。

## 节目资料管理处

节目资料管理处主要负责向中央电视台各频道播出的节目提供备播磁带，为编导制作节目提供空白磁带，负责全台节目资料磁带和胶片的收集、鉴定，检索数据的整理著录、保管、利用、保护工作，并负责中央电视台节目生产管理系统的日常维护工作。节目资料管理处下设节目资料收集科、数据整理科、保管利用科和综合技术科。节目资料管理处处长强西京，副处长史冠翔、王亚平。

## 节目版权管理处

节目版权管理处成立于2004年6月，是中央电视台负责节目版权管理工作的职能部门。主要职责有：负责制订《中央电视台节目版权管理规章制度》，对节目实行版权分级管理；制订中央电视台各类节目规范化格式合同及标准版权文档；协调中央电视台在节目规划、节目生产、节目购买、节目再利用、节目销售等环节中的版权事务；开展版权相关业务的咨询服务、培训等工作；处理中央电视台在版权方面与著作权人、表演者等权利人的纠纷；建立中央电视台节目版权管理数据库；清理库存节目资料的版权项。节目版权管理处处长石村。

## 观众联系处

观众联系处是专门负责联系观众和进行观众调查研究的部门，主要工作是提供全台季度、年度收视分析报告，搜集、汇总整理、分析日常观众来信、电话、电子邮件。每周汇总一份《近期观众反映》，并在台办公例会上通报，组织栏目评议、节目收看活动；设计并开展栏目评价，召开各种观众座谈会；编辑观众反馈的内部刊物《观众反映及分析》；组织大型或专项的观众调查研究项目，委托并指导央视市场研究股份有限公司进行满意度调查和电视专项调查。承担全台屏幕语言文字差错的搜集、核对、统计工作。观众联系处下设数据分析科、观众信息管理科和综合科。观众联系处处长虢亚冰，副处长刘建鸣。

## 研究处

研究处成立于1983年4月，其主要任务有：负责电视理论研究；编辑、出版、发行电视理论月刊《电视研究》、《中国中央电视台年鉴》及各种电视学术专著；采集、编辑电视图文信息，组织国内外优秀电视节目的观摩研讨会，举办电视沙龙，推介热播节目，促进新节目研发，编辑内部刊物，提供计算机图文和视频信息服务；组织各类评奖和组织协调各种专业协会学会活动等。研究处下设研发一组、研发二组、书刊编辑组、学术活动组和通联组。研究处处长王甫。

## 网络宣传部

总编室网络宣传部是中央电视台在国际互联网上进行节目宣传的管理部门，负责中央电视台上网节目制作、发布的统一管理和中央电视台节目网上对外合作的管理，并负责中央电视台国际互联网站（央视国际网络）的运营和管理。央视国际网络的前身为中央电视台国际互联网站。1996年12月建立并试运行，是我国最早发布中文信息的网站之一。2001年5月25日，中央电视台分党组决定，成立中央电视台网络宣传部，将网站正式列入总编室序列，明确为节目宣传部门。

网络宣传部现有综合管理科、事业发展科、总编、首页、电视指南、新闻、法治、经济、证券、农业、主持人、科技、教育、留学、健康、旅游、国家地理、台湾、英语、军事、视听在线、综艺、音乐、电影、电视剧、舞蹈、戏曲、环球、体育、F1、篮球、足球、运动休闲、奥运、中国电视在线、电视批判、线上故事、在线主持、少儿、动画、文化、书画、历史、民俗、时尚、生活、广告、视频制作、视频播出、系统开发、技术支持、发展规划等组。网络宣传部主任刘连喜，副主任刘平、王秀云。

## 音像资料馆

音像资料馆成立于2003年4月，其主要职能是负责全台音像资料的广泛收集、加工整理、海量存储、精细编目、查询检索、信息交换和服务，并对入库管理的音像资料在技术层面进行修复、加工和数字化处理；负责为全台采购图文资料、管理图书书库和阅览室，并广泛搜集国内外图书资料。音像资料馆适应广播电视技术网络化、数字化发展进程的需要，采用国内外的先进技术和设备，结合现代化的管理手段，实现音像资料从采集到应用全流程的科学高效管理，为中央电视台的节目生产及相关业务提供广播电视音像资料的查询检索、内容视听和相关信息服务。音像资料馆下设综合组、业务组、技术组和图书资料科。音像资料馆负责人崔屹平。

## 人事办公室

人事办公室成立于1998年1月，是中央电视台负责干部人事管理工作的行政职能部门。在台分党组的领导下，负责全台机构设置、事业编制管理、职工考核、奖惩、干部考察、任免、职工出国（境）政审、组织播音员、主持人上岗审核、人员配置、驻外机构及人员管理、编外人员管理、劳动工资、福利保险、职工教育培训、专业技术职务评聘、离退休人员管理以及干部人事改革等工作。人事办公室下设干部管理处、劳动工资处、培训职称处和离退休人员管理处。人事办公室主任杨晓民，副主任麻宁、杜书星。

### 干部管理处

干部管理处成立于1998年5月。其主要职能：负责全台机构设置和事业编制的管理；负责人员聘用、调配和接收大学生、军队转业干部工作；组织对职工的考核奖惩；根据台分党组的要求对科、处级干部进行考核任免；协助总局人教司、集团人事部考察台司局级干部；组织干部交流，选派优秀中青年干部参加党校学习；负责全台播音员、主持人管理；负责全台编外人员的管理；负责全台编辑、记者、播音员、主持人职业资格审核申报工作；负责因公出国（境）人员的政审工作；负责国家备案人员因私出国（境）的审批工作；管理全台人员的人事档案；考核管理台属二级公司副经理以上领导干部。干部管理处副处长晋延林。

### 劳动工资处

劳动工资处成立于1998年5月。其主要职能：贯彻、执行劳动工资、劳动保护、劳动保险及职工福利等方面的法律、法规、政策。制定、实施全台劳动工资管理办法及薪酬改革方案；审核全台工资总额，调整职工工资、津贴、补贴及生活补助等标准；制定全台奖金规范管理与发放办法，出台奖金管理相关制度改革方案；负责职工考勤管理；建立并完善职工养老、医疗、失业等社会保险制度，参加有关商业保险；办理职工退休、缓退及提前退休手续；组织、实施职工休疗；负责残疾人的安置和就业保障金的缴纳；组织工人技术等级及技师考评聘用；核发去世职工的丧葬费、抚恤金及遗属补助；审核、发放职工困难补助；制定全台人力成本核算办法，核算奖金人力成本、工资人力成本和职务津贴人力成本；维护、开发并完善人事计算机管理系统；向上级机关、台领导及有关部门提供人事管理数据和信息；核定职工出生年月、参加工作时间、大学学龄、工龄，以及各类假期、休疗标准等；统计、上报干部年报、工资年报等各类统计报表。劳动工资处处长杨一龙，副处长王德利。

### 培训职称处

培训职称处成立于1998年5月，其主要职能是负责全台职工的教育培训、职称评聘工作。包括制定中长期职工教育规划和年度培训计划，管理教育经费、教学设备及培训场地，组织管理职工岗前培训和在职教育工作，负责组织评聘专业技术职务人员，核定、推荐政府特殊津贴人员的工作。培训职称处副处长聂红江、乔维平。

### 离退休人员管理处

离退休人员管理处于1998年成立，是在人事办公室直接领导下负责管理全台离、退休干部工作的职能部门。其主要职责是：认真贯彻落实中央和国务院有关离退休人员的方针政策；根据有关规定和台里的实际情况，落实离退休人员的政治待遇和生活待遇。全台现有离休人员75人，退休人员505人（其中街道11人），建立了7个老干部活动站。根据居住情况划分了15个片，建立了离退休人员党总支和15个离退休人员党支部。离退休人员管理处处长高广远，副处长吴卫勇。

## 财经办公室

财经办公室1998年6月组建，是中央电视台计划、财务、基建、物资的主管部门，为全台宣传任务的完成和事业的健康发展提供保障。其主要任务是：根据国家财经法规、方针政策和总局有关的规章制度，负责编制全台事业发展规划并组织实施，负责经费预算的收支管理、基本建设管理、国有资产的监督管理等工作。财经办公室下设综合业务处、计划统计处、财务处、财产物资处、基建处。财经办公室主任许二春，副主任毛坤山、王刚建，党总支专职副书记刘贵良。

### 综合业务处

综合业务处的前身是经营管理处。2001年上半年更名为综合业务处。其主要职责是：贯彻上级有关财经工作方针政策，拟定配套规章制度和管理办法；组织参与编制财经工作发展纲要和中长期规划；研究与拟定国有资产监督管理办法、措施，组织检查、考核；指导秘书工作和培训秘书人员，审核、填报经济活动统计报表及相关业务报表；调查研究，搜集处理综合信息；负责批复、批示、决定、决议的落实、催办；统筹、协调、管理行政日常事务；内部考核与业务交流，精神文明与综合治理等。综合业务处下设综合科、业务管理科、经营管理科。综合业务处处长赵万一。

### 计划统计处

计划统计处于1998年5月15日正式成立，是中央电视台的一个职能部门。其主要职责是：负责贯彻执行事业计划、统计的规章制度和管理办法；负责编制事业发展纲要和中长期规划，并组织实施；负责电视事业费预算分配方案和调整方案的编报、监督检查和实施工作；负责编制、上报、下达电视事业的年度基本建设计划，指导和监督计划的实施；参与固定资产投资项目的立项、可行性研究报告及竣工验收工作；结合本台实际情况，建立健全统计指标体系，负责收集、审核、汇编电视事业各类统计资料并对统计资料进行分析，建立和管理中央电视台统计信息微机处理系统，逐步实现统计数据管理的现代化。计划统计处下设计划科、统计科、综合科。计划统计处处长高祥林，副处长王霞。

### 财务处

财务处成立于1998年5月。其主要职责和任务是：负责中央电视台财务预算收支和管理；组织经费供应的保障和财务核算；负责成本结转、内部转账、成本分析、各类报表的编制及各项财务规章制度的建立等。财务处下设财务综合科、财务管理科、财务一科、财务二科、财务三科、财务四科、财务五科、财务六科、财务七科、财务八科。财务处处长黄伟，副处长张小群、高华中。

### 财产物资处

1987年7月成立物资处，1991年成立财产物资处，1993年7月，原技术管理中心所属的设备科、器材科整建制并于财产物资处。1998年5月15日财产物资处划归财经办公室。财产物资处主要职责是：负责全台的固定资产管理及有关设备材料的购置工作，为电视宣传提供可靠的物资保障；根据台年度计划的安排编报年度固定资产购置计划并组织实施。财产物资处下设设备科、管理科、供应科、综合科。财产物资处处长米绍行，副处长王冀林。

### 基建处

基建处于1998年5月正式成立，是中央电视台基建管理的职能部门。其主要职责是：负责全台基本建设项目的管理和实施。包括中央电视台基本建设工作的中长期规划，新建、改建和扩建项目的组织实施及建设管理等工作。基建处下设工程管理科、技术管理科、综合科、基建财务科。基建处处长赵频，副处长林岚。

## 机关党委

中央电视台机关党委在广播电影电视总局机关党委的直接领导和台分党组的指导下进行工作。是中央电视台思想政治工作和党务工作的主管部门。领导党委办公室、台工会联合会、台共青团委员会、台精神文明协调处的工作。台党委下设4个基层党委（中国电视剧制作中心党委、中央新闻纪录电影制片厂党委、北京科学教育电影制片厂党委、中国国际电视总公司党委），17个中心（室）党总支，202个正式党支部。中央电视台共有党员4201人。本届党委于2004年12月9日在中央电视台第七次党员代表大会换届选举产生，为中央电视台第七届党委会，由27名委员组成，设常委13名。张长明任机关党委书记，郭秀英任机关党委专职副书记，张长明、唐世鼎、程宏、杨晓民、许二春、郭秀英、李挺、李宏虹、郭本敏、赵布光、高建民、李汀、梁萍为党委常委。

### 党委办公室

党委办公室是台机关党委的具体办事机构。负责全台党员干部、职工政治理论教育、党的方针政策教育、经常性思想政治工作、党的组织发展、基层党组织建设、党员管理及党的统战工作。具体承办机关党委宣传载体《党内通讯》、《电视生活报》、《台职工闭路电视》、《宣传橱窗》、《摄影画廊》的编辑、出版、制作、发行、播出等工作。党委办公室主任梁萍，副主任张景卫。

### 团委

台团委在台机关党委的直接领导和总局机关团委

的指导下，负责全台团员和青年工作。截止到2004年，中央电视台共有共青团员1838人，企聘人员中的团员共有1267人，5个基层团委，11个团总支，89个团支部，5个直属支部。本届团委于2004年12月22日在中央电视台第十次团员代表大会上换届选举产生，为第十届团委，由27名委员组成，设常委13名，团委书记吴克宇、团委副书记郑漠、武金鑫（兼职）。

### 工会联合会

2004年通过会员代表大会选举产生第二届工会联合会，由31名委员组成，设常委15人。下属26个中心工会。主要任务是：按照《中华人民共和国工会法》和《中国工会章程》，履行工会“维护、参与、教育、建设”四项职能；坚持“一个中心，两个服务，三个建设”（围绕宣传中心开展工作；全心全意为繁荣屏幕服务，为全台职工服务；不断加强自身的组织建设、制度建设和廉政建设）的工作定位；创建“职工之家”，发挥党联系广大职工群众的桥梁纽带作用。工会联合会主席任海，副主席马静。

### 精神文明协调处

精神文明协调处成立于2002年7月30日，负责全台的精神文明建设工作，是台精神文明建设委员会的日常办事机构。其主要职责是：按照台分党组的要求，在台机关党委的直接领导下，在首都精神文明建设委、中直机关精神文明建设委、广电总局精神文明建设委的指导下，负责协调精神文明范畴的全台职工的思想道德建设、党风廉政建设、环境秩序建设、文化建设、大型公益活动和扶贫济困送温暖等一些精神文明创建活动。承办全台计划生育、无偿献血、校外教育、警民共建等工作，并根据上级有关精神，对全台卫生绿化、交通安全、综合治理工作进行协调监督。精神文明协调处处长田应坪，副处长闫丽萍。

## 新闻节目中心

新闻节目中心成立于1988年，承担着中央电视台第一套节目主要新闻及新闻频道采、编、播任务，有《新闻联播》、《焦点访谈》、《新闻30分》、《新闻调查》、《媒体广场》、《新闻早8点》、《国际时讯》、《新闻社区》、《今天》、《晚间新闻》、《午夜新闻》、《本周》、《中国周刊》、《世界周刊》以及19档整点新闻和《东方时空》、《实话实说》、《面对面》、《新闻会客厅》、《央视论坛》、《社会记录》、《小崔说事》、《纪事》、《人民子弟兵》、《军事天地》等43个栏目。

新闻节目中心下设综合部、时政新闻部、新闻采访部、社会新闻部、地方新闻部、新闻编辑部、新闻评论部、新闻频道编辑部、军事节目部、新闻制作部。新闻节目中心主任李挺，副主任张宁、庄殿君、王晓真，新闻节目中心党总支专职副书记郭书兰。

### 综合部

综合部成立于1998年5月，是在原新闻节目中心办公室的基础上组建的。综合部下设秘书科、驻外记者站管理科。负责新闻节目中心的文秘、后勤、协调、保障工作。综合部主任郭书兰。

### 时政新闻部

时政新闻部成立于2000年8月，是在新闻采访部时政组的基础上组建的。时政新闻部长期担负党中央、国务院大型会议及中央领导同志时政活动的新闻报道工作。时政新闻部设有记者一组、记者二组、记者三组、统筹策划组4个组。时政新闻部主任王连生，副主任王晶、周建国、吕大庆。

### 新闻采访部

新闻采访部成立于1989年7月，以原新闻中心政文部为基础组建。主要职责是为中央电视台第一套和新闻频道全天各档新闻栏目采制新闻。在承担政经、科技、社会等各类报道的同时，尤其在大型活动报道、重大主题报道和深度报道中担当主力军。新闻采访部下设经济、金融、科技、农业、综合、《共同关注》栏目和统筹等7个科组。新闻采访部主任高丽萍，副主任肖振生。

### 社会新闻部

社会新闻部成立于1998年5月，是新闻频道一支骨干前期采访队伍，同时负责新闻频道《法治在线》和《每周质量报告》栏目的采访、编辑和播出。社会新闻部的采编立足于社会民生、社会法制、社会经济和社会文化，突出新闻的时效性和事件性，注重服务性和贴近性。社会新闻部分为记者一组、记者二组、记者三组、记者四组、政法栏目记者组、策划组、摄像组、办公室等9个科组。社会新闻部主任谷云龙，副主任李风、李毅。

## 地方新闻部

地方新闻部成立于1998年5月21日，主要职责是组织全国各省、市电视台向中央电视台各新闻栏目供稿。及时向各省、市台通报有关的宣传精神，协调中央电视台与全国各省级、计划单列市电视台之间的新闻业务关系。负责编辑、审看全国各省、市电视台传送来的稿件及本部门派出人员与地方台合作采编的稿件，按照正确的舆论导向和舆论规律对各省、市电视台向中央电视台传送的主要稿件进行策划和组织，确保地方上发生的重大新闻和日常新闻能够及时在中央电视台各档新闻栏目中播发。协调召开全国电视新闻系统年会和全国通联工作会议。

地方新闻部现设有策划组、联播组、综合组、专栏组和通联组。除了向联播、午间、晚间及各档滚动新闻供稿外，还独立承担每天25分钟、每周6期的《地方社会新闻》栏目的策划、组稿、编辑和播出任务，承担全台地方新闻的传送及台新闻共享系统地方新闻的一级编目工作。地方新闻部主任陆伟昌，副主任杨华。

## 新闻编辑部

新闻编辑部是新闻中心的核心编播系统，负责一套早、午、新闻联播、晚间4档新闻节目和新闻频道的24档整点新闻及专栏（3档）、周刊（2档）的编辑、播出以及国际新闻的全部编译工作。新闻编辑部每月首播节目量约302小时。其中在第一套节目每天的播出量近200分钟。新闻编辑部下设3个国内时段组、3个国际时段组及《国际时讯》、《本周》和《世界周刊》组，主编组负责24小时内稿源的统筹和节目审定工作。播出组、资料组、亚广联和国际直播策划组作为公共系统为整个部门提供专业化服务。新闻联播组、播音组单列。新闻编辑部主任盖晨光，副主任侯明古、李昕、杜宝凤。

## 新闻评论部

1993年12月21日，新闻中心在原来的《观察与思考》、《今日世界》两个栏目组以及当年刚刚创办的《东方时空》栏目组的基础上成立了新闻评论部，其主要任务是承担新闻评论类节目的采访与制作。

经过10年的努力创新，新闻评论部已由初期的《东方时空》一个栏目，发展到今天拥有《焦点访谈》、《新闻调查》、《实话实说》、《面对面》、《国际观察》、《央视论坛》、《社会记录》、《中国周刊》、《新闻会客厅》、《小崔说事》、《高端访问》、《纪事》、《纪实十分》、《沟通》、《电影传奇》、《人物秀》17个栏目。每天在中央电视台第一套和新闻频道的播出总量近300分钟。新闻评论部下设25个科组。新闻评论部主任梁建增，副主任陈虻、关海鹰、赵微、孙克文。

## 新闻频道编辑部

新闻频道编辑部于2004年5月27日经过台分党组研究批准正式成立。新闻频道编辑部主要负责新闻频道的节目运营和协调工作。承担着新闻频道的整体节目规划、策划与播出、节目包装、推介、评价等；同时承担着新闻频道重大节目、特别直播的组织协调。新闻频道编辑部同时负责《天气·资讯》、《字幕新闻》、《约会新七天》等节目制作和播出。新闻频道编辑部下设规划组、策划组、形象组、评价调研组。新闻频道编辑部主任许强。

## 军事节目部

军事节目部是中央电视台专门从事军事宣传报道的一个采访和编辑部门，由中央电视台和解放军总政治部双重领导。其前身是1966年4月成立的军事组。军事节目部负责军事新闻的报道和《军事天地》、《人民子弟兵》等栏目的节目摄制，以及全军历年的重大活动、重大事件和重大典型的报道。同时，担任中央电视台许多重大题材纪录片的主创任务。军事节目部主任赵元贵，副主任冀惠彦。

## 新闻制作部

新闻节目中心新闻制作部成立于1989年。承担了新闻节目中心所有节目的制作和全天的新闻滚动播出任务，已形成一套完整的录播、制作合成技术系统。其中有非线性编辑系统、宽泰美工创作系统、音乐和创作系统、MIDI及音频工作站。2000年至2001年新闻节目中心进行数字化改造，改造后的新闻播出、制作系统使新闻节目技术质量有了很大提高。新闻制作部下设中心科、录制科、制作科、新闻美编科、照明科、电讯科和新闻频道播出组。新闻制作部主任张宝安，副主任袁辉、包布和。

# 海外节目中心

海外节目中心是中央电视台对外宣传节目的制作编播部门。其主要任务是：负责中文国际频道（CCTV－4）、英文国际频道（CCTV－9）和西法语国际频道（CCTV－E＆F）的新闻、专题、文艺、体育节目的制作和编排播出；承担对外大型系列节目的制作播出；促进3个频道的电视节目在世界各地落地播出；向中国驻外使、领馆以及海外电视台、电视机构提供和传送中、外文电视节目；协同全国各地方电视台制作播出对外宣传电视节目；承担国际电视交流、接待外国来华摄制组和海外观众联络工作；定期为美国《国际日报》等境外媒体编发《中国电视》专版。海外节目中心下设综合部、英语频道编辑部、西法语频道编辑部、海外新闻部、海外专题部、海外编辑部、海外联络部、对台编辑部。海外节目中心主任盛亦来，副主任尹力、江和平、杨刚毅，党总支专职副书记王丹洁。

## 综合部

综合部是海外节目中心的综合管理部门。主要负责中心的办公业务、信息反馈、重大节目协调策划，负责中文、英语、西法3个国际频道的播出编排、频道宣传和包装、广告经营管理、后勤服务等工作。中心党总支、团总支、工会联合会的日常工作也由综合部承担。综合部下设秘书科、节目组和广告经营管理科。综合部主任吴淑环。

## 英语频道编辑部

中央电视台英语频道（CCTV－9）是我国第一个以非母语播出的电视频道，于2000年9月25日正式开播，其信号通过6颗卫星覆盖了全球面积的98%，截至2004年年底，英语频道海外用户已突破4000万户。英语频道秉承“全球的触觉、中国的眼光、世界的窗口”这一宗旨，以新闻和新闻性节目为主，以专题、文化和文艺类节目为补充，实行全天候不间断播出，为海内外英语观众提供服务。英语频道总监江和平，总监助理王晰、杨福庆。

## 西法语频道编辑部

2004年10月1日，中央电视台正式开播西法语频道（CCTV－E＆F），这是中央电视台继CCTV－4（中文国际频道）和CCTV－9（英文国际频道）之后开办的第三个国际频道，标志着中国电视对外宣传又跃上了一个新台阶。西法语频道是一个24小时播出的新闻综合频道，以中国视角客观、公正地报道发生在中国和世界各地的新闻。在节目编排方面，采用西班牙语和法语交替播出方式，每8小时为一播出区间，其中，西班牙语和法语节目各占4小时。各时段内，新闻实行滚动播出，专题节目首播一次，重播两次。频道采用数字压缩技术进行播出，传输信号通过泛美8号、9号、10号、银河3C和亚洲3S等卫星覆盖全球。各档新闻节目将向西语、法语观众及时传播发生在中国、亚洲和世界的重大新闻，访谈、专题和文艺节目透析中国政治、经济、历史、文化、民俗等各个社会层面。西法语频道西语节目总监野露露、西法语频道法语节目总监陆金龙。

## 海外新闻部

海外新闻部成立于1993年，是在原第四套节目部基础上调整、充实组建的。海外新闻部承担着中央电视台国际频道对外新闻的采访制作、播出工作，同时还承担国际频道对重大新闻事件直播的报道任务。海外新闻部目前有6个栏目：《中国新闻》、《新闻60分》、《环球时讯》、《今日关注》、《财经报道》和《简明新闻》。每天18档新闻滚动播出，日播出量435分钟。海外新闻部还负责国际频道每周国新办、国台办新闻发布会直播。海外新闻部下设采访工作室、编辑工作室、评论工作室、地方新闻组、国际新闻组、包装资料组、播音组、策划组、财经节目组。海外新闻部主任范昀，副主任马勇。

## 海外专题部

海外专题部是海外中心专题节目制作部门，承担着《走遍中国》、《中华医药》、《华夏掠影》、《华夏文明》、《名将之约》、《东方时尚》等栏目的采访编辑制作任务和大型电视纪录片《再说长江》、《澜沧江——湄公河》节目的制作任务；同时，每年还承担若干大型系列节目和上级指令性节目的采访编辑制作任务以及异地采访活动。海外专题部主任王广令，副主任刘文、吴晟炜。

## 海外编辑部

海外编辑部1991年组建，原名对外节目部，主要负责国际频道的文艺、戏曲、教育、体育、综艺类节目。海外编辑部下设5个科组，共6个栏目：《中国文艺》、《欢聚一堂》、《同乐五洲》、《神州戏坛》、《体育在线》、《快乐中国一学汉语》。《名将之约》、《东方时尚》2004年4月划归到海外专题部。海外编辑部副主任王晓、王有才。

### 海外联络部

海外联络部成立于1998年6月，主要承担对外节目的磁带管理、向海外寄送节目磁带、国内联络、观众联络、国际联络、开发海外落地项目、接待境外电视摄制组、定期编发《对外宣传通讯》、编辑并向美国《国际日报》等境外报刊传送《中国电视》专版。同时还负责电视对外宣传的节目评奖等活动。海外联络部下设对外联络组、观众联络组、节目交流组和信息编辑组。海外联络部主任景春寒，副主任苏大清、陈龙城。

### 对台编辑部

对台编辑部成立于1991年9月，1992年5月改名为中央电视台第四套节目编辑部，1998年6月重新恢复对台部。对台编辑部主要负责涉及台湾新闻性节目及各类专题、服务节目的制作，节目主要是以台湾的观众为对象。对台编辑部下设7个栏目组和1个特别节目组，分别是：《海峡两岸》栏目组、《天涯共此时》栏目组、《互动星期天》栏目组、《台湾百科》栏目组、《闽南话时间》栏目组、《两岸万事通》栏目组、《国宝档案》栏目组和特别节目组。特别节目组负责一年一次的《海峡两岸知识大赛》节目。对台编辑部主任李海明，副主任郭清华。

## 社教节目中心

社教节目中心成立于1990年3月，承担着中央电视台第十套节目——科教频道、第十二套节目——社会与法频道和一套、二套部分精品栏目的节目制作工作，播出的节目类型包括新闻类、专题类、电视剧等。社教节目中心下设综合部、频道编辑部、教育专题部、科技专题部、文化专题部、社会专题部、法制专题部7个部门。社教节目中心主任袁正明，副主任王进友、冯存礼、吴明训、魏斌，党总支专职副书记杨菁。

### 综合部

综合部成立于1998年6月，是承担中心公文运转、信息上传下达和协调落实各项事务性工作的办事机构。综合部本着服务于社教节目的宗旨，负责对科教频道播出的节目、栏目进行整体策划、统一编排和统一包装；协助中心领导协调经费使用、进行行政事务管理；承办中心大型活动及会议；完成台和中心领导交办的各项临时性工作；同时承担《教科文90′》、《10视之窗》、《收视指南》、《欣赏》等常规栏目及大赛类节目的制作工作。综合部下设办公室、宣传规划组、编辑组、节目组、制片组和管理组。综合部主任王玉清。

### 频道编辑部

频道编辑部经台分党组批准，成立于2004年9月22日，同年12月20日部门开始正式运作，是社教节目中心以节目管理为主的节目部门。目前，频道编辑部承担着社教节目中心所属“社会与法”频道的节目管理及节目制作的工作，对“社会与法”频道实施统一策划研发、推广宣传、编排包装。同时，部门还负责制作若干大型系列节目、特别节目。频道编辑部下设《天网》、《法治视界》、《天地剧场》、《方圆剧场》和《经济与法回放》5个栏目组。频道编辑部主任童宁，副主任杜守仁、肖晓琳。

### 教育专题部

教育专题部成立于2001年7月，前身为科教部，是中央电视台专门编辑制作教育专题类节目的部门。教育专题部下设办公室、制片科，所属9个栏目为：《当代教育》、《夕阳红》、《希望—英语杂志》、《百家讲坛》、《交流》、《家庭》、《大话养生》、《天天饮食》、《法律讲堂》。教育专题部副主任魏淑青、阚兆江。

### 科技专题部

科技专题部成立于2001年7月，是中央电视台负责科技类节目制作、播出和协调的专门机构，隶属于社教节目中心。科技专题部下设《科技博览》、《走近科学》、《科学世界》、《今日气象》、《科技之光》、《科普系列》、特别节目组、策划组、制片科、办公室10个栏目或科组。2004年该部还推出了《挺进南极冰盖最高点》等大型特别节目。科技专题部主任刘民朝，副主任李福成、王晓斌。

### 文化专题部

文化专题部成立于2001年4月，是中央电视台专门制作重大题材纪录片、文献片、系列专题片以及文化类节目的部门。文化专题部下设制片科、《探索·发现》、《人物》、《见证》、《绿色空间》、《记忆》、《第10放映室》、《子午书简》、特别节目组、高清晰组10个栏目或科组。2004年部门承制了纪念邓小平同志诞辰100周年的大型口述历史纪录片《百年小平》、电视纪录片《无声的革命——中国老龄行动报告》、文献片《董必武》、《任弼时》等。文化专题部副主任孙素萍、陈建军、陈永庆。

### 社会专题部

社会专题部于2001年7月成立，原为社教专题部，负责普法宣传、道德教育、健康向导，以及涵盖民族文化、女性世界、职工生活、情感交融、公益活动等社会类内容的电视节目编播。2004年5月16日为“科学教育频道”增添了《危机大营救》栏目；12月28日为新开办的“社会与法频道”提供了《心理访谈》、《大家看法》、《忏悔录》、《道德观察》日播版等栏目。2004年底原属社会专题部的《今日说法》、《道德观察》、《大家看法》、《忏悔录》4个栏目整建制划归法制专题部。社会专题部所属10个栏目：《半边天》、《健康之路》（直播版）、《健康之路周刊》、《中华民族》、《当代工人》、《讲述》、《周末讲述》、《心理访谈》、《公益行动》和《危机大营救》。社会专题部主任熊文平，副主任李虹、李欣。

### 法制专题部

法制专题部经台分党组批准，成立于2004年9月22日，同年12月20日开始正式运作，法制专题部是中央电视台配合国家“依法治国”、“以德治国”的治国方略和“构建社会主义和谐社会”的目标需要而开设的节目生产部门。目前形成了每天播出180分钟节目的生产制作能力，开办了《中国法治报道》、《今日说法》、《道德观察》、《大家看法》、《第一线》、《忏悔录》、《庭审现场》7个栏目。法制专题部主任董石才，副主任时间、王新中、钱蔚。

## 文艺节目中心

文艺节目中心成立于1994年3月。它承担着中央电视台第一套节目中文艺类节目、第三、八、十一、十五套所有节目的制作、编播任务；承担着国内电影、电视剧的制作播出任务；承担着国外引进影视剧的译制、编辑制作和播出任务。其主要节目包括影视剧、音乐、舞蹈、曲艺、杂技、戏剧、戏曲等各类文艺节目。文艺节目中心下设综合部、文艺部、国际部、影视部、戏曲·音乐部。文艺节目中心主任朱彤，副主任苏峰、张晓海、王进，党总支专职副书记高菊莲。

### 综合部

文艺节目中心综合部成立于1998年5月，是中心的综合组织协调部门和处理日常事务的办事机构。主要负责中心的行政管理、公文文秘、节目经费管理、中心内部人事管理等工作；同时负责第三、八、十一、十五套节目的管理、编排、包装、串播和节目预告以及部分宣传包装性栏目的制作。负责的主要栏目有《走进电视剧》、《与您相约》、《幕后》、《魅力12》、《节目预告》等。综合部下设秘书组、经营管理部、频道包装组、节目组。综合部主任江则理。

### 文艺部

文艺部成立于1962年，早在建台初期，便以文艺组的编制出现。它承担着中央电视台各类文艺节目的录制播出工作。文艺部目前所设的栏目有《欢乐中国行》、《曲苑杂坛》、《音画时尚》、《神州大舞台》、《梦想剧场》、《南腔北调》、《艺苑风景线》、《舞蹈世界》、《演艺竞技场》、《综艺快报》、《真情无限》、《民歌中国》、《音乐告诉你》、《快乐驿站》。文艺部下设综艺组、社会文艺组、摄像科、编辑组、戏剧组、专题组、曲艺杂技组、歌舞组、大型节目组、制片科。文艺部主任张晓海，副主任齐宪役、陈临春。

### 国际部

国际部成立于1987年4月，主要承担外国电视节目的引进、译制以及国际节目的采编工作。目前所设栏目有16个：《正大综艺》、《人与自然》、《动物世界》、《环球》、《世界各地》、《国际艺苑》、《世界影视博览》、《外国文艺》、《环球影院》、《周日影院》、《海外剧场》、《佳艺影院》、《佳艺剧场》、《联合对抗》、《经典》、《音乐故事》等。国际部下设《正大综艺》组、《环球》组、《人与自然》组、《动物世界》组、《国际艺苑》组、《世界各地》组、音乐组、编导组、编译组、制作组等10个科组。国际部主任秦明新，副主任张小妹。

### 影视部

影视部成立于1984年，全称为电影电视剧编辑管理部，是中央电视台电影、电视剧编辑播出的主管部门。影视部下设编审一组、编审二组、编审三组、制片组以及《影视同期声》、《影视俱乐部》、《影视金曲》栏目组。影视部主任汪国辉，副主任傅思。

### 戏曲·音乐部

戏曲·音乐部成立于1995年12月，主要承担中央电视台戏曲、音乐类节目、配合重大活动文艺宣传及重大节假日大型晚会的录制工作。所制作的节目在中央电视台一套、三套、十五套、十一套中播出。一套播出的栏目有：《艺术人生》、《点播时间》。三套播出的栏目有：《艺术人生》、《星光大道》、《想挑战吗》、《中国音乐电视》、《新视听》、《电视诗歌散文》、《激情广场》、《文化访谈录》、《挑战主持人》、《每日一歌》。音乐频道播出的栏目：《CCTV音乐厅》、《风华国乐》、《风华国乐·周末版》、《音乐人生》、《感受交响音乐》、《影视留声机》、《星光舞台》、《每日歌曲》。十一套播出的栏目有：《CCTV空中剧院》、《过把瘾》、《九州大戏台》、《戏苑百家》、《梨园擂台》、《戏曲采风》、《跟我学》、《点播时间》、《名段欣赏》。戏曲·音乐部下设戏曲组、地方戏曲组、地方文艺组、专题组、音乐组、音乐电视组、晚会节目组、东西南北中组、摄像组、制片组。戏曲·音乐部主任郎昆，副主任王志军、金越。

## 广告经济信息中心

广告经济信息中心成立于1996年5月24日，其主要任务有：负责全台广告创收、图文电视经营、承担中央电视台第二套节目（经济频道）的制作、播出。第二套节目通过亚太1A、鑫诺1号卫星覆盖全国，每天平均播出20小时左右，覆盖率仅次于中央一套。

广告经济信息中心下设综合部、广告部、图文电视部，以及《经济半小时》、《经济信息联播》、《生活》、《对话》、《开心辞典》、《幸运52》、《非常6+1》等20个栏目，每年推出“3·15”晚会、《年度经济人物评选》、《年度经济报告》等特别节目。广告经济信息中心主任兼经济频道总监梁晓涛，副主任兼经济频道运营总监韩建群，副主任兼经济频道营销总监郭振玺，经济频道节目副总监韩青、刘保平、任学安，经济频道节目总监助理李勇、许文广、郑蔚。

### 综合部

综合部成立于1998年6月，是中心综合组织协调和处理日常事务的办事机构。主要负责中心的行政管理、运营协调、重要活动的组织协调等工作；同时负责中央电视台第二套节目的导视、频道形象包装和宣传推广等工作，综合部下设秘书组、运营协调组、导视推广组。综合部主任张政。

### 广告部

中央电视台广告部成立于1987年7月，其前身是1979年10月成立的广告科。广告部全面负责中央电视台现有频道商业广告的销售、播出、管理工作，同时还承担公益广告制作与宣传任务。广告部下设业务科、资讯科、推广科和办公室，同时还设有宣传活动、策略研究、公益广告、广告监播、合同管理、人力资源、制作等小组。其中，业务科主要负责广告段位的日常销售，资讯科主要负责广告带的审查、播出以及各项技术保障工作，推广科主要负责广告资源的市场推广和客户服务工作。广告部主任郭振玺，副主任陈超英、夏洪波、何海明。

### 图文电视部

图文电视部于1998年5月正式组建，隶属广告经济信息中心。图文电视部是中央电视台负责图文电视及数据广播的信息采编、播发、管理的专业部门。目前，图文电视部利用VBI技术在中央电视台第一套节目的逆程频道资源开展数据广播和图文电视业务，播发金融实时证券行情、股评。图文电视部与全国地方电视台、网络中心建立了合作代理关系，形成了一套大联网的全国信息传播及销售、服务系统。图文电视部是中国最大的数据广播机构之一。2001年6月，中央电视台确定了图文电视部数字宽带数据广播(DVB)系统的建设方案，2001年底，中央电视台数字宽带数据广播平台搭建完成。图文电视部“央视宽带数据广播系统”于2002年9月23日全面启动，正式投入运营。传送的信息经亚太1A卫星与中1、中2、中7、中10、中11、中12共6套电视节目一同覆盖全国播出。信息内容主要为公共信息、证券实时行情、总参气象信息等。图文电视部主任郑健。

## 体育节目中心

体育节目中心成立于1985年5月，是中央电视台专业体育电视报道节目的主创部门，担负着中央电视台体育频道策划、选题、采编、制作和播出任务，并负责制作播出两套付费电视——足球频道、城市体育频道，2004年11月29日经广电总局批准，两套付费频道正式命名为风云足球频道、高尔夫·网球频道。对体育频道的一些固定栏目和节目如《体育新闻》栏目进行了改造和调整，增设《赛车时代》、《精彩F1》，在报道欧洲杯足球赛中，推出大型直播专题节目《豪门盛宴》。体育节目中心下设综合部、体育编辑部、体育新闻部、体育竞赛部。体育节目中心主任马国力，副主任岑传理、周经，党总支专职副书记王庆忱。

### 综合部

综合部成立于1998年5月，是体育节目中心的综合组织协调部门和日常办事机构，主要负责协助中心领导管理日常行政、公文、外事、信息、档案以及党政工团等工作，综合部下设制片组，负责体育节目中心大型体育报道活动的后勤保障工作。综合部主任冉素霞。

### 体育编辑部

体育编辑部成立于2004年8月，主要职能是负责体育频道的整体编排、策划、包装和宣传任务，并担负着体育频道所有足球节目的采访、编辑、制作和播出（公共信号制作除外），同时还承担着中央数字电视传媒有限公司风云传播的两套付费电视足球频道和高尔夫·网球频道的节目编排、部分制作、播出及交互电视节目的制作、播出任务。体育编辑部副主任方钢、张斌。

### 体育新闻部

体育新闻部成立于1998年5月，负责国、内外重要体育赛事的新闻专题报道和体育题材纪录片的策划、制作与播出工作，现有8个栏目：《体育新闻》、《体育世界》、《体坛快讯》、《体育报道》、《体育人间》、《早安中国》、《北京2008》、《赛车时代》。其中新闻类栏目为《体坛快讯》、《体育新闻》、《体育世界》、新闻频道《体育报道》；专栏节目为《早安中国》、《北京2008》、《赛车时代》；体育题材专题纪录片栏目《体育人间》。体育新闻部主任张兴，副主任许伟、张伟。

### 体育竞赛部

体育竞赛部自1998年5月成立以来，主要负责国内外重大体育赛事的信号制作与播出和有关体育竞赛节目的编播工作。目前设有8个栏目：《现场直播》、《实况录像》、《NBA赛场》、《顶级赛事》、《直播周末》、《全明星猜想》、《健身房》、《棋牌乐》。此外还负责付费频道“高尔夫·网球”每天18小时左右的节目制作。体育竞赛部下设信号制作、播出、栏目和播音4个业务组。体育竞赛部主任杨斌，副主任程志明、郁洁。

## 青少节目中心

青少节目中心成立于1998年6月，是中央电视台青少年儿童节目的主创部门。负责青少年儿童节目的规划、制作和播出。组织摄制青少年儿童题材新闻、专题、文艺和儿童电视剧、国产动画片等具有欣赏、教育意义的电视节目。青少节目中心设有《大风车》、《动画城》、《智慧树》、《动感特区》、《成长在线》、《同一片蓝天》、《快乐体验》、《公德行动》、《东方儿童》、《三星智力快车》、《选择》、《金苹果》、《异想天开》、《第二起跑线》、《芝麻开门》等20多个栏目，每天播出节目总量20多小时。青少节目中心下设综合部、青年部、少儿部、动画部。青少节目中心主任余培侠，副主任张小军、赵文江，党总支专职副书记郑淑贞。

### 综合部

综合部是青少节目中心的日常办事机构。承办中心内部公文的撰写、传递、保管、归档等工作；收集整理信息资料，为中心领导提供决策依据；管理中心内部财产物资；处理中心外事工作的程序性事务；检查、督促台各项规章制度和中心所布置任务的贯彻执行。综合部下设秘书组、少儿艺术组（银河少年电视艺术团）。综合部副主任常清。

### 青年部

青年部1998年6月成立，隶属于中央电视台青少节目中心，是承担制作以14岁至35岁青年为主要收视对象的节目部门。青年部现有《金苹果》、《三星智力快车》、《选择》、《异想天开》、《周末异想天开》、《第二起跑线》、《动感特区》栏目。青年部每年还承担制作中央电视台的重点节目，如：“国际大专辩论会”、“国际大学生机器人电视大赛”、“世界著名大学”等一批大型节目。青年部主任潘超，副主任徐彬。

### 少儿部

少儿部负责以14岁以下儿童为收视对象的节目的制作与播出。少儿部下设《大风车》栏目组、社会节目组、摄像组和制片组。开设有《大风车》、《同一片蓝天》、《银河剧场周末版》和少儿频道新开办的《智慧树》、《音乐快递》、《周末音乐快递》、《童心回放》等栏目。少儿部还承担一些大型综艺晚会节目的摄制任务，其中包括“六一”国际儿童节联欢晚会、中国儿童音乐电视大赛、全国少儿戏曲大赛、全国少儿艺术大赛和儿童自拍电视作品大赛等一批大型活动及节目。少儿部主任王英，副主任李央。

### 动画部

动画部成立于2004年5月（由原动画片部与动画制作部合并组成），是专门从事动画片的创作、制作、动画技术发展、设备规划及台内其他相关栏目的制作，是国内最大的动画片制片单位。除节目制作外，该部还承担中央电视台动画技术发展和设备引进的任务；承担中央电视台动画基地建设的任务；承担与动画产业结合的《动画城》栏目的编播工作。动画部下设创作一组、创作二组、创作三组、动画城编辑组、制片组、项目策划组、动画合成科、卡通动画科。动画部主任范玲，副主任李捷、蔡启华。

## 技术管理办公室

技术管理办公室成立于1991年4月，原称技术管理中心，1994年6月更为现名。是中央电视台技术主管台领导和技术委员会的办事机构，是技术系统的运行管理、监督检查归口部门。负责处理技术系统运行及管理工作,协助台领导做好技术系统各项协调工作。根据技委会的要求，负责制订技术事业发展规划，承办和落实台领导、技委会下达的任务，为台领导提供重大技术问题的决策依据。技术管理办公室负责制定大型宣传报道的技术方案，编制技术事业发展经费预算方案和专业技术设备修购计划以及技术项目更新、改造、建设计划，组织研究论证和处理解决有关技术业务问题，统计汇总各类数据，协调管理全台节目生产能力，负责技术质量管理以及计算机、通信系统和供配电、动力系统的开发建设、运行和维护，负责技术交流、专业培训、技术会展的组织和管理工作。技术管理办公室下设技术业务处、质量管理处、工程管理处、信息通信处、动力处。技术管理办公室主任徐威，副主任缪暑金、曹青，党总支专职副书记张国琛。

### 技术业务处

技术业务处是技术管理办公室的办事机构。负责落实和承办技术管理办公室交办的各项工作。拟定全台技术事业发展规划；组织并参与重大宣传报道活动和大型电视节目制作相关技术方案的制定和组织协调工作；拟定中央电视台技术工作的各种规章制度和规范；组织和安排技术系统职工业务培训工作，承办相关的高新技术交流、业务研讨和新设备应用等技术交流活动；全台各类技术性刊物和专著的编印出版工作；全台技术图书的管理工作；负责承办全台科技出国、对外技术交流以及其他学术交流活动的汇总和报批；协助领导负责部门事业经费预算的管理和使用；协助专业干部的业务考核和职称评聘工作的组织和实施，技术管理办公室的办公秩序和行政事务的管理；协调、安排技术主管台领导的公务活动；办公业务、信息收集、公文运转和保密及技术系统的日常协调、联络工作；协助领导组织和召集技术系统的各类会议，编写技术系统的各类文件、报告等。技术业务处处长田敬改，副处长韩强。

### 质量管理处

2001年4月由科技处更名为质量管理处。主要职责是对我台节目制作、播出、传送全部流程进行技术质量监测和评估，负责节目技术质量和评奖工作，并组织直播过程中的监看和收录工作；负责节目技术质量监测管理，台重大宣传活动直播前派专人进行技术指标测试；承担台内有线电视安全播出；负责电视技术设施、设备的日常维修和定期检修，以及管理委托维护、运行公司、维修经费等项业务。制定全台技术维护规章制度，维护规范、技术维护工作的考核、评比、总结等。质量管理处下设质量管理科、综合管理科、技术科、维修科、有线电视科。质量管理处处长李建成。

### 工程管理处

工程管理处负责全台技术项目立项申报和立项审核的组织，项目资金的年度预算编制，设备选型论证的组织，设备购置方案审核、报批，设备购置的政府采购、招标协调工作。主要职能有：负责对技术项目系统集成的管理，组织项目测试、验收及质量评比。负责大型宣传活动临时设备的协调、周转，非成套临时设备的租用。负责新技术引进与推广。负责广电总局下达的广播电视行业标准制定的牵头和组织协调工作。负责技术项目与设备资料的保管、查询。工程管理处处长路晓俐、副处长叶秋实（借调新台址办）。

### 信息通信处

信息通信处成立于1996年1月，由原新技术应用开发室和动力通讯处中的通讯部分组成。负责中央电视台信息应用系统、计算机网络系统、通讯系统和通讯线路的规划、建设、运行、管理和维护；负责为全台电视宣传、行政办公、节目制作等工作提供信息和通讯业务的技术保障和服务；为全台节目生产管理系统、自动化办公系统和其他计算机应用系统提供技术服务和支持；负责全台计算机技术和通讯技术的引进、应用、开发工作；负责管理全台非技术制作的计算机设备和软件；负责管理全台通讯业务和技术设备；负责协调和处理与信息和通讯相关的各项工作；负责全台通讯业务和计算机信息处网络业务经费的管理；负责制定通讯和计算机网络、信息应用等方面的规章制度。信息通信处副处长徐进、丁亚建、顾军。

### 动力处

动力处（原名动力中心、动力通讯处）成立于1985年1月19日。它担负着中央电视台的供电运行及能源管理、安全检查、空调制冷、供暖、供蒸汽、给排水、排烟通风、室内外照明、电梯、移动通讯等专业设备及系统的常年每天24小时运行值班及设备的维护和检修任务，是中央电视台完成电视宣传任务的一个重要技术保障和技术服务部门。动力处下设综合科、供电科、空调科、工程维修科、寻呼科、机电管理科。动力处处长高东生。

## 技术制作中心

技术制作中心成立于1991年3月。它是中央电视台最主要的集前期采录、后期制作、演播室直播、录像、视音频技术、灯光、舞美和服装、化妆、道具为一体的电视节目制作单位。承担着总编室、海外节目中心、社教节目中心、文艺节目中心、广告经济信息中心、青少节目中心所属各个栏目的节目制作，以及新闻节目中心和体育节目中心所属部分栏目的节目制作。技术制作中心下设综合部、录制一部、录制二部、录制三部、制作部、音频部。技术制作中心主任李宏虹，副主任陈默、李树声、车临，党总支专职副书记李萍。

### 综合部

综合部是中心实行技术管理、节目制作管理和行政管理的机构。综合部下设综合业务科、节目制作管理科和技术管理科。综合业务科负责中心的文秘、信息、档案、保密和日常行政工作；节目制作管理科负责统一调度中心内各种技术设备、设施和各种制作手段，落实各编播部门节目制作和全台各部门使用大型演播室现场直播和录像，协调台外实况转播和录像的制作任务，以及节目制作使用技术设备、设施有偿服务的数据统计；技术管理科负责本中心固定资产、设备大修、系统测试、技术质量和技术人员专业培训等管理工作。综合部主任俞勤。

### 录制一部

录制一部是中央电视台唯一承担台内大型直播录像节目的部门，面向全台。录制一部的主要工作任务是：台内各类电视节目的前期拍摄和技术保障；各类节目的演播室现场直播和录像；节目后期编辑、后期合成。录制一部现设有12个科组，分别是录制一科、录制二科、录制三科、录制四科、录制六科、录制七科、录制八科、录制九科、后期制作一科、后期制作五科、采编一科、采编二科。录制一部主任刘畅，副主任崔建、栗小斌。

### 录制二部

录制二部成立于1998年，是中央电视台最大的电视节目后期视频制作部门，分为4个制作区域：台内制作区，中电一、二、三制作区，京门制作区，影视包装制作区；下设6个科组，分别是影视制作科、后期制作二科、后期制作三科、后期制作四科、录制五科、后期制作六科。目前机房和设备包括42个标清电编机房、35个标清多媒体机房、28套标清数字自编、16套标清数字ENG、1个三维动画机房、1个影视制作机房、1个格式／带式转换机房、第十八、十九两个演播室（主要从事全台虚拟场景的节目录像）、1个高清电编机房、1个高清多媒体机房、2套高清自编、14套高清ENG。主要承担文艺、社教、青少、军事、体育、经济、英语、海外新闻、付费频道等各类节目的后期制作、栏目合成、演播室（包括虚拟演播室）录像合成；前期ENG拍摄；胶转磁和格式／带式转换；频道和各类栏目、节目的整体包装及平面宣传的设计与制作；三维电脑动画和虚拟演播室场景的设计制作与合成；高清晰度电视节目的拍摄与制作。录制部主任李勇，副主任崔建伟。

### 录制三部

录制三部是集前期采录、节目制作、节目包装、节目播出及技术支持于一体的制作部门。具有全年24小时不间断的节目制作播出和技术支持能力。录制三部下设综合科、制作一科、制作二科、制作三科、制作四科、制作五科、制作六科、制作七科、复制科。录制三部主任李志平，副主任陈玉良、张军农。

### 制作部

制作部成立于1983年，其主要任务承担全台各节目部门的舞美、灯光、服装、化妆、道具设计及经费核算管理。负责一号演播厅、1000平方米、800平方米、600平方米、400平方米×2、250平方米×3及十五、十八、十九、三十三等共13个演播室的管理及台外多个演播室舞美、灯光设计。全年累计制作各类节目1000多台。制作部下设业务管理科、美术设计科、灯光一科、灯光二科、灯光技术科、灯光管理科、服装化妆科、道具科。制作部副主任王保国。

### 音频部

音频部成立于1991年3月，是中央电视台电视节目音乐、音响的专业制作部门。人员由音乐编辑、录音师、工程师三个系列组成。其业务范围包括：电视音乐策划、创作编辑；音乐资料搜集管理；承担技术制作中心12个演播室的节目音频制作；四套、九套、西法语频道的新闻节目24小时直播；2个大型音乐录音棚的音乐节目制作；12个音频后期制作机房（棚）的音频编辑、配音、合成制作；高清节目的前、后期音频制作和编辑；3辆外出录音车的音频制作，及室内、外大型演出的现场扩声；配合视频转播车进行体育赛事、综艺节目和各类EFP转播的声音制作；并承担电视演播室、录音棚、录音室的建声、电声，工程需求设计。音频部下设8个科组：业务管理科、设备管理科、音频制作一科、音频制作二科、音频制作三科、音频制作四科、音乐录制科、音乐编辑科。音频部主任郭忱，副主任刘中胜、赫大原。

## 播出传送中心

播出传送中心成立于1991年3月。负责承担中央电视台15套节目、9套数字收费电视节目和图文电视信息数据的安全播出及交互电视、高清电视频道的试验播出；国内外新闻、体育、文艺等重大宣传报道活动的电视实况转播、传送和录制；卫星和光缆干线网的协调和运行管理；移动和固定卫星地球站的运行业务；全台主同步信号同步基准的提供；利用电视信号向全台和全国提供标准时间和标准频率；受理海外电视媒体在华的卫星传送业务及提供相应的技术支持；全中心事业发展规划、工程项目审批及新技术引进。播出传送中心设综合部、播出部、转播部、传送部和总控部。播出传送中心主任黄平刚，副主任梁迎利、陈泽时，党总支专职副书记彭香联。

### 综合部

综合部成立于1998年6月。综合部是播出传送中心的日常办事机构，协助中心领导进行技术业务的协调和行政事务的管理，为中心所属各业务部门提供全方位的服务。负责本中心的文秘、信息、档案、保密等日常行政工作；负责本中心大型综合节目转播报道的组织协调工作；负责技术设备（设施）有偿服务的数据统计和收费管理工作；承担中心工程建设、技术开发和引进等项目的规划和报批，协助中心领导组织工程实施、管理和验收；负责中心固定资产、设备和物资的统计、管理和调配；负责组织安排中心各生产系统设施、设备的年检测试工作；协助组织中心内部人员的业务技术培训；负责中心内部的治安、消防、保卫、综合治理等项工作以及协助中心领导做好精神文明建设工作。综合部主任谢和平。

### 播出部

播出部是负责中央电视台各套节目播出运行、管理的技术部门。现拥有16套机械手自动播出数字系统、24套硬盘播出系统及1套高清晰度电视播出系统。其主要任务是：负责播出线上的整个播出流程运行管理；承担全台现有15套公共电视节目和9套付费电视、3套长城平台电视节目的安全播出运行以及高清晰度电视的试运行工作。播出部设有节目备播科、播出协调科、播控一科、播控二科、播控三科和技术保障科。播出部主任李跃山，副主任陈光、李键、黄建新。

### 转播部

转播部是中央电视台承担台外综合类电视节目实况转播、录像任务的技术部门。主要业务范围：承担各节目部门日常的电视节目转播制作，含直播、实况录像、专场录像（类别有：新闻、文艺、体育、经济、专题等）；参与台内大型重大转播活动技术方案的设计，并根据方案完成大型活动中的转播部分方案实施工作；承担台对外国际间交流节目的外场转播制作（含：直播、实况录像、专场录像）；为台内各节目部门提供前期特种设备和技术支持。转播部下设7个科：转播一科、转播二科、转播三科、转播四科、转播五科、特种设备科、声音技术科。转播部主任于志，副主任陈明、姜柏宁。

### 传送部

传送部成立于1998年6月1日。负责提供移动卫星地球站（DSNG）和微波中继等传输技术服务。承担全台外出节目转播中的部分工作和节目回传任务；遇重大事件和突发性事件（如灾害等）发生时，承担特别节目报道的信号传输任务；在大型综合性转播报道中，承担传输系统构建和协调任务；为来华海外电视媒体在中国回传新闻提供卫星传送设备及相应的技术支持；负责体育节目中心体育新闻和日常节目制作的技术工作；负责交互电视节目制作、播出的技术工作；为中央电视台与云岗地球站、沙河地球站之间播出节目的光缆传送提供微波备用通道。传送部下设卫星传送科、微波科、节目制作一科、节目制作二科、节目制作三科。传送部主任肖建生，副主任刘开平、韩东光。

### 总控部

总控部成立于1998年6月，是中央电视台电视节目信号交换的枢纽，负责全台进、出信号的分配、调度和运行管理，其主要任务负责全台内外进、出节目信号的调配，提供全台各种标准信号；承担台内、外信号交换的收录和监测；按规定受理涉外的技术申请和安排；负责节目播出和传送当中对外事务处理和解释工作；负责通过卫星、光缆及微波干线转播、传送及收录节目，负责管理中央电视台外围的光缆线路和固定卫星地球站收发系统；对外办理公共传输网络和卫星传送及相关的线路安排；负责国内外卫星公共传输网费用的预算、结算的管理工作。总控部设有运行一科、运行二科、运行三科和管理科。总控部主任程星，副主任刘韵音、智卫。

## 审计处

审计处成立于1989年8月，是中央电视台经济监督部门。在台长或分管台领导的直接领导下负责全台的内部审计工作。其主要职责是依据国家法律、法规和政策对全台及下属单位的下列事项进行审计监督：财务计划、财务预算的执行和年终决算情况；财务收支及其有关经济活动的真实性、合法性和效益性；下属企业的资产、负债、损益情况；所属单位的经理、厂长任期经济责任；内部控制制度的健全、有效及执行情况；重要经济合同、契约的签订及执行情况；重大经济活动的经济效益、经济指标的完成情况；大型电视剧制作、电视节目、栏目经费的支出情况；基建及维修工程预决算的审计。审计处处长续建勇，副处长孙玲娣。

## 中国电视报社

《中国电视报》于1981年创刊，名为《电视周报》。1986年易名为《中国电视报》；1994年创办《中国电视报》（北京版）；2002年4月创办《中国电视报》（国际版）。《中国电视报》的主要任务：通过宣传央视节目，整合节目资源，增加自采稿件，提供延伸服务，报道影视动态，达到扩大节目宣传、提高节目收视率、增加央视广告创收、服务广大观众的目的。中国电视报社作为台直属部门，下设15个科（组、室）：记者组、人物组、文体组、专题组、影视组、生活组、地方组、国际组、摄影组、综合科、技术科、广告科、发行科、纸张科、办公室。中国电视报社社长吴继尧，副社长郭卫翔、赵成璧。

## 新台址建设工程办公室

新台址建设工程办公室从2001年11月开始筹建，2003年6月，经台分党组研究决定，新台址建设工程办公室作为台直属机构，视同“中心（室）”一级机构对待。新台址建设工程办公室是中央电视台新台址建设工程项目的建设管理部门，其主要任务是：根据国家建设工程法律法规以及有关政策的规定，全面负责新台址建设工程市政协调、工程技术、招标管理、合同管理、造价管理、工程物资管理、电视工艺设计与系统建设、研究培训等工作。

## 中国电视剧制作中心

中国电视剧制作中心是国家级电视剧制作专业机构，现隶属于中央电视台管理。成立于1983年10月18日，根据广播电影电视部党组决定，把中央电视台的电视剧部，广播艺术团的电视剧团和电视剧艺术委员会的采录科合并，成立中国电视剧制作中心。主要职能是：一、创作并摄制各种题材和样式的电视剧；二、积极拓宽与国外地区合拍电视剧、促进中外电视剧的艺术交流；三、协同社会有关方面，组织电视剧艺术的研究活动；四、有计划地建设和不断发展现代化的电视剧制作基地。

中国电视剧制作中心自成立以来生产各种题材、风格、样式的电视剧397部（3699）集。每年都有若干部电视剧获"五个一工程"奖、"飞天奖"、"金鹰奖"、"骏马奖"、"金盾奖"、"神农奖"、"金剑奖"、"金鼎奖"等各种政府奖项。其中《三国演义》、《九一八大案纪实》获第四届"五个一工程"奖、《咱爸咱妈》、《家》、《黑脸汉子》获第五届"五个一工程"奖，《香港的故事》、《春》、《午夜有轨电车》获第六届"五个一工程"奖，《水浒传》、《人间正道》、《李克农》、《中国命运的决战》、《昆仑女神》、《情感的守望》获第七届"五个一工程"奖，《日出东方》、《大雪无痕》、《女子特警队》、《文成公主》、《壮志凌云》、《帕米尔医生》、《嫁到非洲》、《紫荆勋章》、《澳门的故事》、《苦楝树开花的季节》获第八届"五个一工程"奖，《省委书记》、《刘老根（一）》获第九届"五个一工程"奖。

获得历届"飞天奖"一等奖的剧目有：《故乡》、《凡人小事》、《有这样一个青年》（第一届）、《新岸》（第二届）、《蹉跎岁月》（第三届）、《寻找回来的世界》（第六届）、《努尔哈赤》、《铁人》（第七届）、《中学生（之6青春期与更年期的对话）》、《只要你过得比我好》（第十四届）、《三国演义》（第十五届）、《牛玉琴的树》（第十六届）、《午夜有轨电车》、《春》（第十七届）、《香港的故事》、《情感的守望》、《人间正道》、《十七岁不哭》（第十八届）、《我要做好孩子》、《官井》（第十九届）、《小鬼鲁智胜》、《裂缝》（第二十届）、《大雪无痕》、《女子特警队》、《帕米尔医生》、《新乔老爷奇遇》（第二十一届）、《省委书记》、《军中最后一个马帮》、《轻松一点》、《潘张玉良》（第二十三届）、《孔乙己》、《双筒望远镜》（第二十四届）等，共34部获"飞天奖"一等奖，6部获特别奖。

获得历届"金鹰奖"一等奖的剧目有：《赤橙黄绿青蓝紫》（第一届）、《走进暴风雪》（第二届）、《夜幕下的哈尔滨》（第三届）、《寻找回来的世界》（第六届）、《红楼梦》、《西游记》（第六届）、《末代皇帝》（第七届）、《宋庆龄和她的姊妹们》、《赖宁》（第九届）、《唐明皇》（第十一届）、《北京人在纽约》（第十二届）、《三国演义》、《九一八大案纪实》（第十三届）、《苍天在上》、《咱爸咱妈》、《家》（第十四届）、《春》、（第十五届）、《香港的故事》、《人间正道》、《水浒传》、《十七岁不哭》、《秋》（第十六届）、《中国命运的决战》（第十八届）、《壮志凌云》、《女子特警队》、《二月》、《大雪无痕》（第十九届）、《省委书记》、《刘老根（二）（第二十一届）、《浪漫的事》、《没有抹完的口红》、（第二十二届）等，共41部。

特别是近年来，为了配合中央电视台重大宣传任务而制作播出的电视剧如纪念香港、澳门回归的电视剧《香港的故事》、《澳门的故事》；建国50周年献礼片《中国命运的决战》；建党80周年献礼片《日出东方》、《孙中山》；配合十六大宣传摄制的《省委书记》、《以时代的名义》、《走过旧金山》、《汽车城》以及《刘老根》、《荣誉》、《女子监狱》、《记忆的证明》等优秀作品，赢得了广大电视观众的好评，取得了比较好的收视率，得到了上级领导的充分肯定，也体现出中国电视剧制作中心的实力。中国电视剧制作中心下设办公室、党委办公室、人保处、计财处、文学部、生产处、技术处、制作部、涿州影视基地。中国电视剧制作中心主任李培森，副主任邹庆芳、李汀。通讯地址：北京广安门外大街2号。邮政编码：100055，电话：(010) 63456351。

## 中央新闻纪录电影制片厂

中央新闻纪录电影制片厂（简称新影厂）是我国唯一生产新闻纪录电影的专业厂。1953年7月7日，中央新闻纪录电影制片厂在北京正式成立。

建厂几十年来，新影厂共摄制了7400多部新闻纪录片和杂志片；拍摄、收集、储存了42000多本极其珍贵的历史影片资料，这些影片真实地记录了我们共和国发展的历史进程。50多年来，新影厂共获得260余个奖项，其中有45部纪录片获"百花奖"、"金鸡奖"，有49部纪录片在国际上获奖，有120多部纪录片荣获"政府奖"，还有42部纪录片获"金桥奖"、"骏马奖"等专业奖项。1993年新影厂整建制划归中央电视台以后，迈向了影视合作的道路。目前，新影厂除每年出品部分有影响的纪录电影外，主要在台内担当着《纪录片之窗》、《影像地带》、《地图上的故事》、《华夏文明》、《走遍中国》、《名段欣赏》、《见证·亲历》、《科技英才》等栏目的制作。制作能力逐年增长，目前每年制作的节目达360多小时。新影厂现有创作、制作等各类专业人员300多名，其中有高级职称者近100

人。主要创作和制作经营部门有：总编辑室、制作部、影视资料部、事业发展部、中央新影音像出版社等。新影厂有完善的影视制作设施和先进的技术设备。现有400平方米音乐棚、300平方米综合摄录棚、160平方米演播室及电影混录棚各1个；有多个电视对编、合成机房；还有多媒体机房、非线性编辑机房以及电影摄、录、缩放及高清胶转磁等全套设备。

新影厂党委书记、厂长高峰，副厂长王盟盟（主管生产）、干颖力（主管行政）、郭本敏（主管创作）。厂长办公室主任李书珍，党办主任王丽（女），工会主席李书珍，监察室主任伍伟，人事处处长梁锦炫，保卫处处长才俊良，计财处处长杜丽萍（女），行政管理处处长王建生，离退休办公室主任王岚莉（女），多种经营办公室主任王洪涛，总编室主任兼副总编辑周东元，副总编辑陈华生，张伟绪，事业发展部主任赵捷，时政部主任陆黎，影视资料部主任吕桥带，技术管理处处长张美堂（女），技术制作部主任马维民，基建房产管理部副主任赵恒，音像出版社社长姚承章。通讯地址：北京市海淀区北三环中路67号。邮政编码：100088。电话：(010) 62010932、82077500。传真：(010) 62011573。网址：www.cndfilm.com.cn。

## 北京科学教育电影制片厂

北京科学教育电影制片厂（简称科影厂）建于1960年3月12日，目前是我国最大的科教电影制片厂。

40多年来，科影厂生产了1400多部科教影片，为普及科学知识，推广科学技术做出了贡献。有170多部（次）的影片获得国内、国际各类奖项。其中，有71部影片获得中国政府颁发的“华表奖”的优秀影片奖；有18部影片获得中国电影“金鸡奖”的最佳科教片奖；有61部影片在各类国际影视节上获奖。自1995年以来，科影厂平均每年制作300多个小时的电视节目，其中有32个节目获得48个奖项。2002年被中宣部、科学技术部和中国科协授予“全国科普先进集体”的光荣称号。

2004年科影厂制作完成了340多个小时的电视节目和10部20本农业科教片的生产任务。目前，科影厂自办和与中央电视台合办的栏目有《科教片之窗》、《发现之旅》、《历程》、《大家》、《神奇之窗》、《体育教学》、《科技博览》、《走近科学》、《走遍中国》。2004年科教片《黑脸琵鹭》荣获第二十四届中国电影“金鸡奖”最佳科教片奖。科教片《农村防控传染性非典型肺炎》和《咱也学学打官司》荣获了第十届中国电影“华表奖”优秀科教片奖。长篇电视纪录片《复活的军团》获第22届中国电视金鹰奖长篇电视纪录片最佳作品奖、最佳编导奖；在中国电视艺术家协会第10届电视纪录片学术奖评比中荣获纪录片大奖和最佳导演奖；最佳摄像奖、最佳录音奖。电视片《狙击英雄》荣获第二十二届中国电视金鹰奖长篇电视纪录片提名奖；在中国电视艺术家协会第10届电视纪录片学术奖评比中荣获长篇纪录片一等奖、最佳录音奖。电视片《接近白色精灵》获中国广播电视新闻奖科教类一等奖。电视片《史前部落的最后瞬间》，在2004北京国际科教电影电视展评研讨会上荣获探索类金奖。

科影厂下设厂长办公室、党委办公室、工会办公室、总编辑室、人事处、计划财务处、生产技术处、行政处、保卫处、离退休处、动画部、音频科、视频科、演播科、字幕译制部等。下属单位有：广告公司、音像出版社。科影厂党委书记王晞建，厂长薛继军，副厂长安为民、张晓光，党委副书记兼工会主席赵布光。通讯地址：北京市西城区新街口北大街74号。邮政编码：100035。电话总机：(010) 66184449。传真：(010) 66132888。

## 中国国际电视总公司

中国国际电视总公司是中央电视台全额投资的大型国有独资公司，成立于1984年，1997年进行资产重组和机构调整后，一直保持持续稳定的高速增长，是目前中国内地规模最大、盈利能力最强的传媒公司。

中国国际电视总公司是中央电视台节目版权的全球营销代理，是中国电视节目外销联合体唯一的对外版权代理商，是中国内地唯一经政府主管部门批准的从事境外卫星节目代理业务的公司，拥有电视节目引进权。中国国际电视总公司形成了以传媒产业为核心的多元化产业经营体系，业务涵盖节目制作、节目发行、音像出版、广告、付费电视、市场调查、技术开发、实业投资、旅游服务、资本运营等方面，形成了完整的产业链，拥有中国内地最具实力的广告公司。总公司下设办公室、人力资源管理部、计划财务部、项目投资部、资产经营部、法律事务室、审计室为职能管理部门，下辖六大事业部和若干直属单位的框架结构。

◇中视影视事业部：以生产优秀电视节目为主要任务的制作集群。

业务：各类电视节目的制作（电视剧、专题片等）、演艺经纪。

品牌：中视影视、中视制作。

◇中视发行事业部：以节目营销、音像出版和发行为主要任务的业务集群。

业务：电视节目营销、音像出版和发行。

品牌：中视发行、中视音像。

◇中视广告事业部：以中央电视台广告经营为核心业务的媒介广告销售集群。

业务：电视媒介的广告销售。

品牌：未来广告（北京市驰名商标）、广而告之。

◇中视发展事业部：媒体产业孵化器，围绕媒体产业进行营销、开发、孵化与推广。

业务：节目版权的网络经营、电信增值业务、动画节目制作、景观设计与制作、体育赛事的组织、推广、转播以及劳务派遣等。

品牌：辉煌动画、央视资讯、中视景观设计、中视网络。

◇中视技术事业部：以电视技术服务及电视技术开发为主要任务的业务集群。

业务：电视技术服务、电视技术开发。

品牌：中视技术、中视远图、中视卫星传送、国视技术。

◇中视旅游实业部：围绕媒体产业进行商贸和旅游开发的业务集群。

业务：汽车租赁、商贸、物业管理、旅游、酒店、写字楼、主题公园。

品牌：中视购物、中视物业、中央电视塔、梅地亚中心、中视旅游、中广国旅。

中国国际电视总公司总经理李建，常务副总经理高建民、沈向军，副总经理冷敏述、赵健、张海潮、庞建，总会计师张小毛，总经理助理马润生、张大光、魏平、郑加强、黄艳荣。地址：北京市羊坊店路9号京门大厦。通讯地址：北京市3831信箱。邮政编码：100038。电话：(010)63950016。传真：(010)63957106。网址：www.citvc.com。

## 中视影视事业部

### 中国国际电视总公司节目制作部

节目制作部成立于1998年3月，是中国国际电视总公司的全资公司，现为中国国际电视总公司中视影视事业部的龙头企业，行使影视事业部的管理职能。节目制作部是负责影视节目制作的主要部门，独立经营，自负盈亏。主要业务包括：各类电视节目的独立策划、拍摄、制作及播出协调，向中央电视台及海内外各种电视媒体提供精品电视剧、大型系列片、国际合拍业务；与台内节目部门联合制作节目；承接、制作中央电视台各类节目、栏目；管理摄制组及编辑记者人员；负责广告业务的代理及制作；策划投资拍摄、制作电视剧、纪录片和专题系列片；接待境外摄影队，开展国际交流，合作制作各类电视节目，并多次获得中国电视“飞天奖”、中国电视“金鹰奖”和中宣部“五个一工程”奖。节目制作部下设办公室、财务部、制片部、项目开发部、国际合拍部。节目制作部总经理魏平，副总经理贾晓晨。地址：北京市海淀区羊坊店路9号京门大厦7层。电话：(010) 63961643。传真：(010) 63961642。邮政编码：100038。电子信箱：jmzz@office.citvc.com。

### 中视影视制作有限公司

中视影视制作有限公司是由原中视影视文化发展有限公司更名而来。2003年8月底，中视影视公司开始正式运作。现为总公司中视影视事业部所属公司之一，是负责各类影视节目制作的专业性公司，独立经营，自负盈亏。公司主要经营项目：负责各类影视节目的策划、投资、拍摄和制作，通过市场运作方式向中央电视台及海内外各种电视媒体提供精品电视剧，大型纪录片、专题片，电视栏目等；与优秀的影视演员、导演，制片人，编剧等签约，代理演员经纪。已拍摄了一批题材多样、风格各异的电视剧：《将装修进行到底》、《炊事班的故事2》、《大清御史》、《大宋提刑官》、《月牙与阳光》、《范府大院》、《前门楼子九丈九》、《趟过女人河的男人》、《乱世子民》、《杨靖宇将军》等。公司下设制片人工作室、影视经纪工作室、综合部、办公室。公司负责人张华。地址：北京市海淀区羊坊店路9号京门大厦712室。邮政编码：100038。电话：(010) 63972977、51862780。电子信箱：cftcd@office.citvc.com。

### 中国国际电视总公司中视演艺中心

中视演艺中心成立于1996年6月，是中国国际电视总公司所属的具有演出资质的演艺机构。主要从事文化经纪代理业务，包括文化部报批、组织大型文艺活动，承办国内外各种文艺演出、大型晚会及文化交流活动（包括企业庆典、娱乐场所演出、品牌形象宣传、组织会议等)，对电视创作人员、演艺人员及演艺事业爱好者提供研讨、培训、进修、比赛等机会，签约、包装歌手，承办各项与电视艺术有关的比赛；承办各类型电视转播及电视录播，与中外电视机构联合拍摄、制作综艺节目，策划、组织承办各项大型招商，进行广告宣传，展位设计等。中心负责人魏平、韩凤侠。地址：北京市海淀区羊坊店路9号京门大厦705室。邮政编码：100038。电话：(010) 68508471、63957027、68500771。传真：(010) 63961641。电子信箱：yanyi@citvc.com。

### 中视经济影视中心

中视经济影视中心成立于1993年4月，是中央电视台下属机构，主要从事影视制作、影视发行、节目交换、信息交流，广告代理等业务。中视经济影视中心拥有国内一流的电视前、后期制作系统及数字三维特技、多媒体制作、非线性编辑等设备。中视经济影视中心从事影视广告的创意，制作、代理和发布等。中视经济影视中心与国内众多电视台及其行政代理机构开展广泛的业务合作，与众多海外影视制作机构建立这良好的合作关系，为他们提供广泛的咨询业务，并为其在国内的拍摄任务提供协助和支持。公司副总经理张国庆。地址：北京海淀区复兴路戊12号。电话：(010) 63955796。传真：(010) 63955795。邮政编码：100038。电子信箱：cctvzs@263.net。

### 中国国际电视总公司上海分公司

1996年8月中国国际电视总公司在上海成立分公司。分公司历年来的作品有：《情深深雨濛濛》、《一网情深》、《粉红女郎》、《说出你的爱》、《啼笑因缘》、《生死卧底》、《青春兵团》、《走过旧金山》、《哎哟 妈妈》、《无瑕人生》、《香气迷人》、《情归》。2004年，拍摄制作了《褐色美人蕉》、《一江春水向东流》、《摇摆女郎》、少儿剧《我们的眼睛》等几部较有影响力的作品。《无瑕人生》和《哎哟 妈妈》、《家里比较烦》等作品分别获得中宣部“五个一工程”奖以及其他奖项，《生死卧底》和《粉红女郎》分别被评为新闻综合频道和电视剧频道“最受观众喜爱”的电视剧。上海分公司除了对公司内部的电视剧（片）进行策划、拍摄、后期制作和发行等一系列工作外，同时还承接其他外部公司影视片、纪录片、广告片及动画片等的后期制作工作。上海分公司下设影视部、技术部、演艺经纪部、管理部和财务室等专业部门。经理庄立奇。地址：上海市华山路2088号汇银广场南楼1705－1708室。邮政编码：200038。电话：(021) 54070586。传真：(021) 54515898。电子信箱：cctvsh@online.sh.cm。

### 北京中视远图科技有限公司

北京中视远图科技有限公司是2000年成立的影视高新技术国有企业。隶属于中国中央电视台。公司主要从事数字电影、高清晰电视电影、高清晰电视剧、戏曲片、专题片、广告片等节目的制作和研发、电视系统工程的设计和施工、三维动画制作及软硬件的技术开发、广播电视设备、多媒体编辑设备的维修维护；影视制作的器材租赁等业务。公司下设管理部、人事部、财务部、影视制作部、工程部、技术开发部、松下维修中心、镜头维修中心。公司总经理尚德学，副总经理刘茹。电话：(010) 68513461。传真：(010) 68577519。电子信箱：gl@zsyt.cn。

### 北京辉煌动画公司

北京辉煌动画公司成立于1989年，是中国国际电视总公司所属的专业动画企业，具有国家广电总局批准的动画节目制作、经营许可资质的独立法人单位，具备动画节目策划、剧本、制作、拥有先进的技术、设备和制作手段，及后期配音合成的全部摄制能力。辉煌动画公司成立15年来创意并制作了几十部（集）优秀动画节目，行销十几个国家和地区，在国内外有一定的影响。2003年辉煌动画公司受中央电视台、中国国际电视总公司委托，对动画片《哪吒传奇》进行了市场开发工作，注册了“央视动画”、“中视卡通”两个商标。2004年，辉煌动画公司已经形成了以动画节目策划、制作为主体，以动画节目后期开发为动力的产业化发展构架。辉煌动画公司下设策划部、导演创作室、原画室、制片部、绘制部、无纸动画部、校对室、电脑技术部、平面设计室、后期编辑室、开发部、财务部。总经理周凤英，副总经理顾鹏。地址：北京市海淀区复兴路65号。邮政编码：100036。电话：(010) 68226092。电子信箱：hhac@public3.bta.net.cn。

## 中视发行事业部

### 中国国际电视总公司节目代理部

中国国际电视总公司节目代理部是集中央电视台及全国优秀电视节目之大成，面对国际、国内发行的最大的电视节目专业营销实体，主要经营广播电视节目版权、音像版权权益的交易及电视节目制作和发行等项目。节目代理部拥有纪录片、动画片、综艺节目、电视剧等类型的节目贮备量达几万小时。其题材广泛，形式多样，涉及人物传记、地方文化、动物世界、人文环境、文艺体育、少儿天地、军事科技等等。节目代理部拥有遍布亚洲、大洋洲、北美洲、南美洲、非洲共44个国家和地区及中国32个省、市、自治区的电视节目、音像发行的营销网络。公司下设营销总监、办公室、财务部、国内（广告）销售部、国际海外销售部、音像部、交易部、节目运营版权管理部、企划部、对外合作部、技术部、物流部。总经理马润生。地址：海淀区羊坊店路9号。邮政编码：100038。电话：(010) 63957153。电子信箱：office@ctpa.com.cn。

## 中国广播电影电视节目交易中心

中国广播电影电视节目交易中心于2002年5月21日在北京正式挂牌成立。

中国广播电影电视节目交易中心，是在国家广播电影电视总局监管下，依托中国广播电影电视集团所属媒体及影视节目制作单位，对各类节目资源进行有效整合、开发和利用。它是在中央电视台全额投资的原中国电视节目代理公司的基础上，经国家工商总局批准的企业法人实体。该中心作为中央电视台拥有版权节目的全球总代理和中国电视节目外销联合体的唯一版权代理，拥有电视剧、专题片、动画片和综艺节目等类型的节目贮备达数万小时；拥有遍布亚洲、大洋洲、北美洲、南美洲和非洲共44个国家和地区的国际营销网络；拥有全国31个省、直辖市、自治区电视节目和音像发行的营销网络。主要交易方式包括定价交易、竞价交易、代理交易和保底交易四种类型。内容主要有电视、电影、广播和音像节目的版权等等。总经理马润生。地址：北京海淀区羊坊店路9号。邮政编码100038。电话：(010) 63957153。电子信箱：office@ctpa.com.cn。

## 中视鸿运视听制作有限公司

中视鸿运视听制作有限公司是由中国中央电视台中国国际电视总公司与新加坡远东传媒集团有限公司于1993年合资成立的、具有独立法人资格、以电视节目为依托的专业影视音像制作、发行公司。主要从事电视节目制作、音像制品制作、版权引进、节目发行、营销推广、电视形象后延产品等多项业务。目前，公司与遍布全国32个省、直辖市、自治区的多家经销商和代理机构建立了坚实的合作伙伴关系，形成了强大的发行销售网络。公司现已成功发行、销售了比利时经典动画片《丁丁历险记》、美国卡通大片《忍者神龟》，央视热播韩剧三部曲《看了又看》、《爱情是什么》、《澡堂老板家的男人们》，以及《明成皇后》、《粉红女郎》、《地球故事系列》等百部精彩电视剧、音乐剧、科教类节目。公司下设办公室、财务部、发行部、节目部、影视制作中心。总经理孟宪明。地址：北京市海淀区复兴路戊12号恩菲科技大厦1026。邮政编码：100038。电话：(010) 63972481、63972482、63972483、63972488。

## 北京金视光盘有限公司

北京金视光盘有限公司成立于1998年7月28日，是中央电视台、中国国际电视总公司下属的生产型企业。公司于2000年就取得了ISO9002—1994质量管体系认证书，后于2002年在ISO9002—1994质量管理体系的基础上又通过了ISO9001—2000质量管理体系认证，并获得了质量管理体系认证书。公司拥有母盘生产线、子盘复制生产线、盘片胶印机、丝网印刷机、异形盘切割机及全世界先进的KOCH光盘检测仪。公司主要经营光盘数据处理、激光数码储存片子盘复制、印刷、包装、CD、DVD类母盘制作、光盘技术开发、技术转让、技术咨询、技术服务、购销光盘生产用原材料、机械电器设备。公司下设行政部、财务部、业务部、质管办、母盘部、生产部。公司法人代表李小健。地址：北京市海淀区杏石口路32号。邮政编码：100089。电话：(010) 88442549。传真：(010) 88442548。电子邮箱：gvod@office.citvc.com。

## 深圳中视国际电视公司

深圳中视国际电视公司成立于1993年6月10日，是中国国际电视总公司在深圳设立的子公司，主要经营各媒体的广告代理及音像文化产品连锁两大业务。在广告代理方面，深圳中视独家代理香港亚视国际台《中国新闻报道》栏目，其收视范围覆盖香港、澳门及整个珠三角地区。在音像制品的发行上，深圳公司独家代理总公司在华南地区的音像业务，并与全国多家音像制作公司建立了长期的合作关系。公司下设办公室、财务部、广告部、制作部、营运部、发展部、采购部。总经理冯宝良。地址：深圳市新闻大厦16楼。邮政编码：518031。电话：(0755) 82090088。网址：www.szcctv.net。

## 中视广告事业部

### 北京未来广告公司

北京未来广告公司成立于1992年，是中央电视台探索专业频道经营、面向市场多元化经营的重要平台。是中央电视台所属唯一全资广告公司。公司独家代理经营着众多优质和最新央视媒体资源：CCTV－5体育频道、CCTV－8电视剧频道、CCTV－12社会与法频道，CCTV－1《东方时空》、《今日说法》栏目，CCTV－2《健康之路》栏目，央视国际网站等。公司总经理张勇。地址：北京市海淀区复兴路乙11号梅地亚中心写字楼六层。邮政编码：100038。电话：(010) 68507415。电子信箱：mail@future-ad.com。

### 北京视澜广告有限公司

北京视澜广告有限公司成立于1997年，是中央电视台与美国映佳国际传播公司的合资企业，独家代理CCTV－8《每日佳艺》的栏目广告及其他媒体的各类广告。总经理张绪燕，副总经理王炎言。地址：北京市海淀区复兴路乙11号梅地亚中心写字楼560室。邮政编码：100038。电话：010－68509958/48,(010) 68550525/6/7/8。传真：(010) 68550530。电子信箱：info@mediawave.com.cn。网址：www.mediawave.cn；www.shilan.com.cn。

## 中视发展事业部

### 中视网络发展有限公司

中视网络发展有限公司成立于2000年8月22日，是中国中央电视台、中国国际电视总公司所属的全资子公司。其主要承担了中央电视台4大战略业务中的网络电视业务和手机电视业务。公司以网络电视业务为中心，与各地网络运营商合作，积极实现央视网络电视在全国范围内落地。现已在北京、上海和江苏三地落地；并在北京实现了商务试运营。预计2005年，将陆续在全国20个省实现落地。与此同时，公司也在与平台运营商、内容提供商、设备技术提供商等多方面展开合作，积极推动整个网络电视业务产业的发展。公司下设行政部、人力资源部、财务部、战略发展部、法律事务部。公司总经理郑加强，副总经理袁怡。地址：北京市海淀区西三环中路11号，中央电视塔北侧。邮政编码：100036。电话：(010) 68727822、63978228。传真：(010) 68411043、63982744。网址：www.icctv.com.cn。

### 北京央视公众资讯有限公司

北京央视公众资讯有限公司于2002年10月8日正式成立，是由中央电视台正式授权中国国际电视总公司专门组建的从事电信增值业务的专业公司，负责运营和管理中央电视台公众资讯中心。现已获得经营电信增值业务的资质，包括因特网信息服务经营许可和移动网增值服务经营许可，并取得了《高新技术企业资质认证》、《中华人民共和国电信与信息服务业务经营许可证》、《经营性网站备案登记证书》、《网上传播广播电影电视类节目许可证》、《广告经营许可证》及《网络经营许可证》等多项营业资质。央视公众资讯有限公司于2003年7月获得《ISO 9001质量管理体系认证证书》，并于2004年5月顺利通过第一次监督审核，获《保持注册证书》。公司下设综合管理部、财务部、人力资源部等。运营管理部门包括业务管理部、业务中心、技术中心和客户服务中心。业务中心由短信部、声讯事业部、无线事业部、宽带互联网事业部组成。技术中心由短信部、声讯部、维护部和互联网部组成。客户服务中心由话务部、投诉部和质量监控部组成。公司总经理关磊。地址：北京市海淀区羊坊店路9号京门大厦3段8层。邮政编码：100038。总机电话：(010) 68509898。传真：(010) 88244077。

### 中央电视台公众资讯中心

中央电视台公众资讯中心是中央电视台对外开展观众服务的统一窗口。中央电视台公众资讯中心集呼叫中心服务、电话信息服务和移动网信息服务、互联网信息服务于一体。中央电视台公众资讯中心旨在为观众提供专业化的、长期和稳定的咨询、投诉、热线、信息查询和节目互动等相关服务。同时也是中央电视台挖掘媒体自身资源，借助现代通讯技术手段，实现节目信息资源增值的重要途径。热线电话：(010) 68579889。

### 中视（北京）体育推广有限公司

中视（北京）体育推广有限公司于1996年成立，是中国国际电视总公司的分公司（隶属中央电视台）主要配合中央电视台体育节目中心开展经营性的活动。公司以向国内外社会各界提供多层次的服务作为宗旨，其业务范围包括联系购买国内外各项体育赛事节目；制作各种类型的体育节目；组织、推广及转播各种体育赛事等。公司经营的项目包括乒乓球、羽毛球、排球、保龄球、篮球、女足、网球、台球、拳击等体育赛事。公司下设办公室、财务部、策划活动部、节目部、制作部。公司总经理白钢。地址：北京复兴路乙11号梅地亚中心写字楼562、853房间。邮政编码：100038。电话：(010) 68550502、68508173。传真：(010) 68550504。

## 中视技术事业部

### 北京中电高科技电视发展公司

北京中电高科技电视发展公司（简称中电公司）成立于1992年，是中国国际电视总公司下属的具有独立法人资格的高科技企业。公司的主要经营项目为电视节目后期制作及电视节目制作。公司依托中央电视台雄厚的节目制作优势，向国内外客户提供电视节目制作、制片服务，承接电视高科技和电视系统工程项目的开发、咨询、协作、服务，同时面向社会开办电视后期制作培训班及影视化妆培训班，组织国内外电视节目制作人员进行业务交流、信息交换和技能培训，为中央电视台输送节目编播及技术人才，代办技术引进、人员培训，进行电视专用设备的销售、租赁，以及负责以上项目的售后服务工作。公司下设办公室、财务部、人事培训部、技术制作部、项目开发部。公司负责人郑艺。地址：北京市海淀区复兴路11号。邮政编码：100859。电话：(010) 88243623。电子信箱：zhongdiangongsi@vip.sina.com。

### 中视电视技术开发公司

中视电视技术开发公司成立于1993年，1996年改组后，在原公司基础上扩展了业务及经营范围。1998年5月成为直接隶属中国国际电视总公司的二级企业，是中国国际电视总公司的全资子公司，隶属于中央电视台。主要经营视频、音频、灯光、大屏幕、投影机、升降臂等设备的租赁、安装、日常维修和维护、演播室设备的代维，以及演播室的租赁等。公司下设财务部、业务管理部、灯光部、特种设备部。公司总经理邓朴琪。地址：海淀区复兴路戊12号恩菲科技大厦317室。邮政编码：100038。电话：(010) 63936171。传真：(010) 63963596。电子信箱：dj@js.citvc.com。

### 北京中视创新科技发展有限公司

北京中视创新科技发展有限公司是于1998年在北京昌平科技园区注册成立的高新企业，隶属中国国际电视总公司。公司主营电视节目传递、技术开发与服务、电视设备的租赁、销售及摄像机电池的研发和生产等业务。近年来，北京中视创新科技发展有限公司（简称中视创新公司）主要承担中央电视台广告经济信息中心20多个栏目的前后期及演播室的节目制作和技术支持，对社会提供电视设备的租赁，摄像机电池现已批量生产并推向市场。公司下设办公室、财务部、计划经营部、设备管理部、开发部、销售部。公司负责人张玉志。地址：北京市海淀区海淀区复兴路戊12号恩菲科技大厦319室。邮政编码：100038。电话：(010) 63951665。传真：(010) 63951665。电子信箱：cx@js.citvc.com。

### 北京中视环亚卫星传输有限公司

北京中视环亚卫星传输有限公司成立于2003年12月，是具有独立法人资格的股份制企业，主要从事广播电视节目卫星传送、电视技术开发、咨询、服务、电视设备的租赁、维修、机械电器设备销售、承办电视技术设备展览、展示，组织文化艺术交流活动，计算机信息咨询等业务的经营活动。公司下设办公室、财务部、人事部、传送部、保障部等部门。公司总经理王晖。地址：北京复兴路乙11号梅地亚中心写字楼1457室。邮政编码：100038。电话：(010) 68550764、68550763。传真：(010) 68550758。

### 北京荧屏技术开发公司

北京荧屏技术开发公司成立于1993年8月，是国内较早从事有线电视卫星接收系统工程的专业工程公司，具有先进的仪器设备，执有国家一级有线电视安装许可证和卫星电视接收施工许可证。主要业务范围卫星电视接收、有线电视、防雷技术、电视监控及宽带网络等系统工程的施工、技术咨询、设备供应、设备安装及调试等。公司总经理冀彤彤。地址：海淀区复兴路丙15号。邮政编码：100038。电话：(010) 68510201。传真：(010) 68511625。网址：www.ying-ping.com。电子信箱：ypl@ying-ping.com。

### 北京国视技术开发公司

北京国视技术开发公司成立于1994年2月。1996年6月批准进入北京市高新技术产业试验区。主要业务为：3D项目咨询和管理——利用世界领先技术的数字平台，建立了符合我国工程规范和制图规范的数据库，实现实际尺寸三维可视数字模型。可将工业与民用建筑工程各专业内容（包括土建、通风空调系统、给排水系统、空调和采暖水水泵系统、强弱电系统、消防系统）施工全过程模拟，达到节省投资，并可为工程招投标、预决算提供权威性数据。致力于向业主、工程总包公司、设计单位、建设公司提供工程建设质量、进度和成本三大控制的数字化、定量的事前控制方案。提供工程建设全生命周期解决方案（涵盖项目设计、施工建设和运行维护等所有方面）。通过因特网实现对设备的实时监控及数字化管理。特别适用于楼宇自控系统、工业控制领域和能源管理市场、空调制冷工程总承包等。公司下设办公室、财务部、物业部。公司法定代理人、总经理荆京。地址：北京市西城区木樨地北里甲11号国宏大厦C座617。邮政编码：100038。电话：(010) 63906630－22。传真：(010) 63906616。电子信箱：gs@js.citvc.com

### 北京中视华业电视工程中心

北京中视华业电视工程中心成立于1949年。主要经营范围为广播电视通讯网络、安全防范工程的设计、安装、维修、技术开发、技术服务等。中心归中国国际电视总公司管理。公司主营电视开发和维修，为北京歌华有线电视网络股份公司委托的有线电视网络施工及双向网络设计单位，并受歌华公司委托负责北京市地区7万余户的有线电视维护工作。中心负责人卢燕生，中心现有高级工程师2人，工程师、助理工程师12人。地址：中国北京市海淀区花园北路14号计算机一厂综合楼二层。邮政编码：100088。电话：(010) 62371190。传真：(010) 62371190。电子信箱：cctvtvsd@public3.bta.net.cn。

### 中国国际电视总公司形象设计制作分公司

中国国际电视总公司形象设计制作分公司于1998年12月成立，是中国国际电视总公司下属的分公司。公司主要经营中央电视台各类栏目频道和其他社会项目、提供舞台美术场景设计与制作、场景复制搭建等专业化服务；与辽宁电视台合作成立了中辽场景制作筹备中心，承接辽宁电视台舞美工程部的管理工作，加强在舞美、服装、化妆、道具、演播室管理等方面的合作。2004年公司完成的制景节目近100台，复景节目近400台。其中制景节目包括音乐10年成就奖、非常6+1、梦想中国、音乐盛典、星光大道、春节联欢晚会等。2004年辽宁台春节晚会项目获“星光奖”灯光单项奖和舞美工程一等奖。公司下设经理部、业务部、设计部、制作部、复景部、技术管理部、物资管理部、财务部、行政部和“人之初”项目组。公司负责人张旭。地址：北京市丰台区小井808号。邮政编码：100073。电话：(010) 63827627、63803085。

## 中视旅游实业部

### 梅地亚电视中心有限公司

梅地亚电视中心有限公司（简称梅地亚中心）。梅地亚中心成立于1990年9月13日。梅地亚中心原系中央电视台所属的中国国际电视总公司和日本广播协会所属的日中媒介交流中心合资兴建的企业。经中日双方友好协商，2001年10月12日国家对外贸易合作部批准了有关梅地亚中心转让股权的事宜，2001年12月，梅地亚中心成为由中国国际电视总公司和中视实业发展有限责任公司共同持股的内资有限责任公司。公司主要经营项目有：出租客房、公寓、写字楼和会议室；中西餐厅、酒吧，附设商品部、收费停车场、娱乐部和美容；为外国广播电视新闻的采访和电影、电视节目交流制作提供场所、设施和有关服务、酒店及物业管理。公司下设电视业务部、公关销售部、餐饮部、前厅部、客房部、计划财务部、工程部、保卫部、综合管理部、总经理办公室、人事部、工会。公司董事长庞建，总经理滕云平。地址：北京复兴路乙11号。邮政编码：100038。电话：(010) 68514422。

### 中广国际旅行社有限公司

中广国际旅行社是1996年由中国广播电影电视部、中央电视台、中央人民广播电台、中国国际广播电台、梅地亚中心、广电部行政管理局、无线电管理局联合出资725万元兴办的国有股份制企业，是经国家旅游局批准，在国家工商局注册的中广国际旅行社。1999年成为中央电视台中国国际电视总公司直属企业。公司主要提供具有行业特色的旅游服务，并广泛开展文化、艺术、科技、体育、军事、卫生等方面的大型活动及专项培训和讲座。公司总经理崔振河。地址：北京市海淀区羊坊店路9号中国国际电视总公司首层(中央电视台南300米)。邮政编码：100038。电话：13901067870。

### 北京中视物业管理有限责任公司

北京中视物业管理有限责任公司系中国国际电视总公司下属的股份制公司，是北京市国土资源和房屋管理局认定的物业管理资质三级企业，是中国物业管理协会的会员单位。公司管理的物业项目有2万多平方米的中国国际电视总公司、中央电视台社教中心的办公大厦、2万平方米亚洲最大的专业化纸库——中国电视报社纸库、2000多平方米中央数字电视传媒有限公司办公区、4500多平方米的央视调查研究办公区等。公司经营物业管理、房屋出租、打字、劳务服务、零售进口国产卷烟、定型包装食品、乳冷食品、饮料等。公司提供物业相关服务外，还开辟了保洁、室内清洁、工程维修、物品搬运、洗衣洗车等专项服务。公司下设工程部、保卫部、保洁部、项目部、客服中心、办公室、财务部等。公司总经理彭莉莉。地址：北京海淀区羊坊店路西侧临1号京门大厦一层。邮政编码：100038。电话：(010) 51862925。传真：(010) 63957045。

### 北京中广物业管理有限公司

北京中广物业管理有限公司是由广电集团物业管理中心和中央电视台国际电视总公司共同出资组建的一家专业物业管理公司，于2002年12月17日成立。公司管理的项目是中国广播电视音像资料馆，总建筑面积44829平方米。公司引入了国内先进的A管理模式和国际科学的ISO9001质量管理体系。公司以一业为主，开展多种经营，围绕业主的需要开展洗车、修车、送水、会议服务、餐饮、货运车队等服务项目。具有三级物业资质。公司下设财务部、设备维保部、安保部、保洁绿化部、经营开发部以及综合办公室。总经理白凤海。地址：北京市西城区真武庙二条9号。邮政编码：100045。电话：(010) 86094020。电子信箱：zhongguangwuye @ly.citvc.com

### 北京荧屏经营公司、北京电视荧屏经营中心

北京荧屏经营公司和北京中视荧屏经营中心，是隶属中国国际电视总公司的两个具有独立法人资格的经营实体，是集经贸营销、影像制作、信息咨询、文化传播、综合服务等于一体的综合性公司。近年来，公司在中央电视台内和周边地区设有多个商业零售服务窗口，向台内及总公司系统内提供台标礼品、用品及台标服饰。与此同时，公司还积极面向社会提供广告礼品、策划、设计、制作等多项服务。公司不断完善洗衣房的服务质量，运用荣昌洗染的优质工艺及先进的管理技术为台内及总公司系统内提供全面的洗染服务。公司自2003年成立了中视图片社以来，引进先进的进口影像处理设备，调集专业工作人员向系统内部及社会各界提供专业影像处理服务。公司下设办公室、财务部、业务部、销售部、市场部、中视图片社、洗衣房等。公司总经理杨明君。地址：北京海淀区复兴路11号。邮政编码：100859。电话：(010) 68506097、68507043、63941580。电子信箱：yingpingjingying@ly.citvc.com。

## 直管公司

### 中视传媒股份有限公司

中视传媒股份有限公司(中视传媒—600088)。于1997年6月在江苏省注册成立，2002年7月17日正式迁址上海浦东，是国内传媒类A股(沪市600088)上市公司之一。公司主营经营范围：影视拍摄，电视剧节目制作和销售、影视拍摄基地开发和经营、影视设备租赁和技术服务、宽带信息技术开发与服务、媒体广告发布和代理等业务。公司累计拍摄《神医喜来乐》、《大宅门》等电视剧100余部和《幼童》、《布达拉宫》等电视栏目、纪录片9000多期。独家代理央视一套、八套黄金时段电视剧片尾标版广告，与国内外数十家知名企业建立稳定业务关系。公司下设办公室、计划财务部、人力资源部、市场营销部、项目拓展部、电视剧部、节目集成部、综艺节目部、无锡影视基地分公司、南海分公司、上海中视国际广告有限公司、北京中视北方影像技术有限责任公司、无锡中视传媒文化发展有限公司。法人代表高建民，总经理高小平。地址：北京市西城区白云路1号综合楼8层。邮政编码：100045。上海市浦东新区福山路450号新天国际大厦17层A座。邮政编码：200122。电话：(010) 63318902、63318875，(021) 68765168、68763878。电子信箱：ctvoffice@ctv-media.com.cn。

### 中国国际电视总公司境外卫星节目代理部

中国国际电视总公司境外卫星节目代理部是经国家广播电影电视总局批准并指定的中国唯一的从事境外卫星节目代理业务的机构。负责向中国地区涉外单

位销售经国家广播电影电视总局批准的境外（包括香港、澳门）卫星节目及解码器，现已代理政府指定的鑫诺卫星平台上的30多套境外加扰卫星频道，销售网络遍及全国各个省市自治区。境外卫星节目代理部负责人杜浩。地址：北京市海淀区羊坊店路9号京门大厦三段933室。地址：北京市3831信箱。邮政编码：100038。联系电话：(010) 63957075。电子信箱：xinz@citvc.com。

## 央视市场研究股份有限公司（央视市场研究）

央视市场研究股份有限公司是国家外经贸部批准设立、在国家工商管理局注册的外商投资企业。2001年12月被北京市认定为高新技术企业，2002年12月通过ISO9001-2000版国际质量标准认证。央视市场研究主要进行各种商业市场调查研究及日用商品消费者调查、报纸阅读率调查、电视收视率调查、广告知晓率调查和互联网使用率调查、数据采集和分析软件研究与销售。公司董事长兼法人赵健。中方董事梁晓涛、虢亚冰、陈若愚。公司总经理陈若愚。地址：北京市西城区德外大街5号。邮政编码：100088。电话：(010) 62363677。传真：(010) 62363655。网址：www.cvsc-tns.com。

控股公司：央视-索福瑞媒介研究有限公司、央视资讯科技有限公司

**央视－索福瑞媒介研究有限公司**：1997年12月4日经广电总局批准，国家工商管理局注册的外商合作企业。主营业务为电视收视率调查与研究。1999年6月被北京市新技术产业开发实验区认定为高新技术企业；2000年3月，通过ISO9001-2002版国际质量标准认证。2005年香港地区电视收视率竞标成功，承接至2010年香港地区电视收视调查服务。公司董事长／法人赵健。中方董事梁晓涛、虢亚冰、陈若愚。公司总经理王兰柱。

**央视资讯科技有限公司**：1997年5月28日设立。主营业务为媒介新技术开发及咨询。2002年10月22日被北京市新技术产业开发实验区认定为高新技术企业。2004年完成外商融资，为中日合作企业。公司董事长／法人陈华峰。公司总经理惠明。

## 北京中视汇才文化发展有限公司

北京中视汇才文化发展有限公司（原北京中视劳务派遣中心有限公司）于2003年8月成立，是中国国际电视总公司为适应中国影视业发展而成立的一家新型人员派遣公司。公司主要业务向用人单位派遣所需的各类人员，管理劳动关系；办理派遣人员的基本社会保险、住房公积金；管理派遣人员人事档案；办理大学毕业生见习期转正定级手续；办理派遣人员就业、失业等手续；办理派遣人员职称评定申报等手续；协助用人单位调解劳动纠纷，以法律主体身份代用人单位处理劳动争议；承接各类招聘及考试，组织派遣人员入职培训；提供人力资源管理咨询服务和其他有关劳动人事服务；播音员、主持人荧屏形象工作等。公司从事人员派遣、人事代理、员工培训、人力资源管理咨询、播音主持屏幕形象工作等业务。目前，公司已经为中央电视台、中国国际电视总公司形象设计分公司、中国爱乐乐团等单位派遣员工4300余人。同时，公司还承担了中央电视台新闻节目、英语频道和西法语频道的播音员、主持人屏幕形象设计及化妆业务。公司下设办公室、财务部、业务部、培训部、形象工作室。公司董事长庞建，经理陈荣勇。地址：北京市海淀区羊坊店街道北蜂窝路21号金盛商务楼四层。邮政编码：100038。电话：(010) 63972511、63972510、63972517。传真：(010) 63972509。电子信箱：huicai@fz.citvc.com；zspq@fz.citvc.com。

## 中国广播电视国际经济技术合作总公司

中国广播电视国际经济技术合作总公司成立于1987年，是中国广播电视行业的综合型外经贸企业。公司主要经营国内外广播电影电视行业工程及机电设备安装工程的承包、建筑工程、广电通信电子工程的设计、咨询、监理、经营进出口和代理进出口业务、承办国内外广告、各类展览的技术交流业务。公司拥有ISO9000－2000版国际和国内的认证证书，并获得了建筑行业建筑工程甲级设计资质和电子通讯广电行业甲级设计资质。公司下设职能部门、工程技术公司、进出口贸易公司、若干子公司、直属仓库、国内外埠公司及合资公司。公司总经理程琳。地址：北京市西城区北滨河路甲2号。邮政编码：100045。联系电话：(010) 63440467。网址：www.crtv.com.cn。电子信箱：yw@crtv.com.cn。

## 中央电视台威海影视城

威海影视城是中央电视台在国内兴建的4大影视基地之一。坐落在美丽的海滨城市山东省威海市的西

海岸。威海影视城始建于1995年12月，占地面积33万平方米，首期工程大风车景区于1997年5月31日建成开放。大风车景区占地100亩，以影视拍摄服务为主，兼具文化娱乐、观光旅游、休闲度假功能。威海影视城下设办公室、财务部、影视部、人事部景区管理部、保卫部、艺术团、幼儿园、杂志编辑部、工会、影视之家，下辖威海中视经贸总公司，主任孟昭元。中央电视台威海影视城地址：山东省威海市环翠旅游度假区威海影视城。邮政编码：264200。电话：(0631)5757773、5757838-2068、2011。传真：(0631)5757771。

### 中央电视台无锡太湖影视城

中央电视台无锡太湖影视城原属全民所有制事业单位。其前身为中央电视台无锡外景基地，于1987年落成。影视城是中视传媒公司的控股股东，是中央电视台派驻无锡的办事机构，管理中央电视台在无锡的资产和完成中央电视台、中国国际电视总公司交办的其他任务，负责中央电视台与地方有关单位之间的联系工作。太湖影视城下设办公室、总务科、经营部。法人代表刘振瑞。地址：江苏省无锡市蠡溪路西园里129号。邮政编码：214072。电话：(0510) 5104714。电子信箱：thysc815@vip.sina.com。

## 中央卫星电视传播中心（中广影视卫星有限责任公司）

中央卫星电视传播中心是1995年1月19日经中央编委的中编办字［1995］12号文件批准，并于1995年2月14日由广电部的广发人字［1995］68号文件批复同意成立，为局级事业单位，独立核算，自负盈亏。负责采用加扰、数字压缩方式通过亚太1A卫星C波段，传输中央电视台的电影、体育、电视剧、戏曲·音乐·综艺等卫星电视频道节目；采用卫星与有线电视网结合的传输方式，为与中心签订合作传输中央加扰卫星电视协议的电视台、网提供高质量的加扰电视节目；负责中央电视台加扰电视节目收视用户的发展和管理工作；依照国家计委的有关文件，负责加扰卫星电视频道节目收视费的收缴和管理工作；依照有关规定对加扰频道节目信号授权管理；负责为全国与中心有合作业务的电视台（网）提供专用接收解码设备与咨询、维护、培训等技术服务；负责加解扰器的招标、谈判引进、设备订购、安装调试和开通运行工作；负责组织解码器的定点生产和专营工作；参与卫星频道节目的协调及影视节目的交流工作；负责了解观众对加扰卫星电视频道节目的意见，处理观众的来信来访，并及时向节目制作部门反映观众的要求；依法维护中央电视台及中央卫星电视传播中心的知识产权等各项权益，负责对侵权、盗版等违法侵害行为追究法律责任；负责卫星电视频道节目成本核算及经费收支和经营管理等问题；负责协调中央电视台和电影局的节目制作、经费收入、运营管理等问题；负责利用卫星和有线网络的技术优势，积极开拓新业务；负责中央电视台新闻频道的推介工作。中央卫星电视传播中心主任薛大力。

2001年10月8日，经国家广播电影电视总局广发计字［2001］1184号文件批准，中央卫星电视传播中心与中广影视卫星有限责任公司进行资产重组，重组后的名称为"中广影视卫星有限责任公司"，传播中心现有职责、业务及资金均由重组后的"中广影视卫星有限责任公司"承担。重组后的中广影视卫星有限责任公司的业务范围除包括原卫星电视传播中心的业务范围外，还包括原中广影视卫星有限责任公司的业务范围，即：从事卫星转发器租赁业务、广播电视节目传送业务、广播电视卫星直播试验平台和境外卫星电视节目监管平台运行及卫星专用接收设备的定点生产和销售等。公司下设综合部、财务部、技术部、运行部、市场部等部门。董事长兼总经理薛大力，副董事长刘宜勤，副总经理管斌。北京办公地址：北京市海淀区北蜂窝路甲26号。邮政编码：100038。总机：(010)63448866。传真：(010) 63274355。科情大楼办公地址：北京市复兴路15号。邮政编码：100038。总机：(010) 68529745。传真：(010) 68529767。

## 中央数字电视传媒有限公司

中央数字电视传媒有限公司（简称中数传媒China DTV Media Inc.Ltd.缩写为CDM)。中数传媒是由中央电视台投资组建、经国家广播电影电视总局授权的中国付费电视集成运营中心，它是我国第一家覆盖全国范围、从事数字付费频道集成及代理营销业务的运营机构。中数传媒下设管理部、财务部、运营中心（销售部、市场部、频道业务部、工程技术部)、媒介企划部（电视指南频道、中国电视网)。中数传媒董事长赵化勇，中数传媒总裁孙玉胜。通讯地址：北京市海淀区羊坊店路9号京门大厦三段10层。邮政编码：100038。电话：(010) 51925188。

### 央视风云传播有限公司

央视风云传播有限公司（简称央视风云）于2004年5月注册成立，是中央电视台依据数字电视发展及制播分离大趋势投资组建的新公司，是中央电视台为开办数字电视付费频道所组建的频道内容生产商。央视风云承制的第一批6个数字付费电视频道2004年8月9日开播，公司已精心创办了10个个性鲜明、质量上乘的付费电视频道，分别是《世界地理》、《第一剧场》、《风云剧场》、《风云音乐》、《风云足球》、《高尔夫·网球》、《怀旧经典》、《央视精品》频道和在北美长城平台上播出的CCTV娱乐和CCTV戏曲频道。央视风云下设办公室、财务部、战略发展部、商务合作部、频道部、编播部、制作部。央视风云传播有限公司董事长孙玉胜，总经理王焰。公司地址：北京市海淀区羊坊店路9号京门大厦三段十层。邮政编码：100038。电话：(010) 51925188。

### 中视数字电视科技有限公司

中视数字电视科技有限公司，简称中数指南，英文名称China DTV Technology co.LTD.，简称ChinaEPG，由中央电视台、中国国际电视总公司(CITVC)和北京永新同方信息工程有限公司(NTIC)共同发起并出资组建。

中视数字电视科技有限公司承担着国家发展和改革委员会数字电视产业化项目中的“电子节目指南(EPG)制作与播出系统开发与产业化项目”。公司的主营业务包括：建设中国电子节目指南中心平台、专业从事EPG产品技术研发和推广应用、采集并制作全国各电视台电视节目的EPG，向全国数字电视网络运营商提供EPG播出系统和个性化的EPG内容。公司下设综合部、市场部、技术部和编辑制作部。公司董事长孙玉胜，总经理曹青。地址：北京市海淀区羊坊店路9号京门大厦三段9层。邮政编码：100038。电话：(010) 88243428。

## 中国爱乐乐团

中国爱乐乐团是在中国广播交响乐团基础上组建的国家级交响乐团，直属于中国广播电影电视集团。

中国广播交响乐团成立于1954年，是新中国成立最早的交响乐团之一。中国爱乐乐团于2000年5月25日成立，乐团以推动中国交响乐事业的发展为使命，确立了“国内一流、亚洲前列、世界著名”的发展目标。2004年3月，按照中央关于文化体制改革的总体要求和总局《推进广播影视文艺演出团体面向市场深化改革的意见》，经总局、集团党组研究决定，中国爱乐乐团在继续保留中国广播电影电视集团直属事业单位、国家一级演出团体性质的前提下，成建制划属中央电视台管理。中国爱乐乐团下设业务部、行政办公室、财务部、人事保卫部、乐队。中国爱乐乐团团长王庚年（兼），艺术总监余隆，副团长苏峰、刘军、李南，总会计师谷国庆(兼)。

## 电影卫星频道节目制作中心

1994年5月，经原广播电影电视部批准，电影卫星频道节目制作中心成立。电影频道作为中央电视台第六套节目，通过卫星压缩加扰向全国传送节目。1995年11月30日试播成功，1996年1月1日正式开播。2004年全国可接收电影频道人口已达7.8亿。根据央视—索福瑞公司对中央电视台各频道在样本地区的收视率调查与统计，电影频道在中央电视台所有频道中的平均收视率和占有率均位居前列。电影频道每天播出9部中外影片和各类动画片、美术片、科教片、纪录片、专题片等，播出时间达20余小时。从2004年起，电影频道做到了“黄金周”集中编排，24小时播出。为了满足观众的需要，推出了“家庭影院频道”(CHC)和面向北美地区观众的“中国电影频道”(CMC)。

2004年电影频道节目中心共完成电视电影110部，其中：高清电视电影70部，标清电视电影40部。电影频道节目中心出品的电视电影在国内外各大电影节及颁奖典礼上得到了广泛的认同。《法官老张轶事之审牛记》获第十一届北京大学生电影节最佳电视电影奖。《曾克林出关》、《野狐梁的女人》、《法官老张轶事之审牛记》、《马世清离婚》和《为奴隶的母亲》获第四届电视电影“百合奖”一等奖；《贞贞》、《微笑》、《乔二中彩》、《黄河行歌》和《咱得有辆车》获第四届电视电影“百合奖”二等奖；《跑向明天》获第四届电视电影“百合奖”儿童片奖。《成人仪式》获第十二届中国电影“童牛奖”优秀电视电影奖；《麻辣女生》获优秀电视电影提名奖。《为奴隶的母亲》获第十届上海电视节“白玉兰奖”最佳电视剧奖。8月，《曾克林出关》、《野狐梁的女人》和《法官老张轶事之审牛记》获“华表奖”优秀电视电影奖。9月，《曾克林出关》获第二十四届中国电影“金鸡奖”最佳电视电影奖；《法官老张轶事之审牛记》和《划痕的岁月》获提名奖。10月，《法官老张轶事之审牛记》、《黄河行歌》和《野狐梁的女人》获第九届“神农奖”金奖；《正月十五唱大戏》和《误入深山的女人》获铜奖。11月，《法官老张轶事之审牛记》获第八届“金剑奖”一等奖；《归案》获三等奖。

本着多国别、多语种，让广大观众足不出户就能看到世界各国优秀影片之目的，电影频道节目中心每年引进数百部海外影片。至今已与30多个国家的60多家电影制作和发行公司建立了长期稳定的联系，业务伙伴遍及五大洲。2004年8月，译制片《疯女胡安娜》、《夏夜的微笑》获第二十四届中国电视剧“飞天奖”优秀译制片奖。为更好地宣传电影、培养观众、传播电影文化，电影频道还开设了十余个栏目，使广大观众得以纵览电影时事，酣历电影春秋。2004年，电影频道在精办原有栏目的基础上，改版、设置了新的栏目。2004年2月《世界电影之旅》栏目组成功完成对第五十四届柏林电影节首次全程报道。在基础设施及技术上有了很大的更新。2004年3月电影频道节目中心批准播出准备系统技术项目的建设。开始搭建电视电影后期节目制作专用网络系统及中心机房项目。2004年12月，电影频道节目中心专业网站（www.cctv6.cn）正式开通，致力于打造成电影门户网站。

电影卫星频道节目制作中心主任阎晓明，副主任贾琪，财务总监姜涛，中心临时党委副书记兼广告部主任石丽萍，中心主任助理兼节目部主任陆红实。中心下设9个部门。办公室主任张振山、副主任薛倩，总编室主任亚宁、副主任韩卫民、主任助理魏晓玲，节目部副主任唐科，影片购销部副主任吴亚康，电视电影部主任岳扬、副主任毋铁军，国际部副主任郭华、李健，技术部主任王绍清、副主任黄薇，财务部主任金梅。地址：北京市海淀区西土城路2号。邮政编码：100088。总机：(010) 82046622。传真：(010) 82047963。

2005

CHINA
CENTRAL TELEVISION
YEARBOOK

中国中央电视台
年 鉴

PINDAO LANMU JIEMU

# 频道·栏目·节目

# 频道·栏目·节目

## 一、2004年中央电视台频道设置

### CCTV-1 综合频道

2004年9月1日，综合频道调整编排方案，取消了1个栏目，新增加了12个栏目，频道24小时不间断播出，栏目总数为52个。新的改版方案以提升黄金时间竞争力为主，同时在早间提供新闻资讯节目板块，以凸显第一套"精品·综合"的频道定位。主要举措有：打造傍晚新闻板块：将《东方时空》移至18：14播出，进一步强化中央电视台黄金时段中新闻优势；优化晚间精品栏目的编排：《实话实说》、《开心辞典》、《艺术人生》等七个精品栏目移至21：45播出，均为首播；在23：10设置《星夜剧场》，播出优秀海外电视剧，提升时段吸引力；早间节目以新闻资讯为主，在06：30至08：30设置时长为两个小时的新闻节目。

### CCTV-2 经济频道

2004年，经济频道播出栏目共计22个，日均播出量20小时10分钟。截至2004年年底，经济频道平均收视份额达到1.27%，比2003年提升了13.4%，在全国卫视中的竞争力得到明显加强，排名从2003年的第18名提升到2004年的第11位。

经济频道注重频道整体运作与品牌传播，推出的《中国年度经济人物评选》、《中国经济年度报告》、《记者见证：2004中国经济》、《CCTV服装设计暨模特电视大赛》等，均获得较大社会反响。

### CCTV-3 综艺频道

2004年10月8日成功实施改版。改版使综艺频道节目内容更为丰富，栏目形态更为新颖，栏目类别与范围进一步拓宽。覆盖文艺、娱乐、文化、资讯、益智、访谈和评论等诸多类型，为电视观众提供了自由的选择空间。改版后，综艺频道黄金段位平均收视率提升明显，达到0.96%。频道平均收视份额更有大幅度提升，达到2.59%，与2004年改版前相比，提高25%；与2003年同期相比，提高45%。

综艺频道连续直播了备受瞩目的第十一届全国青年歌手电视大奖赛团体、个人决赛及"最受观众喜爱歌手"评选活动。平均收视率超过上届大奖赛收视率的3倍，创下了历史新高。

### CCTV-4 中文国际频道

中文国际频道每天播出24小时，及时跟踪报道全世界发生的重大活动和突发事件。2004年，中文国际频道推出澳门回归五周年大型系列直播、《沿着青藏铁路》系列报道等特别节目，快速反应及时报道朝核六方会谈、雅典奥运圣火在北京传递等重大新闻事件，同时完成约60场新闻发布会直播，创下国际频道历年直播新闻发布会数量之最。

中文国际频道落地工作进展顺利，在境外入户已超过1000万户。

### CCTV-5 体育频道

2004年是体育频道的奥运年，也是大赛年。除举世瞩目的雅典奥运会、欧洲杯等重要比赛之外，中央电视台还拥有亚洲杯、世乒赛、F1赛车和世界网球大师赛等一系列世界顶级赛事的报道权。体育频道全年顶级赛事的比赛日总和超过300天，是体育频道开播以来，赛事资源最为丰富的一年。

体育频道在雅典奥运会报道期间，相继推出120集奥运冠军专题片，150集《巅峰时刻》，150集《中国军团》，200个宣传短片及4次倒计时特别节目和火炬接力报道等。8月13日至29日奥运会期间，体育频道连续17天不间断播出，加上两个付费频道及其他频道的播出，全台奥运会报道播出总量达到1474多个小时，是历届奥运会报道总量最高的一次。

## CCTV-6电影频道

中央电视台电影频道是以宣传电影、培养电影观众、传播影视文化为宗旨的专业频道。目前，电影频道每天播出8部风格迥异的中外电影和大量生动活泼、寓教于乐的国内外优秀故事片、纪录片、科教片、动画片、戏曲片及部分电视剧。开设了《中国电影报道》、《影视聚焦》、《流金岁月》、《边说边看》、《电影人物》、《音乐之声》、《今日影视》、《佳片有约》等栏目。为方便观众收看，根据影片题材，开设了《戏剧天地》、《动作90分》、《东方院线》、《欧陆影坛》、《情感剧场》、《影人1+1》、《周日点播》等类型化剧场。电影频道精选的国产电影都是上乘之作，多次问鼎中国电影华表奖、金鸡奖和百花奖。

## CCTV-7少儿·军事·农业频道

少儿·军事·农业频道是以播出少儿、军事、农业节目为主的专业频道。2004年，该频道安排《芝麻开门》、《动画城》、《大风车》、《三星智力快车》等十多个少儿频道栏目重播。周一播出总量为275分钟，周二至周五为每天245分钟，周六为320分钟，周日播出总量为380分钟。军事节目现有7个栏目，每天播出3小时40分钟，全年共播出军事节目1400小时，大力宣传全军和武警部队在军队现代化建设中取得的新成就、新经验，展示全军官兵的新风采和部队的新风貌。农业节目努力形成“面向三农、兼顾城乡”的节目体系，提供农业科技、信息、政策、法律等方面的宣传和服务，包括新闻资讯、科学教育、经济服务、生活服务、法律服务、人物访谈、综艺益智、纪录片等栏目形态。

## CCTV-8电视剧频道

2004年，电视剧频道播出剧目题材多样，均有不俗表现。全年黄金时段播出732部集，尤其是反映百姓亲情、弘扬中国文化及传统美德的电视剧获得了较高收视率，受到观众普遍好评。“红色经典”电视剧重拍播出也收到了不俗的效果。中央电视台参与拍摄和播出的电视剧《小兵张嘎》坚持忠于原著的原则，丰富相关人物和细节，令今天的观众产生共鸣，为“红色经典”改编树立了榜样，社会反响强烈。

## CCTV-9英文国际频道

中国目前唯一的全英语24小时播出的国际频道。2004年5月3日，进行重大改版，从过去的“让世界了解中国、让中国走向世界、向世界打开一扇了解中国的窗口”的外宣宗旨，转变为“全球的触角、中国的眼光、世界的窗口”。把以新闻为主的综合频道改造成英语新闻频道，加大国际问题报道量，以中国的立场和观点报道国际问题。综合新闻滚动播出，专业新闻突出特色，特别加强财经新闻、文化新闻和体育新闻报道量。

更多起用外国专家担任主持人是改版后的另一亮点。英语母语人士参与主持，不仅大大提高了英文国际频道的播报水平，增强了可信度，而且进一步突出了国际频道的特色。

## CCTV-10科学·教育频道

全天播出20小时，其中日均首播7小时。2004年2月9日全面改版。分别构筑大规模的以健康、教育、科技、文化为主题的板块集中播出。早间6:00～8:30开辟健康板块，填补频道早间时段的空白，8:30～10:00为科学板块，10:00～11:30、13:30～15:00为文化板块，11:30～13:00、17:30～19:30为教育板块，19:30后频道各主打栏目滚动播出，形成教科文综合板块。2004年，科教频道推出了“嘿！火星——勇气号火星登陆”、“送书下乡工程”等大型直播节目。举办的“第四届CCTV电视节目主持人大赛”、“第五届希望之星英语大赛”等大型赛事，在不同程度上为科教频道的宣传制造了声势。

## CCTV-11戏曲频道

2004年8月2日全新改版播出。通过新老栏目的梳理与整合，打造艺术性、欣赏性、参与性兼具的专业化戏曲频道。改版后戏曲频道收视份额较改版前提高7%，较去年同期提高3%。《CCTV空中剧院》作为戏曲频道重要的品牌栏目之一，注重展示新人、新作，强化信息量与表现力，为观众提供欣赏戏曲艺术的良好平台。栏目改版后取得较大收视成效，平均收视率再有突破，达到0.2%。

## CCTV-12社会与法频道

2004年12月28日，社会与法频道正式播出。这是我国加强法制宣传的切实举措，对大力宣传“依法治国”、“以德治国”的重要方略，稳定社会，化解社会矛盾，构建和谐社会，传播法治精神，普及法律知识，推进国家法律建设，以及搭建社会与公检法司系统之间沟通、互动和交流的平台具有重要意义。社会与法频道每天播出20小时，节目形态多样，内容以社会、道德、法律等为主，新闻、专题、访谈、电视剧等异彩纷呈。

## CCTV-新闻频道

**2004**年**5**月**1**日，新闻频道全新改版，主打重点时段、热点节目。名牌栏目《面对面》增加时长，拓展空间。在观众中引起强烈反响的《每周质量报告》除保持周日12：30首播外，特别在当晚黄金时段22：30安排一档重播。《纪事》栏目由每周两期改为每周一期，使故事更完整。原周一至周六18：30播出的《地方社会新闻》改版为《新闻社区》。同时取消《财经报道》、《亚洲报道》，把《文化报道》缩减为下午一档。改版后，新闻频道栏目和节目布局更趋合理，也取得了更为理想的收视效果。改版后的第二周新闻频道的收视份额达到1.392%，是新闻频道自从2003年5月1日开播以来的最高点。

## CCTV-少儿频道

少儿频道于2003年12月28日正式开播，频道以0岁至18岁少年儿童为主要收视对象，每天从早晨6：00至24：00播出，总时长为18小时。

少儿频道的核心理念：尊重、支持、引导、快乐。即尊重少年儿童权益，支持少年儿童发掘自身潜能，引导少年儿童健康成长，让每个孩子都有最佳的人生开端，都有欢乐无限的生活空间。

## CCTV-音乐频道

**2004**年**3**月**29**日，音乐频道开播。以播出中外古典音乐和世界各民族音乐为主要内容，大力弘扬中国民族音乐，为电视观众搭建一个了解、欣赏、认知音乐的平台。音乐频道共设《CCTV音乐厅》、《经典》、《风华国乐》、《民歌·中国》、《世界音乐广场》、《感受交响音乐》、《音乐人生》等12个栏目，每天播出18小时，旨在传播人类音乐文化精品，加大普及音乐知识的力度，提高国民音乐素质和欣赏水平，力求使观众通过它享受音乐、感悟人生。

音乐频道标识

## CCTV-西法语频道

**2004**年**10**月**1**日正式播出。西法语频道是一个24小时播出的新闻综合频道，采用西班牙语和法语交替播出方式，每8小时为一播出区间，其中西班牙语和法语各占4小时。西法语频道是继中文国际频道、英文国际频道之后，中央电视台推出的又一个用世界通用语言播出的国际频道，再次表明中央电视台向世界大台迈出了重要一步。

（总编室提供）

# 二、2004年中央电视台栏目目录

## 开路频道

### 总编室

《电视你我他》
《中国人口》
《收视指南》
《请您欣赏》
《专题片(总)》

### 新闻节目中心

《天气预报》
《共同关注》
《时政专题》
《媒体广场》
《午夜新闻》
《晚间新闻》
《整点新闻》(10分钟)
《本周》
《国际时讯》
《世界报道》
《整点新闻》(30分钟)
《今天》
《新闻早8点》
《整点新闻》(15分钟)
《新闻联播》
《新闻30分》
《世界周刊》
《实话实说》
《小崔说事》
《新闻会客厅》
《新闻调查》
《面对面》
《中国周刊》
《社会记录》
《东方时空》
《焦点访谈》
《央视论坛》
《国际观察》
《纪事》
《天气·资讯》
《约会新7天》
《滚动字幕新闻》
《频道包装》
《宣传片》
《军事报道》
《军营文化》
《军事天地》
《军事科技》
《国防时空》
《中国武警》
《祝你成才》
《文体视窗》
《每周质量报告》
《法治在线》
《新闻社区》

### 海外节目中心

《财经报道》
《今日关注》
《环球时讯》
《简明新闻》
《新闻60分》
《中国新闻》
《走遍中国》
《语林趣话》
《华夏文明》
《中华医药》
《名将之约》
《华夏掠影》
《东方时尚》
《变化中的中国》(中)
《让世界了解你》
《体育在线》

《学汉语》
《中国文艺》
《艺术人生》(海外)
《同乐五洲》
《神州戏坛》
《欢聚一堂》
《纪录片》(西)
《学做中国菜》(西)
《电视剧》(法)
《交际汉语》(西)
《外国人看中国》
《综合新闻》(西)
《这就是中国》(西)
《纪录片》(法)
《对话》(西)
《荧屏导视》(西法)
《文化新闻》(法)
《综合与财经新闻》(法)
《综合新闻》(法)
《旅游指南》(西)
《文化新闻》(西)
《体育新闻》(西)
《财经新闻》(西)
《文艺舞台》(法)
《中华艺苑》(西)
《前进中的中国》(法)
《国宝档案》
《互动星期天》
《台湾百科》
《海峡两岸》
《天涯共此时》
《两岸万事通》
《闽南话时间》
《收视指南》
《探索 · 发现》(海外)
《周日剧场》
《栏目宣传》
《今日亚洲》
《体育报道》(英)
《文化报道》
《教汉语》
《人物聚焦》
《一周回顾》
《华夏文明》
《自然与科学》
《今日话题》
《纪录片》(英)
《财经报道》(英)
《中国各地》(英)
《外国人看中国》(英)
《环球瞭望》
《综合新闻》
《体育新闻周末版》
《旅游指南》
《中华艺苑》(英)
《荧屏导视》
《今日世界》

## 社教节目中心

《经济与法回放》
《方圆剧场》
《频道包装》(12套)
《导视》(12套)
《中国法治报道》
《庭审现场》
《心理访谈》
《天地剧场》
《忏悔录》
《第一线》
《法治视界》
《大家看法》
《道德观察》(日播版)
《法律讲堂》
《天网》
《今日说法》
《健康之路》
《讲述》
《公益行动》
《中华民族》
《周末讲述》
《当代工人》
《健康之路周刊》
《道德观察》
《半边天》
《危机大营救》
《收视指南》(社教)

《10 视之窗》
《欣赏》
《教科文 90′》
《人物》
《子午书简》
《人物》(周末版)
《探索 · 发现》
《第 10 放映室》
《记忆》
《绿色空间》
《见证》
《绿色空间》(周末版)
《走近科学》(周末版)
《今日气象》
《科技之光》
《科技博览》
《科普系列》
《科学世界》
《走近科学》
《天天饮食》
《大话养生》
《交流》
《家庭》
《夕阳红》
《希望—英语杂志》
《当代教育》
《百家讲坛》

## 文艺节目中心

《每日一歌》
《剧场》
《魅力 12》
《真情无限》
《综艺快报》
《音画时尚》
《舞蹈世界》
《演艺竞技场》
《欢乐中国行》
《快乐驿站》
《艺苑风景线》
《南腔北调》
《神州大舞台》
《梦想剧场》
《民歌 · 中国》
《曲苑杂坛》
《音乐告诉你》
《魅力 100 分》
《少儿剧苑》
《都市剧场》
《大剧场》
《家庭剧院》
《飞天回眸》
《影视俱乐部》
《黄金强档》
《电视剧》
《影视剧场》
《影视金曲》
《快乐剧场》
《影视同期声》
《外国文艺》
《音乐 · 故事》
《海外剧场》
《周日影院》
《环球影院》
《环球》
《世界文化广场》
《世界影视博览》
《世界各地》
《佳艺影院》
《人与自然》
《正大综艺》
《动物世界》
《联合对抗》
《佳艺剧场》
《经典》
《国际艺苑》
《戏苑百家》
《同一首歌》
《感受交响音乐》
《艺术人生》
《想挑战吗》
《CCTV 空中剧院》
《点播时间》
《九州大戏台》
《戏曲采风》
《电视诗歌散文》

《激情广场》
《中国音乐电视》
《名段欣赏》
《新视听》
《过把瘾》
《跟我学》
《星光大道》
《梨园擂台》
《CCTV 音乐厅》
《影视留声机》
《风华国乐》(周末版)
《挑战主持人》
《音乐人生》
《风华国乐》
《星光舞台》
《每日歌曲》
《文化访谈录》
《节目预告》(戏曲)
《节目预告》(音乐)
《与您相约》
《幕后》
《节目预告》(电视剧)
《插花》
《节目预告》(文艺)
《走进电视剧》

## 广告经济信息中心

《广告》
《二套导视》
《艺术品投资——鉴宝》
《艺术品投资》
《中国证券》
《中国财经报道》
《金土地》
《对话》
《经济与法》
《红河地球故事》
《开心辞典》
《幸运 52》
《欢乐家庭》
《绝对挑战》
《非常 6+1》
《为您服务》
《劳动 · 就业》
《前沿》
《生活》
《经济半小时》
《经济信息联播》
《全球资讯榜》
《第一时间》

## 体育节目中心

《巅峰时刻》
《实况足球》
《天下足球》
《足球之夜》
《体育报道》
《节目预告》(体育)
《体育欣赏》
《体育专题》
《体坛快讯》
《体育人间》
《精彩 F1》
《北京 2008》
《早安中国》
《赛车时代》
《体育世界》
《体育新闻》
《全明星猜想》
《体育英语》
《直播周末》
《顶级赛事》
《棋牌乐》
《健身房》
《NBA 赛场》
《体育系列教学片》
《实况录像》
《体育商城》
《现场直播》(体育)

## 青少节目中心

《童心回放》
《动感特区》
《节目早知道》
《公德行动》

《影像地带》
《智慧树》
《金螺号》
《神奇之窗》
《名师名校》
《少年体校》
《周末音乐快递》
《音乐快递》
《动漫世界》
《中国动画》(精品版)
《中国动画》
《银河剧场》
《成长在线》
《快乐体验》
《新闻袋袋裤》
《频道编辑包装》(青少)
《LG 移动电话金苹果》
《异想天开》
《东方儿童》
《三星智力快车》
《第二起跑线》
《选择》
《芝麻开门》
《银河剧场》(周末版)
《周末七巧板》
《七巧板》
《同一片蓝天》
《大风车》
《动画城》

## 电影卫星频道节目制作中心

《聚焦三农》
《欣赏》(电影)
《世界纪录片长廊》
《广告》(电影)
《佳片有约》
《音乐之声》
《戏曲片》
《电影人物》
《流金岁月》
《探索影厅》
《银色经典》
《青少年影院》
《动作 90 分》
《周日点播》
《情感剧场》
《科教片》
《故事片》
《专题片》
《纪录片》(电影)
《译制片》
《今日影视》
《美术片》
《光影周刊》
《世界电影之旅之资讯快车》
《世界电影之旅》
《导视》
《中国电影报道》
《节目预告》(电影)

## 中央新闻纪录电影制片厂

《地图上的故事》
《纪录片之窗》

## 北京科学教育电影制片厂

《历程》(周末版)
《历程》
《大家》
《科教片之窗》

## 农业影视制作中心

《搜寻天下》
《乡约》
《法制编辑部》
《生活 567》
《基层瞭望》
《每日农经》
《农广天地》
《致富经》
《科技苑》
《乡村大世界》
《广告》(农业)

# 付费频道

## 中央数字电视节目有限公司

《数字先锋》
《星光依旧》
《记忆》
《经典重温》
《行游天下》
《探索》
《经典纪录》
《世界地理 30′》
《世界地理 50′》
《奥运特别节目》
《数字飚榜》
《收视风云》
《免费试看》
《我喜欢我推荐》
《精选黄金档》
《整点冲击播》
《赛场》
《精彩集粹》
《热门影院 HBO》
《星光再现》
《风云剧场》
《怀旧经典频道包装》
《央视文化精品频道包装》
《CCTV —戏曲频道包装》
《CCTV —娱乐频道包装》
《黄金直播》
《电视指南频道包装》
《电视指南》
《风云足球频道包装》
《高尔夫 · 网球频道包装》
《风云音乐频道包装》
《第一剧场频道包装》
《风云剧场频道包装》
《世界地理频道包装》
《百年经典》
《一曲难忘》
《曾经感动》
《欢乐时光》
《乐乐欲视》
《乐色撩人》
《流水 MV》
《音乐纪录》
《榜上风云》
《欧美现场周末版》
《欧美现场》
《世纪回眸》

## 体育节目中心

《甲 A 十年》
《英超十年》
《德甲珍藏》
《意甲珍藏》
《足球亚洲》
《第一运动》
《世界杯殿堂》
《女足世界杯赛事精选》
《欧陆烽火》
《绝妙好球》
《足球华彩》
《足球记忆》
《电子足球》
《国际足球赛场》
《单项世锦赛》
《网球时间》
《拳击时间》
《高尔夫时间》
《乒乓球时间》
《欧战快报》
《足球实况》
《甲 A 快报》
《经典甲 A》

（总编室宣传规划处提供）

# 三、2004年中央电视台新增及改版栏目选介

## 《国宝档案》

2004年10月4日，中央电视台中文国际频道推出新栏目《国宝档案》。该栏目通过一个个具体的国宝文物，向海内外观众展现中华五千年悠久历史和灿烂文明。从讲述国宝文物鲜为人知、引人入胜的故事入手，将博大精深的中华传统文化形象具体、生动鲜明地表现出来；通过一件件国宝背后的传奇经历和曲折故事，讲述其不朽的价值与魅力；在了解丰富的历史知识、文物知识和收藏知识的同时，真切感受中华传统文化的博大精深。

节目主要介绍那些凝聚着中华民族智慧和传统文化的历代传世文物。这些文物既有受到政府保护收藏在大陆各个博物馆中的，也有散存民间被国人精心呵护的，既有因历史原因渡过海峡保存于宝岛台湾的，也有历尽磨难流失海外漂泊他乡的……

节目在介绍国宝文物的艺术价值、文物价值和历史价值的同时，突出节目的故事性，以强烈的现场感给观众第一手的资料，让观众身临其境感受国宝文物的魅力与沧桑；让观众在一个个引人入胜、生动感人的故事中，伴随着国宝的命运真切体会中华文明的灿烂与辉煌。在介绍国宝、寻找国宝的过程中，让观众一睹国宝的风采，了解它们的价值，增长国宝文物方面的知识。用电视镜头为国宝做真实纪录，为国宝建档立案。

《国宝档案》栏目片头

栏目时长：10分钟，播出频道：CCTV-4，播出时间：周一至周五18：50首播，23：45、02：50重播，周六、日23：45重播往期节目。网址：www.cctv.com。电子信箱：GBDA@cctv.com。联系电话：(010) 68511221、68513433。

## 《第三届海峡两岸知识大赛》

《海峡两岸知识大赛》是中央电视台对台宣传的品牌栏目，已连续举办三届，在海内外产生了较大的影响。《第三届海峡两岸知识大赛》由国务院台湾事务办公室主办，中央电视台和台湾中天电视台联合承办。大赛的宗旨是，弘扬中华五千年的传统文化，加强两岸人民的交流与了解，加强两岸的血脉联系。大赛内容选自中华五千年的传统文化和两岸的建设成就及百姓生活，以及文史、地理、数学、英文等。表现形式生动活泼，大量采用电脑动画及大学生喜欢的FLASH和影像资料。大赛在北京设立总赛场，台北设立分赛场，来自北京、上海、广州、福州、香港、澳门、台北等14座城市的一百多名大学生参加了比赛。经过激烈角逐，中国政法大学代表队获得一等奖，台湾大学、香港中文大学代表队获得二等奖，厦门大学、台湾政治大学和浙江大学代表队获得三等奖。

主持人为在两岸广受欢迎的中央电视台王小丫、桑晨和台湾中天电视台谢振武。

大赛于2004年12月22日至29日在CCTV-4每晚19：00连续播出，共7集，每集50分钟；台湾地区在中天电视台资讯频道和海外频道于2004年12月19日至2005年2月26日每周六、日晚20：00播出，共13集，每集50分钟。

## 《今日亚洲》

2004年5月3日《今日亚洲》在英语频道正式开播。本节目专门报道在亚洲发生的或与亚洲有关的新闻事件，体现亚洲文化的多样性，尊重亚洲各国家和地区的观点和立场。新闻和新闻深度报道密不可分，这也正是《今日亚洲》的栏目定位。在当今信息时代，

观众对电视新闻节目有着更高的要求。他们不仅想知道某时某刻发生了什么，还想要了解所发生的一切对他们的生活有什么样的影响；他们关心的不仅是新闻头条，还想知道今天节目结尾说的是什么；他们已不满足于专家们的局外评述，更希望得到来自事件源头的深度报道。这正是《今日亚洲》所要体现的。中央电视台在全球有众多的新闻记者站，更有其他媒体同仁的加盟，《今日亚洲》以亚洲人的视角去报道亚洲。

《今日亚洲》每天在中央9套播出，播出时间为周一至周日02：00、07：00、20：00，每期30分钟，每天3档。电子信箱：asiatoday@cctv.com。电话：(010) 68509252。

## 《人物聚焦(Up-Close)》

本节目以精彩人物背后精彩的人生故事(amazing stories behind fascinating people)为主旨。2004年5月9日开播。以嘉宾讲述人生经历为主，特别是那些鲜为人知的幕后故事和心路历程，辅以背景片花和观众提问，并且根据不同嘉宾设置惊喜等环节。表现方式以演播室内主持人和嘉宾访谈、现场观众以提问或评价的方式参与节目、以及大屏幕播放背景小片子这三者有机结合，良性互动。

栏目时长：45分钟，播出频道：英语频道，播出时间：每周日09：15首播，15：15、21：15、次日03：15重播。

网址：www.cctv.com/program/UpClose/01/index.shtml。电子信箱：UpClose@cctv.com。电话：(010) 88243406。

## 《综合新闻》(西语)

《综合新闻(西语)》于2004年10月1日开播，是一档用西班牙语介绍国际国内综合性新闻为主的栏目。该栏目以全方位报道中国最新消息和社会动态为主，报道世界重大事件为辅，汇集了中央电视台所有新闻源和记者采访的独家报道，新华社、中国国际广播电台、国内各大报刊以及外国通讯社提供的新闻。

栏目时长：30分钟，播出频道：西法语频道，播出时间：每天08：00首播，16：00、24：00重播（更新）。

电子信箱：noticiario@cctv.com。

## 《财经新闻》(西语)

《财经新闻(西语)》栏目于2004年10月1日开播，向世界传递中国经济信息，介绍中国经济发展状况，国家经济金融政策。它以中国的经济活动、经济市场、投资环境为报道对象，追踪中国金融、证券、保险领域的热点问题，对中国和世界的股市行情进行分析报道，是一个展示中国经济发展和动向的窗口。

栏目时长：30分钟，播出频道：西法语频道，播出时间：每天11：00首播，19：00、次日03：00重播（更新）。

电子信箱：biz-china@cctv.com。

## 《文化新闻》(西语)

《文化新闻(西语)》于2004年10月1日开播，该栏目以介绍中国文化、与文化有关的活动、国际间的文化交流、文艺团体的演出及中国人文艺娱乐生活为主要内容，传播中国灿烂悠久的古老文明和生机勃勃的现代文化，同时为观众提供生活娱乐信息服务。

栏目时长：15分钟，播出频道：西法语频道，播出时间：每天09：00首播，17：00、次日01：00重播（更新）。

电子信箱：cultura_expres@cctv.com。

## 《体育新闻》(西语)

《体育新闻(西语)》栏目于2004年10月1日开播，汇集中国和世界体育新闻集锦及精彩的竞技场面，侧重报道中国和世界体育及赛事、中国人民健身活动和与体育有关的人和事。

栏目时长：15分钟，播出频道：西法语频道，播出时间：每天10：00首播，18：00、次日02：00重播（更新）。

电子信箱：arena_deportiva@cctv.com。

## 《交际汉语》(西语)

《交际汉语(西语)》于2004年10月1日开播，是一档用西班牙语教外国人学说中国话和日常交际用语的栏目。节目中把日常用语分成若干个话题，并设置情景对话，反映一定的语言环境，使学习者通过汉语口语的学习，逐步掌握汉语日常交际用语。

栏目时长：15分钟，播出频道：西法语频道，播出时间：每天09：15首播，17：15、次日01：15重播。

电子信箱：comunicate_en_chino@cctv.com。

## 《学做中国菜》（西语）

《学做中国菜（西语）》于2004年10月1日开播，是一档用西班牙语向外国人讲授如何做中国家常菜的栏目。节目中选择中国百姓家中常做的中国菜肴，由主持人一边讲解，一边实际操作，便于观众学习领会。同时，节目中还配有品菜，通过品菜讲解一些做菜要领和这道菜的来历等有趣的故事。

栏目时长：15分钟，播出频道：西法语频道，播出时间：每天10：15首播，18：15、次日02：15重播。

电子信箱：arte_culinario_chino@cctv.com。

## 《对话》（西语）

《对话（西语）》于2004年10月1日开播，为西班牙语访谈栏目。话题涉猎范围很广，主要以政治、经济、文化、教育及国际问题为主。节目中汇集国内外各界名人、学者、政府官员，纵谈国际时事、焦点及热门话题，主持人就此与嘉宾展开深入探讨，节目中穿插与对话相关的背景资料。

栏目时长：30分钟，播出频道：西法语频道，播出时间：每周日09：30首播，17：30、次日01：30重播。

电子信箱：dialogo@cctv.com。

## 《这就是中国》（西语）

《这就是中国（西语）》于2004年10月1日开播，栏目全面展示中国各地区、各民族的历史文化、人民生活、风土人情、经济发展、全民教育、社会变化、环保和自然风光等。突出地域特色和平民视角，由点到面，深入中国社会的各个阶层。

栏目时长：30分钟，播出频道：西法语频道，播出时间：每天08：30首播，16：30、次日00：30重播。

电子信箱：asi_es_china@cctv.com。

## 《中华艺苑》（西语）

《中华艺苑（西语）》于2004年10月1日开播，栏目集中展示中国多姿多彩的文化艺术，如歌舞、杂技、魔术、交响乐、民乐，同时介绍中国的传统戏曲、少数民族艺术等，集欣赏性、知识性和娱乐性于一体。

栏目时长：30分钟，播出频道：西法语频道，播出时间：每天10：30首播，18：30、次日02：30重播。

电子信箱：ronda_artistica@cctv.com。

## 《纪录片》（西语）

《纪录片（西语）》栏目2004年10月1日开播，记录在中国发生的典型人物、事件、科技发展和发现、环保、卫生、自然科学和社会文明等。

栏目时长：30分钟，播出频道：西法语频道，播出时间：每天11：30首播，19：30、次日03：30重播。

电子信箱：documental@cctv.com。

## 《外国人看中国》（西语）

《外国人看中国（西语）》于2004年10月1日开播，是一档用外国人的视角看中国的专题性节目。它多方面、多层次、多角度地观察、分析和评述中国的历史文化、自然景观、风土民情，以及改革开放后中国发生的巨大变化和取得的成果。

栏目时长：30分钟，播出频道：西法语频道，播出时间：每周一、三、五08：30首播，16：30、次日00：30重播。

电子信箱：redescubrimiento_de_china@cctv.com。

## 《旅游指南》（西语）

《旅游指南（西语）》于2004年10月1日开播，是一档以服务性和娱乐性为主的旅游栏目。向观众介绍中国的名胜古迹、地理风光和各地的风土人情，并提供详尽的中国各地旅游信息，指导外国人如何在中国旅游。

栏目时长：30分钟，播出频道：西法语频道，播出时间：每周二、四、六08：30首播，16：30、次日00：30重播。

电子信箱：guia_turistica@cctv.com。

## 《荧屏导视》（西语）

《荧屏导视（西语）》栏目于2004年10月1日开播，是频道节目的播出指南。该栏目对即将播出的节目进行预告。

栏目时长2分钟，在西法语频道每天播出一集。

电子信箱：guia_tv@cctv.com。

## 《综合新闻》（法语）

《综合新闻（法语）》栏目于2004年10月1日开播，快速报道中国和世界发生的新闻事件，反映中国在国际事务中的观点和立场。每天24小时滚动播出，实时更新补充。内容覆盖全球各地，重点聚焦中国大事。

栏目时长：30分钟，播出频道：西法语频道，播出时间：每天12：00、15：00、23：00首播，次日04：00、07：00重播。

电子信箱：francais@cctv.com。

## 《文化新闻》（法语）

《文化新闻（法语）》于2004年10月1日开播，报道和展现与中国和世界各国五光十色的文化和文明相关的新闻，是一档极具观赏性的新闻栏目。

栏目时长：10分钟，播出频道：西法语频道，播出时间：每天14：00、22：00首播，次日06：00重播。

电子信箱：francais@cctv.com。

## 《综合与财经新闻》（法语）

《综合与财经新闻（法语）》栏目于2004年10月1日开播，重点介绍中国经济的最新动向和政府决策，报道改革开放的巨大成果，提供权威的经济信息，解析热点问题和经济发展趋势。同时，还播出世界重大经济事件和重大国际时政大事。

栏目时长：30分钟，播出频道：西法语频道，播出时间：每天13：00、21：00首播，次日05：00重播。

电子信箱：francais@cctv.com。

## 《文艺舞台》（法语）

《文艺舞台（法语）》栏目于2004年10月1日开播，主要向外国观众介绍形式多样、风格各异的中国文艺，融娱乐性和知识性于一体。

栏目时长：30分钟，播出频道：西法语频道，播出时间：每天13：30、21：30首播，次日05：30重播。

电子信箱：telefr248@cctv.com。

## 《电视剧》（法语）

《电视剧（法语）》于2004年10月1日开播，该栏目以现代题材电视剧为主，表现中国人民良好的精神面貌、亲情关系、生活状态和社会现状。通过一个个真实可信、亲切感人的普通人的形象，使广大海外观众更进一步了解中国社会现状和中国人民的生活。

栏目时长：50分钟，播出频道：西法语频道，播出时间：每天14：10、22：10首播，次日06：10重播。

电子信箱：telefr248@cctv.com。

## 《前进中的中国》（法语）

《前进中的中国（法语）》于2004年10月1日开播，以中央电视台海外节目中心《走遍中国》栏目为蓝本，以城市区域为切入点，选取中国城市区域中最具特色的历史传承、风土民情、杰出人物、自然景观、最新考古发现而重新审视的历史文化之谜，探寻其独具魅力的个性特征，用跨越时空的方式讲述历史记忆、名人掌故、民俗民风；用人文发现的视角表现风情风物和自然山水的魅力和文化内涵；用引人入胜的故事体现人们的生活状态和精神风貌，全面、综合、深入、立体、全景式地体现出一个城市的地域性格。

栏目时长：30分钟，播出频道：西法语频道，播出时间：每天12：30、20：30首播，次日04：30重播。

电子信箱：telefr248@cctv.com。

## 《纪录片》（法语）

《纪录片（法语）》于2004年10月1日开播，栏目分为自然地理和人文历史两类。人文历史类侧重对中国丰富的人文遗产和考古发现进行研究，自然地理类展示特殊的自然现象和奇异景观。栏目以纯纪实的拍摄手法真实地反映原生态的情况和境况，展现给广大海外观众的是镜像式的生活原貌，透过荧屏观照人性和人生。

栏目时长：30分钟，播出频道：西法语频道，播出时间：每天15：30、23：30首播，次日07：30重播。

电子信箱：telefr248@cctv.com。

## 《第10放映室》

《第10放映室》于2004年2月14日开播。栏目宗旨是"展现电影魅力，传播电影文化"。在保证节目欣赏性的同时，尽力打造学术价值，树立中央电视台电影评论的权威性。

《第10放映室》把注意力和落脚点放在电影文化本身上。节目内容主要介绍国内外著名的电影大师、电影史上有代表性的影片，在对电影的主要画面大量展示的同时，结合国内权威的电影研究专家的讲解和评说，提出新颖的学术观点，带领观众以专业的视角来解读电影作品和评价影人。

栏目时长：90分钟，播出频道：科教频道，播出时间：周六14：40首播，周日14:40重播。

网址：www.cctv.com/cctv-10。电子信箱：ymcf001@sina.com。电话：(010) 68500661。

## 《中国法治报道》

《中国法治报道》于2004年12月28日开播，是中央电视台社会与法频道的新闻主打栏目。该栏目的定位是：中国法治报道——公民自己的新闻。它是全国人大、中央政法机关第一时间发布政令、法令的窗口；是公民第一时间了解社会热点事件及法律观点的平台；是中国民主与法治进程的真实记录者。《中国法治报道》致力于成为汇聚和传播中国法治新闻的主渠道，为国家的"依法治国"、"以德治国"提供舆论支持。

《中国法治报道》的主要策略是当天法治要闻不漏，彰显权威大气；独特的民生视角凸显栏目品牌；法理解说的独家性展示专业品质；编排和说新闻的主持方式体现栏目特色。《中国法治报道》下设热点资讯、特别关注、短消息集装箱、深度报道、公民同期声、温情提示等板块，短消息加深度报道是栏目的主要形态。

《中国法治报道》的风格是贴近实际、贴近生活、贴近群众，强调人文关怀和社会责任感，做一个孜孜不倦司警醒之责的社会瞭望者。在突出栏目的服务性、贴近性的同时，突出栏目的评论性。反应快速、梳理有方、表述有力、开放灵动成为栏目的特有风格。

《中国法治报道》开播以来，与中央政法委、中央综治办合作推出了《平安2005》等大型系列报道，报道了各地创建和谐社会的经验，节目播出后引起很大反响，《中国法治报道》正在成为中央电视台法治节目中的一支生力军。

栏目时长：30分钟，播出频道：社会与法频道，播出时间：每天19：30首播， 23：30、次日07：45、12：00重播。

## 《大家看法》

《大家看法》是一档互动性的新闻服务类栏目。栏目宣传语："大家帮助大家，为生活寻找办法。"节目旨在用大家的视角，解读社会事件中的法律问题；用大家的智慧，探寻解决问题的思路；用大家的力量，帮助那些需要帮助的人。栏目于2004年12月28日正式开播，节目选取贴近民生的热点事件作为选题，通过主持人和观众联络员在演播室连线事件当事人、嘉宾，并让热心观众参与互动，来共同点评、讨论与交流。

《大家看法》栏目时长20分钟，播出频道：社会与法频道，首播时间：每晚20：00，次日24：00、8：10、12：20重播。

栏目网址：www.cctv.com。电子信箱：dajiakanfa@sina.com。电话：(010) 68130550-343。

## 《第一线》

2004年12月28日，中央电视台社会与法频道推出了一档大型警法人物栏目——《第一线》。节目全面聚焦奋战在执法一线的公、检、法、司行业的典型人物。表彰他们无私无畏、公正执法、勤政为民的高尚情操。通过罪与罚的揭示、正义与邪恶的较量，展现出主人公的大智大勇以及第一线现场的惊心动魄。淡化静态的传记因素，强化动态的故事因素，选取人生的横断面，选择适当的"矛盾切点"，以特殊的事件拉动情节发展，营造叙事高潮。充分压缩叙事时空，以案带人，以事带人，在事件的进程中塑造人物，表现人物。《第一线》运用叙述、访谈、议论相结合的手法，将人物丰富的内心世界与刀光剑影、扑朔迷离的故事情节交织起来，最终在观众面前展现出一幅警法战线上穿梭奔波、无私奉献的人生画卷。

《第一线》栏目标识

栏目时长：20分钟，在社会与法频道播出，每天20：20首播，次日9：00、13：10重播。电子信箱：frontline@vip.sina.com。电话：68130550-219。

## 《忏悔录》

《忏悔录》是社会与法频道开播后，首批推出的重点栏目之一。《忏悔录》栏目是从2004年9月30日开始筹备和制作的，这是一个以“心灵的焦点访谈”为最终定位和品质追求的周播节目，推崇“没有反思的人生是没有价值的人生”和“吾日三省吾身”的价值观。力图在与犯有重大过失的人物的深度访谈中，通过他对于自己心路历程的观照和再思考，以忏悔的方式完成自我人格的升华，并给予观众深刻的启迪。在《忏悔录》中，记者将深入我们这个社会的各个角落，与那些具有深刻自省意识的人面对面，在倾听、交流中，体会他（她）曾有的焦灼、痛苦和挣扎，以及人性最终复苏的全过程，并以服刑人员深刻忏悔的方式宣传我国劳改工作的成就。通过深度报道的形式，宣示“人性的光辉，忏悔的力量”这个永恒主题。

栏目时长：40分钟，播出频道：社会与法频道，播出时间：每周日20：45首播，周六10：50、14：40重播。栏目网址：www.cctv.com。电子信箱：chl20041228@263.net。

## 《庭审现场》

聚焦庭审现场，感悟法制精神。《庭审现场》栏目伴随社会与法频道开播而诞生，旨在通过以庭审现场为主的记录，客观透明地展示中国国情下的司法审判程序和法制的公正严明。以使观众深刻领悟中国社会的法制精神。该栏目节目选题源于中国每年约500万案源的50万分之一，内容丰富纷繁，浩如烟海，是该栏目作为法制类节目持续性发展的坚实基础和可靠保证。

考虑到以庭审内容作为电视节目，案例选择必须具有一定的社会关注力度，具有普遍性和典型性，它的可视性取决于和公民生活的相关程度，取决于观众的兴趣点。

节目基础形态是通过庭审现场直播式记录、演播室剖析，以及背景纪录短片三种形式互动互补，相辅相成，做到时效性、现场感和纵深性、生动性的紧密结合，使得相对冗长沉闷的庭审过程更具可视性。庭审现场的直播录播，不同于体育竞技和文艺类节目的直播录播，该栏目创造性地解决了它的电视化创作问题，以适应观众的收视习惯。庭审过程经过有效浓缩和艺术编辑，提取法律焦点、观众兴趣点，在演播室通过有关专家铺陈、放大，解惑释疑，深入剖析，借以融入更多的感性知识和理性思考。案件背景纪录短片围绕当事人的行为和命运展开，用以补充庭审现场及演播室形象画面过于单调的不足，以便更好地叙述故事。

栏目时长：40分钟，播出频道：社会与法频道，播出时间：每周六20：45首播，每周日10：40、14：40重播。联系电话：(010) 68130550-217。

## 《心理访谈》

本栏目宗旨是为面临种种社会生活压力，处于心理危机、心理困境中的现代人提供解决方案，并为公众提供心理服务，为大众建立一个心理互助交流平台，在心理文化理念方面占有制高点并积极预防大众不良情绪的积累。《心理访谈》将让您的人生更智慧，让您的生活更和谐，让您的心胸更豁达，其节目定位为服务类节目，以往的服务类节目主要定位是生活服务，而《心理访谈》则是心灵服务，是深入到人们心灵深处，解决心理问题的深层次服务。以心理调适的方式，探寻心灵深处的隐秘，化种种心理障碍、心理压力为心灵风景。专家把脉，尊重隐私，话语温馨，循循善诱，是节目的主要特点。

开播时间：2004年12月28日，栏目时长：20分钟，播出频道：社会与法频道，每天23：10首播，次日11：35、15：25重播。

电子信箱：huwentv@sina.com。联系电话：(010) 63436137。

## 《法律讲堂》

《法律讲堂》栏目是社会与法频道中的一个全新栏目，于2004年12月29日正式开播。栏目宗旨为：透视立法背景，解读立法依据，《法律讲堂》关注中国的立法进程。

《法律讲堂》栏目特色：知识性、权威性、服务性。以“讲”的方式创立一种独特的法制节目形态，用“史”的内容展示一个独特的法制节目视角，诠释法理内涵，凸显节目特有的权威性，弘扬法制精神，彰显节目特有的高品位。

《法律讲堂》栏目时长为30分钟，在第十二套播出。播出时间：每日18：55首播，次日09：50、14：05重播。电话：(010) 51915803。网址：www.cctv.com/program/fljt/01/index.shtml。

## 《法治视界》

2004年12月28日，法制专题类栏目——《法治视界》在全新的社会与法频道中诞生了。《法治视界》以“法治视角，人文情怀”为宗旨，通过选播各地方电视台制作的具有典型社会意义的法制节目及进行相应的法律调查与评论，以主人公跌宕起伏的故事引出背后蕴藏的法律力量，由此使观众获得法律知识，提高公民的法律意识和法律素质。《法治视界》的节目形态为演播室加专题片。

《法治视界》栏目是一个社会与法频道与地方台之间合作与沟通的平台。

栏目时长：20分钟，播出频道：社会与法频道，播出时间：每天18：05首播，次日10：25重播。栏目网址：www.cctv.com。电子信箱：lijun6868@sohu.com。电话：(010) 88243630。

## 《天网》

2004年12月28日，随着社会与法频道的开播，《天网》栏目应运而生。《天网》栏目是社会与法频道一档以纪录片为主要表现形式的大型法制专题节目。节目主要由国外引进、采取合作或购买国内制作公司已完成的成片、整合台内同类节目、自行制作四部分构成。

《天网》栏目以解读案件故事为主，侧重于具有较大社会反响和故事情节的案件，在记录侦破过程的同时，融入对人性和社会意义的思考。

栏目时长：40分钟，播出频道：社会与法频道，播出时间：周一至周五20：45首播，次日10：50、14：40重播。栏目网址：www.cctv.com。电子信箱：tianwangcctv@sina.com。

## 《经济与法回放》

《经济与法回放》是社会与法频道新开的一档整合性栏目。利用二套成熟栏目《经济与法》的节目资源，是以“用案例说话，推进中国市场经济规范进程”为宗旨的专业经济法制栏目。

节目随社会与法频道启播而推出，于2004年12月29日开播。栏目时长25分钟，每天17：35播出。栏目网址：www.cctv.com。电子信箱：jphcjphc@sina.com。电话：(010) 68130550-632。

## 《天地剧场》

《天地剧场》用电视剧的形式演绎人间悲欢，揭示生活底蕴，在引人入胜的情绪中让观众感受爱的真谛、德的魅力、情的真诚。

开播时间：2004年12日29日，栏目时长：98分钟，播出频道：社会与法频道，播出时间：每天21：30首播，次日06：00重播。网址：www.cctv.com/program/tdjc/01/index.shtml。电子信箱：huahua324@sina.com。电话：68130550-156。

## 《方圆剧场》

方圆中建立秩序，方圆里享受和谐。《方圆剧场》精选法制题材电视剧的经典之作，用故事来明晰法律的内涵。通过电视剧的形式，让人们在享受激情快意的同时，认同“方圆”里的故事也是你我的生活，法律的利剑刺破的是天空的阴霾，阻挡的是对我们的伤害；意识到法的力量，法的神圣，法的无所不在。

开播时间：2004年12月29日，栏目时长：98分钟，播出频道：社会与法频道，播出时间：每天15：50首播，次日00：18重播。网址：www.cctv.com/program/fyjc/01/index.shtml。电子信箱：huahua324@sina.com。

## 《欢乐中国行》

《欢乐中国行》是2004年10月9日全新推出的一档大型综艺栏目。除有歌舞、小品、戏曲、曲艺等节目外，风格上更加强调综艺节目的互动性和时尚性，走出演播室，尽情展示祖国各地风采。

《欢乐中国行》力图开创全新的综艺节目风格，突出观众的参与性和联欢性。观众配合演员，演员带动观众，在表现手法上和节目及演员的选择上都着力彰显时尚性。

《欢乐中国行》契合新市民文化的理念，提倡内容的多样性，弘扬业余文化的健康品质，具体体现精神文明建设成就，充满亲和力。

《欢乐中国行》不是单调的剧场表演，也不是单纯的歌会，而是包含多个艺术品种，始终贯穿联欢色彩的流动的综艺节目。有歌大家唱，有劲一起鼓，通过游戏对抗、与明星同乐等环节最大限度地让观众参与进来，使观众也成为演员。它为未来大型联欢晚会提供一种新的尝试。

栏目时长：60分钟，播出频道：综艺频道，播出时间：周日19：30首播，周六10：50、22：30重播。电子信箱：hlzgx@cctv.com。

## 《快乐驿站》

《快乐驿站》于2004年10月8日开播，力求拓展短节目的生存空间。短而有力、短而简洁、短而轻松是《快乐驿站》的立意。现代生活节奏快速，作为商业产品的电视艺术，《快乐驿站》以时尚的技术实施手段（FLASH）演绎最具经典的中国传统文化（相声小品），以幽默的图像和声音演绎生活中快乐的点滴（幽默故事），这是《快乐驿站》短而精的创作特点。《快乐驿站》栏目的内容总体分成“2”+“1”形式。所谓“2”，即：其一，传统相声小品精编版——用FLASH表现轻松活跃、耳熟能详的传统相声小品，再用漫画手法重新表现人物及情节，注重经典；其二，幽默故事——开掘生活、体认快乐，注重捕捉生活细节，从另一个角度表现现实中重复了无数次但被人们忽略了的快乐点滴，注重现实。所谓“1”，即：一个长度为30秒的段落——它是整体节目的特殊包装形态之一；它既是形式和节奏的体现，又是内容上的有力补充；既是经典笑话的演绎，又可看做片花间隔，突破了以往栏目间隔和片花的形式。主持人风格平实、自然、轻松，语言幽默、机智，服装在传统中凸显现代元素。主持人用“漫”画的笔触“漫”谈实在的生活点滴，以使观众在快节奏的时代音律里“漫”步人生。

《快乐驿站》栏目

栏目时长：10分钟，播出频道：综艺频道，播出时间：每天22：15首播，次日6：40、12：30、13：35、16：40重播。电子信箱：happy@cctvflash.com。

## 《想挑战吗》

《想挑战吗》于2004年10月10日开播，是一档大型互动类竞技性栏目。栏目突出“新”、“奇”、“特”和观众的参与感，融挑战性和竞猜性为一体。用高尚的娱乐形式和精彩的竞技挑战，利用国内和国际上成熟的节目资源，用全新的娱乐节目的包装形式，使栏目既具中国特色又有国际样式。

挑战类节目来源于生活的技能和创意，竞猜类节目贯穿栏目始终，以挑战项目的胜败作为竞猜的内容，同时还有精彩的文艺节目供观众欣赏。

除了以往节目中新鲜刺激的挑战项目外，《想挑战吗》新增设“一触即发”、“挑战擂台”、“第二现场”三个固定板块，使挑战内容更加丰富，挑战舞台更加激烈，激发起普通百姓的挑战欲望。

栏目时长：60分钟，播出频道：综艺频道，播出时间：每周日20：35首播，周二10：30、次周日14：20重播。热线电话：(010) 63261340。网址：www.cctv.com。

## 《星光大道》

《星光大道》于2004年10月9日开播，栏目一改以往娱乐节目以明星表演为主的局面，本着“百姓自娱自乐”的宗旨，突出大众参与性、娱乐性，力求为全国各地、各行各业的普通劳动者提供一个放声歌唱、展现自我的舞台。

栏目以唱歌为主，广泛吸纳多种表演形式，以擂台赛的形式依次决出周冠军、月冠军和年度总冠军。栏目在每月的前三周举办三周周赛，第四周播出月赛。每周周赛分四关，共5名（组）选手参赛，栏目采取过关淘汰的方式，最终决出一名周冠军。第一关是“闪亮登场”，5名（组）选手以联唱的方式登台亮相，评审团根据第一印象淘汰一名选手。第二关是“才艺大比拼”，选手各展其能，各显其艺。第三关是“家乡美”，选手可以结合家乡风土人情，说家乡，唱家乡，以各种方式向大家展现自己的家乡。第四关是“超越梦想”，场上仅剩的两名选手分别演唱一曲自己最拿手的歌曲，决出周冠军。当月的第四周产生一名月冠军，进入年度总决赛。

栏目时长：60分钟，播出频道：综艺频道，播出时间：周六19:30首播，周日10:50、周一21:10重播。联系电话：(010) 68216677、68216599。网址：www.cctv.com。电子信箱：xgdd2004@126.com。

## 《联合对抗》

《联合对抗》是一档寓教于乐，全方位与电视观众互动的电视竞猜类栏目。

《联合对抗》由一位主持人任考官，每期3~6位选手不等，依次参加闯关竞猜。节目中所有的竞猜题目全部来自全国广大的电视观众，节目前期主要在演播室录制完成。

首次播出时间：2004年10月8日，栏目时长：30分钟，每周一20:30三套首播，每周二17:55、周五11:55重播。网址：www.mycctv.com.cn/interactive/lhdk。电子信箱：lianheduikang@126.com。电话：(010) 68507826。

## 《文化访谈录》

《文化访谈录》栏目于2004年10月7日开播。本栏目以文化领域重要作品、重大事件等作为话题的切入点，邀请第一事件当事人来到演播室，解读现象，阐释本质，力求对未来文化艺术的发展产生引导作用。

栏目时长：30分钟，播出频道：综艺频道，播出时间：每周四20:35首播，周日13:50、周三7:35重播。电子信箱：culturetalk@sina.com。电话：88243313。

## 《点播时间》

《点播时间》于2004年8月5日开播，是戏曲频道改版后新开办的一档戏曲欣赏类栏目。栏目根据观众朋友们的点播要求，播出京剧和地方戏各剧种的经典剧目和优秀折子戏，以及从中精选出的优秀唱段。栏目充分运用电视手段，突出电视戏曲特色，以精良的电视制作技术手段包装名家名唱段，让古老的中国戏曲艺术焕发出新的生机和活力。

作为戏曲频道与观众之间沟通的桥梁和纽带，《点播时间》力求满足各地观众的收视心理和审美需求，完整记录演员们的表演水平与表演成果，为剧种传人的学习继承提供方便，为子孙后代积累宝贵的精神财富。

栏目时长：50分钟，播出频道：戏曲频道，播出时间：每周四19:45首播，周五10:15、13:45重播。电子信箱：cctv-opera@mail.cctv.com。

## 《梨园擂台》

《梨园擂台》是2004年8月6日新增设的一个“好听、好看、好玩”的戏迷观众参与互动的栏目，同时满足戏曲爱好者们过戏瘾的愿望。

节目以擂台赛的方式进行：每期从全国众多报名票友中，由专家筛选出8位不同行当的票友参加擂台赛，每期节目决出一名擂主，前一周擂主与后一周擂主打擂，经过四周的擂台赛决出一名月擂主，每年通过擂台赛决出12名月擂主，再由12名月擂主决出一个年度总擂主。

栏目时长：100分钟，播出频道：戏曲频道，播出时间：周五19:35首播，周六09:20、13:45重播。栏目网址：www.cctv.com。电子信箱：cctvlylt@126.com。联系电话：(010) 63960664。

## 《戏苑百家》

《戏苑百家》于2004年8月15日开播，是戏曲频道改版后推出的一个谈话类栏目。该栏目的宗旨是：普及戏曲知识，弘扬民族艺术。通过栏目的介绍，使广大电视观众对戏曲艺术有深层的了解，以达到认识它、喜欢它、热爱它的目的。

该栏目是以主持人与嘉宾对话，穿插有图文资料的形式来介绍在京剧艺术发展过程中，那些艺术大师、著名表演艺术家的辉煌业绩与杰出贡献。在畅谈他们艺术道路的过程中，嘉宾与艺术家的亲属、弟子们讲述一些鲜为人知、十分有趣的掌故和轶事，使观众了解到艺术家的多个侧面。同时使今天年轻的戏曲演员从中得到启迪，受到教育。

《戏苑百家》是一个有文化品位、学术价值、专业性较强的栏目，涉及到京剧、越剧、锡剧、川剧、楚剧、沪剧等诸多剧种。

栏目时长：50分钟，播出频道：戏曲频道，播出时间：周日19:45首播，周一10:15、13:45重播。

联系电话：(010) 68509829。

## 《戏曲采风》

《戏曲采风》是中央电视台戏曲频道的一档专题类栏目，于2004年8月2日开播。它担负着报道戏曲界大事小情、演出信息、戏曲活动，阐述中国戏曲文化精髓的任务。该栏目突出文化性、服务性、资讯性特征。

栏目时长：30分钟，播出频道：戏曲频道，播出时间：周一、周三、周五19：15首播，周二、周四、周六19：15、周一至周六11：45、15：15重播。

网址：www.cctv.com。电子信箱：bjwangge@sina.com.cn。联系电话：(010) 68509829、88210075。

## 《音乐·故事》

《音乐·故事》栏目于2004年3月29日与CCTV-音乐频道同时诞生。《音乐·故事》栏目以普及西方优秀古典音乐为宗旨，讲述音乐家们传奇坎坷的人生经历，以及那些伟大音乐作品背后鲜为人知的故事，力图通过这些吸引人们走近古典音乐，并加深人们对古典音乐的理解和热爱。栏目的目标观众为那些对古典音乐有初步兴趣的人以及一些资深的乐迷，节目力图兼顾专业性与故事性，既能为乐迷们提供珍贵的音乐史料，又能打破一般观众头脑中认为古典音乐深奥、枯燥的成见，使更多的人能享受到古典音乐带给人们的心灵感动。

栏目时长：20分钟，播出频道：音乐频道，播出时间：周一至周五晚21：32播出。联系电话：(010) 68500050。电子信箱：musicstory-cctv@163.com。

## 《风华国乐》

该栏目是一档以介绍中华民族传统音乐文化、倡导健康音乐生活为宗旨的民族器乐欣赏类节目。其特点是欣赏性、民族性、知识性集于一身。该栏目以民族器乐独奏、合奏为主要内容，包括传统曲目、新创作曲目，以及富于地方特色、民族特色的乐曲。栏目共分三个小板块，“佳曲有约”以优秀的传统及创作乐曲欣赏为主，“聆听天籁”以介绍地域性民间创作的音乐为主，“我们拥有”是以介绍民族乐器、民乐人物、民间社团等为主要内容的专题片。

开播时间：2004年3月29日，播出频道：音乐频道，播出时间：周一至周五 21：02首播，周二至周六9：17、14：17，周一至周日18：52重播。联系电话：(010) 88243503。

## 《风华国乐·周末版》

《风华国乐·周末版》是音乐频道一档以欣赏性为主的中国民乐节目。该节目以弘扬中国民族音乐为宗旨，以传播和展示中国民乐不同发展时期的音乐作品和音乐人物为内容，力求突出民乐作品的可视性、可听性和艺术效果。

该栏目分为“精彩国乐”、“国乐骄子”、“独领风骚”、“国乐MV”、“魅力国乐”五大板块。五大板块以民族乐器的合奏、独奏、组合、乐器MV等演奏形式出现，以传统民乐作品和现代新创作民乐作品为主要内容，以优秀演奏员的音乐特色和人物故事为由头，是一台融欣赏性、艺术性、知识性于一体的大型民乐类节目。

为增强节目的可视性，《风华国乐·周末版》强调栏目的特色、风格，在前期拍摄和后期制作上严格统一包装，尤其在曲目的制作上突破以往传统的舞台视觉感，加强新的电视技术手段的运用，使得节目的可视性大大增强。同时节目在选材上力争将传统与现代时尚紧密结合，使节目既保持传统本色又不失现代时尚特色，更加贴近观众。

开播时间：2004年3月29日，栏目时长：50分钟，播出频道：音乐频道，播出时间：首播：周六21：02；重播：周日8：30、14：17、17：17。

## 《星光舞台》

《星光舞台》宗旨在于打开欣赏优秀音乐作品的窗口，搭建展示杰出艺术家魅力的舞台，繁荣我国音乐作品的创作，提升观众艺术审美品位。《星光舞台》以广大音乐爱好者为主要收视对象，同时包括音乐从业者及潜在的音乐爱好者，积极吸引和引导年轻观众。《星光舞台》定位在欣赏类节目，内容强调欣赏性，主要播出中央电视台独立主办的古今中外经典作品音乐会。

表现方式：1.专家录像：强调现场录音，舞美灯光等均做精心设计，突出视听效果；2.演出录像：录制中外优秀的、有影响力的音乐会，强调现场感。

开播时间：2004年4月4日，栏目时长：90分钟，播出频道：音乐频道，播出时间：每周日19：30首播，周一7：45、12：45重播。

## 《CCTV音乐厅》

《CCTV音乐厅》栏目以“三个代表”重要思想和十六大精神为指针，以传播先进文化、陶冶高尚情操、提高全民音乐素质和欣赏水平为根本指导思想。

栏目突出欣赏性，全方位展示国内外各类音乐会实况。现场录像经过重新编辑后播出。

开播时间：2004年3月29日，播出频道：音乐频道，栏目时长：100分钟，播出时间：每天15：21首播，当日22：07、次日06：00、10：18重播。

## 《影视留声机》

《影视留声机》栏目以主持人串联加精美包装的方式，向观众推介、解读中外影视作品中的经典音乐和歌曲，融艺术欣赏性和知识趣味性于一体，节目追求大方、高雅、精致的风格。在共赏经典、分享感动中呈现出浓厚的怀旧情绪。同时也把过去曾经流行的主旋律和不朽的音乐艺术经典介绍给今天的年轻人，通过字幕、画外音的形式向观众介绍影片背景，分析其中音乐的内涵。

《影视留声机》栏目开播以来先后推出了“红色经典”、“岁月情怀”、“经典动画”、“喜剧电影”、“外国经典影片欣赏”等十多个系列，与观众共同欣赏了《东方红》、《长征》、《刘三姐》、《简·爱》、《安娜·卡列尼娜》、《追捕》等70余部中外影视作品中的音乐。

开播时间：2004年3月29日，栏目时长：10分钟，播出频道：音乐频道，播出时间：每天21：52首播，次日10：01、12：05、15：01、18：08重播。网址：www.cctv.com。电子信箱：yslsj@cctv.com。联系电话：(010) 68508183。

## 《音乐人生》

《音乐人生》栏目是一档以“文化人的音乐理想和电视工作者的使命同在，时代的沧桑和新世纪的远眺同在，华人的自豪和世界的胸怀同在，音乐和人生同在”为宗旨的访谈节目，以当代海内外著名音乐家或与音乐有关的著名人士作为访谈对象。目前，节目的访谈内容有两类：第一类，以人物为主，选取音乐家艺术创作和人生经历当中最有典型性的故事，通过对话与讲述的方式，充分展现音乐家的世界观、音乐观、哲学观。第二类，以一部著名的音乐作品，或者正在发生的音乐界的大事件、大活动作为整期节目的主线内容，与相关人士就其“发生史”以及相关人士与这部作品或者整个事件当中所发生的形色各异的故事展示出来，在讲述过程中将其暗含的时代背景和深刻的文化内涵也逐步反映出来。栏目的访谈形式分两类：第一类，演播室访谈。主持人与嘉宾在演播室内一对一进行访谈，现场80位观众用以营造一个温暖、气氛热烈的谈话氛围，同时也引入多种制作环节，比如：老友相见、现场电话连线，等等。第二类，全部采用外景拍摄类节目形态，主持人与嘉宾或坐或走，完成一期节目的访谈。选择典型性环境，如音乐厅、故居、校园、自然风景，等等。画面不受演播室中固定的访谈环境的限制，画面信息量更加丰富，同时，音乐家在熟悉的环境中的访谈更加自如。

开播时间：2004年4月4日，栏目时长：50分钟，播出频道：音乐频道，播出时间：每周日21：05首播，周一09：17、14：17重播。联系电话：(010) 63983377－324。

## 《每日歌曲》

《每日歌曲》栏目于2004年3月29日开播。该栏目每日播出一支优美的高质量的歌曲，以满足广大电视观众的精神需求，陶冶情操，净化心灵，丰富电视荧屏。

栏目时长：5分钟，播出频道：音乐频道，播出时间：每天7：40首播，12：00、16：59、19：22重播。

## 《经典》

《经典》栏目2004年3月29日开播。栏目宗旨：选择世界音乐文化精品、介绍全球一流音乐节目，保持高质量、高品位的栏目特色，普及、引导、提高人们的欣赏水平和音乐素质。节目内容以涵盖音乐多领域的众多系列节目如《名家巡礼》、《歌剧传奇》、《芭蕾音乐之旅》、《古典与时尚的交响》、《乘着歌声的翅膀》、《映象·巴洛克》、《钢琴艺术三百年》、《歌唱的小提琴》等，以及第一时间带来世界顶尖水准的一流音乐会如维也纳新年音乐会、欧洲音乐会以及柏林森林音乐会为主。

栏目时长：60分钟，播出频道：音乐频道，播出时间：每周一至周六19：30首播，周二至周六7：45、12：45、17：06、周日7：45、12：45、周一17：06重播。

电话：(010) 68500050、68550920。电子信箱：jingdian_cctv@163.com。

## 《雅典猜想》

《雅典猜想》栏目是中央电视台在奥运会期间推出的竞猜类娱乐性观众参与节目。

栏目延续了《全明星猜想》的制作宗旨，集合了娱乐信息、新闻回顾、观众竞猜、明星阵容、现场表演等多种要素，在奥运会期间，紧紧跟踪赛事进程，连续17天以独特的方式带领广大观众回味、体验、享受奥运会给人们带来的精神财富。

《雅典猜想》栏目设立了“变焦雅典”、“守望雅典娜”、“十问知是谁”、“书评雅典”、“冲浪爱琴海”等小板块，根据前一天的奥运赛况、古希腊神话设计竞猜题目，让观众在娱乐、轻松的节目中，既了解了知识，又享受到奥运会的魅力。现场嘉宾议论精彩纷呈、妙语迭出，场上观众气氛热烈，场外观众也能通过多种形式参与节目竞猜。《雅典猜想》以独特的节目形式烘托奥运热点，竞猜趣味知识，预告赛事信息，成为奥运整体报道的一个亮点。

此外，《雅典猜想》每天突出一个鲜明主题，挖掘奥运赛事的人文内涵，表现奥运人物的精神底蕴，展示奥运会和体育运动的魅力。如：8月14日第一期以《候鸟》为题，比喻运动员像候鸟一样，经过长途跋涉和磨练来到四年一度的奥运赛场；8月15日第二期以《青春的证明》为题，表现王义夫用汗水和勇气铸造青春的辉煌；8月16日以《七宗罪》为题，用娱乐、趣味的手法介绍姚明超常的身高等各国奥运选手的体育天赋；8月17日以《兄弟连》为题，表现了男子三米板双人跳水比赛后队友之间感人的兄弟情谊；8月18日以《多情剑客无情剑》为题，表达对获得银牌的年轻击剑运动员王磊、谭雪的祝福等。

《雅典猜想》栏目突破了简单的娱乐框架，挖掘出奥运会的文化内涵，为观众提供了感受奥运、享受奥运的新视角。

《雅典猜想》于8月14日至8月30日每天中午13：00～14：00在体育频道播出，栏目时长60分钟。网址：www.cctv.com。电子信箱：cctvallstar@yahoo.com.cn。

## 《赛车时代》

《赛车时代》是一档以报道、推广赛车运动和弘扬、传播汽车文化为宗旨的栏目。该栏目于2004年2月3日开播。

《赛车时代》突出权威性、新闻性、前瞻性、知识性、欣赏性、贴近性，是一档具有赛车运动全方位视野，密切关注汽车行业和汽车文化发展动向的专业性电视节目。该栏目分为“尖峰车事”、“狂飚地带”、“车光魅影”、“我为车狂”、“车海传奇”等五个专题，分别从车坛焦点、赛事追踪、行业动态、人车趣闻、车事历史等多方面对赛车运动和汽车文化的动向进行全方位报道。《赛车时代》旨在打造中国最全面、最权威的赛车运动、汽车文化电视节目。

栏目时长：55分钟，播出频道：体育频道，播出时间：每周五晚18：55。网址：http://www.cctv.com/sports。

记者在澳大利亚作F1赛事赛前采访

## 《第三届全国大学生机器人电视大赛》

第三届全国大学生机器人电视大赛由中央电视台和国家教育部、科技部、中国科学院、中国科协联合主办，以“鹊桥相会”为主题，于2004年8月2日起在少儿频道连续播出10集，前9集每集30分钟，第10集47分钟。包括台湾明新科技大学在内的全国35所高校参加角逐，通过预赛、复赛和决赛，决出冠、亚、季军以及最佳技术奖、最佳创意奖、最佳设计奖、最佳策略奖和最佳风格奖。大赛冠军队西南科技大学代表队代表中国参加2004年在韩国举办的“亚广联第三届亚太地区机器人电视大赛”，夺得亚军及最佳技术奖。

开始于2002年的“全国大学生机器人电视大赛”已成为中央电视台着力打造的一个品牌节目，旨在为青年学子提供一个探索、创新与实践的舞台，激发有志青年对高科技的兴趣和爱好，培养他们的科学创新精神。

《全国大学生机器人电视大赛》邮箱：robocon-cctv@vip.sina.com。

## 《2004年全国大专辩论会》

《全国大专辩论会》于1998年创办，每两年举行一次，其目的在于通过辩论这一载体，锻炼和培养青年学子对所学知识的综合运用能力，并为当代大学生提供一个展示文化素养和精神风貌的平台。辩场上机智的语言交锋和激烈的思想碰撞，无不凝聚着莘莘学子对历史、现实的深刻思考和对人类命运的深切关怀。大专辩论会不仅弘扬了博大精深的中华文化，而且在广大青年学子中培养出一种关注现实、勤于思考、善于思考的时代风尚，社会意义和影响深远而广泛。

《2004年全国大专辩论会》于8月20日至27日在北京举行，来自复旦大学、西安交通大学、厦门大学等15所高校代表队参赛。整个比赛由预赛、复赛、半决赛、总决赛几个阶段组成，采取分组单轮淘汰比赛的方式。2004年的辩论会在比赛环节的设计上增强了比赛的现场感。整场比赛分为四关，即“知己知彼”、“防守反击”、“针锋相对”和“一锤定音”，四个环节相对独立，由评委单独打分，现场亮分。辩手除了在本方立论和猜测对手的“知己知彼”环节可以事先准备之外，其他各环节都必须结合辩论现场的态势来完成。在这些环节中，“防守反击”环节要求辩手能够自如地进行攻防转换，反驳对方的立论并对对方对本方的反驳进行再反驳；“针锋相对”就是自由辩论环节；“一锤定音”环节要求辩手能够机智地应对提问嘉宾在现场提出的各种突如其来的问题。

《2004年全国大专辩论会》7场初赛于8月23日至29日在CCTV-少儿频道播出，每集45分钟。4场复赛和2场半决赛于9月20日至9月25日在CCTV-1白天时段播出，每集45分钟。决赛于9月26日在CCTV-1晚21：00播出，时长47分钟。

## 《新闻社区》

《新闻社区》是一档集纳全国各地社会新闻的栏目，在内容上锁定普通百姓的喜怒哀乐、衣食住行等基本生活层面，透视社会热点，扫描社会万象。强调新闻的现场感、生活性、服务性，风格清新活泼。改版时间为2004年5月1日，节目形态为直播消息类。

栏目时长：25分钟，播出频道：新闻频道，周一至周六18：30播出。电子信箱：xwsq@cctv.com。

## 《道德观察》

《道德观察》旨在弘扬优秀和先进文化，揭露和批评种种不文明、不道德、不守法的现象，在全社会形成崇尚高尚人格、高雅情趣的氛围，全面提高公民的道德素养和文化素质，培养讲文明、守道德的公民。2004年12月28日改版，除保留原来一套的周播时段外，在社会与法频道增加了日播时间段。《道德观察》以记者的视角调查在现实生活中发生的、值得我们关注的涉及道德伦理和行为规范的事件和人物，主持人在演播室对记者调查的事件和人物作深刻剖析和评述。

周播版：时长30分钟，每周六14：50一套首播，周日12：00十套重播。

日播版：时长20分钟，每天18：30十二套首播，次日8：35、12：45十二套重播。

网址：www.cctv.com/law。电话：(010) 68166097。

## 《当代工人》

《当代工人》栏目的宗旨是关注工人的生活，关注工人关注的生活。

《当代工人》栏目从2004年1月开始共进行了4次改版：从演播室辩论会到创业志，再到《当代工人·维权报告》，最后又回到走出演播室、深入生产一线的群访样式，以讴歌当代工人精神风貌为中心内容。

栏目时长：30分钟，播出频道：CCTV-1，播出时间：每周二14：54首播，周三5：25重播。网址：www.cctv.com。电子信箱：ddgr@cctv.com。电话：(010) 68506546。

## 《激情广场》

《激情广场》栏目宗旨是始终坚持朴素的平民化定位，立足于“三贴近”，走百姓路线，生产大众化的电视产品，栏目的口号是：“激情广场”大家唱。栏目内容是演唱观众熟悉的经典老歌。

表现方式：第一，《激情广场》推出百姓大家唱的形式，打造一种百姓自娱自乐节目的全新样式。第二，深入劳动第一线，为节假日奋战在各条战线上的普通劳动者送上文化大餐，送上他们想听的和他们想唱的歌，送上一些好听的老歌，让大众化的品牌在百姓的心中扎根，让他们觉得《激情广场》是老百姓自己的节目。第三，带领明星、演艺界人士去社区、基层、学校、厂矿，用爱心去抚慰那些急需关爱的人，带动一批人，感动一批人，目的在于修炼品格、陶冶情操，树立良好的社会道德风尚，追求一种人文精神。第四，以"感动"为系列的主题歌会。《激情广场》采用主题歌会的形式，把感动传递给观众，让观众感受到党的关怀、社会的温暖和人与人之间的友情。例如：激情广场特别节目《永恒的彩霞》、《永恒的烛光》采用了文艺与新闻相结合的方式，使节目更为立体、厚重而且感人。

改版时间：2004年10月8日，栏目时长：60分钟，播出频道：CCTV-3，播出时间：首播：周三21∶10；重播：周四10∶40。

网址：www.cctv.com。电子信箱：yingueqiao@vip.sina.com。电话：(010) 88244283。

## 《中国音乐电视》

《中国音乐电视》是中央电视台综艺频道一个日播音乐节目，以介绍最新的音乐电视作品、报道歌坛最新动态为主要内容。2004年10月8日综艺频道改版后，《中国音乐电视》增设了"本周主打"、"心动点播"、"DJ推荐"、"明星坊"、"歌手新歌推荐"等板块，并在节目中推出了一系列赛事，如2004年度内地歌坛十大新人评选等。

开播时间：1996年7月，栏目时长：40分钟。播出频道：CCTV-3。播出时间：周一至周六17∶10首播；周一至周六00∶00、6∶00、8∶20、14∶20重播。首播（现场版）：周四22∶30；重播（现场版）：周一10∶40。联系电话：(010) 68288102。

《中国音乐电视》栏目

## 《感受交响音乐》

为了更好地提高公众的文化素质，提高公众对音乐的感知、鉴赏能力，中央电视台音乐频道于2004年3月重新编辑播出了52集大型音乐教育系列节目《感受交响音乐》。

《感受交响音乐》集欣赏性、普及性、知识性、教育性于一体，汇集了庞大的信息量——著名交响乐团的演奏片段，音乐家生平足迹的追踪，音乐界人士的精彩访谈和讲解。这部系列片按照不同的时间、地域、流派，系统介绍了交响乐的基本知识，并根据交响音乐的发展脉络，自《序集》、《交响乐的"童年"》讲起，从巴洛克时期到古典主义时期再到浪漫主义时期，以及后来民族乐派的兴起，一直说到《五星红旗下的交响之春》和《多元化的现代音乐》。

在《感受交响音乐》展现的曼妙的音乐之旅中，观众们既可以了解到乐理方面的一些常识，如《大协奏曲与协奏曲》、《交响音乐中的管弦"家族"》、《黄金公式ABA与奏鸣曲式》、《"标题"和"无标题"》等，又可以领略到古典音乐大师的风范，像《走进贝多芬的交响世界》、《浪漫交响中的古典"回声"勃拉姆斯》、《标题交响序曲与门德尔松》、《交响诗与李斯特》、《悲歌——柴科夫斯基》等，改变了交响音乐在大众心目中神圣遥远的形象，打开了人们想象中那扇壁垒森严的大门，让更多的人得以步入壮美的交响乐世界，体会交响音乐的独特魅力，成为音乐世界里的智者。

栏目时长：30分钟，播出频道：音乐频道，每周日18∶20首播，周一12∶18重播。

## 《异想天开》

《异想天开》是一档中学生科技创新的栏目，节目追求幻想的感性光芒、科学的理性精神、娱乐的益智元素、青春的活力色彩。在中央电视台少儿频道开播之际，《异想天开》栏目进行了改版，分为4种节目形式即"竞技赛场"、"转动的思维"、"童言无忌"和"创意工场"。"竞技赛场"是《异想天开》一个以新奇独特的命题＋紧张刺激的竞技场面为特色的系列节目，邀请学生通过实践和试验完成命题，决出获胜者。节目组全程跟踪拍摄，记录事件发生的过程，展现其中戏剧性的精彩情节、细节；"转动的思维"着重表现新奇而实用的作品，同时根据同学们的创意，不定期推出"非常秀"系列节目；"童言无忌"是一个供小朋友畅所欲言的演播室节目；"创意工场"则源源不断地向人们提供新鲜、有趣、富有活力的各种创意。

栏目时长25分钟，每天20∶30在少儿频道首播，次日12∶30、14∶30少儿频道、17∶30十套重播。

栏目网址：www.cctv.com。电子信箱：

yxtk@ys.cctv.com。电话：(010) 88243335。

## 《第二起跑线》

栏目宗旨：青少年群体不仅是中学生栏目最直接的受众，更是其最直接、最广泛的参与者、创作者，为了更好地激发青少年的参与热情和创作激情，引导青少年充分发挥和展示自我才华，张扬个性色彩，《第二起跑线》致力于将节目样式设计得更加贴近青少年生活，集中展现青少年身边美好而充满情趣的事物，从而激发良好的社会影响，创造节目收视高峰，使节目成为融创造性、趣味性、竞赛性及游戏性于一体的美味大餐，最终形成众多青少年朋友以及相关社会人士争相参与及关注的热烈态势。栏目随着少儿频道的开播进行了改版。

改版后的栏目以展示参赛选手选送的外拍短片为主体，分阶段播出，穿插演播室内各选手之间以及选手与观众之间的互动交流评分，充分调动选手与观众的参与热情，体现节目的竞赛性，趣味性以及参与性。不仅对短片内容本身进行展示和评判，而且将这种竞赛性延伸扩展到整个节目的创作过程中，从短片的选题角度、创意、拍摄手法到演播室现场参与者的综合表现，形成多方位的竞争与较量。参赛短片要求由各参赛选手独立拍摄，张扬个性、突出创造性与趣味性。

栏目时长：50分钟，每周共播出5次。少儿频道每周日17：30首播，少儿频道每周三13：40、周四22：00、七套每周六15：00、周日7：30重播。电子信箱：deqpx@163.com。电话：(010) 68570984。

## 《东方儿童》

《东方儿童》是以教学为主的一档儿童教育、益智类栏目，随着少儿频道的开播，《东方儿童》栏目进行了改版，它以全新的电视手法和表现形式，诠释新的教育理念，传播新的成长观念，为少儿的学习和成长打造素质教育的新平台、思想创造的加油站、高度互动的空间网、个性成长的拓展营，让孩子学习更快乐，成长更精彩。栏目分为以下几个板块：周一“读书”，倡导少儿读书，引导少儿读书，关注少儿读物；周二“电脑奇才奥利弗”；周三“动物周报”，让孩子们了解与动物有关的知识和趣闻；周四“今天我学艺”，请来各路名家名角，为孩子亲身指导，让他们体验学艺的乐趣与艰辛，更好地在舞台上展示自我；周五“快乐现场”，两支代表队以打擂的形式进行智慧、创造力和才艺的全方位展示；周六“百问一见”，主持人走出演播室，走入儿童中间，带着他们提出的问题寻找答案；周日“到学校去”，走进学校，与校园里的孩子亲切沟通、交流。

《东方儿童》栏目时长30分钟，少儿频道每天18：30首播，少儿频道每天9：30、15：20、七套每天20：15重播。网址：www.cctv.com。电子信箱：dfet@cctv.com。

## 《选择》

《选择》栏目每期展示若干个职业，旨在为青年观众提供择业坐标。其主体受众锁定大专及以上文化程度的城市主流青年，年龄在20岁至30岁之间。由于节目内容的开放性，受众覆盖面广泛。

2004年5月《选择》栏目改版。改版后节目增加娱乐性，以“猜职业”的方式，展示某个职业的内涵及从业人员风采等等。表现方式以“情景小品”展示为主。

《选择》栏目时长50分钟，少儿频道周一22：00首播；少儿频道周四22：50、周日23：00、七套周日12：00、十套周日16：40重播。网址：www.cctv.com。电子信箱：12ybs@vip.sina.com。

## 《地图上的故事》

栏目以地图为切入点，通过地图、地貌上的变迁，描绘发生在祖国大地上的沧桑巨变。

2004年1月1日改为日播栏目。

栏目时长5分钟，每周一至周五11：25在中央电视台第10套节目首播，18：25重播。网址：www.cndfilm.com。电子信箱：ditugushi@sina.com。

# 四、2004年中央电视台优秀栏目、优秀节目选介

## 《新闻联播》

2004年是《新闻联播》创办的第26个年头。信息独占的喉舌地位和广泛的新闻来源，使其保持着权威性与高收视率。“扬独家之优势，汇天下之精华”是其特点与优势。中共中央《关于进一步改进会议和领导同志新闻报道的意见》相关执行细则得到认真贯彻执行，使得时政报道得到改进，会议报道得以最大限度地压缩。2004年3月“两会”期间，《新闻联播》严格限定在30分钟，受到广泛赞誉。在报道题材的开拓方面，紧紧围绕“三贴近”原则，内容更具广泛性、典型性、鲜活性。天气变化、交通信息等与百姓关系密切的报道增多了，国际消息的报道篇幅有保障了，“人物典型”报道更注重细节化与生动性。节目编排、屏幕包装工作也悄然发生着变化。“本台最新消息”明显增多，还推行了出镜记者准许证制度。

《新闻联播》每天19：00～19：30在综合频道和新闻频道首播，当晚及次日凌晨在新闻频道和第四套重播。

本栏目荣获中央电视台2004年度优秀栏目一等奖。

## 《法治在线》

中央电视台新闻频道《法治在线》栏目于2003年5月1日开播，是一档兼具新闻时效性、法治思想性和法律服务性的法治新闻专题节目，栏目紧扣中国法治进程脉搏、关注法治领域热点、揭示人与法的复杂关系，体现人文关怀和法治精神。

鲜明的现场感和强烈的新闻性是《法治在线》栏目自开播以来一直坚守并不懈追求的栏目特色，也是区别于全国其他法治电视节目的鲜明个性，并由此形成了栏目的核心竞争力；密切关注中国法治进程中的重大案件并在第一时间进行专题报道，是《法治在线》栏目区别于全国其他同类电视栏目的一大特色：2004年“杨新海连环杀人案”、“王怀忠案”、“马加爵案”等在全国有重大影响的法治案件，《法治在线》栏目均依托多年从事政法新闻报道的专业优势，在第一时间对这些重大新闻事件进行了独家报道，并进行了连续的追踪，这些报道的内容被其他媒体广泛转载。同时因为报道的客观、公正、专业，栏目开播两年以来一直受到中宣部、中央政法委、公检法等部委领导的充分肯定。如今，第一时间独家报道大案要案已经形成了《法治在线》栏目的品牌，大大加强了栏目的影响力和权威性。

作为中央电视台报道重大法治新闻事件、展示法治建设成就、贯彻落实中央重大法治宣传报道活动的最重要的栏目之一，2004年《法治在线》栏目曾成功地制作播出展现公安民警风采、记录政法战线先进事迹的系列特别节目：任长霞先进事迹系列报道《霞映长空》、《永恒的彩霞》、《再见长霞》、《离开以后》，这些节目均在社会各界引起强烈反响；2004年下半年，《法治在线》栏目还发起并具体承办了由中央电视台和公安部共同主办的“我最喜爱的十大人民警察评选活动”，在社会各界引起强烈反响，活动及颁奖典礼都取得了巨大成功，已经成为中央电视台的精品节目和精品活动品牌。

本栏目荣获中央电视台2004年度优秀栏目一等奖。

栏目时长：25分钟，播出频道：新闻频道，播出时间：周一至周六17：30首播，次日11：30重播。栏目网址：www.cctv.com。电子信箱：fzzx-cctv@vip.sina.com。

《法治在线》栏目演播室录制现场

## 《海峡两岸》

《海峡两岸》栏目是中央电视台的一档涉台时事新闻评论栏目，也是对台宣传的重点栏目，该栏目的前身是1996年1月30日创办的《海峡两岸关系论坛》节目，1998年5月改名为《海峡两岸》。从2003年5月8日开始，《海峡两岸》由每周播出5次改为每天播出，这次改版使“跟踪海峡热点、反映两岸民意”的节目宗旨得到了强化，为了增加节目的信息量和新闻性，改版后的《海峡两岸》分为两个板块：第一部分是“热点扫描”，主要报道当日和近期两岸热点新闻；第二部分是“热点透视”，对当日或近期涉台热点事件作深度报道或邀请两岸专家对时事进行分析和评论，并对两岸各个层面的交流交往进行跟踪报道。

2004年，《海峡两岸》紧跟台海形势，制作了一系列优秀节目，如对台湾领导人选举的系列报道，以及《“二·二八事件”访谈录》、《“台湾地位未定论”居心何在？》、《台湾军力透视》、《“台独”的六大危害》等系列节目。

本栏目荣获中央电视台2004年度优秀栏目一等奖。

《海峡两岸》栏目时长20分钟，每晚20：40在中央电视台第四套节目中首播，次日03：35、11：40重播。电话：(010) 68581437，传真：(010) 68581439。

## 《讲述》

《讲述》是在“以德治国”的思想背景下由中央电视台十套推出的一档传播道德理念的栏目。其节目形态以演播室为主，间或有部分外拍小片强化事件的现场感。《讲述》每天讲述一个真实生动、曲折传奇、充满悬念、催人奋进的故事。2003年中央电视台一套节目大调整，《讲述》作为最年轻的栏目跻身其间，从此《讲述》在一套和十套都有播出时段。《讲述》把人性作为切入点，不论是什么人，也不论是什么事，只要进入《讲述》节目，首先都回归到人性这个最基本的人类共有的属性基点上来，然后再接受道德的价值判断。根据人性这个基点，《讲述》着重突出：用真实的情感打动人；用朴素的爱心感染人；用真实的力量震撼人。

栏目时长：20分钟，播出时间：周一至周六21：45十套首播，周一至周五01：40一套重播，周六节目在十套周一10：30重播。

本栏目荣获2004中国国际广播影视博览会“全国电视百佳栏目”，中央电视台2004年度优秀栏目一等奖。

栏目网址：www.cctv.com。电子信箱：cctvwdl@sina.com。

## 《艺术人生》

《艺术人生》栏目于2000年12月在中央电视台三套推出，到目前为止，已完成两百多位影视、音乐、舞蹈、文学、曲艺等领域艺术家的专辑制作。栏目从最开始30分钟版的“真实记录明星心路历程”，到2001年50分钟版的“正直品质，极端制作”，再到2003年的“记录时代人物”，几年来栏目从文化关注和人文关怀的视角，对每一位艺术家的艺术历程作出了深刻的阐述，形成了“厚德载物”的节目品质。

《艺术人生》以争做“文化节目旗舰”为己任，锐意进取，不断创新，五年来，开创了谈话节目许多新的样式、理念，将主流价值观渗透到节目中，用文化引导着娱乐界。

2004年《艺术人生》在坚持自己核心理念的基础上，继续保持较高收视率，平均收视率达到了1%以上。值得一提的是，在常香玉大师病逝的第二天制作的特别节目以及纪念特辑，创下了老艺术家系列收视率的新高。节目以厚重、感人的形式追忆了老人不平凡的一生，播出后受到广电总局收听收看中心的通报表扬。

系列主题策划如《西游记再聚首》、《东方红再聚首》、《漂亮妈妈》等节目不仅创下了全年的收视新高，同时也在观众中留下了良好的口碑。

2004年《艺术人生》在特别节目的制作上也有所提高，在形式上开创了新的样式如《歌声走过20年》，还创下了假日中的新的收视高峰。尤其是《温暖2004》特别节目的制作，以其充满创意的盘点内容、精美的舞美灯光等在业界赢得了一致好评。

《艺术人生》2004年还走向社会开展了公益活动。“六一”前夕，王姬、王铁成、六小龄童等明星走进北京儿童医院，为患白血病的孩子们送去了一份节日的祝福，嘉宾们通过讲述自己和亲人与病魔抗争的经历，感动了无数的电视观众。

栏目时长：50分钟，播出时间：CCTV-3周五21：15首播，周日12：45重播；CCTV-1周三22：38首播，周四04：19重播；CCTV-4周日10：15首播，周一00：10重播。

栏目网址：www.cctv.com。

本栏目荣获中央电视台2004年度优秀栏目一等奖。

## 《经济半小时》

《经济半小时》明确提出了“我们关注公众利益”的价值观，提出了做“市场经济守望者”的栏目目标。

《经济半小时》栏目的报道内容和方向着眼于社会公众利益，着眼于经济事件背后制度层面的深层次原因的探讨。栏目先后报道过的《收容遣送制度出台》、《长江流域惊现血吸虫》、《贫困生：超越学费这座山》、《安徽太湖赌博公开成产业》、《四川：国债资金投入“垃圾项目”》、《兰州：寒冬考验供暖改革》等节目触及到社会的最底层，反映了某个社会群体的生存状况，通过探讨现象背后的原因，致力于制度的改革和问题的最终解决。

《经济半小时》遵循“做透一条”的目标。在信息的获取渠道日益增多的时代，《经济半小时》选取人们关注度最高的信息，发现其中的独到价值，体现《经济半小时》的独家视角、独家调查和独家观点，秉承《经济半小时》一以贯之的品质——新闻、公众、探讨问题。

《经济半小时》遵循“新闻性”的原则，尽可能快地捕捉社会重大事件，尽可能深入地用百姓的眼光看经济，用经济的眼光看社会，尽可能多地让公众了解关乎自己切身利益的经济事件。

栏目时长：30分钟，播出频道：经济频道，播出时间：每天21：30首播。

本栏目荣获2004中国国际广播影视博览会“全国电视百佳栏目”，中央电视台2004年度优秀栏目一等奖。

## 《体育新闻》

《体育新闻》栏目2004年进行了调整，在30分钟赛事新闻资讯报道后增加了评论类板块《体育今日谈》、新闻性专题板块《体育故事》及专题《精彩F1》。

《体育今日谈》是新闻性的体育评论，原本在《体育新闻》以外播出，它选取最新发生和出现的体坛热点事件和热点人物为话题，由主持人进行相关评论，提供与新闻事件、新闻人物相关的更多背景；分析新闻事件发生的前因后果；剖析新闻事件的内涵。2004年将其整合为《体育新闻》栏目中的一个板块，改变了过去《体育今日谈》单打独斗的局面，便于统一策划、统一协调，为其提供了更广阔的平台和更有力的支持，也增强了《体育新闻》栏目缺少深度评论、分析的薄弱环节。《体育故事》则沿袭了大型综合性运动会报道中比较成功的节目形式——“封面故事”的制作方式，用新闻性专题描写刻画体育比赛、体育人物，讲述体育故事。以上两个小板块周一至周六每天在《体育新闻》栏目中播出。《精彩F1》主要以报道F1和其他赛车赛事为主要内容，每周日在《体育新闻》栏目中播出。

《体育新闻》栏目时长：50分钟，每天18：00在体育频道播出。网址：www.cctv.com/sports。

本栏目荣获中央电视台2004年度优秀栏目一等奖。

## 《中国动画》（精品版）

本栏目是播放国产精品动画片的窗口，把握有度，选片有准，编排有道，互动有方。在少儿频道推出一年来，收视率一路攀升，稳居首位，并超过了一套播出的同类动画栏目。深受全国少年儿童的喜爱。在2004年频道综合评估中名列第一。

《中国动画(精品版)》栏目获得中央电视台2004年度优秀栏目一等奖。

栏目时长：30分钟，少儿频道播出，开播时间：2003年12月28日，首播时间：12：00～12：30，联系电话：(010) 68506529。

## 《同一首歌》

《同一首歌》栏目是中央电视台著名音乐品牌，以制作独具特色的系列演唱会和编播国内外音乐机构、电视台提供的高水准演唱会为主，荟萃国内外明星新秀和一流艺术家，既有老歌翻唱，又有原人原唱，贯穿传统与现代，引领怀旧与时尚。

《同一首歌》一直注重配合国家重大事件、重要题材的宣传，热衷社会公益事业，重视观众需求，加强与观众的互动，注重与国际媒体的合作，所有这些都通过高水准的演唱会形式表现出来，引起社会各界的强烈反响，得到广大观众的认同和喜爱。

《同一首歌》栏目时长100分钟，每周五19：30在综艺频道首播。栏目网址：www.cctv.com。电子信箱：tysg@cctv.com。

本栏目荣获2004中国国际广播影视博览会“全国电视百佳栏目”，中央电视台2004年度优秀栏目一等奖，第十五、十六、十七、十八届“星光奖”优秀栏目奖。

## 《旅游指南》

《旅游指南》(Travelogue)是中央电视台英语频道(CCTV-9)于2002年3月开办的新栏目，并于2003年5月8日改版为30分钟。该栏目是以服务性和娱乐性为主的旅游栏目，旨在向广大海内外英语受众介绍中国各地的风土人情，美景名胜，并提供生动细致的旅游信息。栏目形式新颖活泼，主持人以导游的方式出现在节目中，每集介绍一个旅游目的地，在展现中国风土人情、秀美山川和博大精深的历史文化的同时，带观众体验旅途中的种种乐趣，为观众带来详尽实用的旅游信息。该栏目目前是国内唯一的英文旅游节目，开播后受到海内外观众的欢迎，目前是英语频道最受喜爱的栏目之一。

栏目时长：30分钟，播出频道：英语频道，播出时间：周四9：30首播。栏目网址：www.cctv.com/program/travelogue。电子信箱：travelogue@mail.cctv.com。

本栏目荣获中央电视台2004年度优秀外语栏目奖。

## 《东方时空》

“中国电视新闻杂志”是《东方时空》栏目的定位，也是栏目的宗旨和追求。

2004年9月1日，《东方时空》进行了改版，并调整到中央电视台第一套节目晚间时段播出。新版《东方时空》更加强调了栏目的新闻品质和时评风格，增加了“时空看点”、“时空调查”板块，突出了“新闻杂志”的时效性、评论性和多样性。

栏目时长：45分钟，播出时间：每周一至周五18：14～18：59首播，新闻频道、中文国际频道多次重播。栏目网址：www.cctv.com。电子信箱：dfsh@vip.sina.com。

本栏目荣获中央电视台2004年度优秀栏目二等奖。

## 《中国新闻》（午间）

《中国新闻》是四套新闻的一面旗帜。2004年4月5日，中文国际频道《中国新闻》午间节目改版后全新亮相。改版后的《中国新闻》午间节目，突出了遵循“抓大放小”的原则，强化焦点新闻理念；强化时效；强化现场；强化跨媒体传播理念；强化对外特点，推出“港澳台专讯”板块；强调“有闻才报”的原则；新闻更新率大幅提高。

2004年，《中国新闻》推出31集系列报道《沿着青藏铁路》，以青藏铁路为主线，全面报道青藏铁路的建设情况以及沿线藏区在政治、经济、文化、社会、环保等各方面的发展变化，向国际社会展示西藏和青海藏区今天的面貌。

2004年12月13日至20日，澳门回归五周年之际，《中国新闻》辟出大量版面直播报道澳门回归五周年系列庆祝活动，充分报道回归五年来的澳门在社会、经济、民生等各方面发生的巨大变化。《中国新闻》在澳门设分演播室，并出动移动卫星转播车，同时投入强大的记者队伍，取得了良好的报道效果。

《中国新闻》第一时间对外报道突发事件，对巴勒斯坦民族权力机构主席阿拉法特在巴黎病逝、数百名朝觐者在麦加被挤踏致死、莫斯科地铁爆炸案、西班牙“3·11”恐怖爆炸事件、俄罗斯别斯兰人质事件、哈马斯领导人亚辛和兰提斯被炸身亡等重大国际新闻事件均在第一时间进行对外报道，以迅速、及时、全面、深入、客观、恰当的对外报道风格面向海内外树立了中文国际频道新闻报道的良好形象。

栏目时长：60分钟，播出频道：中文国际频道，播出时间：每天12：00～13：00。栏目网址：www.cctv.com。电子信箱：cctv4@ys.cctv.com。

本栏目荣获中央电视台2004年度优秀栏目二等奖。

《中国新闻》（午间）栏目片头

## 《同乐五洲》

《同乐五洲》是中文国际频道于2002年9月创办的中央电视台唯一一档全部为外国选手参加的竞赛类娱乐栏目。该栏目创办以来，一直以弘扬中华民族文化为宗旨，受到在华外国友人的喜爱和海内外广大观众的欢迎。《同乐五洲》栏目以特别的视角、独特的“国际化”风格、浓郁的欢乐氛围，在2004年9月开始被选入CCTV-1综合频道重播。该栏目在2004年中央电视台“综合评价指数”排名中位列四套榜首。

栏目时长：50分钟，播出时间：四套隔周日05:05首播，13:05、19:10重播；每周一11:10一套播出。栏目网址：www.cctv.com。

本栏目荣获中央电视台2004年度优秀栏目二等奖。

## 《探索·发现》

《探索·发现》是中国第一个人文地理、历史类纪录片栏目，创办于2001年7月9日。

它以纪录片的手法，讲述中国历史、地理、文化故事，探寻自然界的神奇奥秘，挖掘历史事件背后鲜为人知的细节和人物命运，展示中华文明的博大恢宏，是中国的地理探索、中国的历史发现、中国的文化大观。栏目倡导“娱乐化”纪录片的理念，讲述精彩故事，设置引人入胜的悬念，运用生动的电视声画手段，向观众呈献出一部部既有文化品位、知识内涵，又有很强观赏性和娱乐性的电视节目。“在未知领域，我们努力探索；在已知领域，我们重新发现”是《探索·发现》的栏目宗旨和始终如一的追求。

《探索·发现》开播三年多来，制作播出了众多深受观众喜爱的节目，如大型系列片《极地跨越》、《走进非洲》、《世界遗产之中国档案》、《考古中国》、《永远的丝路》、《海洋中国》、《解放战争》、《撼天记》、《唐之韵》；大型直播节目《古文明新发现——埃及金字塔考古行动》和《嘿!火星》等。常规节目有“战争调查”系列、“考古发现”系列、“历史揭秘”系列、“自然探奇”系列等。

栏目时长：40分钟，播出频道：科教频道，播出时间：每周一至周五21:00首播。栏目网址：www.cctv.com。电子信箱：tsfx@163.net。

本栏目荣获中央电视台2004年度优秀栏目二等奖。

## 《走近科学》

《走近科学》栏目1998年6月1日开播，是中央电视台第一个大型科普栏目。2001年7月9日中央电视台第十套节目——科教频道开播，《走近科学》作为主打栏目进入十套，在晚间黄金时段播出。几年来《走近科学》生产了大量优质的电视科技节目，在国际、国内各类节目评奖中屡次获奖，多次受到党和国家领导人的表扬，已成为中国科普电视的一面旗帜。

栏目时长：28分钟，播出时间：每天20:30十套首播，在一、七、九、十套多次重播。栏目网址：www.cctv.com。电子信箱：cctvzoujinkexue@sina.com。

本栏目荣获中央电视台2004年度优秀栏目二等奖，2004年度中国广播电视学会科技教育节目奖科教栏目类二等奖。

## 《曲苑杂坛》

《曲苑杂坛》是中央电视台文艺部的一个大型综艺栏目。栏目宗旨：弘扬中华传统文化，尽显民族艺术瑰宝，追求个性，铸造精品。努力做到不拘一格、轻松愉快、雅俗共赏、推陈出新。节目形式包括相声、小品、魔术、杂技、评书、笑话、马戏、说唱艺术，等等；同时，也介绍外国精彩的杂技、马戏和滑稽节目等。栏目包含以下近20个板块：中国杂技金牌榜、四不象、笑不笑由你、快活林、神州精武、惊险奇观、中外魔术集锦、新人俱乐部、玉振金声、滑稽与幽默、碧游宫、杨柳新枝、老骥伏枥、影偶玉幻、欢乐谷、锦绣中华不夜城、小品小品、福永魔术大赛、欢乐谷国际魔术、中国木偶、中华皮影等。

为了适应广大人民群众越来越高的欣赏需求，《曲苑杂坛》栏目创办15年来一直在“新、奇、特”上做文章，力争做到人无我有、人有我优、人优我变，推出了《洛桑学艺》、《聪明的剧务》、《新疆妹》、《马虎与周到》、《放驴小子》、《木瓜打擂》等一大批观众认可的精品节目。

栏目时长：45分钟，播出频道：综合频道，播出时间：每周五22:38首播，每周六04:04重播。

本栏目荣获中央电视台2004年度优秀栏目二等奖。

## 《CCTV空中剧院》

《CCTV空中剧院》栏目是于2003年元月开播的戏曲新栏目。该栏目以“百花齐放、推陈出新、继往开来、德艺双馨、群星荟萃、流派纷呈、强强联合、京剧振兴”为宗旨，以剧团舞台表演大戏或折子戏为主体，为著名京剧艺术家和以中国京剧优秀青年演员研究班为主的青年演员提供展现才能的舞台。通过现场直播或录播传递给千家万户，满足爱好戏曲的广大观众的欣赏需求。

京剧是中华民族优秀文化的重要组成部分，是世界文化艺术的瑰宝，为发挥电视强大辐射力、吸引力和艺术感染力，中央电视台创办了《CCTV空中剧院》栏目，播出优秀的京剧剧目，使观众有戏看，演员有戏演，电视有好戏播。《CCTV空中剧院》栏目播出的剧目，要达到国家级水平，起到普及京剧、培养观众的作用。空中剧院播出的节目阵容强大、演唱水平高，老艺术家宝刀不老，青年演员实力强劲，展现了京剧舞台人才济济，从中体现出党和国家对国粹艺术的重视和关怀。《CCTV空中剧院》栏目把中央领导提出的"弘扬民族文化，振兴京剧艺术"落在了实处，起到了"推新人、出好戏、满足广大戏曲爱好者欣赏需求"的作用。特别是该栏目走出北京，相继举办的"山东行"、"天津行"、"江苏行"、"上海演出"、"东北行"、"河北专场"、"广东行"和对"第四届中国京剧艺术节"的直播、录播等一系列活动，都取得了很好的宣传效果，频道影响力和公众满意度大大提高。同时对展示地方院团的艺术人才，开拓演出市场，加强剧目建设等方面也起到了一定的促进作用。

栏目时长：225分钟，播出频道：戏曲频道，播出时间：每周六19：20首播，周日13：45、周一19：45、周二13：45重播。

本栏目荣获中央电视台2004年度优秀栏目二等奖。

## 《非常6+1》

"梦想在你心中，机会在你手中"。这是一档实现普通人梦想的节目。《非常6+1》期望搭建一个为普通人圆梦的平台，实实在在把他们心中蕴藏已久的梦想变为现实。通过这样一个"圆梦"的过程，表现平凡的普通人在短短7天时间(6天培训，1天展示)中发生的明显变化，展示出每个选手的职业特点、生活状态，挖掘普通人的潜能，重在突出一种挑战自我的精神和改变自我的勇气。

本栏目主要把不同社会背景、从事不同职业的普通人，在其工作状态下，通过主持人一种"意外"的寻找方式，突出"惊喜"的效果，充分展示每位选手的职业特点和经济角色。"非常寻找"锁定普通选手后，在专家顾问团的帮助、指导下，通过"有针对性的设计"、"全方位包装"、"同台竞技"等环节，采取了"真人电视"的拍摄方式，凸显出普通人前后反差，以达到挖掘潜能，展示个人才华的目的。它既是平民心中梦想的实现，也是普通人生活情趣的延伸。

这是一档真正实现观众互动参与的娱乐类节目。本节目借鉴国外娱乐节目最主要的互动手段——call out(电话打出去)，通过互动话题和互动游戏两种形态，最大限度地调动观众(尤其是低端受众)的参与热情，培养观众的节目期待感，让受众最大限度地直接参与到节目中来。

栏目时长：80分钟，播出频道：经济频道，播出时间：每周日19：30首播，周一10：18、周四01：30、周六16：25重播。栏目网址：www.cctv.com。电子信箱：cctvfeichang61@vip.sina.com。

本栏目荣获中央电视台2004年度优秀栏目二等奖。

## 《全明星猜想》

《全明星猜想》是中央电视台2003年4月1日推出的一档体育娱乐竞猜栏目，每期节目时长为55分钟，分别在中央一套和五套播出，在一套播出时间为每周二11：10分，在五套播出时间为周四18：55分(周一14：00重播)。

《全明星猜想》节目每期一个主题，可能是一位体育明星，也可以是一个体育事件或体育赛事，节目中通过几个特定环节使得观众了解有关主题的线索，在娱乐的形式下达到获取信息、愉悦身心的目的，再通过访谈深化主题，拉近与观众的距离，由平凡见伟大，在不断出现的高潮中见真情，同时在轻松有趣的才艺表演中见到嘉宾的另一种才华。

《全明星猜想》播出以来深受观众的喜爱，收视率名列前茅。在2004年雅典奥运会期间，连续17天现场直播了《全明星猜想》特别系列节目——《雅典猜想》，获得了很高的收视率。奥运会结束后，一支支奥运冠军队伍来到《全明星猜想》演播室，畅谈夺冠感怀，为中央电视台的奥运报道画上了圆满的句号。另外，《全明星猜想》抓住一些特殊平台，使节目亮点不断。比如，在2003年女足世界杯期间推出的4期《玫瑰榜评选》；2004新年的4期特别节目《有多少爱可以重来》、《浪漫四季》、《心会和爱一起走》、《戏说2003体坛》；以及《体坛魅力之星评选》等节目都得到了非常好的收视效果。

本栏目获中央电视台2004年度优秀栏目二等奖。

## 《智慧树》

《智慧树》是一档新创的学前教育节目，是寓儿童早期教育(人格培养、智力开发)于娱乐之中的电视示范性幼儿园。主要服务于城市幼儿园和广大农村地区的学龄前儿童。栏目于2003年12月28日开播，采取现场串连、板块组合的形式。栏目板块既有传统的美劳制作、动物世界、英语学习、木偶剧场，也有全新编排的少儿体操、少儿生活写真、动态图书等内容。每期节目均以适合学龄前儿童年龄特点的歌舞开场，由主持人带领现场幼儿，用唱带动跳，让孩子在快乐的歌舞中进入《智慧树》乐园。

栏目时长30分钟，少儿频道每天19：30首播。网址：www.cctv.com。电子信箱：zhihuishu@cctv.com。

本栏目荣获中央电视台2004年度优秀栏目二等奖。

## 《名段欣赏》

《名段欣赏》是中央电视台戏曲频道的经典艺术欣赏类栏目。该栏目最初创办于1996年1月1日，同年7月1日以后由中央新闻纪录电影制片厂制作中心制作。目前《名段欣赏》栏目在中央电视台第十一套节目每日18：45首播，次日07：35和12：40重播。

《名段欣赏》栏目是为了满足广大观众欣赏戏曲名家名段的需求，本栏目定位在戏曲界著名艺术家以及新秀演唱的经典传统剧目。栏目的选段以京剧为主，同时兼顾全国上百个剧种，力求选段的经典性、观赏性和奇绝有趣。在每天30分钟的节目里，精选几个演唱片断，集中向观众介绍一个剧种的一两位演员，文戏、武戏各展风采，唱、念、做、打样样俱全。节目制作以演播室内搭建实景拍摄为主，努力营造不同剧种不同选段的特定氛围和时空感，以有别于舞台演出的电视转播，让观众在赏心悦目的视听享受中，领略戏曲艺术的独特神韵，普及相关戏曲知识，弘扬优秀的中国传统文化。开播以来，《名段欣赏》不但培养了一批相对固定的、忠诚度很高的观众群；而且越来越受到中青年观众的喜爱，受众面不断扩大。九年来，该栏目在大的结构框架和栏目风格基本保持不变的情况下，不断提高艺术、技术质量，赋予栏目常看常新的魅力，使《名段欣赏》栏目长盛不衰，收视率始终在中央电视台戏曲频道名列前茅。

栏目网址：www.cctv.com。电子信箱：md9611@sina.com。

本栏目荣获2004中国国际广播影视博览会“全国电视百佳栏目”，中央电视台2004年度优秀栏目二等奖。

## 《大家》

《大家》是一档教科文人物访谈栏目，时长45分钟，每周六21：00在科教频道播出。栏目采访的主要对象是在中国科学、教育、文化领域里作出杰出贡献的“大家”。自2003年5月栏目开播至今，已先后有近百位“大家”走进演播室，其中包括数学家陈省身、力学家钱伟长、书画家启功、物理学家丁肇中、计算机专家王选等等。

作为一个以传承人文精神为宗旨的栏目，《大家》在介绍大师们的学术贡献及成长过程、展现他们高山仰止的精神风范和人格魅力的同时，还着力铺叙他们所亲历的时代风云，以期借助大师的慧眼，看历史、看世界。节目在演播室访谈中间，穿插大量珍贵的历史资料和鲜为人知的人生故事，力图在真实的时代背景下，展现当代知识巨子们独特的生命历程与探索精神，以一个个典范式的例证，反省个人与时代、科学与人文的重大主题，并在大师们不经意的讲述中领略人生的真谛，掘取文明的碎金。

《大家》是大师们播撒智慧的讲坛，广大观众分享光荣的殿堂。网址：www.cctv.com/program/dajia/01/index.shtml。电子信箱：dajia2003@263.net。

本栏目荣获2004中国国际广播影视博览会“全国电视百佳栏目”，中央电视台2004年度优秀栏目二等奖。

## 《新视听》

《新视听》本着“新”字，力求把最新最流行的作品呈现给观众。在2004年的节目中，栏目主要以不同风格演唱者的个人最新专辑为主要内容，每周推介一张新唱片。

《新视听》在2004年的节目中，在样式和形态上都有所创新和突破，抓住观众关注新唱片的心态，把歌手们的最新成果拿到节目中展示给观众，既给歌手提供一个推介自己唱片的平台，也为观众和歌手的沟通提供一个桥梁。2004年共推出了34张个人专辑，10余场歌手汇演，样式相对简单、固定，培养了稳定的观众群。在歌手和唱片的选择上吸纳有特色、有出色作品的不同类型的歌手参与其中。这其中既可以看到流行歌手的新唱片，也可以看到众多新老民族演唱者的最新作品。由于每一张专辑的推出都饱含着演唱者和创作者的辛勤努力，因此节目在介绍专辑的同时也注意挖掘专辑内一些鲜为人知的事情，吸引观众了解一些演唱者背后的故事。

栏目时长：60分钟，每周二晚21∶10在综艺频道首播。

《新视听》栏目荣获第十八届中国电视文艺“星光奖”优秀栏目奖。

## 《过把瘾》

《过把瘾》是一个戏曲类综合性栏目，创办于1999年8月，原为CCTV－3《新视听》栏目中的一个主要板块。2001年7月9日戏曲频道开播后，扩展成一个独立的栏目，成为戏曲频道的主要栏目。

《过把瘾》栏目的宗旨是弘扬民族文化、传播戏曲知识、活跃群众文化生活、满足戏迷需求、真诚为戏迷服务。它以知识性、参与性、娱乐性为主，节目风格轻松、活泼、欢快、有趣，强调场内场外互动，注重台上台下交流参与，内容贴近戏迷、贴近观众，给广大戏迷票友朋友们提供一个充分展示自己的舞台，让观众在观赏中得到快乐，在笑声中增长知识。

《过把瘾》栏目坚持走出去办栏目的原则，深入到戏迷中间，给全国各地的戏迷朋友提供展示才艺的机会，并深度挖掘发生在戏迷身上的感人故事。坚持不断创新，不断提高栏目品位，使《过把瘾》成为戏曲频道的名牌栏目和品牌栏目。

栏目时长：50分钟，播出频道：戏曲频道，播出时间：每周日19∶35首播，周一10∶15、13∶45重播。

本栏目荣获第十八届中国电视文艺“星光奖”优秀栏目奖。

## 《澳门回归五周年特别报道》

2004年12月20日是澳门回归五周年纪念日，海外新闻部于12月13日至20日连续7天推出大型直播特别报道。此次报道在澳门搭建了外景演播室，每天在澳门的播出时间都超过60分钟，规模宏大、内容丰富，全方位展示了澳门回归五年来取得的骄人成就。有力地配合了中央外宣办关于“澳门回归五周年，成功落实一国两制”的总体宣传安排，得到港澳办、中央驻澳门联络办公室、澳门政府等部门的高度赞扬。

本节目荣获中央电视台2004年度优秀节目特别奖。

《澳门回归五周年特别报道》片头

## 《胡锦涛在河北考察》

2004年的农历大年二十九和三十两天，中共中央总书记、国家主席胡锦涛来到河北省张家口地区与群众一起过新年。他先后看望了敬老院的老人、当地劳动模范，考察了当地工业、农业设施，并到刚刚遭受地震灾害的张北地区看望受灾群众，和他们一起包饺子、话家常，给他们带去党中央的温暖与问候。

在该新闻的处理上，时政编辑采用了消息与特写两种模式相结合的制作手法——既按消息稿全面地介绍了总书记紧张的行程，同时也在一些能突出主题的环节上运用电视特写的技巧以浓墨渲染。比如胡锦涛总书记盘腿坐在农民的炕头上，一边包着极具中国传统节日色彩的饺子，一边鼓励他们早日在国家和地方政府的支持下建设家园的一幕，给国内外的受众和媒体都留下了深刻的印象。节目播出后，美联社、凤凰网等各类媒体都详细转载了该消息并配以积极的评论。再如，胡总书记在皑皑的雪地里边走边给闻讯而来的村民们拜年、胡总书记深情问候敬老院老人等一幕幕场景，令观众为之感动。

该新闻形式新颖，手法独到，彰显了党和国家领导人以人为本、亲民爱民的工作作风，把宣传和报道有机地结合起来，取得了很好的效果。

本节目荣获中央电视台2004年度优秀节目新闻资讯类一等奖。

## 《重大典型人物系列报道——许振超、任长霞、牛玉儒》

《新闻联播》中许振超、任长霞、牛玉儒事迹系列报道是中央电视台2004年度推出的众多典型报道当中最具影响力的作品。

许振超系列报道共三集，整个报道人物内心挖掘深刻，事迹表现生动感人，同期采访自然到位，层次分明、条理清晰。该报道充分调动电视表现手段，采取快节奏的剪辑手法，把青岛港操作设备的现代化和许振超高超的现场指挥技能融为一体，极大地增强了真实性和现场感；切入点和细节选取巧妙，刻画到位，采访形式生动活泼。

任长霞系列报道共三集，记者在采访中详尽地搜集了任长霞生前的影像资料，精心筛选出其中最具人格魅力的片段，以平实的报道风格、细腻感人的情节展示，引起了巨大的社会共鸣，弘扬了时代主旋律。

牛玉儒系列报道共四集，报道中记者的现场采访和生动的同期声拉近了观众与典型人物的距离；"暗访"手法运用到典型人物的报道中来，增强了典型人物的可信度，成为此报道的亮点；解说简洁、画面到位，资料镜头处理富有表现力，在节目最后配上感人的音乐和无声的字幕使观众的情绪达到高潮。

以上重大典型人物系列报道荣获中央电视台2004年度优秀节目新闻资讯类一等奖。

## 《焦点访谈·想要通知书　先拿十万来》

据一位广西的考生家长反映，今年高考招生期间，他的孩子以标准分752分的高分被北京航空航天大学录取，但随后有人向他们进行勒索：必须交10万元，否则领不到录取通知书。得到消息后，记者立刻赶到南宁。经过细致周密的调查，记者发现，向考生家长进行勒索的人正是航空航天大学教授高峰、庞宏冰及讲师刘天平。他们通过打电话和发手机短信的方式向考生家长进行明目张胆的勒索和敲诈。在掌握大量事实证据的情况下，记者陪同家长向警方报案。8月11日下午，收了钱正准备存入天宏公司账户的刘天平被警方抓获；以北京航空航天大学赴广西壮族自治区招生负责人的名义在广西活动的庞宏冰也被警方传唤。此外，警方还发现，截至事发时，这些人以北航天宏公司的名义已经收取了8笔大额汇款，共计60万元。

该节目触及到人民群众所关心的焦点问题，题材重大、事实准确、结构清晰，社会反响强烈。教育部针对"北航广西招生事件"等类似现象于2004年8月17日，即节目播出后的第四天开始相继发出通知和文件，杜绝此类现象的再度发生。该节目也引发了几乎所有重要媒体关于此事的追踪报道，在社会上掀起了长达月余的对于高校招生现行机制的大讨论。新浪网、南方网等有影响的网站纷纷开辟了专题网页及讨论专区，对中国高校招生中许多深层次的、制度性的问题进行了深刻反思。有专家及媒体称：该节目"掀开了中国高校招生腐败的冰山一角"，"打破了高校招生的潜规则"。

本节目荣获中央电视台2004年度优秀节目一等奖。

制作单位：新闻节目中心新闻评论部，时长：13分钟，CCTV-1播出，首播日期：2004年8月13日。

## 《精彩中国》

2004年9月18日至10月18日，中央电视台新闻频道推出31集(每集29分钟)国庆55周年系列专题报道《精彩中国》。这是新闻频道开播以来，第一次以独立的新闻栏目系列化、全方位地展现各地的人文、经济和社会发展成就，为各省、市、自治区展示风采搭建了一个巨大的平台，无论从传播理念还是节目形态上都作了前所未有的尝试和突破。

亮点一：内容跨度大，层次丰富，整体感强。通过《风景这边独好》、《地杰人灵》、《热爱家乡的N个理由》和《一张请柬》4个板块，涵盖了31个省区市的环境、人文、科技、能源、运输、制造业等诸多方面，突出了"协调发展"的概念；对经济建设的报道不再是枯燥的数字，而是抓住具有典型意义的亮点，彰显整体效果。

亮点二：注重文化发掘，突出地域特色。突破以往电视系列报道单一化的新闻专题模式，体现了媒介全新的文化发掘和信息的社会化表达能力，突出了地域独特的文化品格；同时，加重了对杰出人物的报道，很好地将"人"与"成就"联系在一起，从而提高地域文化特色，加深、加浓了成就宣传的人性化。

亮点三：主题昂扬向上，结构严谨，手法不拘一格。山东篇大气、山西篇喜庆，四川篇雅致、江西篇精巧，每个专集都各具特点。在《热爱家乡的N个理由》板块中，尽管大家爱家乡的理由各不相同，但都能勾起一丝乡情和共鸣。《一张请柬》中各省市区的负责人既谈成绩又说不足，平实地道出了自己的感受，既亲切又实在。另外，每期节目采用演播室访谈开题，并请一位具有当地生活背景且颇具特色的人物做嘉宾，亲切并有说服力。

本节目荣获中央电视台2004年度优秀节目新闻资

讯类一等奖。

## 《“两会”报道——马斌读“两会”、小丫跑“两会”、老姚说“两会”》

2004年“两会”特别节目创造了经济频道“两会”报道的多项纪录：在12天会期内总共直播了14小时特别节目，报道规模为历年之最；第一次集中优势资源，将《经济信息联播》、《经济半小时》等栏目人员统一组成经济频道“两会”报道队伍；第一次将“两会”报道《小丫跑“两会”》、《小丫信箱》、《议案追踪》等著名品牌集中在一个特别节目中，并开发了《马斌读“两会”》、《老姚说“两会”》等新品牌，创造了“两会”节目品牌化运作的新模式。经济频道还将FLASH等形式引进到政府工作报告等文件的解读中，创造了一批“两会”报道的新形式。在题材选取和内容把握上，经济频道立足自身定位，重视民生话题，将会外热点和会内热点结合，突出“两会”作为经济大事的内涵，拉近观众与“两会”的距离，受到观众广泛好评。

本节目荣获中央电视台2004年度优秀节目新闻资讯类一等奖。

## 《刘翔夺冠　创造历史》

雅典奥运会中国体育代表团共夺得32枚金牌。这其中，刘翔夺得的男子110米栏的金牌是意义最为深远的一枚。本篇报道不仅详细地记录了刘翔从起跑到冲刺的激动人心的全过程，而且，在刘翔夺冠后的第一时间对他进行了采访，专业、准确、到位的现场采访真实地记录了刘翔内心的感受。

本篇报道在前一部分全程记录刘翔夺冠全过程，是报道的高潮，后一部分的采访是报道的精华——因为刘翔在全世界的注视中完成了创造历史的比赛，但是只在中央电视台的摄像机前表白了心声。该报道于2004年8月28日在中央电视台奥运频道(体育频道)播出，节目时长为3分55秒。

本节目获得中国广播电视学会2004年度新闻类一等奖、中央电视台2004年度优秀节目新闻资讯类一等奖。

## 《沿着青藏铁路》

青藏铁路是目前世界上海拔最高的铁路，它的建设不仅对中国铁路建设同时也为西藏的发展带来深远影响。为了更好地向海外宣传报道西藏的发展以及青藏铁路的最新进展，2004年8月，中央电视台海外新闻部派出近20人的采访报道组，从青藏铁路起点青海格尔木到西藏拉萨进行历时近两个月的实地采访，制作了31集系列报道《沿着青藏铁路》。不仅向海内外观众详尽介绍了青藏铁路特点以及最新进展，同时也向海内外观众展示了西藏独特的人文风貌和最新变化。

采访报道组在近两个月的拍摄期内在平均海拔近5000米的高原进行拍摄，克服了高原缺氧、路况险峻、生活条件艰苦等诸多困难。节目纪实风格鲜明，记者对行程中的所见所闻进行了真实的记录，并在报道中大量使用了同期声。节目内容丰富多彩，不仅涉及青藏铁路工程如何克服冻土、高原施工、高寒缺氧、环境保护、文物保护等难题，还介绍了沿线鲜为人知的自然景观和民族风情。

本系列报道连续播出后，反响强烈。中央外宣办、铁道部、西藏自治区党委宣传部等都给予了高度评价。许多海内外观众来信来电表示从节目当中他们看到西藏的发展，节目真实可信生动感人。

本节目获得2004年度对外电视节目奖中文新闻节目一等奖、中央电视台2004年度优秀节目新闻资讯类一等奖。

节目时长：31集，每集4分钟。首播日期：2004年10月1日至10月31日，播出频道：中央电视台中文国际频道。

## 《小平您好》

大型文献纪录片《小平您好》是为纪念邓小平同志诞辰100周年而拍摄的。

影片真实、全面、风格化地展示一代伟人邓小平一生丰功伟绩和表现他与人民血肉相连的情意。他怎么面对自己三起三落的坎坷人生；为什么总有乐观通达的心境；毛泽东是怎样称赞他的才干和品格的；他的务实本色意味着什么；在历史关键时刻，他怎样敢冒风险、果断决策；他看大局、抓大事的战略胆识从何而来；为什么他晚年总有一颗面向未来的年轻胸怀；他的“我是中国人民的儿子，我深情地爱着我的祖国和人民”的情感世界是怎样体现出来的；还有他的家庭生活和业余情趣……再现出一个真实的邓小平，让人们了解了在毛泽东之后，历史为什么选择了邓小平，他为什么能够在73岁高龄带领中国走出困境，开辟一个新的时代。

影片2004年8月9日开始在全国发行，8月21日

20∶15在中央一套播出。影片放映、播出后，反响热烈，电视特别节目观众人数达3355.3万人，截止到10月底售出拷贝73个，票房流水收入达266.59万元。

节目长度：90分钟。制作单位：中央新闻纪录电影制片厂。电子信箱：bjb09@cndfilm.com。

本节目荣获中央电视台2004年度优秀节目专题服务类一等奖。

## 《百年小平》

由中央文献研究室和中央电视台联合摄制的6集大型口述历史纪录片《百年小平》于2004年8月13日开始在中央电视台一套晚19∶58分播出，每晚一集。

《百年小平》共分六集，各集的标题分别是《人民之子》、《伟人襟怀》、《热爱生活》、《未了的梦》、《亲情相依》、《开创伟业》。每集45分钟，共270分钟。

本节目采用口述历史的方式，由百位亲历者讲述百年小平；进行了独家访谈，由亲人朋友述说邓小平的情感世界；节目内容生动鲜活，多视角揭示邓小平的人格魅力。

《百年小平》形象展现了邓小平的思想品格风范，告诉观众一个真实、伟大而平凡的邓小平。

《百年小平》让人民永远记住一个高尚的人，一个纯粹的人，一个带领中国人民走向富裕和幸福的人。

电子信箱：cctv_10bwg@sina.com。

本节目获中央电视台2004年度优秀节目专题服务类一等奖。

## 《挺进南极冰盖最高点》

2004年，正值南极建站20周年之际，国家海洋局派遣第21次科学考察队前往南极，寻找“不可接近之极”——南极冰盖最高点“DOME—A”。此次科考将极大提升我国在南极事务上的发言权和影响力，缔造中国科技文明史上的又一次辉煌；同时也是全人类探索自然的又一壮举。为了向全国乃至世界观众即时报道这一具有历史意义的科技事件，中央电视台社教节目中心科技专题部与国家海洋局极地办公室积极协调，共同合作，承担了第21次科学考察的报道工作，由社教中心科技专题部从全部门抽调人员，组成了《挺进南极冰盖最高点》的报道节目组，并从部门内选拔出了陈晓夏、李亚玮2名记者参加了南极内陆冰盖考察队，全程跟随报道这具有重大历史意义的事件。

2004年10月25日，承载第21次南极科学考察队的“雪龙号”从上海正式出征，揭开了第21次南极科考的帷幕。同时，《挺进南极冰盖最高点》节目组在同一天，制作了60分钟的《起航》节目，也拉开了南极报道计划的序幕。

在持续了近一百多天的报道过程中，《挺进南极冰盖最高点》节目组共计完成了1310分钟的专题报道，突出了报道的时效性，基本上达到了当日节目当日录制、当日播出。连续报道在社会上产生了巨大的反响，节目中所体现的南极科考队员“挺进最高点”的精神对全民起到了很大的激励和鼓舞作用。

《挺进南极冰盖最高点》的连续报道，不仅是完成了一项重大的报道任务，不仅是实现了电视史上的两个突破（首次在“魔鬼西风带”海域将影像资料传回国内，首次在南纬80度以上地区回传电视画面），不仅是尝试着一种新形态的科学节目的制作，更是中国新闻工作者高水准职业素质的体现，更是中国共产党开拓创新、无私奉献的先进性的体现，更是中华民族勇于进取、自强不息的民族精神的体现。

本节目获中央电视台2004年度优秀节目专题服务类一等奖。

《挺进南极冰盖最高点》特别报道组在2004年度被中央电视台评为先进集体，荣获中共中央直属机关五一劳动奖状。

本节目每集15分钟，2004年12月6日至2005年1月17日在科教频道播出，播出时间：周一至周六22∶05、周日21∶35首播，次日17∶25重播。栏目网址：www.cctv.com。电子信箱：kejizhuantibu@sina.com。

## 《幼童》

讲述我国最早官派留学生故事的5集纪录影片《幼童》，是中央电视台近年以来播出的一部具有思想性和艺术性的历史文献纪录片。该片以120名“留美幼童”奇特的命运为线索，叙述了从鸦片战争到辛亥革命的大半个世纪里，中国人追求现代化的坎坷历史。

《幼童》的叙述荡气回肠，催人泪下。为了创作这部作品，评论部的《新闻调查》栏目组成了精锐的队伍。在美国做了大量扎实的前期采访和史料发掘工作，获得了非常丰富的素材。整个拍摄和后期工作精益求精，使作品具有极大的艺术感染力。

这部制作精美不失大气、权威厚重、生动感人的新闻纪录片，受到历史学家、电视专业人士和观众的一致赞扬，在海外英文版的播出也产生强烈的效果，被美国朋友誉为“中美两国人民友谊的最生动的见证”。

本节目荣获中央电视台2004年度优秀节目专题服务类一等奖。

制作单位：新闻节目中心新闻评论部，时长：5集共225分钟，首播日期：2004年5月1日至5日于新闻频道播出。

## 《超市大赢家》

《超市大赢家》是一档在超市实景拍摄，通过紧张刺激的竞技游戏，轻松传达服务信息的大型消费竞技节目；也是一档贴近群众，贴近生活的服务益智节目。

《超市大赢家》在2004年“五一”，2004年“十一”以假日特别节目的形式每次连续七集播出，引起巨大反响，连创经济频道假日特别节目平均收视第一的佳绩！

《超市大赢家》一共包括5个环节，它们分别是考验生活常识的“智能比拼”；比拼生活观察力的“火眼金睛”；考量消费经验的“精挑细选”；体现选手默契程度的“心有灵犀”；较量生活智慧的“争分夺秒”。节目环节环环相扣，在关键时刻设置悬念，凸现选手在比赛中产生的情理冲突。

《超市大赢家》十一特别节目，10月1日至7日20：00播出，时长65分钟。播出频道：经济频道。

本节目荣获中央电视台2004年度优秀节目专题服务类一等奖。

## 《中国奥运冠军特辑 1984～2000》

**118**集纪录片《中国奥运冠军特辑1984～2000》是体育频道《体育人间》栏目组在雅典奥运会之前制作的大型系列人物专题节目，该片讲述了中国人自1984年洛杉矶奥运会以来在五届夏季奥运会上夺得金牌的冠军故事。该片在介绍奥运冠军的同时，把我国参加奥运会20年来体育事业的蓬勃发展和辉煌成就有力度、有深度、有广度地展现出来。该片由30多位编导分头制作。

该节目于2004年2月在中央电视台播出。4月，香港无线电视台向中国国际电视总公司购买了该节目在香港地区的播映权。6月初，香港TVB8（覆盖美洲）开始播映，6月底，香港无线台开始播映。

《中国奥运冠军特辑》不仅深受观众好评，也得到中宣部的充分肯定，中宣部新闻局第514期《新闻阅评》发表阅评员文章，认为《中国奥运冠军特辑》对1984年洛杉矶奥运会以来历届荣获奥运大赛金牌的中国运动员逐一加以介绍，让观众从中感受冠军的风采，深受观众欢迎和好评。阅评员指出，该系列节目有以下突出特点：一、有力度，有深度，全面介绍近20年来我国体育事业的蓬勃发展和人才辈出、成就辉煌的情况，生动体现了体育健儿自强不息、勇敢拼搏的精神，国家和人民的关怀和支持，给人以激励和鼓舞；二、故事性强，生动有趣，让人爱看，采用记者访谈、现场报道并辅以历史精彩场面的回放，让人身临其境，深受感染；三、人情味浓郁，让人倍感亲切。阅评员认为，《中国奥运冠军特辑》是一个精彩夺目的栏目，是一部爱国主义教育的生动教材。

本节目荣获中央电视台2004年度优秀节目专题服务类一等奖、中国广播电视学会专题类节目一等奖。

## 《小平，你好》

歌如春潮，咏唱着世纪伟人的不朽业绩；诗传心声，倾诉着中国各族人民对邓小平同志的深深缅怀。纪念邓小平同志诞辰100周年大型文艺晚会《小平，你好》2004年8月20日晚在人民大会堂隆重举行。胡锦涛、江泽民、吴邦国、温家宝、贾庆林、曾庆红、黄菊、吴官正、李长春、罗干等党和国家领导人同6000余名首都各界人士一起观看了演出。

整台晚会分为序幕、“烽火岁月”、“春潮澎湃”、“大地深情”和“走在春风里”五个部分。“烽火岁月”展示了邓小平同志作为一位伟大的军事家，从千里大别山到淮海战役，从进军大西南到和平解放西藏，为民族独立和人民解放浴血奋战建立的卓著功勋；“春潮澎湃”表现了邓小平同志作为我国社会主义改革开放和现代化建设的总设计师，带领全党全国人民解放思想、实事求是，开创中国特色社会主义伟大事业的雄壮进程；“大地深情”生动讲述了这位世纪伟人对祖国和人民浓浓的情、深深的爱，展现出邓小平同志的人格魅力和博大情怀；“走在春风里”以人们熟悉的音乐旋律，抒发出中国各族人民对邓小平同志深深的怀念，表达了中国各族人民在中国共产党领导下继往开来、开拓创新，走向新胜利的坚定决心。

这台晚会是由中共中央宣传部、文化部、广电总局、解放军总政治部、中国文联、北京市政府共同举办的，来自全国各地文艺团体的1600多名文艺工作者参加了演出。

本节目荣获中央电视台2004年度优秀节目综艺益

智类一等奖。

## 《中华情·中国—东盟博览会盛典之夜》

《中华情·中国—东盟博览会盛典之夜》大型演唱会，是2004年度中国重大的外交和国际商贸活动“中国—东盟博览会”的闭幕式晚会。

晚会紧紧围绕中国—东盟博览会的主题，演绎出“热情友好、自强开放、协调发展、拥有共同的明天”的主题，形式上充分体现了中国—东盟的国际化色彩，既代表中国的整体形象，又充分展现广西特色，同时融合东盟国家最具特色和时尚感的艺术形式。在创作格调和节目选择上对各民族文化都给予现代化、时尚化的改编，从而表现无界限沟通和无障碍合作的基本主题。

晚会坚持“中华情”一贯的豪华阵容，推出了以黎明、张柏芝、潘越云、周传雄（小刚）、张惠春（Saya）为主的港台演艺明星，以黑豹、山鹰组合、王子鸣等为主的大陆音乐明星以及广西籍知名歌手肖燕（壮族）、梁秋冬（壮族）、陈春燕（瑶族）等，为配合此次盛会，晚会还荟萃了具有东盟国籍背景的歌星文章（印尼）、阿牛（马来西亚）、高明骏（缅甸）、蔡健雅（新加坡）和中国娃娃（泰国）来演绎东盟各国的风情，将现代流行元素和深沉的民族情感有机地融合在一起；晚会还特意邀请了来自韩国的当红歌星组合Baby vox参加演出，为观众带来国际流行音乐时尚最炫、最酷和最震撼的旋律。精彩纷呈的晚会用激情的舞蹈、动人的歌声，给中国—东盟博览会画上了一个圆满的句号。

节目长度90分钟，由中央电视台与广西壮族自治区政府主办，2004年11月13日22：00在CCTV-4播出。电子信箱：zhonghuaqingcctv@vip.sina.com。

本节目荣获中央电视台2004年度优秀节目综艺益智类一等奖。

## 《梦想中国》

中央电视台经济频道于2004年10月18日开始，连续七天播出了大型娱乐节目《梦想中国》。10月18日至23日每天19：35播出，每期80分钟；10月24日19：30播出一期130分钟。

《梦想中国》是由《非常6+1》栏目牵头，集经济频道的整体合力，联合全国6家省级电视台打造的一档展示平民艺术梦想的大型娱乐节目。“明星，中国造！”是《梦想中国》的口号，2004年在全国7大分赛区进行了如火如荼的初选复赛和分赛区决赛，共有36名选手进入决赛，于2004年10月18日至24日在中央电视台一号演播厅进行了6场决赛和一场总决赛，由全国观众短信投票评选出的金蝶奖获得者与国际一流的演艺机构签约，得以实现自己的艺术梦想。此次活动演化成一个成套的媒体事件，全国共有110多家报刊、广播电视、网络媒体对《梦想中国》进行了连续报道，在全国形成持续性的深远影响，并创造了二套自有收视仪调查以来的最高收视率2.68%。

本节目荣获中央电视台2004年度优秀节目综艺益智类一等奖。

《梦想中国》进入总决赛的6位选手与颁奖嘉宾合影

## 《和祖国一起飞——2004年“六一”联欢晚会》

该节目是少儿频道开播后第一个“六一”晚会。由国务院妇女儿童工作委员会、全国妇联、共青团中央与中央电视台联合主办。李长春、刘云山、陈至立等党和国家领导人出席。节目设计充满童心童趣，气氛生动活泼，欢快幽默，高精尖、新奇特的样式占据晚会的主体，有很强的可视性和趣味性。

这台晚会在中央电视台第一套节目和少儿频道同时现场直播，播出后得到了中央领导的充分肯定，李长春同志称赞很好、很精彩、很成功，刘云山同志给予高度评价，认为这台晚会的成功，为办好晚会提供了一种很好的模式。晚会收视率达到了3.97%，位居当周中央一套收视排名第二位。

该节目获得中央电视台2004年度优秀节目综艺益智类一等奖。

## 《今日话题·舒尔茨专访》

为纪念中国“和平共处五项原则”提出50周年，《今日话题》(DIALOGUE) 采访了美国前国务卿舒尔茨。

舒尔茨认为，虽然五项原则一定程度上依然适用于当今国际社会间交往，但传统意义上的国家主权在全球化的今天已受到空前的挑战。他否认美国外交政策中有软硬实力之分，极力维护布什政府对伊拉克发动的战争，并批评一些欧洲国家所持的不合作态度。他认为里根政府采取的是一个中国的立场，而中国大陆布置导弹则对台湾构成挑衅，这也是美国出售武器给台湾的原因。主持人追问冷战时美苏建设了庞大的核武库使双方处于超杀状态，为的是遏制和威慑，是为了不使用核武器，中国大陆布置导弹，遵循的是同样的逻辑，嘉宾对此如何解释。此时，舒尔茨颇有些烦躁。他说，台湾当局扬言轰炸三峡大坝的言论是愚蠢的，台湾当局开了个不高明的玩笑。

访谈中，主持人杨锐就嘉宾关于美国对外政策中的单边主义倾向等问题所发言论提出质疑，并紧追不舍，使得嘉宾十分尴尬，并有几分不悦，但从整个访谈的效果看，理性色彩浓郁，问与答环环相扣，有些问题单刀直入，有些回合惊心动魄。整场访谈交流感强，颇具权威性。

节目时长30分钟，2004年6月27日在CCTV-9播出。栏目网址：www.cctv.com。电子信箱：xudialogue@sohu.com。

本节目荣获中央电视台2004年度优秀外语节目奖。

## 《中国古代散文名篇欣赏》

《中国古代散文名篇欣赏》是《电视诗歌散文》栏目首次涉足中国古代散文的创作。该节目精心挑选了四部家喻户晓的名篇佳作：周敦颐的《爱莲说》、屈原的《渔父》、陶渊明的《桃花源记》、刘禹锡的《陋室铭》。整个创作过程采用传统的绘画风格，将留白与写意融于现代的电视高科技制作手段之中，利用先进的三维虚拟场景，力求再现阅读想象中的典型画面和场景，再将吟诵、音效、音乐、画面巧妙地融合到一起，便营造出一个立体的视听空间。

相对古诗词来说，古代散文不仅文字凝练精准，更重要的是其文章内涵发人深省。《中国古代散文名篇欣赏》系列从观众的角度出发，引观众之所问，提观众之所想，颇具匠心地引进国内的知名专家、学者对每部作品作了深入浅出、精辟独到的解析和点评。观赏此系列，不仅画面令人赏心悦目，更从中得到很多人生启示。

该节目荣获第十八届全国电视文艺“星光奖”电视文学类节目一等奖。

制作单位：中央电视台戏曲·音乐部，播出频道：CCTV—3，首播时间：2003年5月。

## 《宋祖英·维也纳金色大厅独唱音乐会》

这是宋祖英在维也纳金色大厅举办独唱音乐会的电视录像播出版。由中方主创班底和奥地利国家电视台（新年音乐会录制班底）共同录制完成。其世界级录音品质和古典、庄重、精确的镜头语汇，加之精彩的外景拍摄包装，使之成为一部堪称经典的艺术之作。

“用音乐的心灵和世界沟通，让民族的歌声在世界传颂”，这是演唱者、创作者共同的心声，也是观众在看完这台节目后，在脑海里产生的共鸣。

该节目荣获第十八届全国电视文艺“星光奖”音乐歌舞节目一等奖、第二十二届“金鹰奖”综合电视文艺节目优秀奖。

## 《龙船调》(MTV)

这是一首根据流传在湖北、湖南湘鄂交界地区的民歌改编的音乐电视作品，由著名歌唱家宋祖英演唱。

新的音乐，赋予这首歌以心灵深广的情感内涵，使我们联想到生活富足的今天，在美丽的边城那些善歌善舞的土家、苗家青年男女沿江对歌、相聚起舞的幸福场面。

音乐电视的拍摄场景选择了湘西文化名城“凤凰城”。沱江两岸古老的城门，沿江而建的吊脚楼，拨船的土家汉子，过河的苗家、土家姑娘、婆姨，他们对歌嬉戏，在音乐和歌声里，展开一幅美好生活的画卷。

该节目荣获第十八届全国电视文艺“星光奖”MTV一等奖，第二十二届“金鹰奖”音乐电视节目优秀作品奖。

制作单位：中央电视台戏曲·音乐部、中共湘西自治州委、湘西自治州人民政府。

节目时长：4分15秒，首播时间：2003年8月，播出频道：CCTV—3。

## 《青春中国——2004中央电视台春节歌舞晚会》

“青春中国”作为一个诗意的主题，选择最好的经典老歌作为歌舞晚会的节目主体，既集中体现出历年春节晚会的魅力，又充分满足观众怀旧的深情和感动以及与新时代同步前进的激情和活力，形成本台晚会的独特风格。同时，力求创造出契合不断变化、发展中的时代艺术特质和观众审美需求的新颖、时尚的形式。这两方面将统一在每一个具体节目中，即经典歌曲的情感和创新包装的形式结合为完美的整体。

一年一度的央视“三台”晚会总是在每年除夕之夜吸引着全国无数观众关注的目光，虽然相较春节联欢晚会而言，春节歌舞晚会并不能让观众给予最大的关注度，但这台可以融合全年歌舞类节目经典作品的晚会创作，仍然极富挑战性。

2004年的春节歌舞晚会主题定位为：与祖国共庆，与百姓同喜，与时代共鸣。晚会的总体风格定位为：青春、时尚、激情、活力。

在晚会形式的总体设想上，在把整台晚会化为表达全体华人观众深层情感的主题统领下，将丰富的精神内涵和精彩的节目分为5个篇章，把歌舞内容有层次、有变化、有推进、有呼应地展现出来。5个篇章大部分按每一章节的主打歌曲命名，依次分别为：“我的祖国”、“故乡的云”、“爱的奉献”、“我的中国心”、“神州飞歌”共49首歌曲。各个不同篇章的整体设计注意了情绪和色调的变化，依据各单元歌曲和舞蹈的不同内涵和风格，利用舞美、灯光、服装等手段，营造出不同的舞台氛围。

该节目荣获第十八届全国电视文艺“星光奖”音乐歌舞类一等奖。

## 《第28届奥运会乒乓球男子单打半决赛》

奥运会国际电视信号制作一直被业内公认为世界上最高水平的转播。2004年，受国际奥委会及BOB（雅典奥运会组委会电视委员会）邀请，中央电视台派出两个制作组奔赴雅典，负责向全世界提供乒乓球、羽毛球和现代五项的国际公共信号。这是发展中国家首次参与奥运会公用信号制作。

为圆满完成任务，体育节目中心实施奥运练兵战略，从2003年至2004年对全体制作人员进行实战演练，按照国际奥委会国际信号制作标准完成上百场赛事的制作，制作水平大幅提高。

2004年8月，制作组经过十余天的紧张奋战，高水平、高质量完成公用信号制作任务，受到了国际奥委会和国际乒联、羽联官员的高度评价。

这次乒乓球国际信号制作使用的是一辆由组委会租用的意大利VIDEE公司所提供的九讯道转播车。慢动作采用2套4进2出EVS硬盘以及1套磁带慢动作，即共有5路输出信号可以提供给慢动作导演选择使用。

本节目获得2004年度中国广播电视学会直播类节目一等奖。

网址：www.cctv.com。电子信箱：cctv-tt@sina.com。

## 《传递圣火　联结世界》直播节目

2004年6月9日，雅典奥运会火炬在北京进行传递，CCTV—5全天候进行直播，时间是从8：30～19：30，共11个小时。

148名火炬手参与传递，每个火炬手跑3分半钟，在这3分半钟的时间里，主持人主要介绍火炬手背景资料。在几个休息点的大段时间里，介绍整个火炬接力活动的背景资料，包括火炬传递历史演变、火炬手人物短片、本次全球传递路线、北京站之前回顾以及休息前的北京站传递集锦。

演播室除了两位主持人外，还请到了北京民俗专家刘一达先生、奥林匹克专家屠铭德先生、王军霞以及刚刚跑完的火炬手等等，他们分别从自己的角度为观众深入浅出地答疑解惑。

直播过程中，在天安门、午门、国家体育场、颐和园等处设立了单边注入点，及时让观众了解到火炬手的心情以及现场的气氛。

6月9日直播当天，某些火炬传递经过的路段根本不具备转播条件，信号无法回传；有的则因为树木和建筑物的遮挡，传回的信号质量不佳。针对这些特殊困难，主创人员制定了“跑带子”计划：体育新闻部采访组在当天派出了十几组人马，采访火炬手、观众、演员等，并及时将素材送回台内编辑播出，没能传回的转播车上的收录画面也由采访组送回台内，及时播出，让观众第一时间看到了直播当中没有的画面。另外在直播中，还特别增加了火炬传递的实时卫星定位示意图，使整个直播更具有节奏感和吸引力。

在整个火炬传递直播的最后，还特别制作了一段“day”，虽然只有十几分钟，但是它的制作过程却贯穿于整天，让观众看到所有火炬手的集锦。

北京电视台也参与部分直播信号的提供。

本节目获得中国广播电视学会2004年度直播类一等奖。

主办单位：体育节目中心新闻部。长度：11小时，播出频道：CCTV—5，播出时间：2004年6月9日8：30～19：30。

网址：www.cctv.com。电子信箱：Beijing2008@cctv.com。

2004年“六一”联欢晚会现场

2005

CHINA
CENTRAL TELEVISION
YEARBOOK

中国中央电视台
年 鉴

CCTV

YANGSHI GUOJI WANGLUO

# 央视国际网络

# 央视国际网络

## 网站综述

2004年，央视国际（CCTV.com）紧紧围绕党和国家的工作大局，圆满完成了“两会”、邓小平诞辰100周年、雅典奥运会、新中国成立55周年、十六届四中全会等重大事件，以及“三个代表”重要思想、加强党的执政能力建设、科学发展观、宏观调控和经济建设成就、未成年人思想道德建设、经典中国、先进人物典型、“三项学习教育”等重大主题的一系列重要宣传任务；对国内外众多重大新闻和突发事件把握得当，报道准确及时；落实中央领导同志要求，开展网上评论工作，在主动引导舆论中增强了网络媒体的吸引力、感染力。

同时，充分依托和服务央视，整合利用中央电视台资源，不断丰富网上内容，拓展中央电视台多媒体立体化传播格局，进一步扩大了对内对外宣传效果：

**——落实中央领导同志要求，加强网上对外和对台宣传。**对CCTV-新闻、CCTV-4和CCTV-9进行全天24小时网上同步视频直播，每日视频直播节目累计约75小时以上。同时，对《新闻联播》、《焦点访谈》、《海峡两岸》、《艺术人生》、《同一首歌》、《动画城》等重点栏目及晚会、大赛、大型活动等其他重点节目进行网上视频点播，每日制作视频点播节目总量达到40小时。每日在线观看视频的人数同比增长2～3倍。

**——扩大电视节目网上传播途径。**2004年，全台栏目上网总量达到243个（其中157个栏目内容有视频点播），中央电视台电视栏目上网率已超过60%；央视国际共为台内《今日关注》、《中国音乐电视》、《欢乐中国行》、《聚焦三农》等62个栏目实施了上网工作，同时，还为《今日说法》、《走遍中国》、《音画时尚》、《北京2008》等34个已上网栏目进行了全新改版。

**——以推介节目和人物为主，加强与电视互动。**组织各类在线交流975场，制作各类专题1126个，通过开展央视人物事迹系列主题宣传等活动，增进了社会各界对中央电视台电视节目和电视人风采的理解。

**——新建专业化频道15个。**按“频道专业化”思路，整合中央电视台资源，新创办少儿、动画、文化、历史、书画、奥运、农业、证券、法治、中国电视在线等15个频道，同时，根据李长春同志指示精神，对原有的视听在线频道进行了全新改版。网站专业频道总数由2003年的30个增加至45个，增幅达50%。

**——加强首页推荐力度。**网站首页全新改版，11月1日，央视国际网站推出的新版首页，进一步丰富页面内容，加大信息含量，并加大对中央电视台节目的推介力度。

据统计，2004年央视国际日均点击量为2.48亿次，与2003年日均点击量1.6亿次相比增长了55%。据美国www.alexa.com网站统计，2004年央视国际在全球4000万家互联网站中的综合排名保持在100名以内，最高时达44位，与2003年底的98位相比又迈上了一个新的台阶。

网络宣传部召开管理工作会议。

# 网站建设

2004年，在中央电视台各级领导的关心和支持下，网站从节目、技术、行政管理、广告经营、事业发展等方面加强建设和规划，宣传上坚持正确的舆论导向，通过网络多媒体传播方式，内容平台建设工作再创佳绩；通过机房改造及引进网络新技术，进一步加强播出安全，并不断改善网络视听节目质量；配合本台人事管理全面改革，顺利完成编外人员归台统一管理，并及时出台一系列人事、财务管理制度以保障网站稳定、快速、可持续发展；为全台及上级领导提供多层次、全方位的资讯服务，作为决策的有效依据；同时明确网络广告经营思路、目标、合作对象及模式，为2005年网络产业经营奠定基础，争取成为央视经济增长新亮点。

## 一、坚持正确舆论导向，紧紧围绕党和国家工作中心，对重大、突发新闻事件的报道更加丰富、有序

2004年，央视国际圆满完成了“两会”报道、十六届四中全会报道、邓小平诞辰100周年、建国55周年、建军77周年、奥运会、反“台独”、未成年人思想道德教育、“三项学习教育”、延安、西柏坡精神展、打击淫秽色情网站等重大宣传报道任务，并对许振超、任长霞、马祖光等先进人物进行了典型宣传；对防治禽流感、俄罗斯人质事件、萨达姆被捕、阿拉法特病逝等突发重大新闻事件进行了及时准确的报道。共制作新闻专题120余个，发布新闻50余万条。

在2004年“两会”宣传报道工作中，CCTV.com充分运用网上视频直播、点播、图文报道等方式，突出央视国际“两会”报道的权威性和视听特色；同时，网站派出9名网络记者上会报道，充分运用论坛连线等方式，使观众网友与代表委员通过网络充分互动。“两会”期间，央视国际访问量大幅上涨，网站全球排名上升至65位。

2004年，CCTV.com对台湾“大选”、“公投”进行了及时准确、冷静客观的报道，制作了相关专题，并先后发布《中共中央台办、国台办就台公民投票发表声明》、《海峡时评：分裂不得人心 公投骗局收场》等多篇重要声明、评论、专家访谈等，深刻揭露陈水扁“台独”本质。事后，国台办专门致函，高度评价中央电视台及其互联网站对台舆论宣传的出色表现。

CCTV.com英语频道不断加强和改进外宣工作，服从服务于国家工作大局，坚持客观公正的立场，对上述重大、突发事件进行了及时准确的报道，制作了对抗禽流感（Comdatting BirdFlu）、中国人权报告（China’s Progress in Human Rights）、台湾“大选”背景下的两岸关系（Cross-Strait Situation）、中国经济社会发展中的挑战（China’s Challenges）等20多个英文专题，树立我国良好的国际形象。

## 二、认真落实中央领导加强互联网在线视听的要求，改进网上视听节目质量

为落实李长春同志关于加强网上视听节目的指示精神，3月1日，网站对《视听在线》频道全新改版，通过技术挖潜和系统优化，将CCTV-新闻、CCTV-4、CCTV-9三套网上视频直播节目的码流由单一的56K低码流改进为28K-56K-128K自适应模式，既提高了视频画面质量，也满足了不同上网条件用户的多种收看需求。另外还制作了《新闻联播》、《焦点访谈》、《海峡两岸》等央视名牌栏目的大窗口、高质量（300K）视频点播文件。

目前，每日制作网上视频点播节目35小时以上，共有151个台内电视栏目制作成网上视频点播文件。有14台视频发布服务器，能支持12000多网民在线同时进行视频收看。视频点播节目存储量已超过10000小时。每天约有30多万人在央视网上观看视频，比2003年同期增长2～3倍。这一举措得到中央领导以及广大网友的好评。

为改善视频直播和制作机房的现状，2004年网站技术系统扩充方案中重点是加强视频直播和制作机房的基础设施改造，增加及更新视频设备，同时扩大视频的发布能力。

## 三、牢牢把握网上舆论宣传主动权，打造《网评天下》论坛，加强互联网评论队伍建设，营造良好的网上舆论环境

为落实中央领导加强网上评论工作的指示精神，CCTV.com以《网评天下》论坛为核心，积极组织引导网友进行网上评论，不断加强评论员队伍建设，在很大程度上丰富了网站内容的深度和广度，进一步拉近

网站与网友的距离。这一论坛被中央外宣办称为“中央三大论坛”之一，论坛中反映的舆情民意受到中宣部、中央政策研究室等部门和中央电视台电视节目部门的高度重视。

为进一步做好安全播出，网站多次进行论坛系统改造，并不断完善论坛管理和值班制度，对论坛管理员进行系统的专业培训，提高人员的政治素质和新闻意识。

## 四、依托央视母体，发挥母体优势，为中央电视台电视宣传服务

2004年，中央电视台已经有243个电视栏目上网，电视栏目上网积极性越来越高。CCTV.com首页调整后重点推出“央视栏目导航”，大力宣传央视上网栏目，此措施使《焦点访谈》、《探索·发现》、《海外剧场》、《百家讲坛》、《致富经》等栏目的访问量大幅上升，得到了台内各栏目组及网友的一致好评。

2004年，CCTV.com进一步加强与全台节目部门的合作与互动，通过网络平台，整合相关资源，对2004年春节三台晚会、维也纳新年音乐会、3·15晚会、纪念邓小平诞辰100周年大型文艺晚会等多台文艺晚会、CCTV喜剧小品大赛、朗诵艺术大赛、环境漫画大赛、中央电视台音乐电视大赛、全国青年歌手电视大奖赛、全国大学生机器人电视大赛、“聚焦西部”全国摄影电视大赛等众多大型赛事，以及CCTV《纪念诺曼底战役60周年特别节目》、《再说长江》、法国文化年、世界电视日、“挺进南极冰盖最高点”等各种特别节目进行了详实、生动的报道。

同时，CCTV.com电视剧频道以网上专题的形式大力推介电视剧，全方位、立体化地展示了电视剧的剧情、剧照、主题曲、幕后花絮、网友评论等内容，共计制作电视剧专题85个，很好地宣传了央视重点剧目。

在做好电视节目推介的同时，网站正面宣传电视工作，树立电视人的良好形象。2004年4月《央视人物》发布上网，截至目前共制作央视主持人主页204个，收录、介绍了近千名央视编创幕后人员，收录编导手记、创作体会近500余篇，制作专题8个，本着主持人与栏目互相拉动的原则，加强央视主持人宣传，从正面宣传电视工作，树立电视人良好形象。

## 五、发挥互联网优势，加强在线互动交流，成为央视电视宣传的有效延伸

2004年，CCTV.com《在线主持》共组织在线活动632场，有873位嘉宾来到央视国际与网友交流，其中台内嘉宾426人，台外嘉宾447人，2004年的在线主持，不仅在数量上较以往有较大的突破，而且对重点节目更注重利用在线系列的形式，即在一个大的主题的引领下，围绕主题开展数次在线交流，形成规模效应，报道更深入、全面。2004年共策划制作了22次大型系列主题在线活动，主要分为：

(1) 围绕重大事件的在线活动：两会代表委员在线系列、3·15在线系列、世界禁毒日宣传在线系列、雅典奥运在线系列、中国经济普查在线系列。

(2) 围绕央视节目播出的在线活动：春节、五一、十一长假节目编排在线系列、CCTV－1改版在线系列、高考大咨询在线系列、2004CCTV城市中国系列活动在线、2005CCTV黄金时段广告招标在线系列、2004年年度经济人物评选在线系列。其中，央视春节精彩节目在线系列共开通在线14场，35位央视各部门、各栏目的负责人作客CCTV.com与网友交流，使观众全面的了解央视春节期间的节目编排，很受网友欢迎，最高在线人数达1万人，总发帖量5000余帖。

(3) 央视国际自行策划的在线系列：如金话筒获奖主持人在线系列、CCTV优秀电视栏目在线等。其中，CCTV.com《电视批判》推出特别策划“中国电视媒体的方向和社会责任——我们需要什么样的电视节目”CCTV优秀栏目在线专题，目前已经做了40多期，邀请央视优秀节目的主创人员、专家学者和网友在线交流，通过对央视优秀节目的个案分析，共同探讨中国电视媒体的发展方向和社会责任，使中国的电视节目更加贴近实际，贴近大众，贴近生活，使中国的电视节目成为传播先进文化的重要载体，促进中国电视文化的健康发展。

## 六、台网互动，进一步建设有电视特色的网络媒体

11月1日，央视国际推出新的首页，为丰富网站内容创设了崭新的内容平台。作为中央重点新闻网站，为加大新闻宣传力度，央视国际在这次改版中，将首页最重要的新闻资讯区版面扩大了50%，信息量也将增加50%左右，及时发布国内外重大新闻事件。为进一步突出央视特色，加大央视节目推介力度，新版首页中新增了《今日看点》栏目，重点推荐当日播出的精彩节目。新开设的“央视栏目导航区”，将已经上网的240多个优秀栏目按播出频道顺序全部列出，便于网友查找和收看。新首页上增设“友情链接”区，增加了中央

部委的官方网站、中央重点报刊媒体网站、省市重点新闻网站和全国电视台网站的链接地址。

2004年以来，网站继续推进频道专业化建设，先后推出了运动休闲、奥运、中文国际、农业、书画、文化、民俗、时尚、证券、少儿、历史、F1、动画等15个专业化频道，为央视电视节目的推介提供了更加宽广的网上平台。

2004年，CCTV.com充分利用国家电视台网站的优势，派出网络记者，增加现场报道，网络媒体的特色进一步彰显。如在“两会”、奥运会、珠海航展等大型活动的报道中，均派出网络记者现场采访，增强报道的现场感，丰富报道形式。“两会”期间，央视国际共派出9名网络记者上会报道，带着网友的问题对代表、委员进行针对性的采访，共发回专稿90多篇。

奥运会报道，网站派出记者随央视报道团亲赴雅典前方报道，每天给后方发回体育新闻稿件共34篇，其中记者札记20多篇，最受广大网友和观众关注的是及时请到刘春红、杨景辉、彭勃等奥运奖牌得主在异地和网友进行互动交流，给网友带来了鲜活的幕后信息和丰富的图片资料，深受网友们的欢迎。

2004年11月1日至7日，CCTV.com派出两名网络记者前往珠海，现场报道第五届中国航展，运用图文直播、视频直播、异地在线交流等多种方式，进行了全程跟踪报道。前方记者发回现场报道20余篇，图片200余幅，组织了11场异地现场图文直播。

## 七、发挥网络特点，积极做好网络调研和信息服务

2004年的信息服务工作主要内容有：为网站员工提供的《每周资讯通报》(30次)；为网站主管提供的《CCTV.com网民来信通报》；为总编室观联处提供的《CCTV.com网民来信汇编》；为总编室节目播出管理处提供的《CCTV.com网民来信精华版》；为总编室领导提供的《网民来信分析》(季度、半年、年度)；为台领导提供的《网上快讯》；为中央政策研究室报送的《互联网信息动态》。

(1)网民来信。截至11月15日，共处理网民来信155万封，摘取有价值信件9000封，编辑周刊89期，共约170万字。所有的来信都实现了自动回复功能，对其中2376封信进行了详细解答与回复。9月起，应节目播出管理处要求，增加每周报送的《网民来信汇编精选》，已经成为总编室召集的全台节目策划会的常态内容。目前共报送了11期，4万字。

(2)《网上快讯》。共编印75期，75万多字。该刊物受到台领导的重视，在台内清理内部刊物时，因其及时快速的信息价值而得以继续保留。

(3)《互联网信息动态》。2004年，《互联网信息动态》共编辑105期，计有648条信息，100多万字。7月8日，中央政策研究室发来《关于反馈〈上半年电子信息报送和采用情况〉的函》，经过统计，我们提供的舆情信息采用率31.4%，远远高于人民网、新华网等其他国家重点新闻网站。2004年，中央政策研究室多次就“两会”、十六届四中全会等重要政治事件向网站约稿，称我们提供的稿件“又多又好”，“对选稿分寸的把握比较到位”，对网站的工作给予了充分肯定。

(4)其他网上信息收集汇编工作。针对全台的重大宣传活动、特殊的新闻事件，网站根据上级要求开展了网上信息收集汇编工作，如奥运、“两会”、香港立法会选举、俄罗斯人质事件、台湾“大选”、央视记者互殴等。这些即时性的信息收集和调研，为总编室和台领导准确把握情况、作出决策提供了重要参考。

## 八、加强安全管理和技术保障与服务，确保互联网宣传的安全有序

2004年，网站技术部门不断完善网站的安全制度和突发事件应急预案，加强值班工作，岗位职责明确，责任落实到人。在敏感时期，特别是“两会”和春节等重大活动期间，确保网站内容安全播出。此外，还对访问央视网站的IP地址进行了认真统计，并在防火墙上配置了访问策略，增强了防火墙的抗攻击能力。

2004年，网站的内网初步建立完成计算机的安全体系结构。通过域策略、病毒防护系统、IPSEC技术应用、SUS补丁升级、计算机使用制度、操作系统及应用软件的参数优化等一系列工作，使网站的编辑用计算机的安全性大大地提高了。网站的计算机维修工作，与往年相比大幅度减少，原来每天处理问题为7次左右，现在，一周只有5次左右。

经过几年来的梳理，技术各部门工作职责更明确、制度更细致合理、流程更规范、管理更到位，对于网站的首页改版、频道开发、机房改造、通信系统维护、计算机管理、视频制作与发布等各项工作，提供了高质量的服务和技术支持。

## 九、狠抓队伍管理和制度建设，完善网站业务流程

在行政工作方面，除做好人员、财务、设施和消防

管理以及文档管理等常规工作以外，网站还重点落实了以下工作：

(1) 配合完成对网站的例行审计。上半年，台审计处对网站财务进行了例行审计，网站全力配合审计处同志开展工作。经审计，网站在财务管理方面取得的成绩和规范做法，得到审计部门的高度肯定。网站也以此为契机，进一步加强对人、财、物的管理。

(2) 加强制度建设、提高管理能力。2004年，配合台内对规章制度进行清理的统一部署，网站对行政管理、节目宣传、技术保障等方面的制度进行了认真梳理，及时汇总上报总编室。同时，为实行规范化管理，网站制订了《央视国际网络突发事件应急预案》、《央视国际网络出国（境）管理规定》等14项行政管理制度，并坚持在每周例会上进行专项通报学习，为网站规范化管理奠定了坚实的基础。

(3) 重视文字材料积累，完善电子文件流程。完成了2003年文档归档工作和中央电视台2003年年鉴文字编撰、图片筛选、冲印、刻盘、文字说明等归档工作；搜集并保存重要的文字材料及图片，随时记录网站的重大宣传、大型活动直播、在线互动等，对阶段性成果和经验及时进行总结，及时向台《工作日报》投稿。网站实现了对现有各类文件、指示、通知、纪要、历史档案、图书资料的电子化管理，大大提升了管理质量，简化了工作流程。通过培训学习，网站顺利完成新旧中央电视台综合信息网（OA系统）更替。

(4) 党团工作日益规范化，精神文明建设取得新成绩。网站充分发挥党支部作用，做好积极分子培养工作。2004年，共发展中国共产党党员3名，预备党员转正4名，党支部改选后多次开展党支部活动，网站党团员领导干部带头积极参与"为首都见义勇为勇士献爱心"、"扶贫济困送温暖社会捐助活动"等公益活动，捐款捐物，增强了网络宣传部的整体凝聚力，共建充满爱心的年轻集体，同时也激励了员工积极要求进步的决心。

网站发挥团员的先锋模范作用，参加各项公益活动，积极参与了台团委组织的"向贫困地区白内障患者献爱心"等活动。2004年6月，团支部改选，更加积极地参加台、总编室团总支组织的各项活动。

(5) 网络宣传部顺利完成编外人员归台统一管理。2004年，在台各级领导的正确领导下，进行了人事制度的深入改革和不断完善，尤其加强了对编外人员的统一管理，并取得显著的成效。2004年11月以来，台人事办主任杨晓民、副主任杜书星等干部与网站领导及管理人员就网站编外人员归台管理事宜两次进行了具体磋商。根据台人事办有关规定，总编室网络宣传部于2004年年底前办理编外人员劳动合同签订等手续，完成人员从由中视实业发展有限责任公司托管到归台统一管理的过渡。这是网络宣传部发展过程中的一件大事。

2004年12月22日，中视劳务派遣公司派代表来到网络宣传部现场办公，对网站100多名编外人员逐个进行材料审核及劳动合同签订。至此，网络宣传部编外人员正式成为由中视劳务派遣公司派遣到中央电视台工作的人员。这标志着网站编外人员正式成为中央电视台的企聘人员，成为中央电视台的一分子，加深了同事们的归属感和荣誉感，坚定了为中央电视台事业发展贡献力量的信念，通过新的人事制度改革和政策到位，网站员工对制度化、规范化管理充满新的希望。

## 十、积极开展网络经营，努力实现网站社会效益和经济效益协调发展

外部经营环境的成熟以及内在优势的形成使CCTV.com经营条件日渐成熟。网站在保证正确舆论导向的前提下，充分利用母体丰富的经营资源，不断开拓进取，形成央视新的经济增长点。

(1) 网络广告方面，2004年，网站全面开发网站广告位置，并对不同频道、不同位置的广告价值作价值估算。2004年，广告经营收入已达约415万元。目前，网站的农业频道已经作为频道整体经营的试点进行，同时，网站向社会全面诚招代理商，为2005年的网络广告经营做好充分准备。

(2) 在电子商务方面，2004年8月，开通了央视网上商城，集中销售中央电视台各类优秀音像制品。网站负责商城内容的监管和对接。

(3) 在频道开发方面，2004年7月，网站策划了读书、教育、游戏、票务等4个经营性频道。网站负责经营性频道内容的监管和对接，并对不符合网络传播安全要求的链接内容进行有效的管理和处理。

通过2004年的工作，可以看出：央视国际网络在我国的互联网宣传中发挥着重要作用。中央电视台对互联网宣传工作日益重视，电视宣传对网络宣传的依赖日益显著，CCTV.com在中央电视台电视宣传和事业发展中发挥越来越重要的作用。网站自身也在实现社会效益和经济效益的协调发展，逐渐完善业务流程，规范工作制度，建设成为更加成熟的网络媒体。

# 对外宣传

(1) 总体思路上，根据中央电视台和央视国际网络的特色，充分发掘央视资源，发挥央视在重大题材、特色报道上的优势，丰富网上内容，提高节目质量，增强可看性和可选择性。

(2) 扩大受众群体，根据内容的丰富程度，不仅为外国人服务，也为海外5000万华人做好服务，并有针对性地为在大陆的台商及其家庭提供服务。

(3) 强化网站频道建设，除重点加强新闻频道的建设外，对英语频道、中文国际频道、台湾频道、军事频道、留学频道等对外宣传的重点频道也要加强内容建设，为整合央视节目、加强对外宣传提供更广阔的内容平台。2004年10月1日，配合CCTV西法语频道的开播，网站英文频道积极筹建网站西班牙语频道。

网站英语频道以头条、直播、专题等形式做好外宣重点报道，如：对抗禽流感（Combatting Bird Flu)、2004年全国人民代表大会和中国人民政治协商会议报道(NPC & CPPCC Annual Sessions 2004)、中国人权报告（China' s Progress in Human Rights)、伊拉克虐俘（Iraq Abuse)、台湾"大选"背景下的两岸关系（Cross-Strait Situation)、中国经济社会发展中的挑战（China' s Challenges)、第28届世界文化遗产大会（The 28th Session of the World Heritage Committee)、2004年欧洲杯足球赛(Euro2004)、2004年雅典奥运会（Athens 2004 Olympics)、纪念邓小平诞辰100周年(Making 100th Anniversary of Deng Xiaoping' s Birth)、中国55周年国庆（Happy Birthday China)、中法文化节（French Culture Year)、2004年美国大选（US Presidential Elections 2004）和阿拉法特病逝（Arafat Special)。

网站军事频道紧密配合央视《纪念诺曼底战役60周年特别节目》进行网上直播，同时制作视频图文专题，包括全程视频点播、配以精彩图片百余幅，世界各地一系列纪念活动的报道，加上诺曼底登陆经过及历史背景、"二战名将"等板块，让网友更加充分详实地回顾第二次世界大战的历史，成为电视报道的延伸和补充。

新闻节目编辑室中文国际频道参与CCTV-4重大活动的报道，对重大系列活动的报道进行专题整合，如"沿着青藏铁路"、"法兰西飞行表演"、"侨界十杰"、"外国人在中国"、"前日本战俘在华生活"、"2004年博鳌论坛"、"2004两会聚焦"、"亚洲国际都市——香港"等。针对一段时期的报道热点，还组织CCTV-4制片人、记者等前来与网友在线交流，扩大了栏目的影响。如图文报道CCTV-4《今日关注》栏目举办的"美国大选和中美关系"主题沙龙、邀请《中国新闻》赴西藏采访一个多月的记者在线等。

(4) 加强央视音视频资源的开发利用。提高网上全程直播CCTV-新闻、CCTV-4、CCTV-9三个频道电视节目的播出质量，制作更多的重要新闻、重要活动、大型节目和活动的视频点播条。完善网上《视听在线》频道，集中推介央视电视节目，并将音视频资源充实到相关频道。

目前，每日制作网上视频点播节目35小时以上，共有151个台内电视栏目制作成网上视频点播文件。有14台视频发布服务器，能支持12000多网民在线同时进行视频收看。视频点播节目存储量已超过10000小时。每天约有30多万人在央视网上观看视频，比2003年同期增长2～3倍。

(5) 以《网评天下》为龙头，带动和整合网上舆论工作，建设好一支导向意识明确、责任心强、敢于和善于引导网上舆论的评论员和编辑队伍。

这一论坛被中央外宣办称为"中央三大论坛"之一，论坛中反映的舆情民意受到中宣部、中央政策研究室等部门和中央电视台电视节目部门的高度重视。

(6) 借助央视电视外宣的成果扩大央视国际网络的品牌和宣传优势，实现良性互动。CCTV-新闻、CCTV-4、CCTV-9在播出电视节目时，分别在片尾标注央视国际网址：www.cctv.com,使电视节目和网站及时沟通并互动。

配合CCTV-9"五一"改版做网上宣传推介，一次性实现6个英文栏目同步上网：Asia Today（今日亚洲)、Up Close（人物聚焦)、Around China（中国各地)、Nature and Science（自然与科学)、Sports Scene（体育报道)和World Insight（今日世界)。

此外，在2004年"两会"报道、禽流感、非典报道，中央一号文件、萨达姆被捕、美军虐待伊拉克战俘事件等国内外重大宣传报道的英语报道中扮演了重要角色，及时向海内外传达了中国的声音。

(7) 不断完善网站节目评估制度，加大人力资源开发力度，对重点岗位和业务骨干加强业务培训。

(8) 通过CDN等网络新技术和设备的申请使用，加大技术支持和开发力度，确保音视频资源在网上的播出质量，确保节目宣传的安全播出。

# 对台宣传

## 2004年网站对台宣传的特点

央视国际网络（CCTV.com）是中央电视台对台宣传的一个重要阵地。在台湾当局封杀中央电视台第四套节目入岛的情况下，中央电视台对台部与网络部密切合作、共同策划，于2003年1月1日在网上推出CCTV.com台湾频道，将中央电视台对台宣传电视栏目《海峡两岸》、《天涯共此时》、《互动星期天》、《台湾百科》、《闽南话时间》、《两岸万事通》、《国宝档案》等内容及时发布上网，制作视频点播节目，全天24小时网上同步直播CCTV-4节目，并通过《两岸互动》论坛实现两岸民众的网上直接交流。

### 1.进一步办出了特色

2004年9月，CCTV.com《台湾频道》全新改版，改版的重点就是进一步突出中央电视台的节目特色，把电视对台宣传节目资源用足用好，及时发布新栏目《国宝档案》网络版；将《海峡两岸》栏目网上视频点播节目码流由过去的56K提高到更加清晰的300K；配合做好《海峡两岸知识大赛》网上宣传，图文直播《第三届海峡两岸知识大赛》新闻通气会，全程跟踪报道大赛，同步视频直播《第三届海峡两岸知识大赛》实况，并特别制作双码流(56K和300K)视频节目上网，以方便不同网络环境的网友点播收看。随同《两岸万事通》栏目特别节目《服务台胞东南行》摄制组全程参与苏州、昆山、上海一线采访活动，及时播发拍摄现场的第一手材料，并以网站记者的身份采访当地台商、台胞、台协官员，加大活动及网络在台胞中的知名度和影响力。同时，充分利用好中央电视台其他频道的新闻、文化类涉台节目内容。

### 2.进一步办出了权威

在发挥中央电视台优势的同时，整合其他中央媒体及对台网站内容资源，及时宣传中央对台工作方针、政策，与中央电视台第四套节目同步视频直播国台办新闻发布会并开辟专栏，将其文字、视频内容加以整合，加强网上评论工作，及时报道中央主流媒体及专家、学者就中央对台政策的评论、解读文章。注意运用台湾及海外媒体于我有利的报道。

2004年12月，《反分裂国家法（草案)》首次提请审议，央视网站《台湾频道》及时整合中央电视台及其他中央媒体资源，及时制作新闻专题，解读《反分裂国家法》的可行性及必要性。

2005年1月29日，央视网站《台湾频道》全程视频直播两岸台商春节包机首次对飞。整合各中央媒体及对台网站内容资源，全面报道此次春节包机情况，加大对“两岸三通”的必要性与重大意义的宣传。

### 3.进一步办出了影响

通过《两岸互动》论坛，增强对台宣传影响，通过平等交流，做好争取台湾民众的工作。邀请台湾问题专家与两岸网友在线交流，深入解读中央对台工作方针、政策，正面引导网民期盼祖国统一的爱国热情。

在《海峡两岸知识大赛》活动期间，邀请台湾学生与大陆网友在线交流。期间，双方更多地交流了两岸年轻人的兴趣、爱好、生活习惯等诸多方面的异同，交换了彼此对当今流行趋势的认知，在平和、欢快的气氛中增进了两岸民众的沟通和互信。

特别是在对台宣传工作中，央视网站根据国台办要求，先后多次邀请台湾问题专家在线交流，阐述中台办、国台办“5·17”声明，批驳陈水扁“5·20”演说。5月20日，央视网站邀请中国台湾问题专家朱卫东、郭震远作客网站，在线解读中国政府和人民坚强的统一意志，揭露台湾当权者包藏的“台独”祸心和导致的灾难后果。此次专家在线交流在两岸网民中引起热烈反响，据统计，网民同时最高在线人数达12000人，访问总人次超过19万。从论坛中台湾网民的发帖访问情况看，互联网入岛宣传已经取得一定成效，并且大有可为。

主持人李咏与网友在线交流。

# 品牌栏目简介

## CCTV.com《电视批判》

《电视批判》是CCTV.com原创的名牌栏目之一，旨在网上开辟关注中国电视发展现状，追踪中国电视发展焦点，吸引电视人、专家学者、观众共同探讨电视文化、电视现象的网上互动平台，是一个以传播先进文化、繁荣电视创作为己任，致力于创建电视文化的网上文化批判栏目。通过网友、专家、电视人"理性的思考、建设性的批判"，发现当前电视文化中的问题，探讨解决问题的策略，努力促进中国电视文化健康发展。

2004年《电视批判》主要业绩：

**1．配合央视新频道开播，进行8大系列50期主题在线**

8大系列主题在线包括：

我们需要什么样的少儿节目？

解读春节荧屏收视热点；

我们需要什么样的音乐频道？

我们需要什么样的农业频道？

我们需要什么样的科普节目？

电视节目如何向海外传播中国？

我们需要什么样的法制节目？

三项学习教育专家论坛。

**2．制作《CCTV优秀电视栏目在线》21期**

自7月22日起，《电视批判》栏目还进行了21期《CCTV优秀电视栏目在线》，其中邀请专家40人次，栏目主创48人，发布精华版约32万字。

**3．独家网上大型图文直播4次**

(1) 2004年11月18日，在梅地亚中央电视台2005年黄金段位广告招标现场图文直播，现场发布文字3万多字，图片38张。

(2) 2004年11月21日，在钓鱼台宾馆对"21世纪广电传媒高峰论坛"进行了全程独家网上图文直播。直播组现场发布文字6万多字，图片89张。

(3) 2004年11月26、27、28日，在中国传媒大学对"中国影视高层论坛"进行了全程独家网上图文直播。本次图文直播共发布文字11万5千多，图片156张，在学术界产生了较大的影响。

(4) 2004年12月16日，在北京邮电大学对"网络文化现状与发展走向学术研讨会·北京邮电大学网络文化研究中心第二届年会"进行了全天现场图文直播，当天发布文字6万多，图片上传81张。

**4．《大学生谈电视》走进川大**

2004年10月16日，"大学生谈电视"活动首次走出北京，与四川大学文学与新闻学院新闻研究所联合举办"大学生谈电视·川大篇"。探讨的主题是：我们需要什么样的电视纪录片？这是自2002年11月后，《电视批判》栏目与中国传媒大学、北京师范大学、首都师范大学、清华大学 、北京大学、中国人民大学成功举办"大学生谈电视"活动之后的进一步拓展。现场发布文字近4万，发布图片43张，后期精华版近2万字。

## CCTV.com《线上故事》

《线上故事》主要由《电视·幕后》、《人物·故事》、《网友·原创》三个板块组成。定位为讲述电视和网络的故事，理念是"建设电视人和网友的网上精神家园"。

2004年，《线上故事》在喜迎"三八"节之际，成功策划并推出了《11人，11个故事》专题报道，集中采访了台里各频道颇具影响力的女主持人共11位，如沈冰、宁辛、张越、董卿、翼星、梁艳、欧阳夏丹、刘纯燕。文章从不同的角度以轻松、幽默的笔触为广大网友描绘了各个女主持人的不同风采。专题推出后，在社会上都引起了广泛反响，对宣传中央电视台电视工作者起到了积极的促进作用。下半年开始，《线上故事》尝试在网友原创板块推出每月一次的主题征文，针对每月不同的热点事件，先后征集了有关欧锦赛、奥运、教师节、世界电视日、央视国际成立八周年、2004年回顾等相关主题的征文，网友积极参与，大大活跃了我们的网络和电视生活。此外，《线上故事》还与台机关党委主办的《电视生活报》共同合作，推出了一期关于《岁月留痕——电视生活报十年文萃》的专题文章发布，取得了不俗的效果。

## CCTV.com《在线主持》

《在线主持》栏目依托央视特有的电视人资源，延伸电视主持人概念，是CCTV.com原创的、具有电视和网络特色的交互性栏目，围绕央视名牌栏目主持人、制片人、名编辑、名记者和大型活动，利用网络、电视、网友三位一体的互动交流方式，为网友与电视节目之间架起沟通的桥梁。

2004年是《在线主持》栏目创办以来最忙碌的一年，这一年当中，《在线主持》共进行632场在线活动，有873位嘉宾做客CCTV.com《在线主持》与网友交流，其中台内嘉宾426人次，包括台内各中心领导以及制片人、主持人、编导等；台外嘉宾447人次，包括历史、经济、科技等各方面专家、影视明星、体育明星等。

2004年的"在线主持"，不仅在数量上较以往有较大的突破，而且对重点节目更注重利用在线系列的形式，即在一个大的主题的引领下，围绕主题开展数次在线交流，形成规模效应，报道更深入、全面。共开通22次系列主题在线，为以下几个方面：

**1．围绕重大事件**

"两会"代表、委员在线系列、"两会"报道人员在线系列、"3·15"晚会在线系列、世界禁毒日宣传在线系列、中国经济普查活动在线系列、雅典奥运会在线系列。

**2．围绕央视节目播出**

CCTV-1改版在线系列、央视气象节目主创人员在线系列、CCTV-9主持人在线系列、《发现之旅——揭密》在线系列、《希望英语》在线系列、《当代教育——高考大咨询》在线系列、音乐电视大赛在线系列。

**3．围绕央视特别节目**

2004CCTV城市中国系列活动在线系列、2005CCTV黄金时段广告招标在线系列、2004年年度经济人物评选在线系列。

**4．央视国际网络策划**

金话筒获奖主持人在线系列、首届中国电视十大名栏目名主持讲坛在线系列、中国北方草原文化在线系列。

## 《网评天下》论坛

《网评天下》是CCTV.com的时事论坛，该栏目以当下国内外时事热点、新闻人物与事件、社会热门话题等为评述对象，在扩大新闻传播的同时也使参与者获得更多的有效信息，为广大网友能够更多地参评天下大事提供一个互动平台，已成为CCTV.com独特的舆论风景。

**1．服务大局，积极配合上级宣传工作**

2004年，紧扣国内外重大时事，论坛主动引导的重点话题包括全国人大和政协会议、伊拉克战争、中央和国务院发布一号文件、反对"台独"、美军虐俘事件、奥运会中国辉煌雅典、纪念邓小平百年诞辰、正确对待中美中日关系、反腐倡廉、科学发展、道德建设，以及对任长霞、许振超、周国知、牛玉儒等模范人物的宣传。在引导工作中，我们严格把握正确舆论导向，尊重网络和新闻宣传规律，充分调动各方面的积极因素，圆满完成了任务。

**2．宣传央视，紧密联系台内有关栏目**

根据领导和专家的要求和建议，贯彻"汇天下之精华、扬独家之优势"，采取措施进一步发挥央视特色、密切与央视各频道、栏目联系，争取台内支持。

为《焦点访谈》和《共同关注》栏目开设了专版。从4月份开始，每周都与《共同关注》栏目合作完成一期在线，全年完成系列在线超过30场。影响较大的在线主题包括：沈阳、嘉禾强制拆迁、珠海走私车、阜阳劣质奶粉、西安宝马彩票案、"两会"系列在线等。同时聘请顾玉龙为本网特约评论员，不定期与网友进行在线交流，受到了众多网友的喜爱。

# 广告经营工作

在产业发展的大格局下，CCTV.com紧紧依托央视的资源，对央视进行拓展、延伸、互动和互补，同步传播央视资讯，将CCTV.com网络媒体平台，打造成为央视宣传的主阵地。目前CCTV.com的访问量居世界排名前列，为国家8大重点网站之首，深受各界的关注。为"办一流网站，创国际品牌"的奋斗目标打下良好的基础。

外部经营环境的成熟以及内在优势的形成使CCTV.com经营条件日渐成熟。作为中央电视台的重要组成部分，CCTV.com坚持一手抓社会效益，一手抓经济效益，在保证正确导向的前提下，充分利用母体丰富的经营资源，不断开拓进取，形成央视新的经济增长点，为中央电视台的发展作出自己的贡献。

(1) 网络广告：全面开发网站页面广告位置，并对不同位置的广告价值作价值估算，广告经营收入约415万元，初见成效。

(2) 频道经营初步尝试：将CCTV.com农业频道作为频道整体经营的试点，同时对网站所有频道价值进行具体分类，在CCTV.com网上推出2005年网络广告代理招商，向社会全面诚招代理商。

(3) 电子商务：2004年8月开通央视网上商城，集中销售中央电视台各类优秀音像制品。

(4) 经营性频道：2004年7月共同策划读书、教育、游戏、票务四个经营性频道。

(5) 经营性活动：2004年7月共同策划了“央视首届网络动漫大赛”，并于2004年9月起进行网上宣传和预热。

(6) 网络营销研讨会：

2004年8月，与中视网络发展有限公司联合主办“抓住未来的营销之道—— CCTV.com网络营销研讨会”。

2004年12月，应邀参加北京未来广告公司在海南三亚环球城大酒店举行的“2005年资源推荐暨客户答谢会议”。

# 访问量统计

据统计，央视国际2004年日均访问人次为103万，与2003年的日均访问人次66万相比增长56%；2004年日均点击量为2.48亿次，与2003年日均点击量1.6亿次相比增长55%。央视国际在全球4000万家网站中的排名一直稳定在100名之内。

## 一、2004年总访问量统计

| | 访问页次 | 访问人次 | 点击量 |
|---|---|---|---|
| 1月 | 15,698,138 | 838,818 | 228,700,022 |
| 2月 | 17.976,648 | 929,572 | 251,889,877 |
| 3月 | 19,624,699 | 953,729 | 273,626,158 |
| 4月 | 20,350,835 | 1,025,956 | 283,998,764 |
| 5月 | 18,345,715 | 1,024,362 | 266,902,385 |
| 6月 | 18,816,703 | 1,127,507 | 277,382,326 |
| 7月 | 16,678,326 | 1,052,900 | 249,144,786 |
| 8月 | 25,623,010 | 1,468,190 | 283,044,970 |
| 9月 | 15,768,379 | 947,703 | 229,861,990 |
| 10月 | 12,962,401 | 934,167 | 200,086,097 |
| 11月 | 18,468,421 | 1,003,848 | 211,428,925 |
| 12月 | 19,903,620 | 1,023,693 | 216,105,312 |
| 平均值 | 18,351,408 | 1,027,537 | 247,680,968 |

## 二、2004年中央电视台上网栏目月均访问量排行情况

| 月份 | 第一名 | 第二名 | 第三名 | 第四名 | 第五名 |
|---|---|---|---|---|---|
| 1月 | 同一首歌 | 动画城 | 海外剧场 | 艺术人生 | 非常6+1 |
| 2月 | 同一首歌 | 动画城 | 海外剧场 | 开心辞典 | 非常6+1 |
| 3月 | 同一首歌 | 动画城 | 开心辞典 | 新闻联播 | 非常6+1 |
| 4月 | 同一首歌 | 动画城 | 希望—英语杂志 | 焦点访谈 | 幸运52 |
| 5月 | 同一首歌 | 动画城 | 希望—英语杂志 | 焦点访谈 | 海外剧场 |
| 6月 | 同一首歌 | 动画城 | 海外剧场 | 焦点访谈 | 艺术人生 |
| 7月 | 同一首歌 | 动画城 | 焦点访谈 | 非常6+1 | 开心辞典 |
| 8月 | 同一首歌 | 动画城 | 海外剧场 | 开心辞典 | 焦点访谈 |
| 9月 | 同一首歌 | 动画城 | 探索 · 发现 | 海外剧场 | 焦点访谈 |
| 10月 | 同一首歌 | 动画城 | 海外剧场 | 艺术人生 | 百家讲坛 |
| 11月 | 同一首歌 | 动画城 | 海外剧场 | 艺术人生 | 新闻联播 |
| 12月 | 同一首歌 | 动画城 | 海外剧场 | 艺术人生 | 百家访谈 |

# 网民来信综述与分析

## 一、综述

电子邮件作为一种快捷高效的现代通讯工具，在网民与CCTV、CCTV.com之间架起了重要的桥梁，随着互联网的普及，电子邮件来信反馈逐渐成为CCTV、CCTV.com发展建设中不可或缺的重要一环，为央视与网站建设提供了重要的信息支持。从2004年起，网民来信情况成为中央电视台每周节目宣传例会通报内容的有机组成部分。

2004年，CCTV.com共收到网民来信171万封，经过整理与归类，从中选取有代表性、有价值信件10091封，编辑CCTV.com周刊《网民来信汇编》53期，总计231万字，编辑CCTV.com周刊《网民来信通报》54期，总计166万字。

通过《网民来信汇编》，观众对央视的节目编排与制作、队伍建设、节目质量及后期影响、事业发展等方面的反馈得以较为全面、系统地体现。而《网民来信通报》则收编了网民对央视各栏目在CCTV.com宣传的建议、意见、需求，表达了网民对CCTV.com整体建设的评价与建议。

## 二、观众分析

通过来信分析，本年度约有3%的网民为海外居民，随着央视频道的增多、海外落地面的扩大以及CCTV.com对央视宣传力度的加大，海外观众与央视的互动热情得到进一步激发。居住在美国的网民来信最多，占到海外来信总量的17%，其余按比重大小依次分布在澳大利亚、加拿大、英国、德国、意大利、越南、瑞士、法国、新加坡等38个国家；此外，港澳台地区的网民也在其中占据了相当大的比重。

相应地，在数量上占据绝对优势的内地网民中，地区网民数量最多的广东省，网民来信最为积极，上网率最高的北京网民来信数量位居第二，其余依次为山东、江苏、河北、河南、浙江、四川等地，海南、西藏、宁夏、青海四地在来信中体现甚少。

在众多观众中，学生、教师、村民和家长占到70%以上，其中学生的互动热情最高，占到40%。

## 三、来信分析

(一) 关于CCTV

**1.最受关注的经济频道**

CCTV-2在央视众多频道中受到网民最多的关注，《开心辞典》、《非常6+1》、《幸运52》等栏目不但知识性强，而且通过互动平台，为观众提供了交流参与、甚至实现自己梦想的机会，备受观众推崇。此外，有一定品质的谈话类经济栏目，如《对话》，也受到不少观众的青睐。网友来信显示，这些品牌栏目的形成与发展，在很大程度上提升了该频道在受众心目中的地位。

**2.不同凡响的综合频道**

CCTV-1作为中央电视台收视率最高的综合频道，它的改版牵动着全国数以亿计的观众的心，影响着大量观众的收视习惯。2004年9月1日，央视CCTV-1改版试播，集央视各频道精品栏目于CCTV-1，且改以往的重播为首播。新版CCTV-1一经推出，就在网民中激起强烈反响，来信数量大幅增多，使得CCTV-1成为2004年第四季度网民最为关注的央视频道。

**3.寄予厚望的新闻频道**

新闻频道自开播以来，就受到关心时政、关心社会发展的观众的关注与支持。随着新闻频道各栏目对社会现象的深入披露和报道，观众对该频道的信任度越来越高，对其社会责任的期望值也越来越大。《新闻联播》、《焦点访谈》、《新闻调查》等栏目对“两会”、劣质奶粉事件、嘉禾强制拆迁、日本右翼分子袭击我使馆等新闻事件的报道，使得新闻频道随着新闻事件本身成为电视受众关注的焦点中的焦点。值得注意的是，央视、央视国际网站对许振超、任长霞、宋鱼水等先进人物事件的同步骤、多角度宣传，受到网友较为广泛的关注。《新闻调查》播出的《动物福利》、《关于涂岭的拆迁》、《网瘾少年》等节目在观众中也引起了不小波澜。

**4.超越体育的体育频道**

体育频道对各种体育赛事的直播或转播以及围绕赛事和体育明星制作的各档栏目，长期以来一直吸引着一批热情而持久的铁杆观众，在来信中也受到较多关注。2004年8月奥运会举办期间，CCTV-5更是受到空前的关注，此时的CCTV-5已不仅仅是体育迷们的体育频道，而是举国上下每个关心祖国荣誉的中国人的奥运频道。此间，CCTV-5的受关注度呈现出前所未有的突出的峰值，奥运会及中国体育健儿的骄人成绩，一定程度上带动了更大范围的公众对体育频道的关注。同时，广大受众对奥运高涨的热情也激起国人对CCTV.com相关报道的关注高潮，从而促使CCTV.com在当年一度高居全球4000多万家互联网站的第47位。

5.任重道远的少儿频道

少儿频道开播以来，未成年人道德思想教育成为网友关注的新热点，网友对央视通过荧屏教育引导少儿寄予厚望，希望通过收看少儿节目，使少儿养成好的习惯，受到学校外好的教育。许多来信围绕少儿节目的制作编排，提出大量宝贵意见，如：剔除动画节目里的暴力等不良信息、增加红色经典剧，从而加强爱国主义教育；以少儿为本，节目编排要考虑少儿身心健康；节目制作应以知识性、教育性与科学性为中心，以开发智力、增长知识为目的，从而成为少儿的良师益友等。

6.受到特别关注的专题节目

与常态节目相比，由于制作更加精细、质量更高，专题节目一直以来都较常态栏目更受关注和欢迎。每年收视率最高且收视最为集中的春晚、“五一”、国庆期间各频道特别节目、四年一度的奥运会、歌手大赛、亚洲杯及欧洲杯，都不同程度地激发了网民一次又一次的来信热潮，在来信中不但体现了网民对各类特别节目的赞许和支持，而且还收集了各地网民的观感、反馈，对节目制作、编排的建议和进一步的收视需求。

7.“牵动”受众的互动类栏目

《开心辞典》、《非常6+1》作为互动类栏目的代表，一直以来都是受到各阶层观众的支持和推崇，网上互动更是加剧了其火爆程度。随着整个电视业的发展以及其他益智类栏目的推出，观众对此类栏目除了以前的热爱和支持外，多了份理智和评判。他们不再仅仅想通过栏目实现自己的梦想，而是更多地对栏目也提出科学性、严谨性、公正性等要求，从而进一步提升栏目品质。

8.表现不俗的新栏目

随着央视各频道的改版和微调，部分新栏目脱颖而出，CCTV-3的《快乐驿站》、《星光大道》、《想挑战吗》，CCTV-4的《国宝档案》都受到广大观众的喜爱和支持，其中圆梦类栏目《星光大道》更是表现突出。

（二）关于CCTV.com

1.网站频道建设的专业化和权威性受到网民认可

随着网站频道建设的推进，新的频道不断推出，旧的频道不断改版，网站整体内容建设受到众多网民的关注和支持。央视国际作为一个宣传网站，既背负着新闻宣传的任务，又承担着央视全方位对外宣传窗口的角色。从一段时间以来的反映看，这个定位日益得到网民认可，网站所提供的资讯也已成为网民了解央视的重要渠道，网站的众多频道栏目也成为网民获知信息的重要网上平台。

作为国家重点新闻宣传网站，网站的新闻频道在央视新闻的基础上，结合其他权威渠道，每日面向网民及时发布最新并具权威的新闻及消息，它的准确、严谨、及时的作风已经逐步得到网民的认可，提供的文字、图片、视频等新闻服务已然成为网民最为关注的焦点。

作为央视对外宣传窗口，除了新闻频道，网站各专业频道也发挥着不可替代的作用，网络宣传在网民眼中已然成为央视宣传的重要补充。

2.整合央视栏目是目前网民第一需求

网民关注网站的焦点主要集中在央视上网栏目上，在大多数网民的眼中，网站主要是央视的网络宣传版及查询台。随着网站对央视栏目上网工作的逐步开展，在可查询栏目增多的同时，网民的期望值也随之提高，希望在网络及时看到更多央视栏目内容，尤其是反响较好或对观众有启发价值的电视栏目。

3.视频是网民最为喜欢的内容形式

来信中反馈最多的是视频问题，主要包括要求央视栏目上网的需求和希望改进央视视频播放质量及条件的建议。在多媒体时代，通过视频获取信息已经成为网民的一种习惯，由于网站拥有央视这样得天独厚的视频资源，在网民看来，在线收看视频节目是理所当然，网民往往会在看到心仪的栏目之后的第一时间就上网查找相应的视频。同时，增加视频内容是网站提高点击量的一条快捷途径。网民希望网站充分利用央视资源，发挥多媒体优势，建立央视电视节目网上视频库。

4.网民增长对网站发展提出更迫切需求

目前央视国际网站主要的矛盾，是日益增长的访问需求与网站服务能力相对有限的矛盾。近几年央视国际网站的快速发展，得到网民的积极肯定。但同时网民的数量也处在快速增长期，且其增长速度大于网站发展和技术平台升级速度。由于同时在线动态参与人数的多少，如收看视频和在线参与答题，注册提交等，与服务器的承受压力密切相关，超负荷的在线人数对网站的技术建设提出更高要求。网民来信希望强化互联网的技术保障，以便更好地收看视频、进行网上信息注册和网上答题。

（本栏目稿件均由网络宣传部提供）

2005

CHINA
CENTRAL TELEVISION
YEARBOOK

# 中国中央电视台
# 年 鉴

HUOJIANG BIAOZHANG

# 获奖·表彰

# 获奖·表彰

## 一、新闻类

### 第十四届宣传人民代表大会制度好新闻中央电视台获奖名录

**一等奖**

北京市区县人大代表换届选举系列报道(系列作品)(新闻节目中心)

**二等奖**

告别“公章旅行”(专题)(社教节目中心)

**三等奖**

关注《居民身份证法草案》特别报道(专题)(新闻节目中心)

### 第十三届政协好新闻中央电视台获奖名录

**一等奖**

全国政协举行新年茶话会(消息)(新闻节目中心)

与日俱进修章程　求真务实展宏图(专题)(新闻节目中心)

**二等奖**

贾庆林在河北、广西考察工作(消息)(新闻节目中心)

减税：三笔不同的账——委员、代表热评政府工作报告(消息)(广告经济信息中心)

“两会”特别报道：政协委员话提案(专题)(新闻节目中心)

代表、委员关注祖国统一大业(专题)(海外节目中心)

### 第十四届中国新闻奖中央电视台获奖名录

消息

**二等奖**

中国珠穆朗玛登山队成功登顶(体育节目中心)

专题

**一等奖**

钟南山：直面“非典”(新闻节目中心)

评论

**二等奖**

追踪矿难瞒报真相(新闻节目中心)

系列报道

**二等奖**

中国首次载人航天飞行圆满成功(新闻节目中心)

**三等奖**

统筹城乡看浙江(新闻节目中心)

国际系列报道

**一等奖**

伊拉克战争连续报道(中央电视台)

### 2003年度全国“五一”新闻奖中央电视台获奖名录

**一等奖**

我们都有一双手(社教节目中心)

写在安全帽上的遗言(新闻节目中心)

我国高级技工需求旺盛(新闻节目中心)

五月的中国：做了最坏打算的掏粪工(西部频道)

**二等奖**

青海成立首家民工工会(新闻节目中心)

平等协商集体合同：让企业和职工实现“双赢”(新闻节目中心)

厂务公开：聚民心促发展的“阳光工程”(徐丽莉)

技校热引发的冷思考(门晓燕)

**三等奖**

全总及地方工会关注再就业(广告经济信息中心)

中国工会第十四次代表大会在京开幕(海外节目中心)

中国工会第十四次代表大会在京闭幕(栗国祥)

## 第十届(2003年度)“五四”新闻奖中央电视台获奖名录

**一等奖**

综述：中国共青团——与时俱进　永葆青春的组织(专题)(海外节目中心)

从“白衣天使”到“白衣战士”——中国青年“五四”奖章获得者张锦(新闻节目中心)

焦点访谈·让青春闪光(新闻节目中心)

**二等奖**

毕业·择业(社教节目中心)

**三等奖**

大学生罗福欢首注我国擦鞋商标(西部频道)

**组织奖**

中央电视台

## 2003年度中国广播电视新闻奖中央电视台获奖名录

### 电视新闻节目

短消息

**一等奖**

河北辛集郭西烟花厂发生特大爆炸事故(新闻节目中心)

**三等奖**

“枭龙”战斗机首飞成功(新闻节目中心)

长消息

**一等奖**

“神舟”五号载人飞船安全成功着陆(新闻节目中心)

**二等奖**

煤电价格之争　电厂频繁停机

连续(系列)报道

**特别奖**

抢救石缝中的家园(新闻节目中心)

**一等奖**

统筹城乡看浙江(新闻节目中心)

**三等奖**

公德红绿灯(新闻节目中心)

评论

**一等奖**

无影工程何以竣工(新闻节目中心)

**三等奖**

追踪矿难瞒报真相(新闻节目中心)

专题

**一等奖**

“鲜”火腿遭遇“污染”(新闻节目中心)

**三等奖**

回龙村怪病之谜(社教节目中心)

现场直播

**创新奖**

2003，站在第三极(社教节目中心)

**一等奖**

伊拉克战争直播报道(新闻节目中心)

十佳栏目

《焦点访谈》(新闻节目中心)

《今日说法》(社教节目中心)

### 电视社教节目

短纪录片

**二等奖**

夜捕“飞车贼”(新闻节目中心)

长纪录片

**一等奖**

接近白色的精灵(北京科学教育电影制片厂)

专题片

**一等奖**

敢问苍穹(新闻节目中心)

**二等奖**

此木通　彼木通——龙胆泻肝丸中毒事件的调查

**三等奖**

建筑奇观悬空寺

系列片

**一等奖**

走近毛泽东(中央新闻纪录电影制片厂)

**二等奖**

2003 女性记录(社教节目中心)

特别节目

**一等奖**

2003年度中国记者风云人物——讲述新闻背后的故事(社教节目中心)

**二等奖**

CCTV2002 中国经济年度报告(广告经济信息中心)

**三等奖**

2003 年“3 · 15”晚会(广告经济信息中心)

十佳栏目

《对话》(广告经济信息中心)

《实话实说》(新闻节目中心)

《相约夕阳红》(社教节目中心)

## 第八届“科星”新闻奖 中央电视台获奖名录

**一等奖**

迈向新时代的中国科技(社教节目中心)

对话路甬祥：创新跨越(广告经济信息中心)

“神舟”四号科学实验系列报道(新闻节目中心)

**二等奖**

以人为本　创新跨越　竞争合作　持续发展(海外节目中心)

国家最高科技奖得主——刘东生(北京科学教育电影制片厂)

“田园洞人”系列报道(新闻节目中心)

纳米到底离我们有多远(西部频道)

双星计划系列报道(新闻节目中心)

**三等奖**

中国集中3000名科学家联合抗“非典”(海外节目中心)

中国载人航天工程特别报道:“太空育种”系列报道(新闻节目中心)

恐龙蛋化石(上、下)(社教节目中心)

激光照排之父——王选(北京科学教育电影制片厂)

基因工程造福人类(新闻节目中心)

中科院罗布泊科学钻塔考察系列报道(新闻节目中心)

忠诚筑英(海外节目中心)

科学“预言”家(社教节目中心)

**丰产奖**

徐文华(国际频道)

中央电视台《大家》栏目

## 第十届中国人口新闻奖 中央电视台获奖名录

电视专题类

**一等奖**

特别门诊　特别对象(新闻节目中心)

在抗击“非典”的日子里

**二等奖**

小小避孕套(广告经济信息中心)

走进艾滋病房

弱智孩子更需青春期教育

**三等奖**

蒋雯丽关爱艾滋病孤儿

电视新闻类

**一等奖**

战斗在“非典”一线的计划生育干部——孙朝辉(新闻节目中心)

**二等奖**

新余：利益导向让女孩家庭得实惠(王文煌　黄涛)

**三等奖**

河北省人口和计划生育委员会61台电脑情系“非典”疫区

公益广告类

**一等奖**

关爱女孩

**二等奖**

“安全套可以有效预防艾滋病”系列第二篇

**组织奖**

中央电视台

## 第六届全国残疾人运动会好新闻 中央电视台获奖名录

**一等奖**

比翼齐飞的“金牌情侣”(体育节目中心)

**二等奖**

残运会上的专业按摩队(体育节目中心)

**三等奖**

又一个世界第一——残运会盲人刊物(体育节目中心)

## 第六届范长江新闻奖、韬奋新闻奖、全国百佳新闻工作者 中央电视台获奖名录

韬奋新闻奖：张宁(新闻节目中心)

全国百佳新闻工作者：袁正明(广告经济信息中心)

## 第七届“杜邦杯”环境好新闻 中央电视台获奖名录

**一等奖**

要发电也要环保(新闻节目中心)

中国国家环保总局严查违法排污企业(海外节目中心)

四川沱江污染事故调查系列报道(新闻节目中心)

**二等奖**

太湖：市场机制激活治污，治理目标有望提前实现(新闻节目中心)

**三等奖**

环境大使不是摆设(新闻节目中心)

我国将在东海和南海海域实施“碧海行动计划”(新闻节目中心)

“忧忧”淮河水(新闻节目中心)

**组织奖**

中央电视台研究处

## 第十七届(2003年度) 全国法制好新闻 中央电视台获奖名录

新闻

**一等奖**

《法律援助条例》将于9月1日起施行(新闻节目中心)

**三等奖**

北京模拟法庭进村　百名村官旁听学法(新闻节目中心)

专题

**一等奖**

一起离奇的医疗事故(社教节目中心)

**二等奖**

无罪的代价(新闻节目中心)

冰岛罂粟花(社教节目中心)

**三等奖**

第一现场：千里解押(新闻节目中心)

## 2003年度全国社会治安综合治理好新闻 中央电视台获奖名录

消息

**一等奖**

走私“看水族”现形记

专题

**一等奖**

烈火丹心(新闻节目中心)

夜捕“飞车贼”(上、下)(新闻节目中心)

**二等奖**

期货精灵的诱惑(广告经济信息中心)

难忘的战斗

系列报道

**三等奖**

寻找失踪的姐妹

## 2003年度“中华环保世纪行”好新闻中央电视台获奖名录

**一等奖**

治沙造林英雄　建绿色银行却负债累累

**二等奖**

陕北黄土高原：“黄山”披绿装　退耕有希望

陕西省：退耕还林　实现生态　农民收入双赢

**三等奖**

内蒙古阿尔山：25万亩森林发生病虫害

## 2004年“礼来杯”卫生好新闻中央电视台获奖名录

卫生好新闻

**一等奖**

机关食堂的一顿午餐(新闻节目中心)

**二等奖**

我国传染病疫情全国实施网络直报(新闻节目中心)

乙肝歧视(新闻节目中心)

**三等奖**

共建绿色家园——健康之路内蒙古行(社教节目中心)

谁对我的眼睛负责(社教节目中心)

精神卫生好新闻

**三等奖**

濮存昕的防“艾”历程(西部频道)

## 第三届党风廉政建设好新闻中央电视台获奖名录

消息

**一等奖**

中国政府签署《联合国反腐败公约》

评论

**二等奖**

打黑须打“保护伞”(新闻节目中心)

**三等奖**

没钱还债　有钱买车(新闻节目中心)

专题

**一等奖**

无影工程何以竣工(新闻节目中心)

**二等奖**

一心为民的好书记——郑培民(新闻节目中心)

## 三峡工程建设十年好新闻中央电视台获奖名录

**特别奖**

长江三峡工程大江截流现场直播(新闻节目中心)

**一等奖**

三峡工程导流明渠上游围堰截流进入90米险段(新闻节目中心)

三峡水库成功蓄水至135米水位(新闻节目中心)

三峡九问(西部频道)

**三等奖**

三峡　不朽的文明(新闻节目中心)

98大三峡(社教节目中心)

走三峡　看库区(新闻节目中心)

## 中国文化年新闻奖中央电视台获奖名录

**一等奖**

古老现代多彩的魅力：中国文化年在法国开幕

**三等奖**

彰显中国魅力(二)(三)

**组织奖**

中央电视台

# 二、文艺类

## 第十八届全国电视文艺“星光奖”中央电视台获奖名录

综艺节目(长)

**特别奖**

2004年中央电视台春节联欢晚会(文艺节目中心)

**一等奖**

我们众志成城——抗击“非典”特别节目(文艺节目中心)

我们一同走过(文艺节目中心)

**二等奖**

魅力北京感动世界——北京2008奥运会会徽发布仪式(文艺节目中心)

2003年度中央电视台“心连心”艺术团慰问演出(文艺节目中心)

**三等奖**

正气满乾坤——中央纪委、监察部反腐倡廉晚会(文艺节目中心)

大地飞歌——2003年南宁国际民歌艺术节开幕式晚会(文艺节目中心)

综艺节目(短)

**一等奖**

《神州大舞台》：全国欢乐之家电视竞选(文艺节目中心)

**二等奖**

2003年“五一”七天乐：厨师体验(文艺节目中心)

《正大综艺》：南通专辑(文艺节目中心)

《开心辞典》：银色的风采(广告经济信息中心)

**三等奖**

《正大综艺》：德国专辑(文艺节目中心)

《东西南北中》：走进承德(文艺节目中心)

《天涯共此时》春节特别节目(海外节目中心)

《全明星猜想》：有多少爱可以重来(体育节目中心)

专题

**二等奖**

《世界文化广场》：2003爱丁堡艺术节(文艺节目中心)

《走进幕后》：宋祖英维也纳音乐会(文艺节目中心)

**三等奖**

《戏曲人生》侯少奎(文艺节目中心)

叶盛兰与叶派小生(文艺节目中心)

“南洪北孔”(文艺节目中心)

《音乐桥》：作曲家卢肃(文艺节目中心)

漫谈科幻电影(社教节目中心)

纪录片

**一等奖**

走近毛泽东(中央新闻纪录电影制片厂)

**二等奖**

百年砚秋(文艺节目中心)

**三等奖**

霓虹灯下的哨兵(中央新闻纪录电影制片厂)

音乐歌舞

**一等奖**

宋祖英维也纳金色大厅独唱音乐会(文艺节目中心)

青春中国——2004中央电视台春节歌舞晚会(文艺节目中心)

**二等奖**

中国心故乡情——世界客属第十八届恳亲大会开幕式晚会(文艺节目中心)

第五届中韩歌会(文艺节目中心)

CCTV西部民歌电视大赛(西部频道)

**三等奖**

2004年新年音乐会(文艺节目中心)

人间天堂——2003年西湖博览会开幕式晚会(文艺节目中心)

杂技与舞蹈(文艺节目中心)

军旗下舞步(文艺节目中心)

中华情——全球华语优秀原创歌曲大型演唱会(海外节目中心)

MTV

**一等奖**：
龙船调(文艺节目中心)
又见西柏坡(文艺节目中心)

**二等奖**
江山(文艺节目中心)
姐妹兄弟(文艺节目中心)
凝聚每份爱(文艺节目中心)

**三等奖**
好运来(文艺节目中心)
春去春来(文艺节目中心)

戏曲节目

**一等奖**
梨园盛世——2004年中央电视台春节戏曲晚会(文艺节目中心)

**二等奖**
2004年新年京剧晚会(文艺节目中心)
第二届全国京剧戏迷票友电视大赛(文艺节目中心)

**三等奖**
《CCTV空中剧院》京剧《锁麟囊》(文艺节目中心)
《九州大戏台》京剧《华子良》(文艺节目中心)
《名段欣赏》豫剧《穆桂英挂帅》(中央新闻纪录电影制片厂)

曲杂戏剧

**一等奖**
《曲苑杂坛》特别节目——2004年正月正晚会(文艺节目中心)

**二等奖**
CCTV首届全国喜剧小品大赛(文艺节目中心)
《曲苑杂坛》庆祝建军76周年专辑(文艺节目中心)

**三等奖**
《周末喜相逢》2004·6(文艺节目中心)
《梦想剧场》雷恪生专辑(文艺节目中心)

文学

**一等奖**
中国古代散文名篇欣赏(文艺节目中心)

**二等奖**
《皖风皖韵》——黄山春雪随想(文艺节目中心)
《阿里札记》——兵车新藏线(文艺节目中心)

**三等奖**
China·瓷器·景德镇(文艺节目中心)
《马背日记》——驯鹰人(文艺节目中心)
《古代名人》——辋川尚静(文艺节目中心)
《巴蜀风情》——高海拔地带(文艺节目中心)

优秀栏目
《艺术人生》(文艺节目中心)
《新视听》(文艺节目中心)
《CCTV空中剧院》(文艺节目中心)
《过把瘾》(文艺节目中心)
《综艺大观》(文艺节目中心)
《曲苑杂坛》(文艺节目中心)
《音画时尚》(文艺节目中心)
《梦想剧场》(文艺节目中心)
《神州大舞台》(文艺节目中心)
《正大综艺》(文艺节目中心)
《影视同期声》(文艺节目中心)
《欢聚一堂》(海外节目中心)
《同一首歌》(中国国际电视总公司)

优秀主持人
朱军(文艺节目中心)

## 第二十二届中国电视剧“飞天奖”中央电视台获奖名录

长篇电视剧

**一等奖**
延安颂(文艺节目中心)
亲情树(文艺节目中心)

**二等奖**
归途如虹(文艺节目中心)
浪漫的事(中国电视剧制作中心)
好爹好娘(文艺节目中心)
当家的女人(文艺节目中心)
大染坊(文艺节目中心)

**三等奖**
荣誉(中国电视剧制作中心)
忠诚卫士(文艺节目中心)
新四军(文艺节目中心)

江山(中国电视剧制作中心)
走进八里堡(文艺节目中心)
我们的连队(文艺节目中心)
三连襟(文艺节目中心)

中短篇电视剧

**一等奖**
共产党员——张小民(文艺节目中心)

**二等奖**
烧锅屯钟声(文艺节目中心)
邓小平在重庆(文艺节目中心)
守望上海(中国电视剧制作中心)

少儿电视剧

**一等奖**
双筒望远镜(中国电视剧制作中心)

**二等奖**
青春抛物线(文艺节目中心)

**三等奖**
好大一对羊(中央电视台)

戏曲电视剧

**一等奖**
孔乙己(中国电视剧制作中心)

**二等奖**
白蛇传(文艺节目中心)
黄河九十九道川(文艺节目中心)

**三等奖**
屠夫状元(文艺节目中心)
蝴蝶梦(文艺节目中心)
又一村(文艺节目中心)

优秀系列剧
炊事班的故事(中国国际电视总公司)
为您服务(中央电视台)
健康快车(文艺节目中心)

优秀译制片
看了又看(第3、4、31、32集)(文艺节目中心)
荷马史诗·奥德赛(上、下集)(文艺节目中心)

**单项奖**
优秀编剧:《延安颂》的编剧
优秀导演:《浪漫的事》的导演
优秀摄像:《大染坊》的摄像
优秀照明:《大染坊》的照明
优秀美术:《大染坊》的美术
优秀电视歌曲:《江山》的主题歌

## 第二十二届中国电视“金鹰奖”中央电视台获奖名录

长篇电视剧

**最佳作品奖**
《延安颂》(文艺节目中心)

**优秀作品奖**
《亲情树》(文艺节目中心)
《归途如虹》(文艺节目中心)
《新四军》(文艺节目中心)
《浪漫的事》(中国电视剧制作中心)

中篇电视剧

**优秀作品奖**
《孔乙己》(中国电视剧制作中心)
《好大一对羊》(中央电视台)

**优秀作品奖**
《好太阳》(文艺节目中心)
《没有抹完的口红》(中国电视剧制作中心)
《梁世奎》(文艺节目中心)

电视剧单项奖

**最佳编剧奖**
《延安颂》编剧王朝柱

**最佳导演奖**
《浪漫的事》导演杨亚洲

**最佳录音奖**
《江山》录音李进军

**最佳美术奖**
《孔乙己》美术赵国良、蓝玲、何明

综合电视文艺节目作品奖

**最佳作品奖**
中央电视台2004年中央电视台春节联欢晚会(文艺节目中心)

**优秀作品奖**
《同一首歌》春节特辑——记忆中的歌声(二)

（中国国际电视总公司）
宋祖英维也纳金色大厅独唱音乐会（文艺节目中心）

音乐电视节目作品奖

**最佳作品奖**
唱起春天的故事（中央电视台）

**优秀作品奖**
龙船调（文艺节目中心）

专题电视文艺节目作品奖

**最佳作品奖**
独领风骚——诗人毛泽东（中央电视台）

电视文艺节目单项奖

**最佳美术奖**
《中央电视台2004春节联欢晚会》美术陈岩（文艺节目中心）

长篇电视纪录片作品奖

**特别奖**
伊拉克战争全记录（海外节目中心）

**最佳作品奖**
复活的军团（北京科学教育电影制片厂）

电视纪录片单项奖

**最佳编导奖**
《复活的军团》编导金铁木

电视美术片作品奖

**最佳作品奖**
哪吒传奇（青少节目中心）

电视广告片作品奖

**最佳作品奖**
中央电视台十一套节目（戏曲频道）形象片（文艺节目中心）

电视节目主持人

**最佳奖**
撒贝宁（社教节目中心）

**优秀奖**
李咏（广告经济信息中心）

## 第八届全国法制题材影视节（剧）目“金剑奖”中央电视台获奖名录

长篇电视剧

**一等奖**
忠诚卫士甘情愿（文艺节目中心）

**三等奖**
荣誉（中国电视剧制作中心）

中短篇电视剧

**一等奖**
好太阳（中央电视台）

专题片

**一等奖**
烈火丹心（新闻节目中心）
周鲲：从英雄到毒贩（新闻节目中心）
扭曲的人生——李真贪污受贿案剖析（中央电视台）
2003年度“法官十杰”评选活动候选人物展播（中央电视台）

**二等奖**
上学的权利（社教节目中心）
夜捕“飞车贼”（新闻节目中心）

**三等奖**
五种罪犯将在家服刑（西部频道）

专栏

**一等奖**
《今日说法》（社教节目中心）
《经济与法》（广告经济信息中心）

**二等奖**
《法治在线》（新闻节目中心）

主持人

**二等奖**
张绍刚《今日说法》（社教节目中心）
崔志刚《法治在线》（新闻节目中心）

特别奖

法治的力量——2003年全国法制宣传日特别节目（社教节目中心）

## 第十届全国少数民族题材电视“骏马奖”中央电视台获奖名录

电视剧

**一等奖**

风中的胡杨(短篇)(中国电视剧制作中心)
静静的艾敏河(长篇)(中央电视台)

**二等奖**

彝山情(短篇)(中央电视台)
歌王(中篇)(中央电视台)
美丽的草原我的家(长篇)(中央电视台)

**三等奖**

阿昌刀(短篇)(中央电视台)
丽江恋(短篇)(中央电视台)
兄弟(长篇)(中央电视台)

专题片

**二等奖**

我们村里的年轻人——席宝力高(广告经济信息中心)

**三等奖**

马燕：我要上学(新闻节目中心)
占理的传说(海外节目中心)

纪录片

**三等奖**

湘西苗鼓王(中央新闻纪录电影制片厂)

单项奖

**最佳编剧**

《静静的艾敏河》的编剧

**最佳摄像**

《风中的胡杨》的摄像

**最佳女演员**

《美丽的草原我的家》莎日娜的扮演者

**组织奖**

中央电视台

# 三、综合类

## 第九届全国农业电影电视“神农奖”中央电视台获奖名录

**特别奖**

刘老根(一)(电视剧系列片)(中国电视剧制作中心)

**金奖**

统筹城乡看浙江(电视新闻)(新闻节目中心)

**银奖**

探索·发现——哈尼梯田(科普电视片)(社教节目中心)
十亿国债建沼气(电视新闻)(广告经济信息中心)
歌飞太行山(文艺电视片)(文艺节目中心)
烧锅屯的钟声(电视剧系列片)(文艺节目中心)

**铜奖**

农村防控传染性非典型肺炎(科普电影片)(北京科学教育电影制片厂)
树的困惑(科普电视片)(北京科学教育电影制片厂)
探索·发现——郑国渠(科普电视片)(社教节目中心)
首届农交会系列报道(电视新闻)
风中的胡杨(电视剧系列片)(中国电视剧制作中心)

## 第十届中国电影“华表奖”中央电视台获奖名录

优秀科教片奖

农村防控传染性非典型肺炎(北京科学教育电影制片厂)
咱们学学打官司(北京科学教育电影制片厂)

## 第十届中国电视纪录片学术奖中央电视台获奖名录

系列片大奖

复活的军团(北京科学教育电影制片厂)

长篇纪录片

**一等奖**

狙击英雄(北京科学教育电影制片厂)

**二等奖**

凤棺迷魂(北京科学教育电影制片厂)

**三等奖**

血字(北京科学教育电影制片厂)

## 第十六届(2003年度)中国播音与主持作品奖中央电视台获奖名录

电视播音

**一等奖**

《新闻30分》(2003年3月25日)(新闻节目中心)

电视主持

**一等奖**

戏里戏外杨子荣(社教节目中心)

**二等奖**

雅芳公司电视招聘销售主管(广告经济信息中心)

## 第二届关注森林奖中央电视台获奖名录

关注森林新闻奖

**组织奖**

中央电视台新闻采访部

中央电视台西部频道《西部新闻》栏目

**特等奖**

候鸟行动系列报道

春雷行动系列报道(新闻节目中心)

**一等奖**

寻找大熊猫(系列报道)

墨脱野生动植物保护报道(系列报道)(新闻节目中心)

甘肃庄浪：再造西部秀美山川(长消息)(新闻节目中心)

大兴安岭火灾报道(系列报道)(新闻节目中心)

千年合同的三次变迁(专题)(广告经济信息中心)

《新闻调查》：石光银的选择(专题)(新闻节目中心)

《东方时空》：战胜沙漠(专题)(新闻节目中心)

《焦点访谈》：我们的热带雨林——来自西双版纳的报道(上、下)(专题)(新闻节目中心)

中国最大的沙地实现沙化逆转(长消息)

湿地畅想曲(专题)

三峡九问生态篇抢救三峡库区珍稀动物(专题)(西部频道)

**二等奖**

治沙模范牛玉琴万余株林木被毁(长消息)(新闻节目中心)

《新闻调查》：红豆杉(专题)(新闻节目中心)

《焦点访谈》：禁伐之后(专题)(新闻节目中心)

《东方时空》：烈火金刚(专题)(新闻节目中心)

美国湿地见闻(专题)

用生命植树的女人(专题)

天然林保护工程一期停伐减产任务完成(短消息)(新闻节目中心)

森林病虫害系列报道(新闻节目中心)

抢救石缝中的家园：沙漠化系列报道(新闻节目中心)

盲人王惠明的植树生涯(专题)(新闻节目中心)

《东方时空》：可可西里再发盗猎大案(专题)(新闻节目中心)

《焦点访谈》：受伤的贡嘎山(专题)(新闻节目中心)

《焦点访谈》：毁林之后的真相(专题)(新闻节目中心)

《焦点访谈》：谁在毁林(专题)(新闻节目中心)

《焦点访谈》：如此退耕谁来负责(专题)(新闻节目中心)

《法治在线》：林海奇兵(专题)(新闻节目中心)

警惕!外来物种入侵——松材线虫(专题)

教科文行动地理篇——湿地(专题)

**三等奖**

森警官兵奋战大兴安岭南阳河火场(长消息)(新闻节目中心)

内蒙古阿尔山：25万亩森林发生病虫害(消息)(新闻节目中心)

重庆破获特大捕杀贩卖大熊猫案件(长消息)(新闻节目中心)

保护黄山松在行动(专题)(广告经济信息中心)

《东方时空》：严格控制野生动物经营(专题)(新闻节目中心)

警惕!外来物种入侵——大米草(专题)

松海新曲(专题)
追杀美国白蛾(专题)
森林里的小秘密(专题)
湿地消失了，若尔盖你还美丽吗(系列报道)
走西南话退耕(系列报道)
西部看退耕(系列报道)
又是风沙再起时(专题)
不死的胡杨(专题)
植树造林生态转好170多只野生梅花鹿现身黑龙江(短消息)(新闻节目中心)
今年冬季森林防火情况严峻，国家林业局紧急部署防火工作(短消息)
想给大地一片绿(专题)(广告经济信息中心)
刘晓峰的激情岁月(专题)
环保型植树袋(专题)
窄冠白杨繁殖技术(专题)
绿色行动——毛乌素沙漠的希望(专题)
油杉与猫头鹰(专题)
郝大根治山(专题)

关注森林文化艺术奖

**特等奖**

青山绿水歌飞扬(心连心晚会)(文艺节目中心)

**一等奖**

蓝色天空(文艺晚会)(文艺节目中心)
真情无限《森林公安》(专题)(文艺节目中心)
风中的胡杨(电视剧)(中国电视剧制作中心)
森林卫士(歌曲)

**二等奖**

走进长白大森林(歌曲)

梁希林业宣传突出贡献奖

万昆(新闻采访部)
童盈(西部频道)

## 2003年度中国广播电视学会电视经济节目奖中央电视台获奖名录

评论类

衡阳大火烧出了什么(广告经济信息中心)

系列(连续)报道类

**二等奖**

年报双榜(广告经济信息中心)

特别节目及系列片类

**一等奖**

CCTV2002中国经济年度报告(第一章至第四章)(广告经济信息中心)

**三等奖**

中美关系之夜(广告经济信息中心)

栏目类

**一等奖**

《对话》：审计之道(广告经济信息中心)
《对话》：北大教改(广告经济信息中心)

**二等奖**

《经济半小时》(上、下)(广告经济信息中心)

**三等奖**

《为您服务》(上、下)(广告经济信息中心)

## 2004年全国电视包装作品评选中央电视台获奖名录

**年度大奖**

中央电视台戏曲频道整体包装(文艺节目中心)

**最佳栏目整体包装奖**

《为您服务》栏目整体包装(社教节目中心)

**最佳频道宣传片奖**

中央电视台戏曲频道形象宣传片(文艺节目中心)

**最佳栏目宣传片奖**

《今日说法》栏目宣传片“秋菊篇”(社教节目中心)
《新闻会客厅》栏目宣传片(新闻节目中心)

**最佳预告片奖**

《末路亲情》栏目预告片(社教节目中心)

**最佳广告语**

“站得更高 所以看得更远”(总编室)
《央视论坛》栏目广告语(新闻节目中心)

**最佳主持人形象**

CCTV主持人宣传片(海外节目中心)

**最佳标志演绎奖**

中央电视台新闻频道标志演绎(新闻节目中心)
中央电视台少儿频道标志演绎(青少节目中心)

**优秀奖**

《动画城》栏目宣传片：打开篇(总编室)
《全球资讯榜》栏目宣传片(广告经济信息中心)

## 第五届全国教育音像制品优秀奖中央电视台获奖名录

**二等奖**

科学影视资料库(北京科学教育电影制片厂)

## 第三届全国著作权好新闻中央电视台获奖名录

**一等奖**

一张照片两场官司(社教节目中心)

# 四、技术类

## 2004年度国家广电总局电视节目技术质量“金帆奖”中央电视台获奖名录

### 录制技术质量奖

新闻类

**一等奖**

《新闻联播》

专题类

**二等奖**

美济礁

综合文体类

**一等奖**

《午间乐园》：2004年中央电视台春节联欢晚会精编版

电视剧类

**二等奖**

没有抹完的口红

### 视频图形制作技术质量奖

片头类

**一等奖**

文化报道宣传片

动画片类

**二等奖**

哪吒传奇

### 声音制作技术质量奖

专题纪录片类

**三等奖**

2004 巴黎—达喀尔汽车拉力赛

电视剧类

**一等奖**

荣誉

译制片类

**三等奖**

走出非洲

综合艺术类

**一等奖**

第十一届“新盖中盖”杯全国青年歌手大奖赛

### 播出技术质量奖

**一等奖**

中央电视台

**综合奖**

中央电视台

## 2004年度中央电视台技术系统获奖项目及单位

### 电视节目录制技术质量奖

新闻类

**一等奖**

《体育报道》2004年6月9日播出的节目(播出传送中心)

**二等奖**

《新闻联播》2003年9月22日播出的节目(新闻制作部)

《新闻联播》2004年1月1日播出的节目(新闻制作部)

《新闻联播》2004年5月31日播出的节目(新闻制作部)

《新闻联播》2004年6月23日播出的节目(新闻制作部)

专题类

**一等奖**

奥运冠军特辑——李对红(播出传送中心)

**二等奖**

复活的军团(3)(科影厂技术处)

中式家具的现代时尚(技术制作中心)

海南西海岸(技术制作中心)

坚持(中集)(播出传送中心)

综合文体类

**一等奖**

梨园盛世——2004年中央电视台春节戏曲晚会(播出传送中心)

**二等奖**

音乐频道开播晚会(技术制作中心)

《综艺大观》2004年第15期(技术制作中心)

音乐盛典(上)(技术制作中心)

CCTV音乐厅2004年第60期(技术制作中心)

电视剧类

**一等奖**

曹雪芹(15集)(中国电视剧制作中心技术处)

**二等奖**

荣誉(20集)(中国电视剧制作中心技术处)

最后的骑兵(1集)(中国电视剧制作中心技术处)

### 电视节目安全播出奖

播出传送中心播出部播控一科C班、D班、E班

播出传送中心播出部播控二科A班、B班、D班、E班

播出传送中心播出部备播科A班、B班、C班、D班

新闻制作部中心科A班、B班、C班、E班

技术制作中心录制一部二科A班、B班、C班、D班、E班

技术制作中心录制三部三科A班、B班、C班、E班、F班、G班

技术管理办公室质量管理处有线电视科A班、B班

### 优质技术工程奖

中央电视台广播电视音像资料馆工艺系统(技术管理办公室)

中央电视台奥运会远程节目网络制作系统(播出传送中心)

中央电视台高清晰度电视5.1声道数字环绕声音频制作系统(技术制作中心)

中央电视台多通道硬盘自动播出系统(播出传送中心)

中央电视台400平方米高清晰度演播室系统(技术制作中心)

### 系统维护优秀奖

播出系统(播出传送中心播出部)

新闻频道播出系统(新闻节目中心新闻制作部)

给排水系统(技术管理办公室动力处)

军博制作系统(技术制作中心录制一部)

# 五、论文类

## 第七届“金笔奖”中央电视台获奖名录

**一等奖**

直播时代的新闻主播

论电视节目主持人的叙事驾驭

**二等奖**

对杂志型新闻节目主持串联方式的思考

谈谈播音主持艺术的意境美

从“对话”出发

**三等奖**

新闻节目主持人的平民视角

运筹谈笑间——我看《杨澜访谈录》的提问特点

体育节目播音员应特别具备对安全播出系统的修复

## “顺义广电杯”广播电视产业有奖征文中央电视台获奖名录

**一等奖**

中国电视产业政府管制的政策建议

**二等奖**

市场交易——中国电视新闻节目的新特征初探

**优秀奖**

成本预算与成本经营——电视产业化发展的重要途径

# 六、表彰类

## 2004年中央电视台荣获全国先进工作者名录

高丽萍（女）新闻中心新闻采访部主任

## 2004年中央电视台荣获全国“三八”红旗手名录

钱　蔚（女）社教节目中心社会专题部《今日说法》栏目总制片人

## 2004年中央电视台荣获中直机关“五一”劳动奖状名录

社教节目中心《挺进南极冰盖最高点》特别报道组

## 中央电视台荣获全国百佳新闻工作者名录

袁正明(社教节目中心)

## 中央电视台荣获第二届“十佳百优”广播电视理论工作者名录

“十佳”理论工作者

梁建增(新闻节目中心)

“百优”理论工作者

唐世鼎(台办室)

王亚平(总编室)

刘建鸣(总编室)

胡黎明(新闻节目中心)

孙金岭(新闻节目中心)

张文华(新闻节目中心)

童　宁(西部频道)
吴克宇(机关党委)

## 中央电视台荣获第四届全国百佳电视艺术工作者名录

王　峥(文艺节目中心)
王雪纯(文艺节目中心)
刘铁民(文艺节目中心)
李　咏(广告经济信息中心)
鞠　萍(青少节目中心)
李培森(中国电视剧制作中心)
杨　阳(中国电视剧制作中心)
沈好放(中国电视剧制作中心)

## 中央电视台荣获2004年首都文明单位标兵称号

## 中央电视台荣获2003～2004年度中直机关文明单位和先进个人名录

文明单位：中央电视台
先进个人：田应坪

## 中央电视台荣获广电总局2004年度精神文明标兵单位名录

中央电视台
中国电视剧制作中心
中央新闻纪录电影制片厂
北京科学教育电影制片厂
中国爱乐乐团

## 中央电视台荣获广电总局2004年度精神文明先进单位名录

中央卫星电视传播中心

## 中央电视台荣获广电总局2004年度精神文明先进集体名录

社教节目中心《健康之路》栏目组
新闻节目中心《焦点访谈》栏目组
青少节目中心
中央新闻纪录电影制片厂工会
电影卫星频道节目制作中心总编室

## 中央电视台荣获广电总局2004年度精神文明先进个人名录

中央电视台：
唐世鼎　崔国辉　张惠萍　韩玉勤
董新渝　许二春　武四清　郭秀英
田应坪　吴克宇　高　甡　王继辉
徐　瑛　汪保国　杨金月　张　辉
金　旭　梁玉珍　孙　彤　郭清华
付为民　冯存礼　史　岩　何淑文
谢桂昌　白志群　张晓阳　张利娜
李　瑞　张　兴　余培侠　阎建光
范　禹　王晓萌　王　谦　白　宇
吴晔华　叶双印　陈　明　王　军
赵玉东　孙玲娣　吴继尧　王克民
李利民
中国爱乐乐团：
贾　艳　张子霞
中央新闻纪录电影制片厂：
高　峰　张　平　徐建春　才俊良
胡通祥　张姗姗
北京科学教育电影制片厂：
廖　烨　刘志雄　孙文峰　马洁民　迟东霞
中国电视剧制作中心：
王东利　梁开元　林竞红　杨　阳
中央卫星电视传播中心：
毛海涛　何　芳
电影卫星频道节目制作中心：
张宏峰　党海燕

## 中央电视台荣获广电总局治安综合治理先进集体和先进个人名录

先进集体：中国爱乐乐团人事保卫部
先进个人：张子霞

## 中央电视台荣获广电总局消防先进集体和先进个人名录

先进集体：中国爱乐乐团行政办公室
先进个人：杨小平

## 中央电视台 2004 年度优秀播音员、主持人名录

鞠　萍　周　涛　孙正平　白岩松　李瑞英
撒贝宁　杨　锐　崔永元　李　咏　水均益

## 中央电视台 2004 年度先进集体、先进个人名录

### 一、先进集体

**台办公室**
秘书处二科
保卫处警卫科

**总编室**
宣传规划处综合组
节目资料管理处

**人事办公室**
培训职称处

**财经办公室**
财务处二科
基建处财务科

**新闻节目中心**
时政新闻部记者二组
社会新闻部记者二组
新闻制作部中心科

**海外节目中心**
英语频道《综合新闻》夜间新闻组
海外新闻部编辑组
海外专题部《再说长江》摄制组
对台编辑部《海峡两岸》栏目组

**社教节目中心**
科技专题部《挺进南极冰盖最高点》特别报道组
社会专题部《讲述》栏目组
综合部宣传规划组

**文艺节目中心**
综合部秘书组
国际部世界各地组
文艺部歌舞组

**广告经济信息中心**
广告部业务科
频道策划研发组

**体育节目中心**
体育竞赛部竞赛二组

**青少节目中心**
综合部秘书组
节目编辑策划组

**技术管理办公室**
质量管理处有线电视科
信息通信处应用技术开发科

**技术制作中心**
音频部音频制作一科
录制一部录制七科
录制三部制作四科

**播出传送中心**
播出部播控三科
总控部运行一科

**中国电视报社**
技术科

**新台址建设工程办公室**
合同造价部

**中国电视剧制作中心**
计划财务处
技术处录制一科
涿州拍摄基地市场营销部

**中央新闻纪录电影制片厂**
《小平您好》摄制组
行政处运输科
技术处

**北京科学教育电影制片厂**
《大家》栏目组

演播科
计划财务处

**中国国际电视总公司**

北京未来广告公司
总公司计划财务部

**中央数字电视传媒有限公司**

运营中心

二、先进个人

**台办公室**

王新启　陈惠琴　李　强　宋根秀(行政处)
黄　伟(法规处)
甄月宁(房管处)
周　滢(事业发展调研处)

**总编室**

倪代光(总编室)
李　宾(观联处)
凌晟珩(节目播出管理处)
唐　陟(研究处)

**人事办公室**

李清昊(干部管理处)

**财经办公室**

王朝晖(财务处)

**机关党委**

张梅英(工会)

**新闻节目中心**

唐　玥(综合部)
付雪松　郑秀国(新闻采访部)
王　涵(社会新闻部)
卜晓春(地方新闻部)
李瑞英　杨新爽(新闻编辑部)
白岩松　杨云苏(新闻评论部)
唐卫东(新闻频道编辑部)
李　黎(军事节目部)
鲜　军(新闻制作部)

**海外节目中心**

王东民(综合部)
吕晓佳(海外编辑部)
王雄先(海外联络部)
汪曙光(海外新闻部)
曾　巍　韩秋红　顾贝艺　杨 栋(西法语频道)

**社教节目中心**

赵京津(综合部)
梁　红　沙宇鸿(社会专题部)
牟彦彦(频道编辑部)
李亚玮　陈晓夏(科技专题部)
王　平　呼啸起(法制专题部)
张德宏(教育专题部)
寒　冰(文化专题部)

**文艺节目中心**

庄京武(综合部)
孙　滨(文艺部)
黄海涛(影视部)
谢东娜(戏曲音乐部)
刘志刚(国际部)

**广告经济信息中心**

申超超(综合部)
张凯华　张　玲　邓　彦　哈学胜　王伟民(经济频道)
仇文艳(图文电视部)
冷　庆　沈鸿雁(广告部)

**体育节目中心**

栗　斌(综合部)
朱　昭(体育新闻部)
朱文韬(体育编辑部)
张晓同(体育竞赛部)

**青少节目中心**

张　璞(综合部)
方　琼(青年部)
王　坚(动画部)
周　洲(少儿部)

**技术管理办公室**

胡　南(技术业务处)
高东生(动力处)

**技术制作中心**

管海涛　李怀新(综合部)
刘　昕　钟　辰(录制一部)
苏　东　颜　枫(录制二部)
田连水(录制三部)
王宏磊　郑　征(制作部)
范学文(音频部)

**播出传送中心**

张超群(播出部)

郭　洋(转播部)
张秋玲(总控部)
薛军洪(传送部)

**纪检组监察室、机关纪委**

张　威

**中国电视报社**

赵明亮
焦　朋

**新台址建设工程办公室**

曹建新

**中国电视剧制作中心**

孙　明(制作部)
沈好放(生产处)
周　磊(办公室)

**中央新闻纪录电影制片厂**

杜连跃(保卫处)
贾晓风(译制片室)
张美堂(技术处)
赵平洋(《影像地带》栏目组)
韩　震(《名段欣赏》栏目组)

**北京科学教育电影制片厂**

祁少华　金铁木　赵琳琳(总编室)
翟永伦(离退休处)
阎　娟(动画部)

**中央卫星电视传播中心**

陈　林(网络经营部)

**中国国际电视总公司**

李小健(金视光盘有限公司)
魏　平(节目制作部)
滕云平(梅地亚电视中心有限公司)

**中央数字电视传媒有限公司**

周文飞(央视风云传播有限公司)

**中国爱乐乐团**

滕　维(办公室)

## 中央电视台2004年度优质管理服务奖名录

一等奖

**台办公室**

秘书处　一科
保卫处　消防中心科
行政处　交通科
行政处　食堂二科
房管处　房管科
事业发展调研处　文秘组

**人事办公室**

干部管理处　编外人员管理岗位
劳动工资处　奖金管理岗位
培训职称处　培训岗位
离退休处　医疗保健岗位

**财经办公室**

财务处　综合科
财务处　财务二科
综合业务处　企业科
财产物资处　管理科
基建处　综合科

**机关党委**

精神文明协调处　计划生育岗位
党委办公室　宣传岗位
审计处　工程审计组
纪检组监察室　廉政宣传教育组

二等奖

**台办公室**

秘书处　档案科
保卫处　消防科
外事处　接待科
法规处
行政处　医疗保健科
事业发展调研处　信息组

**人事办公室**

干部管理处　干部管理岗位
离退休处　文体协会管理岗位

**财经办公室**

财务处　管理科
财务处　医疗科
财产物资处　供应科
基建处　技术科
计划统计处　计划科

**机关党委**

党委办公室　组织岗位
工会　财务岗位

三等奖

**台办公室**

秘书处　收发科

保卫处　警卫科

外事处　亚非拉科

行政处　行政科

行政处　食堂一科

房管处　维修科

**人事办公室**

干部管理处　秘书岗位

劳动工资处　工资管理岗位

培训职称处　秘书岗位

离退休处　活动站管理岗位

**财经办公室**

财务处　五科

财务处　财务三科

基建处　工程科

综合业务处　综合科

**机关党委**

工会联合会　文体岗位

精神文明协调处　献血岗位

## 中央电视台2004年度优秀栏目、优秀节目获奖作品名录

特别奖

中央电视台2004年雅典奥运会报道(体育节目中心)

澳门回归五周年特别报道(海外节目中心)

优秀栏目

**一等奖**

新闻联播(新闻节目中心)

法治在线(新闻节目中心)

海峡两岸(海外节目中心)

讲述(社教节目中心)

艺术人生(文艺节目中心)

经济半小时(广告经济信息中心)

体育新闻(体育节目中心)

中国动画精品版(青少节目中心)

同一首歌(中国国际电视总公司)

**二等奖**

东方时空(新闻节目中心)

中国新闻(午间)(海外节目中心)

同乐五洲(海外节目中心)

探索·发现(社教节目中心)

走近科学(社教节目中心)

曲苑杂坛(文艺节目中心)

CCTV空中剧院(文艺节目中心)

非常6+1(广告经济信息中心)

全明星猜想(体育节目中心)

智慧树(青少节目中心)

名段欣赏(中央新闻纪录电影制片厂)

大家(北京科学教育电影制片厂)

新闻资讯类节目

**一等奖**

胡锦涛在河北考察(新闻节目中心)

重大典型人物系列报道(许振超3集、任长霞3集、牛玉儒4集)(新闻节目中心)

焦点访谈: 想要通知书　先拿十万来——北航招生事件(新闻节目中心)

系列专题报道：精彩中国(新闻节目中心)

“两会”报道——马斌读“两会”、小丫跑“两会”、老姚说“两会”(广告经济信息中心)

刘翔夺冠　创造历史(体育节目中心)

31集系列片《沿着青藏铁路》(海外节目中心)

**二等奖**

江苏常州4200亩耕地违规征用 1400多户农民失去土地(新闻节目中心)

禽流感系列报道(新闻节目中心)

掺假有术　粉丝猛追肥(新闻节目中心)

感动中国——2003年度人物评选(新闻节目中心)

大型直播节目：敦煌再发现(新闻节目中心)

大型直播节目：嘿，火星(社教节目中心)

《中国经验》系列报道(广告经济信息中心)

《城市中国》系列节目(广告经济信息中心)

记者见证：2004中国经济(广告经济信息中心)

李婷、孙甜甜为中国网球在奥运会上书写新篇章(体育节目中心)

第二十八届雅典奥运会乒乓球男单1/4决赛(体育节目中心)

陕西蓝田公路职工培训大厦产权被领导干部私分(内参片)(新闻节目中心提供)

烟台市上访人员教育站收容关押上访人员情况调

查(内参片)(新闻节目中心提供)

专题服务类节目

**一等奖**

纪录片：小平您好(中央新闻纪录电影制片厂)
大型口述文献专题片：百年小平(社教节目中心)
特别节目：挺进南极冰盖最高点(社教节目中心)
5 集纪录片：幼童(新闻节目中心)
“十一”特别节目：超市大赢家(广告经济信息中心)
中国奥运冠军特辑(1984～2000)(体育节目中心)

**二等奖**

专题片：永远的胡杨(海外节目中心)
中华医药：神清气和文怀沙(海外节目中心)
国宝档案：龙耳虎足方壶(海外节目中心)
DV2004 我们的影像故事(社教节目中心)
奠基中国——2004 年教师节特别节目(社教节目中心)
法治的力量 2004(社教节目中心)
专题片：留住手艺(社教节目中心)
为您服务：骗术侦探在行动(广告经济信息中心)
豪门盛宴——2004年欧洲杯晚间报道(5)(体育节目中心)
世界著名大学(青少节目中心)
狙击英雄(北京科学教育电影制片厂)
大型历史题材系列片：中国史话(社教节目中心)

综艺益智类节目

**一等奖**

2004 年春节联欢晚会(文艺节目中心)
小平,你好!——纪念邓小平同志诞辰100周年大型文艺晚会(文艺节目中心)
中华情·盛典之夜——中国东盟博览会闭幕式(海外节目中心)
梦想中国(广告经济信息中心)
和祖国一起飞——2004 年“六一”联欢晚会(青少节目中心)

**二等奖**

2004 年“心连心”系列演出(文艺节目中心)
第十一届全国青年歌手电视大奖赛(文艺节目中心)
中法文化年雅尔音乐会(文艺节目中心)
2004 年维也纳新年音乐会(文艺节目中心)
和平歌圩——2004 年广西南宁民歌节开幕式文艺晚会(文艺节目中心)
宋祖英维也纳独唱音乐会(文艺节目中心)
Hand In Hand中国·印度(手拉手)(文艺节目中心)
2004 年“十一”特别节目：欢乐英雄(广告经济信息中心)
感动未来——少儿频道周年特别节目(青少节目中心)

影视剧

**一等奖**

大姐(文艺节目中心)
婆婆(文艺节目中心)
记忆的证明(中国电视剧制作中心)

**二等奖**

香樟树(文艺节目中心)
红旗谱(文艺节目中心)
正月里来是新春(文艺节目中心)
小兵张嘎(文艺节目中心)
女子监狱(中国电视剧制作中心)
动画片：唐诗故事(青少节目中心)
名扬花鼓(中国国际电视总公司)

**国外电视剧优秀译制奖**

海外剧场：人鱼小姐(韩国)(文艺节目中心)

外语节目

**优秀栏目奖**

旅游指南(海外节目中心)

**优秀节目奖**

今日话题——舒尔茨专访(海外节目中心)

## 中央电视台 2004 年度精神文明先进集体名录

台办公室秘书处档案科
台办公室行政处综合科
总编室节目播出管理处节目组
人事办公室劳动工资处
财经办公室财产物资处管理科
机关党委精神文明协调处
新闻节目中心新闻采访部农业组
新闻节目中心新闻编辑部国际新闻组

新闻节目中心新闻制作部制作科
海外节目中心西法语频道西语教学综合组
海外节目中心西法语频道《法语新闻》组
海外节目中心海外编辑部综艺节目组
社教节目中心综合部办公室
社教节目中心法制专题部《中国法治报道》组
文艺节目中心综合部节目组
文艺节目中心国际部
广告经济信息中心《经济半小时 》栏目组
广告经济信息中心《第一时间》栏目组
体育节目中心体育编辑部《足球》栏目组
青少节目中心青年部《第二起跑线》栏目组
技术管理办公室质量管理处有线电视科
技术制作中心录制二部后期制作三科
技术制作中心录制三部制作三科
技术制作中心音频部设备管理科
播出传送中心综合部
纪检组、监察室、机关纪委
中国电视报社中文编辑组
中国国际电视总公司境外卫星节目代理部
北京中视汇才文化发展有限公司
新台址建设工程办公室技术部

## 中央电视台2004年度<br>精神文明先进个人名录

台办公室：唐世鼎　崔国辉　张惠萍
总编室：韩玉勤
人事办公室：董新渝
财经办公室：许二春　武四清
机关党委：郭秀英　田应坪　吴克宇　高　甡
　　王继辉
新闻节目中心：徐　瑛　汪保国　杨金月
　　张　辉　金　旭　梁玉珍
海外节目中心：孙　彤　郭清华　付为民
社教节目中心：冯存礼　史　岩　何淑文
文艺节目中心：谢桂昌　白志群
广告经济信息中心：张晓阳　张利娜
体育节目中心：李　瑞　张　兴
青少节目中心：余培侠　阎建光
技术管理办公室：范　禹　王晓萌
技术制作中心：王　谦　白　宇　吴晔华
播出传送中心：叶双印　陈　明　王　军
纪检组监察室、机关纪委：赵玉东
审计处：孙玲娣
中国电视报社：吴继尧
中国国际电视总公司：王克民
新台址建设办公室：李利民

（以下为编外人员）

台办公室：戢　伟　孙文静　单长英　王世爱
　　田大明
总编室：王煜変　张佰明
人事办公室：范秀兰
财经办公室：王军华
机关党委：栗龙池
新闻节目中心：朱　瑛　崔　霞　冯建义
　　陈英才　彭　坤　孙金岭
　　李　岩　丁中桂
海外节目中心：许佳颖　柴浩然　杨柯令
　　赵　翀　朱　易
社教节目中心：芦　嘉　姜　文　刘　斌
　　盛振华　武继卿　于海霞
　　呼啸起　王　平
文艺节目中心：郭　婷　林　刚　任　洁
广告经济信息中心：郭金秋　李佳明　哈学胜
　　田　梅　徐立军　刘丽华
　　马海东
体育节目中心：刘明梅　周　巍　王　欣
青少节目中心：张丽媛　柳　刚　祁金中
技术管理办公室：杨　雷
技术制作中心：赵琛琛　金　云　吕晓彬
　　李　萌　孙　玉　王宝莹
　　刘　军
播出传送中心：王　磊　郭　异
审计处：李连生
中国电视报：王茂华
中国国际电视总公司：刘振瑞　姚　佳　伍毅然
　冯宏立　苏传沛　程春丽　崔雅菁　韩凤侠
　徐　巍　王立新　石兴亚　王　毅　肖美珍
　赵　邯　李　涛　柳莉文　张　欣　那　珺
　胡　兰
新台址建设工程办公室：彭　涛

2005

CHINA
CENTRAL TELEVISION
YEARBOOK

中国中央电视台
年　鉴

GUANZHONG DIAOCHA

# 观众调查

# 观众调查

## 2004年中央电视台年度收视分析报告

### 一、品牌与竞争力

(一) 2004年中央电视台整体竞争力进一步提升

2004年中央电视台15个频道总体收视份额达29.74%，比2003年提高1.46个百分点。

2004年观众每天收看中央电视台节目的时间为人均45分钟，比2003年（44分钟）增加1分钟。

2004年中央电视台最高收视份额达到43.10%（奥运会转播期间）。

2004年总体收视份额较高的天数也明显多于往年。2004年总体收视份额高于30%的天数达到了153天，而2003年、2002年、2001年，中央电视台总体收视份额超过30%的天数分别为128天、40天和4天。

不考虑非常规节目时期（2004年奥运会转播，2003年伊拉克战事直播、2002年世界杯足球赛）的收视份额变化，2004年常规时期中央电视台收视份额依然达到29.24%，较2003年提高了1.37个百分点，较2002年提高了3.74个百分点（如图1）。

中央电视台收视份额已连续四年保持上升趋势。

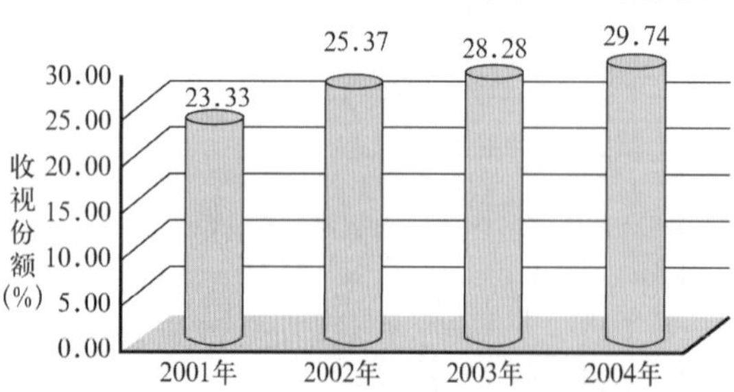


图1 历年中央电视台收视份额比较图

(二) CCTV品牌的观众影响面增大、吸引力进一步增强

2004年中央电视台竞争力的增强是以CCTV品牌价值的提升为基础的。2004年CCTV品牌的观众影响层面更为广泛，观众凝聚力和吸引力明显增强。

**1. 2004年中央电视台观众规模明显增大**

2004年中央电视台节目的日均观众规模达到54.66%（6.5亿人），相对每天74.97%的观众开机规模，每天中央电视台在开机观众中的影响面达到了72.91%。

相对2003年，中央电视台在2004年每天的观众规模增加了2000万人。

**2. 在观众规模增大的同时，观众对中央电视台节目的主动收视比率明显增加**

以每15分钟为单位，考查全国电视观众有多大比率主动收看中央电视台的节目。结果发现，在2004年这一比率达到了34.31%，相对2003年的29.28%提高了5个多百分点。

这一比率的明显增加，说明CCTV品牌的影响力进一步增强。

**3. 2004年观众对中央电视台节目的收视稳定性增强**

以每小时收看中央电视台节目观众平均滞留比率作为评价观众的收视稳定性或中央电视台节目对观众的吸引力指标。2004年中央电视台节目的吸引力指标达到了35.89%，是近四年来的最高水平。相对往年观众对中央电视台节目的收视忠实度明显增强。

综合观众规模指标和收视吸引力指标，可以看到（如图2），不论是品牌的号召力，还是品牌对观众的附着力和吸引力，中央电视台品牌都达到了近年来的较高水平。

图2　近年来CCTV品牌影响力特征变化示意图

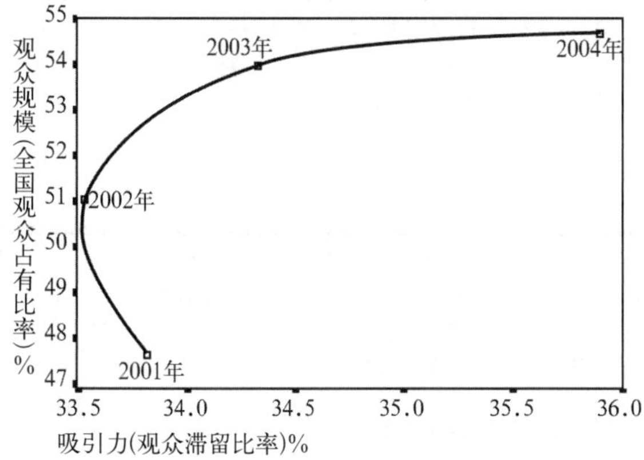


（三）观众对CCTV的满意度进一步提升

观众对CCTV品牌的满意度在2004年也有明显提高（如表1）。

根据央视市场研究股份有限公司的调查，2004年观众对中央电视台各频道的满意度水平都达到了80分以上。CCTV-1和CCTV-新闻的观众满意度超过了90分。

在全国卫视频道中，观众最满意的前20个频道，中央电视台有13个，前10名的频道基本上都是中央电视台的频道。

从观众对中央电视台各频道满意度的变化状况看，除CCTV-12相对2003年观众满意度下降外，其他14个频道的满意度均相对上年有不同程度的提高。

表1　中央电视台满意度统计表

| 频道名称 | 全国卫视频道中的满意度排名 | 2004年满意度 | 2003年满意度 | 相对上年变化状况 |
|---|---|---|---|---|
| CCTV-1 | 1 | 90.48 | 90.4 | 提升 |
| CCTV-新闻 | 2 | 90.15 | – | – |
| CCTV-3 | 3 | 89.30 | 87.3 | 提升 |
| CCTV-4 | 4 | 88.81 | 87.7 | 提升 |
| CCTV-5 | 5 | 88.61 | 86.5 | 提升 |
| CCTV-2 | 6 | 88.06 | 85.3 | 提升 |
| CCTV-7 | 7 | 87.82 | 85.96 | 提升 |
| CCTV-8 | 8 | 87.66 | 87.25 | 提升 |
| CCTV-音乐 | 10 | 87.51 | – | – |
| CCTV-10 | 11 | 87.05 | 84.4 | 提升 |
| CCTV-少儿 | 12 | 87.03 | – | – |
| CCTV-11 | 13 | 86.98 | 84.7 | 提升 |
| CCTV-6 | 16 | 86.31 | 85.5 | 提升 |
| CCTV-12 | 21 | 84.91 | 85.3 | 下降 |
| CCTV-9 | 34 | 83.19 | 80.4 | 提升 |

## 二、品牌格局

（一）CCTV品牌的频道格局

2004年中央电视台各频道收视表现如下表所示。在全国共有16个频道收视份额超过1%，中央电视台收视份额超过了1%的频道数量达到8个，占50%。

如图3，CCTV-1对中央电视台总体收视份额的贡献率接近三分之一，依然是中央电视台品牌的支柱频道。CCTV-6对中央电视台总体收视份额的贡献居于其次占16.18%，CCTV-8对中央电视台总体收视份额的贡献位居第三，占12.51%。

各专业频道对中央电视台品牌竞争力的贡献日益增加。

例如，近几年新推出的几个专业频道（CCTV-10～15）对中央电视台收视份额的贡献达到12.27%。

尤其是CCTV-少儿频道推出头一年对中央电视台收视份额的贡献率就达到了2.35%。

（二）CCTV品牌的时段格局

2004年（除年三十和奥运转播时间），在06：00～24：30间的各播出时段中，中央电视台节目平均每分钟的观众收视人数达到了4575万人，在周末各时段的平均观众人数更是达到5137万人。

其中在19：00～21：30间的各时段，中央电视台15个频道的平均每分钟的观众人数均超过了1亿人。

与2003年相比，CCTV品牌竞争力的提升体现在

06：00～24：30间的大多数播出时段。

与2003年相比（剔除年三十、伊拉克战事直播、奥运赛事直播的数据），CCTV品牌竞争力的提升体现在全天绝大多数播出时段（如图4）。

表2　2004年中央电视台各频道收视份额列表

| 频 道 | CCTV-1 | CCTV-6 | CCTV-8 | CCTV-5 | CCTV-3 | CCTV-2 | CCTV-新闻 | CCTV-4 |
|---|---|---|---|---|---|---|---|---|
| 收视份额（%） | 9.58 | 4.81 | 3.72 | 2.65 | 2.17 | 1.27 | 1.25 | 1.07 |
| 频道 | CCTV-7 | CCTV-少儿 | CCTV-12 | CCTV-11 | CCTV-10 | CCTV-9 | CCTV-音乐 | |
| 收视份额（%） | 0.81 | 0.7 | 0.66 | 0.56 | 0.47 | 0.02 | 0.01 | |

图3　各频道对中央电视台总体收视份额的贡献比率

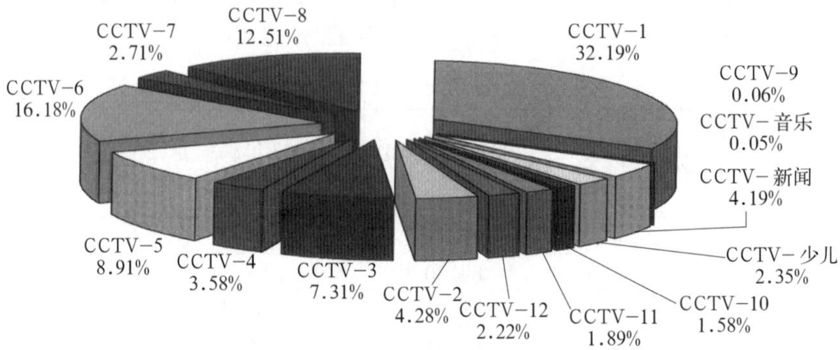


表3　中央电视台时段收视份额表

| 时 段 | 06：00～06：30 | 06：30～07：00 | 07：00～07：30 | 07：30～08：00 | 08：00～08：30 | 08：30～09：00 | 09：00～09：30 | 09：30～10：00 | 10：30～11：00 | 11：30～12：00 |
|---|---|---|---|---|---|---|---|---|---|---|
| 收视份额(%) | 30.34 | 36.74 | 39.70 | 40.03 | 34.12 | 32.28 | 30.60 | 31.42 | 30.76 | 36.46 |
| 时 段 | 12：00～12：30 | 12：30～13：00 | 16：00～16：30 | 16：30～17：00 | 17：00～17：30 | 17：30～18：00 | 18：00～18：30 | 19：00～19：30 | 24：00～24：30 | |
| 收视份额(%) | 35.59 | 33.45 | 30.14 | 31.27 | 33.24 | 36.19 | 35.21 | 32.47 | 32.01 | |

图4　近两年中央电视台节目在各主要播出时段收视份额变化示意图

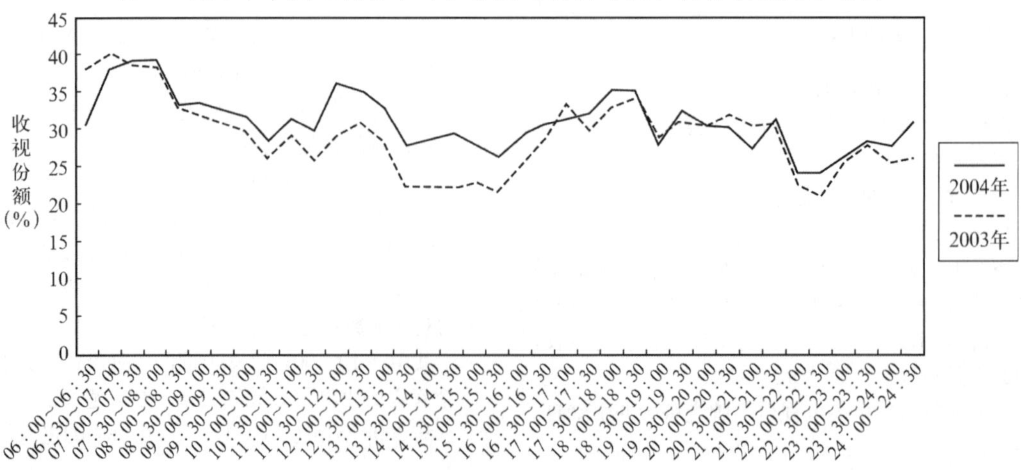

收视份额相对下降的只有06：00～07：00，16：30～17：00等时段。

（三）CCTV品牌的节目格局

**1．大众型节目对中央电视台收视竞争力的贡献居前**

影视剧、新闻、综艺等节目类型在各类调查中均是观众收视选择的主要指向。

这些类型的节目也是中央电视台吸引观众的重要载体。如图5，电视剧、电影、新闻、综艺四类节目对中央电视台收视竞争力的贡献比率在各节目类型中居前，四种类型节目对中央电视台收视竞争力总的贡献比率达到了58.94%，是影响中央电视台与其他电视台收视竞争格局的重要节目元素。

以CCTV－1为例，CCTV－1频道收视份额的变化与19：00～21：30新闻和电视剧的收视情况存在明显的关联。这一时段节目对CCTV－1的收视份额变化的影响程度达到61.8%。

教学、外语、戏曲、财经等观众收视倾向较弱的小众节目对中央电视台收视竞争力的贡献比率则相应较低。

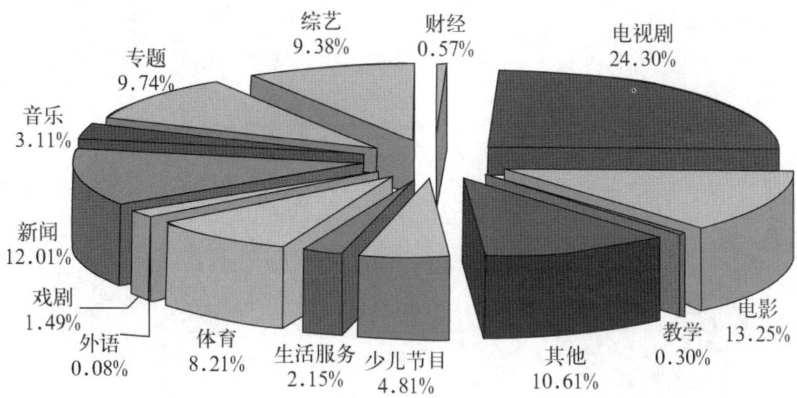


图5　2004年各类节目对中央电视台整体竞争力的贡献比率

**2．与上年相比，影视剧、新闻对中央电视台收视竞争力的贡献比率有所降低**

体育、综艺、少儿、专题、戏曲等类型节目对中央电视台收视竞争力的贡献比率相对上年有所提高。

表4　中央电视台各类节目收视份额贡献率

| | 2003年（%） | 2004年（%） | 近两年贡献比率差异 | | 2003年（%） | 2004年（%） | 近两年贡献比率差异 |
|---|---|---|---|---|---|---|---|
| 电视剧 | 25.51 | 24.3 | −1.21▼ | 少儿节目 | 3.97 | 4.81 | 0.84▲ |
| 电影 | 15.71 | 13.25 | −2.46▼ | 音乐 | 2.61 | 3.11 | 0.5▲ |
| 新闻 | 14.97 | 12.01 | −2.96▼ | 生活服务 | 2.07 | 2.15 | 0.08▲ |
| 专题 | 9.23 | 9.74 | 0.51▲ | 戏曲 | 1.13 | 1.49 | 0.36▲ |
| 综艺 | 7.52 | 9.38 | 1.86▲ | 财经 | 0.49 | 0.57 | 0.08▲ |
| 体育 | 5.43 | 8.21 | 2.78▲ | 教学 | 0.31 | 0.3 | −0.01▼ |

3. 各类节目的市场占有率

中央电视台在体育、教学、新闻、电影、音乐、戏曲、综艺、专题、少儿等类型节目中具有较大的市场竞争优势，所占市场份额均超过或接近50%。

在生活服务类节目中，中央电视台的市场份额也接近40%。但在财经类及电视剧类节目中的竞争优势相对较弱，份额不及30%，其中电视剧的市场占有率只有20.15%。具体如下：

新闻

◎ 在国内的电视新闻节目市场中，中央电视台获得了53.26%的份额（如下图）。

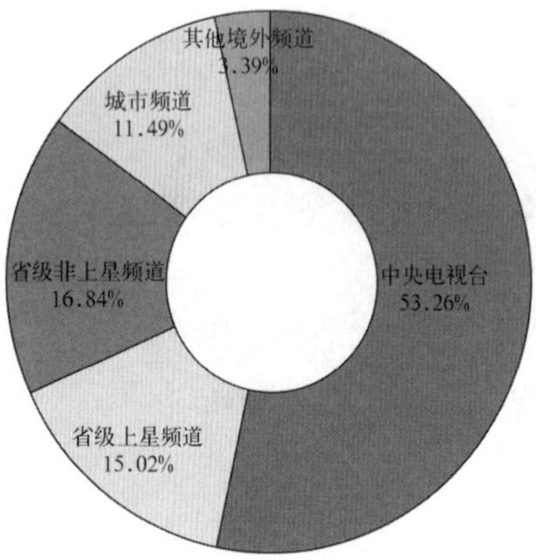


◎ 在中央电视台新闻节目所获得的53.26%的份额中，各频道的贡献如下：

CCTV-1(57.3%)、CCTV-新闻（22.72%）、CCTV-4（9.55%）、CCTV-5（6.19%）、CCTV-2（2.87%）。

综艺

◎ 在国内电视综艺节目市场中，中央电视台获得了49.16%的份额(如下图)。

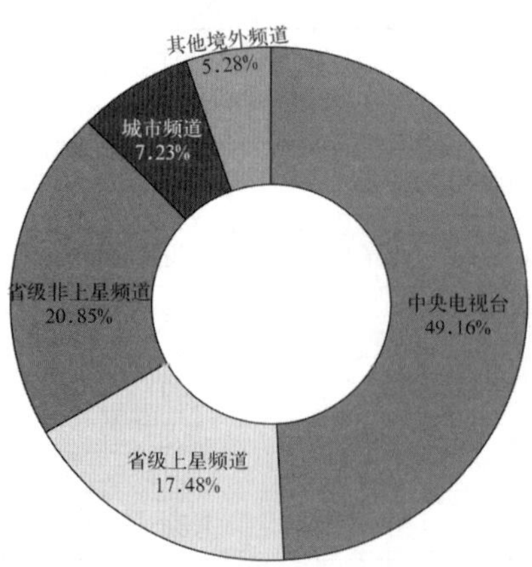


◎ 在综艺节目所获得的49.16%的份额中，中央电视台各频道的贡献率如下：

CCTV-3(37.82%)、CCTV-1(28.23%)、CCTV-2（13.52%）、CCTV-6(5.35%)、CCTV-8（4.32%）、CCTV-12（4.32%）、CCTV-4（3.19%）。

体育

◎ 在国内体育节目市场中，中央电视台获得了80.22%的份额（如下图）。

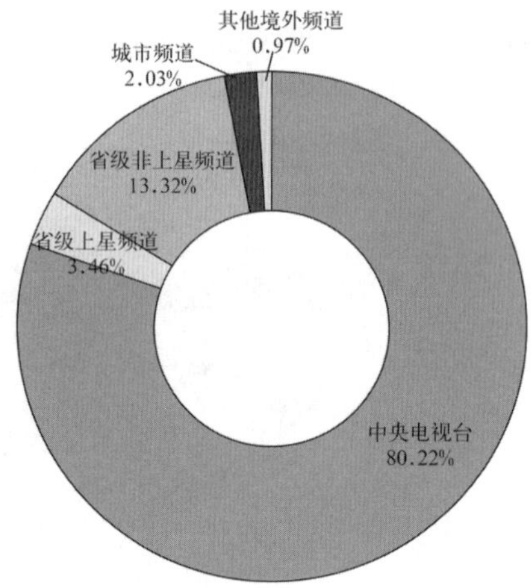


◎ 在体育节目获得的80.22%的份额中，中央电视台各频道的贡献率如下：

CCTV-5(88.35%)、CCTV-1（8.67%）、CCTV-2（1.24%）、CCTV-4(1.07%)。

电影

◎ 在国内电影节目市场中，中央电视台获得了55.11%的份额（如下图）。

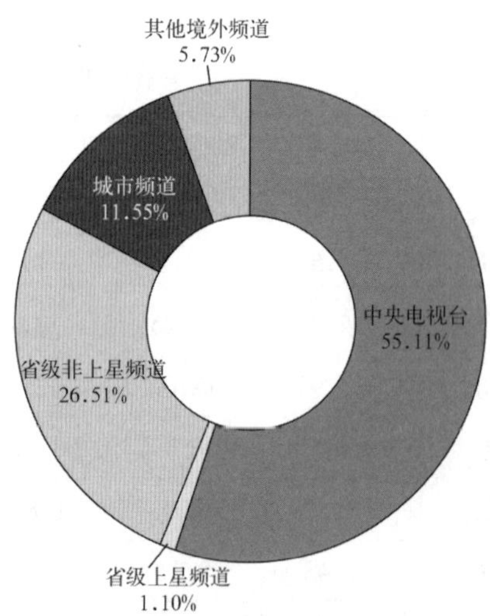

◎ 在电影节目所获得的55.11%的份额中，中央电视台各频道的贡献率如下：

CCTV-6 (95.65%)、CCTV-8（2.93%）。

教学

◎ 在国内教学节目市场中，中央电视台获得了73.93%的份额（如下图）。

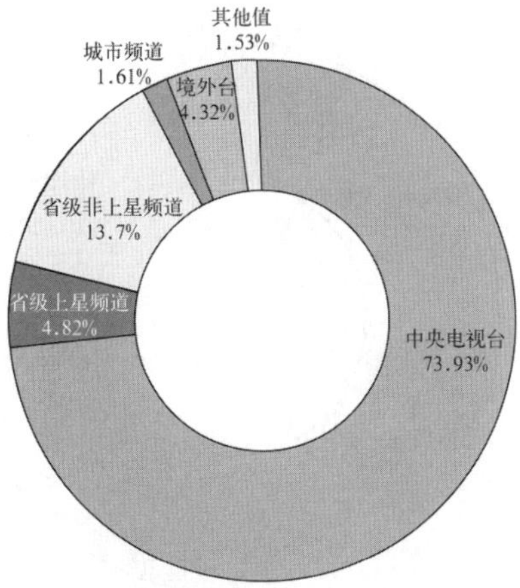


◎ 在教学节目所获得的73.93%的份额中，中央电视台各频道的贡献率如下：

CCTV-10(38.83%)、CCTV-11（28.23%）、CCTV-3（20.9%）、CCTV-7(8.74%)。

少儿

◎ 在国内少儿节目市场中，中央电视台获得了45.61%的份额（如下图）。

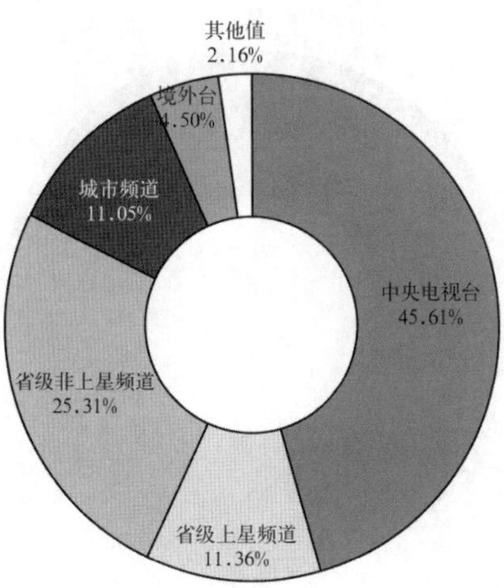


◎ 在少儿节目所获得的45.61%的份额中，中央电视台各频道的贡献率如下：

CCTV-1(43.4%)、CCTV-少儿（25.1%）、CCTV-7（16.31%）、CCTV-12(4.34%)。

专题

◎ 在国内专题节目市场中，中央电视台获得了48.71%的份额（如下图）。

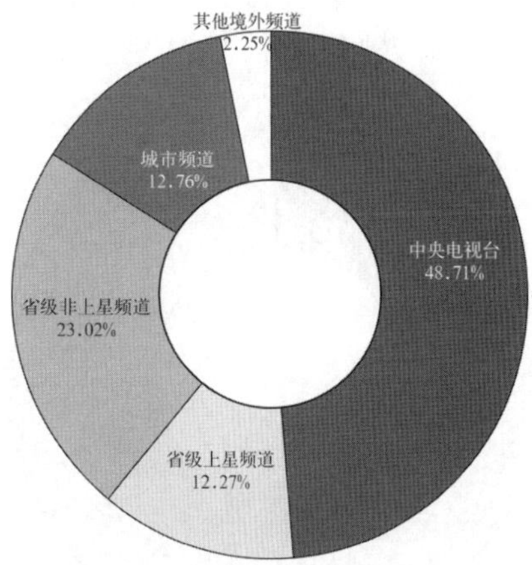


◎ 在专题节目所获得的48.71%的份额中，中央电视台各频道的贡献率如下：

CCTV-1(30.92%)、CCTV-7 (15.4%)、CCTV-10（12.18%）、CCTV-新闻(9.08%)、CCTV-4（7.5%）、CCTV-3（7.21%）、CCTV-2（5.14%）CCTV-6(5.01%)、CCTV-12（3.04%）、CCTV-8（2.27%）、CCTV-5(1.11%)、CCTV-少儿 (0.84%)。

生活服务

◎ 在国内生活服务节目市场中，中央电视台获得了39.36%的份额（如下图）。

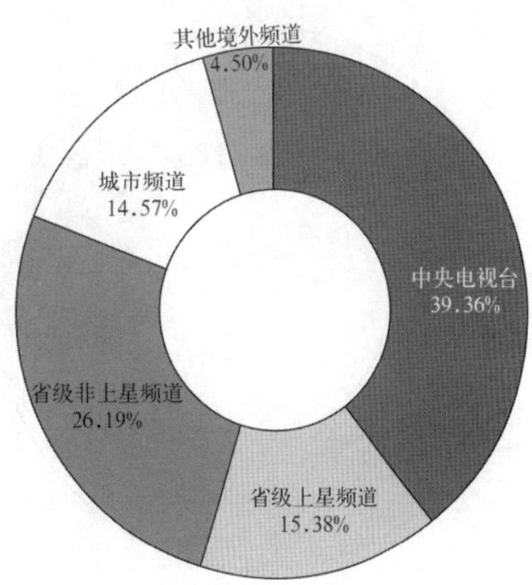

◎ 在生活服务节目所获得的39.36%的份额中，中央电视台各频道的贡献率如下：

CCTV-1(39.79%)、CCTV-2(36.16%)、CCTV-新闻（9.7%）、CCTV-10(3.82%)。

戏曲

◎ 在国内戏曲节目市场中，中央电视台获得了54.82%的份额（如下图）。

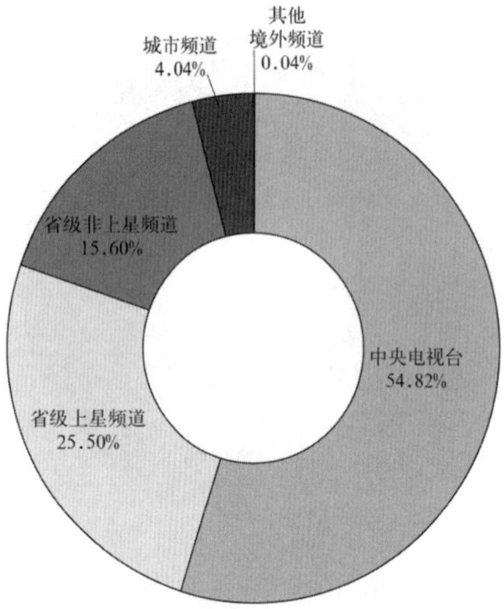


◎ 在戏曲节目所获得的54.82%的份额中，中央电视台各频道的贡献率如下：

CCTV-11(95.1%)、CCTV-1（2.3%）、CCTV-4（1.52%）。

财经

◎ 在国内财经节目市场中，中央电视台获得了29.11%的份额（如下图）。

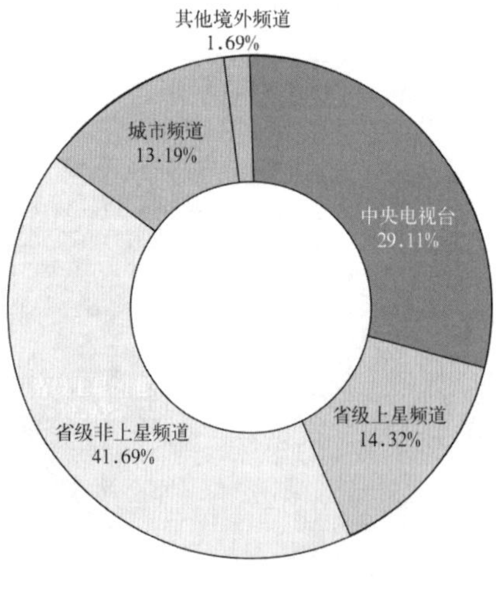


◎ 在财经节目所获得的29.11%的份额中，中央电视台各频道的贡献率如下：

CCTV-2(99.97%)。

音乐

◎ 在国内音乐节目市场中，中央电视台获得了61.02%的份额（如下图）。

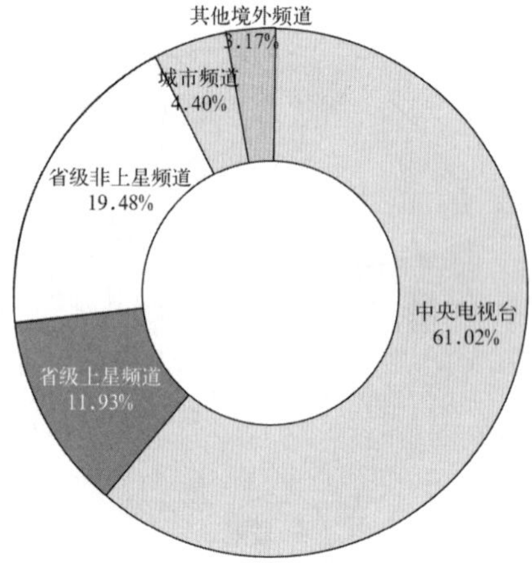


◎ 在音乐节目所获得的61.02%的份额中，中央电视台各频道的贡献率如下：

CCTV-3(72.06%)、CCTV-1(15.32%)、CCTV-6（4.72%）、CCTV-8(3.42%)。

电视剧

◎ 在国内电视剧节目市场中，中央电视台获得了20.15%的份额（如下图）。

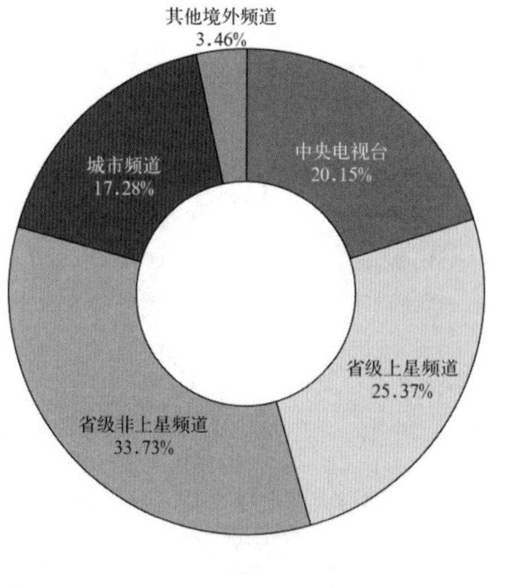

◎ 在电视剧节目所获得的20.15%的份额中，中央电视台各频道的贡献率如下：

CCTV-1(48.98%)、CCTV-8（41.59%）、CCTV-4（4.07%）、CCTV-12(3.52%)

**4. 常规播出栏目的平均收视率**

2004年在中央电视台234个常规播出且参与综合评价的栏目中，有15个栏目的平均收视率大于1%（相当于每期观众人数超过1188万人），有29个栏目的平均收视率介于0.5%～1%之间，有134个栏目的平均收视率介于0.1%～0.5%之间，另外有56个栏目平均每期观众人数不足100万人。

表5　2004年平均收视率超过1%的15个栏目

| 栏目名称 | 所属频道 | 开始时间 | 大类别 | 小类别 | 平均收视率（%） |
|---|---|---|---|---|---|
| 新闻联播 | CCTV-1 | 19：00 | 新闻资讯 | 消息 | 8.89 |
| 焦点访谈 | CCTV-1 | 19：38 | 新闻资讯 | 深度报道 | 3.62 |
| 同一首歌 | CCTV-1 | 21：45 | 综艺益智 | 大众文艺 | 3.05 |
| 今日说法 | CCTV-1 | 12：38 | 专题服务 | 科教文化 | 2.15 |
| 幸运52 | CCTV-1 | 21：45 | 综艺益智 | 游戏竞猜 | 1.79 |
| 艺术人生 | CCTV-1 | 21：45 | 专题服务 | 谈话 | 1.72 |
| 开心辞典 | CCTV-1 | 21：45 | 综艺益智 | 游戏竞猜 | 1.68 |
| 曲苑杂坛 | CCTV-1 | 21：45 | 综艺益智 | 大众文艺 | 1.65 |
| 新闻30分 | CCTV-1 | 12：00 | 新闻资讯 | 消息 | 1.55 |
| 动画城 | CCTV-1 | 16：57 | 影视剧 | 动画片 | 1.45 |
| 大风车 | CCTV-1 | 17：27 | 专题服务 | 科教文化 | 1.42 |
| 新闻调查 | CCTV-1 | 21：45 | 新闻资讯 | 深度报道 | 1.18 |
| 演艺竞技场 | CCTV-3 | 19：30 | 综艺益智 | 大众文艺 | 1.04 |
| 非常6+1 | CCTV-2 | 19：40 | 综艺益智 | 游戏竞猜 | 1.04 |
| 神州大舞台 | CCTV-3 | 19：30 | 综艺益智 | 大众文艺 | 1.00 |

## 三、2004年奥运会收视分析

2004年8月13日至29日，第28届奥运会在希腊首都雅典举行。为了使中国电视观众目睹奥运会的盛况，中央电视台对赛事的报道是到目前规模最大的一次。派往前方工作人员达170多人；报道频道主要有CCTV-1、CCTV-2、CCTV-5和两个数字付费频道；总共播出时长超过1400小时，是上届（悉尼）奥运会的两倍。收视数据表明，奥运会成为三季度观众的收视热点，中央电视台对这次运动会的直播（转播）得到了观众的充分肯定。

（一）收看第28届奥运会观众总数超过第27届

在8月13日至8月30日期间，累计收看过奥运会相关节目的观众已超过9亿人次，其中，通过中央电视台（CCTV-1、CCTV-2、CCTV-5）收看奥运相关节目的观众8.7亿，通过地方台收看奥运相关节目的观众不足5千万人次。收看过上届（第27届）奥运会赛事及相关节目的观众为8.5亿人次，观众的收视投入明显少于本届。

（二）奥运会期间央视收视份额大幅飙升

在奥运会期间，全国电视收视市场的竞争格局发生了较大变化。省级上星频道、省级地面频道和其他频道市场竞争力都有明显下降，其中，省级频道的下降幅度最大，达到15%。中央电视台市场竞争力大幅上涨，收视份额接近40%，比平时提高了10个百分点。

本届奥运会，中央电视台合理利用频道资源，获得了较好的传播效果。利用CCTV-1覆盖范围广的特点，每天增加了7个小时左右的奥运播出时间，CCTV-2则增加了23：00点档以后的4～5个小时的赛事转播，而作为雅典奥运会报道主力军的CCTV-5，则实行了24小时全天候播出。三个频道（CCTV-1、CCTV-2、CCTV-5）总收视份额达到25%，比平时提高12个百

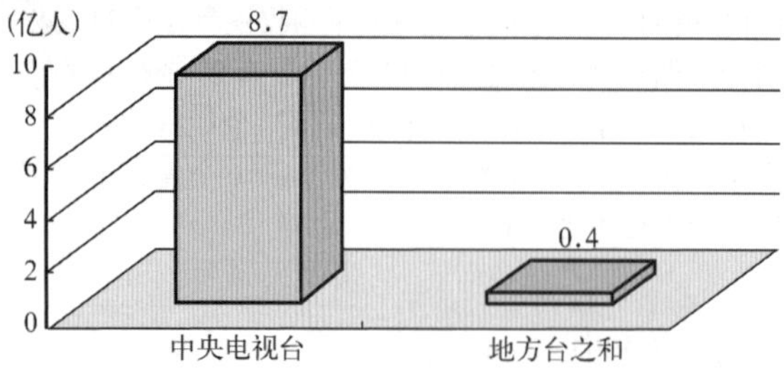


图 6 通过中央台和地方台收看第 28 届奥运会的观众规模比较

分点，收视增长点不仅包括傍晚（比赛时间）17：00至次日凌晨 2：00，其他时段的增幅也较为可观。

以CCTV-5为例，在第28届奥运会期间，CCTV-5在全国上星频道中收视排名第一。由于连续对奥运会赛事及相关节目全天播出，因此，全天各时段的收视率明显高于平时，并且在午间、傍晚及晚间黄金时段形成明显的收视高峰。在 8 月 13 日至 30 日期间，CCTV-5 平均收视率达 1.66%，平均收视份额接近 15%，与平时（2004年上半年）相比，平均收视率提高 8 倍，平均收视份额提高 12 个百分点。

（三）奥运会单项赛事收视成绩屡创新高

本次奥运会单项赛事的收视成绩屡创新高，特别是有中国运动员参与的项目、有望夺金的项目、有希望爆冷的项目都是能够吸引观众收看的主要因素。其中，8 月 24 日播出的女子排球赛中国—日本，收视率达到了 8.62%（收看该场比赛的观众突破了 1 亿人），成为本届奥运会单项赛事的最高收视率，创下CCTV-5近两年以来的频道收视新高。8 月 28 日凌晨播出的有我国运动员刘翔参加的110米栏决赛，虽然比赛时间是在北京时间凌晨 2：30 左右，但收视率达到了 1% 以上，收视份额高达 90%，与平时相比，收视率提高了 20 倍，收视份额提高了 89 个百分点。

（四）观众对奥运赛事收视兴奋点逐渐增多

图 7 奥运会期间 CCTV-5 收视率与平时比较图

在本届奥运会赛事转播中，观众对我国传统的优势项目依然抱有极大的兴趣。排球、乒乓球、羽毛球的收视率分别排在前三位。但是，与上届奥运会相比，观众的收视兴趣也发生了一些较明显的变化，如射箭、网球、自行车等我国的一些非优势类项目，收视率也能够跻身于前十位。出现上述变化，不仅与我国运动员的参与有关，同时也说明观众对体育节目的兴趣是多元化的。在保证已有品牌赛事直播的同时，进一步加大对其他赛事（我国非优势类赛事）的报道力度，将会为中央电视台在体育收视市场中营造更大的提升空间。

（五）奥运会报道提升了各类观众收视热情

在奥运会转播期间，CCTV-5的收视率大幅度上升，但由于观众性别、年龄、居住地、经济状况等不尽相同，因而收视情况各在差异。从城乡来看，城市观众收视率上升幅度远高于农村观众；从性别来看，男性观众收视率上升幅度高于女性观众；从受教育程度来看，随着文化程度的提高，收视率上升幅度快速增大；从年龄来看，随着年龄的增大，收视率上升幅度也越大；从收入来看，中等收入（600～2000元）的观众收视率上升幅度要高于低收入和高收入观众。

表 6 第 28 届奥运会单项赛事最高收视率排名

| 排名 | 节目名称 | 频道 | 收视率(%) |
|---|---|---|---|
| 1 | 第 28 届奥运会女子排球中国－日本 | CCTV-5 | 8.62 |
| 2 | 第 28 届奥运会乒乓球女子单打决赛 | CCTV-5 | 8.52 |
| 3 | 第 28 届奥运会羽毛球混双决赛 | CCTV-5 | 7.60 |
| 4 | 第 28 届奥运会射箭团体中国－中国台北 | CCTV-5 | 7.20 |
| 5 | 第 28 届奥运会女子举重 58 公斤级决赛 | CCTV-5 | 6.67 |
| 6 | 第 28 届奥运会男子篮球中国－立陶宛 | CCTV-5 | 6.47 |
| 7 | 第 28 届奥运会网球女子双打决赛 | CCTV-5 | 6.39 |
| 8 | 第 28 届奥运会男子 10 米气手枪决赛 | CCTV-5 | 6.20 |
| 9 | 第 28 届奥运会跳水女子 3 米板预赛 | CCTV-5 | 6.05 |
| 10 | 第 28 届奥运会自行车场地女子 500 米 | CCTV-5 | 5.44 |

注：相同类型的赛事本表只取收视率最高的一个。

目标观众对CCTV-5的忠实度在奥运会期间有大幅度上升，主要表现是，城市观众忠实度上升幅度远高于农村观众，男性观众忠实度上升幅度高于女性观众，受教育程度越高、年龄越大的观众，其忠实度上升幅度越大，中低收入观众忠实度的上升幅度高于高收入观众。目标观众忠实度的上升表明，奥运会期间，在收看CCTV-5的观众中，有比奥运会前更多的观众能够较长时间收看，这也说明，观众对奥运会节目的喜欢程度高于对平时的体育节目。

总之，电视观众忠实度的差异在奥运会期间比平时要大。不仅表现在目标观众的收视率得到了全面的提升，而且表现"核心观众"的忠实度维持在较高水平。

（六）精彩赛事重播收视依然"精彩"

对精彩赛事加大重播力度，获得了丰厚的收视回报。如：深夜时段直播的女子排球比赛决赛（中国—俄罗斯），收视率达3%，收视份额达70%以上，中央电视台也适时地抓住了对这一精彩赛事的进一步开发，于次日白天多个时段安排重播，其中，重播时段的最高收视率达到了6%以上，丝毫不逊色于首播时段的收视成绩。

进一步分析首播和重播的观众特征发现，收看首播与重播的观众群相对独立，说明收看同一赛事首播和重播基本为不同的观众人群，观众规模扩大，对提升频道知名度和影响力具有不同寻常的意义。

（七）奥运期间中央电视台专题节目收视成绩优异

如果说历届奥运会中央电视台的报道重结果，重金牌，那么本届奥运会，中央电视台在报道方面明显呈现出向互动性、娱乐化发展，这种倾向渗透在专题节目的设置上更为明显。本届奥运会《雅典猜想》推广娱乐化的猜谜，娱乐化的报道，手段更加多样。《中国骄傲》、《王者英雄》等一批以娱乐思维来组接比赛情况的专题类节目也被分别安排在重要时段播出，这种安排的最佳回报是，单期最高收视率能够达到5%左右。

表7　第28届奥运会相关节目最高收视率排名

| 排名 | 节目名称 | 频　道 | 收视率(%) |
|---|---|---|---|
| 1 | 冠军荣耀 | CCTV-5 | 8.97 |
| 2 | 金色声音 | CCTV-5 | 8.69 |
| 3 | 雅典精彩早知道 | CCTV-5 | 8.21 |
| 4 | 第28届奥运会报道 | CCTV-5 | 8.18 |
| 5 | 精彩瞬间 | CCTV-5 | 7.60 |

注：相同栏目或连续节目，本表只取收视率最高一个。

此外，中央电视台在比赛转播前后安排的新闻报道及专题节目也同样获得了优异的收视成绩，收视率较平时基本都有数倍甚至数十倍的提高。如：CCTV-5在奥运会期间精心制作的特别节目《冠军荣耀》和《金色声音》收视率都超过了8%，收视成绩丝毫不逊色于奥运赛事。

（八）奥运会期间中央电视台其他频道节目仍然保持较好收视成绩

**1．观众对体育类节目收视投入明显增加，但对其他类型节目收视需求并未有明显减少**

中央电视台在新闻、少儿、电影、生活服务、专题等类节目中依然保持了较强的收视竞争力。比如，CCTV-8傍晚和晚间黄金档电视剧、CCTV-6晚间黄金档电影，CCTV-3晚间黄金时段《艺术人生》等都在与奥运赛事的同步播出中取得了较好的收视成绩。

**2．特别编排凝聚频道目标观众**

在奥运会期间CCTV-10收视份额与平时相比基本持平。尤其是一些特别编排的节目同样获得了较好的收视成绩。如：8月15日的"抗战胜利纪念日"当天日收视份额达0.72%，比平时有所提高。其在午间12：00-13：00、晚间22：10～23：30两个时段收视率明显提高。在与奥运会赛事时间重合的情况下，CCTV-10的特别编排仍然较好地吸引其目标观众收看。

**3．充分利用"奥运"资源，提升节目影响力**

例如CCTV-新闻对奥运比赛结果及金牌争夺情

表8　奥运期间观众收看各类节目时间比较

| | 奥运会期间平均（分钟） | 6、7月份平均（分钟） |
|---|---|---|
| 投入总时间 | 485′13″ | 276′43″ |
| 财经 | 2′64″ | 2′01″ |
| 电视剧 | 60′02″ | 71′12″ |
| 电影 | 50′02″ | 38′40″ |
| 教学 | 0′34″ | 1′03″ |
| 其他 | 43′46″ | 28′17″ |
| 少儿节目 | 19′07″ | 8′36″ |
| 生活服务 | 6′18″ | 5′15″ |
| 体育 | 191′06″ | 22′46″ |
| 戏曲 | 31′08″ | 4′01″ |
| 新闻 | 46′47″ | 33′24″ |
| 音乐 | 6′58″ | 8′59″ |
| 专题 | 32′04″ | 29′49″ |
| 综艺 | 19′04″ | 22′09″ |

况的及时插播及字幕播报，让观众对奥运赛况能够及时掌握。再如，CCTV-2资讯类节目推出的《奥运特刊》，让观众用“最经济的时间，了解最精彩的奥运资讯”，也取得了较好的收视效果。

**4．在非奥运赛事转播时段，以节目的整合优势满足不同观众收视需求**

CCTV-少儿在多档时段对动画片的有效选择，取得了良好的收视效果。CCTV-10在白天时段的特别编排其实也是特别时期节目资源整合的成功例子。

（九）赛事资源在“后奥运”得到充分利用

2004年奥运会闭幕后，中央电视台对奥运赛事的后续开发同样得到了较好的收视回报。如《全明星猜想》、《实话实说》、《同一首歌》、《面对面》、《新闻调查》等多个栏目在奥运会结束后，继续以我国体育健儿为主题，制作了多期节目，都获得了显著的收视成绩。尤其是《实话实说》、《同一首歌》收视率都创下栏目的收视新高。

## 四、全国电视体育节目市场收视简析

（一）市场格局

**1．电视体育频道分布**

目前，电视体育频道数量约占全国专业化频道总数的4%。全国覆盖的电视体育频道仅有CCTV-5，省级电视体育频道22个，省会城市电视台体育频道8个，地市级电视台体育频道9个。中央电视台、省级台和地市台电视体育频道交叉覆盖的情形只有在个别城市会出现，如广州、武汉、青岛等。从频道专业化程度上看，随着城市级别的下降和覆盖区域的减小，省市台体育频道专业化程度呈现下降趋势，大多数都是复合型的频道，体育频道定位和播出内容并不十分吻合。因此，在大部分地区，CCTV-5面临的同质频道实力并不强。

**2．中央电视台处于强势地位**

因频道覆盖范围不同，电视体育节目收视市场可分为“全国覆盖”和“区域覆盖”两个层面。就上星频道的体育节目而言，中央电视台体育节目在全国体育节目收视市场所占的份额高达93%以上，省级卫视所占比例不足7%。从单一频道的竞争力看，CCTV-5竞争力强大，有高达80%以上的份额空间。三季由于CCTV-1、CCTV-2也是奥运会赛事直播和报道的重点频道，中央电视台的整体份额进一步提升。地方卫视大多是综合性频道，体育节目在其中难以让观众形成明确的认知，影响力普遍较低。2004年8月份，湖南卫视就取消了其体育节目《动感新1点》的播出，退出了电视体育节目市场的竞争。

表9　观众收看中央电视台和省级卫视体育节目时间分配比例（%）

| | 2004年一季度 | 2004年三季度 | 2004年三季度 |
|---|---|---|---|
| CCTV | 93.6 | 93.1 | 97.1 |
| 地方卫视 | 6.3 | 6.7 | 2.6 |

**3．各方机构参与体育节目竞争**

从电视体育节目市场上看，竞争不仅仅在电视台之间、频道之间，也在节目制作和供应这一层面。部分电视台合作的“体育新闻网”也以连横之势立足于市场。除中央电视台和地方台外，电视制作机构也参与体育节目生产，光线传媒的《体育界》在全国十多家电视台播出，具有一定的渗透力。中国的体育收视市场也是外国体育节目供应商垂涎的“蛋糕”，他们通过各种方式渗透到中国体育节目市场，以图获得可观的收益。电视播出机构内部的竞争和国内外电视节目制作机构的参与角逐，预示着中国体育收视市场竞争形势的复杂化和竞争格局的多样化。

（二）电视体育节目收视市场的提升空间

**1．大型系列赛事观众超常关注**

观众对体育节目的收视态度，在平时和有大型系

表10　国内推出体育频道的省市电视台概况

<table>
<tr><td rowspan="7">省　级</td><td rowspan="7">22</td><td>东北</td><td>吉林、辽宁</td></tr>
<tr><td>华北</td><td>北京、河北、内蒙古、天津</td></tr>
<tr><td>华东</td><td>安徽、山东、上海、浙江</td></tr>
<tr><td>华南</td><td>福建、广东、广西、云南</td></tr>
<tr><td>华中</td><td>河南、湖北、湖南、</td></tr>
<tr><td>西南</td><td>贵州、四川、重庆</td></tr>
<tr><td>西北</td><td>陕西、新疆</td></tr>
<tr><td>省会城市</td><td colspan="2">8</td><td>南京、太原、广州、昆明、武汉、郑州、兰州、银川</td></tr>
<tr><td>地市级城市</td><td colspan="2">9</td><td>宁波、青岛、无锡、烟台、大连、汕头、深圳、洛阳、南阳</td></tr>
</table>

列赛事时期迥然不同。

在平时，每天收看体育类节目的观众约占总体的5%，观众人均每天投入在体育节目上的收视时间约为3分钟。在一些重大体育赛事期间，收看体育节目的观众规模和收视时间的投入较平时成倍增长。2004年奥运会期间，18天中有82%的观众收看过奥运会赛事或者相关报道，观众平均每天收看体育节目的时间达到28分钟，相当于平时的9倍多。

表11　大型赛事收视情况（到达率%）

| 赛　　事 | 观众总体 | 城市观众 | 乡镇观众 |
|---|---|---|---|
| 2004年奥运会 | 82.11 | 85.11 | 81.3 |
| 2000年奥运会 | 82.06 | 88.6 | 80.25 |
| 2002年亚运会 | 67.3 | 79.05 | 62.12 |
| 2004年欧洲杯 | 33.72 | 41.16 | 31.72 |
| 2004年亚洲杯 | 35.24 | 44.89 | 32.65 |

**2．重大体育赛事CCTV-5居频道收视榜首**

奥运会期间，CCTV-5在全国日平均收视份额约为15%，最高能够达到19.6%，约占整个市场的五分之一。在奥运会、欧洲杯等赛事直播的深夜时段，收看电视的观众中体育迷能够占80%以上的比例。

**3．单项比赛收视成绩喜人**

体育是能让人产生自豪感和凝聚力的运动，有国人参与的、有夺金希望的、连续爆出冷门的、观众熟悉的一些项目能够掀起收视热潮，形成较大的观众规模，取得意外的高收视率。奥运会、世界杯期间，收视率超过5个百分点的节目比比皆是。从体育项目上看，除了三大球，乒乓球、羽毛球外，网球女子双打和女子跳水3米板也是获得极大关注的赛事。

可以说，体育节目收视市场最显著的一个特征就是市场空间弹性大。一些特殊赛事，观众的收视热情空前高涨，观众规模和收视时间成倍增长，观众的注意力资源高度汇聚到强势媒体上，体育节目收视市场相对平时显著扩大。

表12　CCTV-5直播的单项赛事收视情况

| 节　　　目 | 日期 | 开始时间 | 时长 | 到达率% | 收视率% | 市场份额% |
|---|---|---|---|---|---|---|
| 第28届奥运会网球女子双打决赛 | 2004-8-22 | 21：59：45 | 107 | 12.94 | 6.51 | 35.12 |
| 第28届奥运会跳水女子3米板预赛 | 2004-8-25 | 18：29：22 | 144 | 19.45 | 6.05 | 21.16 |

（三）体育节目收视选择

在全国，平时体育类节目的收视比例约为5%，在收视情况最好的奥运会期间，体育节目收视比例约为四分之一，排在电视剧之后。总体来看，体育节目是电视剧、新闻、电影、专题、综艺节目之后，观众投入时间较多的一类节目。

**1．体育比赛是观众的主要收视选择**

体育节目从内容上大致可以分为体育新闻、体育专题和体育赛事三类。作为体育节目第一手资料的各项比赛，是观众最关心的重要选择。观众收看体育节目总时间的60%是收看赛事的，14%收看体育新闻类节目，四分之一左右时间投入到专题节目中（参见图8）。可见，把握第一手的赛事资源是赢得市场的关键。

**2．观众最热心收视的项目**

在观众收看体育节目的总时间中，收看较多的体育比赛项目为足球、篮球、排球、乒乓球等。其中国际比赛更为观众注目，如NBA比赛的直播和录像，亚洲杯足球赛。一些项目由于普及程度低、竞技的视觉效果等原因还没有被观众更多地关注。

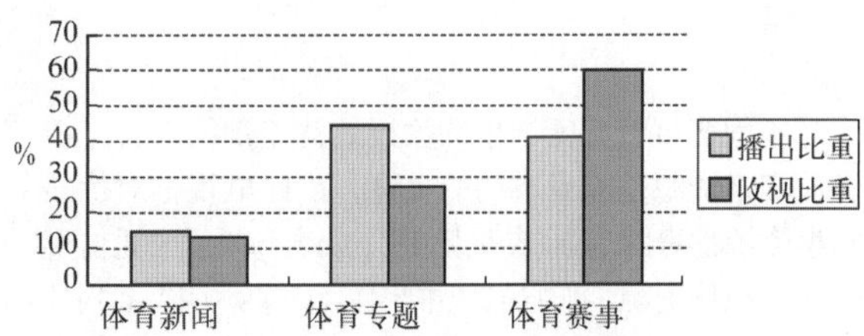


图8　体育节目的播出和收视比重

观众收视时间的多少与节目的播出量有关，各类体育节目在单位播出时长内取得的收视时间多少，可以反映节目收视效益的一个侧面。从这个角度看，乒乓球、排球、篮球、拳击、足球、特别赛事报道都是相对更能够吸引观众，使观众投入更多的收视时间的项目，节目收视效益较好。羽毛球、赛车节目的吸引力接近体育节目总体平均水平，保龄球、体育教学、棋牌类、台球、网球等项目吸引力相对弱些(参见图9)。

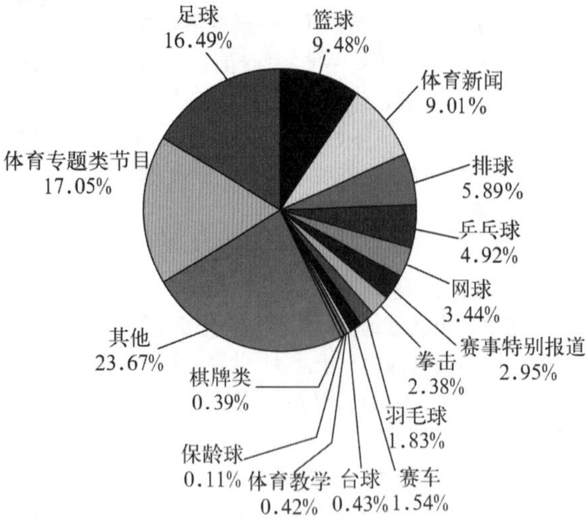


图 9　体育节目收视格局

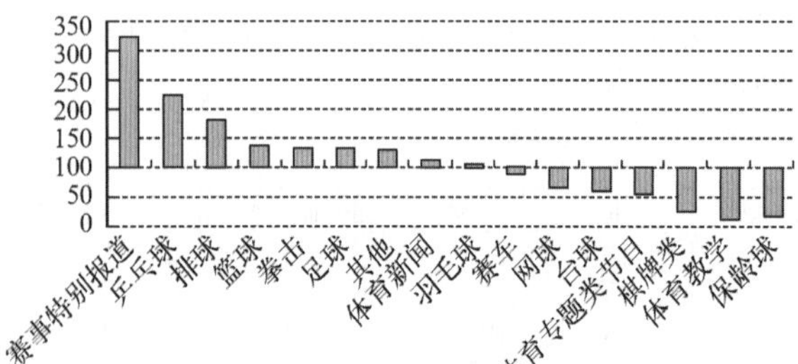


图 10　各类体育节目播出收视效益比

不同赛事资源所产生的收视效益差别很大，把握优质赛事资源是立足市场的关键，因此电视台对优质赛事资源都青睐有加(参见图10)。如上海地区，凭借姚明这一独特资源，东方卫视推出了《G录姚明》系列片扩大市场。同样，优势的赛事资源没有强势媒体的介入，影响力则得不到有效放大。如中超联赛，虽然上海东方卫视通过卫星向全国转播，但由于频道并不是观众认可的强势节目载体，且覆盖范围有限，中超的影响力下降明显。

---

**注：**

1．本报告收视率数据由央视—索福瑞公司提供。

2．本报告正文中中央电视台各套节目在全国的收视数据及全国所有频道的收视数据是基于央视—索福瑞公司提供的全国3000户测量仪调查数据推断而得。

3．本报告所分析的2004年收视率数据范围是：2004年1月到2004年12月31日。

4．本报告所推断的某栏目或频道的全国观众人数基于2004年央视—索福瑞基础研究观众总数11.88亿计算而得。公式为：

全国观众人数＝11.88×栏目（频道）平均收视率

5．部分收视率概念说明：

平均收视率：在特定时段内收看某一栏目（或某一频道）的观众数占分析区域内电视观众总数的比率。计算方式为：特定栏目（或频道）播出时各单位时段收视率之和除以该栏目（或频道）包含单位时段总数所得比率。平均收视率也称绝对收视率，反映的是特定时段内收看某一栏目较为稳定的观众比率。一般而言，人们平时所称某栏目收视率为多少即指该栏目的平均收视率。

收视份额：在特定时段内收看某一栏目（或某一频道）的观众数占分析区域内该时段正在收看电视的观众总数的比率。它反映的是在特定时段内某一栏目（或某一频道）在分析区域内（如全国范围）所有电视频道中所占的份额，收视份额是体现该栏目（或频道）竞争力的指标。收视份额又称相对收视率、收视占有率。计算公式为：

$$\text{收视份额}=\frac{\text{某栏目（频道）的平均收视率}}{\text{同时段所有频道的总平均收视率}}\times 100\%$$

到达率：在收视率的测量仪调查法中，到达率的概念是指在特定时段里，至少收看过某频道（或栏目）1分钟的观众数占观众总数的百分比。它反映的是在特定时段内观众对某频道（栏目）的接触情况。一般到达率要高于平均收视率。

省级上星频道：本报告将所有上星省（直辖市）的卫视频道作为一总体进行收视率分析，省市上星频道中含山东教育频道。

地面频道：本报告将国内各地所有非上星频道形成一频道集合进行收视率分析。

（总编室观众联系处提供）

# 2004年中央电视台观众反馈信息综述

2004年，中央电视台坚持“三贴近”原则，坚持正确导向，以改革创新为动力，电视荧屏异彩纷呈。

与此同时，观众也运用各种形式向中央电视台回馈收视感受，全年观众反馈总量达2.6亿人次，说明观众对中央电视台的关心和倾注的热情。2004年观众反馈信息涉及面广，几乎涵盖中央电视台播出的各类电视节目，以及播音员、主持人、屏幕语言文字、频道改版、播后服务等诸多方面。通过梳理观众反馈信息，帮助我们进一步了解2004年观众对中央电视台的评价，为改进工作提供有益借鉴。

## 一、反馈热点

### 1. 电视节目“以人为本”，贴近观众

观众认为，2004年中央电视台的节目在贴近观众、贴近生活方面有了较大改观。新闻节目在报道国内外重大时事的同时，很多镜头对准了老百姓，更为关注民生；专栏节目以百姓的视角观察我国政治、经济、文化、人民生活各个方面的发展变化，更加贴近实际，令观众感到真实、亲切、可信；生活服务类节目将生活常识巧妙地融于节目之中，形式新颖，实用性强；娱乐节目风格平民化、多样化，富有亲和力，内容和形式更贴近普通观众，为他们提供了展示才艺的舞台，不少节目与观众之间开展互动，拉近了电视台与观众之间的距离。例如，中央第二套《非常6+1》、《绝对挑战》、中央第三套《星光大道》、《神州大舞台》等栏目，让观众成为舞台上的主角，丰富了人们的业余文化生活。

### 2. 创办新频道，整合节目资源，荧屏丰富多彩

(1) CCTV-1改版，品牌栏目荟萃，受到观众欢迎。2004年，中央电视台各频道在创新节目的同时，进一步整合节目资源，突出精品战略，注重从观众收视习惯、收视规律和市场角度去考量和编排节目，赢得了观众。特别是2004年5月8日中央第一套的全面改版，观众认为集中了中央电视台各频道的名牌栏目，综合性的特点更加突出，时间安排也更为合理，照顾到了不同观众的收视需求，使观众得以欣赏到更多精彩的节目。

(2) 创办新频道，特色更突出。2004年3月29日音乐频道开播，观众给予关注，纷纷为办好音乐频道出谋划策。建议开办音乐欣赏类节目，帮助观众提高音乐素质。有的观众表示愿意无偿为音乐频道提供节目素材。也有的观众认为，音乐频道的内容与普通老百姓还存在距离，希望多做普及工作。

2004年12月28日，西部频道置换为社会与法频道，观众认为这是中央电视台做的一件大好事，对于培养老百姓的法律意识、提高法制观念都具有较大的促进作用。

### 3. 新闻报道视野广，新闻性强

(1) “两会”报道有规模，有声势，形式有创新。开辟的《“两会”全接触》、《“两会”特别报道》等专栏节目，及时报道大会盛况，反映与民生最为密切的内容，采访的人物也有代表性。尤其是《新闻联播》改变以往做法，时长严格控制在30分钟以内，充分体现了贴近群众、尊重观众的作风。

(2) 节假日报道全面展现新中国巨大变化，体现国家富强、人民安居乐业。国庆55周年的宣传，内涵深刻，一些栏目制作的特别节目创意新颖，如《东方时空·魅力城市风》、《焦点访谈·共和国脚步》、《面对面·火红的年代》、《经济半小时·开国大典亲历者》、《探索发现·开国》等，构思巧妙，时代感强，给观众留下了深刻印象。

(3) 新闻节目舆论监督作用发挥良好。在揭露社会不良现象、促进各级领导和政府改进工作方面发挥了重要作用。最受观众关注的是《焦点访谈》栏目，节目中的口号：“大家关注，就是我们的焦点”，让观众觉得亲切。《经济半小时》对经济领域不良现象予以揭露，观众也给予肯定。建议继续发挥央视的舆论监督作用，关注国计民生，并及时报道各地被曝光后工作的改进和处理结果，增强人们的信心。

(4) 国际事件报道观点明确，帮助观众认识国际局势。关注巴以局势、美国总统大选、阿富汗大选、乌克兰大选、美军“虐俘”事件、印度洋海啸等等，报道及时，分析客观。例如对美军“虐俘”事件的报道，分析透彻，切中要害，彻底揭露了美国所谓“和平、民主、人权”的虚伪性，使人们更加深刻认识到美国在“人权”问题上的双重标准。观众同时建议，在国际问题报道

中，应注意所引用资料、观点出处的严谨性，提高可信度。

(5) 重视知情需求，及时报道国内突发事件。2004年吉林市中百商厦特大火灾事故和浙江海宁火灾事故发生后，中央电视台及时报道相关情况；北京、上海等地遭遇暴雨袭击后，中央电视台适时报道，并制作相关节目，提醒各级政府完善预警机制，防患于未然，也使人们增强安全意识。观众认为，这些新闻的及时播报，说明中央电视台遵循新闻传播规律，紧跟时事和热点，满足了观众的知情需求。

4．雅典奥运会报道振奋民族精神

雅典奥运会举世瞩目，中央电视台对雅典奥运会的报道得到了观众的充分肯定。认为报道多角度、全方位，现场直播、专题节目和文艺节目相结合，把我国奥运健儿在比赛中的精彩瞬间呈现于屏幕，使国内观众能够感受到现场气氛，与我国运动员共同分享紧张与激动的时刻，为他们顽强拼搏的精神而感动和振奋。报道中既有我国运动员的成绩，也有外国运动员的突出表现，表扬和反思相结合，发挥了正确引导舆论的作用。后续报道中，介绍我国金牌得主的成长历程，对广大观众是很好的教育。

在雅典奥运会报道中，邀请前世界冠军做特邀解说员是一大特点。点评更客观，解说更到位。对于体育节目的解说，观众建议解说员应该熟悉要解说的体育项目和参赛队员，减少错误。

不少非体育迷们还是希望通过收看比赛增长体育知识。建议相关体育节目能多介绍比赛的规则、专业术语和技术参数等等，特别是对一些观众不太熟悉的体育项目，适当介绍比赛规则，使“外行”也能够看懂，普及体育知识。

5．邓小平百年诞辰的宣传给观众印象深刻

观众反映，在邓小平同志百年诞辰的报道中，推出了一系列节目讴歌邓小平同志的丰功伟绩和高尚情怀，其中融合新中国发展变化和改革开放的伟大成就，真实感人。如，大型电视专题片《小平十章》全方位地展现了邓小平一生的经历，观众被他崇高的品格和独特魅力所感染。“心连心”艺术团赴四川广安的慰问演出，突出了邓小平同志的故乡情，亲友情；“春天的故事”大型交响合唱音乐会气势磅礴；“小平你好”专题晚会，将纪念活动推向高潮，充分表达了人们对伟人的爱戴和崇敬之情。

6．先进典型人物的报道社会效果好

观众认为，中央电视台对典型人物先进事迹的报道，给人们以教育和启迪。如山西运城纪委书记梁雨润、河南登封公安局局长任长霞、豫剧表演艺术家常香玉以及延安精神、西柏坡精神的宣传非常必要，集中展现了共产党人的精神风貌。其中对河南省登封市公安局局长任长霞的宣传，充分体现英雄气概，任长霞用行动实践“立警为公，执法为民”的誓言，值得广大公安干警学习。对牛玉儒的报道平实、感人，突出了牛玉儒一心为民、克己奉公的高尚品德。对已故艺术大师常香玉的宣传，多个栏目相互配合，充分体现了这位老艺术家德艺双馨的品质。

7．电视剧受欢迎

部分弘扬主旋律电视剧得到观众好评。观众认为中央第一套播出的电视剧《延安颂》全方位展现了中国共产党由弱到强的发展史，生动地刻画了毛泽东、周恩来等人民领袖的光辉形象。电视剧《记忆的证明》教育意义深刻，提醒人们不忘国耻，增强爱国意识。

展现人间真情的题材受到观众喜爱。例如，中央第一套播出的电视剧《婆婆》塑造了善良、宽厚，富有家庭责任心和社会责任感的中国女性形象，细腻、感人。电视剧《大姐》讴歌了人间真情，弘扬了中华民族的传统美德。《香樟树》故事感人，表演到位；《女子监狱》剧情跌宕起伏，展现了我国监狱管理的规范化和人性化；电视剧《当家的女人》生活气息浓厚。

韩国电视剧与中国观众产生“共鸣”。观众反映，他们喜欢韩国电视剧的主要原因是，电视剧中把普通家庭故事演绎得幽默、风趣，展现出真挚的亲情和尊老爱幼的道德风尚。此外，表演真实、细腻也是一大特色。如韩国电视连续剧《明成皇后》、《看了又看》、《人鱼小姐、》《澡堂老板家的男人们》等等，无论首播和重播都吸引了不少观众目光。观众希望我国电视剧创作能学其所长，创作出更好的作品。

8．大赛类节目是收视热点，观众评说其中得失

《全国青年歌手电视大奖赛》是中央电视台的品牌，越办越好。观众认为2004年第十一届大奖赛的规模、水平和比赛的规范化都比往届有所提高。观众参与、大赛监审组的报告、嘉宾论坛等形式，丰富了大赛的内容，增强了亲和力。参赛选手更有代表性；评委更权威；综合素质考题起到了普及文化知识的作用。

“夏新杯”第四届CCTV电视节目主持人大赛颁奖晚会内涵深刻。观众认为晚会集中展示了老、中、青三代主持人的风采，主题访谈内涵深刻，体现了电视人友爱、共进的精神风貌。

观众关注“CCTV服装设计暨模特电视大赛”，对

部分环节设计提出意见。

大赛决赛时，让观众发送手机短信参与竞猜谁将成为冠军，然而节目是录制播出，选手名次早已确定，甚至有的报纸已经刊登出最后结果。观众认为，此时再让观众参与竞猜既不公平，对观众也不尊重。

9．特别节目内涵深刻，观众启示良多

重要纪念日和节假日推出的特别节目受好评。《焦点访谈》十周年特别节目“责任”播出后，观众反响强烈，认为该片是《焦点访谈》十年的缩影，观众被访谈的内容所震撼，被记者执著的精神所感动。希望《焦点访谈》秉承为百姓说话的宗旨，坚持将舆论监督作用落到实处。

CCTV-1播出的“感动中国”年度人物评选特别节目，观众反响很好。认为节目是用生命和爱诠释感动，表彰了先进，指引方向，给人震撼。《央视双十新闻揭晓》节目有创意，用不同主题词梳理和盘点国内外大事，给人印象深刻。新闻频道五一期间播出的纪录片《幼童》，用宝贵资料讲述了一百多年来我国小留学生在国外的生活、学习和回国创业的坎坷经历，使观众了解了一段尘封的历史，受益匪浅。

“三八”国际劳动妇女节特别节目《女人》，意义深刻，倡导相互关爱、相互尊重的主题，宣扬了人性美，对为人父母、为人子女和夫妻相处都有启示意义。

科教频道播出的“抗战胜利纪念日特别节目”，按编年的方式讲述八年抗战的历史，影音资料片断穿插其间，内容翔实，教育意义深刻。

年度总结类宣传报道观众反响好。《新闻联播》开辟的专栏《中国2003》以百姓的视角看中国各方面的可喜变化，有亲和力。《中国日记》以轻松的风格展现2003年祖国的进步，喜迎新年。《CCTV2003中国经济年度报告》用生动的事实多角度展示中国经济的发展。《艺术人生》“温暖2003”，交流中寓意人生哲理。《中国财经报道》“2003中国财经纪事”系列节目，从百姓身边事体现政府“以人为本”的执政理念，真实感人。

10．少儿节目营造绿色空间

未成年人思想道德教育问题引起社会各界重视。观众认为，中央电视台创办少儿频道，促进了对少年儿童的思想品德教育。节目充分调动孩子们的积极性、创造性，丰富知识，陶冶情操，使孩子们学到了做人的道理。在观众的来信和电话中，不少家长希望中央电视台发挥更大的引导作用。

家长观众对少儿节目提出不同的意见和建议，例如：

慎重选择动画片。少儿节目的影响作用是巨大的，希望编导们从孩子的角度去欣赏节目，从家长的角度去审查节目。有的动画片当中有暴力打斗的画面和粗俗的语言，不利于少年儿童的健康成长。希望播出一些贴近生活实际的节目，让儿童从现实生活中感知道理。

部分拍摄技巧不利于孩子视力发育。如强烈的灯光刺激、快速变换的镜头、忽远忽近的画面等，建议尽量少用类似手法吸引小观众，应在提高节目内容质量上下功夫。

少儿节目中不适合设置短信息、电话答题等互动方式。家长认为，学龄前儿童和在校学生，基本上没有手机，而且也不会考虑电话费用的问题。少儿频道与孩子加强沟通的想法很好，但要选择符合少年儿童生活实际的方式。

11．主持人的素养和风格引人关注

随着欣赏水平的提高，观众对主持人的风格特点也越来越关注，不少观众来信、来电话，对主持人的表现进行评价。认为中央电视台主持人的整体水平高，主持风格庄重、大方、得体。大部分新闻节目主持人思维敏捷，文化素养好。

观众认为，主持人、播音员是电视台或电视节目的“门面”，应当注重对他们的培养。有的播音员、主持人与节目的整体风格不协调。部分谈话类节目中主持人采访嘉宾时提问不当。观众希望采访时讲究方式方法，不要强人所言、逼人所言。多数综艺节目做到了寓教于乐，但要注意避免主持风格低俗化，个别著名栏目主持人的调侃比较庸俗，降低了节目格调。

2004年4月30日，广电总局有关《广播影视加强和改进未成年人思想道德建设的实施方案》的通知下发后，其中关于主持人用语和着装问题在社会上引起了一定反响。观众来电话对此通知的下发表示赞同，希望以此为契机，加强对主持人的管理，提高主持人的综合素质。

12．呼吁加强屏幕语言文字管理

据不完全统计，2004年观联处收到热心观众反馈的全台屏幕语言文字差错总计1911个，比2003年有所增加。其中读音错误779个，文字差错1132个，分别比2003年增加了219个和98个。

字幕错误较为典型的是，“首届CCTV朗诵艺术大赛”颁奖晚会中字幕错误较多，某人朗诵的毛泽东诗词《沁园春·雪》，字幕将“惟余莽莽”错为“惟余茫茫”、“欲与天公试比高”错为“欲与天公誓比高”、“惜秦皇汉武”错为“昔秦皇汉武”、“略输文采”错为“略疏文采”。

观众认为，中央电视台节目出现错别字的现象应引起重视，不仅影响了央视的形象，也对全国观众产生了误导。

**13．广告类节目的创意和用语引发评论**

公益广告寓意深刻、制作精良。观众认为，中央电视台制作播出公益广告，弘扬了社会公德、家庭美德，促进了社会主义精神文明，体现了央视在电视传播中注重社会效益的宣传思想。

个别商业广告创意不够健康文明。有的广告创意不佳，画面缺乏美感，有失中央电视台水准。希望广告创意追求趣味性的同时，考虑其潜在的影响。

“十七号令”的实施引起观众关注。2004年3月1日《焦点访谈》播出的“十七号令”实施之后节目，对自2004年1月起各地广播电视机构执行广电总局有关广告播出管理的情况进行总结，节目中有中央电视台对执行总局令的自我剖析，也曝光了地方台执行不力的情况。观众认为这是媒体对观众权益的重视，也使各广播电视台在今后的广告播出中引以为戒，增强自律。

**14．节目播出后续服务不容忽视**

2004年，观众反映部分栏目无人接听热线电话或抱怨接电话人员态度不好的现象有所增多，不少观众由此对中央电视台整体工作作风产生质疑。观众认为节目既然欢迎观众参与，就不应该使电话空设或有不耐烦情绪。希望中央电视台重视与观众沟通和交流，为观众提供畅通、便利的服务渠道，做到优质服务。

**15．地方台不按规定转播央视节目或叠加广告现象仍然存在**

观众反映，有的地方电视台在转播中央电视台的节目时，以飞字幕或遮盖部分画面的方式插播大量劣质广告，有的电视台甚至将央视的部分节目或广告换成当地广告，为了掩饰这种侵权做法，还在屏幕的左上角打上假的央视台标。观众对此十分气愤，认为这种行为严重侵害了观众和中央电视台的权益，呼吁央视或有关部门能够予以重视并解决。

## 二、反馈特点

**1．观众反馈总量大幅攀升，全年达2.6亿人次**

2004年，中央电视台通过来信、电话、电子邮件、手机短信以及网上论坛等多种渠道与观众展开交流，互动信息量大幅攀升。

全年观众来信在180多万封；通过热线电话参与节目和发表意见的来电数量为836万个；通过发送电子邮件与央视沟通的邮件数量为405万封；通过手机短信参与央视互动节目高达1.5亿人次；登录央视国际网站参与网评论坛的人数全年达9600万人次。

与往年相比，观众热线电话和电子邮件呈逐年上升的趋势。如图1、图2所示，三年来观众热线电话数量和电子邮件增长明显，其中热线电话数量比2003年增长了52%；电子邮件数量增长了76%。

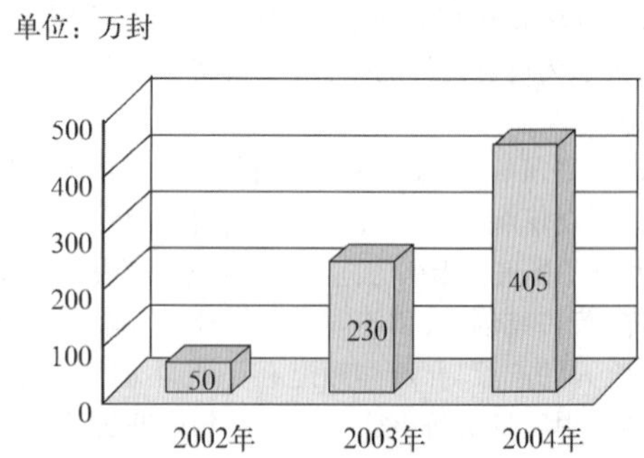


图1　2002年至2004年收到电子邮件数量

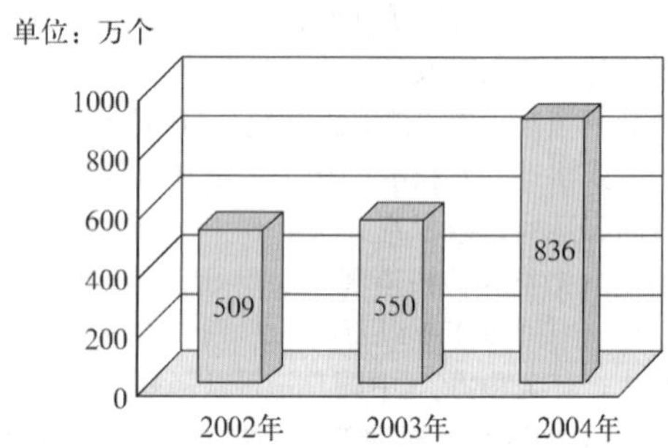


图2　2002年至2004年观众电话数量

**2．积极为央视办好节目出谋划策**

图3显示的是2004年观众反馈信息的分类情况。从中可以看出，观众为节目提供线索的比例最高，达37%；对中央电视台的节目给予肯定和表扬的比例超过两成，达22%；16%的反馈信息是对中央电视台节目提出批评和建议，出主意，提思路；11%的反馈内容是咨询节目中播出过的信息；评论播音员、主持人表现的信息比例达5%。

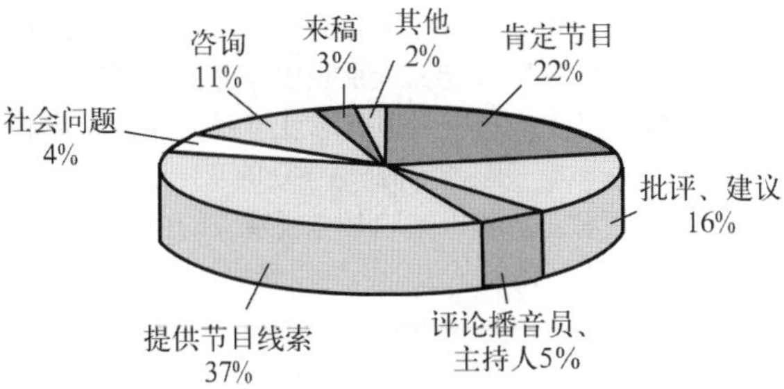


图3 观众信息分类比例

与前三年信息分类情况相比，肯定节目的比例呈逐年上升的趋势，说明中央电视台节目质量不断提高，得到观众的认可。提供节目信息的比例也明显高于前三年，可以看出观众参与热情的高涨（如表1所示）。这些数据进一步折射出，中央电视台节目更加贴近观众，观众也以饱满的热情回应着央视节目的新变化。

表1 2001年—2003年观众反馈信息分类表

| | 信息咨询 | 肯定节目 | 评论主持人 | 批评和建议 | 提供节目信息 | 社会问题 | 剧本或稿件 | 其他 |
|---|---|---|---|---|---|---|---|---|
| 2004年 | 11% | 22% | 5% | 16% | 37% | 4% | 3% | 2% |
| 2003年 | 28% | 19% | 9% | 16% | 18% | 8% | 0% | 2% |
| 2002年 | 41% | 14% | 3% | 7% | 20% | 13% | 0% | 2% |
| 2001年 | 40% | 15% | 4% | 17% | 11% | 1% | 0% | 12% |

**3．热心观众遍布祖国大陆、港澳台以及海外许多国家和地区**

据不完全统计，2004年中央电视台的观众来信达180多万封。其特点是地域分布广：南北方、东西部，港澳台乃至海外，都有中央电视台的热心观众。

其中港澳台和海外观众的来信约占来信总量的0.8%，有的观众虽身居海外，却常年与中央电视台保持着联系。

## 三、分析思考

**1．重视观众意见，完善反馈机制**

多年来，中央电视台一直重视广大电视观众的意见和建议，建立了比较完备的反馈机制，并把观众的建议作为改进节目的重要参考。1996年，由总编室观众联系处牵头，各部门积极配合，建立了全台观众信息管理网；1998年，观众联系处组建了全国热心观众评议员队伍，主动搜集来自全国观众的意见；2002年，总编室观众联系处组织媒体离退休资深专家成立专家监看队伍，从特殊观众的角度评价中央电视台重要频道、重点时段的节目。每年的观众座谈会，台领导和各中心负责人一一到会直接听取观众心声。

中央电视台为观众反馈信息的及时传达提供了畅通渠道。在全台每周的办公例会上，传达收视分析和观众意见是一项重要内容。在每周节目例会上，观众意见则被直接传达到节目制片人和负责人，大到节目导向、选题，小到节目细节问题，观众的意见都能直接到达栏目组。可以说，观众信息的及时反馈，得益于反馈机制的建立和完善，而机制的完善与全台各级领导和节目部门的重视分不开，这些都充分体现了中央电视台尊重观众的工作作风。

**2．以观众为本，不断改进节目**

2004年，中央电视台虚心倾听观众心声，观众的合理意见和建议及时被采纳，应用于节目的调整和改进当中。

例如，2003年第四季度中央第二套改版以后，取消了《健康之路》早间6：00档的重播节目。对此，不少观众来电话反映，栏目首播时间是上午10：00档，不适合上班族收看，而早晨6：00更适合多数观众收看。应观众要求，2004年该栏目恢复了早间时段的重播，受到观众欢迎。

韩国电视剧受到部分观众的喜爱。由于国家有关部门对引进剧在晚间的播出时段有明确规定，一些观众反映因播出时间较晚而无法完整收看。应观众要求，2004年中央第一套午后《情感剧场》中重播电视连续剧《看了又看》。

以上是根据观众建议调整节目诸多实例中的两个例子，在全年的节目改进中这样的举措已经屡见不鲜，从中可以透视出中央电视台以观众为本、为观众服务的理念。尊重观众，才能赢得观众。

**3．为观众服务，任重道远**

中央电视台目前播出16个频道、357个栏目，每天播出节目量约为300小时，涵盖新闻、综艺、电视剧、体育、科教、法制、戏曲、少儿、音乐等节目内容，可以说考虑到了各层观众的需要。然而，市场逐渐细分，观众的需求也不断变化，所谓“众口难调”，作为覆盖全国乃至世界诸多国家的中央电视台，要做到最大限度地满足观众的收视需求，还需要不断努力。

2004年全台共收到2.6亿人次观众反馈信息的数字说明，观众已由过去的电视节目接收者，逐渐转变为电视节目制作、播出各环节中的“主角”，正以前所未有的热情参与到电视节目当中。中央电视台尊重观众的交流需求，2004年各栏目通过设立热线电话、电子邮箱、网上论坛、短信互动等形式，及时、主动地与观众沟通，获取意见、建议，为改进节目奠定了观众信息基础。

如前文所述，观众参与节目和咨询信息的比例近年来逐步上升。2004年观众反馈信息中，提供节目线索和咨询信息的比例约占50%，意味着节目的后续服务要进一步加强。2004年观众反映中央电视台部分栏目公布热线电话无人接听或服务态度不好的现象屡见不鲜，而要改善这一现象，加强与观众的双向交流，全方位提高服务水平，对具有12亿电视观众的中央电视台来说，意味着新的挑战。

（总编室观众联系处　张传玲）

# 电视剧吸引要素和观众收视偏好研究

电视剧，是目前中国电视观众最喜爱的节目类型之一，也是电视台节目广告收入的重要来源。如何更好地把握、预测和识别高收视率电视剧，是电视剧策划、制作、购买和编排人员共同关注的问题。鉴于此，2004年中央电视台总编室观联处和北京央视资讯有限公司，就电视剧收视吸引要素和观众收视偏好共同展开研究，探求收视表现出众的电视剧的一般性规律和现阶段我国观众对电视剧的收视偏好。

## 一、近三年来国内卫视百部电视剧全景扫描

综观2001年以来国内卫视频道播出的100部高收视电视剧，基本上呈现了近年来国内优秀电视剧市场的全貌，排名前10部的依次为《射雕英雄传》、《倚天屠龙记》、《还珠格格》（第三部）、《铁齿铜牙纪晓岚》（续集）、《大宅门》、《孝庄秘史》、《粉红女郎》、《侠客行》、《刘老根》（第二部）和《天龙八部》。遵循电视剧从创意、编剧、制作到传播的基本流程，以电视剧文本和相关文献资料为解读基础，对100部总共超过3000集电视剧的文本要素逐部解析，并对300余集重点电视剧集进行视频观摩和研讨，归纳出近年来优秀电视剧整体上呈现出的明显特征：

**1．现代、当代剧和古装剧平分秋色**

古装剧和民国剧组成的非当代题材电视剧，在100部高收视率电视剧中占56部，比重超过现当代剧，这是当前我国电视剧播出中的一个重要特征。而在100部高收视率电视剧排行前10名中，有7部是古装剧，2部是现当代剧，1部民国剧。这说明，在最近的3年里，非现代、当代题材剧不仅在高收视率电视剧中所占数量较大，而且显示了更为优异的市场业绩。

**2．大众文化流行因素是电视剧题材的焦点**

虽然近年来主管部门对电视剧的题材和生产有较为严格的规划，但是在收视市场上呈现了向大众流行因素倾斜的趋势。武侠、涉案、言情和伦理等题材，仍然是我国现阶段电视观众的青睐。

**言情**是大众领域中重要的流行因素，除了极少数剧集之外，言情几乎贯穿于100部电视剧集之中，成为近年来电视剧集的主要吸引性要素。

**武侠**是高收视率电视剧的重要题材，在100部电视剧中，有12部武打（即武侠）剧，其中一半改编自金庸和古龙的武侠原著。金庸的两部作品——《射雕英雄传》、《倚天屠龙记》，分别占据了100部电视剧收视的前两位。在排名前10部剧中，金庸的作品就独占4席，有武侠性因素的电视剧占到了7席。此外，在大量的古装戏说和宫廷戏说剧中几乎都存在着武侠要素。

**涉案**题材在100部电视剧中占到了17部之多，如《黑洞》、《浮华背后》等，涉案题材剧具有天然悬念，是吸引观众的重要因素，不仅如此，涉案剧中通常伴生犯罪、灾难、死亡等高收视的戏剧模式，这也是此类电视剧流行于荧屏的重要原因。大量古装剧和民国剧中也含有涉案性因素。

**家庭社会伦理剧**也占据相当的比例，如《不要和陌生人说话》、《恩情》。除此之外，大量的电视剧中也含有伦理的题材。如《天龙八部》中乔峰的身世之谜和《还珠格格》中小燕子的身世之谜，尤其是在《还珠格格》取得了成功之后，大量的古装剧中，骨肉分离和血亲相认几乎成了该类电视剧中必不可少的戏剧模式。

这些题材之间相互交织，彼此映衬。当然，在不同的剧集之中，这些题材又具体地呈现为不同的形态。比如涉案题材，在刑侦剧中，表现为公安和犯罪分子斗争（如《特警飞龙》）；在反黑剧中，表现为黑社会的暴力和罪行（如《黑洞》）；在反贪剧中，则和职业性犯罪相关（如《绝对权力》）；在言情剧中，又表现为爱情的阴谋和争斗（如《橘子红了》）。

**3．电视剧新探索层出不穷**

**电视剧类型**

近年来电视剧类型变迁上的一个重要特征是地方方言情景剧的出现和兴起。以广东为中心的岭南文化（《外来媳妇本地郎》）、以上海为中心的海派文化（《新上海屋檐下》），以及京派文化、东北文化、三湘文化和巴蜀文化都有自己的地方方言情景剧，这一趋势在未来几年里，仍然不会消减。

**电视剧题材**

在题材上有突破的主要有反映数字化军队的军事题材剧《DA师》，表现时空穿越的电视剧《穿越时空的爱恋》，具有科幻色彩的电视剧《少年王》，以烹饪为题材的电视剧《庖丁奇谈》。电视剧题材在尝试着向一些比较专业化的领域渗透。近年来复合型少儿电视出现，由于融入了大量的商业化因素，因此在收视表现上也相当不错，比如《少年黄飞鸿》、《少年包青天》、《九岁县太爷》等电视剧。

**电视剧改编源头**

除了以往的古典名著和当代畅销书改编之外，在电视改编的源头上有这样一些新的变化：（1）民国时期的作品受到重视，比如张爱玲的《半生缘》和张恨水的《金粉世家》都先后走上了荧屏；（2）动漫作品成为电视剧的新源头，如改编自朱德庸漫画作品《涩女郎》的《粉红女郎》，以及香港漫画作品《风云》改编成同名电视剧；（3）话剧作品也被改编成了电视剧，如《天下第一楼》；（4）明清小说被继续搬上荧屏，比如《拍案惊奇》。

**主旋律作品更加人性化、艺术化和深度化**

近年来，主旋律作品和以往相比显得更加人性化（如《延安颂》），在作品的艺术成就上也取得了一定的成绩（如《激情燃烧的岁月》），对同类题材的表现深度和力度也有一定的突破。在表现反腐等重大题材上，一些电视剧已经将人物塑造的触角伸向了政府的高层，比如《至高利益》中，省委书记已经不再是以往绝对正确的光辉形象，而是一个敢于面对自己失误的襟怀磊落的共产党员。这不仅是电视剧艺术创作的突破，也是与近年来文化环境相适宜的产物。

**4．40集左右作品最受青睐**

在100部高收视率剧集中，集数最少的是18集（《省委书记》），最多的达到634集（方言剧《外来媳妇本地郎》）。在所有剧集中，整40集的剧作最多，达到19部；其次为整30集的电视剧，共有11部；再次为整20集电视剧，共有7部。如果将16～25集的剧集归为20集档电视剧，26～35集的剧集归为30集档电视剧，36～45集的剧集归为40档电视剧，可以发现：40集档和20集档电视剧在100部高收视率作品中所占数量最多，各占32部，共计64部；30集档电视剧也达到28部。而40集档以上电视剧总共只有8部，其中60集以下5部，60集以上超长特色生活喜剧3部。可见，高收视率电视剧主要集中分布于20集、30集、40集档区域。20集档电视剧虽然和40集档数量相当，但在收视率排名前10位剧集中，有9部均属于40集档电视剧，40集左右的电视剧似乎最受观众青睐。

## 二、中央电视台仍然是中国最强势的电视剧播出平台

**1．观众最喜欢中央电视台的电视剧**

观众最喜爱的四部电视剧分别是《大宅门》、《铁齿铜牙纪晓岚》、《雍正王朝》和《刘老根》，其中三部均为中央电视台播出的剧目。可以看出，在最受全国观众欢迎的电视剧中，中央电视台播出的剧目仍然占据了最前端的位置。

**2．观众最喜欢中央电视台电视剧的角色**

同样，观众喜爱的四部电视剧的角色和最受欢迎的电视剧相对应，分别是《大宅门》中的白景琦、《铁齿铜牙纪晓岚》中的纪晓岚、《刘老根》中的刘老根和《雍正王朝》中的雍正。除了纪晓岚之外，最受欢迎的电视剧角色同样主要出现在中央电视台播出的剧目之中。

这表明，在目前中国观众的心目中，中央电视台的电视剧播出平台仍然具有强大的影响力。

**3．中央电视台面临观众分流和多元化竞争**

但是应当清醒看到，上述成绩是在中央电视台无可匹敌的入户率、收视率、品牌影响力的基础上取得的。在不对称的播出环境下，非中央电视台播出平台的影响力已有所增强，一些优秀的电视剧目脱颖而出。

目前，中央电视台电视剧播出只有CCTV－1和CCTV－8两个主要窗口，和全国30余家省级上星频道、

几千家省级和城市地面频道相比，中央电视台的播出窗口明显偏少，如果不能提升播出电视剧的品质，中央电视台在电视剧市场中的竞争环境将更加严峻。

表1 观众最喜欢的前10部电视剧

| 序号 | 结论项 | 总计提及频数 |
|---|---|---|
| 1 | 大宅门 | 40 |
| 2 | 铁齿铜牙纪晓岚 | 32 |
| 3 | 雍正王朝 | 21 |
| 4 | 刘老根 | 20 |
| 5 | 包青天 | 17 |
| 6 | 天龙八部 | 15 |
| 7 | 历史的天空 | 13 |
| 8 | 马大帅 | 13 |
| 9 | 汉武大帝 | 12 |
| 10 | 大雪无痕 | 12 |

在上表观众最喜欢的电视剧中，中央电视台和省市台的剧目平分天下，尤其是5～8位的中间位置，基本是省市台播出的剧目。

电视剧市场的激烈竞争必然导致市场细分。近年来，面对着不同地域（如广东地区的《外来媳妇本地郎》、上海的《新上海屋檐下》），不同群体（如《粉红女郎》面对的青年群体，《还珠格格》针对的女性群体），以不同类型满足受众千差万别的收视需求的电视剧层出不穷。这些剧目往往在不同的区域、受众群体、传播时段拥有对中央电视台的相对优势，分流了大量的中央电视台电视剧观众群体。应当说，出现这种格局是电视剧市场化的必然结果，对于满足大众日益增长的精神文化需求，繁荣我国的电视剧文艺来说，都是一种有益和必然的局面。

**4．近年来播出剧目鲜有亮点**

在高收视的100部电视剧中，排名前10位的电视剧中仅有两部为中央电视台播出，分别为《大宅门》和《刘老根》(二)，这两部电视剧均为2004年以前播出的作品。从观众最喜爱的电视剧来看，除《汉武大帝》之外，全部是2003年之前播出的作品，2004年全年未见一部电视剧入围。

（1）现实题材电视剧欠缺

从近年中央电视台播出的电视剧来看，现实题材的电视剧显得相对薄弱。除了《刘老根》之外，该类电视剧几乎难见优秀作品。但是，现实涉案题材，尤其是触及反腐、打黑除恶主题的电视剧依然有相当高的市场期待，比如中央电视台播出的《大雪无痕》，至今仍然入围观众最喜爱电视剧前10名之列。

（2）非历史正剧题材古装剧表现不足

同样，在近年来走俏荧屏的历史题材古装剧中，除了历史正剧之外，戏说历史剧，如《包青天》、《铁齿铜牙纪晓岚》、《还珠格格》等取得了较好的市场效果。这些投射了观众集体欲望的电视剧，往往在地方台被一播再播。

## 三、中国电视观众的电视剧收视偏好

一部艺术作品的吸引力是全部吸引要素作用的总和。这些要素数较多、分布广泛、性质各异，在不同层面对艺术品的构成元素起着程度不同的功用。为了保证最大程度地发掘和深研我国近年来高收视电视剧的吸引要素全貌，研究中借鉴了文艺学研究与电视剧创作实践的普遍规律，按电视剧艺术生成流程对其分成四大阶段，即创意策划阶段、剧本生成阶段、拍摄制作阶段和大众传播阶段，分别对应着电视剧的创意吸引要素、剧本吸引要素、制作吸引要素和传播吸引要素。通过以定量统计为参考的定性分析方法，对100部高收视率电视剧吸引要素的提取，归纳出41个吸引要素(见表2)。

为了确定电视剧收视的核心吸引要素并同步探测电视剧观众的收视偏好，在全国七大区选取了10个代表性城市（北京、哈尔滨、上海、重庆、青岛、咸阳、安庆、茂名、怀化、天水），根据性别、年龄、学历配额抽选了500名目标观众，进行了电视剧吸引要素与基本收视偏好电话调查。总结出中国电视剧对于电视观众的分层吸引要素。

**1．中国电视剧对于电视观众的三大核心吸引要素**

在各项电视剧基本吸引要素中，故事、情感功能、角色三大要素成为被观众拣选的最为重要的核心要素。

故事（情节）是电视剧最重要核心吸引要素。观众选择比例高达50%，电视故事是否讲得好是吸引他们收看的关键。其次是情感功能，达44%，受众的情感功能是否得到满足，往往是他们选择电视剧集的一个重要因素。这是电视剧商业化属性的最好证明，它标志着一个艺术生产的消费时代的来临，传统的无功利的艺术创作和欣赏过程，必然要蒙上市场经济时代的特定色彩。选择角色的观众比例为32%，没有角色，就没有故事。25～34岁观众把情感功能放在第一位。

在故事这一核心要素中，悬念（79%）是故事／情节的第一分要素。它是一切电视剧故事情节编织的重

表2　电视剧吸引要素简表

| 电视剧构成要素一级类别 | 电视剧构成要素二级类别 | 吸引要素 |
|---|---|---|
| 创意要素 | 题材 | 窥视性 |
| | | 现实性 |
| | | 娱乐性 |
| | | 思想性 |
| | | 潜在期待性 |
| | | 戏剧空间大 |
| | | 爱情／性 |
| | 戏剧模式 | 对抗 |
| | | 犯罪 |
| | | 牺牲 |
| | | 聚散离合 |
| | | 异常行为 |
| | | 灾难／死亡 |
| 剧本要素 | 角色 | 角色直接吸引力 |
| | | 角色典型性 |
| | | 角色鲜明性 |
| | | 角色传奇性 |
| | | 角色复杂性 |
| | | 角色同情性 |
| | 故事／情节 | 情节曲折离奇 |
| | | 情节生动刺激 |
| | | 悬念丰富有力 |
| | | 冲突频繁激烈 |
| 制作要素 | 演员 | 演员自身吸引力 |
| | | 演员表演吸引力 |
| | | 演员与角色匹配 |
| | 画面／视觉效果 | 强化剧作风格 |
| | | 画面视觉震撼 |
| | | 画面真实自然 |
| | 音乐／听觉效果 | 音乐烘托气氛 |
| | | 音乐富有特色 |
| | | 具有流行潜力 |
| | 对白 | 符合人物身份性格 |
| | | 对白轻松幽默 |
| | | 对白生动精彩 |
| | 节奏 | 节奏张弛有致 |
| 传播要素 | 情感功能 | 轻松／开心 |
| | | 警醒／感悟 |
| | | 同情／净化 |
| | | 景仰／感动 |
| | | 刺激 |

中之重，其后分别为冲突频繁激烈（29%）、情节曲折离奇（25%）和情节生动刺激（24%）。不同年龄观众对电视剧故事情节吸引要素的评判略有差异，年轻观众更期待曲折离奇、大起大落、鲜明生动、紧张刺激的故事情节。

调研结果表明：观众最期待的情感功能分要素依次是：开心／轻松（49%）、警醒／感悟（41%）、同情／净化（49%）。男性观众最重视的情感吸引要素为警醒与感悟（47%）、女性观众的首选为轻松和开心（55%）。24岁以下和45～54岁观众把警醒和感悟放在第一位，55～64岁观众把同情／净化放在第一位。

角色吸引要素包含同情性、直接吸引力、鲜明性、复杂性、典型性和传奇性，角色同情性（35%）是观众最为重视的。但不同性别和年龄的观众表现出一定的差异：男性观众最重视的是典型性（32%），女性观众最重视的是同情性（38%）和直接吸引力（38%）；年轻观众最重视的是典型性和直接吸引力，35岁以上观众首选同情性。这也在一定程度上反映了东方的非竞争性文化机制与西方的自我扩张式的文化机制不同。在西方的悲剧中，最常见到的角色是嫉妒心很强的女性，而在东方戏剧中，最典型的女性往往是最让人同情的女性。非竞争性的文化，让社会平等通过扶弱机制来实现，同情心作为一种最基础的文化符号被积淀下来，成为东方艺术审美的一种重要美学心理。

**2. 中国电视剧对于电视观众的三大重要吸引要素**

继核心要素之后，电视剧三大重要吸引要素依次是演员、对白和戏剧模式。

观众测试表明：演员的第一吸引力是表演吸引力，观众总计选择比例高达67%。作为角色的实践者，演员最受观众期待的是自身的表演吸引力。相比之下，演员自身条件（39%）和与角色的匹配性（46%）就退居其次了。

在电视剧对白吸引要素中，观众最为重视的是轻松幽默，喜欢剧中人的对话幽默、搞笑，该项总计选择比例高达66%，这在一定程度上体现了大众对电视剧开心／轻松功能的期待；其次希望电视剧中的人物对话精彩生动，选择比例为46%；观众对剧中对话符合角色身份的程度的关注也比较高，认为人物具有什么样的身份和性格就该说什么样的话，该项选择比例达到了40%。在首选项上，男女观众最关注的对白吸引要素均为轻松幽默；而在次选项上，男性的选择是对白符合人物身份，选择比例为45%，高出女性9个百分点。女性的选择是对白精彩生动，选择比例为51%，高出男性10个百分点。

在诸多电视剧戏剧模式中，聚散离合是最吸引观众的戏剧模式，选择反映父母子女聚散离合的情节的观众比例高达51%；其次为犯罪戏剧模式，选择比例为31%；对爱情和性的戏剧模式关注程度也比较高，选择比例24%；观众比较喜欢的还有牺牲这一戏剧模式，选择比例为23%，较为关注电视剧中有人付出巨大牺牲的情节。对其他戏剧模式的收视偏好相对较低。

罪行是西方戏剧中最重要的戏剧模式，因为它产生恐惧和同情，让人心灵净化；但在中国电视剧中，这一戏剧模式则居于第二位。最吸引观众的戏剧模式是聚散离合。这与东方社会结构对人际关系的倚重不无关联。对人与人之间的关系的依赖，源于东方哲学的整体性和关联性，源于儒家学说对人际伦理的基本架构，它形成了东方文化重“耻”（他人和社会评价）的价值观，和“一人得道，鸡犬升天”的人际互动模式。对人与人之间关系的价值感，让聚散离合成了最能牵动观众心灵的戏剧模式。

在对电视剧戏剧模式的偏好上，男女观众显示了一定的差异：他们最重视的均为聚散离合，选择比例分别为42%和60%；此外，男性更喜爱的戏剧模式依次为犯罪、牺牲、灾难/死亡，他们会更关注犯罪的情节、付出巨大牺牲、人物死亡或者遇到大灾大难的情节；而女性更喜爱的则分别是爱情/性，这一戏剧模式的选择比例达到31%，高出男性观众15个百分点，而对犯罪戏剧模式的选择比例为26%，低于男性观众11个百分点。

不同年龄的观众对电视剧模式的收视偏好同样存在差异：24岁以下观众最喜欢的依次是聚散离合、爱情/性、牺牲；25～54岁所包含的三个年龄段的观众最喜欢的戏剧模式分别是聚散离合、犯罪、爱情与性；55岁以上观众对爱情与性的关注程度则大大降低；55～64岁观众更喜欢的前三位的戏剧模式为聚散离合、牺牲、犯罪；而65岁以上观众喜欢的前三位的戏剧模式则依次为聚散离合、犯罪、牺牲。

**3. 中国电视剧对于电视观众的四大次要吸引要素**

（1）音乐。调研结果表明，观众最期待电视剧作品中音乐的流行潜力。喜欢优美动听、便于传唱的电视剧音乐与歌曲，总计选择比例高达61%；其次希望电视剧音乐具有烘托作品气氛的功能，选择比例同样高达56%；观众对音乐富有特色的关注程度也比较高，比较喜欢让人耳目一新、比较有特色的电视剧音乐，选择比例为28%。

（2）题材。在诸多电视剧题材吸引要素中，观众最为重视的是电视剧题材的现实性，更希望电视剧能够反映社会现实，该项总计选择比例为54%；其次为题材的娱乐性，选择比例为39%；包含大众认知度、原著感召力和续集期待性在内的题材的“潜在期待性”受观众关注程度也比较高，选择比例为30%；观众比较重视的题材吸引要素还有思想性，选择比例为21%。其他题材吸引要素观众选择比例相对较低。男女观众显示了一定的差异：观众最重视的前四位题材吸引要素中仅在第一要素的选择上一致，均为现实性，选择比例分别为53%和55%；此外，男性更重视的依次为题材的潜在期待性、娱乐性和窥视性，他们会更关注名著改编剧、好电视剧的续集或讲述著名人物故事的电视剧，希望电视剧内容比较好玩，希望能暴露平常不容易了解的秘密内容；而女性更重视的则分别是娱乐性、潜在期待性和思想性，她们显然比男性观众更看重电视剧的娱乐性，她们表示喜欢内容比较好玩的、题材娱乐性强的电视剧，选择比例达到44%，高出男性观众12个百分点，女性观众同时也更反感空洞无聊的内容。喜欢有思想性的电视剧，24岁以下观众最重视的是娱乐性，选择比例高过52%，随后依次是现实性和新颖性，该年龄段观众对题材娱乐性和新颖性的选择比例均居各年龄段之首，他们最喜欢内容比较好玩、让人轻松开心的电视剧，也比其他年龄段的人更喜欢内容有刺激性，新鲜的、猎奇的电视剧；55岁以上观众对题材娱乐性的重视程度则明显减弱：55～64岁观众更重视的前三位题材吸引要素为现实性、潜在期待性和娱乐性；而65岁以上观众重视的前三位题材吸引要素则依次为现实性、思想性和潜在期待性。

（3）画面。真实自然的画面最受观众认可。在对电视剧画面的期待上，真实自然的画面得到了观众最高的支持率，总计选择比例高达63%；其次为画面具有强化剧作风格的功能，喜欢特别能给电视剧出彩的、印象深刻的画面，选择比例为51%；观众对画面具有视觉震撼效果的关注程度也比较高，喜爱富有震撼力、场面很大气的画面，选择比例为35%。

（4）节奏。节奏是比较受观众忽略的吸引要素。合理、张弛有致的节奏仍是一部电视剧佳作所必备的，只不过不处于观众最敏感的接触层面而已。

综合上述分析，得到“电视剧吸引要素分级评估基础范表”（见表3），可以作为判断一般电视剧吸引力强弱的基本范表使用，是对一般电视剧吸引力进行参考性评估的基础。

表3 电视剧吸引要素分级评估基础范表

| | 主吸引要素 | 一级分吸引要素 | 二级分吸引要素 | 三级分吸引要素 | 分要素序号 |
|---|---|---|---|---|---|
| 一级要素 | 故事/情节（50%） | 悬念丰富有力（79%） | 冲突频繁激烈（29%） | | 1 |
| | | | 情节曲折离奇（25%） | | 2 |
| | | | 情节生动刺激（24%） | | 3 |
| | 情感功能（44%） | 轻松/开心（49%） | 景仰/感动（26%） | 刺激/过瘾（18%） | 1 |
| | | 警醒/感悟（46%） | | | 2 |
| | | 同情/净化（41%） | | | 3 |
| | 角色（32%） | 角色同情性（35%） | 角色典型性（29%） | 角色复杂性（24%） | 4 |
| | | 角色直接吸引力（34%） | 角色鲜明性（28%） | 角色传奇性（23%） | 5 |
| 二级要素 | 演员（27%） | 演员表演吸引力（67%） | 与角色匹配（46%） | | 1 |
| | | | 演员自身吸引力（39%） | | 2 |
| | 对白（24%） | 对白轻松幽默（66%） | 对白生动精彩（46%） | | 1 |
| | | | 符合人物身份性格（40%） | | 2 |
| | 戏剧模式（21%） | 聚散离合（51%） | 爱情/性（24%） | 灾难/死亡（18%） | 1 |
| | | 犯罪（31%） | 牺牲（23%） | 对抗（12%） | 2 |
| | | | | 异常行为（11%） | 3 |
| 三级要素 | 音乐（18%） | 流行潜力（61%） | 音乐富有特色（28%） | | 1 |
| | | 烘托作品气氛（56%） | | | 2 |
| | 题材（14%） | 现实性（54%） | 潜在的期待性（30%） | 新颖性（12%） | 1 |
| | | 娱乐性（39%） | 思想性（21%） | 戏剧空间大（6%） | 2 |
| | | | 窥视性（20%） | | 3 |
| | 画面（11%） | 画面真实自然（63%） | 画面视觉震撼（35%） | | 1 |
| | | 强化剧作风格（51%） | | | 2 |

*此表要素后的百分比数字，为调研中观众支持的比例。

需要说明的是，第一，此表是电视剧吸引力要素评估表，重点评定电视大众吸引力的高低，而不是对电视剧的深度整体考量；第二，此表对电视剧吸引要素的分级，衡量的是电视剧吸引力的等级，而不是电视剧品质的等级。

（《电视剧吸引要素和观众收视偏好研究》课题组提供）

2005
CHINA
CENTRAL TELEVISION
YEARBOOK
中国中央电视台
年 鉴

CCTV

GUIZHANG ZHIDU XUANZAI

# 规章制度选载

# 规章制度选载

## 关于有关报账期限规定的通知

台各中心（室）、部、处：

为了更好地规范我台有关经费报销工作，保证宣传任务的完成，促进我台事业健康发展，经研究，决定对《中央电视台预算管理补充规定》（台发计字[2003]040号文）中有关报账期限的规定进行调整，现将有关事项通知如下：

一、坚持节目代码管理制度。节目的选题申报、预算管理、费用报销、入库、播出实行节目代码管理，办理上述各个环节事项时必须填写、核录、核对节目代码，实行一码到底。

二、节目制作周期内或部门成本核算周期内发生的费用，在费用发生后十五个工作日内到财务部门报销；其中到外地出差发生的费用，根据返京的交通票据日期，作为计算起点日期，十五个工作日内到财务部门报销（无返京交通票据的，根据出差目的地的住宿票据日期为计算的起点日期）。

三、节目入库后七个工作日内必须清理、完成该节目的费用报销事项；直送播出线节目或直播节目在播后七个工作日内完成该节目的费用报销事项。

中央电视台

2004 年 4 月 20 日

## 加强计算机类资产管理的规定

为适应我台事业发展的需要，有利于我台固定资产的管理，经研究决定对全台计算机的管理作出以下规定：

1．台内正式聘用人员根据工作需要配置的计算机由本人负责办理计算机的领用手续，并负责所领计算机的保管、使用、退库等，台内工作调整时，领用人需办理转移手续。

2．编外人员（人事办核定备案）所用计算机将根据工作需要按人数的一定比例进行配置，由所在科的科组长办理领出手续，并负责管理和退库。

3．公共机房所用计算机根据机房设计所批准的数量进行配置，由所在科的科组长办理领出手续，并负责管理和退库。

4．台内计算机的配置以台式机为主，因工作需要必须配备笔记本电脑的需经主管台领导批准，而且两种机型只能选择其中一种使用。

5．信息通信处负责台内服务器的退库审批工作。质量管理处负责计算机及服务器退库时的技术鉴定工作。

6．在计算机的使用和保管中，任何人不经主管部门批准不得私自更改其配置，如发现将按有关规定处理。

7．对目前在用的计算机进行清理，按“谁使用谁负责”的原则，转移到个人名下进行管理。

中央电视台

2004 年 7 月 1 日

# 中央电视台设备采购规定

为提高我台采购资金的使用效益，遵循公开、公平、公正和透明的原则，更好地执行政府采购法，特制定本办法：

1．招标过程中，鼓励由生产厂家直接参加投标，做到不同厂家的产品之间进行竞争。如有特殊原因厂家不能直接投标，也可由生产厂家授权的代理商投标。

2．生产厂家授权的代理商进行投标时，生产厂家不得限制其投标，一旦发现有这种行为，将取消该厂家在我台的投标权。

3．招标过程中，如遇到单一产品招标时，鼓励由生产厂家授权的代理商进行竞争。招标应有三家以上授权的供应商进行投标；在投标中如出现“唯一代理商”，则由生产厂家直接投标，中标后不得委托其代理签合同，必须由生产厂家直接和我台（委托的外贸公司）签署国内（外）合同。生产厂家不得与代理商有联合串标的行为，中标的生产厂家和代理商必须按照主管部门批准的采购结果执行，厂家不得无故拖延或停止向中标代理商提供设备，如出现此类情况，一经发现马上取消本次和以后相关项目的投标资格，招标结果作废。

4．当资格认证中出现生产厂家授权的“唯一代理”、“单次授权”、“系统集成商”和“供应商”等授权同时出现时，将视其同样具有法律效力。

5．生产厂家和代理商在中标后，其交货期应以标书提供的交货期为准，不得以任何理由拖延交货期，如发现不按期交货的问题，将依照相关合同条款进行处罚。

中央电视台
2004 年 8 月 23 日

# 关于印发《中央电视台关于若干经费报销的规定》的通知

各中心（室）、部、处：

为进一步提高我台经费支出的管理水平，规范有关费用支出的报销行为，促进电视事业的发展，我台组织制定了《中央电视台关于若干经费报销的规定》，已经在台分党组会议讨论通过，现印发给你们，请遵照执行。

中央电视台
2004 年 10 月 12 日

# 中央电视台关于若干经费报销的规定

## 第一章　总　则

**第一条**　为进一步提高我台经费管理水平，建立科学的稿费、劳务费及食宿行费用的报销规范，保证宣传任务的完成，促进电视事业的健康发展，依照国家的有关法律、法规，结合我台实际情况，制定本规定。

**第二条**　各部门及栏目的经费使用应根据我台下达的年度预算统筹安排，遵循“先有预算安排，后有费用支出”的原则。

**第三条**　报销凭证所反映的经济内容必须真实、有效、合法；凭证的填写必须符合国家的有关规定，填写项目应清晰、完整；按规定应有报销费用人员或业务经办人（指提供报销原始票据的台编内、编外人员）、报销经办人员（指到财务部门办理报销手续的经办人员）、批准人三人签字；购买实物物品的还应有验收人签字；需要办理入库手续的应附有入库单。

**第四条** 对于特殊情况无法取得国家规定要求的有效支付、支出、费用凭证的，应有两个以上人员经手、签字，经部门、中心领导批准签字并附有关情况说明。

**第五条** 报销凭证实行实名制核报。谁发生费用消耗，谁就是报销费用人员或业务经办人。并按照报销费用人员或业务经办人分别整理、粘贴、报销。

**第六条** 财务会计人员审核有关凭证需要报销经办人员提供有关材料和说明时，报销经办人员应负责提供。

**第七条** 本规定适用于台本部各中心（室）、部、处。

## 第二章 劳动报酬

**第八条** 台编内人员的工资、奖金和其他劳动报酬严格按照国家政策和台有关规定执行。

不得以任何名义另外发放劳务费、稿费，或相当于劳务费、稿费的其他报酬。

经台正式批准实行编内人员工资总额包干的部门，可以以计件工资或劳务费、稿酬形式发放劳动报酬，纳入工资总额包干管理。

**第九条** 台聘用外单位承担台某方面业务，其工作人员的劳动报酬由承担业务的单位支付，台仅按照合同向该单位支付服务费用。

**第十条** 与台签有聘用合同或存在事实劳动关系以及实行公司化管理的编外人员的劳动报酬按照台有关规定执行，不得违反规定另外发放劳务费、稿酬或其他报酬。

经台正式批准实行编外人员劳动报酬总额包干的部门，可以以计件或劳务费、稿酬形式向编外人员发放劳动报酬，纳入劳动报酬包干总额管理。

**第十一条** 对于特殊需要的播音员、主持人等特殊人才，经台批准，可以采用签约聘用形式，其劳动报酬的支付标准和形式由合同约定。

**第十二条** 因工作需要，试用不在台固定任职并获取稳定酬劳、且试用时间不满三个月的临时外请人员可以以劳务费、稿酬的形式支付劳动报酬。

**第十三条** 所有台内工作人员以及委托台外人员创作作品的著作权归台所有。此项内容写入有关合同或聘用合同。对无法执行本规定的特殊情况，报主管台领导批准。

**第十四条** 台主办的刊物采用非台安排的工作任务或非本职工作职责内的文字、图片类稿件，可以按照规定向供稿人支付报酬。

**第十五条** 对于某些特殊的演职人员、专家、嘉宾等临时外请人员，如果认为不适于以劳务费、酬金的方式支付报酬，可以向其赠送礼品或宴请答谢，但须事前报请中心以上领导批准。

已经支付劳动报酬的，不再报销礼品、餐饮费用；特殊情况报台领导审批。

**第十六条** 发放劳动报酬须遵守以下规定：

（一）临时外请人员的劳动报酬应当在完成工作任务后以现金形式当场发放，并要有两名以上的现金经手人和发放对象本人签字；现场发放有困难的，可以采用汇寄、银行转账的方法付酬，但必须提供临时外请人员的书面意见或明确载有支付方式的合同，相关手续由财务人员办理。

（二）发放临时外请人员劳动报酬的人员或部门指定的人员，应当在该期节目（工作项目）完成后或者在报账规定期限内将按要求填制妥当的《临时外请人员劳动报酬发放表》（其内容包括人员姓名、身份证号码、工作单位或居住地址、从事的工作任务、岗位等）报部门领导审核签字后及时到财务部门报账。

（三）劳动报酬的支付人员必须按照规定代扣个人应缴的所得税，并向纳税人出具代扣税款证明；合同载明本人自行申报纳税的，按照合同约定执行；代扣的税款应该就地缴库，并将代扣、上缴凭证连同劳动报酬发放凭证一并作为报销凭证；就地缴库有困难的，可以将代扣税款缴台财务部门缴库。

（四）除能够即时完成工作即时支付报酬的临时外请人员以外，其他临时外请人员应该签订劳动合同，合同应载明劳动报酬标准、支付方法等事项，对于涉及著作权事项的劳务事项，一律签订合同。同一人员，如果连续在台工作三个月以上，停止按照临时外请人员支付报酬。上述人员如继续在台工作，必须向台人事办申报，按照台有关规定办理审批录用手续，决定录用的，按照台编外人员的管理规定办理。

（五）经台领导批准，可以聘请兼职顾问或节目策划等人员，其报酬支付标准和方法应由合同约定，合同报台人事办、财经办备案。

（六）经台批准聘用签约特殊人员按照台的有关规定执行。

## 第三章 房费、房租

**第十七条** 职工的住房补助和有关费用统一按照国家规定和台的实施办法执行；台按照规定为符合条

件的职工建立和交纳住房公积金。

不得以任何名义超出规定发放住房补贴和其他与住房有关的费用；不得为任何人员报销住房费用。

**第十八条** 因工作需要长期（连续租用时间一个月（含）以上）租用办公用房的部门，由该部门所在中心事先将租房的事由、时间、参考价格等相关情况报台房管处，由房管处统一对外签订租用合同、结算费用；结算单据由房管处和使用部门领导审核签字后到台财务部门核报，费用直接在使用部门的预算内列支。

未经批准自行租用的办公用房费用不予报销。

**第十九条** 因工作需要临时（租用时间在一个月以下）租用办公用房的，由使用部门提出租房方案，经主管台领导批准，签订租用合同，使用期满或付款后结账报销；合同报台财务部门、房管处备案。

超过一个月期限的房租费用按第十八条的规定执行。

## 第四章 餐 费

**第二十条** 职工在台、在京工作期间的餐费、伙食补助费按国家及台有关规定执行。不得违反规定报销或发放餐费、伙食补助费。

**第二十一条** 因对外业务交往需要用餐的，按照一事一报的原则，需事先将就餐事由、人员名单及标准等相关情况报中心领导批准，财务部门凭中心领导批准文件和签字的发票一事一核报。

负责审批的中心领导可以授权部处领导审核、批准、签字，并将授权名单报财经办备案。

**第二十二条** 组织制作节目无法自行就餐的，可以组织集中供应工作餐，餐费由就餐人员负担有困难的，应按照一事一报的原则，事先将就餐事由、人员及标准等相关情况报中心领导批准，财务部门凭中心领导批准文件和签字的发票一事一核报。

在台内组织活动的工作餐，应由台食堂供应，计价付费。

**第二十三条** 对于餐费支出比较特殊的部门和栏目，在符合规定的情况下，经台领导批准，可以实行餐费支出的比例控制或总额控制。

## 第五章 市内交通费

**第二十四条** 职工的市内公共交通费报销或补贴按照国家规定执行。

**第二十五条** 由于工作需要乘坐市内出租车的，由所在部门领导批准，按实名列表，注明日期、事由、行车路线或出发点、终到地等事项，经部门领导审核签字，连同乘车凭证一起在规定的时间内到财务部门核报。

对于已使用了公车的工作人员不得报销市内交通费和发放交通补贴。已支付劳动报酬的临时外请人员也不得再报销市内交通费。

## 第六章 差旅费

**第二十六条** 因公出差按照国家有关差旅费报销的规定执行。

**第二十七条** 考虑到中央电视台业务的特殊性，到外埠出差，住宿费按三星级及以下标准掌握。特殊情况，报主管台领导批准。

携带设备和贵重物品的出差人员，经中心领导批准，可以乘坐火车软席。

出差目的地城市的市内交通费凭票据实核报。

餐费可按照每人每天不超过80元的标准凭票报销。出差回京后应凭往返的交通票据和相应的住宿票据，在规定的时间内一并核报。对于无往返交通票据或往返交通票据不完全的，凭住宿票据，经所在部（处）、中心两级领导审批后核报。对既无往返交通票据，又无住宿票据的出差期间的餐费、外埠交通费及其他杂费等不予报销，特殊情况报台领导审批。

## 第七章 责 任

**第二十八条** 对于弄虚作假、虚报冒领的行为，经查实后，按照违反规定数额的1～3倍扣减该部门所在中心的当年预算并计入预算基数。对于涉及违反国家法律、法规和财经纪律的，移交纪检、监察部门。

**第二十九条** 对于违反本规定的行为，按台规定追究有关人员和有关领导的责任。

## 第八章 附 则

**第三十条** 对不符合本规定的要求或违反本规定所发生的经费支出，一律不予核报。

**第三十一条** 本规定由财经办公室负责解释。

**第三十二条** 本规定自2004年11月1日起执行。凡以前有关规定或做法与本规定不一致的，一律以本规定为准。

# 中央电视台技术设备维护修理管理规定

## 第一章 总 则

**第一条** 为保证各种技术设备和系统（以下简称设备）的运行正常，提高电视节目制作和信号传送质量，加强设备维护修理管理，特制定本规定。

**第二条** 设备维护工作由使用部门负责；设备修理由技术管理办公室归口管理，技术管理办公室质量管理处负责组织实施。

**第三条** 本规定适用全台各部门。

## 第二章 设备维护管理

**第四条** 设备维护计划每年由各中心和技术部门制定，送技术管理办公室备案，由质量管理处协调安排。

**第五条** 设备日常维护工作由使用部门负责，质量管理处负责检查落实；重要技术设备由质量管理处每年组织两次专业维护；涉及播出的设备由质量管理处委托专门的维护公司定期检查和维护修理。

**第六条** 在重大宣传活动前，由质量管理处对所用设备进行功能检查和指标测试。

**第七条** 委托维护、运行的设备由质量管理处定期检查监督委托公司的服务质量。

## 第三章 设备修理管理

**第八条** 台属设备出现故障时，由设备使用部门提出申请，填写设备维修五联单，经质量管理处审核后安排修理。

**第九条** 设备维修完成后，由使用部门负责对设备的功能进行检验，核准维修费用，凭部、处领导签字的五联单取回送修的设备。

**第十条** 新闻节目的外录、制作设备，设立专门维修点随时对设备进行测试、调整和修理。

**第十一条** 凡固定安装不宜送修的设备出现故障时，由使用部门向技术管理办公室提出书面报告并附设备故障情况说明，经批复后由质量管理处安排现场修理。

**第十二条** 在紧急情况下设备出现故障时，使用部、处领导口头请示中心级以上领导同意后，可先行现场修理。事后向技术管理办公室补办修理手续。

**第十三条** 应急维修费用结算由中心主任以上领导签字报账，并附维修处理报告。

**第十四条** 外出设备出现故障的修理，由使用部门和质量管理处协商安排。

**第十五条** 特殊设备的修理，由质量管理处邀请生产厂商或专业人员进行现场故障调查分析，与设备使用部门共同制定修理方案、安排修理。

**第十六条** 任何部门和个人不得自行将设备送台外修理。

## 第四章 维修公司管理

**第十七条** 专业设备维修公司由技术管理办公室组织部、处领导和邀请的专家审议认定。

**第十八条** 通用设备维修公司通过竞争性谈判或公开招标方式确定。

**第十九条** 特殊设备、系统的维修由设备制造商或授权指定的维修公司承担。

**第二十条** 由设备使用部门负责评估和监督维修公司的服务态度，质量管理处负责评估和监督维修公司的维修技术质量。

**第二十一条** 连续三次出现维修质量不合格或返修三次后仍出现相同故障的维修公司，视为不合格维修公司，不能再承担我台维修工作。

**第二十二条** 质量管理处每年向全台公布设备维修收费标准、各部门维修经费使用情况、各维修公司维修技术服务和质量评估情况、新认定的维修公司名单、被确认的不合格维修公司名单。

中央电视台

2004年11月18日

# 中央电视台委托维护、运行项目管理规定

## 第一章 总 则

**第一条** 为了规范我台系统或设备委托维护、运行的管理，保证各类系统或设备的正常运行，确保安全播出，特制定本管理规定。

**第二条** 委托维护项目是指：我台采用了高新技术的软硬件系统或设备，需委托专门的技术公司，派遣专业的技术人员，采用专用的软硬件维护设备来承担专业维护和专业检测的项目。

**第三条** 委托运行项目是指：由于我台事业建设迅速发展，技术部门保障系统或设备安全运行的技术人员不足，需委托专门的技术公司，派遣专业的技术人员来承担系统或设备安全运行的项目。也包括系统或设备安装在外单位，需委托所在单位托管的项目。

**第四条** 委托维护、运行项目由技术管理办公室归口管理，质量管理处负责实施，系统或设备所属部门负责监督执行。

**第五条** 委托维护、运行项目以下简称委托项目。

**第六条** 本管理规定适用于全台各技术部门。

## 第二章 委托项目的管理

**第七条** 委托项目大致分为四种类型：

1. 全包型：被委托方承担系统或设备的维护、维修、故障排除、升级和技术支持；根据实际需要建设合理的备件库，在系统或设备出现不能即刻解决的故障和问题时，及时提供备用设备，确保系统或设备正常运行。这类项目在协议有效期内不需再支付协议费用之外的零部件费、升级费等任何其他费用。

2. 半包型：被委托方承担系统或设备的维护、维修、故障排除、技术支持；在协议有效期内如需更换零部件、升级软件，需另行支付相应费用。

3. 运行型：被委托方按系统或设备运行岗位的要求配备技术人员，承担系统或设备的日常值班和维护工作，确保系统或设备正常运行、制作节目和播出安全。

4. 复合型：被委托方承担上述全包型或半包型条款服务内容的同时，还增加运行型条款的服务内容。

**第八条** 委托项目以签署委托协议的方式实施。

**第九条** 委托协议的基本格式由两部分组成：协议正本和协议附件。

1. 协议正本是协议的总则和基本条款，与中央电视台签署协议的任何单位必须遵守。

2. 协议附件是系统或设备所属部门根据其具体需求，要求被委托方承担的详细工作内容条款和被委托方对系统或设备维护、运行的承诺条款，以及项目协议收取费用的依据。协议附件从属协议正本，随协议正本签署而同时生效。

**第十条** 委托协议需由委托方、被委托方、用户方三方签字方能生效。

1. 中央电视台是协议的委托方。技术管理办公室受中央电视台委托对项目行使组织、审批、监督、管理、并在审定协议正本上代表中央电视台签署、盖章。

2. 承担服务的公司为协议的被委托方，被委托方授权的代表应在协议正本和协议附件两个文件上签署、盖章。

3. 系统或设备所属部门为协议的用户方。用户方与被委托方联合签署的委托协议附件的条款和实施内容需保证安全播出，保证技术系统的正常运行，节目制作正常进行。用户方对协议附件条款的制定负有直接重要责任，负责核实项目收费条款、工作量及用人数量的真实性；对协议的履行负有监督、验收的责任。用户方所属部、处领导需在协议附件上签署、盖章。

**第十一条** 为加强管理，台成立委托项目审查小组，小组成员由台副总工程师、技术管理办公室、计划处、审计处、监察室、财产物资处及各技术部门的负责人和邀请的专家组成，经台领导批准成立。

**第十二条** 委托项目审查小组按照公开、公平、公正的原则，对中央电视台负责、为技术部门服务的精神，在提高设备完好率、确保安全播出的前提下严格审定委托项目；并对项目经费的核算严格把关。

**第十三条** 各部门申报的委托项目需经委托项目审查小组审定通过后方可按程序办理报批、签署等手续。

## 第三章 委托项目的申报、审定和报批

**第十四条** 委托项目的立项及项目预算的申报程序。

1. 用户部门根据实际工作的需要，在每年的年中按照财务部门的要求向技术管理办公室申报下一年度的委托项目，并提出委托项目预算。

2. 用户部门的部、处和中心领导对各用户部门申报的项目进行初审。

3. 质量管理处对通过初审的项目汇总并编报下一年度的项目预算，报计划处审批。

**第十五条** 委托项目的立项审定：

1. 委托项目需通过立项审定会审定。

2. 委托项目审查小组于每年的十一月份或十二月份召开下一年度的项目立项审定会。

3. 用户方负责人及相关部、处和中心领导参加会议并向委托项目审查小组提交委托项目的需求和可行性分析报告。

4. 审定会审核用户部门委托理由、委托服务类型、可行性、必要性、合理性和委托用人数量、工作量，以及被委托方建议名单。

**第十六条** 被委托方的确定：

1. 专业系统或设备的被委托方，由委托项目审查小组审议用户方提交的被委托方建议名单、被委托方的资质和报价的合理性后确定。

2. 通用系统或设备的被委托方，由用户方编写委托项目需求文件，委托项目审查小组组织竞争性谈判或公开招标方式确定，采用竞争性谈判方式的，用户方可以推荐受邀谈判对象。委托项目审查小组负责审核参加谈判或应标公司资质，并根据谈判或招标结果确定被委托方。

3. 特殊系统或设备的被委托方由设备制造商或授权指定的公司承担，委托项目审查小组审议被委托方的资质和报价的合理性后确定。

4. 被委托方确定后，委托项目审查小组写出被委托方确认报告，作为审批委托项目协议的依据。

**第十七条** 委托项目协议的经费审定：

1. 委托项目协议的费用通过召开项目经费审定会，由委托项目审查小组审定。

2. 委托项目经费审定会一般情况下在立项审定会之后一周召开，审定已经通过立项的项目协议的预算。

3. 被委托方负责人需参加项目经费审定会并提交项目协议的收费依据，接受审议。

**第十八条** 委托项目经费的审定内容：

1. 被委托项目的规模、范围、技术属性和科技含量。

2. 被委托项目所需用工数量、工时数量、专业人员等级比例、班次安排、所需仪器、软硬件设备等级和数量等。

3. 以上各项取费标准依据国家有关标准，或参考同类行业标准。

**第十九条** 委托协议的报批签署程序：

1. 用户方向技术管理办公室提交签署委托协议的申请报告，和已经通过立项审定会、经费审定会审定，确定了被委托方的委托项目协议书。

2. 质量管理处根据委托项目审查小组的审议结果，对协议书内容进行核实。

3. 质量管理处填写委托项目审批表，依次送技术管理办公室、法规处、审计处、计划处、财务处审批。

4. 协议金额大于50万元的项目需送台副总工程师和财经办审批。

5. 协议金额大于100万元的项目需送台副总工程师、财经办、台领导审批。

6. 以上审批手续齐全后，方能正式签署委托协议。

## 第四章　委托项目的实施和监督

**第二十条** 委托协议生效后，用户方负责协议的履行和监督。并按月向质量管理处提交委托服务评估报告，报告内容包括当月实际到岗人数、出勤情况、维护或运行服务的内容、次数和结果，被委托方服务态度等。

**第二十一条** 质量管理处通过抽测检查被委托系统或设备的技术指标来评估被委托方的技术服务质量。

**第二十二条** 建立事故汇报制度。对被委托方造成的故障或因被委托方工作不善对工作造成的影响，用户方要立即向质量管理处书面报告。

**第二十三条** 对不能按协议条款履行承诺的被委托方，用户方要向质量管理处提交违约调查报告，由质量管理处按协议中违约条款追究其相关责任，并视情况决定是否取消其在我台的工作资格。

**第二十四条** 委托项目的验收：

1. 被委托方向用户方提交委托项目年度服务总结报告。

2. 用户方认真审阅并按协议条款对委托工作逐一验收。

3. 用户方写出年度用户委托项目验收总结报告并随被委托方年度服务总结报告一并提交质量管理处。

**第二十五条** 质量管理处每年向全台公布委托项目收费标准、各部门委托维护或运行经费使用情况、被委托公司服务和技术质量评估情况、被取消承担我台委托项目服务的公司名单。

中央电视台

2004年11月18日

# 关于下发《中央电视台人口与计划生育管理办法》的通知

台属各中心（室）、部（处）：

中央卫星电视传播中心：

中国国际电视总公司：

根据《中华人民共和国人口与计划生育法》、《北京市人口与计划生育条例》和《国家广播电影电视总局计划生育管理办法》的精神，原《中央电视台计划生育管理办法》已作相应修改，现将修改后的《中央电视台人口与计划生育管理办法》发给你们，请参照执行。

特此通知。

中央电视台

2004年11月22日

# 中央电视台人口与计划生育管理办法

## 第一章　总　则

**第一条**　为实施《中华人民共和国人口与计划生育法》和《北京市人口与计划生育条例》以及《国家广播电影电视总局计划生育管理办法》，结合我台实际情况，特制定《中央电视台人口与计划生育管理办法》。

**第二条**　实行计划生育是我国的一项基本国策，是全社会共同的责任。推行计划生育，控制人口数量，提高人口素质，优化人口结构，促进人的全面发展，提倡和鼓励晚婚晚育，少生优生，禁止超计划生育，确保计划生育工作顺利开展。

**第三条**　人口与计划生育工作贯彻“以宣传教育为主，以避孕节育为主，以经常性工作为主”的原则。在广泛宣传控制人口增长的重要性、必要性和迫切性基础上，推行计划生育优质服务。结合本部门具体情况，实行计划生育目标管理责任制。各部门一把手要对计划生育工作亲自抓，负总责。

## 第二章　管理机构

**第四条**　中央电视台人口与计划生育委员会（以下简称台计生委）是中央电视台人口与计划生育工作的主要领导机构，由台精神文明委主任负责全面组织领导、协调管理和监督检查工作。台人口与计划生育办公室（以下简称台计生办）是台人口与计划生育委员会的办事机构，负责全台人口与计划生育工作的组织、管理、监督和实施。各中心（室）、部（处）配备相应的兼职计划生育宣传员，负责本部门的计划生育管理和服务工作。

**第五条**　台人口与计划生育办公室的主要职责：

（一）贯彻执行有关人口与计划生育的法律、法规和政策。

（二）组织开展计划生育宣传教育工作。按照国家规定开展生育、节育、不育、生殖保健知识的宣传。普及人口和计划生育的科学知识，按照广电总局要求并根据本单位的具体情况，定期组织计划生育宣传员进行培训。

（三）负责与上级单位、下级部门签订人口与计划生育目标管理责任书，并对执行情况进行考核、评估和奖惩。

（四）办理“生育服务证”、“独生子女父母光荣证申请书”，办理18周岁以下职工子女医疗统筹报账卡以及每月向财务申报独生子女父母奖励费等相关事宜。

**第六条**　计划生育宣传员的主要职责：

（一）宣传有关人口与计划生育的政策、法规以及计划生育方面的科学知识。

（二）负责本部门人口与计划生育的服务工作，与职工签订人口与计划生育责任书。

（三）准确、及时向台计生办上报本部门工作人员的婚姻、生育变化情况，上报时须附有关证明材料。

## 第三章　生育调节

**第七条**　女方年满23周岁，男方年满25周岁初婚的为晚婚。已婚妇女年满24周岁初育的为晚育。

**第八条**　一对夫妻生育一个子女。

**第九条**　有下列情形之一的，由夫妻双方向所在单位提出申请，并经区、县级以上计划生育行政部门批准，可以生育第二个子女，在取得生育服务证后，方可怀孕生育，否则按违法处理。

（一）只有一个子女，经指定医疗机构诊断证明为非遗传性病残，不能成长为正常劳动力的；

（二） 夫妻双方均为独生子女，并且只有一个子女的；

（三） 婚后五年以上不育，经指定医疗机构诊断证明为不孕症，依法收养一个子女后又怀孕的；

（四） 再婚夫妻双方只有一个子女的；

（五） 从边疆调入本市工作的少数民族职工，调入前经当地县级以上计划生育行政部门批准允许生育第二个子女的；

（六） 有其他特殊情况，要求再生育一个子女的，需经市计划生育行政部门批准。

**第十条** 依照《条例》规定允许生育第二个子女的，生育间隔不少于四年，或者女方年龄不得低于28周岁。

**第十一条** 育龄夫妻生育子女，实行《生育服务证》管理办法。申请一胎生育指标的女职工，凭结婚证和台计生办发放的“办理生育服务证登记表”到台计生办办理《生育服务证》。申请计划内二胎生育指标的职工，凭双方申请书、“办理生育服务证登记表”以及相关证明到台计生办盖章后到女方户口所在地和街道计划生育办公室办理生育指标。

**第十二条** 职工结婚提倡进行婚前健康检查，接受婚前教育与优生指导，经指定医疗机构确诊夫妻一方患有医学上不应当生育的疾病，应禁止生育，已怀孕的必须终止妊娠。

**第十三条** 育龄夫妻在不生育期间，应当按照计划生育的要求采取可行的避孕节育措施。

## 第四章 奖励与社会保障

**第十四条** 对晚婚晚育及独生子女家长按照以下规定给予奖励：

（一）符合晚婚年龄的男、女职工，除享受国家规定的3天婚假外，再增加婚假7天，婚假期间视为劳动时间。

（二）晚育女职工产假为90天，产前15天，产后75天，难产增加15天，多胞胎每多生育一个婴儿增加产假15天。独生子女父母奖励费发至其子女满18周岁止。晚育的女职工除享受规定的产假外，经部门批准，可再增加产假3个月，但减免三年独生子女父母奖励费。独生子女父母奖励费从计生办收到申请书的第二个月开始享受。

（三）晚育的女职工增加奖励假30天，产假期间视为劳动时间。此奖励假亦可由男方使用。不休奖励假者可按女职工本人一个月工资标准由双方单位各发50%（工资标准由人事部门核定），休产假期间不得降低基本工资或者解除劳动合同。

（四）晚育女职工怀孕8个月以上，居住离单位较远（以享受交通补贴为准）每天可工作7小时至分娩为止。婴儿哺乳期10个月内，女职工每天可享受1个小时哺乳时间，具体时间可由本人与本部门商定。

（五）女职工生育后30天内领取《独生子女父母光荣证》者，可发给奖励费100元。

（六）独生子女父母奖励费每人每月5元，发至其子女18（15）周岁止（根据第十四条第二款之规定）。奶费每人每月2元，发至其子女2周岁止。婴幼费每人每月40元，自子女6个月至6周岁止。

（七）独生子女父母，女职工年满55周岁，男职工年满60周岁的，每人享受不少于1000元的一次性奖励。

（八）在台财务处报销医疗费的独生子女家长凭其独生子女证及一张一寸照片到台计生办办理儿童医疗统筹。

（九）依照《条例》规定可以再生育一个子女的夫妻，向所在单位或当地计划生育主管机关书面表示不再生育的，给予表彰，并给予1000元的一次性奖励 。

（十）已领取《独生子女父母光荣证》的夫妻，离婚或丧偶后，再婚前其本人享受独生子女父母的奖励费。再婚后，如符合生育第二个子女条件而书面表示不再生育的，应重新办理《独生子女父母光荣证》。如一方死亡，死亡一方的奖励或经济帮助停止发放，另一方享受单方奖励。

（十一）生育第一胎为双胞胎或多胞胎者，与所在单位签约不再生育，可比照独生子女家庭发给一份独生子女父母奖励费，但不予办理《独生子女父母光荣证》。

（十二）凡公派出国人员由台里发给独生子女父母奖励费及婴幼补助费。

（十三）已领取《独生子女父母光荣证》的职工，经批准生育第二胎者，从批准之日起，应交回《独生子女父母光荣证》，不再享受独生子女父母奖励待遇。

（十四）领取《独生子女父母光荣证》后，子女夭亡者，停发独生子女父母奖励费，注销《独生子女父母光荣证》，经批准再生育一个子女后，需重新办理《独生子女父母光荣证》，并继续享受独生子女家庭待遇。

## 第五章 计划生育避孕措施

**第十五条**：鼓励已婚职工落实避孕节育措施，对实施各种节育手术职工的休假办法，可按以下规定执行：

（一）已婚有生育条件的女职工，自觉采取各种避孕措施三年以上无人流者，经与医疗报销部门核准，给予300元奖励。每年底核准一次。

（二）接受节育手术者，凭医疗单位证明，享受国家规定的休假，休假期间视为劳动时间。其休假补贴按下列规定执行：

1. 放置宫内节育器的职工，休假三天，术后一周内不做重体力劳动，给予营养费100元。放置宫内节育器后3个月、6个月、12个月各检查一次，以后每年检查一次，每次凭医院证明休息一天。

2. 放环自行脱落，再放者可按第一次标准给予补贴和享受休假。

3. 输精管结扎的职工休息7天，给予营养补助费100元。

4. 输卵管结扎的职工休息30天，给予营养补助费200元。

5. 皮下埋植手术的职工休息3天，给予营养补助费50元，术后半年内检查一次，凭医院证明休息一天。

6. 人工流产：因放环、结扎、皮下埋植术失败者，凡怀孕小于4个月，产假为15至30天；4个月以上的产假为42天，给予营养补助费100元，产假期间视为劳动时间。

7. 产假（包括延长产假）期间接受节育手术者，其假期另加。

## 第六章　法律责任

**第十六条**　我台职工应坚决贯彻执行《中华人民共和国人口与计划生育法》和《北京市人口与计划生育条例》，对超计划生育子女的夫妻，除依法缴纳社会抚养费外，要给予行政处分，直至开除。并追究本部门一把手的责任。

**第十七条**　对有计划外生育的部门，除扣发本部门一把手一个月职务津贴外，并在全台通报批评。本年度本部门不得评为先进。

## 第七章　对企聘人员计划生育管理工作

**第十八条**　根据《中华人民共和国人口与计划生育法》和《北京市暂住人口计划生育管理办法》以及《北京市流动人口计划生育工作管理办法》的要求，应进一步加强对企聘人员的计划生育宣传教育、咨询服务和管理工作。

**第十九条**　经台备案的企聘人员计划生育管理工作，以及各种奖励政策由中国国际电视总公司负责。同时，可参照本办法执行或另制定相关细则。

## 第八章　附　则

**第二十条**　本办法由台计生办负责组织实施。

**第二十一条**　本办法自批准之日起施行。

# 中央电视台编外人员管理办法

## 第一章　总　则

**第一条**　为加强对各类编外人员的管理，进一步深化我台人事管理制度改革，根据国家有关规定制定本办法。

**第二条**　本办法适用于在我台本部职能后勤、编播、技术等部门工作的下列编外人员：

（一）由中央电视台核定劳务派遣公司提供的劳务人员（统称“企聘人员”）。企聘人员是与劳务派遣公司签订劳务合同、建立劳动关系，由劳务派遣公司负责缴纳社会保险并派遣到我台各部门提供劳务的全职工作人员。

（二）由人事部门统一招用的借用和退休人员。借用人员是指经原工作单位人事部门统一借出，不需要与我台建立劳动关系和办理社会保险的全职工作人员；退休人员是指退休后在我台提供劳务的全职工作人员。

**第三条**　各部门编外人员的指标、经费标准和经费总额，以及人员的审核、监督、检查和组织协调工作，由台人事部门负责。

**第五条**　编外人员的管理遵循公开、公平、公正、竞争的原则。

## 第二章　企聘人员的招用与辞退

**第四条**　各部门使用企聘人员必须统一由中央电视台核定的劳务派遣公司提供。

**第五条**　各部门需要增加或更换企聘人员时，应将所需企聘人员的数量、岗位、使用期限、资格条件等情况报台人事部门审核。企聘人员必须由劳务派遣公司面向社会公开招聘。

**第六条** 各部门增、减、更换企聘人员的程序：

（一）企聘人员增加程序：

1. 各部门将增加人员的理由及所需人员的数量、岗位、使用期限、资格条件等情况以书面形式报台人事部门，台人事部门在核定的部门人员数量范围内进行审核；

2. 台人事部门审核同意后，将审核意见通知用人部门，并通知劳务派遣公司公开招聘，办理相关手续；

3. 劳务派遣公司将拟派往我台的企聘人员详细情况报台人事部门，由台人事部门进行资格审查；

4. 劳务派遣公司通知企聘人员到台人事部门报到；

5. 企聘人员持人事部门通知到用人部门报到；

6. 用人部门应将企聘人员到岗情况及时以书面形式反馈给人事部门，再由台人事部门通知劳务派遣公司。

（二）企聘人员减少程序：

1. 各部门将拟减少人员的情况以书面形式报台人事部门审核；

2. 台人事部门审核同意后，通知劳务派遣公司和用人部门；

3. 劳务派遣公司通知企聘人员办理退回手续；

4. 用人部门将情况报台人事部门备案。

（三）企聘人员更换程序：

1. 用人部门将拟退企聘人员的名单及理由报台人事部门；

2. 台人事部门审核后，确需更换的，通知劳务派遣公司换人；

3. 劳务派遣公司审核并了解情况；

4. 劳务派遣公司招回被退企聘人员，重新派遣企聘人员；

5. 新派遣的企聘人员来我台工作的程序按本办法第六条第一款的规定执行。

**第七条** 企聘人员的资格条件：

（一）政治上与党中央保持一致，拥护四项基本原则和改革开放方针；

（二）品行端正，遵纪守法，未参加“法轮功”等邪教组织，无违法违纪行为；

（三）热爱本职工作，遵守职业道德，胜任本职工作；

（四）具备岗位要求的学历、学位证书及岗位资格证书：编播、技术、管理等岗位的工作人员应具备大学本科以上学历及相应的外语水平，其中记者、编辑、策划、导演、翻译、播音员、主持人、程序设计等重要岗位的工作人员必须具备相关专业大学本科学历及相应学位；在技术、编播和职能部门从事辅助性岗位的工作人员应具备高中或中专以上文化水平；在后勤部门的辅助工作人员应具备初中以上文化水平；对从业人员有资格要求的岗位，还应具备相应的资格证书。

（五）身体健康；

（六）一般应具有北京市常住户口；

（七）企聘人员年龄必须符合《劳动法》规定，借用人员和退休人员年龄最高不得超过60周岁（本台退休人员不超过63岁）。

**第八条** 企聘人员出入证的办理，由公司持我台人事部门核准的名单到台保卫处办理。

**第九条** 劳务派遣公司派往我台的新招聘的企聘人员，由台人事部门按有关规定确定试用期。

**第十条** 劳务派遣公司派往用人部门的企聘人员，有下列情况之一，用人部门可以将其退回劳务派遣公司，但应事先报请台人事部门审核批准，由台人事部门书面通知劳务派遣公司后退回：

（一）在试用期被证明不符合录用条件的；

（二）严重违反工作纪律和其他台规台纪的；

（三）严重失职，营私舞弊，对我台利益造成重大损害的；

（四）年度考核不称职，或不能胜任岗位工作的；

（五）被依法追究刑事责任的。

**第十一条** 我台与劳务派遣公司签订《劳务派遣协议书》时所依据的客观情况发生重大变化，致使协议无法履行，经双方协商不能就变更内容达成一致的，用人部门可以将企聘人员退回劳务派遣公司，但应提前30日以书面形式通知台人事部门，由台人事部门书面通知劳务派遣公司后将其退回。

## 第三章 借用人员的招用与辞退

**第十二条** 借用和退休人员招用程序：

（一）各部门将增加借用人员和退休人员的理由及所需人员的数量、岗位、使用期限、资格条件等情况报台人事部门，台人事部门在核定的部门人员数量范围内进行审核；

（二）台人事部门审核同意后，将审核意见通知用人部门；

（三）台人事部门公开招用，办理招用手续，由台人事部门与其本人直接签订劳务合同；

（四）通知借用人员和退休人员到用人部门报到；

（五）用人部门向台人事部门反馈到岗情况；

（六）劳务合同到期自行中止，续订合同须双方协商一致。

**第十三条** 借用和退休人员辞退程序：

（一）各部门应提前30日将拟辞退人员的情况以书面形式报台人事部门审核；

（二）台人事部门审核同意后，通知用人部门；

（三）用人部门通知借用和退休人员到台人事部门办理有关手续。

## 第四章 培 训

**第十四条** 各部门使用的企聘人员首次上岗前必须进行入职培训，经培训合格后方可上岗工作。企聘人员入职培训由劳务派遣公司负责，经费由劳务派遣公司负担。借用人员和退休人员的入职培训由台人事部门统一组织，经费由人员所在部门负担。

**第十五条** 入职培训的主要内容包括台规台纪教育、职业道德教育等。

**第十六条** 编外人员的岗位培训由台人事部门统一组织，经费由人员所在部门负担。

## 第五章 人员经费管理

**第十七条** 各部门使用企聘人员、借用和退休人员实行人员经费总额包干，由台人事部门统一核定各部门劳务人员指标、人员经费标准和人员经费总额，各部门企聘人员、借用人员和退休人员的人员经费支出不能突破核定的部门人员经费总额。实行包干后，减人不减人员经费总额。

**第十八条** 企聘人员经费包括企聘人员报酬总额（基本工资、绩效劳务费）、社会保险费、管理费。管理费原则上参照当前社会标准确定。

**第十九条** 借用和退休人员的人员经费专指劳务费。

**第二十条** 编外人员经费来源：

（一）编播部门的人员经费从各部门节目制作经费中支付；

（二）职能后勤部门、技术部门的人员经费从部门年度经费中支付。

## 第六章 报酬发放

**第二十一条** 企聘人员的报酬由工资和绩效劳务费组成，工资由劳务派遣公司发放，绩效劳务费由各用人部门以劳务费方式发放；社会保险由劳务派遣公司负责缴纳；企聘人员工资标准按岗位不同分四档。

**第二十二条** 借用人员和退休人员报酬以劳务费形式发放，报酬标准按企聘人员工资标准执行。

**第二十三条** 各用人部门可根据各自实际情况制定劳务费发放标准及相应的考核发放办法，按照工作岗位和工作业绩拉开档次、浮动发放，劳务费发放方案须报人事部门备案。

**第二十四条** 编外人员报酬实行实名制，各用人部门必须在核定的经费范围内以货币形式发放。编外人员报酬必须发放到编外人员本人，发放名单及具体金额必须在用人部门公开。

**第二十五条** 编外人员报酬发放统一由人事部门委托指定银行办理。

**第二十六条** 全台为在战争、探险等高风险环境下工作或执行特殊公务的编外人员办理人身意外伤害保险等特殊保险。

## 第七章 考 核

**第二十七条** 企聘人员、借用和退休人员由各部门根据各自实际情况制定量化考核标准；考核内容、考核等级、考核时间与台聘用人员一致。考核结果作为用人部门制定劳务费发放方案、人员留用与退换的依据，考核必须公开、公平、公正。

## 第八章 监督检查

**第二十八条** 本办法的执行情况，由台人事部门会同纪检监察、计财、审计、保卫等部门进行监督检查。

**第二十九条** 用人部门应定期检查本部门使用编外人员情况，做好使用与日常管理工作，发现问题应及时与人事部门和劳务派遣公司沟通并协商解决。

**第三十条** 用人部门违反本办法，根据不同情况，给予下列处理：通报批评；经济处罚；取消该部门本年度评选先进集体资格等，扣发部门领导当月职务津贴。情节严重的，免去科组长（或栏目负责人）的职务，并追究用人部门负责人的责任。

## 附 则

**第三十一条** 本办法由台人事部门负责解释。

**第三十二条** 本办法自发布之日起实行。

中央电视台

2004年12月16日

2005

CHINA
CENTRAL TELEVISION
YEARBOOK

中国中央电视台
年 鉴

WENLUN JILAN

# 文论辑览

# 文论辑览

# 一、论文摘要

## 执著探索 创新未来

### ——写在中国国际电视总公司成立20周年之际

李 建

1984年，中国国际电视总公司的前身——中国电视国际服务公司应运而生，它成了中央电视台走向媒介市场的先锋，它的发展过程记录了从单纯的事业单位向企业化、市场化过渡，逐步走向产业化经营的脚步。

### 一、坚持建立和完善现代企业制度的方向，不断加强管理

建立现代企业制度，是发展社会化大生产和市场经济的必然要求，是公有制与市场经济相结合的有效途径，是国有企业改革的方向。中国的媒体产业既需要按照企业模式展开经营，又需要时刻不忘自身有其意识形态方面的特性，肩负着正确舆论导向的义务。目前政府对媒体导向仍进行较严格的管理，媒体的特性决定了它的改革既有其他行业改革的共性，也有它独特的个性。

产业发展必须通过市场实现，而市场经济的主体是企业，做强、做大媒体经营公司是广电产业发展的主要标志。从事业到产业是很大的跨域，事业体制与企业体制的区别表现在财务管理、人力资源管理、国家税收管理、国有资产管理等体制上，同时事业法人和企业法人的行为规范也遵循不同的法律、法规等等。就本质而言，事业体制和企业体制的最根本区别在于“生存的前提”不同：事业单位靠预算生存，企业则靠市场生存；事业单位的资产由财政预算投入，不用考虑国有资产的保值增值，而利润对于企业单位来说不仅是生存的前提，而且是国有资产保值增值的基础，国有企业的经营者甚至要对国有资产的保值增值承担法律责任。

即使单就企业制度而言，也有极其复杂的一面，总公司现在就集合了全部的、可能的企业体制形态：总公司和相当一部分下属企业依然是国有企业法人，另外还有我们自己跟自己合资的、我们和外部合资的，还有以中视传媒为代表的上市股份有限公司、以央视市场研究股份公司为代表的境外上市的中外合资股份有限公司、以央视—索福瑞媒介研究公司为代表的中外合作公司。虽然同是企业，但每一种不同的制度，都依照不同的法律规范，稍有差池，就可能引起诉讼。这种极其复杂的法律体系要求我们必须按照各自不同的规范设计企业管理制度，不能一刀切。

防止媒体企业的事业化管理倾向，是值得重视的问题。多年的经验使我们认识到企业的优势不仅体现在能与市场接轨，更应体现在改变体制和转换机制上，体现在管理和效益上。企业体制不是一句空话，必须落实在各种管理制度上，必须通过现代企业制度和科学的法人治理结构来实现。

总公司十分重视管理结构的建设，在1997年重组时，就建立健全了财务管理制度，财务经理实行三级委派，为总公司的经营管理提供了有力的保证。重组后，我们建立了董事会、监事会，形成总公司的经营向董事会负责、二级公司向总公司负责、三级公司向二级公司负责的多层次集团化管理结构。2003年总公司建立了事业部制管理，已经建立了中视影视、中视发行、中视广告、中视技术、中视发展、中视旅游实业六大事业部，授权管理总公司下属各类企业60多家，总公司开始由

直接经营型向战略管理型转变。

但是就总公司本身而言，现在形式上依然是一家国有企业，尚未建立真正的“公司制”，建立规范的法人治理结构依然是总公司追求的目标。因此总公司将遵照党的十六大精神，坚持企业改革的方向，按照现代企业经营的要求坚定不移地推动现代企业制度的建立，特别是要推动规范的法人治理结构的建立，在总公司及下属公司层面实现“产权明晰、权责明确、政企分开、管理科学”的目标。

## 二、坚持以内容产业为核心，不断推进业务升级

内容是媒体产业发展的核心动力。在近20年的发展历程中，总公司通过整合内部资源，大力发展电视节目制作能力，以节目内容为核心的产业链开发和以内容产业为基础逐步向媒体产业的核心领域拓展，逐渐地实现了业务升级，形成了核心竞争力。

产业链的全面开发，是规模经济的源泉，也是总公司创造竞争优势的重要内容。总公司将产业链扩展作为第二步发展的重要内容，以节目制作为重点，向境内外节目发行、音像制品、频道经营、衍生产品开发领域渗透，以此来提高电视节目价值的综合开发能力，提高节目产出率和盈利水平。

近年来，总公司经营中的亮点之一就是在产业升级、进军媒体产业核心领域的道路上迈出了扎实的脚步。在总局及台分党组统一部署下，总公司进行“中央电视台西部频道企业化运营管理”尝试和数字付费电视项目探索。这些项目的启动，促使总公司逐步走向了电视媒体产业的核心领域，为总公司提供了新的经济增长点，进一步推动总公司向产业链完整的传媒公司迈进。

## 三、坚持产业与资本经营并重的原则，多渠道实现资本积累和高速发展

虽然资本经营是大型集团公司超常规发展的必由之路，但传媒产业在过去一直是事业体制，没有资本的概念，也就没有资本运作的空间，而伴随着产业化的发展，资本经营的空间也在迅速扩大。

1997年重组以后，总公司充分利用了上市、改制、引入境外资本等手段，运作成绩斐然，主要有：中国第一家传媒类A股上市公司——中视传媒(600088)上市，中国传媒系统第一家国有企业直接改制为中外合资的股份有限公司——央视市场研究股份公司(CTR)成立。

资本经营可以实现以较少的资本来控制数倍于己的资源。2002年以来，国家广电总局对广电行业的资产重组进行了探索和规范，广电行业的资产重组必将进一步深化，而市场化一定是资产重组的实现方式。总公司作为国有资本，优势得天独厚，将进一步通过改制、融资、建立现代企业制度等资本运作手段，发挥乘数效应，增强企业的竞争优势和抗风险能力。

未来5至10年内，中国媒体产业将继续高速发展，产业结构、市场竞争、主导企业都将发生重大变化。为了适应形势，总公司制定了长期发展规划，将做大、做强现有的传统电视媒体业务，构造以新媒体业务经营(节目制作、节目发行、音像出版、广告经营、调查咨询)为基础，以产生较好收益的传统经营业务(影视基地、实业、旅游、服务等)为补充、以媒体业务(付费电视、卫星直播电视、有线增值业务、其他媒体业务等)为增长点，以金融资本运作(收购兼并、资产重组、资本市场上市、投资基金、证券投资等)为实现非常规发展和大幅增加投资收益的主要手段，实现产业升级，建立健全现代企业制度和科学的内部管理模式。作为指导总公司发展的长期规划，未来都将围绕这一战略展开，不断完善各项工作，在创新中求发展。

（摘自《电视研究》2004年第一期）

# 中国付费电视的启动模式及动力

孙玉胜

## 付费电视的动力来自用户的需求

付费电视在国外已经存在三十多年，发达国家的电视盈利模式向来是双重的或者是多重的，而我们只依靠单一的广告盈利方式跨越了整个模拟电视时代的漫漫征程，损失了许多财富，但更重要的是损失了许多专业化的节目形态和专业化的频道。

今天我们终于在数字电视的引领下来到了付费电视的十字路口，该如何上路？走向何方？又能够出行多远呢？与公益电视不同，付费电视属于市场行为。市场行为就是要在法律政策和职业道德的约束下寻求利润最大化，换句话说，盈利就是付费电视的动力所在。由此看来，前边提到的如何上路、走向何方、出行多远这三个问题就可以转化为能否盈利、如何盈利和盈利多少。只有付费电视才使电视具有了一般商品的特征，这就是电视频道首先必须具有使用价值，之后再通过交换来实现其价值所在。那么我们与之交换的对象是谁呢？在免费的电视中叫观众，在付费电视中叫用户。如果盈利是付费电视的动力所在，动力的源泉就在于用户的需求。

接下来的一个问题是，我们如何用文明的方式让用户打开钱包，把钱自愿地交换给我们。

免费电视的发达是中国发展付费电视的一个重要障碍。免费电视就像横在付费电视前面的一条河，每个免费电视频道的增加，都会使这条河变宽。免费电视每一个频道每一次质量的提高，都会使这条河变深，从而使我们更加难以逾越。从这个方面来看，中国付费电视的前景似乎应该是悲观的。但是，我不这样看。回到前面提到的盈利模式问题，有一个现象是业内和观众有目共睹的，这就是单一的广告盈利模式导致了千台一面。要想得到广告商的青睐，总是离不开四大法宝式的节目，即电视剧、新闻、娱乐和体育，这种盈利模式再加上模拟时代电视频道的稀缺性，就使大多数电视频道变成了综合或者是准综合频道。

现在再回头看看问题的另一面，人对需求的多样性的选择是人的本性，关键是要看是否具备多样选择的机会和条件。就电视而言，社会经济的发展使三代甚至四代同堂的家庭开始解体，青年人开始自立门户，个人收入增加和住房条件改善，使更多家庭拥有了两至三台电视机。调查表明，70%以上的人愿意付费看自己想看和自己喜欢的节目，这些都为观众的个性化选择提供了物质需求和购买能力。接下来就只剩下一个问题，我们是否能为用户提供他们个性化选择的机会，免费电视由于盈利模式问题无法使电视频道彻底对象化、个性化和专业化，而这正是付费电视存在的机遇和空间。

## 付费频道的核心产品是节目

既然是产业化运作，频道就是我们的产品。我们究竟要提供什么样的产品，用户才能选择我们呢？换句话说，数字电视节目的优势究竟在什么地方？付费电视意味着什么？

一个外国同行曾经告诉我们，付费电视意味着质量与选择。

具体说，付费电视至少可以从四个层面进行操作：第一，付费电视将对电视节目进行主题化整合。美国的付费电视是靠电影，英国的付费电视是靠体育起家的，中国既不是电影大国也不是体育大国，但是中国是电视剧大国。因此，中国的付费电视很有可能依然以电视剧为主打。与免费电视所不同的是，付费电视中的电视剧频道将更具规模，并按主题分类，更具对象性；第二，付费电视可以改变传统电视的传播方式。广播、电视这种媒体自它诞生以来就在传播方式上有一个巨大的缺陷，它跟印刷媒体相比，不能重复阅读，不像书报可以随时看、反复看。但是交互和点播技术的运用，彻底改变了传统电视的传播方式，可以即时收看、重复阅读；第三，数字付费电视可以改变电视机的功能。传统电视机只是一个传播信息和娱乐的载体。但数字电视，如果有了机顶盒，按下其中的一个键，电视可以变成一个巨大的玩具。如果再按另外一个键，它又变成了一个管家；第四，付费电视最重要的是原创、独家和不可替代的内容，最有吸引力。

付费电视既然是一项产业，我们就要确定这项产业的核心产品是什么。核心产品不是机顶盒，而是节目。付费电视频道要先有节目，有了节目才能推广。等有了节目，用户可以购买、租用机顶盒或者免费得到机顶盒。

## 付费电视运营模式的主要框架

谈到产品的质量，需要声明的是，由于目前还没有找到和确认一种付费电视的盈利模式，所以目前正在播出的包括中央电视台在内的付费电视频道的质量，不能代表未来付费电视的应有水平。今年七八月份后，用户将看到高质量的付费电视节目。通过国外的调研和广电总局的支持，眼前的广播电视付费模式是清晰的。那么，付费电视运营模式主要框架到底是怎样的呢？

第一，中央数字电视有限公司的定位。中央节目平台为全国所有的有线电视播出频道提供开放式服务，我们做出两项承诺：1.运营理念：公平、公正、公开；2.与各节目提供商、网络接入商平等合作、利益共享。

第二，中央节目平台与节目供应商的关系。中央节目平台欢迎各个节目供应商的加盟，并为他们提供优质的服务。中央平台为节目商提供的服务产品包括以下几种：(1)基本的技术服务。这种技术包括压缩、复用、客服还有计费等等。就节目提供商非常关心的所谓上台费，广电总局计财司跟我们核实上台费每年47万，但在中国付费电视起步阶段，这项费用将有所降低；(2)加密服务。频道加密，是加密还是不加密可自愿选择，如果加密就有加密的服务；(3)营销服务。在以上几种产品中，我们与节目商的合作理念是自愿选择、服务有偿、物有所值。

第三，中央节目平台的商务集成。平台的商务集成首先是频道及频道的价格问题。目前这个平台没有上百个或者是几百个频道，只有近三十个付费频道，付费频道的价格究竟谁来确定，是频道运营商还是节目提供商，还是大家谈判来解决？这里的商务谈判极其复杂。有时候把复杂的问题简单化是解决问题的最好办法，所以我们准备由各个节目提供商对供给中央节目平台的节目频道进行自我定价。节目包如何打也由自己决定。如果两个节目商之间要打合并的包，也可以自己决定。上海可以有上海的节目包，中央有中央的节目包，如果节目提供商愿意跟中央的节目包走，可以商务谈判。

第四，中央节目平台与网络商的关系。节目是付费电视的最终产品，而网络商使这些产品到达用户家中，他们还要负责机顶盒的接入，承担部分的客户服务。中央电视台与上海、四川、重庆、贵州等地的网络运营商的谈判正在加强运作。其他提供商如何进入这个网络，也需要与这些网络商谈判。需要说明的是，在目前不允许付费电视做广告的前提下，付费电视能否盈利，取决于两个重要因素：一是价格，二是用户的规模。我们之所以对中国付费电视持乐观态度，是因为中国拥有世界最庞大的电视用户，这是我们的优势生存。

现在与用户相关的有两个问题值得关注：一是区域性的付费电视生存空间有多大？二是由于投资主体的多元性，机顶盒制式的不一致，有可能形成严重的技术壁垒。如果这个技术壁垒不打破，就会使中国最大用户规模的优势不复存在，中国的付费电视也就随之不可能生存。

不管如何，我们要把中国的广播影视产业做强、做大是离不开付费电视的。为此，我呼吁全中国的数字付费电视创业者们联合起来，付费电视一定会成为广大消费者的新时尚、新生活、新选择。

（摘自《中国广播影视》2004年5月号）

# 媒体资产管理系统的规划与实施

宋宜纯

## 一、媒体资产管理系统的规划

### 1. 规划的作用与地位

规划就是一个系统的全面的、长远的发展计划，其关键在于规划必须描述出系统的长期的发展蓝图，而不是一个中、短期目标。

媒体资产系统建设具有以下的特点：

(1) 周期长；(2) 投入高；(3) 难度大。

由以上特点可见，一个完善的媒体资产系统可能需要若干年甚至更长的时间才能建成，且又需要相当高的人力、财力和物力投入，如果建设目标不确定或不明确，就会造成建设的盲目性，甚至走弯路，返工或重复建设，从而造成极大损失。因此，规划工作对于媒体资产建设来说就变得尤为重要。

### 2. 系统规划的基本特点

系统规划绝不等同于系统设计，因此规划不是详细的建设图纸，不一定涉及所有的实现细节，其着眼点在于系统的结构或框架。

由此可以导出系统规划的基本关注点：

(1) 关注若干年甚至更长远时段的宏观建设目标；

(2) 关注媒体资产管理系统在全台业务和技术系统中的位置；

(3) 关注系统框架；

(4) 关注系统所要实现的内容和承担的任务以及总体性能指标；

(5) 关注系统中所涉及的标准。

把握这些基本特点，有助于做出稳定的、可实施的媒体资产管理系统的规划。

## 二、系统规划的基本内容

### 1. 系统结构规划

系统结构设计是规划的重点之一。做一个什么样的系统，系统的效率和扩展能力都与系统结构有密切的关系，甚至在某种程度上直接决定了系统的各个方面。

集中系统是以一个中心化的处理系统和存储系统完成所有资料的存储和处理，所有用户端都是直接或间接地连接到这个中心系统。中心化结构具有良好的可管理性，可以避免大量分散部署所带来的机房环境、系统管理等方面的问题，相对的管理成本也会较低。

分布系统以多个相对独立又互相关联的分系统构成，其处理和存储可以分别放在各个分系统中，采用统一的访问控制和跨系统的访问方式，用户使用上不存在任何不便。

关于集中与分布，简单的比较参见下表。

| | 结 构 | 正 面 | 负 面 |
|---|---|---|---|
| 集中 | 单个系统 | 便于管理<br>效率高<br>实施简单 | 单台设备指标要求高<br>流量高<br>必须一次建立基本系统 |
| 分布 | 多个系统 | 单台设备要求低<br>配置灵活<br>可用性较高<br>有利于分阶段实施 | 不便管理<br>实施复杂 |

实际上，集中式系统和分布式系统各有优劣，在选择上并不存在绝对的对错问题，而是取决于各台的具体情况和要求。

**2．与其他系统之间的关系**

媒体资产系统主要与台内的制作和播出系统关系密切，具有直接的业务联系，素材和节目的互相传递将会非常频繁。考虑到这些系统之间需要连接，在网络上的通达也是非常必要的。主要的关键问题有：

(1) 分工。媒体资产系统在业务工作范围上应该与台内制作、播出系统没有过多的交叉和重叠。

(2) 共享。与其他业务系统共享资源。这里包括台内共享与台际共享。

**3．功能规划**

(1) 基本功能。媒体资产管理系统应该包括保存、数字化、编目、转换、检索、浏览等基本功能，这部分功能已经为大家所熟知。为了实现资源的再利用，应该能够支持跨媒体应用，即支持互联网、宽带、3G等不同码率和格式的业务。

对于资料分发而言，应该规划出相应的传输方式，如基于高速网络的远程传输能力等。

除了面向本台服务之外，是否需要提供社会化服务，这可能对安全和接口等产生影响。

业务管理是媒体资产管理系统自身运行的支持和保障。

功能规划所关注的主要是划定系统的边界，不一定涉及到采用何种技术实现。

(2) 扩展的功能。在基本功能的基础上，如果根据经济和技术条件，可以增加内容修复、版权管理等。然而这些功能有些成本极高但应用场合有限，有些则是技术不很成熟，有待进一步发展和验证，所以并非所有的电视台都需要这些功能。

**4．性能规划**

主要的性能指标规划可以重点考虑以下内容：

(1) 响应时间。主要包括检索、浏览和资料获取的响应时间。应该注意到，过高的响应时间要求可能导致系统硬设备成本急剧增加。

(2) 检索。检索的方式和方法，如支持哪些检索方式。现在常用的有基于关键字、基于知识和基于内容等方法，这些检索方式的实施将会持续地、长期地对系统产生影响。

(3) 存储容量。最终需要系统支持的存放容量。这会影响到场地面积、存储设备以及处理系统的能力等，如果缺少长远规划，则会造成搬迁、反复扩充等问题，而这些都会导致不同程度的系统服务中断。

(4) 用户数量。最终要支持的用户数量，通常考虑总的用户数量和同时在线的用户数量。这个指标将影响主机处理能力、网络带宽等。

(5) 分发和传输性能。主要会影响系统外联的网络带宽和传输、交换设备的性能。另外，传输和分发的地点也要对网络建设产生影响。

**5．标准规划**

标准不但是数据共享的基础，也是系统长期运行的保证。全面贯彻标准化的系统可以保持广泛的设备来源，并且维持数据的长期可用性。

在电视台媒体资产管理系统中主要涉及的标准包括设备、网络和数据等。当前系统规划和设计人员关注的重点集中在数据标准，诸如音视频高、低码率文件格式及元数据标准等。

## 三、媒体资产管理系统的实施

**1．总体规划与分步实施**

由于媒体资产系统本身就是一个较长期的建设项目，显然具有分步实施的必要性。在实践中，分步骤实施的考虑要点有：

(1) 投资；(2) 设备的性能不断提高而价格却不断降低；(3) 技术成熟度；(4) 新技术。

出于以上一些考虑，实际上逐步到位可能更加符合媒体资产系统建设的实际需要，但是，在实施中并非如此，因为任何一个系统要想能够运行起来，都必须使所有环节全部到位，实际上已经是五脏俱全了。所以对于集中式系统而言，渐进的、逐步到位的实施目标可能不易达成。然而，在设备容量、系统服务功能等方面还是可以作出较好的阶段化分割的。

**2. 组织与协同**

一个大型的媒体资产系统包含了多种学科和多个领域的技术，组织与协同是实施工作的基础。业主在多集成商实施中必须担当组织、协调和引导的责任。在多家集成商共同工作中，需要注意以下要点：

(1) 工作关系。在组织实施中，必须强调相互尊重、相互信任和相互谅解，这是做好工作的基础。

(2) 分工与合作。明确的分工是良好合作的基础。分工就是实际上切割系统，划分边界。通常按照逻辑相关性划分系统，基本的做法就是功能集中，相对单一；系统内部的关联密切，而与外部的连接较少。与外部的连接越少，则出现的相互影响的情况就少，通常会减少系统之间需要协调的难度。

(3) 各开发商之间接口的定义。如果系统分割良好，可以极大地减少接口的复杂性，但是并不能完全避免出现接口问题。接口的定义应该遵从技术上的合理性和系统的优化，不能以某一方的喜好而定。即使接口比较复杂，如果双方对接口定义准确清晰，规范合理，也可以较好地形成无缝连接而不致出现争议。

**3. 技术检验与评估**

测试所关注的重点包括：

(1) 功能。是否具有标称的功能，该功能是否与我方理解一致。

(2) 性能。在符合实际运行状况的环境中，是否能够达到标称的性能指标，或测试出实际性能指标值。

(3) 连通性。能否与指定的设备正常连接，软件系统能否正常运行等。特别要注意不同的软件和固件版本的一致性。

(4) 重视已有的成功案例。尽管我们强调进行实际测试的重要性和实用性，但是搭建一个测试环境并非易事，很多时候是做不到的。此时则应当尽可能收集该技术或该设备已有的成功案例，考察其工作业绩，要特别注意工作环境是否与我方相同或相似，否则没有参考价值。

**4. 项目管理**

(1) 进度控制。在工程实施中，必须通过定期的检查和通报制度，及时了解各个集成商和供货商的进展，及时发现问题，及时解决问题。根据大型系统建设的经验，保证按期完工的首要条件就是对突发问题的快速响应机制，通过协调实施步骤和重新组织人力、物力资源，尽早尽快地做出调整措施。

另外，目标、成本和进度三者是相互制约的。过于强调进度，可能会导致质量（目标）和成本指标劣化。

(2) 风险控制。发现和评估风险是风险控制的前期基本措施。在组织实施中应该对所有相关的变动和工期延误作出相应的评估，使项目领导人能够及时了解存在的问题及其可能的后果，从而增强风险意识。

(3) 成本控制。对于实施者而言，精确的成本控制是项目成功的根本要素，成本超支必然影响到实施者的积极性，甚至导致系统实施质量的劣化，项目的组织者对此要有深入的认识，不能认为超支与己无关，应该从有利建设的总目标出发，尽可能防止成本超支。

(4) 变更控制。变更是导致进度、成本风险的关键诱因。因此，减少不必要的变更是保证进度、风险和成本的基本要素。

所有变更的审查和确认需要经过项目变更委员会的确认，由此产生的延误、成本增加和预期风险应该为所有建设者认同，这样做的目的就是为了能够严格地控制变更的范围和发生的次数。

(5) 协商机制。通常一个大型项目的建设会持续相当长一段时间。为了能够及时掌握情况，监控工程质量，协调各方的进度，需要建立一个良好的协商机制。

工程例会方式是经常采用的形式，可以定期交流情况，讨论需要及时解决的问题。

(6) 小结。媒体资产系统建设的长期性决定了规划的重要地位，而工程实施质量则是系统成功的保证。通过探讨规划和实施的特点，把握系统建设的规律，就能够更好地从全局和总体的层面做好媒体资产管理系统的建设工作。

(摘自《现代电视技术》2004年第七、八期)

# 电视台办公室的角色定位与创新发展

唐世鼎

## 一、 三个定位，四项职能

目前，中央电视台实行的是台分党组领导下的台长负责制。台分党组是全台的最高决策机构，下设编委会、技委会、行管会，全台内设15个中心（室），实行台、中心（室）、部处三级管理体制。

中央电视台办公室是中央电视台台分党组和行政管理委员会的日常办事机构。

结合中央电视台实际，明确办公室的定位职能，认清角色，找准位置，避免“越位”或“缺位”。概括起来就是“三个定位，四项职能”。

三个定位是：首先是全台内部运转的枢纽，行政管理的龙头，承上启下，联系左右，沟通内外，确保中央电视台内部政令畅通，工作有序运转；同时是信息汇总中心，负责搜集、整理全台各类工作信息，审核把关，保障信息交流及时有效；还是对外联络的窗口，负责组织、安排全台与党政机关、地方电视台以及社会团体等各界的联络接待、国际合作与对外交流等项目。

四项职能是：第一，决策参谋；第二，组织协调；第三， 督办检查；第四， 服务保障。

## 二、 突出重点，拓展业务

电视台办公室的工作面广量大，必须善于分清主次、突出重点、集中力量抓大事、议大事。同时，随着事业的不断发展，办公室传统的“办文、办会、办事”工作模式要不断注入新的内容，拓展业务，主要体现在以下四点：

### 1． 围绕宣传中心，提供有力保障

电视台是宣传单位，宣传是其中心工作，因此，办公室的工作必须围绕宣传这个中心，为节目一线排忧解难。中央电视台办公室为宣传中心服务，突出体现在重大宣传活动的组织协调上。

### 2． 强化信息服务，注重决策调研

对于中央电视台这样一个国家传播机构来说，系统内部的信息沟通尤其重要，为此，必须建立畅通的信息渠道。台办公室设立总值班室，坚持24小时值班制度，确保上情下达、下情上达。另外，开办各种信息载体，及时提供台内的重要信息和最新动态，确保内部信息沟通、灵敏高效、工作有序。

台办公室还利用现代管理思想和理论工具对电视台事业进行深入调查研究和分析，为台领导提供决策支持。2000年6月，成立了专门的决策调研机构——中央电视台办公室事业发展调研处，主要负责对中央电视台事业的整体状况进行专题调研和整体分析，为台领导决策提供信息参考和决策依据。

### 3． 健全规章制度，加大依法管理

“没有规矩不成方圆”，建章立制一直是中央电视台近年来的重要工作。1996年6月、1997年12月，由台办公室牵头，中央电视台两度进行全台规章制度的修订、完善工作，形成了具有中央电视台特色的管理模式。2001年4月，台办公室又在全台范围内开展了建台以来第一次大规模的“中央电视台管理工作及管理规章制度问卷调查”活动，直接收集了全台职工的意见和建议，为进一步修订和完善管理规章制度奠定了基础。

另外，加大法制建设，重点加强合同、知识产权等管理和普法教育等，促进依法治台。

### 4． 更新管理手段，提高服务水平

办公室工作主要是管理和服务。近年来，我们提出“以服务求生存、以管理促创新、以提高谋发展”，不断探索新的服务模式，更新管理手段，逐步从经验型管理步入科学化管理轨道。

央视保卫部门加强改进管理，运用最先进的科技手段，增强安全防范，提高了中央电视台的安全系数，确保办公大楼和人身安全。

另外，还采用计算机光盘存储先进技术对文书、照片、实物档案和书画档案等进行管理，明显提高了服务水平。

## 三、与时俱进，“三化”创新

创新是电视台办公室工作保持生机和活力的不竭源泉。中央电视台办公室工作创新的特色与发展趋向主要体在“三化”上，即：信息化、专业化、国际化。

### 1．信息化是办公室工作创新的基础保障

（1） 加大信息内容的开发和利用，主要包括加强

策划，围绕电视台一个时期的重点工作，确定选题规划，形成特色报道，并不断提高信息质量，拓展信息深度，增强信息的针对性、时效性、前瞻性、主动性；同时，完善信息网络，延伸触角，纵横拓展，建立广泛的信息交换渠道。另外，打造统一的信息平台，逐步整合台内众多的信息刊物，统一出口，建立和完善对外信息发布机制，借鉴各大部委的新闻发言人制度，主动宣传，树立良好形象。

（2） 加快推进办公自动化的改造。台办公室信息化建设重点是推进办公自动化、智能化。早在1996年，中央电视台就启动了台内办公自动化系统，逐步推行无纸办公，目前仅办公室就建成八个信息系统，包括：公文管理、车队管理、法规管理、食堂内部管理、外事管理、行政物资、行政综合和医务室管理系统。近两年，中央电视台办公室还与联想集团合作，提出消除“信息孤岛”，提高办公系统的公共服务能力。

**2．专业化是办公室工作创新的重要方向**

近年来，随着电视频道的专业化，台办公室提出明确的发展目标，强调办公室工作的专业化建设，就是把该领域做深、做精、做细、做透。同时，在专业化基础上将后勤服务推向社会。后勤服务只有社会化才能专业化。当然，电视台工作有其特殊性，后勤服务要走向社会化还需要有适当的过渡期，逐步分离，稳妥进行。

**3．国际化是办公室工作创新的时代要求**

我国电视工作者必须进一步增强全球观念、国际意识，办公室工作要适应电视走向国际市场的要求，开阔视野，加强和疏通对外联络渠道，要研究国外电视的先进管理经验、运营规则及其发展规律，为提高我国电视台经营管理水平，增强国际竞争力提供借鉴。同时，要适应国际化发展，要加快培养具有国际水准、精通外语、法律、财务、金融等多种业务的复合型专业人才。

（摘自《电视研究》2004年第一期）

# 全社会共建绿色频道

余培侠

我们常把儿童比作祖国的花朵，把少年看作民族的希望，西方人也把青少年当成是社会可持续发展的重要资源。然而，花朵再艳丽、希望再美好、资源再宝贵，我们也不能只是欣赏和憧憬，更需精心呵护和培育。此事必须从现在做起，从我做起。党中央、国务院求真务实，高度重视对下一代的教育培养，2004年2月下发的《关于进一步加强和改进未成年人思想道德建设的若干意见》意义深远。

积极营造有利于未成年人思想道德建设的社会氛围，我们不但要依靠自身的频道资源，进一步办好少儿频道，发挥国家级电视媒体强有力的社会舆论功能，更重要的是积极投入到电视的社会化进程中来，不断完善“社会教育电视化”和“电视节目社会化”两大进程，使少儿频道逐步成为提高未成年人思想道德境界的重要“课堂”和尊重、支持、引导青少年快乐成长的媒介平台。

一为社会教育电视化，倡导“与先辈共勉、与童心同行”。璀璨的文明和辉煌的历史在时代步伐的前行中越沉积越厚重，而对当今青少年一代进行教育与启迪的观念应当在改革中愈发展愈更新。充分发挥当代电视传媒的优势，把教育与电视手段相结合，并以与时俱进的精神注入全新的制作理念；把弘扬爱国主义和中华美德的传统教育内容与丰富多彩的兴趣活动和文体活动相结合；把创新节目形态和研究新时期少年儿童的审美情趣相结合，使少儿节目体现时代性，贴近童趣性，反映规律性，富于创造性。中央电视台少儿频道从2004年“六一”开始启动“5·10”工程，即推出“五个一百”节目和“十大活动”计划，把公民道德教育、中华美德教育和弘扬爱国主义精神作为重点。同时，不忘“尊重、支持、引导、快乐”的核心理念，精心策划了《中国动画》、《异想天开》、《快乐体验》、《动感特区》等一批寓教于乐的节目。这有利于凝聚和振奋下一代，在后辈与先辈思想的交流与碰撞中，使爱国主义和中华传统美德教育这个伴随几代人成长的老话题迸发出新的传承价值。

二为电视节目社会化，试行“全频道贯通、全方位互动”。不为节目做节目，不凭个人兴趣搞节目，而是与特定的时代要求相结合，与广泛的社会力量相配合。充分利用电视平台，动员社会力量，展现社会活动。变以栏目为格局的分散宣传为贯通的频道整体宣传，突出主题思想，增强轰动效应。同时，通过节目的全方位互动，把家庭、学校、社会三者共同纳入其

"互动"体系，让更多的孩子、家长、教师走进电视，共同关注未来。

少儿频道开播以来，在寒暑假与节日期间形成了一整套主题式"全频道贯通"的特别编排。如以"名著名片"、"科普科幻"为内容的春节"动画饕餮周"；以"七彩节日，绿色空间"为口号的"五一特别编排"；以"公德行动"、"体验行动"、"关爱行动"、"快乐行动"等四大行动为主体的"六一宣传周"；以"科学引领、快乐相伴"为主旨的"暑期快乐总动员"。通过这些形式新颖、吸引力强的"全频道总动员"活动，使"全频道贯通"模式成为少儿频道的一大特色。

"全方位互动"是指频道与频道之间的互动；电视媒体与社会团体、受众群体之间的互动。首先，各频道形成合力，净化荧屏，共同为未成年人提供一个"全天候"的绿色文化空间。其次，电视媒体利用平台资源，通过大型活动，把家庭、学校、社会三者联系起来进行"全方位互动"。再通过节目把这种"互动"以更炫彩的形态再现，充分发挥其参与性、娱乐性、教育性等综合效能。不但为加强和改进未成年人思想道德建设创造良好的社会氛围，也为满足少年儿童的"欣赏情趣"与"欣赏需求"创建一个绿色频道。

（摘自《电视研究》2004年第十一期）

少儿频道宣传片画面

# 整体性的自动化监测监控体系的建立

黄平刚

迈入21世纪之后，数字化、网络化、自动化已经成为全国各个电视台技术系统改造的主题。从数字技术在广播电视领域开始应用的二十多年来，我们对数字化的认识不断深化，网络技术应用迅猛发展，自动化控制日趋完善，给我们广播电视行业带来了新的发展战略机遇。我们清楚地认识到：数字化、网络化、自动化是提高技术质量，提高技术水平，提高工作效率，改变运营理念的必由之路。同时，我们也要清醒地看到：整体性的自动化监测监控体系是确保实现数字化、网络化、自动化，确保安全播出，确保安全传输的重要环节和必要手段。

监测监控按流程划分可分为播出、主控、压缩、传输和接收环节的监测，按监测内容划分可分为信号监测、系统或设备监测。为说明这个问题，以中央电视台数字主控系统为例，就在主控系统中的检测监控系统作一简单介绍。

中央电视台全面实现数字化，消除瓶颈，提高节目和信号质量，提升总控系统的整体运作能力和智能化运行和管理水平。实现整体设计力求五年内技术水平保持国内先进，十年内系统保证安全运行的目标，是建立一个全新的新总控系统的目的。

在设计主控系统的同时，在国内率先提出搭建一个全新的、智能化的总控系统管理、监测、监控和告警运行平台。本着高可靠性、高稳定性和实时性的设计原则。建立一个基于高速网络和先进数据库技术的软件管理和智能化控制系统。实现工作流程的规范化和信息化；设备控制的网络化；系统监测的自动化；系统报警的智能化。对系统设备的软件进行二次开发，考虑长远发展，总体规划和分步实施，并为今后的发展作出适当的预留。

在全系统设备控制和业务管理层面引进了全新的智能化管理概念，针对旧有模拟系统在信号监视功能上的不足作出了全面改进，根据新数字电视系统的特点重新设计了系统设备控制、系统设备监测和系统信号监测部分。

## 一、系统信号监看

针对系统信号的大量增加，总控新数字系统按照监看信号的不同把监视器墙按照功能分区，播出信号和传输信号监看部分采用固定监看，在系统输入信号和输出信号监看部分引入二级监看矩阵，根据使用需要选择监看信号，目前输入和输出监看部分均可以监看到152路信号，将来业务需求增加，可以相应增加监看选择矩阵，将固定监看升级为二级选择监看，以满足信号监看需求，这样解决了监视器墙的面积有限而监看信号众多的矛盾。在总控新数字系统中增加了UMD监视器信号提示系统，监视器墙上每个监视器上都有可以显示信号名称的文字提示屏，用显示文字说明信号来源、UMD终端与系统核心矩阵以及输入输出监看矩阵通信，根据当前核心矩阵交叉点的变化，动态显示监视器墙上监看信号的名称。

## 二、规范化和信息化工作流程

通过对总控工作以任务单的形式加以规范，提供一个具有安排、检验、执行、反馈、计费和统计等功能的任务单管理执行系统。

建立网络化的任务单管理执行系统之后，可以准确地知道当前系统资源的使用状况，准确地反映出每一个点的系统运行状态。从而可以确定任务执行的时间以及合理安排资源使用，避免到了执行的时候发现有资源冲突。同时还可以做到自动提示操作，自动检查设备是否处在正常状态。操作员只要确认信息正确与否，系统就可以准确地进行路由打通、矩阵切换的操作。工作人员对工作的把握提升了一个层次，不再专注于具体的端口、具体的设备参数，而是从任务要求的层次来执行工作，可大大减轻主控人员的工作量，提高工作执行的准确程度，甚至可以达到“零差错率”。

## 三、图形化的系统管理

系统通过图形化编辑、设置操作，为用户提供直观、清晰的显示界面，跟踪记录系统中设备在其使用周期内的所有状态。系统实现了对资源从逻辑层到物理层的全方位管理，其中系统设备物理图模拟了机房中的设备真实摆放情况，系统逻辑资源图对矩阵入、出信号路由分配情况根据信号来源以及路由用途进行分组管理，同时实现设备的物理位置图和逻辑连接位置图之间的显示即时切换。

## 四、网络化的设备控制

总控工作中使用了种类繁多、数量众多的视音频处理 、分配、同步设备。众多设备的监控维护给工作人员的日常工作带来了巨大的压力，随着业务量的增加，仅以人工方式来进行设备和信号的监控已经越来越无法满足日益增长的业务需求。通过大量的调查、缜密的分析，综合了许多专家的意见，总控决定建立一个基于统一IP平台的网络化的设备监控系统。

总控系统使用设备的控制和监测方式是多种多样的，包括RS232、RS422、GPI、TCP/IP和SNMP等等。为了能够统一进行控制和监测， 我们创新地提出和实现了基于IP网络的统一控制平台，将不同通讯方式的设备统一地挂接到高速IP网络上，屏蔽了设备的差异，实现了在控制系统中，可以用相同的方式对不同种类的具体设备进行监测、控制和调节。

## 五、自动、实时的系统监测

在建立统一的设备监控平台的基础上，用自动的方式利用服务器对网络中的设备进行轮询，实时收集运行和报警信息，把操作人员从对众多设备的人工巡检工作中解放出来，专注处理联系协调工作。在设备出现故障时，用声光报警，用图形化的方式显示报警位置和具体信息，给操作人员进行故障定位和故障原因判断提供数据依据。在新总控监测系统的设计实施中，选用可以使用计算机进行监测控制和数据收集的视音频监测设备，对系统中正在传输的视音频信号进行实时轮询，及时地捕捉到信号质量的变化，采取对应措施，保证高质量的播出。

## 六、智能化的报警系统

智能化监测报警系统包括设备监测、信号监测和播出监测三个部分，采用独创的报警处理策略插件，对报警信息进行综合分析，判断故障程度，剖析故障发生原因，确定故障部位，提供相应处理方案。解决了故障报警蔓延，人工监测方式效率不高、时效性不强的问题，保证了播出传送的安全稳定。

## 七、信号传输接收监测系统

播出信号在送达主控系统的同时，进入数字硬盘监录系统，可以准确记录播出事故的时间、长度、现象和内容，为查找原因提供依据。

信号传输中，要经过编码、复用、调制、上星和解码接收等多个环节。而且中央电视台一个播出节目有三个或四个传输路由，我们建立了一个自动监测视音频信号的信号质量监看告警系统，系统可以提供每一个传输路由中，编码环节、复用环节、调制环节和上星环节中出现信号中断时的记录报警。

中央电视台总控数字系统自2002年5月开始试运

行，7月开始正式运行至今，所有功能均达到了系统设计的水平，很好地实现了以下目标：

(1) 规范性。对总控业务进行了规范定义，并用控制管理信息系统实现了全程计算机辅助的流程操作；

(2) 可靠性。用自动化的设备和信号监测系统给总控任务执行，信号传输提供了可靠的保证；

(3) 稳定性。经历了长时间的测试和实际运行，不管在设备运行方面还是在软件执行方面，都保证了具有很高的稳定性，可以保质保量地完成总控工作任务；

(4) 安全性。通过权限认证，多级确认，状态记录和对比等手段保证操作的安全性。使所有操作都有章可循，有据可查；

(5) 可维护性。功能模块相互独立，可以独立维护和升级。预留备份，可以做到在线升级调整，不必中止任务地执行；

(6) 扩充性。设计时充分考虑后期扩容和功能扩展，预留接口，定义规范，使得当业务进一步扩展时，可以容易扩充系统，适应未来的业务需求；

(7) 从全局和总体的层面做好媒体资产管理系统的建设工作。

(摘自《现代电视技术》2004年第八期)

# 为电视宣传管理和产业发展提供强有力的支持和帮助

罗　琴

在信息技术条件下如何进行版权保护，特别是对广播影视节目的版权保护，已经成为当前各国广播电视界、版权产业界以及社会公众极为关注的话题。

中央电视台十分重视版权管理工作，2002年3月专门召开了版权工作会议，研究改进措施，加强版权管理，维护本台利益。2004年，中央电视台还成立了专门的节目版权处，切实落实加强版权管理的工作规划。作为中央电视台的宣传管理部门，总编室既是节目版权的管理者，也是节目版权的使用者。因此，加强数字版权管理的研讨，加强节目版权的保护，将使我们的工作从中受益。下面，我就从宣传业务的角度谈一下对版权管理及数字版权的认识和体会。

**1．版权管理是电视宣传管理的重要内容**

版权管理关系到电视台的生存和发展，就像节目生产、创作、审查一样，都是宣传管理的重要内容。版权工作做得好，会增强电视台媒体资产保值增值能力，使电视媒体在整个广播影视事业发展中发挥更大的作用。在我们日常的宣传管理工作中，节目立项、节目引进、资料素材的使用、节目编排、节目在开路还是在加密频道中播出等等，都涉及版权问题，节目的版权状况与宣传业务密不可分。此外，节目衍生产品的开发、播出节目的二次交易等也都与节目版权状况紧密联系。可以说，明晰版权归属，掌握版权状况是我们进行宣传管理的基础和前提。中央电视台加强版权管理的目标是：避免侵权，防止被侵权，方便实用，实现节目版权应有价值。版权管理的规范化将有助于我们更好地完成宣传任务，更好地树立国家电视台的形象。

**2．版权管理需要高新技术的支持**

版权管理涉及磁带的使用、资料的保存利用、信号的传输处理、与节目创作人员的关系、节目资源的全方位开发利用等一系列环节，如果没有一定的技术手段作为保障，无法完成版权管理的重要任务。

同时，随着数字电视的发展，网络电视、手机电视等新介质、新技术方兴未艾，成为电视发展新的亮点。与数字电视紧密相关的数字版权已经成为各界关注的新兴概念。如何界定数字版权的各方面标准，如分成比例、合作年限等，需要一个长期的发展过程。如何通过技术手段，使数字版权的权限范围、分级方法在电视播出、传送中加以落实和体现，需要电视领域、IT领域以及版权方面的专家，深入研究和思考。只有将最新的高科技手段应用到版权管理工作中，才能真正促进版权管理的加强和完善。

**3．数字版权管理是电视产业未来发展的基础和保障**

在数字网络环境下，对文字作品、广播电视节目、多媒体作品等进行版权管理，将有效防止盗版、打击侵权、维护内容供应商的权益。中央电视台现有16个卫星电视频道、11个付费电视频道，400多个电视栏目，涉及相当多的权利关系问题。如果不将版权、特别是数字版权处置好、管理好，势必动摇整个电视节目制作体系的根基，为将来电视的数字化、产业化发展埋下隐患。数字版权管理将有效保障原创电视节目生产制作的积极性，促进全台整体管理水平的提高，调动数字电视节目相关产业链上的各个环节，生产出更加丰富多彩的数字视听产品。

中国加入WTO以来，知识产权的保护问题越来越受到国内众多大中型企业及社会各界的重视和关注。

在知识经济时代，知识产权的保护象征着一个民族的基本文化素质，也代表了一个国家的知识发展程度。毋庸赘言，加强版权的管理、加快数字版权的研究和方案制定，必将为广播电视产业的新一轮发展提供强有力的支持和帮助。

（摘自《现代电视技术》2004年第十二期）

# 从欧锦赛转播谈提供国际公共信号的规则

梁迎利

近年来，中央电视台承办了不少大型国际体育赛事的转播任务，积累了许多实践经验。特别是在2004年欧洲杯足球锦标赛的电视转播中，提供了足球比赛项目的国际公共信号。总结这次成功的经验，认真研究大型国际体育赛事中，电视机构提供国际公共信号的节目流程和图形字幕的创新理念、制作规则、技术特点等，对承办2008年北京奥运会的电视播出工作是大有益处的。

## 一、提供国际公共信号的原则与时段划分

在大型国际体育比赛电视转播中，国际公共信号的内容，既要符合该项体育赛事的竞赛规则，又要符合广大观众的欣赏习惯。作为主播台，按照大赛组委会的要求提供完美的公共信号，是衡量电视机构转播水平高低的标志。

### 1.提供公共信号的一般原则

真实地记录各场比赛的详尽进程和观众观看比赛时表露的情绪，是国际公共信号的基本内容，也是提供国际公共信号的一般原则。规范化的信号保证了信息的客观中立、丰富完善和国际化。同时还必须留有充分的余地，以便有报道权的各国媒体在此基础上，根据本国观众兴趣、爱好和习惯，进行再加工，制作成单边报道的转播信号。

### 2. 国际公共信号的时段划分

标准的国际公共信号在赛前20分钟就开始提供了。在开赛前五分钟，国际公共信号聚焦在球员入场，唱国歌，球员祈祷，全队合影，抛硬币挑边和开赛准备上，特写给出各队的明星球员。以这次转播2004年欧锦赛为例，公共信号先从赛前40秒钟的开赛仪式开始，紧接下来是50秒钟的城市风光。这段录像片是事先录制好的，拥有报道权的各国媒体均能获得。赛前提供的国际公共信号还包括开赛时间、赛场、小组比赛积分、出场球员和首发阵容、裁判员简介等。

如果为决赛提供国际公共信号，则要有两个一分钟的专题片表现两队各自进入决赛的征程。专题片是用模拟磁带格式编辑制作的，送至赛场技术运行中心，在制作国际公共信号的转播车中播放，并同时转录到数字Betacam或是车内的EVS硬盘上。

下半场比赛的国际公共信号是：在半场休息及预先确定的时间段内，裁判员哨响后一分钟，重播上半场精彩射门（如果有的话），两分半钟后，放一段上半时的精彩镜头，四分半钟后播放一分半钟的上半场精彩集锦，下半时开赛前两分钟，播放上半场进球（如果有的话）的画面。这对于没能看到上半场比赛的观众是一种补偿，对于大多数的观众是一种回味。

赛后国际公共信号的提供分两类：一类是小组赛、四分之一决赛、二分之一决赛；另一类是冠军争夺战。在第一类比赛场次中，终场哨响后国际公共信号，包括始于终场哨响后一分钟的瞬间采访一般持续三分钟；所有进球（如果有的话）的慢镜头，在终场哨响后四分半钟开始重放，在终场后10分钟开始播放一个20秒钟的结束过程；在比赛结束后15分钟开始新闻发布会的报道，包括为本场比赛最佳球员颁奖等内容。在冠军争夺战的决赛时，赛后国际公共信号，是在赛场内的欢庆场面和颁奖仪式及闭幕式结束后才开始的（见总决赛后的国际公共信号节目流程图表）。

如遇加时赛或点球大战时，需要启用特别的节目流程。

显然，电视转播者必须了解不同场次的比赛和相对应的不同转播程序，只有把握住这一点，才能做到心中有数。

## 二、图形、字幕的规则与理念设计

伴随数字电视技术的发展和电视转播的全球化趋势，国际公共信号中的图形与字幕要求必须与国际接轨。这次欧锦赛国际公共信号中的图形、字幕电视转播，为我们提供了一个专业化、规范化、特色鲜明、相对完善的范例。

**1．欧锦赛图形字幕设计理念与规则**

2004年欧锦赛的图形、字幕设计理念，反映了由葡萄牙主办的欧洲最大的足球赛事和欢天喜地的气氛及情感。首先，图形标志运用了有节日气息的色彩，代表了一个完整的转播设计理念，反映出欧锦赛的品牌属性。其次，配合菲尔·柯林斯创作的音乐，表达出浓浓的足球情结。

图形、字幕的使用规则为：提供给有报道权的各国广播者使用，是全三维的，由GPI驱动；幅面比例为4∶3，字幕一般用英文，另有两个附加图表采用参赛国文字，并由技术运行中心无偿提供给单边转播者使用；画面位置可方便插入3D动画；图形数据可缩至最小；所有需要提示的时间都出现在屏幕的下方；比分和整点时间每半场出现五次，每次持续5秒钟等。

**2．赛前国际公共信号中的图形字幕**

赛前20分钟开始提供国际公共信号图形字幕。由于本届欧锦赛是在9个城市中的10个赛场进行，为了让观众更好、更全面地了解比赛，赛前图形字幕分别对比赛城市作了介绍。字幕还包括比赛日期、比赛场地、出场球队及队员、裁判员简介等。

**3．比赛中的图形字幕**

在比赛中，执行转播任务的电视导演要尽可能地提供客观真实、连续流畅的国际公共信号。当进球或队员出现犯规时，公共信号会用欧锦赛图形特技飞入的方式插播连续的慢放镜头画面，将实时画面与重放画面隔离开，以免造成观众对比赛进程的误解。当裁判员出示黄牌或红牌时，图形字幕会在屏幕下方标出警告牌颜色、被判罚球员的号码、姓名及所属队别。当某队教练要求换人时，经主裁判批准后，用红色箭头标出下场队员名号及队别，用绿色箭头标出上场队员名号及队别。

央视通过这次欧锦赛转播，探索和总结了经验。2008年北京奥运会，作为东道主国家的电视台，我们一定能够向世界各国提供完美、清晰的国际公共信号，不辱使命。

**欧锦赛总决赛后的国际公共信号流程表**

| 编号 | 时间（分：秒） | 倒计时（分：秒） | 播出内容 | 字 幕 | 信号源 | 时 长 |
|---|---|---|---|---|---|---|
| 1 | +00：00 | −1：00：00 | 球场气氛，比赛分析 | 全场比分 | 实况 | 05：00 |
| 2 | +05：00 | −55：00 | 颁奖仪式 | | 实况 | 25：00 |
| 3 | +30：00 | −30：00 | 瞬间采访 | | 实况 | 03：00 |
| 4 | +33：00 | −27：00 | 球场气氛 | | 实况 | 03：00 |
| 5 | +36：00 | −24：00 | 比赛集锦 | | 硬盘 | 01：30 |
| 6 | +37：30 | −22：30 | 球场气氛 | 比赛数据 | 实况 | 00：30 |
| 7 | +38：00 | −22：00 | 精彩时刻 | | 硬盘 | 01：00 |
| 8 | +39：00 | −21：00 | 介绍最佳球员 | | 硬盘 | 00：30 |
| 9 | +39：30 | −20：30 | 球场气氛和风光 | | 实况 | 00：30 |
| 10 | +40：00 | −20：00 | 结束流程 | | 录像重放 | 00：20 |
| 11 | +40：20 | −19：40 | 赛场风光 | | 实况 | 04：40 |
| 12 | +45：00 | −15：00 | 新闻发布会 | | 实况 | 15：00 |
| 13 | +1：00：00 | −00：00 | 赛场风光 | | 实况 | —— |
| 结束国际公共信号 | | | | | | |

（摘自《电视研究》2004年第十一期）

## 由内而外：制作社会化的必由之路

王　甫　吴丰军

电视节目制作社会化的必要性已为业界认可，但是电视节目制作社会化的具体改革路径，却仁者见仁智者见智。我们通过分析比较认为：由内而外是我国电视节目制作社会化的必由之路。

### 一

时至今日，电视节目制作社会化日益得到了广泛承认。从宏观环境来看，电视产业政策越来越宽松。

纵向比较，我国的电视事业近年来取得了长足的进步和发展，但是横向来看，较之世界各国电视事业的飞速发展，我国电视事业的发展步伐却相对滞后了。众所周知，电视事业不仅是一种产业，而且也是链接国家和民族形象的精神标志，是一种文化辐射力的象征。如果不厉行改革，守护文化版图将日益成为中国电视的不能承受之重。首先，借鉴制播分离这一发达国家通行的电视运作模式，可以在电视生产中引入竞争机制，以做大做强我国的电视文化产业。其次，在中国电视初步完成了集团化整合与频道专业化改革以后，改革并未像人们当初预期的那样给中国电视事业带来实质性的变化。“大而不强”、“专业频道不专业”是中国电视不容回避的尴尬现实。在频道资源极大丰富的同时，中国电视遭遇了空前的“内容危机”。据统计，2003年，我国电视节目播出需求达到956万小时，却只有202万小时节目可供播出。电视节目的缺口如此之大，推行节目制作的改革成了必然的选择。较之此前的宏观改革，下一步的改革应该是关乎制作和播出关系的中观和微观层面的改革。从改革的难度和复杂性来讲，这也是我国电视运作机制改革系统工程中最为坚硬的部分。

## 二

推行电视节目制作社会化，不能无视中国特色社会主义电视事业的特殊性，不能照搬西方发达国家的模式。中国电视节目推行制作社会化的策略选择，应该建立在对中国国情清晰认知的基础之上。否则就会犯盲动主义和教条主义的错误。我们认为，由内而外是我国电视节目制作社会化的首要步骤，即在电视台内部分阶段、积极稳妥地推进制播分离的改革。如果不改革制播一体的电视运作机制，试图单方面推动社会制作机构的发展来实现节目制作社会化是不切实际的。这一观点主要是基于以下几点考虑。

首先，这是由中国电视事业的历史和现状决定的。

从中国电视事业诞生之日起，我国实行的是国有国营的电视体制，电视传媒专属国家所有。为了发展中国的电视事业，国家持续投入了大量的人力、财力和物力。正由于有了国家的长期巨额投资和电视台的自我积累，所以在以中央电视台为首的各级各类电视台里，聚集了一大批比较优秀的电视人才、先进的专业设备和雄厚的资金积累。这是任何民营机构在短时间内绝对不可能拥有的得天独厚的资源。当下中国电视的制作力量的主力军是在电视台内部而非在社会制作机构内，制作节目的主要任务当前只能交由这支主力军队伍来完成。实际上，中国电视存在的诸多问题的症结也主要不在于队伍、设备和资金上，而在于运作机制有问题。因此，当前的改革应该对症下药，首先应该在电视台内部推进制播分离。

其次，这是由社会制作机构目前的弱势地位决定的。我国电视事业长期实行的是严格的国有国营体制，在20世纪90年代中期以后，才出现一些社会制作机构，而且在这些机构中比较成功的主要是在从事电视剧制作。加之政策环境的不确定，近年来，社会制作力量的发展不尽如人意。时至今日，绝大多数社会制作机构无论从人才队伍、专业设备还是资金规模来看，都相当有限，整体上仍处于初创阶段。

当下，在国内的电视节目市场上出现了一种令人费解的现象，一方面是频道对节目求之若渴；而另一方面是各类节目制作公司节目的难卖或贱卖，制作机构步履维艰。这一问题的症结主要在于弱小的社会制作机构与相对强大的电视台的严重的信息不对称。换言之，社会制作机构目前还不具备与作为播出机构的电视台平等对话的实力。社会制作机构实力的弱小在当下至少会带来两个方面的问题：一方面，对于以高消耗、重装备、大投入著称的电视制作，实力的弱小必然会影响节目的品位和质量；另一方面，制作粗糙的节目难以销售或者说卖不出一个好价钱，必然会进一步影响制作机构的资本循环，制约它的扩大再生产。为了生存下去，制作机构只能进一步压缩制作成本，遂形成一种恶性循环。长此以往，社会制作机构就只能在低水平上缓慢发展。作为节目购买者的电视台心态也很矛盾，其一是对于中央电视台和一些上星台这样的播出平台来说，社会制作机构的实力和制作水准目前还难以信赖，其二是在尚未全面改革的情况下，电视台养着一大批制作队伍，不买外来的节目至少也不至于播出断档，因此电视台完全掌握着节目交易的主动权。社会制作机构的节目往往要耗费高昂的公关成本，接受一系列不平等条件，才能打进电视台。

相比之下，电视剧社会制作机构呈现出“风景这边独好”的发展态势，究其原因，除了由于电视剧生产的市场化运作先行一步之外，更主要的原因则应归功于宏观政策的扶持和保护。电视剧社会化制作体系如今已经初具规模。

再次，这是我国电视运作机制平稳转型的需要。

从制播一体转向制播分离，激进变革对于中国电视来说是不合适的，中国电视台作为党和政府“喉舌”的重要地位决定了稳定是衡量这场改革可行性的首要标尺。因此，循序渐进应该作为这场改革的重要宗旨。不可置疑，制作社会化的最终目标是要建立这样一种运作机制：非新闻类节目的制作与播出完全分离，电视台主要负责制作新闻等主流节目，承担全部播出规划的制定、节目预订、评估收购、审核播出的工作，很多非主流节目由台外的社会制作机构去完成，电视台择优选购。改革应分几步走，首要步骤应该在电视台内进行制播分离，这样可以为电视运作机制改革提供一个过渡期。同时，由电视台分离出去的制作部分编建的节目制作公司，也将逐步成为社会制作的重要组成部分，发挥越来越大的作用。在电视台体制内率先推行制播分离可以颠覆播出机构的传统观念，有利于开创制作机构和播出机构的公平竞争的格局，从根本上消除制播交换的障碍。近几年社会制作机构的发展现状已经雄辩地证明，在不对电视台的传统运作机制动大手术，仍然推行制播一体的情况下，电视台以外的社会制作机构根本不可能做大做强。

## 三

由于制播分离是牵一发而动全身的敏感问题，我们必须持积极稳妥的态度，先试点，再铺开。在目前，电视台内部的制播分离改革应该分以下几个步骤，循序渐进地推进。

第一步，电视台着手对内部的部分节目制作部门进行公司化改造，与播出部门分立而同属电视台这一母体。节目制作部门独立筹资并实行内部单独的经济核算，同时接受单位内外的节目委托制作业务，但不做法人注册，也没有独立的银行账户。所做的节目必须接受内部的审评和选择，有一定的淘汰率。第一步实际上是发端于20世纪90年代的制片人制改革的进一步完善。

第二步，电视台将内部的节目制作部门剥离母体，或单独投资注册，使其成为市场上独立经营、自负盈亏的法人主体，节目制作机构在承担更大的风险的同时具有了更大的经营自主权。但行政关系或企业资产的所有权仍隶属于作为母体的电视台。

第三步，国家通过行政手段或市场手段，使原本隶属或部分隶属于电视台的节目制作部门或节目制作公司（二级法人）从行政和产权关系上完全割断联系，成为完全意义上的市场法人主体。节目制作机构与播出机构完全是建立在一种平等基础上的业务合作伙伴或契约关系。

（摘自《中国广播电视学刊》2004年第五期）

# 建立健康公共空间 拓展网络公益特征

刘连喜

网络媒体的公益性在中国现代化与信息化加速进行的当前尤其具有特殊的意义。网络媒体可以利用网络先进平台拓展自身的公益性，这集中表现为传播先进中国文化、树立优秀民族精神、弘扬社会正气、整合社会资源、履行社会责任等。在这方面，特别是在建立健康的公共空间和拓展网络的公益特征方面，与其他兄弟网站一样，央视国际网络也进行了许多有益的尝试和探索。

## 以网络的公益特征带动网络媒体品牌的提升

CCTV.com在创建时的初衷是利用互联网平台为其母体中央电视台服务，但在几年的探索中已重新定位为以新闻为主的具有电视特色的综合媒体网站，并提出“传播中国，视听全球”的发展理念，以及“四个新”的发展战略——央视网上传播的新阵地、央视名牌节目推介的新通道、央视国内外影视节目购销的新平台、央视新的经济增长点。为此还提出了服务和整合、发展和创新、全球化传播这个“三步走”的发展计划。

正是在建设新媒体、承担先进文化的传播任务的过程中，网络的公益特征获得强化。这集中表现为开辟具有鲜明公益特征的特色各具的系列公共论坛，如新闻类的《网评天下》，人物类的《在线主持》和《点击主持人》，旅游服务类的《人在旅途》及学术类的《电视批判》等。经过几年的努力，CCTV.com已经建立了相当规模的专家库，与首都乃至全国各地的相关专家和业界人士建立了密切的业务联系。《电视批判》、《线上故事》等栏目，发挥了网络媒体多元化、个性化和分众化的优势，成为对中央电视台电视节目很好的延伸。中央电视台台长赵化勇在肯定CCTV.com几年来工作成绩的基础上，进一步提出要求：CCTV.com是中央电视台不可分割的重要组成部分，要紧紧依托中央电视台发展自己、壮大自己，成为中央电视台宣传的主阵地之一。国务院新闻办公室主任赵启正在看了央视国际网络的新版后，高度评价说："十分惊喜，焕然一新，与众不同，便于阅读。"

实际上，央视国际通过拓展网络公益特征，提升网站品牌形象的实践也并不是央视国际一家所为。国内的许多知名网站都在开展类似的活动，例如，人民网的"强国论坛"、新华网的"发展论坛"、中青网的志愿活动、千龙网的公益频道等。网络媒体为社会提供健康的公共空间，提供教育、医疗、健康、爱心、救助等，利用网络传播优势开展公益事业，都取得了较好的成果，公益性已经成为网络媒体的基本表现和根本属性，成为网络媒体社会责任的重要组成部分。

## 建立现代网络公共空间，推动中国社会文明的进步

网络媒体归根到底要为现实社会服务。其服务对象可以分为四个层次：个体受众、社会、国家和人类。它们之间的关系是层层推进的。在当代中国，正在加速现代化建设，建立健康的网络公共空间具有特别重要的意义。

(1) 建立公共空间与调节现代社会矛盾。与传统社会相比，现代社会最引人注目的特征之一，就是作为公民的个体对公共事务的广泛的参与。根据哈贝马斯的公共领域理论，公共空间是与整个社会的现代化进程相伴随的，新闻媒体是公共事务的平台。在当代中国，现代化进程速率加快和公共领域的扩大是极为明显的两大特征。一方面，中国现代化的速度十倍于曾经早期现代化的西方国家，社会运动、矛盾、变化和整合正在中国发生；另一方面，随着中国社会现代化的进程和科学技术的发展，中国社会的公共空间在不断扩大。建立健康文明和规范的社会公共空间，对于中国社会的发展和现代化的进行具有特别重要的意义。

(2) 网络在公共空间的位置。网络在公共空间构成中处于一个至关重要的位置。从它的匿名性、互动性看，它为公共空间的构成提供了一个根本保证。网络在公共空间的位置不仅是重要的，而且其价值观念、社会规范、责任和义务都和传统的媒体没有本质的不同。但是，网络对承担公共领域的建设、现代意识在当代中国的培育起着更为特殊的作用。

(3) 作为主流网站如何构建当代中国公共空间。央视国际的探索和实践，要解决的主要问题一是如何有效地扩大网络社会的公共空间，二是如何形成一个为社会各方能够普遍认可的传播规范，建立一个文明健康的公共空间。主流网站同样是追求点击率、追求读者的网络媒体。一个没有充分反映各方意见和实现充分互动的网站，是无法生存下去的。区别在于，它在选择意见和观点上更加谨慎，反映在传播内容上，就是弘扬人类优秀的精神文化。

（摘自《电视研究》2004年第一期）

# 中国电视产业政府管制的政策建议

吴克宇

## 政府管制的涵义

政府管制，是指具有法律地位的、相对独立的政府管制者（机构），依照一定的法律对被管制者（主要是企业）所采取的一系列管理与监督行为。

政府管制的理论依据来自政府干预理论。政府管制包括经济性管制和社会性管制。

产业管制有三种途径：第一，技术管制。第二，对市场结构的政府管制。第三，对市场行为的管制。政府通过控制企业的行为达到管制的目的。

在电视媒介产业中，政府通过在技术、市场结构和市场行为等方面的干预，保障公共福利的实现，确保市场有效运行。

## 中国电视产业政府管制的政策建议

目前，政府已经提出了电视产业发展的指导思想、基本思路和相关措施。但是，电视产业的管理体制还不是与市场经济相符合的政府管制，经济性管制还不规范，管理不到位、错位甚至越位的情况时有发

生；在法制建设方面比较薄弱，政府管制缺乏有效的法律制度支持；社会性管制不到位，电视媒介的社会责任意识淡薄。因此，在加入世贸组织的大背景下，中国电视产业首先要进行管制模式的转轨，建立起与市场经济相符合的管制模式，适应已逐步市场化的电视产业运营体制。本文针对上述问题，提出一些政策建议。

**1．加入世贸组织是政府管制的制度背景**

中国加入世界贸易组织后，无论电视产业是否承诺开放，总体上都应遵守世界贸易组织的一般原则。在这些原则中对电视产业影响最大的是最惠国待遇和透明度。虽然我们已经建立了一定的广电法律法规体系，但是如何实行依法管制，还有较大差距。

**2．独立的管制机构是规范政府管制的关键**

市场经济条件下，要实施有效的政府管制，必须建立独立的管制机构。我国电视事业目前实行的是“条块分割，以块为主”的管理体制。又由于我国广电系统政事合一，事企合一，广电行政部门与所主管的电视机构，在市场经济下形成利益共同体。所以，各地以本地区、本部门利益为出发点，在“以块为主”体制下自行其是，并且形成了坚固的地区壁垒，使跨地区经营困难重重。

因此，首先要进行管办分离、政企分离，广电行政部门与电视台脱钩，政府不再干预电视媒介的日常生产经营活动。而是通过新设立的专门管制机构来监督、管制电视媒介的市场行为。电视媒介则根据政府颁发的经营许可证的有关条款，按照市场经济原则开展媒介经营活动，使电视媒介成为真正的市场主体，从而实现媒介经营机制的根本性转换。在政企分离的政府管制体制下，政府管制的新职能主要包括以下内容：第一，制定有关政府管制规则；第二，颁发和修改电视媒介经营许可证；第三，制定和监督执行管制价格；第四，实行进入市场的管制，等等。

同时，必须改革现有的“条块分割”、“以块为主”的广电管理体制，依照法律，对全国各个电视机构进行有效监管。

**3．事企分离，推动电视媒介商业化经营是政府管制的前提**

笔者所说的“事企分离”，是公共电视媒介与商业电视媒介的分离。

事企分离，建立商业电视媒介，才能使其成为市场经济条件下，真正的市场主体，自主经营、自负盈亏，才能打破部门壁垒、地区壁垒，实现跨行业、跨地区经营，才能形成统一的全国电视市场，使商业电视媒介在激烈的市场竞争中优胜劣汰、作强作大。才能产生真正的电视产业的市场行为和市场结构。也只有建立商业电视媒介，政府管制才有明确具体的管制目标，对商业电视媒介的市场行为、市场结构，实施有效的经济性管制，提升电视产业的经济绩效。公共电视媒介由于不对市场负责，只对国家或某些组织负责，因此根本没有市场行为，政府管制也就无从谈起。因此，对于我国的电视产业来说，事企分离，推动电视媒介商业化经营，是政府管制的前提。

**4．促进合理的开放竞争是放松经济性管制的政府取向**

市场经济条件下，政府主要从市场结构的进入管制和市场行为的行为管制两方面实施经济性管制。在行为管制方面，又包括价格管制、数量管制、许可权管制、产权管制、反不正当竞争、反垄断行为等。因此，为迎接加入世贸组织后的挑战，全面促进电视产业的开放竞争，必须逐步放松经济性管制。

（1）加入世贸组织对中国电视产业开放竞争的影响。

① 中国电视产业将逐步实现对外开放。中国电视产业的开放时间、开放方式、开放程度、开放的范围等，是由中国政府通过对市场自由化承诺决定的。目前，视听领域的开放仍然是很有限度的，因为世贸组织尚未就视听领域的开放达成协议。现在，新一轮服务贸易的谈判已经开始，视听领域的开放将是重要议题之一。

② 加入世贸对中国电视产业相关产业的影响。虽然目前我国未对电视产业做出任何承诺，但是对电视产业密切相关的产业做出了较大的承诺。由于这些产业的产品与电视产品具有较强的替代关系，因此，与电视产业有较强的竞争关系，会对我国的电视产业产生较大的影响。

③ 政府的扶持有利于增强中国电视产业的竞争能力。

（2）在放松经济性管制方面需要进一步解决的问题。

目前，我国已对电视产业融资、多媒体兼营以及跨地区经营有一定程度的开放。但是，在放松经济性管制方面还存在着一系列需要进一步解决的问题。

① 政府管制的目的尚需进一步明确。电视产业放松经济性管制的目标首先是充分利用市场机制，同时要维护市场的公平竞争。

② 政府管制主体的权威性需进一步增强。比如，

在目前“条块分割，以块为主”的体制下，广电总局对各地广电事业的政府管制权威性不够，无法实施具有普遍性的政府管制。

③ 政府管制的手段需进一步丰富。除进入管制、所有权管制之外，反不正当竞争、反垄断管制，都是维护市场经济秩序合理的、必须的政府行为。但是，目前还没有做到这一点。

④ 政府管制缺乏法律支持。无论是《意见》、《通知》还是《实施细则》都只是主管部门的规章，《条例》也只是政府的法规，法律效力不高，严肃性、权威性不够。必须由全国人大出台广电大法，这样电视媒介的各种行为才有章可循，管制机构实施管制行为也才有法可依。

**5．加强和规范社会性管制是提高社会效益的保证**

世界电视产业的发展说明，成熟的市场经济国家或地区，对电视产业的政府管制趋势是，不断放松经济性管制，不断加强和规范社会性管制。

我国一直对电视媒介提倡社会效益第一的原则，在社会性管制方面作了大量的工作。法律法规层面的社会性管制主要有《著作权法》、《广告法》、《广播电视管理条例》、《关于广播、电影、电视正确使用语言文字的若干规定》，等等。行业自律的社会性管制有：由中共中央宣传部、广播电影电视部、新闻出版署、中华全国新闻工作者协会于1997年1月联合发布的《中国新闻工作者职业道德准则》和《关于禁止有偿新闻的若干规定》，以及中央、国务院、广电总局下发的其他大量有关文件。2002年，广电总局党组和总局还分别制定下发了《广播电视播出机构中的共产党员违反宣传纪律党纪处分暂行规定》和《广播电视播出机构中工作人员违反宣传纪律处分处理暂行规定》两个文件，其中也有社会性管制的内容。2004年，广电总局在全系统开展了“建设工程”、“净化工程”、“防御工程”、“监督工程”等四大工程，也属于社会性管制的范畴。

我国对电视媒介的社会性管制比较严格规范，但是，也存在着法律零散、不系统，管制主体不明确，管制内容不全面，监管体制不健全的状况，需要随着社会的发展、政治文明的进步对社会性管制进一步加强和规范。

（摘自《中国广播电视学刊》2004年第十二期）

# 舆论导向的伦理学思考

张利中

## 一、舆论宣传的伦理思考

舆论的伦理导向功能主要是体现在舆论的宣传和舆论的监督过程中。众所周知，“正当、公正、诚实”是舆论的伦理导向功能所要体现的基础性要件。从舆论宣传的伦理功能层面上考虑，舆论宣传的最高追求是弘扬真善美。

2003年3月下旬，伊拉克战争爆发，世界媒体都在报道这场战争。中央电视台也及时直播报道了战事动态。由于在报道中一直把握了“客观、公正、平衡”的原则，因而在世界媒体之林树立了自己的独特形象。这种“平衡”的做法，既受到世界同行的关注，也得到观众的普遍认同。

再举一个例子，从另一个角度来说明舆论的伦理导向作用。台湾当局一直控制着台湾岛内的大众舆论，他们集中报道中国大陆的负面消息。一位经常来往于大陆和台湾的台商在做过一个统计后说：“台湾媒体对中国大陆的报道中，有五成是负面的，三成是中性的，只有两成是正面的。这种剥夺岛内民众知情权的做法，损害了大陆在台湾民众心中的形象。”

毋庸讳言，缺乏平衡报道事实上曾经是我国媒体外宣工作中的一大缺陷。新闻学专家戴维·拉思本认为，中国的外宣刊物争论比较少，往往是一边倒地说话。过去外国人一想到中国，往往都会想到雄伟的长城、壮美的故宫以及那些丰富的历史文化遗产和高速发展的经济现象，但是对于创造这些奇迹的中国人，却很难留下直观的印象。

圣彼得堡大学中国历史学博士鲁萨诺夫认为，中国的国家形象应当是由两个方面构成的，一方面是经济发展，另一方面就是个人的形象，即使是报道政府工作，也应当重视领导人普通人的一面。宣传中央政策，也要换一种角度，要更为关注口号和事件背后的人。

从观众以及世界其他媒体的评价中，我们欣慰地看到，我们的媒体开始更加注重舆论导向的伦理功能，成功地凸显了舆论宣传对真善美追求的一种境界。

## 二、舆论监督的伦理思考

从20世纪80年代后期开始，以中央电视台《焦点访谈》为代表的赋有舆论监督功能的节目和专栏相继诞生，从此舆论监督开始进入人们的视野，舆论的社会功能得到了进一步的拓展。从舆论监督的伦理功能层面上考虑，要成为对社会负责任的媒体，澄清事实是首要的。笔者认为，新闻自由与新闻的道德使命是不对立的。舆论监督的本质意义就是实现其伦理功能——抑恶扬善。

**1. 澄清事实真相**

2003年7月，《焦点访谈》栏目以《群众利益无小事》为题推出系列节目，秉承“用事实说话”，以舆论监督的新闻报道方式，分别对10个新闻事件展开调查，既报道那些体察人民疾苦、替人民着想的感人事迹，更报道那些侵害人民群众利益、违反“三个代表”重要思想的人和现象。

自“非典”疫情突袭我国之后，百姓要求信息透明的呼声日益高涨，人们也欣喜地看到一批敢说真话和敢听真话的人在媒体频频亮相。所谓“公道自在人心”，作为具有重要社会功能的媒体能越来越充分地发挥其舆论监督作用，这是社会成熟度的标志之一。

**2. 抑恶扬善**

即使是在西方国家，新闻舆论的公开曝光也是打假治劣的重要措施。

在我国，媒体曝光除了能为消费者提供商品质量的信息外，另一个作用在于它还能给地方保护主义以巨大的舆论压力，促使地方政府严格高效地惩处制假贩假行为。媒体曝光本来只是通过市场的间接性惩罚，有别于直接的行政处罚，然而这种间接惩罚在打击低、劣质产品方面比工商、司法等职能部门监督甚至更为有效。

新闻媒体的职责要求每一位新闻工作者要努力捍卫自己应守的职业道德和社会伦理，客观地报道每一件新闻事实，推动和促进社会更安康、更祥和的健康发展。

（摘自《电视研究》2004年第四期）

# 大众视角　实用落点

## ——谈电视经济新闻报道的价值取向

李　勇　余敬中

《经济信息联播》栏目开播之初，中央电视台台长赵化勇就提出《经济信息联播》的栏目宗旨是“大众、综合、实用、权威、及时”。回顾《经济信息联播》两年来的实践，我们深刻感受到，电视经济新闻不能过于追求所谓的“专业”和“高端”，应该面向最广泛的收视人群，以观众为本位，努力满足各类观众的不同需求，让普通观众喜闻乐见。要做到这一点，就必须在经济新闻的实用性上下工夫。“实用”是电视经济新闻的根本价值所在。

## 一、受众需求决定了经济节目的实用取向

经济在现实生活中无处不在，是现代社会的基础，渗透于社会生活各个方面。可以说，任何一个人都是“经济人”，都不可能跟经济生活没有关系。因此，经济节目的服务对象就是大众。

我们做节目，不能老是背着品位的包袱，盯着高端，盯着少数精英，而忽略了老百姓的需求，经济节目也要面向大多数人群。节目只有为广大观众所接受，有了广泛的影响力，权威性才能体现出来。

有调查显示：受众对经济新闻最希望获取的是实用信息，实用是受众选择经济节目的最重要的决定因素。

## 二、实用是经济新闻的本质特征

作为新闻的一种类型，经济新闻拥有其他新闻的一些共同特点，但在社会功用上与其他新闻有一个明显的区别：受众在接受经济新闻时有强烈的功利目的，他希望这些信息能够对了解经济大势、洞悉经济运转、改善经济生活有所帮助，实用性是经济新闻区别于其他新闻的最大特征。

当然，突出实用性并不等于削弱和限制了定位中其他元素的作用。“大众”、“综合”、“实用”、“权威”、

"及时"各元素是相辅相成的关系。

"大众"是被我们节目服务对象的广泛性决定的，它解决的是为什么人服务的问题，这是经济节目存在的基本前提。电视经济新闻节目的目标受众应该是大众，而非"窄众"。"综合"是被经济生活的多样性决定的，是节目中要表现的内容，经济新闻不能只局限在财经、产经等专业领域，一些政治新闻、社会新闻也有经济的背景和内涵，因此，经济新闻要不断扩大和拓展报道面。"权威"是对内容品质的要求，是中央电视台的地位和性质所决定的，权威的基础是节目对大众的影响力，是节目在促进经济发展中发挥的作用。作为中央电视台经济频道晚间黄金时段的一档新闻性节目，《经济信息联播》必须抓住当天的经济大事，保证内容的新颖，在当天经济新闻中具备"观止"的品质。"及时"是节目价值的一个基本保证，也是栏目权威性的体现。

## 三、实用价值的实现方式

**1．立足经济内容，坚持差异化竞争**

笔者以为，经济报道的核心竞争力不仅仅在于它能提供的信息数量的多少，更在于信息质量的优劣和实用价值的大小。

**2．抓住"民生"和"国计"的结合点选择题材**

从"民生"的视角看"国计"，在满足观众了解总体经济形势需求的同时，关注其利益在这些新形势中的变化。

**3．新闻处理方式：大众视角，实用落点**

强调新闻的实用性并非只有实用资讯才能报道，对于更大量的新闻来说，经济新闻的处理方式应该带给观众一个清晰的落点，让观众看到新闻与日常经济生活之间的关系，对自身利益的影响。我们把这种新闻处理方式归纳为"大众视角、实用落点"。它的要点是：

以大众的眼光看经济生活，加强经济事件、经济现象的剖析和解读；从大众的关注点看经济生活，重点盯住财富的创造和流动、利益的分配和冲突；追求每一条新闻的实用落点，拉近经济信息与受众的距离，突出题材中与受众利益有关联的部分，给观众一些行动建议；以经济视角报道其他领域的新闻，特别是热点政治、社会新闻，充分挖掘社会生活的经济内涵。

（摘自《电视研究》2004年第十一期）

# 议新闻报道的权限

郑 直 尚 敏

## 新闻报道与名誉权侵犯

**1．名誉权的界定**

名誉权是人身权中人格权的一种，是指公民和法人就其自身属性和价值在社会生活中所获得的社会评价（即自己的名誉）依法享有和维护的不受他人侵害的权利。作为人格权的一种，名誉权具有各类人格权的共同特征：公民自出生之日起，法人自确立之日起，就具有名誉权，并受到法律的保护。名誉权是民事主体进行民事活动的前提之一，具有专有性、排他性，不能像名称权那样自由转让。名誉权有自己的特性：首先，名誉权的主体既包括公民也包括法人；其次，名誉权的特殊性还表现在死者也享有名誉权；再次，名誉权以名誉作为唯一客体。法律对名誉权的保护目的在于维护公民和法人在社会生活中的地位和尊严，保护人与人之间的正常交往和秩序。

**2．新闻的名誉权侵害**

（1）诽谤。新闻侵权中大多是文字诽谤，包括以有形的固定的形式如图书、报刊、广播电视节目等。即兴的评论则属于口头诽谤。构成名誉侵权必须是传播针对特定人的虚假事实，如果泛指一种普遍的社会现象或针对某种自然现象，则不可能构成对他人名誉权的侵害。因此，在实践中我们往往依据客观存在的行为规范和一个诚信善良的人应有的注意程度来判断一种新闻手段对于受害人名誉的不利性。

（2）侮辱。侮辱构成侵权的前提是使受害人在公众中的价值评价降低，即侮辱是公然进行并产生一定影响的行为方式。源于新闻传播的特殊性，新闻侵权一旦形成必然会在大众中产生影响，这种公开性是无须论证的。侮辱的主观方面是故意的，不存在过失的情形，而诽谤的结果在于误导他人对于受害人的认识，侮辱的结果则不存在误导，通常接受传媒新闻的大众均可以区分出侮辱的语言不同于事实叙述。

**3．新闻名誉侵权的弱化领域**

新闻报道既要真实又要快速，二者之间必然存在着内在的紧张关系。对于名誉权的保护在特定的对象和环境中予以弱化。

（1）公众人物的名誉权保护。我们主张对公众人物的舆论监督和批评从严，相对的名誉权保护便适当地弱化以达到合理的利益平衡。公众人物的名誉权保护与言论出版自由冲突时，只要求传播事实基本或大致真实以及评论的基本妥当。

（2）特殊事件中的名誉权保护。政治事件和社会事件对公众生活有较为普遍和重要的影响。新闻媒体对这些事件广泛充分的报道符合言论自由的精神和公众知情权的保护。因此当政治事件、社会事件报道中涉及个人名誉权时，其名誉权保护与新闻出版自由发生冲突，适当强调新闻出版自由，弱化对政治事件和社会事件中牵涉人的名誉权保护是合理的。

**4．新闻的名誉权侵害抗辩**

没有争议的抗辩事由主要包括以下几种：

（1）传播真实事实。通常新闻报道中导致受害人名誉受损的内容是真实的，新闻机构便可以得到豁免。为了证明传播的事实具有法律上的真实性，媒体必须承担相应的举证和证明责任，证明的程度以基本真实为必要条件。但是应该指出，即使是在传播的事实完全真实的情况下对被害人进行侮辱，也会构成对名誉权的侵害。

（2）权威消息来源。在我国，以下消息提供方可视为权威消息来源：①各级国家机关在其职责范围内所作出的文件、报告，以及向社会或者新闻机构发布的消息。②政府发言人的发言。③人民代表、政协委员在人民代表大会和政协会议上就有关事宜所作的发言和书面材料。④国家授权新华社发布的消息。⑤党和国家领导人的正式讲话。⑥国家机关工作人员在履行其职责时的讲话或报告。

（3）受害人同意。在新闻机构进行报道前，就报道内容取得了当事人的同意，或报道的内容是根据当事人的陈述而作，可以此对抗因新闻诽谤、侮辱或其他方式构成的侵犯名誉权指控。

## 新闻自由与侵犯隐私权

**1．隐私与隐私权**

隐私是一种不愿为他人所知的事实，隐私以个人的心理、情感为依归。作为一项权利，隐私权是法律关系主体享有的某项权利和利益。隐私权的主体对隐私事实具有隐而不宣或予以公开的权利，而他人则不得窥视，不得公开，更不得刊登、评论，即使出于善意亦须征得本人同意。

**2．知情权与隐私权的冲突**

知情权不仅是一种公权利，如公民有权知悉国家的政治经济状况，政府官员的道德品质及财产状况等（即知政权）。知情权的内容比较广泛，可分为以下三类：①公民、法人及其他组织依法享有的知悉国家机关及其工作人员的活动及背景资料，了解国家所颁布的法律、法规和政策的权利。②公民依法享有知道其感兴趣的各种社会现象、商业信息的权利。③公民享有了解各种涉及本人的有关信息的权利，法人及其他组织享有了解内部工作人员的有关信息的权利。

在现实生活中，隐私权与知情权的冲突主要表现在两方面：①公权利范畴内的知情权与隐私权保护要求的矛盾。②私权利范畴内的知情权与隐私权保护要求的矛盾。

**3．新闻自由和隐私权的法律平衡**

法律必须保障新闻自由受隐私权的限制，这就意味着新闻媒体在享有新闻自由的同时，不侵害他人的隐私权。

（1）新闻侵权行为。在新闻采访与调查过程中，不当的收集信息的手段可能造成对他人隐私权的侵犯。

（2）媒体的抗辩事由。具有新闻价值的报道必须符合两个方面的要求：首先，新闻报道符合社会公共利益；其次，新闻报道符合公众兴趣。

（摘自《电视研究》2004年第四期）

# 电视新闻现场直播的特性与操作理念

韩 卫

## 一、电视新闻现场直播的特性分析

**1．直播是在一个完整的时空里同步展现事件的发生过程**

电视节目以制作方式来分类的话，大致可分为现场直播、实况录像转播和录像节目播出（录像素材再编辑播出）三种。

直播与实况录像转播相比较，二者叙事方式一样，都是完整记录同一时空内发生的事件，但是播出时间却有差异。直播是同步展现，是此时此刻正在进行的事件播出，告诉观众现在发生了什么。实况录像转播是以前发生的事件于事后播出，告诉观众的是曾经发生了什么。

直播与录像节目相比较，除了播出时间上的差异外，二者在叙事手法上截然相反。前者叙事时间（播出时长）与行为时间（事件过程）一致，是一比一的长度，它有原汁原味的天然本色。后者则经过蒙太奇手法剪接，缩短了事件的时间长度，是精心雕饰的作品。直播是在一个完整的时空中展示此时此刻的信息，信息量的最大值是一比一，而录像节目是经过了不同时空的信息组合（剪接）。

**2.从信息传播的角度看，直播有两个功能：展现和报道**

展现现场，是直播的基本功能。报道现场，是对现场信息的发现和集结，它给观众添加了记者对现场的主观叙述。

**3. 直播在信息传播中的优势**

首先，直播使新闻"保鲜"程度最高。直播是同步展示事件的现时状态，从时效上来看，任何一种报道形式都不会超越"此时此刻"了，所以直播是信息"保鲜"的最好手段。

其次，直播让事实的可信度提高。直播的保真度最高，因为直播的时空是完整的，不是断裂的。从观众的角度看，没有经过过滤的原汁原味的信息传播远比经过剪辑的报道更为真实可信。

## 二、对直播选题要素的理解

**1. 直播离不开事件的过程**

我们知道，直播活动围绕着事件进行，是对事件进程的同步展现和报道，因此，事件的发生过程是直播不可或缺的。换言之，没有过程的事件（进程简短或者没有记录过程）都不会构成直播活动。

**2. 直播的信息量在于过程的不可确定性**

在信息传播中，信息量是最为关键的指标，它是判断传播作用和意义的重要尺度。直播依存于事件的过程，因此构成事件发展的过程具有多少信息量也就成为影响直播的主要因素。直播节目要有不确定性的悬念，这是选择直播题材的重要依据。

## 三、对自我事例的剖析

直播，对于我们业内大多数同行来说，它仍然是一种"奢侈品"，因为机会难得。2003年6月，笔者有幸参加了三峡蓄水通航的新闻直播，连续16天基本上每天三次直播，共46场，这次难得的经历让我有了丰富的谈论事例，于此提出一些思考供人探讨或借鉴也是一件很有意义的事情。

**思考一：人为的干预需不需要？**

在三峡船闸试航的新闻直播中，两次试航直播不要说没有看到船通过船闸的过程，就连试航的船也没有见着。造成这种"失准"的原因是，负责试航的部门是以自己工作程序进行试航，对于我们的直播时间没有给予考虑。

相比之下，负责蓄水进度的部门却给予我们很大的配合。原计划蓄水达到135米预定蓄水高度的时间是夜里23时以后，作为一个标志性的事件一定要直播，在我们向执行部门提出请求后，他们把时间调整到了22时03分左右，这样就使此后的直播节目进入了比较适合播出的整点时段。

在直播节目中，对事件的进程和场景需要不需要人为干预？这种干预是不是影响了新闻的真实性？笔者以为，为了真实我们需要现场直播，为了现场直播我们需要必要的组织和安排，这种不损害事实的干预或者说组织是必要的。

**思考二：记住，莫把现场直播当做现场播报！**

三峡工地直播的第一条新闻是《三峡工程蓄水准备工作就绪》。出镜记者于大坝高处，说的全是四处搜罗来的"汇报"。方方面面一个不少地说了一遍，如同大全景镜头，却没有细节的放大，因而现场的信息模糊。

观众看直播想看的是现场，并且通过记者体验和感受现场。你站在大坝上不抓住大坝上的东西说，说的尽是见不着的东西，这不是相当于在现场念口播稿吗？其实，这个毛病是做惯了录播新闻的人的一种通病：站在现场说现场外面的东西，忘记了现场本身。

**思考三：感染力强的细节在哪里？**

在三峡蓄水通航直播时，为了树立现场观念，我们硬性规定了新闻直播组的记者采点时，必须在现场找出三个令人感兴趣的细节，以便在直播新闻节目中能留下一两个引起观众关注的亮点。

笔者以为，直播节目不仅考验记者的表达能力，更考验记者的发现能力和感受能力。有位记者在总结直播报道经验时说："在现场，你不是出镜的脸，你是观察细节变化的眼睛、是判断分析新闻的脑子。"

**思考四：现场报道需要不需要动画、图表？**

记得我们新闻直播组的几个人在三峡碰选题的时候，大家感到最为难的是工程原理、工程数据以及背景表述，在三四分钟的时间里怎么能说得清楚，大家几乎同时都想到了一个解决这种困惑的办法：动画和图表。之后，大家又都否定了这种想法，因为这么做还叫直播吗？

因为录像新闻就是这么做的，这种打破时空关系的信息组合方式，已经在我们的思维方式中留下了深刻的烙印，这是习惯使然。但是，我们直播的时间是一比一的，它展现的是现场，是同步感受。所以，解疑释惑的功能只能让位于演播室或专题片，而不是由现场报道来承担。

（摘自《电视研究》2004年第十期）

# 浅谈电视新闻的三类现场

宋小勇

电视是视听结合的艺术，但首旨是“视”的艺术，这充分体现在画面的现场感上。电视新闻的现场性，已日益成为电视新闻的灵魂。因此，对新闻的现场感给予高度重视是每个电视新闻工作者应自觉养成的良好职业习惯。

传统意义上的电视新闻现场往往局限于空镜头上，但这些远不够诠释电视新闻现场性的全部内涵，因为空镜头缺少了记者和采访对象对新闻现场参与的主动性、积极性。没有这些，就不能构成“完全意义上的电视新闻现场”。因此，“完全意义上的电视新闻现场”应包括以下三类现场：(1)空镜头的现场：也即被摄主体的运动、爆发、可视存留；(2)电视记者出现场：也即记者在现场的观察、介绍、采访、评说；(3)采访对象在现场：也即采访对象在现场的活动、表情、接受采访。这三类现场各有特色，其中最好拍也最难出彩的是空镜头的现场。被摄主体在现场运动或者其可视存留尚未被清理掉的情形下，无论明拍暗访，还是面对面，或者长焦吊拍，都能成功地取得素材。但要出彩就比较难。“出彩”是指抓拍到那些突然爆发却一瞬而逝且最能说明主题的现场空镜头，比如突然的撞击、爆炸、坍塌、私下交易、受伤甚至罹难等。“出彩”的现场镜头有些是开机苦候的成果，有些是意外的收获，但绝大多数情形下，要想抓拍到那些瞬间产生即消失的绝佳镜头，则是非常难的。

电视新闻中，空镜头的现场包括报道时该现场的新颜和旧貌——即该现场的资料镜头。现场的旧貌、旧貌转换成新颜的历程、现场的新颜，这三者的有机搭配无疑会强化报道的主题：突出该现场的转变、展示观念的更新、描述人们的努力与贡献、讴歌时代的进步等。

正如前述，光有空镜头的现场还远远不能构成“完全意义上的电视新闻现场”。随着新闻报道形式竞争的多样化，电视记者出现场、采访对象在现场也越来越频繁地出现，尤其记者在现场的观察、介绍、采访、评说更能强化现场气氛、突出主题、体现参与现场的主动性、积极性。出现场时，电视记者仪态上应端庄大方、和蔼自然，选位时应选取最有现场感或最有利于摄像机运动的位置（即最能说明或衬托主题），可采取或站或蹲或坐等平等相待的姿势，进行介绍、采访、评说时应简洁流畅、直奔主旨。一般说来，电视记者出现场可开门见山，可画龙点睛（强调重点、亮点），可评说总结，也可前后呼应。除去现场采访外，电视记者出现场的介绍、评说次数一条新闻中不宜超过两次，否则会违背电视新闻简约的特点和受众“短平快”的收视心理，有拖沓之嫌。

电视新闻中，与电视记者出现场相辅相成、同样体现参与现场的主动性、积极性的就是采访对象在现场。其可以是现场的参与者、受影响者、现场的目击者、佐证人，也可以是现场的创造者、策划人。采访对象所处的现场可以是该现场的新颜，或旧貌。采访对象在现场的活动、表情、接受采访都能很好地烘托现场气氛，或动或静、或歌或舞，或喜或悲、或思或谈，都是电视新闻中必不可少的部件，都能营造出身临其境、身见其景、身闻其声、身睹其人的现场效果。假若采访对象不置身现场，电视新闻的现场感无疑将大大失色，预期的主题内涵也将大打折扣，从而使整条电视新闻的质量下降，不尽如人意。

电视新闻中，上述三类现场虽各有千秋，但运用起来仍可分可合，并不需平均用力，可以视记者对现场报道的谋篇布局以及现场空镜头的丰歉量来把握。一般说来，电视记者在现场进行拍摄、报道时，应迅速判断出该现场新闻价值的重大性、典型性以及播发的及时性，应一边组织翔实的拍摄（包括出彩的抓拍），一边落实好比较具有说服力的采访对象的采访，同时视报道的需要、现场的规模、空镜头的出彩程度做好是否出现场的准备，一旦需要出现场，应迅速拟好出现场的腹稿，做到有备无患、水到渠成。

最后，需要注意的是，电视记者出现场、采访对象在现场都不应干扰现场的整体运转和旁人的现场工作。还有在后期编辑中，运用多媒体制作相关图表、动画时应尽量加入动感因素，使这种特殊的电视画面活跃起来，能充分地表达出电视记者良好的现场意识。

（摘自2004年《电视生活报》）

# 电视法制节目的热播、潜在危机与对策

黄海星

## 一

随着我们国家建设社会主义法治国家方略的加快实施，电视法制宣传事业也迎来了自己的繁荣发展时期，其标志是中央电视台和各地方电视台的法制频道、法制栏目的不断推出与热播。但是，一些有识之士在高度评价中国电视法制节目迅猛发展的同时，也针对“过热”和“过快”可能带来的问题，提出了警告和建议。根据自己的观察并结合专家和学者的观点，把存在的问题归纳为以下几个方面：

**1．节目同质化的倾向愈来愈明显**

《今日说法》节目形态获得成功之后，这种“以案说法”式的节目，被很多电视台拿去克隆与复制，一时间被冠以《举案说法》、《说法××分》和《给你说法》之类的节目竞相推出。在节目的形态上，这类节目基本上是照搬《今日说法》，惯用的是一般案情介绍加上演播室专家点评的模式；在主持人的风格、演播室的设计、节目的整体包装等方面也有诸多模仿的痕迹；甚至在播出时段的安排上，也大都集中在中午12：00至13：00之间，笔者认为，这种现象暴露了某些电视台缺乏节目的创新意识和急功近利，这种克隆与复制或许会有一些短期效益，但长此以往无助于节目品牌的塑造和节目风格的确立，最终会影响到法制节目的生存与发展。

**2．选题撞车的现象日益严重**

这个问题的出现与前面提到的节目的同质化有着直接的关系，各地电视台从《今日说法》的成功经验当中找到了一条“捷径”——去抓重大新闻题材，也就是通常人们所说的大案要案，于是乎，便出现了跨省采访和异地拍摄，有些地方电视台还专门在京派驻了节目制作人员。在笔者参加的几届全国电视法制节目评奖活动中，送评节目选题撞车的现象屡见不鲜。

**3．过分追求案情的展示和过分依赖偷拍手段**

近两年来，一些电视台的编导为迎合观众的口味，喜欢对犯罪的手法、作案的细节和破案的过程进行详尽的描述，甚至发生过多起因为暴露公安机关的侦查手段或镜头涉及当事人的隐私而受到有关部门通报批评的情况。而偷拍器材，按照国家的有关规定仅限于公安和安全部门在限定的范围内使用，但事实上在绝大多数电视台的法制频道和法制栏目，各种规格的偷拍摄像机均已成为不可缺少的拍摄装备。特别是在反映行政执法、跟踪犯罪嫌疑人、披露假冒伪劣产品这类的节目中，记者主要是依靠偷拍手段的运用。对这种做法，有不少专家学者提出了异议，因偷拍而引发的新闻侵权官司也多次让一些电视台的负责人成了被告。

**4．关注点多在法律层面而道德问题没有得到应有的重视**

在不少从事电视法制节目创作的编导心目中，法制节目只能以案说法，只能对涉及违法或犯罪的案件和事件进行报道，他们更愿意选取那些有动作感的、有刺激场面的和有庭审环节的选题。笔者还发现，一些电视台的法制节目“说法”很充分，但一遇到“道德”范畴的问题，叙述起来往往就显得苍白无力，甚至在某些表现婚姻家庭的节目中，法律和情理之间有时还会出现对立和形成悖论。与法律分析相比，道德评判是我们的电视法制节目较为薄弱的环节。

除了上述四个方面的问题之外，电视法制节目也面临着来自新闻类节目的冲击。

## 二

近年来，电视法制节目的发展虽然是迅猛的，但也存在着制约其进一步发展的问题，笔者认为要化解这些危机，需要从如下五个方面作出努力：

**1．提倡和鼓励节目创新**

《法治进行时》是北京电视台科教频道推出的一档法制节目，它没有简单地克隆时下流行的“依案说法”的节目样式，而是本着“评理论是非，法眼看天下”的理念，突出节目的现场性、贴近性和服务性的特色，节目每周七天采用七种不同的形态，融入了大量的独家报道，从而开辟了一片属于自己的宽阔舞台。中央电视台2003年底公布的一份调查显示，《法治进行时》进入了全国新闻专题栏目的前10名，这在地方电视台尚属首次。重庆电视台的《拍案说法》则开创一种全新的节目形态，即以纪实性叙述风格展示案发现场，知情人、现场目击者参与拍摄并演绎精彩案例，主持人以说书人的身份，引领观众和专家进行讨论、评说。注重节目的悬疑性、故事性和娱乐性使该节目的收视率位居重庆电视台卫星频道的首位。可以说，这两档法制节目的成功更多得益于节目的决策者和主创人员勇于开拓和创新。

**2．拓展节目的报道领域**

有案件报道才能叫法制节目，这种观念影响着不少法制节目的主创人员。其实在当今社会，和老百姓的生活、老百姓的权利与义务相关联的东西，还有很多值得我们去关注，可能会涉及到经济、文化、教育、科技、娱乐等诸多领域。

**3．在法律与道德之间寻找平衡点**

我们在关注案件、关注法律的同时，还要借助道德，并把它作为分析问题、解决矛盾的有力武器。中央电视台2003年推出的《道德观察》节目就在这方面进行了有益的尝试，该栏目旨在弘扬优秀传统和先进文化，揭露和批评种种不文明、不道德和不守法的现象，以求在当今社会形成一种崇尚高尚人格、高雅情趣的氛围。山东电视台的《道德与法制》、长沙政法频道的《方圆之间》和扬州电视台的《人与法》，都在各自的节目中把惩治邪恶与弘扬正气很好地结合起来，并把关注人的命运、体现人文关怀和提倡社会公德作为节目的宗旨。

**4．在提高节目可视性的同时加强节目的服务性**

近年来全国各电视台的法制频道和法制栏目为提高节目的可视性，在现场报道、故事叙述、解说词风格、主持人形象设计和节目整体包装等方面均作了很多尝试。需要强调的是，节目的可视性离不开观众的参与和交流；而观众收看电视法制节目，除了要了解案件的来龙去脉，还要从中获得法律知识，因此电视法律节目应在加强节目的服务性方面多下工夫。

**5．在推出新的法制频道和法制栏目之前做好充分的论证**

笔者认为，电视法制节目的拓展必须审时度势，循序渐进。各地电视台在新的法制频道和法制栏目推出之前应做好充分的论证工作，吸取电视娱乐节目大起落的教训。尤其要避免同一家电视台内各频道、各栏目相互克隆、各自为战的状况，共同努力把全国电视法制宣传事业推上一个更高的台阶。

（摘自《中国广播电视学刊》2004年第七期）

# 电视文艺节目制作需更新观念

殷立新　王自力

如果说我国的电视文艺节目制作体制在过去的二十多年里满足了中国电视文艺发展的需要，并为制作大批优秀节目，满足观众需求立下了汗马功劳，那么随着市场经济的逐步建立，现有体制逐渐露出缺陷，在运营机制、人员素质、制播观念、组织结构、财力保障方面，均不能适应现代电视文艺节目制作的要求，在市场经济条件下，中国电视文艺节目制作正面对自我挑战。

**1.重生产、轻经营的观念根深蒂固**

这种观念主要表现为只注重节目生产，不注重节目销售。多年来，我国绝大多数电视台都十分重视提高电视文艺节目制作的自制能力，但遗憾的是，自制的节目大多只是为了填满本台相对过剩的播出时间，很少想到拿到节目市场上再赚取一份利润。因此，不少电视台的电视文艺节目首播、重播以后即存档入库，成为一次性消费品。这种商品率极低、自给自足的小农经济式的生产显然不适应电视产业经营市场化的要求，是对电视资源的严重浪费。

**2.队伍建制严重不合理**

长期以来，我们的电视文艺节目制作队伍主要靠少数几所正规电视艺术院校培养，人数少并且配置不合理，向中央电视台、大城市电视台倾斜。即使人才相对密集的中央电视台和省市电视台，懂市场经营的编剧、导演、制片人才还是奇缺，结果很多优秀的电视文艺节目变成了没有经济效益的精品，沦为嫁不出去的“美女”。这是中国电视文艺节目制作队伍建制严重不合理的结果。

**3.制作观念落后，制作手法陈旧**

多年来，中国电视文艺走过一条辉煌的道路，形成了一套卓有成效的制作理念、手法、定势，培养了一批成绩显著的大腕。时代在前进，但他们制作节目的观念和手法却都比较陈旧，缺少创新动力，固步自封，热衷于所谓“雅”文化！而对广大人民群众喜闻乐见的“俗”文化缺乏研究。还有一些制作人，抱着自己过去的成功经验不放，三十六计招招使到老，不敢大胆创新，怕失败、怕丢面子，抱残守缺，使好端端的名牌栏目，落得个门前冷落，观众稀少，最后关张了事。可见一招鲜是不能吃遍天的，如果不思进取，不能与时俱进，也会马失前蹄。

中国电视文艺节目制作产业内部还有组织机构、财力保障方面的缺陷，都不利于电视文艺的健康发展。

针对电视文艺节目制作存在的缺陷，我们要勇于更新观念，破旧立新，战胜自我，与时俱进。

首先，要打破重节目生产、轻节目经营的传统观念，实现电视文艺节目制作的产业化、经营的市场化。

其次，要大力推进节目制作队伍建设，打破终身制。应强化策划人、撰稿人、编导的专业作用，使之成为节目制作的设计核心。

第三，节目制作人员的观念要跟上时代，与时俱进。不能把过去的成就变成包袱，应超越自我；应突出电视文艺的特色，实现手段电视化、语言电视化、时空电视化和思路电视化。除此之外，还应加强受众调查研究，这对办好电视文艺节目至关重要。

（摘自《电视研究》2004年第一期）

# 中国电视科普节目研究与创新

刘民朝　刘　斌

电视科普节目理论研究一直比较薄弱，在电视理论界和科普理论界都很少有关于电视科普节目理论研究的论文或学术成果，与其他电视节目相比，其理论发展远远滞后于节目的发展，同时又因缺少超前理论的指导和推进，节目的发展变化也比较慢，而且，与出版界、科技界在科普传播理论上的研究相比，电视科普传播的理念更新和理论研究也比较滞后。

电视科普研究的视野不能仅仅局限于目前已有科普节目形态与形式的研究，应该积极寻找和发现可供电视科普节目形态拓展的传播理论、节目理念和优秀的电视节目，包括新闻节目、文艺节目、娱乐节目、体育节目、益智节目在内的众多电视节目的传播理论和节目理念都值得科普节目去借鉴和吸收，所以，电视科普理论的研究的对象不仅是已有的科普节目，可以把研究的对象拓展到其他电视节目，多进行一些对比性研究。

现在国外电视科普节目的发展速度很快，节目市场也很大，国内电视科普节目的发展也处在稳步上升的状态，科普节目需要研究的理论问题和空白很多，理论创新的空间很大。科普节目的从业者可以从科普节目策划、操作、传播等层面，其他电视节目的从业者可以从科普节目内容与其他节目内容的交叉与互动的层面，专家学者可以从科技传播的媒介互动、受众心态、节目营销等层面去推动科普节目理论的创新。积极的研究态度是电视科普节目理论创新的“催化剂”。

电视科普节目的创新需要从多方面入手，首先要改变现有从业人员的年龄结构、知识结构、人才结构，引进其他节目创作的优秀人才加入科普节目的创作和制作中；其次，在生产方式上要进行转型，要告别“小作坊”式的节目生产模式，争取最大的资金投入，组建大团队，进行大制作，实施大生产，用大型节目来吸引观众对节目的参与和兴趣，改变科普节目相对小气的状态。

节目创新与理论创新是互动的。节目创新是理论创新的基础，新的节目形态的成功会带来理论研究的活跃和创新；理论创新的最终目的也是为了推动和刺激节目创新，有了不断创新的理论，节目创作人员才会站在更高的高度去思考和改进节目，带来新一轮的节目创新。

（摘自《电视研究》2004年第八期）

# 学术性电视节目的选题策略

王志清

## 一、找准接近点

学术性电视节目的作用就是要在学术思想、科研发明与观众之间架起一座桥梁，把观众愉快地引入科学殿堂，并引导他们掌握科技知识，以提高认识自然、利用自然、改造自然和保护自然的能力。要做好这类节目就要学会"搭桥"，也就是节目的选题要从观众的视角出发，找出学术思想、科研发明中观众共同感兴趣的内容，或从最能引发他们思考的角度，选取最接近的一点，使其具有接近性。《百家讲坛》播出的《绿色食品与青少年健康成长》、《植物健康与现代农业》、《化学与人类健康》、《绿色食品与人类健康》等节目，把农业、食品、生物等专业的科研发明和人民群众对生命健康的关注联系起来，自然引发了人们的收视兴趣。《新青年千年论坛》曾播出著名学者季羡林所作的《21世纪的人文与社会》讲座，《世纪大讲堂》播出的《金钱未必使您富裕》、《9·11综合症解析》等节目，都是从观众最关心、最感兴趣的角度去选题，去策划的。

科技类的学术性电视节目越接近生活，越容易抓住观众。如绵羊受精卵的移植、太阳黑子的出现等科学现象，未必就会引起观众的兴趣；而把这些科学现象分别同提高良种母羊的繁殖率，同与地球气候异常的影响联系起来，再辅以生动形象的图片，就和观众的收视兴趣贴近了。由于抓住了生活中的热点问题，找准了接近点，节目的收视率颇高。

## 二、增强新闻性

学术性电视节目的新闻性比新闻节目要差很多。但是，学术性电视节目应该体现新闻性，在这个前提下，尽量把学术性的电视节目做深、做透，以此来弥补新闻传播中没有提供的详细、具体、系统的学术知识。这正是学术性电视节目的优势。可以选取新闻节目中涉及学术成果或科研发明等方面的信息，进行系统、详细的阐述，这样既可以将最新的科技成果、重大的科学事件以及与群众密切相关的各种事件展示出来，也可以充分体现新闻的诸要素，比如新闻的及时性、重要性、接近性等。2003年"非典"肆虐时，《世纪大讲堂》先后播出了《中医瘟病学与非典型肺炎》、《SARS的医学人文审视》、《从病理学看SARS》、《急性病因不明肺炎的研究与控制》等节目，与相关的媒体报道形成了很好的互动宣传效应，对传播科学理论，提高社会防治能力起到了重要作用。

每当重要的科学事件发生、学术活动举行时，各种新闻媒体都会争先恐后尽力去宣传。学术性的电视节目应该借助新闻的传播效果，扩大和提高自己节目的收视范围和收视率。新闻节目提供简短的信息，学术性电视节目就应该提供系统的、丰富的学术知识。

## 三、做到真、善、美的统一

人类文明包括物质文明、制度文明和精神文明。学术性电视节目把人类文明的学习课堂延伸到了社会，把高雅文化普及到了大众。所以，以人为本，加强节目人文主义色彩的要求也就越来越迫切。强调人的价值，崇尚人格理想，重视人类精神福祉，关爱人类本身和与人类生存发展有关的一切事物，是人类文明的结晶，是人类文化中最优秀和最宝贵的传统。

对于学术性电视节目来说，真实准确是最基本的要求。如果丧失了基本的科学性，也就谈不上"善"和"美"。

另外，电视具有画面美的优势，讲究可视性是必要的。因为适合内容的形式美总会给人以享受。

总之，学术性电视节目要有实事求是的精神，尊重科学规律，追求科学理性，也就是要"真"；要启迪人的生存智慧，深化人生价值的反省，促成健康人格的形成，也就是要"善"；要充分发挥电视的传播优势，调动丰富的电视语言，使节目形式和内容一样精彩，也就是要“美”。只有这样，学术性电视节目才能成为观众心目中的一个品牌，才能成为他们文化生活中的一个“不可或缺”。

### 四、体现系统性

电视媒介传播速度快、不易存储、线性传播的特点，使得学术性电视节目的收视率和收视效果面临着挑战。观众如果不了解电视节目的播出规律，又看不到电视节目表，偶尔从节目中接收的信息是不会引起足够重视的。所以，一个选题如果内涵很丰富、很深邃，并有很强的完整性和系统性，就应该把它放大，制作成特别节目或者系列节目，用较长篇幅打造栏目亮点，以丰富的内涵和知识的完整性吸引观众，这是提高收视率的极好方法。

总之，到位的选题策划对于学术性电视节目来说是关键，只有重视选题策略，才能把节目做好，才能实现科教兴国的神圣使命。

（摘自《电视研究》2004年第四期）

# 二、论点摘编

## 互动电视对传统电视传播模式的变革

李　菁

### 一、互动电视对大众传播范畴的丰富

在传统意义上，电视是大众传播媒介，而各种大众传播都有如下共同的特质：

(1)受众是由大量分布广泛的个体构成，他们之间具有异质性；受众分散而互不相识；对传播机构来说，受众多系匿名；受传活动无组织。(2)传播活动是开放系统，需要定期且循环向社会公开传播。(3)传播决策和控制属于专业传播机构。(4)必须通过现代化的媒介同受众建立传播关系，达到传播迅速、覆盖面广、内容丰富的传播效果，传播内容因之为广大受众易于接受。(5)在一次传播中，单向传播模式居多，传受双方难以像人际传播那样获得及时回馈。(6)传播内容的针对性不如人际传播强，传播效果不够及时有效。

但是当电视引入互动的观念和技术之后，其中的一些特质将发生改变。互动电视使传统电视的“黄金时段”不复存在，互动电视已经不是单向的传播模式。从技术上讲，互动电视也完全可以做到及时的回馈。

因此，仅就这三点而言，互动电视已经丰富了大众传播的范畴。

### 二、互动电视对传统电视传播理论的发展

对于电视本身的传播特性，《传播学通论》一书中对其进行了比较精练的概括：(1)视听兼容的共时性传播。(2)深入家庭的传真性传播。(3)高度综合的连续性传播。

这三个特点在互动电视中既有保留也有发展。

首先，视听兼容的特点依然存在，但共时性已经不是一个必需的特性，而是成为互动电视观众的选项之一。另外，互动电视同样打破了传统电视的连续性特征。同时，传统电视的一大弱势——保存性较差，也随着互动电视的视频点播功能的出现而消失。

### 三、互动电视与人际传播

互动电视对于传统电视的第二个特点——深入家庭的传真性传播最具突破性。传统电视一般以家庭为收看单位，而互动电视的出现，使收看的单位进一步分化为个人。互动电视通过遥控器形成了电视与观众之间特殊的人际传播关系。

互动电视兼具大众传播和人际传播的特点，使电视由点对面的传播向点对点的传播转化。传统电视的连续性传播特性，将随着互动因素的加入而转化为非线性特征。互动成分的注入，在电视原有的共时性传播特性中，加入了个性化传播特性。

可以肯定的是，互动节目只是作为传统节目的一

个补充形式而存在。不是所有的节目都适合交互，也不是所有的观众都可以接受互动节目。在互动电视的平台上，观众可以选择互动的观看方式，也可以选择传统电视的观看方式。因此，互动的终极目标就是要给予观众更多的选择自由。

（摘自《电视研究》2004年第十期）

# 从电视市场看频道传播策略

郑　蔚　邓　瑜

中国电视市场已经从过去的卖方市场向买方市场转变，作为买方的观众用自己手中的遥控器“投票”，决定卖方的命运。同时，中国电视市场的竞争也逐步呈现出由以节目、栏目为单元的竞争向以频道为单元的竞争转变的趋势。

频道专业化是电视产业发展到一定阶段后适应受众群体发展变化的必然产物。从对电视传媒整体的建设与发展来看，频道的专业化适应了电视受众市场的细分化、分众化的发展，满足了节目频道间的竞争需要。与频道专业化几乎是相伴而生的差异化传播策略，应该说是电视受众市场更高一层的竞争需要。差异化传播策略的制定和实施来自于专业化频道的精确定位，而从目前专业频道的节目发展情况来看，似乎依然在差异化与大众化之间摇摆。与差异化传播相比，大众化的传播方式更容易接近最大范围的受众群体，使收视到达变得更为简单。但从另一方面来说，大众化传播就难免产生频道与电视节目的雷同化，造成资源浪费。所以，在大众传播基础之上，以频道准确定位作指南，寻求差异化传播方式，是频道传播策略的根本。

一、树立频道形象；

二、抓准社会心态；

三、明确媒体作用；

四、善于利用媒体资源；

五、开发新的表现形式；

六、重点时段打造重点节目；

七、以扩大的互动概念融合媒体和受众的亲密关系。

（摘自《电视研究》2004年第五期）

# 近年来我国电视媒体运营变化透视

袁　方

中国电视媒体发展的主线是中央电视台、省级电视台和城市电视台之间的均衡发展，在观众饱和、频道激增、卫视上星等客观因素的影响下，电视媒体品牌的淘汰赛打响。

第一，观众饱和，电视市场进入份额竞争阶段。

第二，有线电视网的普及和频道的激增，导致每个家庭收看到的频道成倍增加，观众分流，遥控器成为电视广告杀手。

第三，省级卫视纷纷上星，全国性频道发生重组。

以“频道专业化、栏目个性化、节目精品化”战略应对挑战，央视的“品质路线”引领我国电视业健康发展。

1999年，中央电视台赵化勇台长提出了“频道专业化、栏目个性化、节目精品化”的发展战略，这是中央电视台深刻洞察中国媒体的变局，应对这场变革和挑战的最关键对策。这一战略不但强化了央视在收视市场的领先地位，同时也带动了全国电视媒体的节目和频道变革，成为近年来我国电视沿着正确轨道发展的重要思路。

国家广电总局“17号令”对电视剧滥播和广告价格战进行了遏制，对我国电视媒体的发展将产生积极深远的影响。

从2003年年底开始，国家广电总局出台了包括“17号令”在内的一系列广电令，可以看出国家广电总局非常明晰的政策导向意图：

第一，适度抑制电视剧，鼓励电视台节目创新；

第二，规范广告播放，制止广告价格战。

中央电视台的广告经营引领我国电视广告营销向“价格透明、品质取胜、市场导向”的方向回归。

从经营实践的创新上，中央电视台有很多做法不仅对自身发展很重要，而且对全国电视台都有很好的借鉴意义。比如：

第一，转变经营观念；

第二，保持企业——广告公司——媒体链条的完整性；

第三，破除收视率主义；

第四，投身经济主战场。

中国电视媒体的广告经营运作，有很多特点和需要改进的地方。

第一，媒介的品牌资产可以变现；

第二，优化客户结构；

第三，坚挺折扣；

第四，合理定价，保持收视点成本的比较优势；

第五，严格控制广告时长。

（摘自《电视研究》2004年第十期）

# 广告商要求电视媒体承诺收视率不可取

佘贤君

近来，个别国际广告客户在购买电视台的广告时段时，要求电视台承诺相应的电视节目或时段要达到预定的总收视率(GRP)。如果一时没有达到，则需要电视台额外增加补播广告时间，直到总收视率达到预定的数值。

细心的经营者发现这种要求很不合理，存在很多问题，不符合电视广告经营规则。

首先，广告是一种时间资源，任何经营行为都需要承担风险。向电视媒体投放广告的决策是由广告客户作出的，由此产生的风险理应由客户承担，而不应该通过提出要求电视媒体承诺收视率(GRP)来转移经营风险。

其次，电视广告价格是根据多种要素确定的，收视率不是决定广告效果的唯一要素。一般说来，电视媒体广告价格应根据收视率、电视品牌形象、市场需求等综合要素来确定，并不是收视率越高，广告价格就越高。

再次，媒介研究公司难以提供完全客观、准确的收视率数据。媒介研究公司是一个经营性的机构，从数据采集到收视率的统计、公布，中间有很多环节，不同的调查方法所获得的数据不同，结果也不同。因此要求电视媒体承诺预定的总收视率，不但难以操作，而且也不够科学，对电视行业的健康发展容易造成负面影响，因而是不可取的。

（摘自《电视研究》2004年第八期）

# 专业频道的品牌营造

何云红

## 一、寻找频道优势和个性特征

我国目前的新闻、文艺、体育、教育、科教、戏曲、音乐、旅游等电视频道，都是按照内容划分的。内容的简单划分，只是频道定位的第一步，还不足以完全构成频道的个性特征。

要办出频道的特色，在考虑内容选择的同时，还应考虑专业频道是大众细分的产物，不同人群有着不同的审美趋向和价值追求。频道要紧紧围绕目标群体的所思所想所缺，为他们提供恰好够得着的，在思想深度、文化层次、审美标准和价值取向上为他们所认同的信息、知识和服务。思想定位、品格定位和文化定位将越来越成为影响频道定位的重要因素。

## 二、围绕频道定位和宗旨合理设置栏目

专业频道栏目设置过多，一方面，难以要求每个栏目都与频道的定位和宗旨相吻合。另一方面，频道中的优势题材难以集中，极大地束缚了优势时段重点栏

目的创作，削弱了重点栏目的分量。没有龙头节目的带动，频道的认知程度将大打折扣。

## 三、建立有效的质量保证体系

专业频道在这方面，应认真抓好以下两个方面的工作。

(1) 抓好优势栏目；

(2) 抓好节目的调适与创新。

## 四、培养频道新的受众群

专业频道在影响主流人群的同时，还必须考虑到社会变化、文化价值认同等方方面面的因素，不断培养新的收视群体。

专业频道要大力弘扬自己的专业理念和专业价值观，以此扩大自己的影响。此外，抓住一些有利的时机，精心编排、精心打造一些活动也同样可以起到事半功倍的效果。专业频道除了要充分挖掘电视自身巨大的宣传潜力，做好节目编排和自我宣传外，还应精心设计频道标识，精心打造节目主持人形象，并尽可能通过各种途径，强化频道符号特征，加深人们对频道的认识，提升频道的品牌形象。

(摘自《电视研究》2004 年第四期)

# 中国动画片复兴之路如何走好

## ——一部法国动画影片带来的思考

武　珉

### 一

半个世纪以来，迪斯尼打造了一片永不衰落的动画天地。近二十年来，日本动画异军崛起。曾几何时，我国动画界在日美影响下，开始了亦步亦趋的“重塑自我”的历程——先打造与迪斯尼接轨的“中国动画”，再打造与日本接轨的“中国动画”。而《美丽城三重奏》带来的别样气息，却让我们不得不再次静心思考，在中国动画朝产业化、市场化方向成长的进程中，除了迪斯尼模式和日本模式外，我们是否真的别无选择？

### 二

一部好的动画片须由诸多艺术元素构成。但首要的必须是一个好的故事。动画的本质是讲故事，故事不好，再大的投资，再尖端的技术，最终都将归于失败。

中国从万氏三兄弟创作的第一部动画片《铁扇公主》起始，到五六十年代上海美术电影制片厂创作的一系列探索片，保持着题材广泛，内容丰富，形式多样的传统，在国际上享有很高的声誉。中华民族文化经数千年延续，每个时代的价值取向不同，所以，不同的时期会有不同的传承形式。这一时期的动画片虽然故事结构还显粗糙，情节不够细腻，但是，无论是故事，还是表现形式对当时的观众有着对本民族文化不可替代的认知价值。

动画片是一种传媒手段，因此必须肩负社会责任。一部可以让人感动的作品，不仅仅要依靠高质量的制作技术，更主要的是必须具备高品质的主题定位。

从根本上讲，任何一个动画艺术家都不可能脱离本民族精神、文化和道德传统而存在。

### 三

在市场经济环境里，动画产品必然成为商品，然而艺术商品如果不追求艺术性，其产品价值就会大打折扣。

《美丽城三重奏》是以法国自己的文化讲法国自己的故事，是用法国人对生活的感动讲法国人的故事，在影片中我们看到的是地道的法国的本土文化和风情。面对强势的好莱坞及日本动画，法国动画人绝无丝毫趋炎附势。好的艺术总是表现自己的文化特征，从特有的文化视角表现对生活、对世界的认识，用不同文化背景所孕育的艺术个性表述对艺术的追求。迪斯尼动画片因此而成功，日本宫崎骏的动画也因此而成功。中国动画要在市场经济环境下复兴，也只能遵行这一成功之道。

(摘自《中国广播电视学刊》2004 年第十期)

# 从《东方儿童》看儿童电视新闻的制作

曲青春

儿童电视新闻，顾名思义，就是以儿童为报道对象和收视对象的新闻。因此，儿童电视新闻在题材的选择上必须是当前儿童关注的热点问题。

根据儿童的年龄、性格和生活的区域不同，他们关注的问题也五花八门。但归纳起来无非是衣、食、住、行、玩和学习，因此，只要与他们相关的他们都关心。重大的事件并不是儿童电视新闻不可涉及的领域，关键在于怎样用孩子的视角来挖掘那些新鲜、生动的故事和用什么样的方式来反映。

吸引儿童注意力的因素除了解说、同期声和音乐以外，主要是电视画面。专家指出，视觉刺激是影响儿童注意力的主要因素。实验表明，丰富的色彩比单一色彩对儿童的吸引力高五倍，就是说，儿童更喜爱丰富的色彩。而运动的画面更容易让儿童驻足观看。因此，对于儿童电视新闻来说，画面要明亮，色彩要鲜艳，更重要的是画面要动起来。在画面的剪辑上必须要有良好的连贯性。另外，对于儿童来说，倾诉的节奏要比快速的刺激效果好得多；画面过于短暂会使儿童思维滞后，随之带来理解上的断档，画面过长也会造成儿童注意力的减退。因此，要处理好两个关系，一是连续与跳跃的关系，二是长与短的关系。

儿童电视新闻更要注意轻松、舒缓的节奏。同时，在新闻的制作上要多运用同期声，减少全篇的解说。新闻的播报方式应避免说教，使新闻更贴近儿童观众。为了满足儿童的心理需求，在新闻中可以适当运用设问、反问，并尽量使用同期声。音乐可以烘托主题和调动观众的情绪。声效也是新闻中经常被采用的一个因素，它可以使新闻产生特殊的效果。比如主持人在新闻画面间的转场和趣味新闻中使用的滑稽音效等等，使新闻的趣味性大大增强。

（摘自《电视研究》2004年第二期）

# 突围：走出纪录片创作的误区

冷冶夫

## 好人好事不等于故事

现在的纪录片已经由平叙化发展到故事化，再到“戏剧化”了，如果再把日常经常可以见到的好人好事作为故事记录，恐怕收视点和可视性都会大大降低。

## 记录了过程不等于拍到了故事

“原生态的记录过程”和“原生态的记录故事”不是一回事。

纪录片要看到故事，看到故事首先要拍到故事，所以我们在拍摄的时候，一定要注意在记录人或事件过程的时候，记录故事，千万不要把过程、流程当故事。

话筒采访的故事不等于画面语言的故事。纪录片是以视觉艺术为本体的一种电视节目样式。“画面语言”是纪录片的灵魂，它的故事，它的情节，都应该尽量用画面语言去表现。那种大量使用话筒采访故事的创作方法，有违于纪录片创作的根本。

## 画面晃动不等于纪实

做电视节目有一个最浅显的道理，就是让观众看清楚、看明白、看下去，如果为了所谓的“纪实”而晃动镜头，只能影响节目自身的质量，同时也会影响收视效果。

（摘自《中国广播影视》2004年8月号）

# “教化者”与“瞭望者”
## ——论新时期法制节目的定位

刘聪毅

新时期法制节目不能仅仅满足充当教化者的角色，法制节目在继续做好普法工作、当好社会公众教化者的同时，还应该且必须做好社会的“瞭望者”。

要想当好社会的“瞭望者”就要求增强我们的新闻价值观、提高个案报道的质量；法制节目的选题范围必须有所拓展；迅速及时报道重大法制事件，树立法制节目的权威性。

### 新闻价值观与法制节目价值观的融合

法制节目的价值观与新闻的价值观相结合，判断一个法制节目新闻价值的大小应该从七个方面进行考量：(1) 时效性，事实发生与报道的时间差越小，新闻的时效性越高。(2) 轰动性，被事件影响的人越多，关注的人也越多，新闻价值就越高。(3) 接近性，与观众在地理上或情感上越接近的事件，观众越感兴趣。(4) 冲突性，人们对矛盾、冲突、对抗具有天然的兴趣。(5) 异常性，与日常生活经验越背道而驰的事件观众就越感兴趣。(6) 可视性，题材适不适合电视台表现、故事性强不强、感不感人、是否好看。(7) 法制含量，法制内容是否丰富、挖掘法制精神及理念的空间有多大。

用上述七种标准评价法制节目的新闻价值不是指每个事实同时具备这些效应，是指一个事实要具备四个以上特征。

在法制节目中，发掘新闻价值就是最大限度地搜集明显的事实，对事实作出最准确的判断。在占有大量事实的基础上抛弃事实中没有价值的内容，加工选择最有价值的材料，把事实表现得最明了、最质朴，让观众迅速认识事实真相及本质。

### 法制节目选题的拓展

我们的法制节目报道应逐步形成“立足政法系统，面向全社会”的报道原则。既要以政法系统为法制报道的依托，有所重点地反映政法战线的新形势、新精神、新成就，国家依法治国的新特点、新动向、新经验，又要开拓新领域、面向整个社会，深入社会生活各个方面，大到包括社会主义民主建设领域、市场经济法制领域，小到家庭婚姻以及衣、食、住、行、娱乐等方面的法制问题，都应纳入到我们的报道范围内。

### 树立法制节目的权威性

在每年法制节目的评奖中对重大的法制事件的报道很少见到。难怪法制节目的权威性远远比不上新闻评论性节目。也许有人说法制节目冲得太猛，有政治风险。这话有一定的道理，但决不能成为法制节目主动放弃对权威性追求的借口。建立并维护法制节目的权威性是每一位法制节目制作者的责任。

竞争的市场告诉我们，法制节目在做好“教化者”的同时还必须承担起社会“瞭望者”的角色，这不仅仅是提高节目收视率、提升法制节目的权威性、增强公众影响力的需要，更是法制节目自身生存的需要。

（摘自 2004 年《电视研究·法制专刊》）

# 电视直播中前端延时与后端延时之优劣比较

孟克福

延时器作为一种旨在加强播出安全的设备，在现今的电视直播机房中已较为常见。无论是使用硬盘录像机或专用延时系统，其特殊的功效无疑为电视播出的安全性和连续性带来了极大的好处。在实际应用中，较为常用的方法一般为前端延时和后端延时。

### 一、前端延时

所谓前端延时是将延时器接入播出系统前端，即把外来转播信号延时后再送到演播室切换矩阵，而后再经过切换送到播出系统。

由于我们把外来转播信号控制在演播室切换矩阵之前，当前方信号出现异常或突发事件时由于我们监看的信号是没有经过延时的信号，此时我们拥有相当长的时间进行选择，以便我们根据所发生的问题进行下一步的操作。但是，这种延时方法要求监看前方信号的人员必须尽职尽责，不可有一丝懈怠。

采用前端延时使我们可以有机会对想要处理的信号进行应有的操作，以保证我们的电视节目信号在政治上和技术上都可以得到安全的保证。

## 二、后端延时

后端延时是把外来信号直接接入演播室的切换矩阵，即演播室的输出信号延时后再送到播出系统。

在实际使用过程中，如果我们采用此种方法对信号进行延时，我们必须在外来信号延时之后、送至播出系统之前，附加一套切换系统，否则我们几乎不可能有时间进行判断和选择。我们引入延时技术的初衷，是因为我们无法对现场直播的外来信号进行控制，引入延时技术其实就是要给我们的安全播出再加上一个有力的保证。但是如果我们采用后端延时的办法，而且在送至播出前没有再一次进行切换的设备，显然是很难达到这一目的的。但是如果在系统中加入二次切换的设备，无疑又增加了系统的复杂性和不安全性，也增加了成本。

## 三、小结

通过以上的比较，我们可以发现，前端延时与后端延时的根本区别在于究竟我们应该对单一的外来信号进行延时还是应该对整个演播室的输出信号进行延时?采用前端延时的办法，我们可以利用延时系统的特有优势，利用延时系统带给我们的时间差，作出我们应做的选择，以保证电视信号在政治上和技术上的安全。

综上所述，我个人认为在前端延时和后端延时的问题上应该说前端延时的优点更多，更为合理，对实际工作更有利。

（摘自《现代电视技术》2004年第五期）

# 三、文章要目

## 1.电视管理

媒体人力资源管理理念更新和机制创新的几点思考（高梅《电视研究》2004.3）

加大调研力度　提供管理依据（黎斌《中国广播电视学刊》2004.4）

频道化时代与频道制管理（赵鹏《电视研究》2004.6）

关于日本电视音像资料管理的思考（史冠翔《电视研究》2004.6）

我国电视媒体产业化与管理创新（王钧《电视研究》2004.8）

贝塔斯曼RTL集团的产业经营之道（赵凤琴《电视研究》2004.8）

电视频道运营管理的比较分析——对重庆电视台、湖南广播影视集团考察后的思索（吕正标　邓瑜《中国广播电视学刊》2004.12）

## 2.电视新闻

电视新闻评论栏目一次新的探索——《国际观察》改直播带来的思考（刘斌《电视研究》2004.1）

导向与信息双赢——载人航天飞行报道（李洁《电视研究》2004.1）

直播：电视评论类节目的新探索——析央视的《国际观察》（陈万利《中国广播电视学刊》2004.2）

电视新闻报道的“四化”趋势（王文《电视研究》2004.3）

一次成功合作的大型直播——《直击春运》（刘斌　陈万利　张天宇　伍妍《电视研究》2004.3）

《东方时空》品牌定位的策略分析（李蔚　鞠侃彬《电视研究》2004.4）

新做法带来新亮点——议2004年《新闻联播》“两会”报道（张宁《电视研究》2004.4）

对“嵌入式报道”的分析——以伊拉克战争报道为例（王宪生《中国广播电视学刊》2004.5）

中央电视台“两会”报道电视化手段的探索与创新（王彩平 侯军《电视研究》2004.6）

让英雄在“平凡”中伟大——从任长霞事迹报道看电视新闻“典型报道”（吴闯《电视研究》2004.9）

电视新闻现场直播规律和运行机制初探（杨波《中国广播电视学刊》2004.9）

## 3.国际交流

**NAB 2004**播出系统最新技术动态（陈策明 李健《现代电视技术》2004.6）

2004年NAB技术趋势与热点（刘宁《现代电视技术》2004.6）

NAB2004展览会有感（车临 冯奇 崔建 包布和《现代电视技术》2004.6）

高清后浪推前浪，流程革命谱新章——2004年NAB和访美观感（刘万铭《现代电视技术》2004.6）

NAB2004印象（裴晓明《世界广播电视》2004.7）

了解中国 关注世界的窗口——CCTV-9改版启示录（江和平 刘舸《电视研究》2004.8）

美《004广播净化执法法案》始末（牛海峰《电视研究》2004.8）

走进BIRTV2004看电视灯光技术新亮点（王京池《世界专业音响与灯光》2004.10）

## 4.电视专题

十年磨一剑 金帆更璀璨（王菊霞《现代电视技术》2004.1）

《电视诗歌散文》创意设计和制作说明（王大纲《电视字幕·特技与动画》2004.1）

体育比赛转播中艺术性画面的展示（徐磊《电视研究》2004.1）

浅谈互动电视的发展历史（李菁 刘惠芬《现代电视技术》2004.1）

用有限的包装经费做最需要做的事情（国雯《现代电视技术》2004.2）

小栏目 高收视——央视新闻频道《天气·资讯》栏目浅析（亢霖《电视研究》2004.3）

点击《南京零距离》（任小浩 赵凤琴《电视研究》2004.3）

“军中最后一个马帮”视频制作特点（安永茂 竺聆 柴岗《现代电视技术》2004.3）

《健康之路》宣传片的创作（钟列 江涛 李萌 张霆 潘大为《现代电视技术》2004.3）

突破传统应用，虚拟无极限——解析《电视诗歌散文·江雪》的创意和制作（王大纲《现代电视技术》2004.3）

打破常规 寻找报道新视角——由央视《体育在线》栏目建设想到的（王益平《电视研究》2004.3）

《绝对挑战》栏目的成长空间（詹未《电视研究》2004.4）

增强《经济半小时》的核心竞争力（王进《电视研究》2004.4）

受众为本 快乐原则——《综艺快报》（刘梅《电视研究》2004.4）

探索·解谜·创新——《破解悬棺之谜》创作谈（陈舒平《电视研究》2004.4）

探索与创新——首部电视音乐剧《水果姑娘》制作随想（郑军《现代电视技术》2004.5）

重大活动（特别节目）宣传推介体系（田秀萍 刘晏平 刘征《电视研究》2004.6）

超越栏目化：纪录片的使命及其实践（肖同庆《电视研究》2004.6）

频道时代的电视新闻传播——CCTV新闻频道开播一周年研讨会综述（郭涛《电视研究》2004.7）

制播分离 走向市场——《天·地·人》栏目的发展走向（田丁《电视研究》2004.7）

媒体力量与食品安全——兼析央视《每周质量报告》对食品安全的有效监督（吴光秋 郑贡献《中国广播电视学刊》2004.8）

艺术使生命靓丽——《艺术人生》（王峥《电视研究》2004.8）

消费者的“第三只眼”——央视新闻频道《每周质量报告》评析（赵仙泉《电视研究》2004.8）

解析《法治进行时》（任小浩《电视研究》2004.8）

乐出自然 乐出品质——《东芝动物乐园》评析（李志勇《电视研究》2004.8）

魅力徽州——十集文化系列片《徽州》创作札记（杨晓民《电视研究》2004.9）

《非常6+1》品牌策略浅析（哈文《电视研究》2004.9）

《奥林匹克回到故乡》节目分析（张伟《电视研究》2004.10）

《精彩中国》何以出彩——从电视系列报道的形态创新看媒介传播理念的变化（王晓真 冯旭宏 陈志生《电视研究》2004.11）

《开心辞典》：在经营中打造品牌（郑蔚《中国广播电视学刊》2004.11）

现实镜像与历史话语——六集口述历史纪录片《百年小平》创作感悟（阎东《电视研究》2004.11）

《中国新闻》：午间新闻大餐（冯夏萍《电视研究》2004.12）

《梦想中国》与媒体事件（汪平《电视研究》2004.12）

明智的选择——《中国神农架野人调查报告》创作手记（郭西昌《电视研究》2004.12）

从栏目定位看《经济半小时》的新闻选择（潘红梅《中国广播电视学刊》2004.12）

# 5.电视文艺

特点是电视剧的生存之本——电视连续剧《荣誉》创作谈（李功达《电视研究》2004.3）

电视舞蹈创作的实践与思考（白志群《电视研究》2004.3）

戏曲频道2003年版形象片的创作体会（陈大平《电视研究》2004.4）

偶类动画片的艺术特色（来栋敏《电视研究》2004.4）

春节晚会的年味——由内蒙古春节晚会《这是我的家乡》想到的（高立民《电视研究》2004.5）

让民族戏曲靓起来——2004年中央电视台春节戏曲晚会《梨园盛世》创作思考（张巧英《电视研究》2004.6）

电视剧《大姐》的魅力（陆善家《电视研究》2004.7）

与市场的一次成功链接——第七届“金玛格杯”中央电视台音乐电视大赛颁奖晚会后记（崔亚楠 魏党生《电视研究》2004.7）

解读动画片的声音元素（周立《现代电视技术》2004.7）

《哪吒传奇》与电子音效（吕月琴《电视研究》2004.8）

是美的内容还是美的形式——兼论央视服装暨模特电视大赛的艺术表现（王焰《中国广播电视学刊》2004.8）

谈儿童音乐电视歌曲的艺术特征及风格类型（蔡海波 卢敬爱 李众《电视研究》2004.9）

满园春色关不住——再谈电视剧的主旋律和多样化创作（李伟《电视研究》2004.10）

七年之“养”——连续7年担任春节联欢晚会舞台设计师的随感（陈岩《现代电视技术》2004.11）

长江背后的艰辛——《再说长江》剧组拍摄散记（刘新《现代电视技术》2004.12）

# 6.电视研讨

备份是安全播出的保证（陶铮《现代电视技术》2004.1）

电视剧中字幕的合理运用（郑军《现代电视技术》2004.1）

中国电视科普节目“瓶颈”现象探析（刘斌《中国广播电视学刊》2004.1）

论音乐剧的发展前景（牛桂吉《现代电视技术》2004.2）

电视技术的革命——全程非线性编播系统（孟克福《现代电视技术》2004.3）

从“节目制作”的角度看制作网络——非新闻类节目网络化制作初探（袁旭稚《现代电视技术》2004.3）

电视节目成本分类（殷鸿杰《现代电视技术》2004.3）

频道包装的创新与统一（索晋陕《电视研究》2004.3）

深度报道的文化视野（长江《中国广播电视学刊》2004.4）

试论深夜节目的开发（徐瑞青《电视研究》2004.6）

央视国际的国际化传播（刘连喜《电视研究》2004.6）

社会变迁并未使农户远离农业节目——农户收视农业节目样本分析（辛明《中国广播电视学刊》2004.6）

从模拟电视到数字电视（马鸿章 李建成《现代电视技术》2004.5、2004.7）

论频道的专业化生存（刘普亮《电视研究》2004.7）

互动式电视节目与观众参与意识（范建国《电视研究》2004.8）

电视传媒产业发展浅析（曹倩《电视研究》2004.8）

我的一点模糊看法（张金鹏《电视研究》2004.8）

论媒介的广告价格和价格策略（何海明《电视研究》2004.9）

电视体育资源运营现状及趋势分析（李红玲《中国广播电视学刊》2004.9）

付费电视如何上路？怎样走得更远？（孙玉胜《第五届中外有线电视管理高级研讨会论文集》2004.10）

试谈提高电视动画生产力的途径（武珉《电视研究》2004.11）

用未泯的童心制作少儿电视节目（孙永强　白英《电视研究》2004.11）

电视栏目的冠名、选题定位及生存时间（郭强《中国广播电视学刊》2004.11）

中国纪录片为什么卖不掉？（冷冶夫《中国广播影视》2004.12上半月）

专业化电视频道分析（王强军《电视研究》2004.12）

电视文学艺术片的声音设计与创新（李宁《电视研究》2004.12）

儿童观念与儿童节目（王琰《电视研究》2004.12）

谈纪录片的栏目运作（孙和平《电视研究》2004.12）

强化少儿节目的审美功能（邹纯芳《中国广播电视学刊》2004.12）

## 7.电视技术

多画面现实控制系统的应用（邱元晔《现代电视技术》2004.1）

OFDM信号在离散时变信道中的新均衡方式（宋庆峰　路啸　房伟文《现代电视技术》2004.1）

观新闻频道 看光线效果（罗京生《世界专业音响与灯光》2004.1）

灯光控制网络系统的安全监控与管理（李宏虹　梁国芹《现代电视技术》2004.2）

电视节目技术制作量化考核的设计理由和数学模型（徐进　颜枫《现代电视技术》2004.2）

抖动(Dither)在数字录音中的用途（缪署金《现代电视技术》2004.2）

中央电视台总控数字系统（陈力《现代电视技术》2004.2）

走进肯尼亚——使用SONY　HDW-750CE体会（刘新《现代电视技术》2004.2）

论技术导播在新闻直播中的作用及其重要性（陈虹《现代电视技术》2004.3）

舞台灯光控制技术与DMX　512（王京池《广播与电视技术》2004.3）

虚拟演播室技术在节目包装中的运用（蔡莉莉《现代电视技术》2004.3）

中央电视台光纤通道网络系统工程（顾军　赵磊《现代电视技术》2004.3）

演播室通话系统技术及设计介绍（李明强《现代电视技术》2004.3）

浅谈电视灯光设计软件（吴晔华《现代电视技术》2004.3）

灯光控制进入网络时代（吴晔华《世界专业音响与灯光》2004.4）

单CCD与3CCD的较量（梁勇《广播电视网络技术》2004.4）

中央电视台双转播车光纤集联系统的设计（钟全　郁建《现代电视技术》2004.4）

CCTV春节联欢晚会中的灯光控制系统（王京池《世界专业音响与灯光》2004.4）

谈谈现代大中型电视演播室灯光系统的维护与保养（王京池《现代电视技术》2004.4）

论数字自动播出监测系统（陈策明《现代电视技术》2004.4）

新闻频道双系统热备份自动播出控制系统简介（曹军梅《现代电视技术》2004.4）

由信号处理技术看Sony　BVP-E10P与Ikegami HK388P的异同（钟辰《现代电视技术》2004.5）

非线性后期制作网的建设（车临　冯奇《现代电视技术》2004.5）

中央电视台微波工程车的方案设计（刘开平　赵东军《现代电视技术》2004.5）

数字演播室系统检测与性能评估（蔡贺　秦军　李倜《现代电视技术》2004.5）

漫步在传统与IT之间　感受扑面而来的高清浪潮（赵震《现代电视技术》2004.6）

新闻频道播控系统中节目单元素的修改（陈虹《现代电视技术》2004.6）

如何抑制声反馈对广播现场直播的影响（孙丽华　韩力《现代电视技术》2004.6）

中央电视台新闻共享总控收录系统（丁京平　张勇《现代电视技术》2004.6）

新闻演播室系统级联播出中视频和控制部分的设计方案（李战　王琼《现代电视技术》2004.7）

浅谈中央电视台新闻共享系统编目与检索应用（徐臻　杨秀红《现代电视技术》2004.7）

中文EPG设计与制作（李劲松　刘珠峰《现代电视技术》2004.7）

中央电视台播出传输监看告警系统的设计与实践（陈力《现代电视技术》2004.8）

浅谈近线存储在硬盘播出系统中的应用（陈策明《现代电视技术》2004.8）

数字时代的电视声音及其相关策略（缪署全《现代电视技术》2004.8）

完善的技术方案保障“两会”直播（吴丽艳《现代电视技术》2004.8）

欧洲杯足球锦标赛转播回顾（刘开平《现代电视技术》2004.8）

Magic　DaVE　8D在实际制作中的几点应用（王谦《现代电视技术》2004.8）

中央电视台新闻共享总控收录系统的工作流程（张勇　魏江宏《现代电视技术》2004.9）

中央电视台广告节目播出系统的升级改造（陶铮　陈策明《现代电视技术》2004.9）

电视新闻媒体资产的特点和电视新闻媒体资产编目系统的技术实现（胡英《现代电视技术》2004.9）

欧锦赛电视转播中的电信业务（梁迎利《现代电视技术》2004.9）

电视演播室灯光控制系统网络化的进程与展望（王京池《现代电视技术》2004.9）

硬盘播出系统设备及其发展综述（赵贵华《现代电视技术》2004.10）

网络集群渲染的技术优势（李树声《现代电视技术》2004.10）

分级式硬盘播出系统结构及传输策略的探讨（赵凯　王军《现代电视技术》2004.10）

千呼万唤始出来　世界首台1080i　HDV摄像机Sony　HDR-FX1诞生（梁勇《广播电视网络技术》2004.10）

高清晰度摄录技术的新发展（王佩《现代电视技术》2004.10）

转播车设计原则浅谈（陈江疆　陶湛《现代电视技术》2004.10）

中央电视台对多语种数字电视字幕的尝试（陈力《现代电视技术》2004.10）

800MHz何时回到电视转播中（刘开平《现代电视技术》2004.10）

多声道节目制作浅析（刘强《现代电视技术》2004.10）

电子化档案在电视台的应用（赵翔宇《现代电视技术》2004.11）

从雅典奥运会的转播看虚拟演播室的系统构架（王大纲　徐驰《传播与制作》2004.11）

虚拟演播室技术在雅典奥运会转播中的应用（王大纲《现代电视技术》2004.11）

大型体育电视直播节目声音制作流程及工艺（王鸿《现代电视技术》2004.11）

电脑灯的功能特性和正确使用（王京池《现代电视技术》2004.11）

欧洲杯足球赛的电视转播（梁迎利《世界广播电视》2004.11—12）

雅尔对发烧友谈《航空环绕声》（曲乐《高保真音响》2004.12）

浅谈演播室布光控制系统的发展与趋势（王京池《现代电视技术》2004.12）

## 8.电视经营

2003年中国电视广告市场分析报告（张海潮《电视研究》2004.4）

电视剧市场：最短的木板在哪里？（吕正标　宗匠《南方电视学刊》2004.4）

降低引进成本　完善栏目建设（郭永刚《电视研究》2004.4）

调整中的中国电视市场（张海潮《南方电视学刊》2004.6）

付费数字电视的难与进（单明《电视研究》2004.6）

大活动促发大活力——中国电视媒体大做“活动经济”文章（欧阳国忠《电视研究》2004.7）

当前媒介广告市场数据应用的主要问题（靳智伟《电视研究》2004.8）

初探付费电视营销（范爱军《电视研究》2004.8）

成本预算与成本经营——电视产业化发展的重要措施（王刚健《中国广播电视学刊》2004.10）

## 9.其他

让中国的“尼克”炫彩（余培侠《电视研究》2004.1）

西方国家电视儿童频道概况（巴丹《电视研究》

2004.1)

给DV安个家（冷冶夫《南方电视学刊》2004.2）

视听率调查与节目编排策略（胡波《中国广播电视学刊》2004.3）

视听率调查的商业机制及其市场运行规律（郑维东《中国广播电视学刊》2004.3）

视听率调查的行业规范与用户利益保证（白穆玄《中国广播电视学刊》2004.3）

视听率调查与媒体资源规划和经营策略设计（龙长缨《中国广播电视学刊》2004.3）

视听率调查与提升媒体竞争力（肖海峰《中国广播电视学刊》2004.3）

视听率调查与广告投放（曹珩《中国广播电视学刊》2004.3）

视听率调查与节目评价体系（吴东《中国广播电视学刊》2004.3）

电视事业的发展对秘书工作的新要求（李真《电视研究》2004.5）

以受众为本　强化广播电视传播效果(虢亚冰《中国广播电视学刊》2004.6)

创新服务观念 当好领导参谋（李珂《电视研究》2004.8）

谈电视节目导视的“三性”（丁云雪《电视研究》2004.8）

精彩不容错过——《雅典奥运金牌看点》(钟羽《电视研究》2004.9)

城市中的媒体对城市文化的作用（张泽群《电视研究》2004.9）

主持人要学会幽默（李菁《电视研究》2004.9）

“五一”黄金周央视收视率分析（饶丽娟《电视研究》2004.9）

中国民营电视制作机构管窥（郭强《电视研究》2004.11）

有多少精彩值得等待——由“全国百佳栏目”谈开去（王兰柱《中国广播电视学刊》2004.11）

加强电视行业基层党组织建设是全面提高党的执政能力的基础（许唐生《电视研究》2004.12）

运动健身新理念及电视表现形式（薛岚《电视研究·奥运专刊》）

CCTV

YANGSHIYANFA

# 央视研发

# 央视研发

## 数字时代的广播电视版权管理

中央电视台总工程师　丁文华

自广播电视诞生之日起，内容版权就一直是基础和核心。在媒体产业领域中，广播电视节目的价值是通过版权来表现和衡量的。对广播电台、电视台、节目制作／发行公司等内容提供者来说，节目版权更是生死攸关的核心利益。在模拟电视时代，由于非法复制和传播的手段有限，节目版权没有成为一个突出问题，版权保护主要依赖法律而非技术手段来实现。随着广播电视全面迈向数字时代，数字视音频压缩、存储和网络技术迅速发展并得到日益广泛的应用，给广播电视的制作、传播和消费带来了全新的形态。数字内容的复制、储存和再传播的成本大大降低，一方面使广播电视节目能够更方便快捷地传播和使用，促进了数字电视产业的迅速发展，另一方面也使传统的版权保护制度受到了前所未有的冲击，大量没有版权的数字影视作品被非法传播 。据国际知识版权协会（IIPA）估计，美国电影业每年由于盗版而导致的损失达到13亿美元。据了解，国内2003年影视剧市场正版收入大约20亿，而不完全统计盗版收入竟达80亿。如果任由这种状况泛滥下去，将极大阻碍内容提供商继续制作和传播优秀的节目，从长远来看，不利于数字电视产业的发展。

随着我国进入WTO后缓冲期的逐渐缩短，我国知识产权规范化的需求日益迫切。从2002年开始，连续3年，中国每年都得接受世贸组织有关方面的审查。对正在启动的我国数字电视来说，版权管理将成为整个产业发展进程中的一个无法忽视的重要环节。

与模拟电视时代的版权管理不同，数字时代广播电视的内容版权不应单纯依赖法律一种手段。有效保护内容提供者和合法消费者权益的根本途径，是建立一套完善的数字版权管理（DRM）体系。

建立数字版权管理体系，首先必须明确数字电视环境中对版权管理的需求。数字版权管理不仅仅是一项技术，而是包含技术、商业和法律多个层面的系统工程，它为数字电视媒体的商业运作提供了一套完整的管理手段。数字版权管理也不仅仅是版权保护，而是涵盖数字媒体内容传输、管理和发行的一套完整的解决方案。数字版权管理是“对有形和无形资产版权和版权所有者关系的定义、辨别、交易、保护、监控和跟踪的手段”。同时，我国广播电视，包括数字电视面临着与国外不同的应用环境，对数字版权管理也有着独特的需求。为使我国广播电视拥有完善的数字版权管理，需要有关广播电台、电视台、科研院校和厂商一道，尽快确定我国数字版权管理的需求环境和基本构架。

中央电视台近年来开展了数字电视广播和媒体资产管理的工作，积累了一些经验和体会，本人从内容提供者的角度谈谈对数字版权管理的需求和考虑。

### 一、应用环境

中国中央电视台是我国最大的广播电视机构，经过四十多年的发展，积累了40万小时的珍贵节目资源。目前，中央电视台共开办了16套电视节目，每日播出节目量约300小时，日节目制作量超过100小时，全年达到3万至4万小时。2004年，中央电视台又相继开办了8套数字付费电视节目。

2008年，中央电视台新台址将投入使用。届时中央电视台将开办7个公共频道，全部24小时播出，合计每日播出量达168小时，其中首播节目100小时，自制节目比例为80%，即80小时。此外，还将提供200套专业频道，其中自办60套，每套日播出20小时，合计每日播出量达1200小时，其中首播节目480小时，自制节目比例为50%，即240小时。公共频道与专业频道合计，中央电视台新台每日节目播出量达到580小时左右，自制节目320小时。

面对如此大量的内容输入和节目输出，如何有效保护自己的节目版权不受侵犯，又不在使用中侵犯他人的节目版权，是中央电视台今后事业发展中一个不可回避的重要问题。中央电视台既是我国最大的广播电视内容提供者，同时又是最大的广播电视内容使用者，处于版权管理的焦点，其版权管理政策将影响到全国广播电视的版权管理。

当前，国际研究领域和版权法中提得最多的术语是“合理使用”。从本质上讲，广播电视节目总是需要传播的，因此版权管理的根本目标不是阻止节目的传播，而是保证消费者能够有效地和公平地使用节目。正如中国社会科学院有关知识产权专家所说：“要考虑我们的知识产权的权利人和社会公众利益的平衡。并不是说单纯地强调我们就是为了保护权利人的权利和权益，也不能说只考虑到怎么对社会公众利益有利，不考虑权利人的合法权利，我们需要综合考虑。”

## 二、应用需求

广播电视的内容涉及到节目制作、播出、传输和使用各环节，对数字版权管理的需求也必须从这几个方面考虑。

### 1. 节目制作

制作是节目产生的源头，因此应考虑在拍摄时就在节目素材中捆绑基于信息记录的数字版权管理，这些版权记录将一直伴随节目素材存在的整个生命周期，记录里包括了合法版权所有者的情况和版权信息，如拍摄人、制作人等。

版权记录要通过元数据（Metadata）来描述。元数据是保存特定信息的数据段，由一套关键词和数据类别描述符构成。我们需要制定一套描述我国数字版权管理信息的元数据。

版权记录应以不可见的隐形方式嵌入在数字节目内容中，这可考虑由设备厂商在摄像机、ENG等设备中加入相应功能来实现。版权信息可以附加数据的方式加入，也可以水印的方式加入，但水印技术目前实现的复杂度较高，可考虑仅在节目对外发布时使用。

版权记录不仅应用于节目对外发布时，当从外面引进节目时，也应标注版权状态，以避免非法使用他人的节目。这要求有一种标准化的数字版权信息元数据为业内广泛采用。

此外，广播电视的节目来源还来自于大量的历史节目和资料。中央电视台已建立中国音像资料馆，正在将几十万小时的节目数据化，然后进行分类、编目和标注。为保证音像资料库中的节目的合法使用，媒体资产管理系统应通过元数据对其中的节目和素材的版权信息进行标注和记录，并通过全台的节目管理系统实施版权的管理。

### 2. 节目播出

播出是节目对外发布的最后关口，因此在节目对外播出时，应建立完善的版权管理机制。

首先作为一个合法的广播机构，应保证所播出的节目，包括自己制作的和外部引进的都是具有合法版权的，这要求播出系统在播出节目时对节目版权进行审核。因此，建立支持全制播流程的版权信息管理系统至关重要。

另外作为内容提供商，应具有强大的技术手段保护自己的节目版权。数字水印（Digital Watermark）是目前最普遍的数字版权保护技术之一，就如同模拟电视中的台标一样。数字水印把著作权相关的信息嵌入到数字内容中，只有当数据被严重破坏时，它才有可能被抹去。即使数据质量降低，只要水印有效，它就可以被识别出来。水印本身可以是可见的，也可以是隐形的。但应用于数字电视的水印应在不影响节目画质和音质的前提下采用，产生的变化通过人的视觉或听觉是发现不了的，因此必须采用不可视的隐形水印，只有通过专用的检测工具才能提取，并且要求可以实时操作。

### 3、节目传输

在节目传输过程中的版权保护技术一般采用以数据加密和防拷贝为核心的DRM技术，把数字内容进行加密，只有授权用户才能得到解密的密钥，而且密钥是与用户的硬件信息绑定的。加密技术加上硬件绑定技术，防止了传输中间环节的非法拷贝、存储和再利用，这种技术能有效地达到版权保护的目的。

对单向广播传输，如卫星电视广播、有线电视广播、地面电视广播等一般采用加密方式保护节目版权。加密是采用一定的数字模型，对原始信息进行重新加工，使用者必须提供密码，才能提取到正确的原始信息。

对双向点播传输，如VOD、交互电视，一般采用认证的方式保护版权。首先将作品可以合法使用的条款和场所进行编码，嵌入到文件中，只有当条件满足，作品才可以被允许使用。通常，被嵌入的信息包括版权管理信息（RMI），如作者、标题、版权和密钥链接。密钥用来对作品进行解密。用户需要授权证书才能访问密钥，授权证书决定了用户的权限。

对节目发行，可考虑采用防拷贝技术保护版权。防拷贝技术主要针对商业性的非法节目复制，以及消费者个体行为的节目串行复制。

4．节目消费

数字版权管理虽然是防止数字电视节目被非法消费，但不应给合法消费者带来不便，对合法消费者来说，在欣赏节目时，应感觉不到数字版权管理技术的存在。另一方面，随着DVR、HomeServer的出现，消费者在家中存储、复制和再播放数字节目。数字版权管理应能够支持这些新兴家庭娱乐消费形式，但同时应能将消费控制在运营商规定的合法范围内，使节目保持持续消费的潜力。

这方面日本NHK给我们提供了有益的经验，在播出节目中加入了“禁止收看”、“仅允许一次收看”和“允许多次收看”的版权管理信息，达到控制消费范围的目的。这种方式对采用节目推送的HomeServer特别需要。在这种消费中，有必要对节目的播放次数进行控制。

在消费端，节目获取终端与显示终端的传输应有保护手段，还应考虑控制数字内容通过用户终端的数据输出接口，如IEEE1394、USB等进行扩散，以及对在不同数字媒体存储介质，如DVD、MP4、手机之间的传递进行管理和控制，使得数字内容可以在不同媒介间进行传递，但应有管理、有秩序，以保证合理使用。

## 三、论坛目标

数字电视正发展成为一种新兴的媒体产业，数字版权保护是保证产业健康发展的重要基础。希望通过这个论坛，集合业内各方的力量，形成我国数字版权管理的需求白皮书，以指导数字版权管理技术和体系的应用和发展，从而尽快确定我国数字版权管理体系的基本构架。

（摘自《现代电视技术》2004年12月号）

2004年6月1日，赵化勇、何宗就等台领导亲临奥运会远程节目网络制作系统研发现场视察指导工作。

# CCTV事业发展年度分析报告（概要）

中央电视台办公室事业发展调研处于2004年对CCTV2003年事业发展状况进行了全面盘点和系统分析，写出约十多万字的年度分析报告。报告立足全台整体，放眼整个行业，总结经验，分析问题，探讨对策，为全台各级领导提供了有益的决策参考，受到广泛关注和好评。

该报告是继2002年开始以来的第二次年度性总结分析。在台领导的指导下，更加注重针对性和实证分析，更加简洁精练，系统性强，逻辑结构完整。报告共分四大部分，分别为对2003年全台工作系统梳理、总结的“年度概览”；对各项年度热点问题深入进行探讨和研究的10个“年度专题”；分析环境、展望未来的“年度展望”；以及包含行业热点、学术最新动态等参考信息的“附录”。

年度分析报告的推出，是中央电视台历史上的第一次，在中国电视业乃至传媒业也是绝无仅有。它是中央电视台在“热运行”中的“冷思考”，是本届台领导理性、务实的领导风格和注重管理和决策研究的科学精神的具体体现。

这份报告分四大部分，这里将其目录摘登于下。

## 第一部分　年度综述

1．年度扫描
   （1）宣传工作
   （2）管理改革
   （3）经营创收
   （4）技术管理
2．数字电视
3．态度调查
4．央视年画

### 第二部分　年度专题

1．新闻报道改革创新分析
2．CCTV 频道、栏目竞争力分析
3．频道建设分析
4．频道改革分析
5．栏目管理分析
6．人事制度改革分析
7．成本核算改革分析
8．经营状况分析
9．网络媒体与电视媒体的互动分析
10．公关活动与品牌维护分析

### 第三部分　年度展望

1．传媒环境的特征分析
2．发展思路的创新分析
3．协调发展的策略分析

### 第四部分　附录

1．中央电视台年度大事
2．传媒行业年度大事
3．传媒学界年度观点
4．图表索引

（台办公室事业发展调研处供稿）

## 国际电视前沿跟踪分析报告（概要）

本项目是按照中央电视台领导“要研究电视同行的先进经验”的指示精神而设立的。为实现中央电视台“亚洲一流，世界前列”的发展目标，在对2004年世界大台的发展战略和管理经验进行跟踪分析后形成了这份研究报告。

项目组前期访问了2000多个中英文传媒网站，参阅了4000多本传媒书目以及200多份传媒期刊，建立了700多兆的中外电视对比研究电子数据库；整理了全球所有重要的电视台、节目制作公司、传媒院校以及传媒网站100多万字的资料汇编，通过扎实细致的数据搜集和整理工作，廓清了国际电视研究的视界，建立捕捉国际电视前沿动态数据的保障机制，建立了对国际电视的及时跟踪和深入研究的“流水线”。

在此基础上，针对中央电视台经营与管理工作的现实需要，在经营战略、内容产业、品牌建设和数字技术四个方面共选择了包括：全球公共电视台市场化经营的启示、国际电视广告经营的策略取向、国外新闻频道的运营经验及其对我们的启示、世界儿童电视发展与经营状况研究、动画产业发展的国际经验研究、体育电视经营——传媒发展的新机会、媒介事件与电视台公共关系、全球数字电视发展概况与央视的选择等8个专题，进行了深入研究，形成了服务于本台决策的研究成果。

（台办公室事业发展调研处供稿）

## CCTV经营业绩考评体系建设项目研究报告（概要）

2004年7月22日，中央电视台经营工作会议召开，中央电视台经营管理委员会宣告成立。这是中央电视台建台以来召开的第一次经营工作会议，具有里程碑式重要的意义。为贯彻落实台领导和经营管理委员会有关决议精神，“中央电视台经营业绩考评体系”建设工作于2004年11月正式启动，是经营管理委员会成立后的第一件大事、实事。

建立中央电视台经营业绩考评体系，既是落实中共中央关于国有企业改革精神和文化体制改革精神的举措，也是作为台属经营单位的出资人应当履行的基本职责。为全台经营管理工作提供科学的决策依据，加强对企业经营者的监管和约束，为有效激励企业经营者提供可靠依据，促进企业经营观念和发展战略的转变，推动建立科学规范的企业绩效管理制度。

CCTV 经营业绩考评体系的设计工作遵循科学准确原则、实事求是原则、指导经营原则、先易后难原则、切实可行原则。

CCTV 经营业绩考评以年度为周期，在指标设置上定量指标与定性指标相结合，以定量指标为主；在评价标准上采用行业横向比较与自身纵向比较相结合，以自身纵向比较为主。定量指标的横向比较主要说明考评对象在同行业中的地位和竞争力水平；定量指标的纵向比较主要说明考评对象对于自身年度经营目标的完成情况。

该体系以“国标体系”为参考，结合各经营单位的经营战略，从年度经营目标完成状况、年度绩效综合评价、定性指标考核共三个方面全面考评台属各经营单位的经营业绩。采用定量、定性指标互相结合，纵向历史经营状况和横向行业状况多个维度进行评判，保证业绩考评的权威和公正。

（台办公室事业发展调研处供稿）

附：CCTV经营业绩考评体系示意图

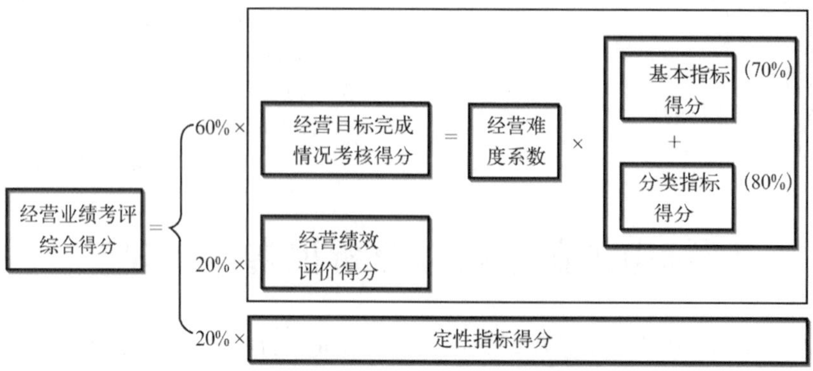


# 关于中央电视台广告经营体制创新的调研报告（概要）

2004年7月22日，中央电视台召开了建台以来的第一次经营工作会议，强调了广告经营是本台经济命脉的重要地位，提出了强化广告经营职能、加强广告与节目互动的具体要求；受台广告部委托，事业发展调研处对“广告经营体制创新”课题进行立项，并成立了专门的调研小组，搜集大量的国内外资料，对广告经营有特色的广电集团（总台）、电视台、电台和报社等20余家媒体进行了实地调研，前后历时3个月，获取了大量翔实、鲜活的信息，积累了50多万字录音资料。在分析、总结、对比、研究的基础上完成了此项调研报告。

报告分四个部分，首先对中央电视台广告部的演变和内部管理进行了总结，分析了目前广告经营面临的内部挑战和外部压力，在对比、研究国内外电视媒体广告经营模式的基础上，提出了广告经营体制创新的三种方案：广告中心制、频道分营制、公司经营制，根据中央电视台的实际情况，提出实现广告部门与节目部门互动、建立激励与约束相结合的广告绩效考核机制、创新广告部门内部机制等建议。

（台办公室事业发展调研处供稿）

# 数字时代中国电视媒体经营模式的创新分析（概要）

“数字时代中国电视媒体经营模式的创新分析”是2004年广电总局广播电视学会部级课题。

数字技术给原有的传播格局带来颠覆性的改变，引致各种传播媒介之间新的竞争态势。在数字时代，电视媒体占有优势的内容提供领域面临着其他机构的竞争和蚕食。同时，数字时代兴起的新盈利领域也为电视媒体提供了新的发展契机。报告主要以电子传媒领域数字化的主导趋势为研究背景，论述了传统电视媒体在数字时代经营模式创新的可能性以及相应的经营战略。

研究目的在于考察数字时代电视媒体经营模式创新的可能方向。研究结合了一个个基于数字技术的具体的电视媒介形态来对传统电视台的营销模式进行探讨，并期望能通过对这些基本问题的认识和思考，寻找符合我国国情的电视媒体经营模式创新的可能性。

报告共分为三大部分，第一部分引文主要介绍了研究背景、研究的目的和结构；第二部分介绍了我国电视媒体传统的经营模式；第三部分是研究报告的主体，提出了数字时代中国电视媒体经营模式的创新。报告指出：数字技术的革新为电视媒体的内容使用提供了更多机会。数字付费电视、新媒体业务、内容集成和平台运营都将是传统电视媒体在多频道竞争环境下的新的经营选择。以广告为中心的经营模式将转变为多元模式并存的格局。

研究认为，新的数字技术的运用必然给传统电视台的营销模式和管理方式带来冲击。随着技术的进步，IT、网络、电信和电视等领域正在向着"殊途同归"的方向发展，即网络化、宽带化和多媒体化。

研究结合现有数字技术的发展，通过分析传统电视媒体的经营内容和盈利模式，提出在数字时代，电视台的经营模式为广告销售加内容销售加平台运营，收入来源将实现多元化。

(1). 一种新的商业模式——数字付费电视开始引入中国的电视业。传统的电视媒体在内容领域占据绝对优势，不仅有丰富的节目储备，而且在节目生产、合作和节目购买引进方面拥有相当的实力。因此，它成为在付费电视领域重要的内容提供商。

(2). 在因特网电视、手机电视、移动车载电视等新媒体领域，内容也变得日趋重要。传统电视媒体既可以作为新媒体的内容提供者，也可以开拓这些新的业务。

(3). 电视媒体产业链条中的运营平台至关重要。电视台可以通过参与运营平台的投资运营，一方面可以增加投资收益，同时可以协调内容提供者与平台运营商之间的关系，使得从内容制作、内容集成、内容传输到终端用户管理的垂直链条可以高效运转。

（台办公室事业发展调研处供稿）

# CCTV 动画产业化改革调研报告（概要）

中央电视台拥有动画制作的资源、设备、人才，但动画产业却迟迟没有发展起来，台办公室事业发展调研处全面调研了中央电视台动画相关资源状况及相互关系：前期策划与后期衍生产品开发环节薄弱且脱节、资源分散、难以形成合力是中央电视台与国外电视机构、民营制作公司产生差距的主要原因。在界定了中央电视台动画产业化改革的范围后，提供了行政协调式、内部（频道）核算式和公司经营式三种可供选择的模式，在现行的事业体制下，行政协调式难以解决根本问题，内部（频道）核算式是最适合当前情况的一种模式，随着改革的深入，可发展到公司经营式。

内容分为三个方面：

一、CCTV 动画产业化改革调研概况；

二、CCTV 动画产业现状分析；

三、CCTV 动画产业改革的对策与实施方案。

（台办公室事业发展调研处供稿）

# 2004 年总编室研究处研发工作概述

2004年，课题组从思路型研究向方案型研究转变，强化了课题的可操作性，深化了课题的实际应用价值。更加注重课题的时效性和实用性。本年度的课题组工作特点是：研究工作全面铺开，研究方法务实、深入，研究成果全面推进。一些有代表性的课题报告、研究方案如下：

《境外电视台新闻采集流程与新闻资源共享系统分析》和《加强宏观调控、克服无序采访、推进新闻共享的整改方案》时效性强、贴近实际，为无序采访工作的整改提出了一套可行方案。该课题在采访调研日本NHK、凤凰卫视、台内的新闻节目中心新闻编辑部、新闻制作部、广告经济信息中心、海外节目中心的海外新闻部、技术管理办公室、索贝公司等相关部门的基础上，结合中央电视台采编工作的实际，从栏目管理、机构设置、协调沟通机制着手，分步骤、分阶段地提出近期、中期、长期计划。此方案得到赵化勇台长等多位台领导的高度评价，并被作为总编室2004年上半年的第一项重点工作向台领导汇报。

为保持CCTV—1的旗舰地位和活力，保证中央电视台一年一度的广告招标按预定目标开展，2004年

9月，课题组协同总编室节目播出管理处、观联处做了大量的调研、论证工作，并提出了《CCTV—1节目编排改版方案》，获得台编委会的高度认可。该方案于2004年9月实施，改版后对CCTV—1的收视有极大的提升作用，为11月18日的广告招标突破50亿元奠定了坚实基础。之后，课题组又针对CCTV—1的周末编排作了专项研究，提出了《CCTV—1周末编排分析与建议》方案。

节目版权管理已逐渐成为全台管理工作的一项重点。总编室在2004年8月成立了节目版权管理处。为全面配合节目版权管理处工作的开展，课题组充分利用已有的人才优势，派专人参与版权管理处的日常工作，协助其完成《中央电视台版权管理制度设计》课题。通过对印度、日本等境外电视台相关版权管理法规、管理制度、管理模式的研究分析，摸清境外媒体在版权管理方面的相关做法，并重点参与《中央电视台版权指南》部分章节的整理、撰写工作。

针对中央电视台现场带观众栏目管理较为失控的现象，课题组组织专人对新闻、海外、广经、社教、青少、文艺、体育7个节目制作中心和西部频道、总编室的带观众栏目进行基本情况调查，也选择每个中心有代表性的几个栏目进行深入调研，了解其录制节目时现场观众的具体情况，并对东方卫视、湖南卫视和旅游卫视这3个有代表性的地方台带观众栏目的情况进行调研，最终顺利完成《关于控制现场带观众栏目规模的意见》课题。

为强化总编室的宏观调控职能，把总编室节目例会办成总编室协调全台各中心和频道工作、通达舆情的平台，课题组经过多方面调研、分析、论证后，拟订了《中央电视台总编室节目例会改革方案》，该方案于2004年9月正式实施。改革后的节目例会以内容为主，会议中讨论的问题均是有代表性的共性问题，真正做到了“提出一般性问题，深挖重点问题，解决疑难问题”。在形式上，采用PPT演示这一现代技术为辅助手段，并辅以FLASH动画，既体现了现代化会议的特质，也使会议形式生动、活泼、美观、新颖，与会人员更加集中精力，会议时间被严格控制在1个小时之内，有效地克服了一般会议易出现的人员过多，内容冗长、重复的缺点。因为这些突出的优点，改革后的节目例会得到了台领导、总编室领导的充分肯定，同时也颇受各中心、各部门的广泛好评。

中央电视台编导资料检索和整理习惯调查报告课题开始于2004年4月份，通过对体育节目中心、文艺节目中心、社教节目中心的调研，以及音像资料馆管理人员的指导，设计完成了《中央电视台节目素材入库场记单》和《央视编导资料检索和整理习惯调查问卷》两项工作，并将调查问卷在全台范围内发放，征询中央电视台一线的编导记者对于《中央电视台节目素材入库场记单》看法以及检索和整理音像资料素材的习惯方法，问卷反馈回来的信息反映了一线编导的基本情况，在此基础上完成的调查报告，得到了专家和领导的好评，被认为是“最具有应用价值的报告之一”。

音像资料馆规范化管理设计方案课题是继2003年同一课题的修改和深化。随着国家文化体制改革的进一步深化和国家广电总局《关于促进广播影视产业发展的意见》的发布，课题组和音像资料馆进一步修改了原来的计划方案，明确了音像资料馆的定位、发展战略和运行模式，把流程设计作为音像资料馆规范化管理设计方案的核心，根据流程设计重新调整了组织结构和规范，同时依据音像资料馆的现状，对音像资料馆的信息流进行分析和梳理，为将来音像资料馆信息系统升级到ERP系统作了铺垫。该方案中的编目细则单独印发，并直接指导音像资料馆业务实践。

（总编室研究处供稿）

# 中央电视台栏目制片人管理现状分析及优化方案调研报告（概要）

栏目制片人管理改革是中央电视台2004年的“重头戏”。为了配合人事办稳妥积极推进制片人管理改革，使全台制片人管理规范化与科学化，总编室研究处和人事办干部管理处联合调研并完成了中央电视台栏目制片人管理现状分析及优化方案的报告（以下简称《报告》）。

《报告》根据中央电视台栏目制片人管理的实际情况和发展趋势，结合栏目类型、性质和所属部门，系统调研了《中央电视台栏目制片人管理暂行条例》实施现状，综合分析中央电视台栏目制片人管理存在的主要问题；围绕中央电视台的整体战略目标，结合栏目制片人岗位职责，注重可操作性和前瞻性，分两步提出了中央电视台栏目制片人管理优化方案：第一步，建立“择优选拔、科学授权、完善监督、有效激励”的栏目制片人管理制度，逐渐完善栏目制片人考核、激励、退出机制；第二步，逐步推动节目制作的“三轨制”，减少台内栏目制片人管理成本，并以栏目制片人管理改革为起点，建立专业工种的统一管理体系。

《报告》共分四个部分：(1). 中央电视台栏目制片人现状分析；(2).《中央电视台栏目制片人管理暂行条例》调研分析；(3). 中央电视台栏目制片人管理主要问题分析；(4). 中央电视台栏目制片人管理优化方案。

（总编室研究处供稿）

# 2004年雅典奥运会电视转播考察报告（概要）

2004年雅典奥运会是奥运史上迄今为止电视转播频道最多、转播时间最长、覆盖面最广、电视观众最多的一次奥运会。中央电视台对2004年雅典奥运会的报道也是历年来规模最大的一次。经过这次成功的报道，中央电视台也得到了国际上的好评，取得有史以来体育报道的最大突破。同时，中央电视台派出由总编室、台办公室、新闻节目中心、海外节目中心、技术管理办公室、财经办公室等相关人员组成的考察团，对雅典奥运会电视制作及转播相关机构、国际公共信号标准及其制作、IBC运营与管理、电视转播手册、开幕式、闭幕式、安全保障问题、NBC奥运会转播成功经验等方面进行考察。通过考察，看到了自己的差距。因此，冷静地分析总结这次雅典奥运会国际信号制作及电视转播的运营与管理的经验和教训、掌握成功举办奥运盛会所需的条件、明确我们的优势和不足已提上日程，本报告就这些方面进行了思考和探讨。

报告分为四大部分。第一部分，国际奥林匹克委员会基本情况简介；第二部分，2004年雅典奥运会考察情况；第三部分，CCTV和NBC雅典奥运会电视转播报道分析；第四部分，从雅典到北京——CCTV的目标、瓶颈与对策。另外还有四个附件，是对雅典奥运会开幕式电视转播分析。

（总编室研究处供稿）

# 全球媒介竞争环境下中国电视的未来走向

台办公室事业发展调研处 黎 斌

媒介处于复杂的政治、经济、文化、技术环境中，媒介功能的嬗变取决于环境诸因素相互依存关系的演变，本文从系统科学的角度，来分析媒介变革的内在逻辑，进而评估中国电视媒介的现状特征与发展趋势。

## 一、 媒介生态的系统模型（EFS）

从系统论观点看，众多媒介构成一个系统，它同时又是整个社会大系统的一个子系统，社会大系统构成媒介子系统的环境，媒介系统在环境中发挥的作用就是该系统的功能，该功能成效如何，取决于该系统的结构，如图：

E ⇐信息需求⇐ F ⇐信息生产⇐ S
（媒介系统的环境） （媒介系统的功能） （媒介系统的结构）

## 二、媒介结构变革的模型推演

媒介变革的动因何在？从系统论角度来看，系统结构对系统功能起着决定性作用。系统功能（F）到底由谁来定义呢？一般来讲，媒介结构（S）多是由政府确定的，因此，媒介系统功能（F）似乎也是由政府来定义的，但EFS模型告诉我们不尽然如此。

媒介功能定义权：F=f(E，S)

媒介功能是特定的媒介系统作用于特定的环境而产生的，因而F是E 、S的函数，即E、S共同作用产生特定的媒介功能，但E、S在不同环境下的主导力量是不平衡的。

在开放环境下，媒介功能不再是自定义的，而是它定义的，即从传者本位到受众本位，媒介功能要从社会政治经济文化需求出发来定义，这是它定义功能

$F_E$；如果只从媒介自身需求出发，自说自话，则是自定义功能 $F_S$，如果在开放环境下仍然发挥着自定义功能 $F_S$，则 $F_S < F_E$

$$F_E - F_S = \Delta F$$

此公式表示媒介的现实功能滞后于环境需要功能，滞后量为ΔF，这种短缺将为开放条件下外部环境的媒介信息所填补，从而造成受众分流和本土媒介系统的边缘化，如果ΔF越高，环境越开放，本土媒介的边缘化、弱化的命运越严重。

这种威胁迫使着媒介（S）提高 $F_S$，而要提高 $F_S$ 就必须按照F的要求来重构媒介系统（S），如果媒介出于政治立场、政策因素、既得利益或旧有惯性等原因拒绝向 $F_E$ 靠拢，等待的必然是被边缘或淘汰的结局。可见媒介变革的推动力在环境（E），而环境中有两类因素：政治、经济、文化因素决定了信息需求，而技术因素决定了信息需求实现的可能，因此，是社会的发展和技术的进步在定义、改写着媒介的功能，从而间接地决定了媒介的组织结构方式。

只有客观认识媒介变革的内在逻辑，才能廓清迷雾，把握媒介变革的真正动因和变化趋势。

## 三、中国电视传媒的现状分析

1．环境（E）

根据媒介生态的EFS模型，下面对中国电视传媒当前的环境、功能与结构作一简要述评。

（1）政治：民主、法制不断推进；

（2）经济：市场经济体制改革不断深化，经济生活的丰富性对信息量和娱乐业的需要急剧飚升；

（3）文化：政治、经济的发展促使民众文化生活的个性化、多元化，信息消费能力增强的同时对信息、娱乐的选择能力越来越高；

（4）技术：世界范围内高科技迅猛发展，数字化、网络化浪潮极大地催生了信息传播产业升级；

（5）开放性：A．以加入WTO为标志，对外开放进一步扩大，中国经济更大范围、更深程度融入全球化。B.中国媒介市场逐步开放：

—— 音像、节目大量引进，2000年中国音像制品、电子出版物进口金额为501.91万美元，2001年达到1072.74万美元，到2002年上升到1222.89万美元。

—— 境外传媒已经进入我局部地区，使国内传媒业的羊羊之斗向羊狼之争转变：在广电市场方面：例如，新闻集团属下的星空卫视在广东有97万用户，时代华纳属下的华娱电视在广州市有60万用户，预计2003年将达到120万户；在图书、报刊分销市场方面：德国贝塔斯曼出版集团2000年在中国创造1.4亿人民币的销售额；另外还有更多境外传媒环伺在侧。在2003年9月1～2日召开的中国电视发展高层论坛上，对参会的54家国外传媒机构负责人做了一个调查。调查显示：其中24家在中国电视市场开展了业务，其中，在中国市场上业务投放超过其全部业务量50%以上的机构占21.73%。天空开放与直播卫星技术的发展，使影视信号接收更加便捷；互联网信息的无国界传播。

由此可见中国电视传播环境的基本特征：已基本完成从封闭($E_1$)→半封闭环境($E_2$)的转变，正向着开放环境($E_3$)升级，市场更开放，竞争更白热，垄断经营淡出，买方市场渐成。

2.功能(F)

(1) 传播能力：中国电视的传播范围和受众人数在逐年增长。截至2002年年底，中国已建成有线、无线、卫星多技术、多层次混合覆盖的全国电视网，其中有线电视网已近400万公里，有线电视用户超过1亿。截至2003年5月，在国外CCTV—4针对中国大陆以外华语观众，覆盖范围遍及美洲、欧洲、亚洲、非洲、大洋洲120多个国家和地区，入户数超过500万；CCTV—9作为对外英语频道，已在美国、英国、法国、北欧、非洲和香港地区实现落地入户，用户数达1200万。

(2) 生产能力：2001年中国国内电视节目首播量为293.7万小时，占总播出量的31%，重复播出量为662.5万小时，占总播出量的69%。其中，电视台自制节目量为158万小时，重播外购节目为798.2万小时。

(3) 收视时间：随着网络等其他媒体的分流，中国电视受众的收视时间在缩短，2002年对比2001年和2000年平均收视时间减少了5分钟(其中2001年184分钟，2002年减到179分钟)，电视受众的注意力正在流失。入世前后互联网络用户增长情况：据中国互联网经济信息中心《中国互联网络发展状况统计报告》显示，入世前的2001年1月，网络用户总数为2250万，入世后的2003年1月，网络用户总数激增至5910万，上网用户相当比例是为了获取新闻信息的。

当前中国电视主要赢取广告收入的是两大类节目——新闻、电视剧节目，前者受众不断被互联网等媒体分流，后者精品缺乏且要靠巨资外购，在竞争日趋激烈的媒介市场，专业频道缺乏盈利模式而无法推进，许多电视台将面临巨大的生存危机。

中国电视传媒功能的基本特征：由于电视传播的直观、传播面广的特点，电视已成为当前所有媒介中受众规模最大的传媒，但在信息、娱乐功能方面离受众的需求还有很大距离，随着互联网、音像制品等替代信息渠道的增多，受众流失正在增加。

3．结构（S）

电视结构是电视功能的内在根据，它包括宏观电视管理体制、资源配置、市场结构及微观电视机构内部运营机制。总的看来，中国电视业是在严格的计划体制主导下运作的，但为了适应市场经济的环境，从20世纪90年代以来，在计划体制的基本框架下局部环节逐步导入了一些初级的市场管理机制，激发了活力，促进节目繁荣，但同时，也引起了一系列结构性紊乱。

**第一、产业结构**

电视业务链沿“资源配置→节目制作→节目播出→节目传输→用户服务→收视市场→广告市场”7个环节展开。其中“资源配置、节目制作、节目播出”为上游，“节目传输、用户服务”为中游，“收视市场、广告市场”为下游业务链。

（1）业务链上下游的市场化程度极不平衡：

下游的受众资源、广告资源配置完全按市场机制配置；中游市场化程度较低，表现在节目与观众的互动性不足，传输网络基本按行政力量配置；上游市场化程度最低，频道设置、节目资源、播出平台完全依行政配置，制作市场及节目交易市场凋敝。

（2）业务链诸环节之间的有机联系被行政力量割裂：

产业链缺位，各业务链之间未按产业链的内在要求形成有效的利益互动机制，而是主要按照行政手段分配任务角色。资源配置低效，条块分割，资源分散，规模弱小；资产、频道、网络、节目等电视资源配置格局形成按行政级别和行政区域分割的蜂窝状结构，各种生产要素无法流动，跨地区、跨媒介的资源重组无法进行，优不能胜出，劣不能淘汰。

**第二、市场结构**

（1）市场体系残缺：各类要素市场不发育，如投融资、策划咨询、技术服务，各类专业节目制作（如动画、专题）、节目交易、文化经纪等中介服务机构稀缺。

（2）低水平、无序竞争：各电视机构背靠各自的行政垄断资源展开同质竞争、无序竞争和低效竞争；同时市场秩序也较紊乱，如违规插播广告、节目落地收费漫天要价、侵犯节目版权、广告销售恶性竞争等等。

**第三、管理结构**

电视台的管理运营根植于半机关化的事业管理体制，主要问题：

（1）体制僵化，活力不足：不论是人事管理体制、财务管理体制、节目制播体制、广告经营体制都是僵化有余，活力不足，既缺乏激励机制，又缺乏约束机制，如：论资排辈、“大锅饭”状况依旧严重的用人制度和分配制度；缺乏科学的投入产出分析的节目成本控制制度；前店后厂、自产自销、自娱自乐的制播合一体制，广告和节目之间缺乏有效互动的经营管理体制……诚然，上世纪90年代财务包干、人员聘用、栏目制片人制等市场手段的导入，促进了中国电视的空前繁荣，但这种有限的市场手段激发的活力如今已走到尽头，成本虚夸、冗员膨胀、效率低下等管理问题日益突出，体制创新、深化改革迫在眉睫。

（2）局台不分，管办不分：当前全国广电局与电视台之间普遍存在局台不分、局团不分、管办不分现象，管者过多干预电视日常业务，疏于行业管理；办者积极性和创造性受挫，权责不清，内耗不断，建立规范的法人治理结构更是难以奢望。

（3）观念滞后，人才不足：在体制内生存的电视人的市场意识、危机意识不足，成本意识、受众意识缺乏；采、编、播各类人才门类多，但精英人才不足，懂得科学管理、市场经营的人才更是难觅，领导层能看懂财务报表、懂得资本运营、风险投资和战略管理的人更是少见。

综上所述，中国电视传媒的E—F—S三者关系处于失衡状态。

## 四、中国电视传媒的走势分析

按照EFS模型分析，我国电视业已经滞后于改革开放和市场经济的发展要求，电视管理体制和机制已成为产业发展的主要障碍，电视传媒的结构再造势在必行，按照传媒环境的功能需求，改革的基本特征是强化市场机制，改革的基本内容和走势应包括以下六个方面：

**1．管办分离**

广电主管部门要尽快从局台不分、政事不分的状态中走出来，转变政府职能，强化宏观调控、产业规划、市场监管和公共服务，加快电视节目产品市场和生产要素市场建设，规范市场准入制度，完善产业法规体系。

**2．分类运营**

从电视传媒二重性出发，改变混合运营现状，对公益业务和经营业务进行剥离分营，对时政、社会新闻节目、对外宣传节目、农村、少数民族公益服务节目采取事业法人模式，对大众娱乐节目、体育节目、专业信息服务节目采取企业法人模式，前者是电视事业，后者是电视产业，二者在社会责任、运营方式、考核方式上均不相同，不能混在一起。厘清轨道、分类管理的思想正是西方国家公益电视台与商业电视台分营运作的现实经验。分类管理后，在全国建立电视公共宣传体系和电视产业经营体系的新格局。前者以事业体制管理，以社会公共责任为己任，开路免费播出，不以盈利为目的，以国家财政支持为主；电视产业部分，则按照现代企业制度进行公司化改造，完善法人治理结构，确立市场经营主体地位，自负盈亏，依法纳税，以发展电视产业经营功能、充分满足人民不断增长的信息服务和文化娱乐消费需求为己任，通过市场竞争培育更加细分的系列化、品牌化的专业频道，积极发展数字付费电视及数字交互电视业务、打造专业化、规模化、品牌化的节目内容生产商和内容集成商，形成节目制作、节目交易、节目播出、节目传输及用户服务各部分良性互动的电视产业链。

**3. 资源整合**

针对当前电视资源散弱状况，要充分利用市场机制，优化资源配置，实现“1+1>2”的效果，以资本、资产和业务为纽带，推进电视产业机构的区域整合和跨地区、跨媒介的兼并重组，通过资源整合和结构调整，着力打造一批实力雄厚、核心竞争力强大的大型电视产业集团，提高电视产业的集约化、规模化经营水平。

**4. 资本开放**

电视是一种重装备、高科技、高投入行业，节目内容生产和数字化改造都面临着巨大的资金缺口，在业内资金有限、财政补助不足的情况下，适度放宽市场准入，扩大投融资渠道已是大势所趋，允许社会资本和外资成立电视节目生产、营销企业，参股电视传输网络，以及电视产业集团上市融资等都将是繁荣电视市场的必然需求。

**5. 国际拓展**

为适应对外开放和国际化发展的趋势，一方面，中国电视要积极“走出去”，开办英语、西班牙语、法语等多语种外宣平台，不仅向世界宣传中国，而且还向世界宣传世界，打造中国自己的CNN，扩大在国外的落地覆盖和节目销售，甚至在国外开办电视台；另一方面，国外电视机构也非常看重中国巨大的电视市场，许多外资传媒已纷纷抢滩中国，它们在节目、技术、人才、经营等方面的优势构成了本土电视机构愿意与之交流合作的吸引力，中外电视市场的相互渗透与融合不仅是双方谈判时互为条件的妥协结果，也是双方各自事业发展的现实需要。

**6. 产业升级**

随着数字技术、网络技术的迅猛发展，电视产业面临从模拟转数字的升级换代：节目生产制作与有线网络数字化改造，大力推广数字机顶盒，将开辟许多新兴业务，如数字交互电视、付费电视、网络游戏、电子政务、电子商务等；卫星直播技术、流媒体、移动电视、高清晰电视等都将使传统电视面貌焕然一新。

（摘自《现代传播》2004年第六期）

# 中央电视台品牌价值排名榜的思考

台办公室事业发展调研处　何　杰

2004年6月28日，由世界品牌实验室和世界经济论坛联合发布了“2004年中国最有价值的500个品牌”排行榜。中央电视台第一次以价值608亿元人民币的价值排第二名。

这个排行榜发布之后，引起广泛关注。尽管到目前为止，社会各界还对此次评选和排名的真实性、准确性和权威性存在争议，但是，撇开排名，我们仍然可以以此为契机，探索和思考央视品牌建设、管理、经营与维护的诸多问题。

为此，调研处专门就此向排行榜的评选者、发布者进行了查实，走访了国内从事品牌研究的专家学者，就相关的问题进行了调研和探讨。

## 思考之一：不断打造新的名牌栏目，进一步强化品牌内涵

通过对前述电视媒体品牌价值体系的分析，可以看出，构成央视的品牌价值元素中，节目和栏目是最重要的部分。观众是通过它们和CCTV发生联系的，广告商和广告客户也是通过它们来投放广告的。所以，打

造更多富有广泛影响的个性栏目和精品节目，不断强化品牌的核心价值，是提升品牌价值的必由之路。

品牌的成功是多年苦心经营的结果。像《新闻联播》、“春节联欢晚会”、《焦点访谈》、《经济半小时》等名牌栏目（节目）无不是十年磨一剑的艰苦努力所致。所以，在品牌的经营管理上，把这些品牌栏目进一步做深做透，做大做强，也是强化品牌优势的一个努力方向。

## 思考之二：名人是资源，也是品牌，通过名人效应和品牌达成互动

电视业作为重装备、高技术和高知识的行业，高素质的专业人才是构成其品牌价值的重要组成部分。

在传播影响上，一流的优秀主持人往往既是品牌的直接组成部分，又是品牌的形象代言人。如国内的人提起香港的吴小莉、窦文涛，就会立刻想到凤凰卫视；提到拉里·金，就会想到ＣＮＮ；提到JaY，就会联想到ＮＢＣ。这些明星主持人已经成为这些电视机构一面旗帜。因此美国ＣＮＮ愿意花5600万美元（四年合同薪酬额）留住著名的新闻节目主持人拉里·金，NBC也以同样的价钱挽留旗下《今日》栏目主持人库里克（Katie Couric），这些主持人的明星效应，以及他们对观众的凝聚力、对电视台的收视率的拉升作用，都在一定程度上提升了这些电视台的品牌价值。

目前，在国内，由于文化传统和宣传体制的原因，对电视节目主持人个人形象的塑造是比较晚近的事情，而把他们和电视台的品牌形象直接挂钩的意识，在各个电视台，也还没有真正形成。

中央电视台有一批优秀的主持人，但是对这些主持人的个人形象的策划、包装、推广、管理方面的工作都还有待加强。

调研中，人民大学舆论研究所的一位教授针对央视主持人最近的一些媒体形象指出：“当人们不断在报纸和网络上阅读到你们央视主持人闹绯闻、耍酒疯的消息后，不论消息真假，事后再看他们主持的节目就觉得很荒诞。培养一个名主持人、名记者、名编导需要很长的时间，那些人是你们央视的财富，是你们无形资产的一部分，应善加管理。”

如果名主持人、名记者、名编导是电视台品牌价值的重要组成部分，那么，在强化和提升品牌价值的过程中，如何把培养、塑造这些名人，和对他们的合理使用、有效管理结合起来，这还是有待进一步研究的课题。

## 思考之三：借势发力，拓展品牌经营能力

品牌作为企业（组织、机构）的无形资产的重要组成部分，是企业争夺市场最有效的手段。

随着全球经济竞争的白热化，越来越多的企业通过品牌垂直延伸战略来扼制对手、壮大自己。例如宝洁品牌从高端的洗涤用品向日常清洁用品这种向下垂直延伸的策略在中国就非常成功。许多外国消费品品牌都能在中低端市场拓展份额的同时，做到为母品牌增值。

无论是向上，还是向下的延伸，都是企业扩展壮大的一个手段。企业都希望建立所谓的强势品牌，强势品牌的优势究竟在哪里呢？一是带来溢价效应，二是成为市场霸主。单个品牌往往很难在市场上占有大部分份额，特别是在市场高度成熟、竞争激烈的行业。对于央视现阶段的品牌延伸，普遍存在着延伸部分借助主品牌的强势，在市场的渗透上做得很好，市场覆盖面能够达到比较理想的状态，但是，效益却不理想。

比如在互联网络的经营上，在报纸的经营上，在刊物的经营上，在影视拍摄基地的经营上，在节目内容的再度开发上，央视都还存在很大的经营空间。现在的央视国际网站由于借助CCTV母品牌的优势地位，达到了相当高的访问量和点击率，已成为全球第四十七大网站，全国第八大新闻网站，但是，它却没有获得与其访问量相称的收入；从下表看《中国电视报》的经营状况与同业的比较，也存在类似情况。

| 报纸名称 | 周发行量 | 覆盖地域 | 销售额（广告＋发行） | 盈　利 |
|---|---|---|---|---|
| 中国电视报 | 450万 | 全国 | 4093万 | －2166万 |
| 北京青年周刊 | 10万 | 北京 | 1770万 | 500万 |
| 南方都市报 | 721万（103万／日） | 珠江三角洲 | 13.8亿 | 1.6亿 |

此外,央视所拥有的大量优质节目资源还有很多值得再度开发的空间。如何面向市场,开发利用这些资源,有待深入调研。

对于中央电视台的品牌经营来说,现在是一个较好的时期,如果凤凰卫视和上海文广可以借助自身的品牌做好垂直延伸的经营,中央电视台没有理由不做,或者做不好。

### 思考之四：品牌经营要善于抓住时机

无论任何品牌,都有一个形成、拓展、兴盛到逐渐衰落的生命周期。

在调研中，北京大学的薛旭教授强调，品牌的经营和开发要选准时机，应时而动。太早，则品牌的优势不突出，做经营开发会事倍功半；太晚，则成明日黄花,优势丧失,不仅借不到主品牌的势,反而被主品牌正在下降的声誉所拖累,造成被动。他指出：CCTV的品牌价值在上个世纪90年代中后期是如日中天的顶峰,而现阶段,由于地方电视台的竞争加剧,虽然总体上这种势头还有上升空间，但部分频道的绝对强势地位已经不再，甚至有式微的势头。

目前，中央电视台肩负重要的喉舌功能，使它在一定程度上占据垄断地位，进而借助这个垄断地位获取超额利润。在电视传媒产业化步伐加快、市场化竞争加剧之后,这种垄断地位早晚有被打破的时候,品牌的强势地位难免不被削弱。如果等到那时候再进行品牌延伸经营，就会“船到江心补漏迟”。

因此央视应该尽快利用现在的优势地位，借文化体制改革和广电产业改革时机,利用市场化的手段,在平面媒体、图书出版、网络电视、数字电视、甚至资本经营等相关领域,兼并一批有市场潜力的资源,借助自身的品牌优势加以培育、拓展,使之成为未来的经济增长点,为今后的可持续发展提供源源不断的后劲。这也是众多国际传媒巨头取得成功的必由之路。

### 思考之五：好品牌需要持续的自我宣传

在现代品牌学的理论中，品牌始终处于一种动态发展变化状态中，没有终身制。即使是最有名的品牌，也必须有充足的资金对其进行不断的广告推介和促销。

虽然央视作为一个新闻媒体，具有强大的宣传能力,但是由于其国家媒体属性的限制,在对自我形象的塑造和推广上，有许多限制。专家认为，即便如此，作为品牌管理的一项重要内容，必须持续不断地对品牌形象加以维护,使之保值、增值。除了通过自身的媒体进行宣传外，还应该广泛借助对主流社会影响大的平面媒体，对政府、业界影响重大的论坛、高层研讨会，对年轻人渗透力强的网络媒体等进行有策划、有组织的宣传活动。

调研中，部分专家也对中央电视台现有的15个频道标识特色不显著提出了意见：15个频道既然分别有不同的特色定位，但显示在屏幕上的台标除了数字序号不同,视觉符号上几乎没有显著差别,给观众印象比较模糊。如何在既保持统一又体现差别的前提下,使各个频道标识有一定特色，这也是未来央视在进行品牌建设中值得关注的问题。

（摘自《调研信息》2004年第十九期）

# 中央电视台雅典奥运会电视转播网络通信传输平台

刘均　徐翔　赵磊

在第二十八届雅典奥运会电视转播过程中，中央电视台为了提高电视节目的编辑和传输的效率,满足雅典转播中心与台本部之间的大容量高速数据与话音混合传输的需要，专门搭建了一套全新的网络通信传输平台。该系统技术先进、功能强大,其应用模式是中央电视台在大型活动转播中首次采用，具有鲜明的技术特点。为确保雅典奥运会电视转播工作的成功顺利进行发挥了至关重要的作用。下面，笔者从以下几个方面对该系统进行简单介绍。

## 一、系统功能

网络通信传输平台主要承载了以下三大类业务。

● **语音业务**。包括前后方主持人节目播出期间的互相通话（四线通话），前方技术人员工作中使用的台内小号电话。

● **前后方传真业务**。

● **数据业务**。包括作为体育综合业务系统高低码流视频数据的远程传输平台，前方工作人员访问台内邮件及台内其他办公系统，前方记者查询Internet资料信息，台内工作人员访问前方 IDF 信息。

## 二、系统结构

该系统由两台思科路由器通过45Mbps专线互连，进行前后场系统不同业务的连通以及不同业务的生成。前后方的语音业务及传真业务的连通功能都通过路由器上配置专门板卡来实现；根据不同应用需求在前方路由器上划分了 5 个不同的虚拟网段，前方各网段之间的互连设置了不同的过滤策略，其中后方在奥运转播活动期间搭建的体育综合业务系统采用了以太网与 FC 网络相结合的结构。

## 三、系统特点

### 1. 应用模式先进

网络通信平台将语言信息、视频制作数据信息（25Mbps 高码流及 700Kbps 低码流）和普通业务数据信息集合在一个平台进行远程传输。这种应用模式的尝试对于国内电视媒体而言尚属首次，而且应用非常成功，达到了预期的目标。

### 2. 技术先进

中央电视台在以往的大型活动转播中一般采用多路复用设备来实现多路语音及传真混合传输业务，采用普通路由器来实现数据传输业务。而此次将语音与视频数据、普通低带宽数据集成通过路由器来实现全部功能，基于既要保证各路数据的正常传输，又要保证各应用数据互不影响等要求，分别设置了不同的 QoS 控制策略。

### 3. 带宽高

以往由于要实现的功能简单，租用的专线带宽都在256Kbps 以下，而这次为了满足大容量高速数据和语音混合传输的需要，租用了 45Mbps 带宽的专线。

## 四、运行与调整情况

事实证明，该系统在本届奥运会的转播过程中发挥了非常重要的作用。在奥运会期间，雅典转播中心的 20 部内线电话每天工作时间都在 8 小时以上，节省了昂贵的国际长途费用，而且使用方便，话音清晰，延时非常小，前方工作人员可以方便地查询台内邮件、互联网资料及节目串联单系统；后方节目部门工作人员可便捷地从前方取回所需要的节目素材进行制作、编辑。相关的部门还可以从后方便捷地查询前方的IDF信息。

由于这次活动第一次使用集成功能，并且第一次远程传输高带宽的视频制作数据。运行过程中出现了一些问题，经过我们对系统调试和维护，问题得到了解决。

### 1. 延时问题

在奔赴雅典之前，中央电视台搭建了模拟测试环境对系统设备进行了全面的测试，但由于国际传输线路的实际情况是无法模拟的，所以当时只能在北京本地的电信传输设备环路上进行测试，当时传输各类数据都没有问题。但在到达雅典之后的系统连接调试过程中，发现数据传输延时高达 240 毫秒，45Mbps 带宽利用率极低，数据传输速率只有200KB/s～300KB/s，远远达不到视频数据传输需求，甚至连远程低码流在线浏览编辑也根本无法实现。

几种解决方法：

修改 TCP/IP 窗口值：开始时，视频数据传输采用了 TCP/IP 协议，由于协议本身的性质，每传输一个数据包都需要响应。数据传输距离过长则会造成数据传输的延时。因为编辑工作站使用的是微软操作系统，因此在微软工程师的配合下，修改了相关注册表中的 TCP/IP 窗口值，效率有所提高，但实际流量也只达到 2MB/s 左右，仍不能满足需求。运行后期我们去参观巴西台的远程数据传输系统，他们也修改了相应的 TCP/IP 窗口值。数据传输效率达到了 20MB/s 左右，但他们工作站使用的系统是 Linux 操作系统，而且使用了 FTP 服务器和一些支持多线程传输的工具。

采用多线程传输方式：在初期未对系统做任何修改的情况下，我们采用了一些FTP软件和支持多线程的传输软件进行数据传输测试，发现也可以将数据的带宽利用率提高上去。但采用此方式传输会需要对原有的基于 TCP/IP 协议、单线程传输数据的应用程序作一些较大的改动。由于我们此次问题出现时距开幕剩余时间已经很短，所以只在应用系统方面做了一个简单的双线程数据传输。

采用 UDP 协议传输数据方式：由于采用 TCP/IP 协议传输数据效率极低，改动相应参数效果不大，因此应用系统方面改用了 UDP 协议传输数据，避开 TCP/IP 协议由于数据包传输响应所造成的延时。采用此协议虽然可以加快数据的传输，但是可能需要增加相应的响应机制（如数据是否传输完成，数据是否接收正确等）来保证数据的正常传输。另外，由于数据要从现场的NAS中读取出来，传送给后方。所以要考虑NAS的读取能力，要保证从NAS读出数据的速率与向后方传输速率保持一致，如果NAS读取能力低的话，可能会产生很多错误包。此次我们的应用系统采用了UDP协议加双线程的数据传输方式，带宽得到了有效利用。从我们的流量监控日志看，C平台高码率数据流传输可到3.7MB/s左右，如果排除其他因素（如此次前方NAS同时做了两件事情，一个是往后方传送数据，一个是在前方归档，由于NAS本身性能及利用率所致，后方从NAS读取数据的速率无法提高）的干扰，将归档业务停止后进行数据传输，发现向后方传输数据的速率可达到4.7MB/s左右。

**2．QoS设计与实际应用冲突**

在测试阶段，我们根据应用设置的QoS策略如下：45Mbps带宽中，33Mbps带宽用于传输高码流视频制作数据，10Mbps带宽用于传输低码流在线浏览编辑的视频数据，剩余2Mbps用于语音数据，访问台内网邮件系统及其他办公系统数据、互联网资料查询以及另一平台64Mbps回传信号的传输。为了保证所有传输数据中，小号电话和主持人间的四线电话业务优先，对语音数据又做了专门的优先策略。

**3．QoS的调整方法**

在现场环境中，由于将高低码视频流数据传输协议由TCP/IP改为UDP协议，原低码流在线浏览无法实现，因此将原划分出来的低码流在线浏览带宽与高码流带宽合并，主要传高码流，空余时间传低码流。原用于传部分高码流数据的平台则主用于传低码流数据，空余时间传高码流。高低码流数据统一先传到后方，再作相应的浏览编辑。由于网络通讯平台传输调整，带宽利用率大大提高，高低码流数据都在需求时间内传回后方，保证了应用的正常使用。

语音数据采用的是UDP协议传输。改变传输协议后，造成了基于Windows的UDP高低码流数据传输方式与语音数据传输发生了冲突。表现为小号电话和四线电话时断时通视频数据传输丢包率增大。经过与Cisco工程师的探讨，我们更改了QoS的设计方式，把语音原基于UDP端口的QoS改为基于Volp的QoS设置，这样既保证了四线电话和语音业务的正常使用带宽，又使前方应用系统UDP方式数据传输得到了最大限度的保证。

**4．防病毒及系统安全运行问题**

在实际系统运行之前，我们就对这两个方面作了专门的考虑。如互联网查询网段与业务制作网段做了比较完善的访问控制策略，在客户端安装相应的防病毒软件，及时对客户端打相应补丁以及对互联网查询网段接入的设备做MAC地址绑定，防止其他非系统机器的接入。在奥运会转播期间，没有一台机器因为病毒及漏洞问题影响系统的运行。

（摘自《现代电视技术》2004年11月号）

DIANSHI SHU BAO KAN JI YINXIANG CHUBANWU

# 电视书、报、刊及音像出版物

# 电视书、报、刊及音像出版物

## 一、2004年中央电视台编辑出版新书选介

### 《百年小平》

编著者：龙平平、阎东。主编：张海欧、邵东，副主编：罗平峰、吕晖。新世界出版社2004年8月出版。15万字，照片200多幅。

《百年小平》一书披露了邓小平所经历的一些鲜为人知的往事。邓小平同志感染我们的，有他的大气和胸襟，有在任何艰难复杂的情况下都能镇定自若、鼓舞人心的本色及家庭生活中的自然平和。极有看点和吸引力的还有本书第二部分“百名亲历者讲述百年小平”。邓小平的亲友及许多与小平同志有过接触和交往的老战友、老部下，以饱满的热情，向人们讲述了一个个鲜活的故事。其中包括“见证历史——重大历史事件亲历者谈邓小平”；“见证为人——亲属、战友、同事和身边工作人员说邓小平”。该书采用很多首次出现的珍贵图片，文字内容则通过多视角的人物访谈来揭示小平同志的人格魅力。该书思想深邃，史料丰富，既是一本难得的学习教材，又具有较高的收藏价值。

### 《电视记者新概念》

编著者：童宁。中国广播电视出版社2004年1月出版。

没有记者的理论，就没有记者的实践。没有电视记者的理论，也就没有电视记者的实践。本书运用来源于实践，又高于实践的电视制作理论，通过集腋成裘、聚沙成塔的方式对电视记者的报道之法、管理之方、谋篇之略、编辑之术等诸多概念进行了鞭辟入里的总结和阐述，对电视制作的理念及方法进行了全方位的扫描。本书对广大一线编辑、记者开拓创作思路、丰富创作手法、提高驾驭节目能力大有裨益，是电视节目制作者受益良多的专业类书籍。

### 《电视节目结构方法》

编著者：童宁。中国广播电视出版社2004年1月出版。

《电视节目结构方法》是由童宁为中央电视台职工培训的讲义整理而成的专著，全书共分14章。在前6章里，作者如庖丁解牛一样对电视节目的结构进行了结构性的分析，对电视节目的元素、整体布局和节奏等问题注入了自己创造性的诠释；后8章里，作者着重对时间、空间、逻辑、悬念、理论、主题、板块、复合等8种线索结构法进行了细致而深入的剖析。本书对一线编辑、记者掌握电视节目的结构，提高电视创作的素质与修养有较强的指导意义。

### 《讲述：首届中国记者风云榜》

编著者：中央电视台《讲述》栏目组。编委会主任：王新中、田胜立，主编：梁红、郭银星。中国大百科全书出版社2004年10月出版。20.48万字，照片39幅。

本书根据中央电视台《讲述》栏目2003年中国记者节特别节目——《2003中国记者风云人物：讲述新闻背后的故事》整理而成。全面记录了首届中国记者风云榜8位上榜记者惊心动魄的采访实录和上榜经过。他们分别是：出生入死追拍巴格达战火的中央电视台记者冀惠彦；客观冷静报道“孙志刚之死”事件的原《南方都市报》记者陈峰；追踪报道黄碟事件呼吁保护公民隐私权的《华商报》记者江雪；一向无惧无畏、坚持勇担大义的《中国经济时报》记者王克勤；坚守记者良知对“龙胆泻肝丸”大声说“不”的新华社记者朱玉；用坚韧揭开临汾矿难真相的中央电视台记者曲长缨；生死卧底访出淫窝后台的《羊城晚报》记者赵世龙；走进SARS禁区记录生命抗争的中央电视台记者柴静。

本书以特别视点(包括记者简介、风云榜推介词)、张榜实录、记者感言、相关资料和专家评述等板块向读者介绍了8位记者的全面风貌，既有较强的现场实感，又有完整的资料。

## 《99个问号——敬一丹漫谈主持人》

编著者：敬一丹。中国广播电视出版社2004年1月出版。14万字，照片31幅。

这是一本以问答方式谈播音主持业务的小册子。

作者具有多年播音主持实践经验，同时具有教学实践。针对播音主持前沿最鲜活的话题和最具有普遍意义的问题，作者在讲台上与初学者和同行进行交流。本书即是交流的记录。

本书内容涉及到主持人的培养成长，镜头前采访，言论能力，直播能力，素质培养，与受众交流，主持人整体状况分析等。

## 《见证〈焦点访谈〉》

主编：梁建增，副主编：关海鹰、孙金岭。北京出版集团文津出版社2004年5月出版。41.3万字，照片130幅。

本书是借《焦点访谈》播出10年之际，栏目组部分成员有关栏目的记忆和自身工作感想的集萃。

全书分为“难以忘却的记忆”、“激情燃烧的日子”、“访谈路上的剪影”和“心灵深处的感悟”四个部分，收录了《焦点访谈》栏目组工作过程的制片人、记者、策划、主持人等各个岗位上的工作人员的回忆与感想，以节目制作者或参与者的身份讲述了发生在荧屏后面不为人知的故事。“难以忘却的记忆”是部分栏目主创人员的工作回忆录；“激情燃烧的日子”集中了一些选题在采访和制作过程中的纪实和内幕；“访谈路上的剪影”主要汇集了工作人员的工作与生活的点滴；“心灵深处的感悟”是栏目组成员作为电视从业者对一些社会现象和自己工作状况的思考。

本书是对《焦点访谈》栏目开播10年来的一次纪念，集中了节目经历一段时期以后制作者和参与者对自己工作的感悟。

## 《电视新闻改革的现代视角》

殷乐著。西苑出版社2004年11月出版。25.5万字。

该书主要以中央电视台为个案，从分析电视新闻发展的内在驱动力入手，从新闻本体、政治、经济、娱乐、结构形态等方面对中国电视新闻的发展进行分析，进行对策研究。作者运用了国内外新闻学、传播学、社会学、接受心理学等学科的理论，对我国电视新闻改革的实际进行了剖析。

## 《中国电视新闻现场直播——导演手记》

编著者：沈忱。主编：杨金月、胡智锋。中国广播电视出版社2004年1月出版。36万字，照片80幅。

《中国电视新闻现场直播——导演手记》是我国第一部系统阐述电视新闻直播理论和操作实践的专业书籍，该书的出版填补了我国电视新闻直播领域长期缺乏理论指导的空白。本书作者沈忱总结自己30多年的电视新闻工作实践，对我国电视新闻现场直播的发展脉络、电视新闻现场直播的性质、特征以及电视新闻直播的整个运作流程进行了全面的梳理和总结。全书不但具有完善的理论系统，而且对于实际的电视直播业务同样有极强的操作指导性。

## 《陌生的诱惑——全国电视易地采访文集》

主编：田军。中国传媒大学出版社2004年12月出版。22万字，照片50幅。

全国电视易地采访是中央电视台海外节目中心首创并坚持了16年的一项对外宣传的大型品牌活动。它宣传了中国改革开放的伟大成就，展示了中国优美的自然风光和多彩的民族风情，培养了一批优秀的电视外宣人才，为让世界了解中国，让中国走向世界作出了应有的贡献。

本书收集了全国各地方电视台编辑记者从实践者角度写的文章，并组织专家学者围绕电视易地采访这一独特的电视文化现象进行了专题研讨。本书附录中除刊登了历年来易地采访获奖节目名单外，还收录了有关易地采访的活动规则等相关材料，并配套出版了获奖节目DVD。本书对全国电视外宣系统从业人员具有一定的指导意义。

## 《走遍中国》(第一辑、第二辑)

编著者：中央电视台海外节目中心海外专题部。编委会主任：张长明，副主任：盛亦来、尹力。中国广播电视出版社2004年7月出版。47万字。

在2004年一年内，《走遍中国》栏目组大约走了北京、上海、天津、重庆、广州、南京、西安等40个城市，每个城市又选择制作了7个最有文化价值的节目，对这些城市的历史文化、风土人情、古代建筑、风景旅游、旧事新貌等方面制作成电视节目，在《走遍中国》栏目中播出，然后将节目文稿编辑成《走遍中国》系列丛书，其中的第一辑和第二辑现已出版。

## 《今日说法》丛书（1～6）

编著者：中央电视台《今日说法》栏目组。主编：王新中、钱蔚。中国人民公安大学出版社2004年出版。72万字，照片642幅。

2004年，《今日说法》栏目组从每月播出的节目中精心挑选出8～10篇精彩案例，编辑出版了一套6本《今日说法》丛书（每两个月出版一本）。这6本书包括惊心动魄的案例故事、权威深刻的专家点评、读者关心的法律问题以及一张张生动真实的照片。同时，为了使内容更加丰富，每本书还刊登了《今日说法》记者亲自撰写的“记者手记”和“幕后故事”，记载了记者们在采访中的难忘经历和瞬间感悟。

## 《今日说法》精华本

编著者：中央电视台《今日说法》栏目组。主编：王新中、钱蔚。中国人民公安大学出版社2004年出版。32万字，照片63幅。

《今日说法》精华本收集了中央电视台2004年播出的63个悬念丛生、意义深刻的优秀节目。这63篇根据节目改编的案例故事，内容更紧凑，可读性更强。同时，随着故事的发展还适当插入了主持人对专家的法律访谈，分析解答案例中出现的各种法律问题。

《今日说法》丛书和精华本书影

## 《教科文行动：给头脑的基本储存》

编著者：中央电视台社教节目中心。上海科学技术文献出版社2004年4月出版。160万字。

本书以2003年暑期中央电视台科教频道的特别编排《教科文行动》的节目内容为基础编写而成，共分为《探索宇宙的神奇奥秘》、《极具挑战的地球故事》、《寻找失落的世界遗产》、《改变人类的科学活动》、《古今中外的文学盛宴》、《艺术殿堂的心动之旅》、《动物世界的生存法则》、《科技发明的历史长河》等8册，反映了科教频道“教育品格、科学品质、文化品位”的追求。

## 《高考大咨询》之一

编著者：中央电视台社教节目中心。主编：冯存礼、阚兆江，副主编：王桥英、张德宏。中国水利水电出版社2004年5月出版。8万字，照片22幅。

本书为《高考大咨询》丛书的第一本。全书分为12个单元，以来自全国各地的高考状元为主线，按照状元口述、专家点评的形式把他们的学习方法和学习经验一一作了介绍。每个单元作为一个主题，每位状元的口述和专家的点评均是学生及家长所关注的热点问题，同时涉及了语文、数学、外语、文科综合、理科综合5科高考必考的科目，对于广大备战高考的同学具有很强的指导和借鉴意义。

## 《高考大咨询》之二

编著者：中央电视台社教节目中心。主编：冯存礼、阚兆江，副主编：王桥英、张德宏。中国水利水电出版社2004年5月出版。19万字。

本书为《高考大咨询》丛书的第二本，是42集同名系列节目中前20集的演绎作品。本书针对参加高考的应届学生及考生家长关心和关注的热点问题，汇集了权威人士的专业解答，为考生填报志愿、了解学校、申请助学金及奖学金、了解各专业的就业现状及预测等提供参考。本书分为4个部分，“特别关注”和“互动特区”通过专家点评解答热点问题；“高校零距离”带您挑选中意的学校和专业；“高考的日子”为您讲述高考的小故事。

## 《高考大咨询》之三

编著者：中央电视台社教节目中心。主编：冯存礼、阚兆江，副主编：王桥英、张德宏。中国水利水电出版社2004年6月出版。22万字。

本书为《高考大咨询》丛书的第三本，是42集同名系列节目中后22集的演绎作品。本书针对参加高考的应届学生及家长关心和关注的热点问题，汇集了权威人士的专业解答，为考生填报志愿、了解学校、申请助学金及奖学金、了解各专业的就业现状及预测等提供参考。本书分为4个部分，"特别关注"和"互动特区"通过专家点评解答热点问题；"高校零距离"带您挑选中意的学校和专业；"高考的日子"为您讲述高考的小故事。

## 《十年疑似——中国足球职业联赛全纪录》

编著者：中央电视台体育节目中心《足球之夜》栏目组。编委会主任：彭小华、马国力。武汉出版社2004年4月出版。30万字，照片50多幅。

这是中央电视台体育节目中心《足球之夜》栏目组与武汉出版社合力推出的十年甲A的总结之作。该书分为"数论"和"评论"两部分，"数论"部分由北京著名的416足球工作室提供的十年甲A的数据统计搭建而成。从某种意义上说，职业化就是数字化，对数据统计的重视正是职业联赛有别于专业足球时代的重要特征之一，《十年疑似》为中国足球填补了这一缺憾。"评论"部分实际上是"中国足球理性精神"的成长史。编著者从十年间的众多报道中删繁就简，去芜存精，将毕熙东、汪大昭、谢奕、李承鹏、郝红军、张路等著名写家的评论文章编辑成册，"假球黑哨"、抽签出线、联赛与世界杯、舆论监督和政绩工程……十年之中我们所目睹的或怪异或平淡的种种现象都在书中一一呈现。

## 《名将之约——中国体坛名将访谈录》(第一辑、第二辑)

编著者：中央电视台《名将之约》栏目组。主编：许嘉陵、王嫣，副主编：白鹏飞、乐瑛、戚钧。山东画报出版社2004年6月出版。25万字，照片115幅。

由中央电视台国际频道名牌栏目《名将之约》整理改编之图书版第一辑，讲述的是当今体坛风云人物背后的故事。本书所收的16位体育名将，均为目前仍在任职且享誉国内外体坛的著名教练员和运动员，他们在各自的执教领域或运动项目上为祖国和人民赢得了荣誉。从国家乒乓球队总教练蔡振华，到国家跆拳道教练陈立人；从跳水名将田亮，到第一个横渡大西洋的亚洲人孙海滨……本书以图文组合的形式，取私人化的视角，将目光投向竞技场之外，投向名将们成功背后的艰辛、挫折以至苦难，投向他们鲜为人知的友情、爱情、亲情以及喜怒哀乐。访谈直奔主题，语言朴实自然，别具一格。虽然主人公们的奋斗经历各有不同，但无不刻苦敬业、永不言败，读来催人泪下，感人至深。第二辑以访谈问答的形式，讲述了14位目前已告别体坛的几代体坛名将的人生故事。与对一般体育人物的介绍和报道不同，本书内容有的从人物的闪光点切入，展现他们命运巅峰状态下的人生另面；有的从人物命运的低谷切入，展示他们前进道路上的心路历程。有过去的光荣与梦想，有当下的事业与生活……

书中收入的人物跨度很大。从20世纪60年代的乒乓元勋邱钟惠，到年轻貌美的冰上蝴蝶陈露，到老骥伏枥且颇具争议性的女子中长跑教练马俊仁，几乎囊括中国体育强项的所有风云人物。几多风雨几多春秋，没有谁能够随随便便成功。每个成功者的背后，都有数不清的挫折和坎坷；耀眼光环的背后，是难以言表的酸甜苦辣。

## 《征战雅典——2004中国军团雅典出征录》

编著者：岑传理。中国广播电视出版社2004年7月出版。22万字，照片32幅。

本书对中国体育代表团参加雅典奥运会的所有比赛项目、重点运动员的基本情况作了比较详细的介绍。根据各参赛项目的国际水平和中国运动员的实力，对比赛前景作了一些前瞻性的分析和预测；同时还对本次奥运会28个体育竞赛项目的赛制、比赛规则作了相应的介绍。

本书按照奥运会设置的28个比赛项目分为射箭篇、田径篇、羽毛球篇、乒乓球篇、排球篇等共28篇，每篇分别设置阵容介绍、主力队员介绍、金牌预测及比赛前瞻、项目介绍4个板块，内容详尽、专业、权威，具有独家观点。本书不仅向读者全面介绍了中国奥运军团的概况，还会让读者增加很多相关的知识。

## 《中国雅典奥运会金牌看点》

编著者：宁辛。中国画报出版社2004年7月出版。10万字，照片60幅。

为了配合2004年雅典奥运会的报道，中央电视台总编室研究处策划出版了《中国雅典奥运会金牌看点》一书。该书以雅典奥运会每日的金牌榜为线索，采用与各队主教练访谈的形式，对中国有望夺金的16个项目进行了全面而细致的分析。本书图文并茂，行文活泼，具有很好的导视作用。

## 《世界遗产之中国档案》

编著者：中央电视台《探索·发现》栏目组。主编：王新建，副主编：盛振华。中国青年出版社2004年6月出版。35万字，照片200幅。

1972年11月16日，联合国教科文组织通过了《保护世界文化和自然遗产公约》，开始在全球范围内，采取有效措施保护那些人类共同拥有的自然与文化遗产，以确保它们能够长久地流传下去。1985年11月22日，中国全国人大常委会批准中国签署了该公约，中国成为世界遗产公约缔约国之一。截至2002年底，全世界共有730处遗产地被列入世界遗产名录，中国以28处遗产地名列世界第三位。

30集电视系列片《世界遗产之中国档案》以中国28处世界遗产地单独制作，每处遗产地为一集，由第一集《造化》作为开篇，第三十集《传承》作为终篇，除将中国的28处世界遗产地一一介绍给观众外，还全面介绍了世界遗产公约组织的由来，中国如何加入这一组织，以及中国在申报世界遗产过程中鲜为人知的故事，展示中国为保护世界遗产所付出的努力。本书就是由这30集电视系列片的文图编成的。

## 《丧钟为谁而鸣》

编著者：中央电视台《探索·发现》栏目组。主编：王新建，副主编：盛振华。安徽教育出版社2004年9月出版。16.7万字，照片100幅。

第二次世界大战尘埃落定，为了惩罚日本军国主义的战争罪行，同盟国组建了远东国际军事法庭。11个战胜国通力合作，818次开庭，1000多个日日夜夜，惊心动魄的法庭较量，鲜为人知的内幕故事，日本战犯能否受到法律的制裁？公理和正义能否得到伸张？丧钟到底为谁而鸣？

2004年，在抗日战争胜利59周年的时候，《探索·发现》推出了一部7集系列片《丧钟为谁而鸣》，详细描述了反法西斯同盟胜利后远东国际军事法庭审判日本战犯惊心动魄的历史，重新回顾并审视那段险象环生、大悲大喜的岁月。这便是本书的内容。

## 《留美幼童——中国最早的官派留学生》

编著者：钱钢、胡劲草。文汇出版社2004年2月出版。24万字，照片200幅。

本书讲述了发生在百年前的中国第一批公派"留美幼童"的史实，同时也讲述了一部纪录片的制作历程。

1854年，中国近代史上出现了第一位从美国名牌耶鲁大学毕业的留学生——容闳。此后，他毕生抱着"以西方之学术，灌输于中国，使中国日趋于文明富强之境"的信念。在他的努力下，1872～1881年，中国开始了近代史上第一次公派赴美留学计划——120名幼童分四批赴美留学。但是，由于清政府内部洋务派和保守势力的激烈争斗，十年后，这项留学计划中途夭折，功亏一篑。回国后的幼童命运跌宕坎坷，但包括詹天佑等在内的百名留学幼童，为中国探求富国强民之路立下不可磨灭的功勋。

这是中国近代化过程中的一个不应被遗忘的重大事件。发生在中美之间百年前的幼童留美历史在中美文化交流以及外交史、教育史等方面都留下宝贵的经验和教训。

## 《潇洒道绝 东方之子·百名书画大家访谈录》

主编：梁建增、孙克文。执行主编：张朝夕、张恒、孙金岭。北京出版集团文津出版社2004年5月出版。30万字，照片244幅。

本书是十多年来《东方之子》栏目曾采访过的书画家访谈录的合辑。

十年来《东方之子》已经采访过3000多个人物，其中书画家占了不小的比例。本书汇总了这些采访的精华，从不同的角度展示了书画家的造诣修养和个人魅力。

书中附载了被采访对象的多幅作品和他们活动的留影，对于普通读者来说，能够在看到书画家作品的同时，配合采访过程中所带出的人物性格和经历共同品味，达到陶冶情操的效果；对于书画界的人士来说，这本书起到了一个桥梁的作用，不但能与非书画界的读者进行沟通，而且由于本书是一个对书画界人士集中的展示，反映了书画家们的世界，因此极具有保存价值。

## 《电视节目声音与制作》

主编：徐威。中国广播电视出版社出版。23万字。

在电视行业日益专业化的今天，对于电视中声音的制作要求越来越高，本书正是基于这样一种时代的要求应运而生。这本书凝聚了众多在电视行业中从业多年的声音制作者的心血，在文章中可以充分反映出他们多年来对于电视声音的探索和思考，而在实践过程中努力创新的他们也为我国的电视行业不断地输送新鲜血液与活力。

作为幕后工作者的声音制作人员，一直处在默默无闻的状态中，他们和其他工种的同事一起为中国电视的发展创造了一个又一个惊喜。

## 《赵立凡诗词书法集》

赵立凡著，西苑出版社2004年7月出版。

本书分为"书法集——一往情深"、"诗词集——心路微澜"两部分，共收录书法作品198幅，诗歌作品500首。本书装帧精美，艺术性强，内容丰富，文化品位高，对弘扬中央电视台的优良传统，推进电视精品战略具有积极的影响。广电总局副局长胡占凡、中央电视台台长赵化勇、书法名家袁晓园分别为本书作序。

中央电视台原副总编辑赵立凡系中国书法家协会理事、中央电视台书画院院长。他利用工作之余，创作了一批优秀诗作，内容涉及文化、经济、外交等方面，忠实记录了一位电视新闻工作者的心路历程，折射出电视事业成长发展的轨迹。他还以中央电视台优秀栏目、部分主持人为题，创作了百余首优秀作品，融诗词、书法、篆刻于一体，宣传了电视文化，展示了电视人风采。

## 《老龄工作导刊》专辑

主编：赵宝华，副主编：吴秋风、王平君、李伟。《老龄工作导刊》编辑部2004年10月出版。约3万字，照片92幅。

本书是由《老龄工作导刊》编辑部特为中央电视台大型电视系列片《无声的革命》编辑的一本专辑。专辑的卷首语由本片的总监制、原民政部副部长李宝库撰写，题目是"向世界介绍中国，让社会关注老龄"。本专辑以卷首、幕后的故事、镜头内外、专家放言、珍贵资料、记录历史、未雨绸缪等几个专题组成，由老龄工作者及各界专家，对电视片从学术上、艺术上进行了剖析，给予了《无声的革命》很高的评价。

# 二、2004年中央电视台音像出版物选介

## 《小平您好》

中央新闻纪录电影制片厂制作，中国国际电视总公司2004年8月出版。VCD，全长90分钟，2盘，1集。

本片以邓小平的经历和历史风云为背景，通过细节来叙述他的个性风采和情感世界——

他怎样面对自己三落三起的坎坷人生；他为什么总有乐观通达的心境；毛泽东是怎样称赞他的才干和品格的；他的务实本色意味着什么；在历史的关键时刻，他怎样敢冒风险、果断决策；他看大局、抓大事的战略胆识从何而来；为什么他晚年总有一颗面向未来的年轻胸怀；他的"我是中国人民的儿子，我深情地爱着我的祖国和人民"的情感世界是怎样体现出来的；还有他的家庭生活和业余情趣……

一个又一个的设问和细节的回答，再现出一个真实的邓小平，进而让人们了解，在毛泽东之后，历史为什么选择了邓小平，他为什么能够在73岁高龄带领中国走出困境，开辟一个新的时代。

## 《百年小平》

中央电视台社教节目中心文化专题部特别节目组制作。中国国际电视总公司2004年8月出版。DVD，3盘，6集。

本片全面展示了邓小平博大精深的政治思想、传奇的人生经历和丰富的情感世界。既有生动的故事，又表达了深刻的思想内涵，在艺术形式上也进行了新的探索，对伟人的业绩、人品、亲情、性格，通过大量访谈，进行了以口述为主要形式的表述。摄制组在短短3个月时间内，采访了一百多位亲历者，其中有政界要人、翻译、记者、邓小平生前身边工作人员、邓小平的家庭成员等。亲历者从不同的视角深情追述了邓小平生前鲜为人知的故事，向观众展示了一个平凡而又伟大的邓小平。本片是国内第一部口述历史纪录片，同时

也是第一部口述体的伟人纪录片，在电视文体上是一次大胆的开拓，也是一次成功尝试。

第一集、人民之子；第二集、伟人襟怀；第三集、热爱生活；第四集、未了的梦；第五集、亲情相依；第六集、开拓伟业。

## 《中国共产党党员权利保障条例特别讲解》

中央新影音像出版社制作，新影音像出版社2004年2月出版。VCD，全长100分钟，2盘，2集。

为了配合广大党员学习这个条例，特请中央党校教授、党内法规研究专家作全面讲解，阐述《条例》中的重点难点问题，整个讲解穿插大量的画面，适合广大党员学习观看，是一部学习《条例》的理想辅助教材。

## 《中国共产党党内监督条例、中国共产党纪律处分条例特别讲解》

中央新影音像出版社制作，新影音像出版社2004年2月出版。VCD，全长200分钟，4盘。

为了配合全党学习、贯彻和落实这两部法规，特邀中央党校两位专家，讲解文件的基本精神。特点是：准确，权威。

## 《当前党政干部关注的五大学习热点问题的报告》

中央新影音像出版社制作，新影音像出版社2004年3月出版。VCD，全长100分钟，10盘，5集。

党的十六大以来，以胡锦涛同志为总书记的新一届中央领导集体，提出了一系列新的执政理念，这些执政理念包括权利观、发展观、人才观和群众观等，学习和研究这些新的执政理念，是青年干部的必修课。为此，中央党校的教授所作的这些专题报告，也可作为有价值的培训教材。

## 《如何认识和保持党的先进性》

中央新影音像出版社制作，新影音像出版社2004年8月出版。CVD，全长200分钟，4盘。

为配合保持共产党员先进性教育活动，特邀中央党校张志明教授作专题报告《如何认识和保持党的先进性》。该报告有针对性地回答了衡量党的先进性的标准是什么，党的执政地位是靠什么得来的，巩固党的执政地位靠什么等重大问题，是开展保持共产党先进性教育的理想教材。

## 《永远的先锋战士》

中央新影音像出版社制作，新影音像出版社2004年8月出版。VCD，全长110分钟，2盘，5集。

为配合保持共产党员先进性教育活动，本片对共产党员先进性的若干问题作了深入浅出的阐述。共分五集：

第一集：先锋精神（回答共产党员的精神是什么）；

第二集：先锋之源（回答共产党员先进性是由什么决定的）；

第三集：时代先锋（回答党的先进性在不同时代的不同内容）；

第四集：今日先锋（回答在市场经济条件下党的先进性的特点是什么）；

第五集：先锋意识（回答共产党员应该怎样珍惜党的荣誉，始终保持先进性）。

全片集中说明共产党员要以共产党员的精神，在不同的时代，强化共产党员的意识，发挥共产党员的先锋模范作用，永葆共产党员的本色。

## 《学习十六届四中全会文件的辅导》

中央新影音像出版社制作，新影音像出版社2004年9月出版。VCD，全长200分钟，4盘。

为配合广大党员干部学习文件精神，特请中共中央党校党建教研部研究党的执政能力的专家辅导文件中的重点问题。整个辅导采取对话式、讨论式，理论与实际相结合，有针对性地回答有关执政能力建设的难点问题，深入浅出，准确全面，生动活泼。

## 《任长霞同志先进事迹报告会》

公安部政治部和中央电视台联合制作，中国国际电视总公司2004年10月出版。VCD，全长100分钟，1盘，1集。

报告会上，由任长霞生前的学友、战友、登封市公安局副局长赵彦铮、被任长霞救助的登封市告成镇农民冯长庚，以及任长霞的妹妹等同志含泪讲述了任长霞感人至深的故事。在报告会上有登封十里长街10多万群众自发为长霞送行的感人画面，中间交替穿插着任长霞生前扶危救困，与百姓、家人相处的一幅幅画面。整个报告会震撼心灵，润泽心灵，与会者热泪盈眶，亿万国人，又一次被一个平凡而又不平凡的名字深深感动。

## 《精彩中国》

中央电视台新闻节目中心地方新闻部制作，中国国际电视总公司2004年12月出版。DVD，全长930分钟，6盘，31集。

1949～2004，蓦然回首，共和国走过了55年的辉煌历程。中央电视台联合31个省、市、自治区电视台在新闻频道推出了大型系列报道“精彩中国”。这一系列报道旨在反映新中国成立55年以来，尤其是近几年各省（市、区）发生的崭新变化。从2004年9月18日开始到10月18日结束。31天，31个省份，每天半小时，展播各地精彩。

这是中央电视台新闻频道开播以后，第一次以分集报道各省（市、区）的形式和每天半小时的超大容量为各地搭起一个平台，充分展现风采。节目内容分“风景这边独好”、“人杰地灵”、“热爱家乡的N个理由”和“一份请柬”4个主要部分。在制作播出过程中，各地根据自己的特点略有增减，但都把最大的变化、最好的风景、最骄傲的人物和对家乡最真挚的感情展现给了观众。通过这个节目，人们不仅对各地的最新发展成就有所了解，而且对东西南北中的特色文化也有耳目一新的感觉。

## 《红旗渠》

中央新影音像出版社制作，新影音像出版社2004年11月出版。VCD，1盘。

当人类历史进入21世纪，当13亿中国人民在党的领导下努力实现全面小康，打造和谐社会的今天，再看1970年拍摄的黑白纪录影片《红旗渠》，尽管它铭刻着那个特定时代的烙印，我们的心仍然感受到了一种力量的撞击和震撼，感受到了一种精神的豪迈。

林县人为了改变祖祖辈辈“吃水贵如油十年九不收”的生存环境，在今天看来几乎是不可想象的艰苦条件下，凭着一钎一锤，肩扛车推的执著，硬是在太行山上的悬崖绝壁上，引漳入林，造就了滔滔的人间天河。红旗渠总干渠长140华里，3条干渠长203华里，481条1896华里的支渠配套工程，蓄水、排涝、灌溉、发电，使林县人民的生活生产和生态环境发生了巨大变化。

红旗渠的创意和实践令人叹为观止，红旗渠所显示的丰富内涵激励我们去深思，激励我们脚踏实地地用智慧和双手去创造新的奇迹。

## 《中国史话》

中央电视台社教节目中心综合部制作，中国国际电视总公司2004年10月出版。DVD，全长1800分钟，38盘，38集。

《中国史话》以时间为线索，讲述一部浩浩荡荡的中国历史。本节目是社教节目中心科教频道2004年暑期推出的特别节目，以讲述历史故事的手法，按照编年史的时间顺序，围绕大的历史现象事件，以丰富的资料、翔实的细节展示，为观众提供了生动的普及性的历史知识电视文献。

## 《清十二帝疑案》（上）

金视光碟公司制作，中国国际电视总公司2004年11月出版。DVD，全长430分钟，5盘，10集。

中国最后封建王朝给后人留下了一连串的疑案，也给清王朝12个皇帝的人生蒙上传奇的色彩。近年来，清宫戏的热播，使越来越多的人关注清朝的历史。清王朝的寿命296年，共有12个皇帝，由于它离我们最近，所以许多有关清宫的传说一直流传至今。一些戏说历史影视作品的泛滥，让大众对历史史实的理解走进误区。为了澄清史实，还原历史本来面目，中央电视台《百家讲坛》栏目组推出大型系列节目《清十二帝疑案》。清史专家阎崇年（社会科学院满学研究所研究员、北京满学会会长、中国紫禁城学会副会长）从正史的角度揭开清十二帝疑案的神秘面纱。

拨开历史迷雾，走出戏说误区，专家以史实评点清十二帝的功过得失。此套光碟内容含：努尔哈赤、皇太极、顺治（上、下）、康熙（上、下）、雍正（上、下）、乾隆（上、下），6位皇帝共10集。

## 《一代宗师》

中央新影音像出版社制作，新影音像出版社2004年12月出版。VCD，全长60分钟，1盘。

为纪念著名武术家李子鸣先生所摄制的《一代宗师》专题片，介绍了李子鸣先生的生平，特别是对武术事业的贡献。本片收录了武术界及社会各界人士为李子鸣的题词。以访谈形式记录了武术界领导、学生及家人对李子鸣先生的回忆。

通过对李子鸣先生的纪念和缅怀，进一步传承中华国粹，弘扬民族精神，推动武术事业的发展。

## 《西藏抗英百年祭》

中央电视台《探索·发现》栏目组制作，中国国际电视总公司2004年4月出版。DVD，全长180分钟，1盘，4集。

2004年，是中国西藏江孜抗英斗争100周年。

本片记述了发生在100年前的西藏高原上的两次抗英斗争的历史实况和来龙去脉，真实刻画了面对英国侵略者凶恶残暴的血腥屠杀，西藏各族人民不畏强敌、不屈不挠、誓死捍卫祖国主权的民族气节，以及团结战斗、众志成城、敢于献身的不屈精神。尽管由于交战双方力量对比悬殊，抗英军民武器落后以及清政府妥协退让等原因，这两次抗英斗争归于失败，西藏逐步沦为半殖民地，但是他们誓死卫国的英勇气概给侵略者以沉重打击，就连英国侵略者首领荣赫鹏也不得不承认“西藏人民的英勇是无可争辩的”。

## 《解放海南》

中央电视台《探索·发现》栏目组制作，中国国际电视总公司2004年6月出版。DVD，全长225分钟，1盘，5集。

1950年4月16日，25000名中国人民解放军官兵乘坐350多艘木帆船同时扯起风帆，浩浩荡荡地向国民党盘踞的海南岛进发。这是中国人民解放军历史上规模最大的一次岛屿进攻作战。

这一天的夜间，在北京的毛泽东、周恩来和朱德一同来到军委作战室，亲自指挥海南战役。本片记述了解放海南的情况。

## 《战争调查之抗战特辑》（Ⅰ）

中央电视台《探索·发现》栏目组制作，中国国际电视总公司2004年6月出版。DVD，全长600分钟，1盘，15集。

本系列分为：

**《叛国者：汪伪政权秘史》（3集）**

在中国抗日战争时期的国民党的第二号人物汪精卫，为什么会走上卖国投敌的道路？日军方是如何对他进行政治诱降的？在他出逃后，蒋介石又采取了什么策略？本片将一一揭开历史谜团。

**《勇者无敌——铁道游击队传奇》（1集）**

历史上究竟存在过这样一支铁道游击队伍吗？它是怎样一支队伍？又如何在日军的心脏地带坚持了八年的抗战，并取得了最后的胜利呢？本片以当事者口述为主的方式，展示铁道游击队许多鲜为人知的故事。

**《滇缅公路》（7集）**

抗战期间，20万云南儿女建造了一条长达1000多公里的滇缅公路，成为中国接受外援物资的唯一通道。在中国驻印军队大举进攻缅北日军的时候，在云南西部的中国远征军为夺回滇缅公路，揭开了滇西反攻的序幕。

**《掠食者：日本移民东北揭秘》（3集）**

本片追踪了日本向中国东北移民侵略的过程，透过具体的日本“开拓民”家庭的日常生活和最终命运，全景式地披露这一重大阴谋的来龙去脉。

**《花园口事件》（1集）**

1938年，豫东战役失败后，蒋介石为阻止日军沿平汉线南下进攻武汉，悍然下令扒开了河南境内的黄河花园口大堤。这次水灾，豫皖苏三省共有89万群众被淹死，300多万群众背井离乡，黄河从此也改道了8年，在豫东形成了千里无人烟的“黄泛区”。

## 《战争调查之抗战特辑》（Ⅱ）

中央电视台《探索·发现》栏目组制作，中国国际电视总公司2004年9月出版。DVD，全长800分钟，1盘，20集。

这里面有全景式记录战后同盟国在日本东京组建远东国际军事法庭审判日本战犯的《丧钟为谁而鸣》（7集）；有记录1942年至1945年被日本军关押在中国沈阳战俘营中的盟军战俘命运的《战俘存亡录》（5集）；有探寻“二战”期间被美国击沉的日军“阿波丸”号之谜的《打捞“阿波丸”》（3集）；有介绍在诺曼底登陆中一批中国军人风采的《鏖战大西洋》（1集）；有再现抗日战争开始后在中国山西进行的第一个大战役悲壮历史的《忻口战役》（1集）；有描述抗日新军在山西迅速崛起，与阎锡山合作与斗争，最终酿出晋西血案的《铁与血》（3集）。

## 《辛亥革命》

中央电视台《探索·发现》栏目组制作，中国国际电视总公司2004年11月出版。DVD，全长360分钟，1盘。

1911年（清宣统三年）中国爆发了一场资产阶级革命，因该年以干支计为辛亥年，故这场革命被称为辛亥革命。这次革命结束了中国长达两千多年的君主专制制度，是一次伟大的革命运动。中国人民长期进行的反帝反封建斗争，以辛亥革命为新的起点更加深入、更大规模地开展起来。

本节目从“辛亥革命”爆发的大的历史背景，即清朝末期的腐朽没落和西方列强用武力打开中国国门的情况讲起，主要介绍孙中山领导的革命党人，开展革命活动，举行武装暴动，推翻清朝统治，建立共和体制，以及袁世凯篡夺临时大总统职位，恢复帝制，使“辛亥革命”成果付之东流的情况。在节目的最后，介绍了蔡元培、陈独秀、胡适领导的“新文化运动”，以毛泽东等为首的马克思主义者创立中国共产党等史实，中国的命运从此翻开了崭新的一页。

## 《考古中国》（1~4）

中央电视台《探索·发现》栏目组制作，中国国际电视总公司2004年11月出版。DVD，全长2010分钟，4盘，43集。

从万里长城到紫禁城，从恢宏的秦兵马俑到气势磅礴的布达拉宫，中国古代文化让世界瞠目。而这些仅仅是中国古代文明的冰山一角。那些埋藏在地下有着千百年历史的文物宝藏将把您带入一个辉煌的中国古代文明世界中。那些令人称奇的文物用各种方式为您揭开一个个千百年来困扰世人的历史秘密。纪录片《考古中国》通过独特的电脑制作、实物展示及场景重建等手法带您去往那神秘的世界。DVD《考古中国》包括以下专题：

《三星堆的文明孤旅》（6集）
《天下第一陵》（1集）
《谁将获得不死之身》（2集）
《探访水下博物馆》（1集）
《6500年前的祭祀：地下星图》（1集）
《1400年前的雕蚀：客居中国》（3集）
《河姆渡文明之谜》（1集）
《消失的良渚古国》（1集）
《神秘的中山国》（1集）
《山洞里的宫殿》（1集）
《定陵传奇》（1集）
《皇帝的陪葬》（1集）
《远去的西夏王国》（1集）
《远古的乐声》（1集）
《地下仪仗队》（1集）
《发现周原》（1集）
《青州佛像之谜》（1集）
《法门地宫的秘密》（1集）
《4000年前的叙事：远古年轮》（3集）
《车辚辚·马萧萧》（2集）
《沉舟帆影》（2集）
《失踪的头盖骨》（2集）
《亚洲腹地的金字塔》（5集）
《灵魂的居所》（4集）

## 《开国》

中央电视台《探索·发现》栏目组制作，中国国际电视总公司2004年12月出版。DVD，全长225分钟，1盘，5集。

1949年10月1日这一天，激动得整夜未眠的人们从北京的四面八方汇集到天安门广场。开国大典为什么在下午的3点举行？有谁知道毛泽东穿着破了四个大窟窿的旧羊毛衫上了天安门？55年前的北京城是什么样子？为什么选择了天安门广场作为新中国大典的场地？为了迎接新中国的成立，北平人民和各界人士作了哪些贡献？受检阅的部队有多少？为了在开国大典的这一天走出人民解放军的军威，官兵们付出了哪些努力？为开国大典演奏的军乐队是怎样组成的？军乐队和受阅部队是怎样密切配合的？DVD《开国》作了细致而真实的讲述。

## 《没有铁丝网的战俘营》

中央电视台《见证·影像志》栏目组制作，中国国际电视总公司2004年2月出版。DVD，全长180分钟，1盘，6集。

朝鲜战争期间，为了收容被志愿军和朝鲜人民军俘虏的西方战俘，志愿军在朝鲜的碧潼建立了一个战俘营。这是一个与人们印象中戒备森严、设施齐备的战俘营完全不同的地方。几十名志愿军管理着几千名来自不同国家的战俘。在这个没有铁丝网的战俘营中，管理人员摸索着管理西方战俘的方法，同时他们中的许多人也在这里改造了自己的世界观。而对于那些在这里生活的战俘来说，从对抗到合作，从冷漠到热情，他们度过了自己人生中难忘的一段路程，用战俘自己的话说：“中国军队是最凶狠的敌人，也是最文明的敌人。”

纪录片《没有铁丝网的战俘营》第一次全景式记录了朝鲜战争中中方战俘营的历史，展示了一大批珍贵的历史资料，从全新的角度为观众解读发生在朝鲜战场以外的故事。

## 《房子》

中央电视台《见证·影像志》栏目组制作，中国国际电视总公司2004年6月出版。DVD，全长300分钟，2盘，10集。

房子是中国人生存状况的最好标志。它与普通中国人的人生历程紧密相关，本片全方位地关注和纪录中国城镇居民有关房子的历史与现实、记忆与梦想。

我们曾经经历过一个“挤”的时代：筒子楼里的锅碗瓢盆交响曲，雨天平房里的水漫金山，石库门弄堂的掘地三尺，分房子年代的明争暗斗……上海市民徐立秋曾经住在著名的棚户区——“两湾一宅”，在他的记忆中，他的生活空间，是一个只有1.2米高的小阁楼，在这样的空间里，他生活了整整40年，因为住房过于拥挤，他直到45岁仍然独身一人……大杂院、危棚简屋、筒子楼里的生活成为许许多多普通中国人的日常生活。在人均只有四五个平方米的逼仄空间里，又有多少人走过了人生的大半岁月。

中国的住房制度改革几乎与经济改革同步启动，但多年来进展缓慢。因为住房制度所涉及收入分配体制、金融体制、财政体制、企业制度、投资体制、城市规划、土地使用制度与房地产开发等无一不是改革中备感艰难的领域。住房问题还要求对困扰世界各国政府的普遍性难题——社会福利制度——作出困难的选择。

纪录片《房子》无意寻求这些难题的解决之道，而是通过一个个鲜活的故事展现了围绕房子而生发的老百姓的喜怒哀乐，中国屋檐下的凡人梦想。

## 《背影》

中央电视台《见证·影像志》栏目组制作，中国国际电视总公司2004年7月出版。DVD，全长360分钟，3盘，12集。

关于三峡，关于移民，是一个永远无法穷尽的话题。不过，让镜头静静记录一个地点长达3年之久，让一个纪录片导演从梦想到狂想再到梦想，纪录片《背影》仍然有着非同寻常的力量：在三峡二期蓄水完成的今天，那烟波浩渺之下的奉节古城，正于旧日的影像里散发着迷人的气息。这些如今已是“过去时”，在纪录片《背影》里，它们是永远的“现在时”。那些极度真实的生活冲突与利益纷争，如此充满悬念，又如此赤裸，让我们如同是面对镜子中的自己。

《背影》长期跟踪了三户老城的居民，三家有经营门店的老城商店，一名新城商户及几位移民干部，力图在移民的大背景下讲述几个小人物的命运故事。片中依门牌号的方式，依次讲述了7个小院子的故事。片中如同给了我们一张奉节的里巷地图，我们顺着这个脉络，去探询每一家人在移民搬迁时曾经经历的喜怒哀乐。在这些最底层的寻常百姓家，搬迁如同一次考验，又如同一次征战，他们的收获与失落，就是生活底层的滋味。

## 《见证·抗战八年》

中央电视台《见证·影像志》栏目组制作，中国国际电视总公司2004年10月出版。DVD，全长360分钟，3盘。

《见证·抗战八年》是值2004年的抗战胜利纪念日之际，科教频道推出的一档6小时的特别节目。鉴于以往关于抗战的节目多以再现历史为主，该节目将从新的视角反思战争与人、战争与民族、战争与生命的关系，并以民间生活史的角度，最大限度地融入个人化视角和关注个体命运，反映八年中一个民族的生存状态以及深藏在内心深处的巨大创伤。

本片根据6小时联播的特点，按编年体的方式逐年叙述8年抗战，形成有张有弛、错落有致的板块结构。在6个小时的节目里，每个大板块都是年度综述、焦点时间追诉、新闻人物故事、演播室专家争议探讨等段落的集锦，并将当时的老电影、歌曲等片断穿插其间，将最大程度地让屏幕上的历史有声有色。1937年7月7日这个特殊的日子，从当时的天气、人物、心情上溯到远隔数十年的日本国内，“说不尽的卢沟桥事变”；1945年8月15日，从举国若狂的民众盛典，到国民党与日本的微妙关系……历史细节的大追踪，将向观众展示一段多视角、极其丰富的抗战图景。

## 《申年记忆》

中央电视台《见证·影像志》栏目组制作，中国国际电视总公司2004年出版。DVD，全长150分钟，1盘，5集。

2004年是农历甲申年，民间俗称猴年。《申年记忆》是《见证·影像志》栏目投资制作的大型系列片《甲子》第一部。《甲子》系列共计12部，每年年初推出，将纪录整整一个甲子60年的风貌。“公元×年×月×日……”这是我们惯常的回述历史的坐标，它的口吻富于宏大与冷峻的世界风范；而在民间艺人那里，他们通常先呷一口茶，慢条斯理地开口道：“话说万历××年间……”两种截然不同的语气，让我们拥有了两种截然不同的视角。对老百姓而言，评书、章回小说、武侠演义，那里存在着另一种逻辑，那是民间生息的逻辑，好似中国人独有的甲子轮回意识，好似桃花源里的鸡犬相闻，《中年记忆》选择从1944年开始的5个申年（分别是1944、1956、1968、1980、1992）进行回述，掀开了“甲子盘点”之序幕。大事小情，甲子图景，旧日的影像遗存牵引我们去复原一幅幅记忆里的市井图。

## 《幼童》

中央电视台《新闻调查》栏目组制作，深圳音像公司2004年5月出版。DCD，全长225分钟，3盘，5集。

5集电视纪录影片《幼童》讲述的是发生在19世纪后半叶中国最早的官派留学生的故事。本节目从策划到制作完成历时两年，在国内外发掘了大量的珍贵史料，通过讲述发生在一百多年前中美两个国家之间的一段传奇故事，把一段鲜为人知的历史往事耐人寻味地呈现给了观众。它制作视角独特，以120位留美幼童的命运为线索，生动反映了中国在近代历史上与现代化的机遇失之交臂的令人扼腕叹息的历史史实。

这部作品制作精良，简单的视觉因素却营造出非常优美动人的效果，是历史文献类影片中一部引人注目的作品。

## 《原来如此》

中央电视台科技专题部《科学世界》栏目组制作，中国国际电视总公2004年3月出版。DVD，全长2100分钟，20盘，140集。

《原来如此》大型系列科普节目，片源来自法国。这套节目已经有6年的历史，在欧洲多个国家播出，是深受多层次观众欢迎的节目。

中央电视台自2000年引进，2002年由《科学世界》栏目精心制作在科教频道里播出。受到广大观众特别是青少年朋友的欢迎。法国制作的这套节目，每年都在推出新节目，因此，中央电视台连续两年都在购买，制作后分别在第十套和第七套节目里播出。

按照节目的类型，将140集节目分别编为20个系列：

1．体育运动系列；
2．日用洗涤系列；
3．灭火与安全系列；
4．电影电视系列；
5．污染治理系列；
6．自然、地质、环境系列；
7．河闸水坝系列；
8．交通工具及交通设施系列；
9．城市与建筑系列；
10．宇宙与建筑系列；
11．光系列；
12．工业系列；
13．食物系列；
14．医学系列；
15．原材料系列；
16．飞行器系列；
17．船舶、海洋、港口系列；
18．动物系列；
19．发明、发现系列；
20．农业与畜牧业系列。

## 《百年诺贝尔》

北京科影厂制作，北京科影音像出版社2004年5月出版。VCD，全长620分钟，17盘，31集。

这里包含了三个子系列节目，即：《百年诺贝尔》、《与智者相约》、《解读2003诺贝尔奖》。《百年诺贝尔》讲述的是诺贝尔奖的设立，百年来诺贝尔奖的一些故事；《与智者相约》讲述的是几位获得诺贝尔奖的大师的成功之路；《解读2003诺贝尔》讲述的是这一年生理学或医学奖、文学奖、经济学奖的获奖原因及获奖者所作贡献的意义。

## 《走出迷雾——伪科学揭秘》

北京科影厂制作，北京科影音像出版社2004年5月出版。VCD，全长250分钟，5盘，10集。

神灵真的存在吗？水是否可以变成油？笔仙、碟仙为什么广为流传？伪科学，貌似真理，实则虚无的东西，它不仅要欺骗你的眼睛还要蒙蔽你的心。本片戳穿伪科学帮你走出迷雾。其主要内容有：

1．《谁撼动了科学》；
2．《美丽的欺骗——占星术》；
3．《命能算吗》（上、下）；
4．《血型的秘密》；
5．《彩球玄机》；
6．《巫医之术》；
7．《“大师”的骗术》；
8．《风水的秘密》（上、下）。

## 《天工开物》

中央电视台科技专题部《科普系列》栏目组制作，中国国际电视总公司2004年11月出版。DCD，全长180分钟，3盘，12集。

《天工开物》包括“飞行器”、“航空”、“中国星座”三部分。

“飞行器”讲的是许多航空先驱者从风筝开始他们的飞行梦想。阿拉伯人的飞毯也是人们想象出的飞行工具，不同时代、不同民族的人们对飞行有着各种不同的幻想。

“航空”讲的是有关飞机的知识。

“中国星座”介绍了中国传统星座名称的起源、含义，以及隐藏在星名背后的故事，展示了中国星空体系的特色和天上人间的理念。

## 《第三届海峡两岸知识大赛》

中国国际电视总公司制作，中国国际电视总公司2004年12月出版。DVD，全长336分钟，2盘，7集。

本节目为国台办重点项目，由中央电视台和台湾中天电视台联合摄制，播出后在海内外产生了较大影响。大赛的内容选自中华五千年的传统文化和两岸的建设成就及百姓生活，以及文史、地理、数学、英文等。大赛表现形式生动活泼，大量采用电脑动画及大学生喜欢的FLASH和影像资料、选手参与的群体游戏等。来自北京、上海、广州、福州、香港、澳门、台北等14座城市的一百多名大学生参加了比赛。经过激烈角逐，中国政法大学代表队获得一等奖，台湾大学、香港中文大学代表队获得二等奖，厦门大学、台湾政治大学和浙江大学代表队获得三等奖。

## 《高考大咨询》

中央电视台《当代教育》栏目组制作，中国国际电视总公司2004年7月出版。VCD，10盘，20集。

《高考大咨询》光盘，是针对参加高考的应届学生及考生家长关心和关注的热点问题，汇集了权威人士的专业解答，为考生填报志愿、了解学校、申请助学金及奖学金、了解各专业的就业现状及预测等提供参考。

## 《中国奥运冠军特辑》

制片人：师旭平、张虹，监制：张兴、许伟，总监制：马国力、周经。中国国际电视总公司2004年出版。DVD，30盘。

118集纪录片《中国奥运冠军特辑1984～2000》，是体育频道《体育人间》栏目组在雅典奥运会之前制作的大型系列人物专题节目。本片独辟蹊径讲述了中国人自1984年洛杉矶奥运会以来在五届夏季奥运会上夺得金牌的冠军故事。本片以事立人，不靠概念评价人，故事性强，真实可信，生动有趣。在介绍奥运冠军的同时，把我国参加奥运会20年来体育事业蓬勃发展和辉煌成就，有力度、有深度、有广度地展现出来。本片由30多位编导分头制作，每个编导在保持自己独立的创作风格的同时，又有着鲜明的统一的节目品位，那就是人文精神。

## 《圣火传递在北京》

中央新影音像出版社制作，新影音像出版社2004年8月出版。DVD，全长20分钟，1盘。

本片以恢宏、磅礴的画面，精练的字幕，浓缩了2004年奥运圣火在神州大地传送的全过程。一个多世纪来，中国从“东亚病夫”的屈辱到体育强国的辉煌，从零的突破到迎来奥运圣火，到即将在北京举办的奥运会，这是一条中华民族伟大复兴的轨迹，激动、振奋、豪迈、奋发图强，这就是本片所传达的全部内涵。

## 《无声的革命——中国老龄行动报告》

中央电视台社教节目中心文化专题部制作，中国国际电视总公司出版。DVD，全长100分钟，1盘，4集。

《无声的革命》由中宣部、全国老龄办和中央电视台三家联合摄制，本片是国内第一部全面反映老龄化问题的电视纪录片。主旨在重视老年保障、维权执法、参与发展、代际和谐方面的问题，深刻而又简洁地反映全球化背景下的中国老龄化问题。摄制组到马耳他、法国、美国、日本四国进行了专门拍摄，先后采访了联合国秘书长科菲·安南、美国国际问题专家基辛格博士、马耳他总统格伊多·德马科等，2004年3月采访了中共中央政治局委员、国务院副总理、全国老龄委主任回良玉，回良玉还为剧组题字“老龄事业十分重要，老龄工作十分光荣”。回良玉认为：“该片涉及我国老龄工作的有关法律法规、方针政策，较好地反映了我国老龄事业取得的伟大成就。内容全面、事例生动，可看性很强。”2004年重阳节（10月22日）本片在中央电视台第一、九、十频道先后播放，受到领导、专家及广大观众的高度评价。

2004年11月1日，中国国际电视总公司中视音像中心店开业，图为总公司李建总裁陪同中央电视台领导视察音像店开业。

## 《浪漫的事》

中国电视剧制作中心制作，中国国际电视总公司2004年2月出版。VCD，全长1000分钟，20盘，20集。

本剧是一部生活情感类电视连续剧。

妈妈虽然丧偶多年，但她和爸爸的爱情故事一直被三个女儿奉为经典。

目睹了三个女儿的不同际遇，妈妈揭破了多年来由她建立的幸福神话，并宣布和众人一直不以为然的老许订婚。面对女儿的询问，妈妈娓娓道来：幸福和浪漫都是在一粥一饭的日子里，而不是在貌似完美的传说中。只有把苦辣酸甜都尝过，才能真正体会人生。

## 《唐诗故事》

中央电视台动画部制作，中国国际电视总公司2004年5月出版。VCD，全长120分钟，2盘，13集。

根据唐诗改编而成的系列动画片《唐诗故事》，是从100多位诗人的1000多首诗中，选取了十几首极具代表性和影响力的名著佳作进行创作的。本片在思想、内容方面忠实于原作，在以诗为大框架的基础上进行挖掘、创造，丰富剧情，真实地反映当时的风土人情、写作内涵及诗人的思想境界。本片的美术设计具有鲜明的东方文化特点和民族特点，整体风格以古朴、典雅为主调，注重诗的意境的刻画与表达，充分吸收传统绘画中的造型语言和绘制手法，每集借鉴不同的绘制手法（白描、工笔重彩、淡彩、写意、水墨、民间年画等）形成独特的风格样式，很好地体现出诗的意蕴。

# 三、2004年中央电视台报刊一览表

| 类别 | 名　称 | 主管单位 | 主办单位 | 公开／内刊 |
|---|---|---|---|---|
| 报纸 | 中国电视报 | 中央电视台 | 中国电视报社 | 公开 |
| 报纸 | 工作日报 | 中央电视台 | 办公室 | 内刊 |
| 报纸 | 电视生活报 | 中央电视台 | 党办室 | 内刊 |
| 报纸 | 梅地亚报 | 中央电视台 | 梅地亚中心 | 内刊 |
| 报纸 | 科影通讯 | 中央电视台 | 北京科学教育电影制片厂 | 内刊 |
| 报纸 | 科技信息报 | 中央电视台 | 技术管理办公室 | 内刊 |
| 期刊 | 现代电视技术 | 国家广播电影电视总局 | 中央电视台 | 公开 |
| 期刊 | 电视研究 | 国家广播电影电视总局 | 中央电视台 | 公开 |
| 期刊 | 全国收视调查报告 | 中央电视台 | 总编室观众联系处 | 内刊 |
| 期刊 | 观众反映及分析 | 中央电视台 | 总编室观众联系处 | 内刊 |
| 期刊 | 走近科学 | 中央电视台 | 社教节目中心 | 公开 |
| 期刊 | 新视听 | 中央电视台 | 文艺节目中心 | 公开 |
| 期刊 | 中国国际电视总公司工程简报 | 中央电视台 | 中国国际电视总公司 | 内刊 |
| 期刊 | 中央电视台简报 | 中央电视台 | 办公室 | 内刊 |
| 期刊 | 党内通讯 | 中央电视台 | 党办室 | 内刊 |
| 期刊 | 广告资料 | 中央电视台 | 广告经济信息中心广告部 | 内刊 |
| 期刊 | 国际日报·中国电视 | 中央电视台 | 海外节目中心 | 内刊 |
| 期刊 | 国内外电视动态 | 中央电视台 | 总编室研究处 | 内刊 |
| 期刊 | 央视资讯 | 中央电视台 | 总编室研究处 | 内刊 |

2005

CHINA
CENTRAL TELEVISION
YEARBOOK

# 中国中央电视台
# 年　鉴

XINJISHU SHEBEI

# 新技术设备

# 新技术设备

## 中央电视台雅典奥运会远程节目网络制作系统

“中央电视台雅典奥运会远程节目网络制作系统”是本台与索尼、索贝公司联合开发的“中央电视台体育中心综合业务系统”的子系统之一。该系统以正在建设的综合业务系统为依托，广泛采用IT与AV领域的最新技术，坚持科技创新，应用全程非线性与远程制作的全新理念，开创了大型体育赛事转播的新模式，在缩减成本的同时提高了时效性与节目制播质量。

在为期18天的雅典奥运全程报道中，远程节目网络制作系统收录比赛信号893场，共计2277.5小时；前方高码率素材回传112.8小时，后方收录素材862.7小时；后方编辑成品节目1010条，共计222.94小时；台内新闻共享系统使用素材时长达到71.5小时，完成成品节目1516条。在此次奥运报道中，该系统承担了超出原设计强度数倍的工作量，并以其远胜于传统磁带编辑的响应速度提高了奥运报道的时效性，丰富了节目内容，出色地完成了相关节目制作任务。

雅典奥运会远程节目网络制作系统以媒体资产管理为基础，以远程网络传输技术为核心，充分利用电视、通讯、网络制播及专业光盘等技术的最新成果，采取前方收录采集，后方编辑制作的全新模式，实现前后方资源共享与远程网络节目制作，并与CCTV原有新闻共享系统实现了互联互通，无缝连接。该系统引入了索尼专业光盘技术，将上载、编辑与编目环节前移，打破了传统流程无法逾越的瓶颈，以顺畅、高效的工作流程实现了采、编、播、存各环节的非线性操作，第一次在实战中演绎了“全程非线性”的崭新理念。

该系统由雅典前方系统（IBC）与北京后方系统（CCTV）两部分组成，通过两条SDH国际传输链路相连接。主体架构包括媒体服务器信号收录、中央硬盘阵列存储、前方实时场记与编单、前后方素材浏览调用、后方远程节目编辑制作与光缆数据传输链路。系统充分利用了网络与计算机技术的最新成果以及媒体资产管理的成熟经验，在奥运报道前后方建立了相关收录、场记、归档、制作等系统功能模块，在新技术平台的支持下，实现前后方视音频素材共享、收录素材的实时场记与归档管理以及部分节目的现场制作。通过国际传输链路，该系统支持后方编辑机群浏览前方收录的低码率素材，实现异地远程节目编辑，并以IP与IP OVER DVB两种方式，完成高码率成品节目的自动回传与高码率素材的选择性回传，真正实现了前后方资源共享、高效制作，为大型体育报道建立了全新的工作模式。

系统流程简介：

**1．收录编单**

根据雅典赛事安排，编制收录任务（收录时间、素材存放位置、在系统中的简单编目信息），并将收录任务指派给相应的媒体网关执行。

**2．雅典收录**

根据收录任务单，由20台媒体网关执行，同时采集高、低码率素材，存放在前场的NAS在线存储。

**3．实时场记**

采用专用场记软件，选择执行硬盘收录的媒体网关号，可以同时完成磁带场记和硬盘收录场记，并实现文字描述信息与视、音频信息的绑定。

**4．场记查询**

在雅典IBC系统中，可以利用场记工作站进行场记查询、打印磁带场记表，在查询的过程中可以浏览对应的视频图像。

**5．元数据复制**

通过设置在前方的元数据复制服务器，将前方数据库中的元数据信息同步到后方数据库中。

**6．收录素材归档**

在雅典IBC系统中，配置3台数据流磁带机，将收录的素材写入数据流磁带备份并供日后在北京使用。

7．低码率素材回传处理

在没有高码率节目传送请求的情况下，系统会自动将雅典收录的低码率素材通过B、C平台传回北京的在线存储，供粗编工作站（远程编辑工作站）使用，达到节约专线带宽的目的。

8．远程编辑

在CCTV台内，利用远程编辑工作站，可以实现雅典在线存储上的低码率素材、北京本地的低码率素材混编（在编辑过程中可制作一些简单特技和字幕，如果某段素材同时在雅典和北京存在，系统会自动使用本地的低码率素材）。在素材查找过程中，可以通过媒体资产管理平台，利用收录时的简单编目和分类信息、雅典的实时场记信息（可以直接将场记信息对应的一小段素材拖入到节目编辑的时间线上）进行素材查找和浏览。低码率节目编辑完成后，必须进行任务提交，系统才能够传输高码率节目。

9．高码率节目回传处理

软件系统接到节目回传任务后，根据EDL表的描述信息，将节目中用到的高码率素材（25M IBP）片断剪切后形成若干个素材文件，并利用B、C平台传回北京的在线存储（由于带宽和传输效率的原因，C平台的传输基本可以达到1:1的效率，B平台的传输时间要长一些，其中传输的平均效率为1:2）。在节目中的所有素材传输完毕后，系统自动修改有关节目信息，组成新的节目。

10．节目精编

在精编工作站上，利用高码率素材进行节目的进一步制作（修改、增加特技，如三维、慢动作等）。

11．节目下载

在精编工作站上对节目进行制作完成后，将节目下载到录像带上。

12．节目后期制作及审查

利用传统制作系统，对节目进行配音、修饰、节目内容审查、技术审查等工作。在节目被下载到磁带后，对节目的任何修改都可以利用传统制作系统完成。

13．节目播出

利用磁带播出系统播出经过审查的节目。

雅典奥运会远程节目网络制作系统在BIRTV2004产品、技术及应用项目评选活动中获奖，并获国家广播电影电视总局高新技术应用奖。评委一致认为，该系统无论在规模、实用性和技术水平上均处于国际领先地位，并在远程节目资源共享、远程节目网络化制作、实现全流程的非线性等方面实现了多项世界第一，达到了较高的水平，体现了新一代电视转播系统的主要特点和工作模式，实现了大型体育赛事转播理念的创新，实现了远程、异地全部素材的实时共享，并通过了SDH国际链路以IP方式实现大流量视音频文件的传输，实现了远程、异地节目的网络化制作，实现了不同业务系统间的无缝连通，素材全台实时共享，并将专业光盘设备投入大型体育赛事转播，实现了制作流程的全程非线性。

（播送中心传送部　赵震）

# 高清晰度电视5.1声道数字环绕声音频制作系统

中央电视台新建成的高清晰度电视5.1声道数字环绕声音频制作系统属国际同行业之中较先进的数字环绕声制作系统，是国内第一个具有数字环绕声制作能力的电视音频制作系统。

该高清晰度电视5.1声道数字环绕声音频制作的整个系统可以划分为五个部分，即以数字调音台、数字音频工作站组成的音频制作主系统，以五只三分频的中场监听音箱加一只超重音音箱组成的环绕声监听及两只近场立体声监听音箱构成的监听系统，各种音源及效果器、延时器、混响器等构成的周边设备系统，Dolby E编解码系统和设计较复杂的数字同步系统，正是由于这些设备的良好组合与连接设计才构成了一个比较完美的高清电视音频制作系统。

## 一、调音台及音频工作站主系统

选择了系统技术平台与操作界面设计理念比较先进的EUPHONIX Syetem5p影视制作数字调音台，音频工作站仍然选用了比较熟悉的Fairlight MFX3 24CH输入/输出数字音频工作站系统。EUPHONIX公司的System5p数字调音台，内部接口系统全部采用Hub连接方式，对外部数字信号传输，全部采用先进的MADI格式光缆传输方式，便于将来用于网络化连接及远程数字信号传输。系统内部采用了双CPU控制的计算机操作系统控制，这样可以大大地提高该系统的工作效率和稳定性。独立的A/D、D/A转换器设计，独立的MADI格式转换器设计以及独立的输入/输出矩阵系统设计等，使得该数字调音台具有充分的扩展空间。操作界面设计很人性化，基本上摆脱了传统数字调音台操作繁复的设计模式，而是采用了传统模拟调音台操作简便的界面设计方式，操作比较简单方便。监听系统可以方便地在5.1声道、立体声和单声道之间切换，可以适用于电视5.1声道数字环绕声制作系统，同时也可以满足立体声和单声道的制作需要。该系统操作界面具有两个环绕声声相控制全景电位器(JOYSTICK)及特有的环绕声制作聚焦(FOCUS)及发散(DIVERGENCE)控制器，为环绕声的制作提供了方便手段。40bit浮点技术的内部处理、96/48kHz的采样频率及24bit的量化比，更使得该数字调音台具有优良的声音品质。

目前System5p数字调音台系统采用的是96个内部通道处理、32个界面音量控制推子、8个界面环绕声监听及输出控制推子、64个通道的AES/EBU数字信号I/O、32个通道的模拟信号I/O及24个通道的模拟监听输出选择，而且所有的物理接口和物理推子都是可以随意分配的。将来的扩展空间也很大，可以满足将来发展网络化传输与多声轨制作的需要。

本机房采用的是Fairlight MFX3数字音频工作站，由于其使用了专用的操作系统、文件结构和硬件架构，因此稳定性极高。其专用控制键盘的快捷键设计合理，操作方便。而且该工作站采用了SONY-422-9P同步协议，与视频系统的同步做得非常好，在与录像机的同步上非常方便。数字调音台与音频工作站构成了数字环绕声音频制作系统的核心部分，二者之间的信号连接采用的是AES/EBU数字连接方式，系统采用48KHz采样频率及24bit量化，适应总音频体系的需要。主系统具有选用96kHz的采样频率的能力，在数字连接的同时模拟信号连接作为备份使用。

## 二、声场设计与监听系统

本机房建声改造的设计单位为广电总局建筑设计院声学研究所。根据Dolby环绕声监听认证标准，机房采用了全对称的建声设计，按照目前的防火要求在墙面70%部分采用了1.8mm厚的铝穿孔板进行吸声处理，穿孔率为30%，相对于传统的木质及棉麻质吸声材料来说增加了很大的声学处理难度，另外不足60平方米的房间面积也对建声设计提出了尽量减少空间占用的要求，经过反复设计修改建成后的房间声学条件基本达到了Dolby认证的环绕声监听标准，T60在0.32～0.41之间，低频略有提升，声场的对称性比较一致，全频带没有明显的共振点。唯一的遗憾就是经过建声处理后的房间面积仅有43平方米，与Dolby标准的≥60平方米有较大的差距。

在系统中，环绕声监听扬声器选用了五只三分频的Dynaudio M3，超重低音(LFE)采用了带有环绕声管理器的GENELEC 1092A。M3具有声音饱满、音色圆润的特点，相对于43平方米的面积来说功率大了些，但考虑到环绕覆盖性强的特点及将来整个系统有可能移动的因素还是选用了；1092A是一款比较经典的超重低音扬声器，其音色反映饱满厚实，本身带有环绕声处理系统，可以自动将85Hz以下的频率分离，另外在低音处理上我们还利用T.C Fireworx的低频激励功能将节目音源中的低频进行处理，使得低频音色更加饱满丰富。

在环绕声监听系统中，由于声焦点位于录音师监听位置上，为了使导演在后部导演席也能够有较好的监听条件，专门在后部为导演加装了两只GENELEC 1031A近场监听扬声器，信号从SL/SR监听分频出来，一般仅作为审看使用而混录时不用，以减少对主声场的干扰。在环绕声制作监听系统中很重要的一点就是声相定位准确性问题，为了很好地解决这个问题，我们采用了16:9投影银幕方式播放视频图像，按照房间的尺寸比例以及L/C/R音响位置而计算出的银幕长宽比为4米:2.4米，播放系统采用了具有标清及高清输入接口的BARCO-4300LCD高亮度投影机，使得录音师在制作节目时能有身临其境的感受。所采用的投影银幕是国产聚乙烯材料的荧光透声银幕，透声率按照厂家的说明可达85%以上(没有经过实测)，高频部分略有衰减。

按照Dolby电视环绕声认证标准，整个监听系统的音量控制在86dB左右。为了兼容立体声和单声道的制作要求，在主监听位置配备上了两只GENELEC 1030A有源近场对比监听音箱，这样可以与主监听音箱Dynaudio M3互换使用。

## 三、周边设备及Dolby E编解码系统

高清电视音频制作系统中的周边设备配置得很强大，为了使整个音频制作系统能够实现真正的全数字连接，系统选择了全部具有AES/EBU数字I/O接口及24bit量化比96/48kHz采样频率的数字周边设备。

T.C D2数字延时器、TRIPLE C数字压缩/限

制器、T.CM 2000及M3000数字混响器、FINALIZER 96K数字母带处理器、FIREWORX数字多效果处理器、K.T3600数字均衡器等，为了数字环绕声制作的需要还专门配备了T.C M6000多声道数字混响器及EVENTIDE ORVILLE多声道数字效果器。音频信号记录与播放选用了TASCAM DA98HR 8CH数字录音机、GENEX 8500 8CH MO录音机及立体声的DAT、MD、CDR等设备，这些设备的使用为环绕声的制作发挥了很重要的作用。

本系统设计采用了Dolby E编解码系统，它可以将8轨PCM信号编码为2轨Dolby E码流，并可以将码流与视频帧同步记录在任何AES记录媒体上。其中的DP570多声道工具可以对码流进行解码后监听，同时还可以在码流中加入控制编码的元数据。编码后记录在录像带上的Dolby E码流可以随视频一起被编辑。

## 四、数字音频同步系统

在本系统中除了常规的数字音频设备以外还有视频系统及Dolby E编解码系统，所以同时需要提供三种同步信号：WORD字时钟同步信号、AES同步信号及VIDEO参考电平同步信号。其中调音台内部使用AES同步信号，音频工作站及周边音频设备使用WORD字时钟同步信号，录像机和Dolby E编解码系统使用VIDEO同步信号。要将所有音视频设备同步在一起，就要将这三种同步信号同步。所以我们使用GVG9650视频同步器作为系统主时钟，Nvision4000音频同步器根据GVG9650发出的视频同步信号来发出音频AES与WORD时钟。这样使整个系统都可以同步锁定在一起。

（技术制作中心音频部提供）

# 高清演播室音频系统

400平方米高清演播室于2003年9月26日正式建设完成并投入使用。其音频系统具有立体声节目、5.1环绕声节目制作及多轨录制和单声道节目制作的播出能力。

## 一、系统

400平方米高清演播室音频系统配备SSL数字调音台以及专业级的各种周边设备（包括CD、DAT、MD、CASSETTE、硬盘机、电话耦合器及多种效果器）。演播室在信号连接与分配上都是通过音频跳线盘来完成的，所有信号包括话筒和各个周边设备的信号都与跳线盘相连，调音师能够方便迅速地从跳线盘上找到插口合理按需要分配信号。演播室音频系统采用的是数字信号通路与模拟信号通路混合使用的设计方式。在信号主通路与播出系统之间及视频记录系统的连接上，采用AES/EBU格式的数字信号连接，以减少在传输过程中信号的损失，而在内部的系统连接中则部分采用了模拟信号通路的连接方式，减少了通往监听过程中的A/D转换。

## 二、调音台

400平方米高清演播室的音频主系统采用了SSL生产的32路推子、64通路的播出型调音台Aysis Air Plus全数字调音台。它具有强大的信号分配矩阵系统，可以对所有的外部输入信号实现分配控制，具有5.1环绕声兼容立体声、单声道的监听能力及录制播出能力，主系统配置时选配了24路话筒放大器，24路AES/EBU格式的数字信号输入输出接口，32路模拟信号输入输出接口，以满足整个系统的连接使用的要求。

## 三、同步

演播室中音频与视频系统连接时则通过黑场电平同步信号（BB）实现同步。由于高清演播室要同时具备DVW标清节目的录像及直播功能，录制DVW是通过下变换器实现的，外来信号则通过上变换生成高清信号、通过高清切换后再经过下变换生成DVW标清信号节目两次变化；因此，在录制或播出DVW时，必须使用数字延时器使画面与声音相统一。

## 四、监听

监听系统采用了两只GENELEC 1038A有源三分频扬声器作为左右声道的主监听，中置采用与之相配套的1038AC，环绕采用了S30D，低频用了1092A，由此构成了5.1环绕声监听系统。同时配备了两台16：9等离子高清监视器，可同时显示1到8路信号。主监视器使用了4：3的民用收视效果的监视器，提高了系统的灵活性。通话系统采用了TELEX的多通路双工通话，实现了多工种同时通话的目的。

（技术制作中心音频部提供）

# 预警报警机制在多通道硬盘自动播出系统中的应用

目前的多通道硬盘自动播出系统的播出能力为24套标清频道和4套高清频道，采用了集中监看模式，监控的复杂程度大大提高，如果此时仍坚持以人员监听监看为主，将远远不能达到所预期的播出安全级数。为了适应实际需求，依靠设备的不断智能化，在整个系统中引进了预警报警机制，提供了一种实现系统智能监控和在线报警的方案。通过系统提供的在线故障定位和故障分析，可以大大缩短处理事故时间，并实时记录系统中的各种参数的历史记录，为日后的故障分析提供依据。

整个监控系统基于信号和设备两个层面设计，通过对设备进行数据采集、数据分析，策略判定到最后的报警图像和报警信息的显示。信号监控主要依靠对有无输入信号、黑场、静帧、静音的断定，对信号通路进行检测报警；设备监控则主要依据设备的电源、风扇、温度、通讯、控制、运行时间等信息的采集，对设备进行预警和维护策略的实施。

从软件功能上我们划分为数据采集、设备管理、显示管理三个大部分。

## 一、数据采集

数据采集部分主要负责采集来自播出系统设备的数据，并对这些数据进行整理和分发，为设备管理和显示管理提供数据支撑服务。

数据采集可以采取分布式的部署方式，系统中容许多个数据采集服务器存在，这样可以使得系统的扩充较为容易。同时隔离了播出设备和设备管理、显示管理之间的耦合，增加了系统的灵活性。

系统设备的数据采集基于插件进行设计，目前系统支持的设备有：

**1. LEITCH公司提供的CCS协议设备，主要有LEITCH的GENESIS设备**

GENESIS设备由标准的16槽机箱构成，可安装各种视音频卡，包括分配放大、音频嵌入、解嵌、D/A转换、帧同步器等，每个机箱装有一块网络监测接口卡FBC6001。它可监测机箱中各种视音频卡的状态，向监测系统 CCS网关服务器进行报告。这样通过基于物理位置和系统信号流程的连接，实现针对GENESIS系列板卡和机箱的监测。

**2. 机械手**

系统通过ISR（Interactive Status Reporting）控制接口可以了解到机械手的各种参数，如：机械手各种部件的使用时间、机械手控制器的软件版本等相应的记录和信息，以便及时进行维护；机械手、磁带架、IF-373板部、伺服、条码识读器等各种错误报警信息，实现在线显示和信息发送。

**3. 录像机**

系统通过ISR控制接口可以查询录像机的各种版本信息、录像机开机时间以及磁头使用时间等相应信息，以便及时进行录像机的维护；糊磁头、电路、机械部分等各种错误信息的显示，可及时查找故障原因并提供维修依据。

**4. 切换台**

系统通过独立的设备状态监测端口可以查询切换台的各种版本信息和使用信息，包括电源的状况、相关板卡的温度和运行状态、各种通讯连接状态、交叉点的切换状态等，便于全面掌握矩阵、处理器、控制面板等的运行状态，以确保这一重要设备的安全播出。

**5. 视频服务器**

系统通过网络接口应用简易网络管理协议SNMP采集信息，可以获得各种上述集群的各种版本信息和使用信息，包括电源、风扇、温度的状况，硬盘、接口卡、编解码板卡、Raid阵列、串行控制口、网络及软件的运行状态等，一旦发现问题及时报警。

**6. 播出控制系统**

系统通过网络接口采用SNMP协议可以获得节目单编辑机、播出控制机、上载录制工作站、设备服务器、素材管理服务器等设备的运行状态等，一旦发现问题及时报警。

## 二、设备管理

设备管理部分的主要功能是确定系统中要监管的设备清单，确定各种设备对应的策略定义，从数据采集工作站接受各种参数，计算出各种策略的判断结果，针对策略的变化显示其内容，并将结果送往显示管理系统。

通过手动增加、修改、删除数据采集服务器从而获得各种参数，针对不同的设备，可以定义不同的策略来进行系统报警，一个策略主要包括名称、参数、条件、级联策略和前提策略等主要参数，例如进行公共信号的输入报警，必须首先通过数据采集CCS网关的信息，如果演播室或总控没有提供视音频信号，相应的DVDA-1就会报“no input”的信息，但是报警信息不会显示出来，如果离播出还有30分钟仍然没有提供信号，则由于满足两个条件，立即进行报警提示“××演播室没有提供信号”。例如可以通过DVDA-2、DVDA-3同时报“no input”的信息，处理器运行正常没有报警，应急矩阵信息通讯中断，而断定应急矩阵故障，并将相应的错误信息、处理办法、设备位置显示出来。

通过AVE105对视音频信号进行全面的实时监测，及时捕捉频道瞬间发生的各种停、劣播事故。可对无视频、黑场、静音（无伴音）、静帧等各种情况设定相应的反应时间，并可对画面进行选行操作，使检测内容更准确。

## 三、显示管理

显示管理部分包括节目上载部分、公共信号源、视频服务器的上载级、播出级、存储级、近线数据流磁带库、控制系统、各个频道视音频系统。

用抽象的图形画面模拟实际的设备及其之间的逻辑关系，定义数据来描述设备对象的各种属性状态。然后通过脚本定义以及设备与策略的关联来实现数据和图形界面中各个显示组件的关系，也就是显示组件以怎样的显示状态来模拟实际设备对象的状态。

报警系统依据采集的各种信息，针对设备管理提出的策略规划，由总图自动切换到相应的图例，显示报警信息以及设备位置和处理办法等，并对错误和警告信息实现声音报警。为了方便操作我们设计了三台报警服务器，使用的机型为DELL 2650，分别承担数据采集、设备管理、显示管理功能。将数据采集任务分散到三个服务器为的就是减少信息的巡检时间，降低检测服务器的负荷，提高获取信息的效率。这三个服务器之间实现了信息共享，DELL 2650分别配备双网卡连接不同的系统，彼此之间实现网络的互相隔离，减少互相干扰的机会。由于系统中有ISR的设备，报警服务器-2配备了基于RS232的控制卡用于收集ISR的监控信息。

播出报警系统的日志管理是实现系统报警和事故原因查找的基础，应高效便捷。由于报警系统基于网络协同工作，日志管理成为一个单独的工作站，运行在网络系统中收集来自报警系统中各个工作站的日志信息。

（播送中心播出部　宋　尉）

# 无线网络在中央电视台的实现

中央电视台基础网络系统已经遍布全台及台周边区域，支撑着中央电视台几乎所有的计算机应用系统，为中央电视台各个方面的业务工作提供了基础网络保障。例如节目生产管理系统、办公自动化系统、新闻共享系统、播出准备系统、综合信息网、电子邮件系统、图文资料系统、辅助业务系统以及人事、财务、物资等应用系统。

随着中央电视台信息化建设的不断拓展，基础网络系统一方面承担着固定设备联网的业务要求，同时正在向无线移动联网方面发展，为电视台各项业务提供更加灵活方便的联网手段。例如会议室和演播室，演播室应用的特点是，联网PC的数量和位置的变换比较灵活；而在会议室人员不固定，流动性较大，联网设备主要为笔记本电脑，在这两种应用情况下，无线移动联网既可以带来使用的方便，又减少了采用固定联网造成网络资源的浪费，因此，在许多情况下采用无线网络技术是一种很好的联网解决方式。

为了满足台内各项业务对无线联网的需求，中央电视台2003年就开始引入了传输带宽为11Mbps的无线联网技术和设备，经过多次测试、试验和在临时活动中使用，无线联网技术的便捷给用户带来了极大的方便，在技术上完全可以满足中央电视台业务的要求，逐渐被用户所接受。

经中央电视台技术委员会批准，2004年正式将移动联网项目列入中央电视台当年工程建设项目中，并进行了无线网络系统的部署和实施工作。在技术上采用了传输带宽为54Mbps，并可做多逻辑网段捆绑的无线AP技术。

由于无线网络是通过信号辐射来做网络传输，为了保障无线网络接入的安全，在部署实施过程中，除了根据不同需求在无线设备自身作了一些安全策略外，还和在演播室使用其他无线设备所使用无线频率进行了相关检测，避免了设备之间信号的互相干扰。

在演播室安装时，既要符合演播室的美观需求，又要保障信号的稳定传输，以确保在演播室的各个位置的PC都能稳定地接收无线信号。

（信息通信处　刘　玓）

2005

CHINA
CENTRAL TELEVISION
YEARBOOK

中国中央电视台
年 鉴

CHANYE JINGYING

# 产业经营

# 产业经营

## 中央电视台2004年广告经营情况

2004年,面对媒体广告经营环境恶化、收视分流、客户变化、政策限制等因素的影响,中央电视台适时进行战略调整,广告部不断创新营销思路,特别是在转变营销模式、打造专业化高素质队伍等方面有了新的突破,使其广告经营工作再创新的辉煌。

### 一、主要销售业绩

(1) 截至2004年12月,中央电视台实现了自2001年5月以来,广告经营连续44个月的增长;2004年本台广告创收80.0268亿元,比2003年净收入增加10.143亿元。

(2) 2005年黄金段位广告招标总中标额52.4815亿元,比2004年44.1157亿元增长19%,如果扣除上年招标中因政策原因未执行的电视剧中插广告2.9463亿,2005年总中标实际增长11.3121亿元。

### 二、创新营销模式,全方位开发造势

(一) 坚持“抓大不放小,又不因小而失大”,在维护好广告支柱行业和大客户的同时,开发国际品牌和国字号企业,培养品牌客户群,挖掘新兴行业和潜力客户。

**1. 用中国市场特色教育国际客户,用本土企业的成功刺激国际企业,吸引更多国际品牌投放中央电视台广告**

首先,加大宣传力量,用英文材料广泛宣传中国市场的特色和中国媒介市场的独特结构,介绍中央电视台的传播价值。与境外相关专业主流媒体建立联系,使其成为对国际客户宣传的重要平台。利用9月8日第39届世界广告大会在北京召开的契机,于9月7日召开了“中国市场特色和品牌传播策略”论坛,邀请大会的部分代表和国际客户参加,宣传中国市场的特点和中国企业的成功广告案例。

其次,与国际客户高层深入接触,介绍中央电视台的传播优势。2004年,广告部先后与宝洁全球媒介总经理、宝洁的大中华区副总裁以及媒介总监,联合利华全球媒介总裁、中国区主席、亚太区媒介总监,高露洁全球媒介副总裁等进行交流,面对面的沟通直接影响了外资企业对中央电视台的态度与认识。

再次,通过与国际广告公司共同举办有国际客户参加的媒介策略研讨会,在影响国际广告公司的同时教育国际客户,先后与传立媒体、电通传媒、星传媒体等三大著名国际广告公司及其客户探讨媒介策略。这些客户包括联合利华、福特汽车、肯德基、丰田汽车、宝洁等国际品牌。

通过一系列的沟通交流,使国际品牌对中央电视台的传播价值和优势有了更多的认识,并纷纷转变媒介广告策略,更多投放本台并参与2005年投标。2005年招标的增长首先就来源于国际客户中标额的大幅度增长。国际客户投标总额达到7.06亿,与上年中标额1.8亿相比增幅达到292%。其中,宝洁中标额3.85亿元为全场最高,NEC、联合利华、丰田汽车、肯德基、卜内门泰古油漆、上海吉列、高露洁等国际品牌也都成功中标,中标企业超过11家,较上年中标的国际企业有大幅度增长。

国际品牌加大在中央电视台的投放和竞标,不仅成为本台一大稳定的客户源,为本台广告收入持续增长打下一个坚实的基础,而且有力驳斥了关于中央电视台招标“不理性”的非议,牢牢掌握舆论主动权,意义深远。

**2. 用小型民营企业的成功带动大型国有企业投放,通过建立战略合作关系带动行业广告投放,在广告**

**经营增长的同时，促进了行业经济的发展**

近两年，润滑油的发展成为一大亮点，中央电视台广告部通过宣传统一润滑油的成功案例来带动中石油、中石化是一个重要经验。2004年，本台继续加大宣传统一润滑油通过投放央视快速成长案例，在各种推广会上请统一石化的代表演讲，介绍成功经验，有效带动了中石油、中石化的投放。三家润滑油在2004年的招标执行中表现稳定，而且在2005年招标中，中石油以2.77亿元中标，中石化中标额是2.28亿元。国产润滑油品牌的集体崛起也引起了国际品牌的关注，并开始在中央电视台投放广告，润滑油行业已成为本台广告投放的第三大行业。国有大型企业投标额的增长是2005年招标增长的重要因素。另外，能源、金融、通信等国有大型企业在招标段的投放较大，总中标额为8.4亿元，较2004年中标额增幅达到239%。

此外，中央电视台广告部还抓住金融行业将在2005年加大品牌建设的机会，与多家银行探讨合作的途径，并与招商银行、交通银行签订了战略合作协议，既可以解决一些企业广告投放的资金问题，更重要的是带动了金融行业的品牌竞争。2004年11月份，就有招商、交通、兴业3家银行投放招标段。2005年招标会上，还出现了5家金融保险机构竞标。

**3．重点地区开发，在重点地区派驻客户开发小组，开展“刨土豆”运动，培养地区客户群**

为了开发更多的潜力客户，先后在广东、江苏、浙江、福建等重点地区召开推广会。9月份，广告部在浙江、福建等重点地区派驻客户开发小组，在招标前通过推介会、企业论坛、沟通走访、案例宣讲、资源介绍等方式与企业广泛接触，集中力量开发新客户，先后在杭州、宁波、温州、绍兴、台州、义乌、福州、厦门、泉州等地召开“亿元企业晋级论坛”，抓住了当地众多“亿元企业”品牌提升的利益关注点，收效明显，更多新兴客户投放中央电视台广告和参与2005年招标。

以福建为例，2004年福建企业中标4家客户，中标总额为1.6亿元，而2005年，福建企业中标8家客户，中标总额为3.3843亿，客户数量和中标额都增长了一倍。福建的服装、电子、食品饮料等各行业企业，都成为这年招标现场备受关注的亮点。

与此同时，浙江地区除了过去主要的客户娃哈哈、养生堂、民生药业、波导手机等，都加大了投入以外，还增加了很多新兴的企业参与2005年的招标，仅黄酒企业就有两家中标，中标额近亿元。2005年广告招标中，浙江地区中标6家客户，中标额达6.1099亿元。而在2004年，浙江企业中标4家客户，中标总额为3.2亿元，2005年中标客户数量和中标额都增长了近一倍。另外，广东、内蒙等客户群基地也有很好的发展。这些地区的企业广告投放的增长直接推动了2004年广告收入的增长。

**4．重点行业开发，维护支柱行业与开发新兴行业并举，优化客户结构**

充实行业客户服务队伍，加大行业开发力度，先后召开了家电、糖果、轮胎、日化、功能饮料、保健品、金融品牌发展论坛。从2005年招标情况看，不仅稳住了几大支柱行业：食品饮料依然是最热门的行业，总中标额达到14个亿，比去年增长二成；日化行业总中标额突破7个亿；医药保健、手机通讯、家电、服装等行业中标额均有不同程度的增长。而且新培养起来的润滑油行业迅速成为支柱行业，已超过6亿元，排在第三位；金融、黄酒、太阳能、家具连锁、快餐连锁、家电连锁、低压电器、掌上电脑等新行业客户也首次中标，行业结构更丰富；另外，在食品饮料大行业里，也涌现出如冠生园糖果、亲亲、蜡笔小新等首次中标的新客户。

（二）坚持“以客户为中心”，增强广告经营的服务意识和专业化水平

**1．注重调查研究和策略研发，加强营销的科学性**

不断做好行业走势、客户发展、媒体竞争、媒介策略的研究，办好《广告营销参考》和《媒介竞争动态》，为广告销售提供策略建议；管理好专家顾问队伍，发掘央视新的传播价值；与相关调查研究公司合作，掌握数据，并利用这些数据为广告销售服务，为广告公司和客户提供数据支持。

**2．面向市场需求，面向客户需要**

在奥运营销中，为客户量身设计符合客户个性需求的投放方案。在电视剧选择上，设立投票箱，听取客户对选择电视剧的意见和建议。在设计今年的标的物和制定招标方案时，一方面分析以往的招标段数据，另一方面在客户中先后三次进行问卷调查，收集客户对招标方案的反馈意见，并根据市场需求进行调整。2004年在保持大部分原有标的物的基础上，《新闻联播》前还新设了10秒长度的广告，《焦点访谈》后增设了30秒长度的广告，同时，推动“3+X”套售方案和部分定向套售方案，增加招标段回报价值，受到客户的欢迎。

**3．搭建媒体宣传网络，为客户做好整合传播**

利用各种其他媒体资源，为客户在其他媒体形式上作广泛的宣传，形成多媒体的整合传播效果，得到客

户认可。2004年与中央电视台广告部固定合作的专业杂志有：《财经时报》、《广告导报》、《广告大观》、《广告人》、《中国广告》、《销售与市场》等，此外还与财经类主要媒体、各地方主要报刊以及网络媒体建立了联系。

**4．加强广告销售渠道建设、强化对广告公司的培训和管理**

利用社会专家力量及中国传媒大学、清华大学的教育资源，为广告资源和广告效果评估开展培训。先后召开四次广告信息发布会，开发了广告信息发布的新形式，并召开十佳和优秀广告代理公司表彰会，对2003年度十佳广告代理公司、招标时段优秀代理公司以及广告经营优秀代理公司进行表彰。

**5．培训行业客户服务人员，提高行业服务水平**

从7月份开始，中央电视台广告部组织了为期100天的行业客户服务人员“魔鬼训练”，对行业客户服务人员进行专业化培训，提高队伍素质和专业化服务水平。年底开始，又组织“向同行学习”系列培训，学习借鉴报纸、杂志、广播、电视等媒体的广告经营先进经验。

**6．加强技术平台建设，开通新系统，在确保安全播出的基础上提高服务效率**

2004年，中央电视台广告部同时开发了两套新系统，一套是广告业务管理系统、另一套是硬盘播出系统。6月18日，广告业务管理信息新系统正式开通，为广告部进一步提高管理水平，做好客户服务、提高工作效率提供了基础。2004年实现了全年广告安全播出。

（三）加强营销和宣传活动的深度和广度，扩大中央电视台广告经营深层社会影响

人气是营销的关键。2004年，中央电视台广告部不断创新形式，与社会各界合作举办推广和宣传活动，有效扩大了本台广告经营的社会深层影响力，大大提升了本台广告营销的人气。

**1．积极与社会各界合作举办推广宣传活动，扩大影响力**

2004年，中央电视台广告部共召开各种行业推广会、地区推介会、广告资源项目推介会、广告政策说明会、品牌传播论坛、网上在线交流等各种形式的推广活动共58场（见下表，此表未含所参与的其他机构组织的推广活动），在直接推动广告销售的同时，也为本台广告经营造势。

中央电视台2004年主要广告推介活动一览

| 会　议 | 次数 | 地点、内容 |
|---|---|---|
| 招商会 | 3 | 春节晚会招待会、歌手大赛招标、奥运重点项目招标 |
| 地区推广会 | 3 | 广州、苏州、宁波 |
| 行业推广会 | 6 | 家电、功能饮料、保健品、摩托车、糖果、汽车 |
| 奥运推广 | 4 | 北京、上海、广州，招标 |
| 大型展览会 | 3 | 第39届世界广告大会、沈阳电视广告交易会、第11届中国广告节 |
| 大型论坛 | 4 | 两会代表话营销、武夷山营销攻略、619电视媒体经营高峰论坛、国际广告大会国际客户会 |
| 广告公司推广和培训 | 4 | 山西、清华、广院，十佳公司颁奖 |
| 招标推广 | 10 | 北京、上海、广州、哈尔滨、青岛、厦门、成都、杭州（2次）、沈阳 |
| 招标推广重点广告公司研讨 | 3 | 传立媒体、电通传媒、星传媒 |
| 招标推广媒介策略论坛 | 2 | 北京、广州 |
| 招标推广重点地区企业论坛 | 6 | 浙江（4次）、福建（2次） |
| 网上在线推广活动 | 10 | 营销创新、央视传播价值、企业快速成长、奥运广告价值、奥运广告机会、央视一套改版、2005年招标推广（3次）、招标新闻发布 |
| 总计 | 58 | |

**2．以奥运营销为契机，宣传造势，带动正常时段销售**

围绕雅典奥运会广告资源的开发和销售，中央电视台广告部通过宣传造势、资源整合、方案策划、沟通互动等，努力挖掘雅典奥运会商机。在资源整合方面，广告部与总编室、体育节目中心等节目部门合作，优化奥运广告资源。在方案策划方面，充分考虑客户需求，根据客户特点设计个性化的投放方案，先后设计了高露洁《千秋奥运》、海尔《奥运倒计时》、中国联通《联通雅典》、奥运宣传片等广告形式。另外，中央电视台广告部利用奥运会资源实行部分奥运广告资源与招标段捆绑销售，6、7、8月份招标段销售情况良好。雅典奥运会后，运用"后奥运营销"的概念将奥运营销机会用足。而且在2005年招标推广和招标过程中，后奥运概念也成为主要的宣传造势亮点。

**3．与有关政府机关、高校、协会等部门合作，举办提升中央电视台广告经营深层社会影响力的活动**

中央电视台广告部先后与北京大学经济学院联合主办"两会代表话营销——汽车产业前景论坛"；与福建泉州晋江市委、市政府联合召开晋江民企品牌提升研讨会；与福建南平市委、市政府、武夷山市委、市政府联合在福建武夷山举办了"生于六十年代"企业家论坛，探讨中国企业和企业家的历史使命；在北京召开了"中国电视媒体广告营销高峰论坛"，客户企业的高层代表、广告代理公司、业内专家学者、政府主管部门、兄弟台和其他媒体代表共300多人与会，站在媒体领导者的地位，探讨电视媒体广告营销的发展；在浙江宁波、温州、绍兴、台州、义乌、福建福州、厦门、泉州等地与当地政府或营销协会举办"亿元企业晋级论坛，"，邀请专家为中小型企业品牌提升出谋划策；与中国广告协会、日本电通广告公司联合举办了"国际品牌与传播"的研讨会。围绕各种活动，利用各种媒体资源深入报道，再传播，吸引了社会各界对中央电视台广告经营的高度关注，在业界产生深层影响，为本台广告销售有效积聚了人气，同时，也能通过活动，让参与的企业家接触到央视传播理念，并在以后的投放中选择央视。

**4．构筑多媒体宣传的网络和平台，保持在业界的主流声音，为广告营销营造氛围**

中央电视台广告部充分利用本台的资源优势，与众多其他形式的媒体建立合作平台，通过多媒体的网络和平台，广泛宣传中央电视台的传播价值、营销观念和成功案例。除了做好日常的宣传外，特别注意2005年招标的宣传引导，有效地形成了有利于本台的主流声音。

例如，在招标前期准备中，除了在几大广告专业杂志上用固定版面宣传外，还与主要网络媒体、各主要城市的主流平面媒体合作，刊登宣传文章和形象广告。招标前一个月，在全国15个主要城市的机场和国航、东航、南航班机上播放中央电视台和招标的形象广告。临近招标，11月14日、16日、17日三次在央视国际网络举行在线交流。预测招标竞争情况，给客户信心，引导和刺激竞争，并在其他媒体上反复宣传。11月18日，在梅地亚专门设立招标新闻中心，为媒体提供招标新闻和资料，积极引导舆论，避免负面报道。招标后，及时将分析结果发布，引导媒体正确分析评论招标结果，从中看出中国经济发展的光明前景，以及本台综合实力和价值的提升。

*（四）在挖掘自身潜力方面，作好结构优化、流程再造，加强时间和资源销售管理*

2004年，由于招标额高、客户市场变化等因素，招标段执行面临着巨大的困难和压力。广告部积极调整机构，优化内部流程，将招标段销售与行业服务和行业开发紧密结合，加强时间和资源销售的管理，加大招标段、正常时段、重大活动和电视剧的销售力度，通过挖掘自身潜力增加广告销售收入。

## 三、强化广告营销的几点经验

2004年在坚持"抓大不放小"、"以客户为中心"等策略、继续做好重点地区开发和重点行业开发的基础上，中央电视台广告经营工作在四个方面取得了经验：

**1．软性营销**

由第三方出面，或者与第三方联合组织研讨会、企业论坛等活动，由第三方宣传中央电视台的传播优势和成功案例，同时在其他媒体上增加软性宣传，营造本台广告营销的软环境。

**2．高端营销**

与企业决策层深入接触，影响企业高层。这一点在2004年的国际品牌策略转变上尤其明显。

**3．前置营销**

不局限于广告产品的销售，而是整体推广有利于本台的理念、价值，将影响广告投放决策的营销环节前置。

**4．整合营销**

联合各地主要媒体资源 ，搭建"媒体广场"，组建媒体传播立体网络，利用其他媒体资源，营造本台广告营销"势"场。

（广告经济信息中心广告部提供）

# 中央电视台2005年黄金段位广告招标综述

2004年11月18日，中央电视台2005年黄金段位广告招标最终以52.4815亿元、比上年44.1157亿元增长19%的成绩再创新高，取得了广告经营又一丰硕成果。

## 一 、2005年招标所面对的严峻挑战

客观而言，2004年媒体广告经营环境和市场格局的变化，使2005年招标经受了严峻的挑战。

电视媒体受到了广播、报纸、杂志、户外等传统媒体和互联网、手机等新兴媒体的强烈冲击，在电视媒体内部，由于电视媒体资源过剩，行业竞争不规范，低折扣和价格战愈演愈烈，中央电视台的广告经营环境严重恶化。另外，支撑招标段收入的医药、家电、乳品等几大广告招标支柱行业投放下滑和客户减少，也直接影响到2005年招标的竞价。

## 二、2005年招标的基本特点

与2004年比，2005年中央电视台黄金段位的广告招标呈现出几个突出特点：

**1. 增长幅度坚挺稳健**

2005年黄金段位广告招标总中标额52.4815亿元，比上年44.1157亿元增长19%。如果扣除2004年招标中因政策原因未执行的电视剧中插广告2.9463亿元，实际增长11.3121亿元。

**2. 客户结构产生质的飞跃，中央电视台品牌价值不断得到提升**

一是国际客户的大量涌入成为新的亮点，其中宝洁、NEC、联合利华、丰田汽车、肯德基、卜内门泰古油漆、上海吉列、高露洁等国际品牌成功中标；二是许多新兴行业企业异军突起，如黄酒、家具连锁、快餐连锁等。

**3. 外资企业中标额大幅增长，中央电视台的国际影响力进一步提高**

2005年国际客户中标额大幅度增长，投标总额达到7.06亿元，与去年中标额1.8亿元相比增幅达到292%，一批国际客户在2005年的招标中脱颖而出。

**4. 国字头企业参与投标的数量增加**

市场化进程的加快，使国字头企业加快了对中央电视台这一高端媒介的争夺。金融、能源、通信国有大型企业在招标段的投放较大，中石油、中石化、中国人寿、中国移动、中国电信等企业竞标成功，总中标额为8.4亿元，较上年增幅达到239%。

**5. 地区客户的增长迅猛**

主要是福建、上海、浙江等地区竞标企业增加，福建企业中标8家客户，中标总额为3.3843亿元，浙江地区中标6家客户，中标额达6.1099亿元，客户数量和中标额与2004年相比，均增长了一倍。

**6. 行业分布更加广泛合理，细分化倾向更为明显**

2005年中标额前三位的行业分别是食品饮料、日化和润滑油。金融、保险、服装、糖果、太阳能、家电连锁、低压电器、掌上电脑等行业涌现出许多投标黑马。

**7. 国内外媒体的广泛关注、集中报道，大大提升了中央电视台的品牌力**

特别是《华尔街日报》、《卫报》、《媒介》等在国际上有很大影响力的报刊，对中央电视台广告招标进行了系列的报道。而且宝洁公司以3.85亿的总中标价，成为中央电视台招标11年来第一个国际企业标王，也为中央电视台“标王”价值作了最好的诠释，有力回击了关于本台招标“不理性”的非议，牢牢掌握舆论主动权，意义深远。

## 三、策略得当，营销创新，管理科学是招标成功的关键

面对新的市场形势和媒介格局，2004中央电视台广告部在继续坚持“抓大不放小”、“以客户为中心”等策略，继续做好重点地区开发和重点行业开发的基础上，不断创新广告经营思路，创造性地提出并实施了“软性营销”、“高端营销”、“前置营销”和“整合营销”的整体招标营销方略，成为2005年招标成功中最具决定性的因素。

**1. 成功实施“软性营销”、“高端营销”、“前置营销”和“整合营销”**

招标是一个综合工程，招标营销是中央电视台广告营销中最重要的一部分。在对政策环境、市场形势、竞争格局等全面分析的基础上，中央电视台广告部创造性地提出并实施了四大营销策略，积极营造中央电视台广告营销的软环境，有效影响企业高层媒介战略

决策，将影响广告投放决策的营销环节前置，利用其他媒体资源，营造本台广告营销大“势”场，取得了明显的成效。

（1）成功阐释与有效传播中央电视台招标段价值体系。

节目质量、收视率和影响力是广告部一切营销活动的根本。中央电视台节目部门与广告经营部门联合面向市场，9月份第一套综合频道革命性的改版，是招标成功最大最直接的推动力。同时，中央电视台广告部组织专家成立招标价值研究小组，建立一套严密的招标段价值体系，并以此为核心，配合行业分析和成功案例的材料，编写了《活力中国，品牌力量》的招标宣传手册，在北京、杭州、广州、上海、厦门、青岛、哈尔滨、沈阳、成都等9个招标推广会上，通过业内专家、企业家着重宣传招标价值和成功案例，并充分利用奥运热点营造推广会气氛。

（2）通过高层会晤、高端论坛、战略协作占据营销高位势。

2004年以来，广告部与众多客户的高层会晤非常频繁，尤其是在国际客户方面，数十个知名国际品牌的全球高级管理人员和中国区高管人员频频与中央电视台沟通，不断提升中央电视台的影响力。

高端论坛成为2004年广告营销的主要形式之一，主要包括宏观性的战略论坛、行业性论坛、区域性论坛、特别主题论坛等。2004年9月至11月，广告部为招标组织的各种形式的推广会、论坛、研讨会共计23场，大大吸引了众多企业的参与并产生了非常直接有效的推动效力。

与招商银行等建立战略协作，打破传统广告营销观念，从与企业的下游（广告代理公司等）合作扩展到与企业的上游合作，包括银行、金融保险机构、政府等，成为2004年广告营销中的一大突破，对企业的拉动影响非常显著。

（3）整合媒介资源，构建营销大“势”场。

充分利用中央电视台的资源优势，与国内主流报纸、杂志、网络等媒介建立合作平台，构筑多媒体宣传的网络和平台，保持在业界的主流声音，为广告营销营造氛围，形成了中央电视台强大的营销“势”场。

在招标前期准备中，除了在几大广告专业杂志上用固定的版面宣传外，还与30多家主要网络媒体、各主要城市的主流平面媒体合作，刊登宣传文章和形象广告；招标前一个月，在全国15个主要城市的机场和国航、东航、南航班机上播放中央电视台和招标的形象广告。邻近招标，11月14日、16日、17日三次在中央电视台网站举行在线交流，预测招标竞争情况，给客户信心，引导和刺激竞争，并在其他媒体上反复宣传。11月18日，在梅地亚专门设立招标新闻中心，为媒体提供招标新闻和资料，积极引导舆论，避免负面报道；招标后，及时将分析结果发布，引导媒体正确分析评论招标结果，从中看出中国经济发展的光明前景，以及中央电视台综合实力和价值的提升。

与海外权威媒体的成功合作，尤其是《华尔街日报》、香港《媒介》杂志等对广告招标的报道，极大地提升了中央电视台的国际影响力，对国际客户产生重要的正面影响。同时，组织浙江财经记者团赴晋江采风，从第三者的视角，以成功企业的经验引导和影响浙江企业对中央电视台的信赖，对浙江企业产生了很大的影响。

（4）开赴市场前沿，深入营销纵深。

为更好地开发市场经济发达地区的客户，中央电视台广告部在广泛调研的基础上，将2004年区域开发重点确定在福建和浙江两地，分别建立了福建市场开发小组和浙江市场开发小组，分别常驻福建晋江和浙江杭州，广泛沟通，深度走访，智力支持，帮助企业建立科学的传播营销方案，使得福建、浙江都形成了依托中央电视台而崛起的品牌群体，在2005年招标中成为中标企业群集的区域亮点。

**2．“抓大不放小”有效激活客户资源群体**

价值和供求关系决定着价格。要保证招标成功，必须要有更多的客户业争夺资源，为此，中央电视台广告部在维护好支柱行业和大客户的同时，开发国际品牌和国字号企业，培养品牌客户群，挖掘新兴行业和潜力客户。

（1）用中国市场特色教育国际客户，用本土企业的成功刺激国际企业，吸引更多国际品牌投放中央电视台广告、参与竞标。

通过一系列的沟通交流，国际品牌对中央电视台的传播价值和优势有了更多的认识，并纷纷转变媒介策略，更多投放本台并参与投标。2005年招标的增长首先就源于国际客户中标额的大幅度增长，国际客户投标总额达到7.06亿元，较上年中标额1.8亿元相比增幅达到292%。其中，宝洁中标额3.85亿元为全场最高。NEC、联合利华、丰田汽车、肯德基、卜内门泰古油漆、上海吉列、高露洁等国际品牌也都成功中标。中标企业超过11家，较上年中标的国际企业有大幅度增长。

(2)用小型民营企业的成功带动大型国有企业，通过建立战略合作关系带动行业广告投放。

继续加大宣传统一润滑油通过投放中央电视台快速成长的案例，进一步带动了中石油、中石化等国有大型企业投标额的增长。2005年招标中，能源、金融、通信国有大型企业在招标段投放较大，总中标额为8.4亿元，较去年增幅达到239%。其中，中石油以2.77亿元中标，中石化中标额是2.28亿元。

此外，中央电视台还抓住金融行业将在2005年加大品牌建设的机会，与多家银行探讨合作的途径，并与招商银行签订了战略合作协议，既可以解决一些企业广告投放的资金问题，更重要的是带动了金融行业的品牌竞争。2004年11月份，就有招商、交通、兴业3家银行投放招标段。2005年招标会上，也出现了5家金融保险机构竞标。

(3) 在重点地区派驻客户开发小组，开展"刨土豆"运动，培养地区客户群。

为了开发更多的潜力客户，9月份，在浙江、福建等重点地区派驻客户开发小组，通过推介会、企业论谈、沟通走访、案例宣讲、资源介绍等方式与企业广泛接触，先后在杭州、宁波、温州、绍兴、台州、义乌、福州、厦门、泉州等地召开"亿元企业晋级论坛"，抓住了当地众多"亿元企业"品牌提升的利益关注点，收效明显。2004年福建企业中标4家客户，中标总额为1.6亿元，而2005年，福建企业中标8家客户，中标总额为3.3843亿元；2004年浙江企业中标4家客户，中标总额为3.2亿元，2005年广告招标中，浙江地区中标6家客户，中标额达6.1099亿元，客户数量和中标额都增长了近一倍。另外，广东、内蒙等客户群基地也有很好的发展，这些地区的企业在招标段广告投放的增长直接推动了2005年招标的增长。

(4) 维护支柱客户行业与开发新兴客户行业并举，优化竞标客户结构。

先后召开了家电、功能饮料、保健品、金融品牌发展论坛，充实行业客户服务队伍，加大行业开发力度。

在参与竞标的行业中，食品饮料依然是最热门的行业，总中标额达到14个亿，比去年增长两成；日化行业总中标额突破7个亿；润滑油行业总中标额超过6个亿；医药保健、手机通讯、家电、服装等行业中标额均有不同程度的增长；而银行、家具、黄酒等新行业客户也首次中标。

**3. "以客户为中心"构建科学管理与服务机制**

2004年，围绕"以客户为中心"的服务宗旨，中央电视台广告部进一步优化管理和服务机制，科学安排，有序推进，协力配合，注重细节，不断增强招标营销的服务意识，提高招标营销的专业化水平。

(1) 建立科学、合理、高效的组织体系，在常规业务组织正常运转的基础上，根据招标工作的特殊性，又特设了一些临时小组，如赴福建市场开发小组、浙江市场开发小组、招标报名组、招标合同管理组等。

(2) 及早着手，调查研究，加强营销的科学性。早在2004年6月5日，广告部就开始着手研究2005年招标工作，在行业走势、客户发展、招标段执行、媒体比较等方面，作了大量的调查研究和数据分析工作，为制定2005年招标政策和做好招标营销打下了坚实的基础。

(3) 面向市场，根据需求设计招标方案。在设计今年的标的物和制定招标方案时，一方面分析以往的招标段数据，另一方面在客户中先后三次进行问卷调查，收集客户对招标方案的反馈意见，并根据市场需求进行调整。2005年招标在保持大部分原有标的物的基础上，《新闻联播》前还新设了10秒长度的广告，《焦点访谈》后增设了30秒长度的广告，同时，推出"3+X"套售方案和部分定向套售方案，增加招标段回报价值，受到客户的欢迎。

(4) 搭建媒体宣传网络，为客户做好整合传播。首先是利用中央电视台丰富的节目资源，设计招标项目套售、回报方案，客户选择招标段实际上就是选择基于招标段的整合传播方案；其次是利用各种其他媒体资源，为客户在其他媒体形式上作广泛的宣传，形成多媒体的整合传播效果，得到客户认可。

(5) 做好行业客户服务人员培训，提高行业服务水平。从7月份开始，广告部组织了为期100天的行业客户服务人员"魔鬼训练"，对行业客户服务人员进行专业化培训，提高队伍素质和专业化服务水平。

## 四、好的经济和政策环境是招标成功的前提

**1. 中国经济发展的大环境有利于中央电视台招标**

中国经济发展的大环境为中央电视台广告招标的成功奠定了宏观基础。广告是经济发展的先声，中央电视台广告招标被称为"中国经济的晴雨表，行业发展的风向标，企业预期来年的信心指数"。这几年中央电视台广告招标额的持续增长，正是这几年中国经济健康、快速发展的见证。2004年，国家对经济的成功宏观调控也促进了产业结构的良性发展，这是导致招标额总体增长的重要原因。众多国际品牌参与2005年招标也更加说明了国际品牌对中国市场的看好。

**2．广电总局的系列政策有利于中央电视台招标**

2003年底以来，国家广电总局颁布了一系列法令，“晚间黄金段22点以前禁播海外剧”、“黄金时段只许播放18分钟广告”、“晚间19～21点禁播涉案剧”……一方面鼓励电视台进行节目创新，遏制电视剧滥播的局面。另一方面，规范广告播放，控制广告时长，制止广告价格混战。能否成功打造优质媒体，成为今后电视媒体品牌战和淘汰赛中的决胜关键点。作为我国电视业的中流砥柱，近年来，中央电视台锐意改革，坚持走媒体品质路线的策略，经受住了收视市场与广告市场的双重检验。

**3．中央电视台的不断创新是招标成功的实力保障**

在“频道专业化、栏目个性化、节目精品化”战略的带动下，专业频道建设、栏目末位淘汰、制片人竞聘上岗、电视剧联席会议制度等各项综合改革成果卓著，中央电视台实力快速增长，影响力不断增强，特别是2004年9月1日第一套综合频道再次革命性改版，有效提升了第一套节目的收视。中央电视台招标收入的连续增长，也说明了企业家对央视传播价值的认可。

（广告经济信息中心广告部提供）

# 中国国际电视总公司2004年经营情况综述

2004年是中国国际电视总公司成立20周年，是广电总局确定的产业发展年。一年来，总公司经营业绩继续保持快速增长，超额完成央视下达的2004年经营指标。全年实现营业收入23.15亿元，完成年度计划18.8亿元的123%，比上年同期18.22亿元增长27%；实现利润总额4.32亿元，完成年度计划4.26亿元的101%，比上年同期3.78亿元增长14%；实现净利润2.61亿元，完成计划2.53亿元的103%，比上年同期2.46亿元增长6%，比上年同比口径2.05亿元增长27%(不含上交台版费9725万元)，为实现全台收入目标作出积极贡献。

**影视节目制作是总公司的主营业务。**2004年，中视影视事业部在电视剧制作上严格把握宣传导向和创作题材，注意与市场对接，以达到宣传与经济效益双丰收。经过一年努力，集合原松散节目制作力量的影视事业部实现了飞跃，年电视剧制作规模超过1000(部)集，全国市场占有率近10%，跃居国内电视剧制作规模首位。成立了中视影视经纪工作室，演艺经纪业务规模已在国内首屈一指，不仅为事业部的影视制作提供了演艺资源保障，还获得了盈利。配合电视剧的制作和宣传推广，成立宣传企划工作室，编辑出版《中视影视》专刊。过去一年，中视影视事业部建立了从策划、拍摄、后期制作、演艺经纪到宣传推广与营销较为完整的产业链，为今后产业发展打下了坚实的基础。“中视影视”已成为国内电视剧制作的知名品牌。据统计，中视影视事业部全年实现销售收入19060万元，完成计划的149%；实现利润总额2424万元，完成计划的121%；实现净利润1557万元，完成计划的116%。

**广告是总公司的支柱产业。**2004年，中视广告事业部在广告资源没有增加的情况下，抓住欧锦赛、奥运会等重大赛事机遇，紧扣“频道专业化，专业频道品牌化”的改革发展趋势，调整公司经营策略，积极实施品牌营销，在频道、栏目及重大题材三个层次的节目与广告互动经营中作出了有益探索，以营销理念和手段进行了大胆革新，通过深入细致的立体化营销与频道、栏目的个性化开发管理，充分挖掘频道资源整体优势，打造了优质高效的市场传播平台，取得了良好的经营业绩，全年广告营业额再创新高，达17亿元。

**音像发行是总公司的传统优势业务。**2004年，中视发行事业部借助台内专题片、纪录片片源丰富的优势，将重点转移到CCTV各栏目音像制品的开发上，大规模出版纪录专题类节目，全力打造“中视百科”品牌，已累计发行中央电视台118个栏目的音像制品，有效地利用了资源，探索出了传统业务中新的增长点，实现了业务突破，取得了不错的经济效益。中视发行事业部全年实现营业收入30218万元，利润总额5411万元，净利润3617万元。其中，总公司节目代理部，中国广播电影电视节目交易中心全年实现营销收入24427万元，完成计划指标的112%；实现利润总额5528万元，完成计划指标的101%；实现净利润3574万元，完成计划指标的107%，三项考核指标再创历史最好水平。深圳中视国际电视公司的音像连锁业务，目前已发展到13家连锁店，通过规范连锁经营管理，各连锁店的运营状况日趋规范化，销售业绩稳步增长，全年实现营销收入1429万元，完成计划指标的210%；实现利润总额16万元，完成计划指标的114%；实现净利润15万元，完成计划指标的125%。北京金视光盘有限公司2004年实现营销收入2181万元，完成计划指标的97%；实现利润总额22万元，完成计划指标的105%；实现净利润22万元，完成计划指标的105%，较好地完成了经营任务。中视鸿运视听制作有限公司2004年实现营销收入2181万元，完成计划指标的162%；实现净利润6万元，完成计划指标的27%。

**中视技术事业部发展势头良好**。凭借在电视媒体产业强有力的技术支持、服务、开发优势，以总公司和中央电视台市场为依托，形成具有鲜明特点的主营业务，积极谋求向外发展，2004年共完成营业收入19950万元，超过计划5639万元；完成利润总额2887万元，超过计划627万元；完成净利润1927万元，超过计划227万元。所属中电公司、中视环亚公司任务完成也较突出。

**旅游实业是总公司的传统业务**。2004年，中视旅游实业事业部继续发挥整体优势，经营业绩稳步增长，全年实现营业收入52951万元，完成计划的139%；利润总额2854万元，完成计划的132%；净利润1498万元，完成计划的156%，均创历史新高。梅地亚中心全年实现营业收入6790万元，完成计划的110%；实现利润总额454万元，完成计划的61%；净利润240万元，完成了计划的120%，经营工作取得重大进展。中塔公司2004年抓住北京市整体旅游环境复苏机遇，变被动为主动，超额完成计划指标，全年实现营业收入3861万元，完成了计划的125%；实现利润总额640万元，完成了计划的220%；净利润345万元，完成了计划的241%。荧屏出租公司2004年全面超额完成各项经营指标，实现营业收入4393万元，完成全年计划的110%，利润总额1352万元，完成全年计划的300%，净利润实现835万元，完成全年计划的298%。中视汉威航空公司在全体员工努力下，全年销售额5000万，比去年增长62%；销售收入359万，完成计划180%；利润总额99万，完成计划168%；净利润60万，完成计划162%。中视物业公司2004年累计实现营业收入506万元，完成计划的128%，累计实现利润总额36万元，完成全年计划指标的119%，完成年度净利润指标8万元，完成全年计划指标的114%。劳服中心2004年实现营业收入747万元，完成全年计划的267%，利润总额135万元，完成全年计划的229%，净利润79万元，完成计划的226%。金手杖公司2004年的营业收入289万元，完成全年计划的154%，利润总额80万元，完成全年计划的121%；净利润42万元，完成全年计划的100%。

**资讯服务是总公司新的经济增长点**。2004年，央视公众资讯有限公司在电信部门对短信业务进行整顿、限制的情况下，积极采取各种措施，在巩固短信业务的基础上，大力开拓移动声讯和固网声讯业务，同时，在宽带流媒体业务上开展了大量工作。目前已经全部完成与中国移动、中国联通、中国电信和中国网通四大运营商合作平台的搭建，彩信业务也已进入正式运营阶段。在业务拓展上，紧抓奥运商机，积极配合各栏目互动业务的运用。"相声小品大赛"、奥运板块、"梦想中国"等等都成功推出短信、声讯、彩信单条、包月相结合的多形式互动，获得可喜的收入。全年实现上交央视版费分成9715万元。

**市场调查是总公司的传统核心业务**。2004年，央视市场研究公司经营情况属历年最好，第一次实现全部产品盈利。新开发的"商务人士调查"业务也实现当年开发当年盈利。特别在由香港电视行业研究会组织的2005年香港电视收视率研究竞标中，央视-索福瑞公司（CSM）击败竞争对手尼尔森，成功中标，成为未来5年香港地区电视收视率调查的唯一服务商。央视—索福瑞在香港市场的突破，完全是依据市场规则，依靠公司雄厚的技术力量，完善的服务体系，获得了由无线、亚视等香港电视台和大广告公司组成的香港电视行业研究会的认同。央视—索福瑞公司在香港的成功，对进一步强化其在内地的竞争优势，拓展海外市场，提升市场形象，增强客户信心，都有非常积极的作用。

**境外卫星节目代理部2004年业务指标完成情况较好**。该部营业总额达22077万元，比去年同期增长39%，实现利润总额3402万元，净利润2182万元。2004年解码器收入比去年同期骤减，原因有二：一是因为2003年是解码器置换的高峰年，2003年解码器销售高达10337台，而2004年仅有4354台，比上年减少5983台，二是因为2004年新增节目有限，只有4354个，平均每月435个，且多为免费节目。

**"长城平台"是2004年我国最重要的外宣工程**。平台于2004年10月1日正式在北美开播，通过与美国艾克斯塔公司合作，覆盖美国1000多万用户。"长城节目包"受到在美华人华侨的普遍欢迎，到2004年12月，用户已突破10000户，是艾克斯塔公司历史上发展最快的境外频道包。"长城平台"的开播是外宣工作的重要里程碑，标志着我国外宣工作理念的重大变化，是外宣模式的重大突破，第一次将外宣工作纳入了商业化的轨道，实现了政治效益和经济效益的兼容并举，也提高了中央电视台作为国际传媒的国际运作能力和影响力。长城平台的成功，多次受到中央领导的表扬。

**网络电视是总公司大力发展的新兴业务。**2004年，总公司克服时间紧、任务重的困难，于5月31日如期实现“央视网络电视”开播。开播以来，中视网络公司不断探索运营模式，完善业务形态，扩大用户规模。截至2004年底，央视网络电视已开办频道28个，在北京、上海、江苏三地落地，覆盖宽带用户300多万，发展注册用户30万，其中付费用户2.2万。目前，央视网络电视已成为中国规模最大的网络视频内容提供商。在拓展IP机顶盒用户方面，已签约江苏省扬州、无锡、常州、南京等市和福建省泉州市，并在黑龙江省哈尔滨市进行商用推广，中视网络公司正在建立适合MPEG、REAL、WMV不同格式的转码，逐步成为流媒体内容供应基地。

（中国国际电视总公司提供）

# 2004年中央电视台付费电视运营情况

截至**2005**年**1**月，在中央数字电视刚刚走进第二个销售季的时候，中央数字电视节目平台的付费电视用户突破了10万户。在中国数字电视五大集成平台的激烈竞争中，央视一枝独秀，依托节目内容和独特的运营方式脱颖而出，将95%的收视费份额尽收囊中。

目前，中央数字电视覆盖全国有线电视用户已经达到6307万，覆盖机顶盒用户49万，与中数传媒签约的全国有线电视网络超过100家。这标志着中数传媒数字付费电视运营模式经过五个月探索期的考验，已经初获成功。

## 引导消费者由“看电视”转向“用电视”

数字付费电视在我国是一个新兴产业，要想将这个产业做大做强，就必须有庞大的消费群体的支撑。在这个产业中，节目商把资本投入到频道，频道交给运营商去运营，运营商把它传给地方有线电视网，地方有线电视网把它卖给用户，再把收视费从用户手中返回到节目提供商的手里，整个的资本完成一个闭合式的循环。在这个循环中，如果消费者不掏钱去购买电视节目，那产业循环就无法实现，也就无从盈利。

而我国的现状是免费电视频道众多，电视观众几十年来都是看免费电视，从没想过自己掏钱购买电视节目。想要在我国推行付费电视，首要的任务就是引导电视观众改变收视习惯，由“看电视”转向“用电视”。

作为数字付费电视行业的领军企业，中数传媒担负起了全国范围内推广数字付费电视的重任。为此开播了专门推介付费电视节目，既在数字网也在模拟开路中播出的《电视指南》（TVGuide）频道。目前该频道已接入60多家地方网络，其中开路模拟播出30多家。还阶段性配套印发了每期3万册的《电视指南》（TV Guide）广告杂志；开设了24小时专人值守的客户服务热线电话（010—51925192、51925191、51925190）。

开通了立足付费电视业界信息发布和业务受理的中国电视网（WWW.TV.CN），这为公众了解数字付费电视，了解付费电视的节目时间安排，订购付费电视业务提供了服务窗口。

此外还积极参加了3月份的CCBN 2004展览、10月份的杭州ICTC 2004展览、首届中国数字传媒高峰会议、2004中国数字电视产业高峰论坛等数字电视业界的大型活动，积极推介付费电视业务，树立公司形象，宣传在中央节目平台集成的每一个频道。

中数传媒在与80多家全国各地的纸面媒体保持密切联系、累计发稿360多篇的同时，还与搜狐、新浪等大型门户网站联合举办了“个性化生活，看数字付费主题频道”、“中央节目平台数字付费频道国庆精彩节目推介会”等数字付费电视宣传体验活动。

这些措施的实施有效地扩大了数字付费电视在全国的影响，有力地推动了数字付费电视在全国的销售，逐步引导电视观众由“看电视”转向“用电视”。

## 垄断还没有形成便已经结束

2004年8月9日，中央数字电视正式开播时，就已经不再是“唯一”了，另外还有4家机构获准经营数字付费电视，它们是上海文广、中广影视传输网络有限公司、电影卫星频道节目制作中心以及一个由北京广播影视集团、中央人民广播电台、天津电视台、山东广播电视台和安徽电视台组成的联合体。中国数字付费电视在刚刚起步的阶段，就形成了五大平台竞争的局面。按照中数传媒总裁孙玉胜的话说，“垄断还没有形成便已经结束”。

化压力为动力，面对其他4家竞争对手，中数传媒这个先行者加快了步伐。作为数字付费电视的中央节目平台，中数传媒所处的“地理位置”决定着它的视野、心胸和它的精神品质，以及它在中国数字电视发展进程中所应担当的历史责任。中数传媒本着开放与合作的精神，提出了“全中国数字付费电视实践者联合起来”的合作理念，向竞争对手伸出双手。中数传媒认为处于投入期的中国付费电视需要一个开放的环境，吸引更多的参与者和更多的资本，提倡大家齐心协力搞好这个市场。只有这样，整个付费电视产业才会有“钱途”。

## 政策是最大的资源

2004年4月23日中数传媒在广电总局作了有关中国付费电视发展的整体汇报，应该说对中国数字付费电视产生了深远的影响。因为就是在那次会议上，广电总局确定了很多重要的政策，比如允许中央节目平台用卫星传输付费频道。允许卫星传输，获益的不仅仅是中数传媒、中央电视台，而是整个数字电视行业。

那次汇报的第二个收获是“中数传媒”获得了节目进出口权和自审自播的权利。到目前为止，在数字付费电视行业里边有自审自播权利的，只有中数传媒一家。

第三个收获是申请开电视指南频道，并且希望在开路电视里面播出，用它来推进整个数字付费电视，这项政策也得到了广电总局的批准。

第四个政策是从台里取得的。自2004年10月28日起，央视第一套、二套、三套、五套、十套以及新闻频道的《东方时空》、《第一时间》、《神州大舞台》、《体育新闻》、《探索·发现》和《国际观察》等8档栏目每天固定播出30秒推介数字付费电视的广告，再加上一些栏目的宣传，强化了付费电视理念的普及，强化了中央节目平台的优势。

单单有政策的支持还不够，电视观众关心的是你能提供什么样的节目内容，要想观众掏钱购买电视节目，就必须从内容做起。

于是，创业伊始，中数传媒率先结束了“是先有节目，还是先有机顶盒”的争论，明确提出了，“数字付费电视，内容先行”的观点。由此，中数传媒从内容建设发轫。

## 内容为本，初战告捷

中央数字电视面对频道众多的免费电视和其他4个付费电视节目平台的激烈竞争，在短短的5个月的时间内发展了10万户付费电视用户，占据了我国数字付费电视市场份额的95%，其关键就在于中数传媒始终坚持“内容为王”的操作理念，努力提高频道的专业化程度和节目水平。把付费电视用户满意不满意作为自己的基本诉求。到目前为止，中央数字电视开播了17个频道。

### 1. 明确频道定位，增加原创内容

这17个频道集中体现了主题化、专业化操作理念，频道定位清晰、节目原创性多。

其中，作为我国第一个全国播出的导视频道《电视指南》频道，既可在数字电视中播出，也可在模拟电视播出。它是一个向导，引领你走出茂密的付费电视森林，让你在最短的时间内找到自己最喜爱的节目。

《世界地理》频道精选全球杰出纪录片，集结世界顶尖的科学家、探险家、摄影师，用不同凡响的方式留驻时间、拓展空间。《世界地理》频道精选央视制作或央视拥有版权的纪录片，精选《国家地理》频道提供的海外优秀纪录片，通过各种风格的影像纪录，以丰富的视角看世界，通过有趣，有益的人文知识普及，提高观众的人文素养，丰富他们的知识。

《风云音乐》频道是中央数字电视开办的唯一的流行音乐主题频道，是国内首家独家如此定位的电视音乐频道。《风云音乐》频道站在流行音乐的前沿，让观众感受到现场音乐的魅力。

《第一剧场》频道播放热播电视剧，让观众先于开路电视收看到央视版权的诸多优秀电视剧，让中央数字电视用户享受了先睹为快的满足，第一剧场频道另一个亮点就是《热门影院》栏目，按照中国电视观众的欣赏口味精选好莱坞电影，每晚三部连续播出。

《风云剧场》以央视首播电视剧和韩日剧为主菜，一系列大牌明星出演的青春剧，为这个频道增添了时尚感；《怀旧经典》频道荟萃播出了一系列经典老节目，有老电影、老歌、老故事，有昨日明星的昨日风采，有今天的人们对自己过去生活的深刻记忆，《怀旧经典》频道带您追忆从前，重温心灵的感动；《风云足球》和《高尔夫·网球》频道作为专业的体育频道，为体育爱好者提供经典、独家的体育赛事；《央视精品》频道很神气，央视制作播出的、最好看的节目全部集合在这里；《靓妆》频道是时尚的代言人，独一无二的T台秀是它的自豪；了解围棋资讯看《天元围棋》频道；买东西、看电影，要找《吉祥购物》和《家庭影院》频道；《留学世界》帮您掌握留学动态、放眼世界；车迷们可以在《汽摩》频道过把瘾，看看汽车文化，听听汽车故事；小夫妻要掌握正确的孕育知识，离不开

《孕育指南》频道……这些频道，主题鲜明、定位准确、贴近市场，赢得了数字电视用户的喜爱，从而使中央数字电视在激烈的竞争中脱颖而出。

**2．加强品牌合作，引进境外优秀节目**

在免费电视这么发达的情况下，国内电视观众在免费电视里边可以看到一些境外的优秀电视节目。但是由于政策和资金的原因，还有一些境外的优秀节目没有引进到国内来，所以优先占领境外优秀节目资源成为中数传媒必须考量的战略。2004年中数传媒把美国国家地理作为海外纪录片主要供片商，为《世界地理》频道提供部分境外纪录片。境内外优秀节目的组合，提升了频道质量。中数传媒还与HBO合作，在《第一剧场》频道推出了“热门影院”栏目，按照中国电视观众的欣赏标准精选好莱坞电影，每晚连续播出三部，让电视观众一次过足戏瘾。此外，还有很多境外知名媒体希望与中数传媒合作。而与境外媒体的合作，其目的也并非仅仅是引进节目，还在于合作中借鉴外方多年来形成的付费电视运营经验。

**3．扩大合作频道，增加频道数量**

作为中央节目平台，产品战略的重要一项就是维护好地方台的合作频道。现在中央节目平台上一共8个地方电视台频道：中影集团的《家庭影院》、江苏的《靓装》、辽宁的《游戏竞技》、重庆的《汽摩》、贵州的《天元围棋》、湖北的《孕育指南》、浙江的《留学世界》、吉林的《吉祥购物》。这些频道都是小众化和个性化的。有8个地方频道的加盟，使中央电视台的付费节目频道已经达到17个。这8个频道的加入不仅丰富了中央数字电视的基本包，而且增加了中数传媒的收入。

一个集成平台的价值究竟体现在什么地方呢？这是中数传媒要考虑的问题、或者说是判断问题的一个标准。中数传媒认为一个平台的价值，就在于你这个平台有多少频道？有什么样的频道？还有就是你这个平台上有多少用户？有什么样的用户？这就是一个平台的价值，这就是中数传媒要达到好的频道集成平台的一个重要目标。

今后，中央数字电视节目平台在注重节目品质的同时，继续注重频道主题的多元化，近期还将开办更多主题的数字付费电视频道。为保证节目的质量，要让付费电视节目的良性循环启动起来，通过优质节目赢得收视费，再通过大投入，制作和购买优秀节目，提高数字付费电视的吸引力，保障数字付费电视始终依托内容实现可持续发展。

**4．进行新频道研发，走可持续发展之路**

中央数字电视频道的内容生产商是央视风云传播有限公司。央视风云不仅高质量地制作了现已开播的8套个性化的数字付费电视节目，而且将目光放得更远，以“个性化、专业化、多样化”为宗旨，在2005年将陆续推出一批颇具特色的新频道，正在筹备和进行市场调研的8个数字频道是：《高清演艺场》、《风云卡通》、《国防军事》、《看世界》、《女性时尚》、《风云纪录》、《风云理财》和《少儿英语》。正在积极筹备的这几个新频道，事前均进行了详细的市场调研，力求在最大程度上贴近观众的收视心理和购买诉求。精心思考和反复推敲下的频道布局和内容设置，充分凸显出央视风云面对风起云涌、不断变化的市场状况而作出的战略部署。

战略一：新频道提供贴身数字服务。

随着模拟频道数量的不断增加，观众选择性的空间越来越大，在众多内容相似程度较高的频道面前，观众常常无所适从，收视忠诚度逐渐下降。对于付费电视来说，差异化尤其是赢得观众的关键。因此，央视风云在频道内容上充分重视产品的差异化和服务的个性化，靠提供独特或独家的内容来吸引范围相对狭窄的“小众”，满足“小众”的特殊收视需求。2004年推出的新频道中，有相当大比重的频道就是为了满足特定观众群体的收视需要而设置的。

战略二：新频道内容满足观众精深化兴趣。

央视风云在频道专业化建设上的思路是，在满足观众个性化收视需求的基础上，还要针对观众越来越精深化的兴趣提供更深层次的节目内容，稳中求发展，这就是不在于以量取胜，不急于多开频道，而是要把好质量关，集中力量把每一个频道做精、做深。

即将问世的《高清演艺场》是我国第一个数字高清付费电视频道，这个频道不仅要通过新技术给观众更舒适的视听享受，而且更注重内容的欣赏性、艺术性，在内容的设置上，集电影、电视剧、优秀综艺栏目、重要的体育赛事以及中央电视台制作播出的一些精品大赛类节目为一体；《风云纪录》频道则充分发挥“真实电视”的魅力，将其作为这个频道的核心定位，《风云纪录》频道将为DV作品提供舞台，展示不同创作人员、不同时期的纪录片风格，并集纳播出央视原创纪录片以及央视风云精心策划、精良制作的优秀纪录片，为观众提供多角度、全方位的生活视角，让人们在观赏真实创作电视节目的同时，更深刻地理解真实生活、感受真实魅力。

战略三：新频道布局满足多样化选择。

为了吸引观众通过付费的方式观看数字电视节目，

央视风云致力于杂志化的频道经营模式，首先按照性别、年龄层，把观众划分为不同的群体，再根据不同的群体需求设置不同的频道，充分尊重每一位观众的兴趣爱好，力争让家庭中的每一分子都能各取所需，在风云产品中找到自己心仪的频道。

### 探索中国特色的付费电视运营模式

对于商业电视来说，内容是基础，运营是关键。在免费电视如此强大，竞争对手日益增多的情况下，付费电视的运营模式显得尤其重要。中数传媒自成立之日起就开始探索并逐步建立起了适合中国国情的付费电视运营模式。

在渠道建设方面，中数传媒与四川、上海、重庆、贵州等地方有线网络公司建立了付费频道销售合作商务模式，即首创的“4+1”的商务模式，2004年6月21日，中数传媒一次性地与17家地方有线电视网签约，拉开了渠道建设的大幕。截至2005年4月1日，与中数传媒签约的网络公司超过100家，完成用户数10万户，这些用户包括国内16个省、直辖市和自治区，共包括26个地市网络。在这些网络公司中，既有国内数字电视开展规模最大、发展势头最好的上海、杭州、四川、佛山，也有一些后起之秀如山西省网。从各地网络公司反馈情况来看，中央数字电视的节目在当地市场占有相对优势。

2004年9月1日，中央节目平台率先正式开始付费运营，探索出网络商、节目商、集成商以5∶4∶1分账的商业模式。作为节目集成商、平台运营商，中数传媒已经能够健康持续地为用户提供高质量的服务，建立起遍及全国的营销网络，保障了中央数字电视用户的增长。

现在，通过中央节目平台已经有收视费开始返回给节目提供商，付费电视的产业链条已经启动起来。5∶4∶1的分账模式得到绝大多数地方网络公司以及节目提供商的广泛认可，这些都为数字付费电视今后的发展奠定了基础。

据央视—索福瑞媒介研究（CSM）和北京广播学院联合推出的我国第一本数字电视行业的专项研究报告——《中国数字电视报告》（2002～2003）显示：在被调查的居民中，近75%的潜在用户愿意为享受数字电视付费。这说明数字付费电视的潜在市场还有待挖掘。而根据CASBAA（亚洲有线和卫星电视广播协会）的报告预测，2010年，中国付费电视用户数量将达到1.28亿户，一个庞大的市场正呼之欲出。

（中数传媒媒介企划部提供）

## 中央卫星电视传播中心2004年经营情况

2004年卫传中心认真贯彻总局年初关于改革创新及产业化发展的精神，落实中央电视台分党组的要求，结合中心发展的实际，提出了“加快产业发展步伐，提高经营管理水平，确保安全播出，做好用户市场开发工作，争取收视费收缴有较大增长”的工作指导思想。围绕台里下达的完成5个亿收视费收入的工作任务，全面做好市场调研、用户发展、经营管理、安全播出、队伍建设等工作，取得了新的成绩，积累了新的经验。

### 一、着力做好用户发展及收视费收缴工作

为加强全国各地方代理的管理工作，完成2004年收视费收缴任务，召开了全国代理工作会议，向全国代理单位传达了台领导关于实现收视费收缴要有较大增长的指示，座谈研究了市场开发工作中出现的新情况、新问题；总结了过去工作的经验和不足；对代理提出了新的要求；对2004年工作进行了部署。同时通过研究各省市的经济状况、市场发展情况，将完成任务指标分解到各个省，做到用户发展目标明确、有的放矢。

由于“村村通”设备的被解密，全国各地盗播现象日益严重和普遍，设备被擅自转移进城，对中央加密收费节目市场发展构成巨大威胁和侵蚀，因此，卫传中心除进行正常的签约谈判和收缴收视费工作外，还投入大量的人力物力进行对违规的查处，加强了加扰信号的管理和与地方的沟通，解决了许多实际问题。为保证中央电视台加扰节目传输秩序和用户发展、收视费收缴工作，加大管理力度，打击非法盗播央视加扰节目信号，查处“村村通”盗版和非法进城，虽然中心只有不到20人的业务队伍，全年共派出110人次，深入全国21个省，125个市、县、乡、单位调查。仅对违规查处一项就为中央电视台挽回损失200多万元。为完成5亿元收入的任务奠定了良好的基础。通过下基层调研和关停信号等有效手段，重点解决了部分地区拖欠收视

费的问题。使收视费收缴比例有较大上升。

经过传播中心全体同志的共同努力和奋力拼搏，2004年续签工作全面告捷！2004年续签增长用户达356万户，创造了自加扰电视节目开播以来年续签增长用户量之最，使加扰收视用户达3000万户，按已签合同预计2005年年缴收视费将达5.3亿元，实现了中央加扰电视节目发展史上历史性的突破和飞跃。

## 二、加强公司整合中的内部管理工作

公司始终把管理工作与业务发展相结合，紧紧围绕安全播出和用户发展等主要业务工作，提高公司的科学管理水平。为保证收视费收缴任务的完成，公司及时调整了业务部门人员的岗位职责，实行业务谈判、签订合同、收视费催缴一人负责制，同时对业务人员和分管地区重新进行了调整。将全国各省划分到具体人员负责，责任落实到人，有力地提高了工作效率。根据台领导要求，按照企业化管理要求，在分配制度上进行了新的尝试，制定和实行了工作绩效与奖金挂钩的实施方案，通过对工作总量的分解，确定工作任务的难度系数，直接与奖金挂钩，在建立有效的奖励激励机制上进行了有益的尝试，制定《中央卫星电视传播中心创收奖励办法》；从而促进了职工的积极性、创造性，进一步提高工作效率。

## 三、抓安全播出不放松

(1) 改造和投入。按照总局要求，投资600万元完成了境外卫星电视监管平台的扩容任务，同时，为保证安全播出，进行了技术改造，添置更新了部分机房设备和办公设备。

(2) 制度建设和责任制落实。完善并严格执行管理制度，全面排查技术系统并实施系统调整方案。对公司的安全播出制度，特别是机房值班、操作等环节进行了重新规范，进一步落实了责任制。

(3) 加强对境外平台及“村村通”用户的管理工作，做好售后服务工作。2004年主要完成了对“村村通”用户设备升级，为全国的用户进行升级换卡。目前共换卡19000余张，并对“村村通”平台的普通用户的代理商的代理协议进行了重新审核、签订，加强了对普通用户的管理工作。

（中央卫星电视传播中心提供）

2005

CHINA
CENTRAL TELEVISION
YEARBOOK

中国中央电视台
年 鉴

TONGGANGAO JI TAIWAN JIAOLIU YU HEZUO

# 同港、澳及台湾交流与合作

# 同港、澳及台湾交流与合作

## 2004年中央电视台对台湾宣传概况

经过十多年的建设，中央电视台已经建立了一支专业对台电视宣传队伍，树立了对台电视宣传的栏目品牌，已有7个栏目和1个特别节目。首播时间由每天10分钟增加到65分钟。对台节目在海内外的影响越来越大。

**1．对台部栏目和节目简介**

《海峡两岸》：新闻评论性栏目，其宗旨是跟踪海峡热点，反映两岸民意。该栏目为中央电视台对台宣传的主打栏目之一，在海内外华人华侨中影响很大。

2005年2月，在央视300多个栏目参加的优秀栏目评比中，《海峡两岸》成为九个一等奖栏目中的一个。

《天涯共此时》：1992年创办，为中央电视台第一个对台栏目。创办初期，为新闻杂志型栏目，它集新闻、服务于一体，寻亲服务闻名一时。目前以反映两岸百姓生活的亲情为主，纪实两岸百姓生活，讲述两岸百姓故事。两岸名家闪亮登场，展示各自拼搏成长的人生经历。2004年“两岸百姓创业故事”讲述普通人用小本钱开店创业，在两岸观众中关注度很高。

在全国第十八届电视文艺节目评比中，该栏目获“星光奖”三等奖。

《互动星期天》：面向台湾青少年的益智类栏目，由《走进台湾》改版而成。此栏目集访谈类、益智类、专题类节目之大成，现场与外景结合，台湾与大陆结合，主持人与观众结合，知识性与趣味性结合，时尚包装与文化内涵结合，是一档专门针对台湾中青年人的两岸互动型综合类节目，在台湾东森电视台也播出。

《台湾百科》：全面介绍台湾知识的、百科全书式的电视栏目。介绍台湾的历史、文化、人物及自然风光时，注重与大陆方方面面的联系。在CCTV—4中该栏目有较稳定的收视率。

《两岸万事通》：主要为台湾观众提供到大陆旅游、投资、求学、求医以及婚姻、法律诉讼等方方面面的服务。推出的百集系列节目“台商法律服务”，请台商模拟出演，使不少台商既学了祖国大陆法律知识，也成为自觉自愿的普法者。与国台办有关部门推动的百集系列节目“西部城市采购”系列片，已为西部60座城市带来53亿投资。2005年初推出的系列报道《服务台商东南行》报道了东南10省市热情为台胞服务的情况，配合了《反分裂国家法》的宣传，受到了国台办领导好评。

2004年3月，在全国对外电视节目政府奖“彩虹奖”评比中荣获专题类栏目二等奖。

《闽南话时间》：2002年3月，根据政协委员提议创办，为用闽南话播出的新闻杂志型栏目。该栏目针对台湾本土观众，战略作用重要。在CCTV-4中收视率并不差。

《国宝档案》：为落实中央对台工作会议精神而开办，讲述两岸文化联系。每期节目介绍一个具体的国宝文物，讲述两岸文物渊源故事，从国宝中看两岸血脉相连。2004年9月开播，收视率一炮而红。该栏目荣获2004年度对外电视节目奖中文专题节目一等奖。

《海峡两岸知识大赛》：每年一届，2004年为第三届，与台湾中天电视台联合举办，在台北设分赛场，在北京设总赛场，台北分赛场的优胜队到北京参加复赛和决赛。该节目是打破台湾当局封锁、成功入岛、完整播出的电视节目。台湾中天台特别安排每年春节黄金时间播出，2002年播出了7集（每集50分钟）节目，2003年播出了13集（每集50分钟），2004年播出7集（每集50分钟）。此节目在台湾和海外的青少年中影响很大，在台湾的收视率也好。中天电视台希望办成每周一期的固定栏目。目前也有多家台湾电视媒体前来接洽按照此模式合作事宜。《海峡两岸知识大赛》第一届和第二届在全国对外电视节目评奖中，获“彩虹奖”

特等奖。

**2．长城（亚洲）平台使对台宣传发展到一个新阶段**

长城（亚洲）平台是长城（北美）平台的延伸，于2005年2月1日开播。11个中国卫星电视频道通过亚太5号卫星KU波段播出，覆盖香港、澳门、台湾地区和韩国、越南、缅甸、泰国等亚洲国家。用KU波段播出电视节目可通过“小耳朵”天线直接收看，而台湾当局不能限制百姓家庭安装“小耳朵”天线，因此，祖国大陆的11套电视节目可以畅通无阻地进入台湾百姓家中。有消息说，台湾有30万个家庭安装了此天线，因此，长城（亚洲）平台的开播从根本上打破了台湾当局对大陆电视节目的封锁，使电视对台宣传发展到一个新阶段。

中央电视台为组建长城（亚洲）平台投入了3套节目，它们是中国中央电视台中文国际频道（CCTV—4）、英文频道（CCTV—9）、戏曲频道（CCTV—OPERA）。另外，还有地方台的8套节目，它们是北京电视台（BTV）、上海东方卫视（DRAGON TV）、广东南方电视（TVS）、江苏电视台国际频道（江苏国际）、福建东南电视台国际频道（S E T V INTERNATIONAL）、湖南卫视（HTV）、深圳电视台（SZTV）和厦门海峡卫视（STRAITS · STAR）。长城（亚洲）平台的中文电视节目，旨在满足包括台港澳在内的亚洲华语观众的收视需求，英文节目则为亚洲地区英语观众打开一扇了解中国的窗口。登长城，看中国，中华神韵扑面而来，当代中国尽收眼底。

**3．对台节目在台湾和海外影响大**

自CCTV-4创办以来，对台节目播出量不断增多，已经树立了对台电视宣传的栏目品牌，制作出了一批有影响的节目。由于电视媒体影响大，CCTV-4在海内外落地不断推进，对台节目对海内外的影响也不断扩大。很多节目播出后在央视国际上网刊登文字稿，第二天在海内外的网络媒体和平面媒体纷纷转载，影响广泛。

目前，对台湾，可以直接或间接播出的有《海峡两岸知识大赛》、《互动星期天》、《天涯共此时》等节目。经常有台胞从海外收录《海峡两岸》等节目，带回台湾送给亲友，台湾也有不少热心观众自己安装天线接收第四套节目。

在海外，不仅是日本很多人士通过《海峡两岸》等节目来研究中国在台湾问题上的政策动向，在美国、英国以及欧洲其他国家，持续收看这档节目的也大有人在。对台部与中国和平统一促进会及其海外70余个“和统会”保持密切联系，对台节目已经成为海内外各界人士了解台海局势的重要窗口。

对台部还制作了大量有影响的特别节目，如《世纪梦圆》、《海峡情不断》、《民众评说“两国论”》、《李敖与大陆观众的第一次对话》、《台商投资上海热的秘密》、《两岸三通》、《海峡两岸知识大赛》等，这些节目都曾经荣获全国电视外宣最高奖——“彩虹奖”特别奖、一等奖等奖项。根据中央领导和国台办等部门的指示，对台部还经常承担一些特别制作任务，如2004年根据李长春同志指示制作了批驳“台湾地位未定论”系列节目，在台湾地区领导人选举前制作了“二二八访谈录”等系列节目，通过有关途径输送台湾和海外媒体播出。

国台办新闻局领导在2004年11月11日参加《海峡两岸》节目研讨会时说，经过1996年以来持续的建设和努力，对台部《海峡两岸》等栏目已经成为著名品牌，培养了一批专家型的台湾问题编辑记者，和一批会宣传的台湾问题专家，节目在海内外的影响日益扩大，为今后的对台宣传搭建了重要的平台。

中共中央政治局常委李长春在《中央电视台简报》第3期“两岸媒体联手举办《海峡两岸知识大赛》引起轰动效应”的信息上批示，双方媒体节目合作是个好办法，要创新途径、形式和内容，把两岸交流的气氛搞旺。

央视将与中天台一起对《大赛》进行较大改革，由前三届主持人提问选手回答的模式，改为知识问答与才艺展示相结合方式，全面展示选手的知识与技能。在比赛地点上也进行较大改革，由仅在北京设总赛场改为两岸轮流设总赛场，2005年的第四届总赛场改在台北。

**4．探索以商业运作方式与台湾媒体交往和合作**

因为目前两岸没有解除敌对状态，民进党当局在台湾实行“绿色恐怖”，所以岛内媒体不敢公开与中央电视台打交道。为便于节目入岛，必须从机制上入手，以民间公司的名义，用商业运作的方式同岛内媒体打交道。CCTV拟转变对台宣传机制，变官方为民间，以公司的名义，用商业运作的方式，与台湾媒体进行交往。为此，将成立北京海峡影视有限责任公司，对台部一个单位两块牌子，一方面继续直属于中央电视台海外节目中心，做好中央电视台CCTV-4的各档栏目，同时以公司的名义与台湾媒体打交道，用公司的机制、用商业运作的渠道，大规模与岛内媒体公司、制作人开展各种合作，使更多节目入岛播出。

**5．积极推进网络和网络电视入岛入户**

中央电视台在广电总局支持下，利用“走出去”工程同美国媒体合作，使CCTV-4通过网络进入台湾，台湾网民在网上可以点击央视国际网站，视频收看对台节目。目前台湾网民每天点击央视国际的人数约1万人次。目前对台部所属7个栏目和1个特别节目都及时上网发布，在央视国际网站的“台湾频道”播出，同时，还开办网络论坛“两岸互动”，拟提高网络运行速度，办好台湾频道，吸引台湾网民。

（海外节目中心对台部提供）

# 2004年中央电视台同港、澳及台湾交流与合作纪事

**2月27日** 罗明副台长会见了香港无线台（TVB）新闻资讯部总监罗灿、台湾无线卫星电视台（TVBS）联合制作公司副总经理施洪达等一行。会见中，双方就TVB采用中央电视台新闻节目及中央电视驻台湾记者站等相关事宜进行了交流。

**4月6日** 应澳门盛世集团邀请，中国爱乐乐团一行108人赴澳门，在澳门文化中心综合剧院举行盛大音乐会，庆祝澳门回归暨澳门文化中心启用五周年。在艺术总监余隆的指挥下，中国爱乐乐团的艺术家们为澳门同胞激情演奏了吕其明的《红旗颂》、德沃夏克《b小调大提琴协奏曲》和柴科夫斯基《e小调第五交响曲》。享誉国际乐坛的著名大提琴家王健担任大提琴独奏。

澳门特区立法委和文化司官员以及1000多名澳门各界人士和部分专程从香港赶来的政界、商界和文化界的名流出席了音乐会。

**6月17日** 张长明副台长会见了台湾无线卫星电视台（TVBS）总经理李涛等一行。会见中，张副台长向客人介绍了近些年来中央电视台电视频道的增加以及电视节目的改版情况，特别还就本台的人事制度等作了说明，客人对中央电视台所取得的成就以及电视事业的迅猛发展表示赞叹。

**8月26日** 张长明副台长会见了台湾中天电视台董事长周盛渊一行。张副台长代表赵化勇台长对周先生一行访问北京表示热烈欢迎，并向客人简要介绍了中央电视台电视节目的制作与播出情况，中天电视台自2002年开始与中央电视台共同举办了《海峡两岸知识大赛》，2004年为第三届。

**9月26～29日** 应香港中国文化城有限公司的邀请，中国爱乐乐团一行120人，在艺术总监余隆和副团长苏峰率领下，赴香港参加了由香港中国文化城、中央电视台和香港无线电视台共同主办的“香江明月夜中秋晚会”的演出，并于次日举行一场交响音乐会。两场演出均取得巨大成功。在9月27日的首场演出中，香港特别行政区行政长官董建华及夫人，中央政府驻香港联络办公室副主任王凤超、李刚及夫人，香港各界知名人士共1700多人出席并观看了演出。

**10月12日** 赵化勇台长会见了台湾中天电视台总经理王克捷一行，赵台长对王克捷先生亲自参加第三届《海峡两岸知识大赛》活动表示感谢。并表示大赛活动已进入第三届，这个节目影响力很大，我们要进一步把它搞好，题目和内容可以慢慢地拓宽。

**11月10日** 张长明副台长会见了台湾东森电视台副总裁赵怡等一行。会谈中，对方表示了与中央电视台合作的诚意，并就有关问题进行了解释。

（外事处和中国爱乐乐团提供）

DUIWAI JIAOLIU YU HEZUO

# 对外交流与合作

# 对外交流与合作

## 2004年中央电视台对外宣传工作综述

2004年，是中央电视台对外宣传任务繁重的一年，也是取得丰硕成果的一年。中央电视台按照中央制定的新目标，提出的新要求，根据对外宣传要"贴近实际、贴近需求、贴近习惯"的原则，在广电总局的统一领导和部署下，开办了西法语频道，全面改版英文国际频道，进一步改革改进了中文国际频道，配合国际电视总公司搭建了长城平台，推进了中文、英文和西法语频道在海外的有效落地，加强了与地方台的合作，进一步规范管理，理顺关系，开创了电视外宣的新局面。

### 一、开办西法语频道

根据中央领导的指示，中央电视台于2004年1月1日依托英语频道开办了每天4小时的西班牙语字幕伴音节目。随后，经过9个月的紧张准备，克服了方方面面的困难，顺利完成了包括两种语言共计110多人的专业和技术培训、演播室改造、直播演练等各项筹备工作，于2004年10月1日正式开播了西班牙语—法语国际频道。这是海外节目中心自1992年开播中文国际频道，2000年开播英文国际频道之后，开播的又一个对外宣传电视频道，目的是为世界各地的广大西班牙语和法语观众提供一个既了解世界又了解中国的窗口。

### 二、全面改版英语频道

2004年5月3日，英文国际频道改版播出。这次改版首先对频道宗旨进行了重新定位。根据中央及台领导的指示精神，频道宗旨从过去的"让世界了解中国、让中国走向世界"转变为"全球的触角、中国的眼光、世界的窗口"。根据这一宗旨，英语频道调整了播出内容，实行4 × 6编排，加大国际新闻的报道量。综合新闻实行滚动播出，专业新闻突出各自特色，加强了财经、文化和体育新闻。为了更好地发挥"中国窗口"的作用，英语频道精办介绍中国的各专题和文艺栏目如：《旅游指南》、《纪录片》、《自然与科学》、《外国人看中国》、《中国各地》、《中华文明》和《中华艺苑》等。创办了深度报道栏目《今日亚洲》和人物访谈节目《人物聚焦》。

根据对外"三贴近"的原则，加强自采新闻，努力提高自采新闻的质量是这次改版重点之一。本着树立中国良好国际形象，以正面报导为主的宗旨，英语频道追踪报道对外有解疑释惑必要的热点新闻，如密云踩踏事故、中国防范蒙古国口蹄疫、最后一批三峡移民、河南艾滋病高发村等。英语频道还加强了系列节目的策划和制作，如"中国面临的挑战"、"聚焦中国能源"、"中国入世三周年"等系列报道。这些高质量的自采新闻不仅为频道增添光彩，也被CNN、路透社、美联社等媒体广为采用。

另外，这次改版英语频道还解放思想，大胆聘用有从业经验的外国人主持播报各类新闻节目，提高播音主持水平，增强可信度。

### 三、中文国际频道加大改革力度

为了进一步提高中文国际频道的竞争力，2004年中央电视台对第四套的新闻、专题、文艺类节目以及对台节目也进行了力度不小的改进和改革。这次改革改进新闻节目的重点是努力改变长期以来由于受对内宣传影响，目标受众定位不准、语言空泛、语气生硬、居高临下等问题。要求新闻节目从前期策划、信息采集、文稿写作、节目编排到播音主持都要按照对外"三贴近"的原则，胸怀目标观众，言之有物，体现国际视角。

专题节目则要求重视现实题材，统一整体风格，把握节目质量，加强宏观管理。文艺体育节目着重共享，利用本台其他频道的节目资源和资料，通过改编包装推陈出新，吸引观众。并推出了“中华情”晚会品牌，扩大频道影响。

午间新闻改版是新闻节目改版的重点和亮点。在改版后的午间新闻里增设对世界各地主要报纸头版头条内容的介绍，让观众及时了解针对当天重大新闻各平面媒体的反映，并聘请各大媒体总编进演播室点评一周国内外大事。另外，“媒体链接”和港澳台新闻专栏的推出也使午间新闻更具可视性和吸引力。这一改进使这档新闻的平均收视率有了大幅度的上升。

其次，在新闻现场直播方面中文国际频道2004年也迈出了令人满意的步伐，实现了独立完成大型现场直播的前期信号采集和后期包装播出的全部任务。从直播湖州考古挖掘现场、法兰西巡逻兵飞行表演、珠海航展到澳门回归五周年的报道，中文国际频道一次又一次高质量地完成了高难度的新闻现场直播任务。另外，2004年中文国际频道还直播国新办、国台办等举办的新闻发布会60余场，推出30多场突发事件的大型特别报道节目。

此外，2004年第四套既推出了一批精品新闻栏目，如《环球时讯》、《今日关注》、《与总编面对面》等，又制作了一批受到好评的大型新闻系列报道和新闻纪实片，如《沿着青藏铁路》、《真实与谎言》、《谁是扎卡维》等。2004年海外新闻部还在国内15个省市培养、聘请了一批特约记者，这些特约记者在突发事件和特殊需要的报道中发挥了不可替代的作用。

专题服务类栏目如《走遍中国》、《华夏文明》等2004年也进行了收效显著的改革和改进，大型电视纪录片《再说长江》、《澜沧江 · 湄公河》取得重大进展，常规节目稳中求新。《走遍中国》栏目主要是提高拍摄、撰稿、编辑和制作的质量，减少节目中演播室采访和现场问答采访的比例，向精品纪录片的制作方向转变。不再采用主持人和嘉宾访谈的串连方式，进一步明确了栏目的人文地理定位和纪录片的外在形式。通过努力，《走遍中国》栏目的总体质量有了较大的提高，不少节目初步达到了“精品纪录片”的水平。《徽州》、《祖国，我飞翔》等一批节目播出后受到观众、同行和主管领导的好评。

《再说长江》顺利完成源头拍摄。目前，“再说长江”已经完成了“你从雪山走来”、“山水之宗”、“三峡移民”、“长江航运”等集的拍摄。长江流域的云南、四川、重庆、三峡工程、湖南、湖北等中上游省份的拍摄工作也全面展开。“澜沧江 · 湄公河”在签署了广告赞助协议后，立即组建摄制组，提出了以中央电视台为龙头，联合该流域5国的国家电视台联合摄制该系列片的动议。经过一段时间的联络，已经陆续有几个国家同意合作。

为了落实中央领导关于要在国际频道中为地方台开设窗口的指示，自1994年10月起《华夏掠影》栏目被定位为地方台窗口栏目，并由周播改为日播。与此同时，中央电视台海外节目中心还协助辽宁、贵州、湖南、成都、香港5地组织了电视易地采访活动。《中华医药》等常规栏目也求新求变，每月推出一个主题系列，实现了目标观众从以患者人群为主向以健康人群为主的转变。

文艺类节目的改进措施主要是对一些收视率长期低迷的栏目实行改版，其中《中国文艺》的改版取得了比较好的收视效果。改版后该栏目从自办为主改为荟萃改编为主，将艺术形式分门别类，每周5期一天一个主题。经过梳理后，节目的收视率在四套排位一直名列前茅。另外，《欢聚一堂》、《同乐五洲》、《神州戏坛》和《体育在线》等栏目在稳步提高节目质量，确保安全播出的同时，也都出色完成了多项特别制作任务。如《欢聚一堂》录制了“全国青年文明活动十周年文艺晚会”、“第三届海峡两岸各民族中秋联欢会”、“情满濠江”晚会等，以及《神州戏坛》特别制作《明星贺岁大反串》晚会等。

中文国际频道2004年初推出的以“中华情”冠名的大型综艺晚会已逐步形成自己的品牌，知名度大大提升。这一年《中华情》分别在苏州、南昌地等举办大型歌会，还承担了“南宁东盟博览会闭幕式”大型演唱会任务。“中国 · 印度——手拉手”晚会、“第八届中国彩虹奖颁奖晚会”、“2004中秋晚会”、“2005中英文双语元旦晚会”等也都很成功，受到各方盛赞。

2004年克服重重困难开办了《国宝档案》栏目。该栏目介绍祖国的国宝文物，讲述一件件国宝文物的历史渊源和围绕发掘、鉴定、失踪、寻找和保护这些国宝的曲折动人又鲜为人知的故事。栏目在吸引观众的同时弘扬了中华传统文化，栏目开播后，受到海内外观众的好评，收视率也一直名列前茅。

## 四、搭建外宣平台　实现有效落地

搭建“长城平台”和我国际频道在海外落地取得可喜进展，是2004年开创外宣新局面的两个重要标志。为了加强对北美地区的电视外宣，配合外交工作和对台工作，按照中央和总局的统一部署，海外节目中心积极配合中国国际电视总公司，联合中国内地以及香港地区有影响、有实力的电视媒体组建了“长城卫星电视平台”，并于10月1日在北美正式开播。由17个电视频道组成的“长城平台”中有中央电视台的6个频道，其中中文国际频道、英文国际频道和西法语频道是承担外宣任务的主力军。“长城平台”的开播不仅能够满足北美地区的华人华侨的收视需求，也为英语、西班牙语和法语观众打开了一扇了解中国的窗口。

2004年，在各级领导的重视和支持下，外宣频道在海外的落地取得了可喜的进展。从2004年10月起，中央电视台正式成立了“走出去”工程办公室，与海外节目中心联络部合署办公。2004年完成了大大小小的新增落地项目共23项。其中规模和影响较大的除长城平台在美国开播外，还有CCTV-4/9在俄罗斯的落地、CCTV-9在印度落地、3个国际频道在古巴开播、CCTV西语节目在阿根廷落地等重点项目。

此外，还有一些续签落地协议的项目，如：与挪威电信合作在北欧四4落地CCTV-9、与TVB国际公司合作在澳大利亚落地CCTV-4等项目。到目前为止，CCTV-4完整频道落地项目46项，CCTV-9完整频道落地项目44项，新开播的西法语频道落地项目4项，上述3个频道的部分节目落地项目66项，所有这些落地项目覆盖的用户总数超过5000万。

（海外节目中心提供）

# 2004年中央电视台领导出访的国家和地区

| 姓　名 | 日　期 | 国 家（地区） |
|---|---|---|
| 赵化勇 | 1.12—1.17 | 美国 |
| | 5.5—5.11 | 意大利 |
| | 8.10—8.22 | 希腊、斯洛文尼亚、波兰 |
| | 10.28—11.1 | 澳门(地区) |
| 王庚年 | 10.28—10.31 | 韩国 |
| 张长明 | 1.6—1.16 | 美国 |
| | 3.20—4.19 | 澳大利亚 |
| | 8.10—8.20 | 希腊 |
| | 9.29—10.2 | 美国 |
| 罗　明 | 9.20—9.25 | 加拿大 |
| 胡　恩 | 10.27—11.2 | 日本 |
| 何宗就 | 6.9—6.22 | 新加坡、加拿大、日本、香港(地区) |
| 李晓明 | 8.25—9.5 | 荷兰、希腊、德国 |
| 张海鸽 | 7.26—8.6 | 瑞士、意大利 |
| 孙冰川 | 4.15—4.23 | 马来西亚、印尼 |
| 孙玉胜 | 2.14—2.28 | 英国、法国 |
| | 5.7—5.11 | 法国 |
| | 6.21—6.25 | 香港(地区) |
| | 11.13—11.22 | 南非 |
| 张华山 | 4.17—4.27 | 巴西 |
| | 9.9—9.13 | 韩国 |

（外事处提供）

# 2004年中央电视台接待的境外摄制组

| 序号 | 日期 | 摄影队名称 | 拍摄地点 | 拍摄内容 |
| --- | --- | --- | --- | --- |
| 1 | 2月5日—2月10日 | 日本读卖电视台 | 上海 | 《苏南经济》 |
| 2 | 2月8日—2月28日 | 美国国家地理频道 | 北京、安徽 | 《共享天伦》 |
| 3 | 2月10日—2月25日 | 日本东京电视台 | 上海 | 《中国五千年的修学旅行》 |
| 4 | 2月23日—3月2日 | 英国August公司 | 北京 | 《中国武师》 |
| 5 | 3月4日—3月8日 | 爱尔兰Blue print制片公司 | 北京 | 《尤利西斯》 |
| 6 | 3月8日—3月29日 | 美国探索频道 | 重庆、湖北 | 《长江三峡》 |
| 7 | 4月1日—4月11日 | 美国国家地理频道 | 内蒙古、北京 | 《飞龙》 |
| 8 | 4月12日—5月23日 | 法国LCI电视台 | 北京、广东、重庆 | 《中国节日周》 |
| 9 | 4月13日—5月1日 | 法国ZED制片公司 | 上海、北京、四川 | 《香水与麝》 |
| 10 | 5月15日—5月20日 | 英国BARCLAYS制片公司 | 上海 | 《上海早晨》 |
| 11 | 5月27日—6月12日 | 德国ARD电视台 | 北京、山西 | 《中国游记》 |
| 12 | 5月27日—6月17日 | 巴西环球电视台 | 上海、北京、重庆、天津、湖北、山东 | 《中国城市发展及三峡工程》 |
| 13 | 5月28日—6月8日 | 日本NHK电视台 | 北京、陕西 | 大相朴中国公演 |
| 14 | 6月3月—6月13日 | 比利时KANAKNA公司 | 北京 | 《北京特快》 |
| 15 | 6月8日—6月13日 | 美国INTERSPORT公司 | 北京 | 《2004年汽车展》 |
| 16 | 6月11日—6月15日 | 德国DW电视台 | 北京 | 《贝多芬奖》 |
| 17 | 6月15日—7月12日 | 美国ARS制片公司 | 北京、广东、浙江 | 《补脑膏》 |
| 18 | 6月20日—7月2日 | 日本农林放送事业团 | 内蒙古 | 《与马共生》 |
| 19 | 6月22日—6月26日 | 德国WDR电视台 | 北京 | 新闻短片 |
| 20 | 7月3日—7月16日 | 日本NHK电视台 | 新疆、江苏 | 《马友友与丝绸之路》 |
| 21 | 7月12日—8月10日 | 日本NHK电视台 | 北京、重庆、山东 | 直播“2004亚洲杯足球赛” |
| 22 | 8月23日—8月27日 | 法国CAPA制片公司 | 北京、天津 | 《如何减肥》 |
| 23 | 8月31日—9月5日 | 法国电视台 | 北京 | 《智人》 |
| 24 | 9月1日—9月16日 | 奥地利ORF电视台 | 上海、浙江、湖南 | 《经济与旅游》 |
| 25 | 9月3日—9月8日 | 美国WRP制片公司 | 上海、陕西 | 急速竞赛 |
| 26 | 9月8日—9月25日 | 奥地利国家电视台 | 北京、四川 | 《中国中医药》 |
| 27 | 9月20日—10月1日 | 斯洛文尼亚电视台 | 北京、上海、浙江、湖北、四川 | 中国近年经济发展 |
| 28 | 9月20日—9月26日 | 比利时KANAKNA公司 | 北京、河北、山西 | 北京——孟买急速赛 |
| 29 | 9月22日—10月2日 | 日本TBS电视台 | 北京 | 中日记者交流40周年特别节目 |
| 30 | 10月8日—10月18日 | 日本TBS电视台 | 北京 | 2004年北京国际马拉松赛 |
| 31 | 10月13日—10月23日 | 日本ASIA BRAIN制片公司 | 北京、上海、浙江 | 《美丽纪行》 |
| 32 | 10月15日—10月18日 | 日本名古屋电视台 | 河北 | 《话说环保》 |
| 33 | 10月15日—11月4日 | 比利时KANAKNA公司 | 北京、山西、陕西、四川 | 《北京特快》 |
| 34 | 10月31日—11月8日 | 日本多媒体公司 | 辽宁、北京、吉林 | 《浅丘留璃子》 |
| 35 | 11月1日—11月15日 | 德国DW电视台 | 上海、辽宁 | 德企新闻 |
| 36 | 11月1日—11月6日 | 新加坡360制片公司 | 辽宁 | 《中华美食》 |
| 37 | 11月4日—11月14日 | 法国ARTE电视台 | 北京 | 《现代北京》 |

（外事处提供）

# 2004年中央电视台对外交流与合作纪事

**1月10日** 赵化勇台长会见了法国陈氏传媒公司陈克光总经理以及法国著名音乐家让·米歇尔·雅尔一行。会见中，赵台长向客人介绍了中央电视台电视频道、数字电视等的发展情况并感谢陈氏公司对本台频道在巴黎落地所做的工作。

**1月15日** 赵化勇台长出席了在联合国总部美国纽约举行的第一届全球媒体艾滋病圆桌会议。会上，赵台长首先对联合国召集全世界主要媒体举办这样一次会议表示赞赏，并针对中央电视台在艾滋病方面的宣传作了介绍，向全球媒体发出了联合起来共同抵抗艾滋病的号召。会后，安南秘书长与赵台长握手，对中国媒体在宣传预防和控制艾滋病方面所作的贡献表示赞赏。

**2月3日** 赵化勇台长会见葡萄牙驻华大使安东尼奥·卡罗斯先生。会见中，赵台长指出，中、葡良好的关系为双方在其他领域的合作打下了基础。今后，双方可以在两国国庆时举办“电视周”，互播介绍对方国家政治、经济、社会发展等方面情况的节目。双方也可探讨两国艺术家进行交流演出的可能性。

**2月10日** 赵化勇台长会见了英国企鹅集团主席、皮尔森集团董事会董事约翰·梅更森先生率领的代表团一行。赵化勇台长向客人介绍了中央电视台频道、节目制作、多媒体等方面的发展情况，并希望加强与皮尔森集团在儿童节目、教育以及数字电视等领域的交流与合作。

**2月18日** 何宗就副台长会见法国汤姆逊广播系统公司总经理帕特利克先生率领的代表团一行。何宗就副台长向客人介绍了中央电视台近年来在制作技术及数字化进程等方面的发展情况，并感谢汤姆逊公司多年对中央电视台的技术支持。

**2月18日** 赵化勇台长会见了以色列驻华大使海逸达博士。会见中大使再次向赵台长发出诚挚的邀请，希望赵台长访问以色列，推进中以两国在电视领域的交流。他表示，以色列人民对中国有深厚的感情，对中国文化充满了向往，而电视是使双方互相了解的最好的媒介。赵台长表示会认真考虑大使的建议，争取能够成行。

**2月25日** 胡恩副台长会见了美国音乐电视网（MTV）全球董事长兼首席执行官唐思腾先生（TomFreston）以及MTV亚洲总裁范博郎先生（Frank Brown）等一行。会见中，双方探讨了2004年CCTV-MTV音乐盛典和儿童节目等合作项目的进展情况，希望双方有关人员继续推进。

**3月3日** 赵化勇台长会见了南非MTH集团全球电视付费平台首席执行官魏克文先生一行。客人来访主要目的是与中央电视台商谈投资中国中央数字电视节目有限公司事宜。

**3月3日** 李晓明副台长会见了美国花旗集团环球金融亚洲有限公司亚洲区主席梁伯韬先生等一行。花旗集团作为世界最大的控股集团，总资产超过1万亿美金，拥有全球最大的媒体金融服务系统。

**3月11日** 张长明副台长会见了应记协邀请的墨西哥新闻代表团。该代表团主要由墨报社、电台和电视台的正副总编等新闻从业人员组成，希望通过此次访问了解中国新闻媒体取得的发展与变化。

**3月17日** 何宗就副台长会见了瑞典卫星系统公司总裁兼首席执行官拉尔斯及亚洲公司副总裁贾吉泰等一行。会见中，何宗就副台长向客人介绍了中央电视台频道、数字技术等方面情况。

**3月22日** 赵化勇台长会见了美国华特·迪斯尼国际电视公司总裁安迪·博德先生、副总裁理查德先生以及该公司中国事务副总裁唐军先生一行。双方一致同意相关部门将就合作的细节和方案继续进行探讨。

**3月23日** 李晓明副台长会见并宴请了意大利广播电视台市场战略部主任那德罗博士率领的代表团一行。会见中，双方就频道落地、节目交换等内容交换了意见。

**3月23日** 赵化勇台长会见了美国维亚康姆公司董事长兼首席执行官雷石东先生（Mr·Summer Redstone）一行。会见中，赵台长表示过去双方一直合作得很好。但文化的交流应该是双向的，希望维亚康姆公司能够利用其销售渠道和播出网络将中央电视台优秀的儿童节目和音乐节目推广到全球。

**3月29日** 罗明副台长会见了美国广播公司（ABC）新闻副总裁兼数字传媒集团总经理伯纳特·格森率领的代表团一行。罗明副台长向客人介绍了中央电视台节目、频道以及国际新闻来源等方面的情况。

**4月6日** 何宗就副台长会见了英国宽泰公司销

售经理马丁·姆里甘先生一行。会见中，何宗就副台长向客人介绍了中央电视台频道、中国数字及高清电视等方面的发展状况及前景，并感谢宽泰公司多年来在制作设备等方面对本台的大力支持。

**4月13日** 赵化勇台长会见了德国巴伐利亚州广播电视台(BR)主编兼电视台副台长戈特列布一行。会见中，赵台长指出，近年来双方在电视领域的交流与合作取得了一些成果。2003年11月，双方续签了合作协议。他希望通过戈特列布副台长的来访，双方就感兴趣的项目进行具体探讨。

**4月14日** 赵化勇台长会见了包括阿曼大使侯斯尼阁下、巴林大使舒克里阁下、巴勒斯坦大使阿卜杜·拉希姆阁下、伊拉克驻华代办哈达利阁下在内的阿拉伯国家驻华大使文化委员会成员。赵台长表示，中央电视台将对阿拉伯文化周给予关注。同时希望加强双方的实质性合作。

**4月20日** 赵化勇台长会见了德国之声台埃里克·贝特尔曼先生（Erik Bettermann）一行，赵台长向客人介绍了中央电视台的有关情况。双方一致同意今后要加强友好合作关系，例如双方推荐一些介绍各自国家的节目在对方电视台播出，促进中、德两国人民之间的了解并增进友谊。

**4月20日** 赵化勇台长会见了克罗地亚共和国新任驻华大使博里斯·韦利奇先生（Boris Velic）。会见中，赵台长介绍：中央电视台与克罗地亚电视台有着很好的合作关系。克电视台台长曾经来中央电视台访问过。赵台长也曾于2002年率团访问了克罗地亚，并与克电视台签署了双方的合作协议。

**4月21日** 何宗就副台长见了美国思科系统（Cisco Systems）网络技术有限公司副总裁孟浩哲先生（Andrew Murray）等一行。会见中，双方希望可以共同举办一些技术研讨会，通过交流与沟通寻求合作的机会，通过合作实现双方互惠互利、共赢的目的。

**4月21日** 赵化勇台长会见了墨西哥前总统塞迪略先生。会见中，赵台长向客人介绍了中央电视台近年来的发展情况，积极评价了中央电视台与墨西哥电视机构的业务往来。赵台长表示，塞迪略先生就任总统期间，为中墨两国友好关系的发展，作出了努力与贡献。

**4月22日** 赵化勇台长会见了埃及广播电视协会主席哈密德先生。埃及客人是应国家广电总局徐光春局长的邀请，来华作工作访问的。会见中，赵台长表示，中央电视台可以通过节目交换、节目合拍等多种形式，加强中央电视台与埃及电视台的合作交流。

**5月9日** 李晓明副台长会见了日本朝日电视台台长广濑道贞等一行。会见中，李副台长代表化勇台长对客人来华访问表示热烈欢迎。客人简单介绍了朝日电视台最近的电视发展概况。

**5月11日** 何宗就副台长会见了德国电信系统（T－Systems）公司副总裁伯哈德·佛林格先生（Bernhard Fohringer）一行。会见中，何宗就副台长向客人介绍了中央电视台频道、数字技术等方面的发展情况，并希望通过双方的具体交流能够开展技术方面的实质性合作。

**5月11日** 何宗就副台长会见了法国泰雷兹集团公司OEM解决方案业务副总裁罗杰先生。会见中，何宗就副台长向客人介绍了中央电视台近年技术发展方面的情况，并希望与泰雷兹公司加强交流与合作，可以与中央电视台有关部门开展新技术交流与展示。

**5月18日** 赵化勇台长会见了莱索托通讯科技部长玛姆波诺·哈凯特拉女士一行。赵台长表示，如果莱索托对我们的任何节目感兴趣，我们都很愿意提供，我们也欢迎莱索托电视台同中央电视台开展对口交流、人员培训和节目交换，中央电视台第四套和第九套节目都允许莱方免费使用。

**5月19日** 胡恩副台长会见了美国尼克儿童频道总裁斯克尼尔先生（Mr Herb Scannell）等一行。尼克儿童频道是维亚康姆公司下属的一个公司，是全球最大的儿童频道之一。斯克尼尔先生表示希望继续扩大与中央电视台的友好合作关系，尤其是加强在儿童节目方面的合作等。

**5月19日** 张长明副台长会见了阿根廷Common-wealth公司代表Nelly Raymond女士及阿驻华大使莫雷利阁下。会见中，张长明副台长表示通过电视媒介，尤其通过CCTV的西语节目可以将中国文化的精髓传达给拉美观众，同时CCTV也愿意更多地向中国观众介绍阿根廷，从而有效增进两国人民的相互了解。

**5月20日** 赵化勇台长会见了法国总统文化顾问戴拉诺瓦女士率领的代表团一行。会见中，戴女士指出，中、法文化年对促进两国了解具有十分重要意义。两国首脑给予了高度重视。希望通过与中央电视台的合作，把开幕式音乐会传送至中国及世界各地观众。

**6月4日** 赵化勇台长、胡恩副台长分别会见了乌兹别克斯坦广播电视公司主席库奇莫夫一行。会见中，赵台长表示，中央电视台愿意与乌电视公司合作，双方可以进行新闻交换、相互提供纪录片并互派摄制组。外方对此表示赞同，并希望中央电视台播出有关乌国家的电视节目。

**6月6日** 赵化勇台长会见了在上海电视节期间，前来参加活动的诸多海外媒体机构的负责人。赵台长在中央电视台的展台，分别会见了时代华纳、索尼影视、法国陈氏兄弟、苏格兰电视台等代表团的负责人，并分别交流了最新的合作内容和未来的计划。

**6月8日** 赵化勇台长会见了德国电视二台马库斯台长率领的电视代表团一行。会见中，赵台长首先向客人介绍了中央电视台节目、频道等方面的发展情况。外方对中央电视台频道等方面快速发展深表赞叹，并希望在2008年奥运会之前加强同中央电视台的实质性合作，巩固业已存在的友好合作关系。

**6月11日** 胡恩副台长会见了美国电视艺术学院（艾美奖）总裁利威涛先生一行。会见中，胡恩副台长向客人介绍了中央电视台节目、频道等方面的情况并希望加强与美国电视艺术学院及艾美奖有关机构的交流与合作。

**6月15日** 胡恩副台长会见了土耳其工人党代表团主席佩林切克先生一行及该党下属的电视台“民族频道”的总经理阿可费拉先生。会见中，胡恩副台长表示愿意与土民族频道加强合作，交换各类节目和新闻，同时着重推介了中央电视台英语国际频道。

**6月17日** 赵化勇台长、张长明副台长分别会见了韩国政府国政弘报处长官郑顺军一行。会见中，赵台长指出，中韩两国的全面交流中，双方的媒体交流合作近年来势头良好，中央电视台已与韩国国家电视台KBS、最大的商业台MBC、24小时有线新闻台YTN，先后签订了新闻交换协议，长期保持着友好的关系。

**6月22日** 赵化勇台长会见了新闻集团中国区总裁戴杰明一行。会见中，赵台长向客人介绍了近几年中国电视产业所发生的变化，尤其付费电视频道已经在中国启动，并将以较快速度发展。

**6月25日** 胡恩副台长会见了波兰、斯洛伐克、罗马尼亚、保加利亚及塞尔维亚和黑山5国联合记者团一行。会见中，胡恩副台长向客人介绍了中央电视台频道、付费电视频道以及节目等方面的发展情况，并希望通过此次来访加强彼此国家电视机构的交流与合作。

**6月29日** 李晓明副台长会见了德国战略咨询公司总裁福莱明博士、德国柏林展览总公司总裁霍施一行。会见中，李晓明副台长指出，近年来，随着中国经济快速发展，中国的电视产业也得到了相应发展。目前，中央电视台已与世界主要电视机构及公司建立了良好的联系，并希望与德方建立互利互惠的合作关系。

**7月16日** 何宗就副台长会见了阿尔巴尼亚广电局长阿尔图尔－热伊率领的代表团一行。会见中，何副台长指出，中、阿两国交往具有悠久历史。在新时期，双方应加强业已存在的友谊，并推动双方在电视领域的交流与合作。热伊局长对此表示赞同，并希望双方电视机构具体在节目交换、联合制作等领域进行洽谈。

**7月19日** 韩国广播公司卫星频道（KBS-SKY）率韩国国内19家有线网络商，来中央电视台参观访问。为此，KBS牵头将韩国内的有线网络商组织起来，开展筹备工作，待条件成熟，即可整频道转播CCTV-9。

**7月28日** 张长明副台长会见了巴基斯坦新闻广播部部长阿赫迈德一行。会见中，张副台长提到中央电视台与巴基斯坦电视台之间良好的合作关系和即将互办的电视周。巴方部长介绍了巴国家电视台有5套电视节目，此外还有7个私人频道的相关情况。

**7月30日** 赵化勇台长会见了美国映佳国际公司总裁谢其美女士及映佳北京代表处首席代表张阳女士。会见中，赵台长对双方过去多年的合作表示肯定，指出在续签协议时，应该根据形势适当调整合作条件。

**8月3日** 罗明副台长会见了英国新闻代表团团长、英语记者联盟秘书长迪尔、英国记者联盟主席、英国广播公司国际频道记者科里高一行。会见中，就中央电视台收入来源、数字频道发展前景、新闻报道原则、记者培训等话题进行了交流。

**8月4日** 赵化勇台长以及美国国家地理频道亚洲董事总经理白华乐（Ward Platt）先生出席了中央电视台央视风云传播有限公司与美国国家地理频道战略合作协议的签约仪式。之前，赵台长会见了美国客人，他表示这次合作对双方都很重要，是一次历史性的突破，希望双方抓住机遇共同推动中国数字付费电视的发展。

**8月4日** 赵化勇台长、胡恩副台长会见了泰国正大集团副董事长李绍祝先生一行。赵台长表示，中央电视台与正大集团合作的《正大综艺》栏目已经开办了15年，在社会上有着广泛的影响，也说明是我们成功的合作项目。希望双方工作人员加倍努力，创新开拓。胡副台长代表中央电视台与正大集团续签了新年度的合作协议。

**8月5日** 赵化勇台长会见了法国陈氏传媒公司董事长陈克光先生。会见中，陈先生表示希望借此加强与中央电视台在多方面的合作。还提出了与中央电视台联合开办影视剧剧场的合作项目，将法国、欧洲及世界优秀影视剧介绍给中国观众。

**8月12日** 李晓明副台长会见了美国花旗集团执行董事罗伯特·库恩博士等一行。会见中，李晓明副台长表示，在利用好中央电视台独有的品牌资源优势的情况下，应该拓展经营思路，在经营管理和赢利模式创新方面进行新的探讨。

**8月12日** 罗明副台长会见了土耳其世界通讯社社长一行。会见中，客人对中央电视台奥运报道很感兴趣，罗明副台长向对方介绍了中央电视台体育频道奥运会期间更名为奥运频道，24小时不间断报道的情况。

**8月24日** 赵化勇台长会见了美国星光映佳集团董事长、总裁谢诚刚一行。赵台长向外方介绍了中央电视台频道，尤其是数字付费电视频道的最新发展，并感谢星光映佳集团多年来对中国国际频道在美国有线落地所做的重要工作，尤其在节目、培训等方面双方进行了富有成效的合作。

**8月27日** 何宗就副台长会见了美国泰克公司副总裁比多一行。何宗就副台长感谢该公司多年来对中央电视台在测试技术等方面的支持，尤其是数字技术监测领域，还有一些亟待合作解决的问题。

**9月9日** 赵化勇台长会见了马来西亚驻华大使阿布杜·坎先生。大使表示中央电视台与马来西亚寰宇公司的合作使中央电视台的英语频道在马落地，许多无法亲自来中国的马来西亚人正是通过中央电视台的频道了解中国的。

**9月14日** 赵化勇台长会见了阿尔巴尼亚总理法托斯·纳诺一行。纳诺总理对两国广电合作协议的签订表示祝贺。他指出，阿尔巴尼亚公共电视台的建立离不开中国广电机构的紧密合作与支持，希望中国能给予阿广电机构更多的信息与支持。

**9月14日** 广电总局徐光春局长、赵化勇台长会见了正在访华的阿尔巴尼亚总理托斯·纳诺一行。会后，赵台长陪同纳诺总理参观了中央电视台播控中心、新闻播出区、录音棚及中央电视台新台址模型。

**9月15日** 张长明副台长接受了斯洛文尼亚国家广播电视台摄制小组的采访。该摄制组是应中央电视台邀请，来华制作反映我国经济发展建设成就的电视节目。

**9月15～16日** 张长明副台长分别会见了朝鲜广播委员会代表团和朝鲜记者同盟代表团。会见中，朝鲜客人高度评价了中央电视台在朝中友好交往方面给予的积极报道，并希望今后在编辑记者交流方面，得到中央电视台的帮助与支持。

**9月16日** 罗明副台长会见了由外交部新闻司接待的欧亚6国记者团，会见中，罗明副台长简要介绍了中央电视台的成功经验，并就记者团提出的问题进行了解答。

**9月17日** 李晓明副台长会见了美国影视代表团一行。会见中，李副台长希望中央电视台加强同国际媒体及制作公司的合作，共同投资联合制作有关中国历史及文化等方面的节目，将一个真实的中国客观地介绍给西方观众。

**9月21日** 胡恩副台长会见了意大利法塔集团总裁兼首席执行官蒙卡达先生一行。会见中，胡副台长指出，希望通过法塔集团，将中国优秀的儿童动画节目介绍给意大利观众，以促进相互了解。

**9月21日** 赵化勇台长会见了美国维亚康姆公司董事长雷石东先生率领的代表团一行。会见中，赵台长希望双方可以进行互惠互利的合作，通过维亚康姆公司将我制作的动画节目介绍给美国观众。同时双方可以开展衍生产品开发方面的合作。

**9月21日** 何宗就副台长会见了美国杜比实验室有限公司副总裁技术总监史柏夫先生。何宗就副台长指出，高清技术是未来发展的趋势，中央电视台已经试开通了高清频道，并希望继续与杜比公司合作，以期待有更好的发展。

**9月21日** 罗明副台长代表中央电视台与加拿大广播电视公司在多伦多签署合作协议。

**10月11日** 张长明副台长会见了葡萄牙广播电视台管理委员会成员刘易斯·玛凯先生及葡萄牙驻华大使安东尼奥·卡罗斯先生一行。会见中，张长明副台长向客人特别介绍了中央电视台国际频道以及新近开播的西法语频道的情况，并对大使先生一直以来为双方电视机构合作所作出的努力表示感谢。

**10月13日** 张长明副台长见了美国新闻集团下属的福克斯有线电视网执行副总裁林赛·嘉德先生一行，新闻集团和中央电视台有着很好的合作关系，双方签署了节目落地协议。林赛先生介绍了福克斯有线电视网帮助中国CCTV-9在北美地区落地的有关情况。

**10月13日** 赵化勇台长会见了美国华纳兄弟娱乐公司董事长兼首席执行官巴利·梅尔先生一行。会见中，赵台长表示，华纳兄弟公司的母公司时代华纳公司和中央电视台有着长期友好的合作关系。希望进一步在现有合作项目的基础上进一步探讨新的合作模式和领域。

**10月13日** 赵化勇台长会见了日本东京广播公

司(TBS)社长井上弘等一行。会见中，赵台长祝贺TBS再度与中方合作转播赛事，对近年来两台每年进行高层人员互访交流活动表示赞赏，并期望双方在纪录片等其他领域开展更广泛的合作交流。

**10月13日**　何宗就副台长会见了日本日立麦克赛尔（MAXELL）公司社长赤井纪男等一行。何副台长说，中央电视台的节目制作和播出使用了大量MAXELL公司的录像带。在安全播出方面，我们对高质量的磁带有更高、更新的要求。还希望在磁记录的新技术方面，与日方相关企业共同开发，提高节目制作和播出的水平。

**10月14日**　胡恩副台长会见了日本日中友好协会会长平山郁夫先生等一行。会见中，胡副台长欢迎平山先生到访中央电视台，并向客人详细地介绍了中央电视台的频道播出的情况，表示要为中日文化的交流而共同努力。

**10月18日**　赵化勇台长会见了美国麦肯锡公司高级合伙人史蒂夫·哈斯克先生等一行。会见中，史蒂夫先生首先介绍了麦肯锡公司以及该公司为全球大媒体公司提供咨询服务的有关情况，并希望通过此次来台拜访，双方能更有效沟通，为中央电视台的发展提供战略咨询服务。

**10月19日**　张长明副台长会见了萨摩亚通讯与信息技术部长帕卢萨卢·法阿波率领的代表团一行。会见中，张长明副台长介绍了中央电视台的基本情况，希望今后两国电视机构之间进一步加强交流，加强节目以及人员互访等合作。

**10月19日**　罗明副台长会见了应外交部邀请来华访问的非洲法语国家联合新闻团。会见中，罗副台长向客人着重介绍了中央电视台刚刚开播的西法语频道。客人对此非常感兴趣，就该频道节目、目标观众、卫星覆盖和落地等问题作了详细了解。

**10月25日**　张长明副台长会见了奥地利国家电视台（ORF）台长林德纳一行。会见中，张长明副台长就中央电视台情况和新台址情况向林德纳女士进行了介绍，并对一直以来的合作进行了肯定。

**11月1日**　赵化勇台长会见了马来西亚新闻部长达图·斯里阿斯·卡迪·塞法兹先生一行。会见中，赵台长指出，达图在任马来西亚文化、艺术、旅游部长时为马来西亚的旅游事来作出了巨大贡献，促进了两国之间的相互了解。

**11月2日**　赵化勇台长会见了日本索尼公司董事长兼集团CEO出井伸之等一行。会见中，赵台长表示电视台的发展离不开强有力的技术支持与保障，我们同索尼公司有着良好的合作关系。在世界广电通讯越来越融合的时代，我们将迎来技术与制作的革命。

**11月2日**　张长明副台长会见了阿根廷传媒界知名人士奈丽·雷蒙女士。会见中，张副台长表示，一个国际频道的成功取决于四个因素：优秀的节目、高质量的人才、高质量的推销和经营团队及强有力的落地合作伙伴，奈丽女士以其资历和所掌握的资源，正是中央电视台理想的合作伙伴。

**11月4日**　罗明副台长会见了联合利华公司亚太区媒介总监理查德·戴维斯先生及其广告代理公司传立媒体一行。会见中，罗明副台长向客人介绍了中央电视台作为国家电视台的传播优势和在公众中的公信力，希望联合利华公司能和本台强强联合、优势互补，建立长期的合作伙伴关系。

**11月9日**　张长明副台长会见了韩国文化观光部代表团一行。会见中，张副台长表示，中央电视台与韩国各电视机构保持着良好的合作关系，近年来双方合办歌会、合拍电视剧、人员互访和技术交流越来越频繁，这是媒体促进两国人民文化交流的成果。

**11月15日**　李晓明副台长会见了AGB尼尔森媒介研究公司新任全球总裁阿尔伯托·克鲁西先生。会见中，李副台长表示，目前中央电视台主要调查数据由央视—索福瑞公司提供，并且结果十分令人满意，尽管AGB公司与中央电视台央视—索福瑞公司有竞争关系，但是如果有互利的合作机会还是可以进行合作。

**11月21日**　为庆祝世界电视日，由广电总局主办的21世纪广电传媒高峰论坛在钓鱼台国宾馆举行，赵化勇台长应邀在大会上作了《CCTV产业经营发展探索》的报告。同台演讲的还有其他12位来自国际知名传媒机构、金融机构、技术公司的高层领导。

**11月22日**　胡恩副台长会见了新加坡新传媒制作总裁章能容先生一行。会见中，客人向胡副台长通报了从中央电视台国际电视总公司购买的电视剧在新加坡及东南亚一带的收视情况，并表示希望从中央电视台购买更多的电视节目。

**11月23日**　张长明副台长会见了法国陈氏公司总经理陈克光一行。会见中，张长明副台长向客人介绍了近期中央电视台的部分改革状况和我台“长城平台”在北美的运营情况，提出希望将西法频道引入外国主流频道，并着重强调了今后中国CCTV-4、CCTV－9以及西法语频道在外国落地后实现本土化的重要性。

**11月23日**　赵化勇台长、罗明副台长会见了传立媒体总裁普罗科特先生等一行。会见中，赵台长祝贺传立媒体所代理的6个客户在中央电视台广告招标中取得成功，并指出中央电视台广告在消费者中影响和公信力是外国客户收益保证，同时希望2004年开展更广泛的合作。

**11月24日** 赵化勇台长会见了花旗集团执行董事库恩博士，花旗银行中国投资银行主席孙纬女士等一行。会见中，赵台长表示随着媒体的开放，中央电视台势必将融入世界媒体的竞争，资金在发展中占关键地位，因此非常欢迎花旗集团参与中央电视台的合作，但需注意在借鉴外国经验时需结合中国及中央电视台的具体情况。

**12月1日** 总编室主任程宏代表中央电视台与德国RTL电视台在北京签署合作协议。

**12月1日** 张长明副台长会见了哥伦比亚驻华大使吉列尔莫·里卡多·佩雷斯先生等一行。会见中，张副台长表示，西法语频道的开播搭建了中国与西语国家交流的一个平台，应该抓住这个机会，扩大双方在大型的政治、经济、文化事件上进行的合作。

**12月1日** 孙冰川副总编会见了美国广播理事会理事爱德华·考夫曼一行。会见中，孙副总编向客人介绍了中央电视台与世界媒体的合作情况，并特别介绍了“长城平台”在北美的运作及反响。

**12月2日** 纪检组组长张海鸽会见了日本广播协会监事西尾胜先生一行。会谈中，双方表示两台的节目制作方面的合作已经取得成功，今后在监察工作方面也可以开展合作交流。

**12月3日** 罗明副台长会见了由俄罗斯国际文传电讯社、塔斯社、俄罗斯中心电视台和灯塔广播电台代表组成的俄罗斯主流媒体代表团。会见中，罗明副台长向客人介绍了中央电视台的情况，并特别介绍了CCTV-1的覆盖率和影响力，以及CCTV-4、CCTV-9和西法频道在海外的落地状况。

**12月7日** 何宗就副台长会见了加拿大米瑞达公司产品事业部执行总裁米歇·普瑞克斯先生、多画面显示系统部经理路易·凯龙先生等一行。会见中，何副台长向客人介绍了中央电视台目前播出系统使用米瑞达公司多画面显示系统的有关情况，并向客人询问了该公司相关产品的应用情况，提出了中央电视台的技术要求。

**12月7日** 罗明副台长会见了越南中央电视台副台长陈平明一行。会见中，罗明副台长向客人详细介绍了中国CCTV-1和新闻频道的节目编排，CCTV-1黄金时段的广告招标情况，以及中央电视台过去五年经营管理采取的新举措。

**12月8日** 张长明副台长会见了BBC世界台总经理白安妮等一行。张长明副台长向客人介绍了中央电视台的基本情况，尤其是CCTV-4和CCTV-9在海外的落地情况和长城平台在北美的运行状况。

**12月19日** 应意大利共和国议会参议长马尔切洛·佩拉的邀请，受总局委派，中国爱乐乐团部分艺术家在艺术总监余隆和副团长刘军率领下，专程赴罗马，在意大利议会会议大厅演出圣诞音乐会。意大利共和国总统钱皮、参议长佩拉、中国驻意大利大使程文栋和意大利政治、经济、军事、文化等各界400余名贵宾出席观看了演出。意大利国家电视台通过欧洲联播节目向世界转播了这场音乐会。中央电视台音乐频道播放了这场音乐会的录像。

**12月21日** 胡恩副台长会见了法国总统技术顾问瓦蕾丽女士一行。会见中，双方就法方希望派遣法国艺术家参演中央电视台春节晚会事宜进行了商谈。

（外事处提供）

2005

CHINA
CENTRAL TELEVISION
YEARBOOK

中国中央电视台
年　鉴

R E N W U

# 人　物

# 人物

## 一、2004年中央电视台任命的处级以上干部名录

| 姓　名 | 职　　务 | 职务级别 | 任职时间 |
| --- | --- | --- | --- |
| 高　峰 | 中央新闻纪录电影制片厂厂长 | 司局级 | 2004.3.11 |
| 孙冰川 | 台副总编辑 | 司局级 | 2004.1.5 |
| 杨晓民 | 人事办公室主任 | 副司局级 | 2004.1.5 |
| 梁晓涛 | 广告经济信息中心主任 | 副司局级 | 2004.11.20 |
| 黄瑞刚 | 纪检组副组长 | 副司局级 | 2004.11.20 |
| 苏　峰 | 爱乐乐团常务副团长（文艺节目中心副主任兼） | 副司局级 | 2004.7.14 |
| 张晓海 | 文艺节目中心文艺部主任 | 县处级 | 2004.2.18 |
| 秦明新 | 文艺节目中心国际部主任 | 县处级 | 2004.6.4 |
| 石　村 | 总编室节目版权管理处处长 | 县处级 | 2004.6.4 |
| 刘保平 | 广告经济信息中心经济频道节目副总监 | 县处级 | 2004.8.9 |
| 韩　青 | 广告经济信息中心经济频道节目副总监 | 县处级 | 2004.8.9 |
| 任学安 | 广告经济信息中心经济频道节目副总监 | 县处级 | 2004.8.9 |
| 张　政 | 广告经济信息中心综合部主任 | 县处级 | 2004.8.9 |
| 李欣雁 | 台办公室副主任 | 县处级 | 2004.8.9 |
| 杨一龙 | 人事办公室劳动工资处处长 | 县处级 | 2004.10.25 |
| 吴淑环 | 海外节目中心综合部主任 | 县处级 | 2004.10.25 |
| 景春寒 | 海外节目中心海外联络部主任 | 县处级 | 2004.10.25 |
| 许　强 | 新闻节目中心新闻频道编辑部主任 | 县处级 | 2004.10.25 |
| 高丽萍 | 新闻节目中心新闻采访部主任 | 县处级 | 2004.10.25 |
| 董石才 | 社教节目中心法制专题部主任 | 县处级 | 2004.12.6 |

## 二、2002年中央电视台享受政府特殊津贴人员名录

何宗就　孙玉胜

## 三、2003年中央电视台聘任正高级专业技术职务人员名录

聘任下列13名同志为高级编辑

郭　莉　刘建鸣　崔屹平　张　讴　肖振生

杨　华　杨刚毅　彭　思　刘仙明　王桥英
郭维安　马敬仁　牛桂吉

**聘任下列1名同志为高级记者：**

骆汉城

**聘任下列3名同志为提高工资待遇的高级工程师：**

袁辉　曹青　王世荣

**聘任下列1名同志为研究馆员：**

王亚平

## 四、2003年中央电视台聘任副高级专业技术职务人员名录

**聘任下列29名同志为主任编辑：**

李彦吉　倪代光　王德禄　刘茁野　姜秋镝
王铁刚　陈　杰　成建平　张　森　李　浙
王同业　柏　杨　余伟利　罗　颖　张　鸥
张韶明　吕　莹　梁　红　温克建　毕福剑
陆冰封　陈荣霞　王守琴　任达清　罗宏涛
张如亮　林布谷　肖新伶　李和平

**聘任下列1名同志为主任记者：**

李德琼

**聘任下列3名同志为主任播音员：**

赵洪涛　白燕升　蔡　猛

**聘任下列11名同志为高级工程师：**

张彩琴　李明强　边志琨　刘继军　季奕军
陈明培　何　平　刘　洁　胡德斌　张宝光
叶　伟

**聘任下列1名同志为高级审计师：**

续建勇

**聘任下列2名同志为高级会计师：**

张平平　李玉洁

**聘任下列2名同志为副译审：**

庞新华　付为民

**聘任下列3名同志为副研究馆员：**

阴建白　高　峰　陈小梅

**聘任下列2名同志为二级导演：**

崔德寅　耿少波

**聘任下列1名同志为主任技师：**

佟全东

## 五、2003～2004年中央电视台所属单位聘任正高级专业技术职务人员名录

**1. 中国电视剧制作中心**

一级文学编辑：仝玉冰
一级导演：王　静

**2. 北京科学教育电影制片厂**

一级导演：莫　骄
一级摄影师：袁明福

**3. 中国国际电视总公司**

一级导演：马润生
主任编辑：俞胜利

**4. 中国爱乐乐团**

文艺一级：孙音音　郭　利　谢红亮　刘　瑛
程晓华

## 六、2003～2004年中央电视台所属单位聘任副高级专业技术职务人员名录

**1. 中国电视剧制作中心**

二级导演：杨亚洲
高级工程师：柴　岗　潘　韬
高级会计师：王建华
二级演员：东方闻樱
主任服装技师：李继红　白洁平

**2. 中央新闻纪录电影制片厂**

主任记者：刘聪毅　吕木子
副研究馆员：马英魁

**3. 北京科学教育电影制片厂**

二级导演：包为民
二级美术师：张　蓝　陈亚南　黄曼如
高级经济师：高筠英
高级会计师：吴玉敏
高级政工师：张庆池
二级录音师：吴　江
主任技师：贾永杰

4. 中央卫星电视传播中心

高级会计师：张万英

高级工程师：刘世贵

主任编辑：孙忠瑞

5. 中国爱乐乐团

文艺二级：彭棣、崔晓雷

## 七、中央电视台驻外记者名录

（截至2004年12月31日）

美国站：高　军　徐　健

比利时站：王韵权　王银桩

泰国站：张传昌　张　莉

日本站：孙　岩　李卫兵

联合国站：李　楠　屈小平

澳大利亚站：汪飞舟　侯　佳

埃及站：梁玉珍　刘茁野

英国站：王晓琨　孔淑明

俄罗斯站：路　彪

法国站：李　宾　林　文

印度站：张　讴　陶　冶

## 八、2004年中央电视台驻港、澳、台记者名录

香港站：赵树清　侯福梅　张福田　常　江　张利中　孟　克　翟颖楠　黄建国　曾　晋

澳门站：冯雪松　门继光

台湾站：（人员每月更换）

（中央电视台驻外记者管理科提供）

# 九、人 物 志

**高　峰**（1955—　）回族。北京市人。中共党员。高级编辑。中国传媒大学兼职教授。现任中央电视台分党组成员、中央新闻纪录电影制片厂党委书记、厂长。1983年毕业于中央民族大学中文系，2004年获北京师范大学艺术与传媒学院博士学位。1983年进入中央电视台，1992年先后担任专题部副主任、纪录片室主任、国际部副主任、青年部主任，中央电视台社教节目中心主任、中国电视艺术委员会副主任兼秘书长。主要作品：电视系列专题片《川藏纪行》、《万里海疆》、《解放》、《胜利》、《独领风骚——诗人毛泽东》、《金秋时节》、《西南古桥拾零》、《闯江湖》、《山海经》、《蒋兆和的流民图和丹尼亚的日记》等。出版专著《电视纪录片及其审美选择》、《电视纪录片论语》、《对电视解说词的解说》等。2002年度获"全国百佳新闻工作者"称号。

**孙冰川**（1947—　）甘肃省榆中县人。中央电视台分党组成员。中央电视台副总编辑。1968年参军，1973年复员，先后在北京市塑料工业公司、北京市塑料模具厂工作。1977年考入北京大学中文系新闻专业学习，1982年2月毕业分配到中央宣传部工作，历任干事、副处长、处长、副局长。2004年1月调入中央电视台任现职。

**杨晓民**（1966—　）河南省固始县人。中共党员。武汉大学中文系学士，北京广播学院新闻系硕士，一级文学编辑。中国作家协会会员。1993年调到中央电视台人事处工作。历任培训职称处副处长，干部管理处副处长、处长，人事办公室副主任兼干部管理处处长，2004年任人事办公室主任至今。出版散文集《江南》、《徽州》等。诗集《羞涩》获第二届鲁迅文学奖，学术专著《中国单位制度》（合著）获全国第三届人事科研成果一等奖。为《人在单位》、《江南》、《徽州》、《嵩山》等大型电视系列片总策划、总撰稿。《江南》获第十七届（2002年）"星光奖"一等奖、优秀撰稿奖，《徽州》获第十八届（2003年）"星光奖"一等奖、优秀撰稿奖。

**梁晓涛**（1963—　）辽宁省北票市人。中央电视台广告经济信息中心主任。经济频道总监，高级编辑。1985年7月山东大学哲学系本科毕业。2003年10月中欧国际工商学院毕业，工商管理硕士。先后在中央电视台总编室、新闻节目中心、文艺节目中心、青少节目中心、广告经济信息中心工作，历任动画片部副主任、主任，青少节目中心副主任，广告经济信息中心副主任、经济频道节目总监。1992年任总制片人之一创办《东方时空》栏目，1993年主抓中央电视台国产动画生产

制作和播出，短期内使中央电视台国产动画生产和播出的质量和数量均为国内第一。在广告经济信息中心主抓节目生产和广告经营期间，实现经济频道收视份额和影响力双提升，广告收入连续48个月同比增长。

**黄瑞刚**（1965—　）福建省莆田人。中共党员。现任纪检组副组长兼监察室主任。天津南开大学法学系毕业，法学学士。1988年至1993年在北京高级人民法院研究室、宣教处工作。1993年调入中央电视台，历任主任科员、副主任，主任。2004年11月被任命为纪检组副组长。组织过知识竞赛、小品比赛、模拟法庭、廉政辞典等多种形式的全台性党风廉政宣传教育活动；组织拍摄廉政专题片《蜕变》、《致命的诱惑》、《梦断影视城》。组织出版反腐倡廉论文集《电视廉政论》。曾多次获得总局精神文明先进个人、台先进工作者、优秀党员领导干部等荣誉称号。

**苏　峰**（1949—　）中共党员。大专学历。高级编辑。1968年插队，先后在部队演出队、文工团工作，1984年调入中央电视台。在电视台工作期间先后在上海戏剧学院、北京广播学院、中央党校中直分校学习。1990年参与创办《综艺大观》栏目，任导演、制片人并连续三年获得"星光奖"优秀栏目奖。1994年开始先后担任文艺部副主任、影视部副主任、文艺节目中心副主任兼国际部主任等职；2001年4月至2003年9月任总编室副主任；2003年9月任文艺节目中心副主任；2004年7月兼中国爱乐乐团副团长。曾经主持创作、监制的文艺栏目、文艺节目多次获得"星光奖"，其中执导的《中华杯电视猜谜大赛》获"星光奖"一等奖；参与创作的电视连续剧《和平年代》获"飞天奖"一等奖；在香港回归祖国电视报道中荣获一等奖；曾经参与的重大课题项目有《中央电视台关于深化影视制作立项投资评奖机制改革工作报告》、《中国广播影视文艺状况调研报告》、《中央电视台节目综合评价体系方案和栏目末位淘汰机制》等。曾经发表的主要论著有《过程与结果——关于国产电视剧的辩证思考》、《管理科学的系统观》、《海纳百川，不断进取——对电视传媒的理论思考》、《注重整体结构——电视剧走向成熟的标志》等。

**张晓海**(1960—　)北京市人。中共党员。高级编辑。1983年毕业于北京广播学院，同年进入中央电视台工作，现任中央电视台文艺节目中心副主任。多次执导国家级大型文艺晚会，曾三次参与执导中央电视台的春节联欢晚会，出任总导演。先后为《庆祝建国50周年焰火联欢晚会》、纪念反法西斯战争和抗日战争胜利50周年大型合唱音乐会——《黄河魂》、迎接香港回归——《飞越黄河》、庆祝香港回归大型音乐晚会——《1997音乐会》、《为中国喝彩》系列节目、《′99元宵晚会——群狮欢歌贺太平》、《北京2008奥运会徽发布仪式》等节目执导电视转播。执导的节目先后五次获得"星光奖"一等奖或特别奖。获全国"星光奖"最佳导演奖，并被授予"星光奖"特别荣誉奖。

**秦明新**（1963—　）辽宁省大连人。中共党员。文艺节目中心国际部主任。1985年7月广州中山大学毕业，分配到中央电视台对外部国际组任编导。1988年8月调入国际部国际组任编导。1994年任国际部《人与自然》组策划、编导。1995年任国际部《正大综艺》组副组长、策划、导演。1998年评聘为主任编辑。2000年5月任国际部副主任。2004年6月任国际部主任。

**石　村**（1964—　）内蒙古人。中共党员。法学硕士。总编室节目版权管理处处长。1987年于中国政法大学毕业后留校任教。1990年调入中央电视台后担任专职法律顾问、法规处副处长。在担任专职法律顾问期间，曾审阅了数千份合同文件，承办了100多件诉讼案，参加了中央电视台规章制度的制定和修订工作，为职工提供了大量的法律知识培训。曾获中央电视台"十优青年"、广播电影电视部"首届青年岗位能手"、"中央电视台优秀共产党员"、"广播电影电视部优秀共产党员"等荣誉。2004年6月任新设立的总编室节目版权管理处处长，着手创建中央电视台版权管理制度。

**刘保平**（1962—　）河北省盐山县人。中共党员。主任记者。经济频道节目副总监。1984年7月毕业于同济大学环境工程系。1985年至1988年，先后在中央电视台党委办公室担任团委专职副书记和广播电影电视部办公厅秘书。1988年8月后先后在《经济半小时》、《经济信息联播》、《中国财经报道》、《中国证券》等栏目担任副组长、组长、制片人等职。2001年4月任广告经济信息中心信息部副主任，并挂职广电总局总编室宣传处副处长一年。2003年9月任经济频道财经节目工作室主任。曾被评为中直机关优秀团干部、中央电视台先进个人。

**韩　青**（1964—　）女。河北省邯郸市人。中共党员。主任编辑。经济频道节目副总监。1996年创办《生活》栏目，任主编，1999年任制片人，同年调任《直播工作室》任制片人。2002年任广告经济信息中心经济部副主任。2003年任经济频道服务节目工作室主任。2004年任经济频道节目副总监。数次担任“3·15”晚会等大型节目总导演。曾任高清晰度电视直播50年大庆阅兵总导演，荣立三等功。所制作的节目共获全国奖22项，其中特别奖2个、一等奖6个。2000年被评为中直机关优秀共产党员、2001年被评为全国十佳制片人、2003年被评为国家广电总局优秀共产党员。

**任学安**（1968— ）宁夏人。中共党员。经济频道节目副总监，工商管理硕士学历。1997年至2000年先后在《经济半小时》、《证券时间》栏目任制片人，2001年任广告经济信息中心经济部副主任，2003年任经济频道特别节目工作室主任。将《经济半小时》栏目改造成走新闻专题道路，创办了CCTV首个异地直播栏目《证券时间》，探索重大题材报道《20年20人》、《城市中国》系列节目等，参与制作的节目多次获得政府奖。1996年、1997年被评为中央电视台先进个人，2002年获CCTV“十优青年”荣誉称号。

**张　政**（1956— ）女。河北省玉田县人。中共党员。高级编辑。广告经济信息中心综合部主任。1983年毕业于北京广播学院电视系。先后参与创办《生活》、《中国房产报道》栏目，曾任《商桥》、《经济半小时》、《中国房产报道》栏目制片人，广告经济信息中心信息部副主任，经济频道专栏节目工作室主任。所管理的栏目及节目分别获得多项国家级奖项。主编《电视传播多维透视》，著有专著《理解电视的一个角度》。

**李欣雁**（1963— ）安徽省人。中共党员。中央电视台办公室副主任。1995年中共中央党校博士毕业。1995年至2004年8月在中宣部政策法规研究室工作，曾任调研二处处长、法规处处长，从事新闻出版广播影视业政策法规的调研和制定工作。连续四年评为中宣部先进工作者。承担国家社科基金项目“传媒集团化研究”。曾任专题节目《星星火炬》总策划和撰稿人，该片获中宣部“五个一工程”奖。

**杨一龙**（1957— ）北京市人。中共党员。大学本科学历。人事办公室劳动工资处处长。1978年～1985年在北京金星金笔厂任工人、生产科统计员、劳资科科长。1986年至1987年在北京市制笔工业公司任劳资科、生产科、计划科副科长。1988年至1989年10月在北京圆珠笔厂任副厂长、代厂长。1989年11月到中央电视台工作，任副主任科员、主任科员、梅地亚中心人事总监兼人事部经理、干部管理处副处长、培训职称处副处长。曾被评为台级先进工作者、优秀共产党员和优秀党务工作者。中央党校中直分校19期优秀学员。《广播电视与教育》杂志副主编。

**吴淑环**（1954— ）女。河北省人。中共党员。1978年毕业于四川电子科技大学（原成都电讯工程学院）电视专业。1978年至1991年曾在技术部门从事电视转播技术工作，担任电视转播车负责人。1991年调到体育节目中心（原体育部）办公室，担任秘书。2000年任体育节目综合部副主任，2004年11月调到海外节目中心，任海外综合部主任。从1990年至今，曾参加过四届奥运会、亚运会以及世界杯等多项国际、国内重大体育赛事报道。1985年被评为中央电视台、广电总局、中直机关先进个人，曾多次被评为中央电视台先进个人、优秀共产党员。

**景春寒**（1955— ）山东省历城县人。中共党员。高级编辑。1970年参加工作。1983年毕业于中央音乐学院。同年7月进中央电视台，先后在文艺部、对台编辑部、海外专题部、海外编辑部、海外联络部工作，历任编辑、组长、制片人、副主任、主任等职。采编制作的《银幕寻声》、《首批大陆记者赴台采访》、《中国女飞行员》等节目，多次获全国文艺、新闻、外宣节目政府奖。1991年作为节目制片人参与创办《天涯共此时》栏目；1995年作为副主任组织创办《中国文艺》栏目；1997年～1998年被派驻美国旧金山亚洲商业电视台任中央电视台首席代表，负责在当地电视台录制选播CCTV节目。1998年起，负责中央电视台国际频道海外落地暨“走出去工程”工作，先后主持和参与了CCTV中文、英文和西法语国际频道在世界各国播出的大型重点项目。目前还兼任中央电视台“走出去工程”办公室主任。

**高丽萍**（1957— ）女。山西省大同市人。高级编辑。从1975年至今的30年，她率先在全国探索现场采访、现场报道。她采制的现场报道和新闻述评节目，多次在全国优秀电视新闻评比、全国好新闻评比、全国现场短新闻大赛中获得高奖，并在全国专业电视节目主持人评比中获“金话筒”金奖和“开拓者”杯金奖等。还参与创办了我国第一个对台湾节目《天涯共此时》和第一个对外新闻栏目《中国新闻》；作为大陆最早进入台湾报道突发事件的记者和中央电视台驻港首席记者，出色完成了一系列重大对台报道，特别是“九七”香港回归各项报道任务。近年来她先后担任海外新闻部副主任和新闻采访部主任，参与策划并指挥了“两会”、“西藏纪行”“外国人眼中的西藏”、“十六大”、“伊拉克战争”、“抗击非典”等多个重大报道。发表了《现场报道贵在现场二字做文章》、《“一国两制”下的新闻采访与实践》等论文。1998年荣获中国第三届“范长江”新闻奖；2003年荣获广电总局先进工作者称号。

**董石才**（1953— ）云南省昆明市人。现任中央电视台社教节目中心法制专题部主任，高级记者。1975年云南大学外语系法语专业毕业，同年分配到中央电视台新闻部工作。1977年赴西藏报道国家登山队登珠穆朗玛峰，到达6700米的北坳冰坡，为当时到达海拔最高的记者，拍摄纪录片《中伊健儿登珠峰》获中央广播事业局特别奖；1978年拍摄纪录片《黎乡风情》，获全国二等奖；1979年摄制《包产到户之后》（4集），获全国二等奖；1980年拍摄纪录片《松》，获全国一等奖；1980年至1983年与英国、香港等合作拍摄大型纪录片《龙的心》，获1984年度美国国家与科学技术“艾美奖”。1990年～1992年任《神州风采》栏目组长，栏目连续三年获全国一等奖，组织摄制的学部委员（院士）系列片获得中科院第二届“科星”一等奖；1996年《江总书记重访永常村》获中国广播电视“’96电视新闻奖消息类”一等奖。1992年评聘为主任记者。

**郭　莉**（1955— ）女。北京市人。中共党员。大学本科学历。现在中国电视报社任职，高级编辑。1983年毕业于北京师范大学中文系。1983年7月调入中国电视报社工作至今。在社会中，担任中国电视艺术家协会兼职研究员，两届“金鹰奖”评委。从业编辑20年以来，消息、人物、专访、评论、论文等各种新闻作品，均在全国广播电视报刊评选中多次获一、二等奖；在《中国电视报》发表《不信关系 重奖作者——来自春节联欢晚会的信息》获“天慈杯”全国报纸头条新闻大赛三等奖及中央电视台台长奖励基金；1997年在《中国青年报》发表《〈实话实说〉走进大众生活》获全国记协“新影联杯”影视好新闻评选二等奖。

**刘建鸣**（1957— ）河北省人。中共党员。现任中央电视台总编室观众联系处副处长，高级编辑。1983年2月毕业于中国人民大学二分校中文专业，获文学学士学位。1988年调入中央电视台总编室从事观众联系和调查研究工作。主持开展了1992年、1997年和2002年三次“全国电视观众抽样调查”及其他调研项目，先后发表调查报告和论文23篇。其中《1992年全国电视观众抽样调查分析报告》在第二届全国电视观众调研成果暨论文评选中获论文类一等奖、《1995年中央电视台收视率年度报告》在第五届中国广播电视学术论文评选中获三等奖、《1997年全国电视观众调查分析报告》在第三届全国广播电视受众研究作品评选中获得论文类一等奖、《2002年全国电视观众抽样调查分析报告》在第八届中国广播电视学会论文评选中获“决策和管理研究类”论文二等奖。中国广播电视学会第二届“百优”广播电视理论工作者。

**崔屹平**（1954— ）山东省人。中共党员。高级编辑。广西大学中文系新闻专业毕业。中央电视台音像资料馆负责人，党支部书记。1983年任总编室宣传规划组副组长。1984年任电视报宣传办公室副主任。 1994年任中国国际电视总公司总经理助理、专职副书记。1988年12月，作为主创人员之一，参加大型电视纪录片《望长城》、《广东行》、《毛泽东》等节目的创作。分别荣获了1991至1994年度中国电视奖社教节目一等奖、三等奖、“五个一工程”奖；第二届国产优秀音像制片专题特别奖、优秀音乐音响奖、中国电视纪录片学术奖系列片特等奖。1997年初，受中央电视台委派参加筹建无锡中视影视基地股份有限公司，2000年起，公司投资拍摄了约60部近2000小时的电视剧和电视节目。其中2002年公司选送的纪录片《楠溪江》荣获捷克EKOFILM电影节的最高奖——评委会大奖。

**张　讴**（1959— ）河北省辛集市人。中共党员。驻印度首席记者。高级编辑。大众传播学硕士毕业。曾任海外节目中心纪录片组制片人。出版专著有《世界电视史话》、《电视符号与电视文化》、《印度文化产业》、游记文集《与玄奘同行》、诗集《流动的旋律》、《感情的时间》，编译有《二十世纪世界女诗人作品选》。主要创作的《香港沧桑》获“五个一工程”奖；纪录片《两位百岁老人》和《地球村民》获中国纪录片奖。

**肖振生**（1964— ）山东省高密县人。中共党员。现任中央电视台新闻节目中心新闻采访部副主任，高级编辑。1988年7在中国船舶工业公司海洋工程局工作。1993年6月起历任中央电视台新闻采访部记者、制片人、副主任。其新闻作品先后获1997年、2000年、2001年中国新闻奖一等奖和1997年中国新闻奖二等奖，此外还获过三次中国电视新闻奖一等奖和两次二等奖。

**杨　华**（1967—　）女。安徽省人。中共党员。高级编辑。新闻节目中心地方新闻部副主任。1989年7月毕业于中国人民大学新闻系广播电视专业，入台工作后，历任新闻编辑部地方组副组长、地方新闻部编辑二组组长、地方新闻部副主任。1996年获中国新闻奖一等奖、二等奖；1998年参与三峡大江截流连续报道获得中国广播电视新闻奖一等奖。2000年担任地方新闻部副主任以来，多次参加全国“两会”、“十六大”、“申奥”、“上海APEC会议”等重大报道。2004年担任国庆55周年特别节目《精彩中国》的总制片人，该节目获中央电视台2004年度优秀节目新闻资讯类一等奖。

**杨刚毅**（1954—　）福建省漳州市人。高级编辑。1983年毕业于厦门大学中文系。中央电视台海外节目中心副主任，从1991年起先后担任中央电视台第四套节目部副主任，海外新闻部副主任，对台编辑部主任，中央电视台驻香港首席记者，海外新闻部主任等职务。他所领导创办的《中国新闻》栏目，获中央电视台2003年度优秀栏目一等奖第四名。他组织策划制作的100集大型连续报道《边疆行》获中国广播电视新闻奖一等奖，获全国记协中国新闻奖二等奖。还策划组织过100集的系列报道《香港百题》和100集系列报道《台湾百问》。1999年元旦，策划制作了与台湾TVBS卫星双向访谈节目《′99两岸暨亚洲经济展望》节目，此节目跨海连线演播室对接的形式为中央电视台首创。2002年领导实现了CCTV—4新闻24小时滚动播出，2003年组织策划指挥了伊拉克战争特别报道，成为中国电视史上的一大突破，使CCTV—4影响力得以大大提升。撰写过《电视新闻连线报道的理性思考》，《从CNN的世妇会报道看西方媒体的偏见》，《电视栏目化概说》等业务论文。

**彭　思**（1951—　）湖北省人。科技专题部《科技博览》栏目负责人。高级编辑。中国人民大学二分校新闻系毕业，1983年调入中央电视台工作。曾在《祖国各地》、《神州风采》等栏目担任编辑工作。主要作品《祖国的旗》获1984年度全国优秀专题节目二等奖。《夏营盘》获1984年度全国优秀民族节目二等奖。《蜀道》获1989年度全国优秀电视系列节目一等奖。《新世纪科技论坛》获2002年度中国电视新闻奖社教类节目一等奖。《迈向新时代的中国科技》获2004年中科院第八届“科星新闻奖”社教类节目一等奖。

**刘仙明**（1950—　）黑龙江省哈尔滨市人。中共党员。高级编辑。社教节目中心科技专题部《科技之光》栏目负责人。中国电视艺术家协会会员。1975年7月上海复旦大学新闻系毕业后分配到中央电视台工作。1998年毕业于中国社会科学院研究生院文艺专业。先后在新闻部、专题部、社教节目中心任编辑、节目组组长、栏目制片人。自采自编大中型专题节目70余部；独自担任导演，实况转播10余场大型专题节目。其中，获全国电视专题节目一等奖10项，二、三等奖20余项。获全国好新闻特别节目奖1项，全国科技节目优秀编辑奖1项。

**王桥英**（1955—　）女。湖北省人。中共党员。教育专题部《当代教育》制片人。高级编辑。1982年毕业于武汉大学中文系。同年到中央电视台工作，1992年任社会专题部电视片组副组长，1993年任社会专题部纪录片组组长，1998年任社会专题部《中华民族》栏目组组长。现任中央电视台科教频道《当代教育》栏目总制片人。从事电视工作以来，拍摄制作了近百部（集）电视片。其中，《香港》、《万里海疆》、《在中国版图上》、《中国心、民族情》、《黄河泅渡》、《中国少数民族自治州》、《男儿无戏言》等作品获中国广播电视政府奖，并相继推出了《与梦想同行·2002年艺术院校招生纪实》、《高考大咨询》、《数学的魅力》、《感受交响音乐》、《聚焦新课程》、《老师，您好》、《感受音乐贺新春》等大型系列节目和特别节目。

**郭维安**（1951—　）云南省昆明市人。中共党员。高级编辑。文艺节目中心国际部编译组组长。《海外剧场》栏目主编。1975年毕业于云南大学外语系。1979年至1982年就读北京对外经济贸易大学法语专业硕士研究生，毕业后在对外经济贸易部国际经济研究所任编辑。1985年底调入中央电视台译制组工作，一直在国际部任译制片责任编译。1987年至1989年赴法国巴黎第七大学视听专业学习，获硕士学位。曾在《国际影院》、《名著·名片欣赏》和《正大剧场》等栏目任编辑，参与译制过600多部（集）译制片。其中《舐犊情深》、《开出租车的姑娘》、《莫尔 · 弗兰德斯》、《居里夫人》、《莫加多的人们》、《卡弥尔·克罗代——罗丹的情人》分别获得第十六届、十七届、十八届、十九届、二十届电视剧“飞天奖”译制片奖。

**马敬仁**（1946— ）女。河北省人。中共党员。中央电视台青少节目中心青年部《三星智力快车》主编。高级编辑。1983年毕业于中国人民大学一分校新闻系。在中央电视台少儿组、少儿部、十二演播室、青少节目中心青年部任编辑、主任编辑、高级编辑。2001年国际大专辩论会期间，与同志们共同编辑出版了《创世纪舌战——2001国际大专辩论会纪实与评析》。《走进音乐》、《青春崇拜》、《文学梦》获广电系统的“金童奖”。《青春追踪》获团中央组织的“青年节目”特别奖。

**牛桂吉**（1949— ）河南省林州市人。中共党员。高级编辑。大学文化。1981年毕业于中央音乐学院作曲系并留校任教。1983年调入中央电视台任音乐编辑。从事本专业至今40年，监制、编辑、创作了大量的影视音乐节目，曾获国际、国内多项奖，出版了大量的音乐作品及有关论文。现任音频部音乐编辑科副科长。参与创作的电视剧《野葡萄》（上、下集）获慕尼黑亚广联国际青少年电视节第二名。纪录片《往事歌谣》获1995年度电影“金鸡奖”音乐音响奖。音乐艺术片《黄河的故事》获1997年亚广联国际大奖。四集电视片《天安门》获第二届休斯顿电影节银奖。艺术片《天上人间》获2002年度广播电视学会音乐音响奖。

**骆汉城**（1951— ）浙江省三门县人。中共党员。高级记者。新闻节目中心新闻频道编辑部策划。1977年毕业于山西师范学院。1978年入台任新闻部记者。1998年至2005年历任社会新闻部三组副组长、主任记者。1997年至1998年，连续两年获得国家经贸委“全国打假先进工作者”称号。1995年至1999年，连续四年获得“中国新闻奖”、“中国电视新闻奖”、“中国电视系列报道一等奖”。著有《共和国在打假》、《我带着偷拍机》、《中国诚信报告》、《偷拍实录》等。

**袁 辉**（1959— ）北京市人。大学本科。工学士。中共党员。现任新闻制作部副主任。教授级高级工程师。1998年任质量管理处副处长。1990年参与中央电视台数字电视系统研究，负责中央电视台第一个数字分量系统（DCT系统）的设计和D2数字录像机的测评工作；1993年设计中央电视台第一个模拟分量后期制作系统并负责在该系统上完成《三国演义》的后期制作；1999年主持设计中央电视台第一个HDTV直播系统，并负责1999年国庆HDTV现场直播。主要从事中央电视台数字化、网络化的相关技术研究，并在中央电视台新闻共享和音像资料馆两个项目中担任主要技术工作。两个项目都获得广电总局科技进步一等奖，其中新闻共享项目是6个提名获奖人之一。

**曹 青**（1956— ）女。湖南省人。中共党员。技术管理办公室副主任。教授级高级工程师。1982年毕业于北京师范大学无线电系。1983年入台，负责主要项目有1994年中央电视台第一个数字演播室（800平方米）和第一套数字电子编辑系统的建设、1997年DVB—T数字电视地面广播试验、1999年国庆50周年庆典数字高清晰度电视转播试验、1998年至2000年中文电子节目指南（EPG）应用软件的研发工作、1999年至2001年总局数字电视高清晰度测试工作、2000年中央电视台第一套交互电视制播系统建设、2002年中央电视台办公有线电视网数字化改造、2003年全国电子节目指南制作和播出系统一期建设、2003年中央节目平台数字电视业务管理系统。其中广电总局数字电视（高清晰度）测试工作荣获2002年度总局科技创新一等奖，《中央电视台第一个数字演播室系统》获总局第一届中青年科技论文比赛优秀论文政府级奖。

**王世荣**（1956— ）山东省长清县人。中共党员。现任中央电视台新台址建设工程办公室副主任，教授级高级工程师。1983年毕业于清华大学分校电力工程系。1976年入中央电视台在技术部转播科任技术员。1983年至1986年参加中央电视台彩电中心建设。1988年参加国际广播中心（梅地亚中心）建设，任工程部副经理。1998年至2001年先后在中央电视台工程管理处和质量管理处任副处长。曾两次被评为中央电视台先进工作者。

**王亚平**（1953— ）女。河北省定县人。中共党员。研究馆员。1984年毕业于北京大学图书馆学系。1984年调入中央电视台。先后在总编室研究处、节目资料管理处工作。历任科长、副处长等职。现任总编室节目资料管理处副处长，中国广播电视学会信息资料研委会秘书长。从事图书档案工作25年，参与了中央电视台图书资料室及中国音像资料馆的创建工作。先后组织参加了部颁标准《广播电视音像资料编目规范——电视部分》编制和审定工作，中央电视台图文资料分系统计算机网络管理工程。曾多次参与《中央电视台年鉴》编审工作。担任《电视管理文集》、《荧屏金杯录》等书的副主编。撰写《对广播电视音像资料标准化的思考》、《广电系统的数据库建设与节目信息资源开发》等10余篇专业论文，其中《试论广播电视信息资料的集约化管理》获第八届广播电视学术论文评选二等奖。2004年在第二届"十佳百优"广播电视理论工作者评选中荣获"百优"称号。

**任　力**（1957—）河北省获鹿县人。中共党员。现任中国电视剧制作中心办公室主任。1990年7月毕业于北京联合大学经济管理学院经济管理专业，1999年6月毕业于北京广播学院思想政治教育专业。大学本科学历。1976年3月至1979年4月在海军航空兵26团服役。1979年9月至1983年9月，任北京广播器材厂检验员。1983年10 月调入中国电视剧制作中心，先后任采购员、党委办公室干事、团总支书记、办公室秘书、科长，1998年8月任办公室副主任，2004年12月任现职。

**王建华**（1966—）北京市人。中共党员。现任中国电视剧制作中心计划财务处处长，高级会计师。2003年毕业于北京广播电视大学会计学专业。大学本科学历。1987年9月至1990年9月任北京三露厂财务科会计、副科长。1990年10月至1991年5月任义利·纳贝斯克食品公司财务部出纳。1991年5月调入中国电视剧制作中心，先后在计划财务处任会计、副科长、科长，1999年8月任计财处副处长，2004年2月任现职。

**梁福臻**（1951—）山东武城县人。中共党员。现任中国电视剧制作中心党委办公室主任，高级工程师。1978年毕业于北京广播学院无线电专业，大学学历。1968年5月至1974年8月在黑龙江鹤岗农场做知青，1978年分配到中央电视台转播科任技术员。1983年10月调入中国电视剧制作中心，在技术处先后任录制一科副科长、科长，1991年7月任技术处副处长，1993年被评聘为高级工程师，2004年12月任现职。

**王　静**（1954—）女。河北乐亭县人。中共党员。中国电视剧制作中心一级导演。1990年12月北京电影学院电影编剧高级进修班毕业，研究生学历。1992年11月调入中国电视剧制作中心，先后担任文学编辑、编剧、导演、制片人。曾经编剧、导演的电视剧主要作品有《誓言》、《只要你过得比我好》、《又是红叶满山》、《十七岁不哭》、《全家福》、《曹雪芹》等，作品曾多次获电视剧"飞天奖"、"金鹰奖"、"五个一工程"奖。

**仝玉冰**（1946—）女。天津市人。中共党员。中国电视剧制作中心一级文学编辑。1969年毕业于中央戏剧学院表演系。1985年调入中国电视剧制作中心。曾担任《平凡的世界》、《香港的故事》、《中国命运的决战》、《女子特警队》、《省委书记》等近500部（集）电视剧的责任编辑，作品获国家级"五个一工程"奖、全国电视剧"飞天奖"、中国电视"金鹰奖"等奖项。系中国电视艺术家协会会员。

**问　题**（1969—）内蒙古鄂尔多斯市人。中共党员。北京科学教育电影制片厂厂长助理。1998年毕业于北京广播学院电视系，获文学硕士学位。1998年8月到科影厂工作。先后任《经济半小时》记者、《历程》栏目主编、《大家》栏目制片人、策划部主任。2004年3月任现职。

**张　力**（1961—）北京市人。中共党员。北京科学教育电影制片厂总编室主任。二级导演。1984年7月毕业于北京师范大学中文系。同年8月到科影厂工作，任编导、《东方家园》栏目主编。《发现之旅》栏目制片人、厂编委会委员。主要作品《增长的代价——人口与经济》获第九届中国电影金鸡奖"最佳科教片奖"。《地大物博与中国人——人口与资源》获第二届上海国际科教电影节纪念奖。《科教兴国》获中央电视台一等奖。《消失的大河桥》获中国纪录片学术奖一等奖，以及2002北京国际科教电影电视展评研讨会特别奖。2004年3月任现职。

**莫　骄**（1960—）湖南省益阳市人。一级导演。1983年毕业于北京师范大学地理系，学士学位。1983年8月到科影厂工作，任编导。他编导的科教片《深渊——邪教的本质》获第二十二届中国电影"金鸡奖"的最佳教科片奖和第八届中国电影"华表奖"的优秀教科片奖、评委会导演奖。科教片《生态家园》获2000年中国电影"华表奖"和优秀科教片奖；斯洛伐克第十八届国际农业生态电影节"科学和大众技术"一等奖；伊朗德黑兰国际教育发展电影节"科教纪录片"银书本奖。他编导的电视节目多次获国内外的多种奖项。现担任《科教片之窗》栏目主编。

**袁明福**（1956—）山东省莱芜市人。中共党员。一级摄影师。1969年至1973年在部队服役。1975年9月毕业于北京电影学院摄影系。1975年10月到科影厂工作。他摄制的科教片《农村养猪成套技术——仔猪培育》获广电部1986年、1987年优秀科教片奖。《青春期性教育》获第九届中国电影"华表奖"优秀科教片奖。《冬闲田种草养畜》获第八届全国农业电影电视"神农奖"银奖。1995年至2000年在中央电视台海外专题部参与系列片《三峡备忘录》、《辉煌的八五》、《九八抗洪》的拍摄。担任编导兼摄影摄制完成了《微型水电进山乡》、《村民道德评议好》等多部农业科教片。

**张万英**（1952—）辽宁省人。中共党员。高级会计师。中央卫星电视传播中心计划财务部主任。1969年至1983年在北京向阳化工厂工作。1983年至1993年在中央电视台计财处工作，曾任财务主管、科长。1993年至1994年在中央电视台北京未来广告公司任总经理。1994年调入中央卫星电视传播中心财务部任副主任，2004年任现职。

**孙忠瑞**（1950—）河北省人。中共党员。主任编辑。中央卫星电视传播中心网络经营部主任。1969年至1973年在陆军服役。1975年至1984年在北京广播学院学习、工作。1984年至1998年在广播电影电视部工作，曾任主任科员、副处长。1998年调入中央卫星电视传播中心任网络部副主任，2004年任现职。

**刘世贵**（1954—）福建省人。中共党员。高级工程师。中央卫星电视传播中心工程技术部主任。1970年至1972年在福建插队。1973年至1976年在陆军服役。1976年至1979年在西北电讯工程学院学习、工作。1979年至1992年在国防科工委工作，任助理工程师、工程师。1991年至1998年在广电部科技司无线电管理处工作，曾任主任科员、副处长。1998年调入中央卫星电视传播中心工程技术部任副主任。2004年任现职。

**孙音音**（1964—）山东省潍县人。中国爱乐乐团中提琴演奏员，文艺一级，大学学历。1989年中央音乐学院毕业后分配到中央乐团交响乐队任演奏员。1996年考入中国交响乐团任演奏员。2000年考入中国爱乐乐团任中提琴声部演奏员。一直从事室内乐和乐队的演奏，先后演奏了大量的古今中外著名作曲家的作品。1991年作为中央乐团弦乐四重奏的中提琴成员，被文化部派往英国参加伦敦弦乐四重奏的比赛。同年，四重奏组还随中国艺术家小组被文化部派往保加利亚、阿尔巴尼亚、罗马尼亚进行访问演出。

**郭　利**（1962—）女。吉林省人。中国爱乐乐团大提琴演奏员，文艺一级，中专学历。1981年中央音乐学院附中毕业分配到中国广播交响乐团，先后任大提琴演奏员和大提琴声部副首席。2000年，考入中国爱乐乐团，任大提琴演奏员。自1981年参加工作后，演奏过大量国内外作品，曾多次与世界著名指挥家、演奏家成功合作演出。随团为中央人民广播电台、法国、日本、澳门等电台、电视台录制大量音乐节目，为香港、意大利等唱片公司录制音乐会。

**谢红亮**（1963—）河南省舞阳县人。中共党员。中国爱乐乐团双簧管演奏员，文艺一级，大学学历。1982年～1985年在云南省歌舞团交响乐队工作，任双簧管首席。1985年考入中央音乐学院，1989年从中央音乐学院毕业分配到中国广播交响乐团任双簧管演奏员。2000年考入中国爱乐乐团，任双簧管演奏员，兼任乐团英国管的演奏。多年来，随乐团演奏了大量国内外作品。2000年加入中国音乐家协会，并被录入将要出版的《中国音乐家名人录》。

**刘　瑛**（1967—）女。山西省左权县人。中国爱乐乐团定音鼓首席，文艺一级。大学学历。1991年中央音乐学院毕业分配到中国广播交响乐团任打击乐首席。2000年考入中国爱乐乐团，任定音鼓首席。1986年，代表中方与日本北星会木琴协会联合，在北京民族文化宫举办马林巴木琴独奏、重奏音乐会；1993年，应邀在北京音乐厅与前中央乐团合作，演出了旅美作曲家周龙的《大曲（敲击与乐队）》，一直被聘为中央音乐学院附中打击乐教师。

**程晓华**（1970—）北京市人。中国爱乐乐团长笛副首席，文艺一级，大学学历。1992年中央音乐学院毕业分配到中央歌剧院，先后任长笛演奏员和长笛首席。1999年到北京交响乐团任长笛首席。2000年考入中国爱乐乐团，任长笛副首席。多年来，随乐团演奏了大量作品，多次与世界著名指挥家、演奏家合作。2004年被吸收为中国音乐家协会会员。

2005

CHINA
CENTRAL TELEVISION
YEARBOOK

中国中央电视台

年 鉴

# 我们的朋友遍天下

CCTV

↑联合国秘书长安南与中央电视台台长赵化勇交谈。

↑赵化勇台长在联合国发言。

应联合国秘书长安南邀请，2004年1月15日，中央电视台台长赵化勇出席了在纽约联合国总部举行的“全球媒体抗击艾滋病倡议”大会。会上，赵化勇台长首先对联合国召集全世界的主要媒体举办这样一次会议表示赞赏。随后，赵台长就中央电视台在抗击艾滋病方面的宣传作了介绍。

※ · ※ · ※ · ※ · ※ · ※ · ※ · ※ · ※ · ※ · ※ · ※ · ※ · ※ · ※

←2004年8月11日，中央电视台台长赵化勇在雅典拜会国际奥委会主席罗格。

↑2004年8月11日，赵化勇台长、张长明副台长会见了国际奥委会主席罗格先生，探讨了2008年北京奥运会电视转播的有关情况。

←2004年5月，赵化勇台长率团访问意大利广播电视台。

↑2004年8月，中央电视台与斯洛文尼亚有线电视协会签署双方合作备忘录。

↑阿尔巴尼亚总理来中央电视台参观访问。

↑2004年6月8日，赵化勇台长会见德国电视二台访华代表团。

中国中央电视台与世界134个国家和地区的208个媒介机构建立了业务关系。2004年，中央电视台接待采访团组共192批、1015人，派出团组318批、1340人，一方面学习了解国外的先进经验，另一方面增进彼此间的了解。与海外各种传媒机构建立了多种工作联系，对外交往取得了长足的发展。

CHINA CENTRAL TELEVISION YEARBOOK

↑ 2004 年 2 月 10 日，王庚年副台长会见毛里塔尼亚代表团。

↑ 2004 年 10 月 11 日，张长明副台长会见葡萄牙广播电视台代表团。

↑ 2004 年 3 月 29 日，罗明副台长会见美国广播公司代表团。

↑ 2004 年 10 月 14 日，胡恩副台长会见日本友好协会会长平山郁夫。

↑2004年2月18日，何宗就副台长会见英国汤姆森基金会总裁。

↑2004年5月9日，李晓明副台长会见日本朝日代表团。

↑2004年12月2日，台分党组纪检组组长张海鸽会见NHK监察代表团。

↑2004年5月10日，孙冰川副总编辑会见韩国文化广播公司代表团。

↑ 2004年11月21日，中央电视台台长赵化勇在“21世纪广电传媒高峰论坛”上发表演讲。

← 2004年9月10日，中央电视台《今日关注》栏目专访加蓬总统哈吉·奥马尔·邦戈。

↑ 2004年，在摄制四集电视纪录片《无声的革命——中国老龄行动报告》期间，中央电视台记者曾就老龄问题专访美国国际问题专家基辛格博士。

↑ 2004年5月8日～9日，德国贝塔斯曼集团协调委员会执行协调人、RTL集团总编汉斯·马尔一行专程来中央电视台参加“CCTV——RTL频道制管理及优秀新闻节目观摩研讨会”。

↑ 央视风云—国家地理频道签约仪式。

↑ 2004年维也纳新年音乐会演播室里，现场主持人王雪纯（右）和嘉宾陈光宪（上海交响乐团指挥）（左）、卞祖善（中国歌剧舞剧院指挥）（中）正在做准备工作。

↑ 中央电视台摄制组赴巴西录制“为友谊喝彩”——《中国·巴西》大型文艺晚会。图为双方工作人员共商合作事宜。

↑ “为友谊喝彩”——《中国·巴西》大型文艺晚会的舞台演出。

↑中外儿童和嘉宾在共同制作《同一片蓝天》节目。

↑中央电视台《探索·发现》栏目拍摄了16集二战纪录片《战俘存亡录》，采访了当年曾被关押的美军战俘。

↑中央电视台摄制组赴美国康州库布鲁克镇拍摄中国最早的留学生的故事。

↑2004年4月，《正大综艺》外景主持人乘坐芬兰的“桑普”号破冰船，准备在冰洋上漂冰。

↑主持人王雪纯漂浮在冰洋上。

↑《2004CCTV 杯英语演讲赛》的评委团是地地道道的“联合国”军团。

↑《2004CCTV 杯英语演讲赛》的比赛现场。

↑在《大地飞歌·2004和平歌圩》——首届中国—东盟博览会开幕式晚会上，维也纳国家民族歌剧院的演员们在演唱歌曲《香槟》。

↑2004年9月，中央电视台摄制组在秘鲁库斯科太阳神庙前采访当地印第安人。

↑2004年3月，中央电视台摄制组在乌兹别克斯坦的萨马尔汉市采访。

CHINA CENTRAL TELEVISION YEARBOOK

↑ 2004年“飞天奖”颁奖晚会。

← 2004 年春节联欢晚会。

← 2004 年 6 月 1 日，“六一”联欢晚会《和祖国一起飞》在中央电视台一号演播厅现场直播。

↑ 2004 年 10 月 13 日至 15 日，《第三届海峡两岸知识大赛》在中央电视台 1000 平方米演播室隆重举行。

↑ 2004 年 11 月 25 日，《今日说法》栏目正在录制“12 · 4 晚会”——《法治的力量》。

↑ 2004 年 “3 · 15”晚会——《3 · 15 之夜》。

← 2004 年 9 月 4 日晚，中央电视台播出《为中国喝彩——中国体育健儿胜利归来》联欢晚会。

↑《双筒望远镜》获第二十二届“飞天奖”少儿作品一等奖。

↑《没有抹完的口红》获第二十二届“金鹰奖”短篇优秀作品奖。

↑《浪漫的事》获第二十二届“金鹰奖”长篇电视剧优秀作品奖、最佳导演奖。

↑《荣誉》获第二十二届“飞天奖”三等奖和央视优秀节目奖。

↑《守望上海》获第二十二届“飞天奖”短篇电视剧三等奖。

↑《江山》获第二十二届“飞天奖”三等奖、2003年央视优秀节目奖、第二十二届“金鹰奖”最佳录音奖。

CHINA CENTRAL TELEVISION YEARBOOK

←《走近毛泽东》获第十八届“星光奖”纪录片一等奖。

↑《延安颂》获第二十二届“金鹰奖”长篇电视剧最佳作品奖、第二十二届“飞天奖”一等奖。

↑《傅抱石》获第二十二届“金鹰奖”短篇电视剧最佳作品奖。

←荷马史诗《奥德赛》获第二十二届“飞天奖”优秀译制片奖。

←韩国长篇电视剧《看了又看》获第二十二届“飞天奖”优秀译制片奖。

↑《龙船调》获第十八届“星光奖”MTV一等奖。

↓《同一首歌》春节特辑——“记忆中的歌声”获第二十二届“金鹰奖”综合电视文艺节目优秀作品奖。

↓《曲苑杂坛》特别节目——2004年正月正晚会（戏曲）获第十八届“星光奖”曲杂戏剧一等奖。

神州大舞台——全国欢乐之家电视竞选（之一、之二），获第十八届“星光奖”综艺一等奖。

↓中央电视台第十一套节目（戏曲频道）形象片（之一）获第二十二届“金鹰奖”电视广告片作品奖之最佳作品奖。

CHINA CENTRAL TELEVISION YEARBOOK

←↑《孔乙己》获第二十二届“飞天奖”戏曲电视剧一等奖。

←《亲情树》获第二十二届“金鹰奖”长篇电视剧优秀作品奖。

# 中央电视台2004年度优秀播音员、主持人

前排：白岩松、李瑞英、鞠萍、周涛、孙正平。
后排：水均益、崔永元、撒贝宁、杨锐、李咏。

T O N G J I

# 统　计

# 统 计

## 一、中央电视台队伍构成概况

### 2004年中央电视台各系统在职人员人数统计

| 名 称 | 人数 | 占全台总人数的百分比% |
|---|---|---|
| 行政系统 | 360 | 13.70% |
| 采编播系统 | 1523 | 57.97% |
| 技术系统 | 649 | 24.71% |
| 经营系统 | 95 | 3.62% |
| 合 计 | 2627 | 100 |

（人事办提供）

### 2004年中央电视台在职人员各类专业技术职务统计

| 级别 | 专 业 技 术 职 务 | 人数 |
|---|---|---|
| 高级 | 高级编辑 | 106 |
| | 高级记者 | 33 |
| | 播音指导 | 7 |
| | 教授级高工 | 19 |
| | 译审 | 3 |
| | 研究馆员 | 1 |
| | 一级导演 | 1 |
| | 一级录音师 | 1 |
| | 一级文学编辑 | 1 |
| | 合计 | 172 |
| 副高级 | 主任编辑 | 305 |
| | 主任记者 | 55 |
| | 主任播音员 | 26 |
| | 高级工程师 | 189 |
| | 高级会计师 | 16 |
| | 高级经济师 | 11 |
| | 高级审计师 | 1 |
| | 高级统计师 | 1 |
| | 副译审 | 19 |

续表

| 级别 | 专 业 技 术 职 务 | 人数 |
|---|---|---|
| 副高级 | 副研究馆员 | 1 0 |
| | 二级编剧 | 1 |
| | 二级导演 | 6 |
| | 二级录音师 | 11 |
| | 二级美术师 | 1 |
| | 二级摄影师 | 1 |
| | 主任技师 | 6 |
| | 副主任医师 | 1 |
| | 合计 | 660 |
| 中级 | 编辑 | 422 |
| | 记者 | 48 |
| | 一级播音员 | 50 |
| | 工程师 | 248 |
| | 会计师 | 21 |
| | 经济师 | 21 |
| | 审计师 | 1 |
| | 统计师 | 2 |
| | 翻译 | 23 |
| | 馆员 | 19 |

续表

| 级别 | 专业技术职务 | 人数 |
| --- | --- | --- |
| 中级 | 三级导演 | 3 |
| | 三级灯光师 | 4 |
| | 三级录音师 | 23 |
| | 三级美术师 | 32 |
| | 三级摄影师 | 8 |
| | 技师 | 38 |
| | 主管护师 | 1 |
| | 主管药师 | 1 |
| | 主治医师 | 2 |
| | 合计 | 967 |
| 初级 | 助理编辑 | 156 |
| | 助理记者 | 19 |
| | 二级播音员 | 22 |

续表

| 级别 | 专业技术职务 | 人数 |
| --- | --- | --- |
| 初级 | 助理工程师 | 87 |
| | 助理会计师 | 16 |
| | 助理经济师 | 16 |
| | 助理翻译 | 5 |
| | 助理馆员 | 6 |
| | 录音员（助理） | 7 |
| | 美术员（助理） | 5 |
| | 摄像员（助理） | 1 |
| | 四级导演 | 1 |
| | 技术员（助理） | 6 |
| | 药师 | 1 |
| | 合计 | 348 |
| 总计 | | 2147 |

（培训职称处提供）

## 2004年中国电视剧制作中心在职人员各类专业技术职务统计

| 级别 | 专业技术职务 | 人数 |
| --- | --- | --- |
| 高级 | 高级编辑 | 0 |
| | 一级编剧 | 1 |
| | 一级文学编辑 | 10 |
| | 一级音乐编辑 | 2 |
| | 一级导演 | 7 |
| | 一级演员 | 4 |
| | 一级摄影师 | 1 |
| | 一级美术设计师 | 2 |
| | 合计 | 27 |
| 副高级 | 二级文学编辑 | 12 |
| | 二级音乐编辑 | 0 |
| | 二级导演 | 9 |
| | 二级剪辑师 | 1 |
| | 二级演员 | 9 |
| | 二级摄影师 | 3 |
| | 二级美术设计师 | 2 |
| | 二级录音师 | 6 |
| | 高级经济师 | 7 |
| | 高级工程师 | 18 |
| | 高级会计师 | 2 |
| | 主任灯光技师 | 4 |
| | 主任服装技师 | 2 |

续表

| 级别 | 专业技术职务 | 人数 |
| --- | --- | --- |
| 副高级 | 主任化妆技师 | 2 |
| | 合计 | 77 |
| 中级 | 三级文学编辑 | 5 |
| | 三级导演 | 14 |
| | 三级剪辑师 | 1 |
| | 三级场记 | 4 |
| | 三级演员 | 6 |
| | 三级摄影师 | 6 |
| | 三级美术设计师 | 7 |
| | 三级录音师 | 4 |
| | 灯光技师 | 9 |
| | 服装技师 | 4 |
| | 化妆技师 | 5 |
| | 经济师 | 5 |
| | 工程师 | 22 |
| | 会计师 | 9 |
| | 编辑 | 0 |
| | 馆员 | 0 |
| | 合计 | 101 |
| 初级 | 各类初级专业技术职务 | 35 |
| 总计 | | 240 |

（中国电视剧制作中心提供）

## 2004年中央新闻纪录电影制片厂在职人员各类专业技术职务统计

| 级别 | 专业技术职务 | 人数 |
| --- | --- | --- |
| 高级 | 高级记者 | 2 |
| | 一级作曲 | 1 |
| | 一级美术师 | 1 |
| | 播音指导 | 1 |
| | 合计 | 5 |
| 副高级 | 主任记者 | 31 |
| | 主任播音员 | 1 |
| | 副译审 | 2 |
| | 二级录音师 | 4 |
| | 二级剪接师 | 4 |
| | 二级特技摄影师 | 1 |
| | 二级美术设计师 | 2 |
| | 高级工程师 | 3 |
| | 高级政工师 | 2 |
| | 主任技师 | 3 |
| | 副主任医师 | 2 |
| | 高级经济、会计师 | 2 |
| | 副研究馆员 | 2 |
| | 合计 | 59 |

续表

| 级别 | 专业技术职务 | 人数 |
| --- | --- | --- |
| 中级 | 记者 | 87 |
| | 工程师 | 6 |
| | 经济师 | 2 |
| | 会计师 | 3 |
| | 政工师 | 3 |
| | 三级特技摄影师 | 3 |
| | 三级美术设计师 | 2 |
| | 化妆技师 | 1 |
| | 三级录音师 | 3 |
| | 三级剪接师 | 1 |
| | 主管护师 | 1 |
| | 技师 | 10 |
| | 馆员 | 3 |
| | 合计 | 125 |
| 初级 | 各类初级专业技术职务 | 58 |
| 总计 | | 247 |

（中央新闻纪录电影制片厂提供）

## 2004年北京科学教育电影制片厂在职人员各类专业技术职务统计

| 级别 | 专业技术职务 | 人数 |
| --- | --- | --- |
| 高级 | 一级导演 | 4 |
| | 一级摄影师 | 3 |
| | 合计 | 7 |
| 副高级 | 二级导演 | 28 |
| | 二级摄影师 | 16 |
| | 二级美术师 | 6 |
| | 二级录音师 | 2 |
| | 高级工程师 | 2 |
| | 高级经济师 | 4 |
| | 高级政工师 | 8 |
| | 主任技师 | 7 |
| | 高级会计师 | 1 |
| | 合计 | 74 |
| 中级 | 三级音乐编辑 | 2 |
| | 三级导演 | 57 |
| | 三级摄影师 | 33 |

续表

| 级别 | 专业技术职务 | 人数 |
| --- | --- | --- |
| 中级 | 三级美术师 | 34 |
| | 三级录音师 | 4 |
| | 三级剪辑师 | 2 |
| | 一级播音员 | 1 |
| | 主治医师 | 1 |
| | 工程师 | 13 |
| | 经济师 | 4 |
| | 会计师 | 6 |
| | 政工师 | 5 |
| | 化妆师 | 1 |
| | 技师 | 12 |
| | 馆员 | 4 |
| | 合计 | 179 |
| 初级 | 各类初级专业技术职务 | 90 |
| 总计 | | 350 |

（北京科学教育电影制片厂提供）

## 2004年中央卫星电视传播中心在职人员各类专业技术职务统计

| 级别 | 专业技术职务 | 人数 |
|---|---|---|
| 副高级 | 工程师 | 3 |
| | 会计师 | 1 |
| | 经济师 | 1 |
| | 编辑 | 1 |
| 中级 | 工程师 | 8 |
| | 会计师 | 4 |
| | 经济师 | 4 |
| | 助理研究员 | 1 |
| 初级 | 各类初级专业技术职务 | 5 |
| 总计 | | 28 |

（中央卫星电视传播中心提供）

## 2004年中国爱乐乐团在职人员各类专业技术职务统计

| 级别 | 专业技术职务 | 人数 |
|---|---|---|
| 高级 | 一级演奏员 | 32 |
| 副高级 | 二级演奏员 | 25 |
| | 高级会计师 | 1 |
| | 三级演奏员 | 18 |
| 中级 | 舞台技师 | 1 |
| | 会计师 | 1 |
| | 经济师 | 1 |
| 初级 | 各类初级专业技术职务 | 10 |
| 总计 | | 89 |

（中国爱乐乐团提供）

# 二、中央电视台事业发展概况

## 2004 年中央电视台各类节目播出量及比例

单位：小时

| 类　别 | 播出量(小时) | 占台比例 |
|---|---|---|
| 新闻资讯 | 35412 | 29.59% |
| 专题服务 | 36767 | 30.73% |
| 综艺益智 | 21412 | 17.90% |
| 影视剧 | 21548 | 18.01% |
| 广告类 | 4513 | 3.77% |
| 合　计 | 119652 | 100.00% |

（宣传规划处提供）

## 2004 年中央电视台各套节目播出量统计

单位：小时

| 套 | 频道名称 | 播出量 | 首播量 |
|---|---|---|---|
| 第 1 套 | 综合频道 | 7808 | 5149 |
| 第 2 套 | 经济频道 | 7411 | 3980 |
| 第 3 套 | 综艺频道 | 7078 | 2954 |
| 第 4 套 | 国际频道 | 8784 | 4325 |
| 第 5 套 | 体育频道 | 7811 | 6225 |
| 第 6 套 | 电影频道 | 7514 | 4344 |
| 第 7 套 | 少儿军事农业 | 6975 | 2241 |
| 第 8 套 | 电视剧频道 | 7207 | 4372 |
| 第 9 套 | 英语频道 | 8784 | 4561 |
| 第 10 套 | 科教频道 | 7341 | 3088 |
| 第 11 套 | 戏曲频道 | 6551 | 1725 |
| 第 12 套 | 社会与法频道 | 7092 | 1951 |
| 第 13 套 | 新闻频道 | 8784 | 5812 |
| 第 14 套 | 少儿频道 | 6737 | 2357 |
| 第 15 套 | 音乐频道 | 4955 | 1445 |
| 第 16 套 | 西法语频道 | 2208 | 965 |
| 第 17 套 | 娱乐频道（北美） | 2204 | 146 |
| 第 18 套 | 戏曲频道（北美） | 2204 | 123 |
| 第 19 套 | 电影频道（北美） | 2204 | 50 |
| 合　计 | | 119652 | 55813 |
| 年平均日播 | | 326 小时 55 分 | |

（宣传规划处提供）

## 2004 年中央电视台付费电视各类节目播出量及比例

| 类　别 | 播出量(小时) | 占台比例 |
|---|---|---|
| 新闻资讯 | 16185 | 37.08% |
| 专题服务 | 3489 | 7.99% |
| 综艺益智 | 8973 | 20.56% |
| 影视剧 | 15004 | 34.37% |
| 合　计 | 43651 | 100.00% |

（宣传规划处提供）

## 2004 年中央电视台付费电视各套节目播出量统计

| 套　别 | 频道名称 | 播出量（小时） |
|---|---|---|
| 80 频道 | 高尔夫网球 | 6154 |
| 81 频道 | 风云足球 | 6486 |
| 82 频道 | 风云音乐 | 6313 |
| 83 频道 | 第一剧场 | 6127 |
| 84 频道 | 家庭影院 | 6623 |
| 85 频道 | 风云剧场 | 6671 |
| 86 频道 | 世界地理 | 2734 |
| 87 频道 | 电视指南 | 1460 |
| 92 频道 | 怀旧经典 | 1083 |
| 合　计 | | 43651 |
| 年平均日播 | | 119 小时 35 分 |

（宣传规划处提供）

# 中央电视台1995年～2004年电视节目播出时间比较

| 序号 | 年 | 播出时间（小时） | 平均每天播出（小时） |
|---|---|---|---|
| 1 | 1995 | 33341 | 91 |
| 2 | 1996 | 51624 | 141 |
| 3 | 1997 | 54660 | 150 |
| 4 | 1998 | 60045 | 165 |
| 5 | 1999 | 60545 | 166 |
| 6 | 2000 | 62010 | 170 |
| 7 | 2001 | 73519 | 201 |
| 8 | 2002 | 86586 | 237 |
| 9 | 2003 | 95471 | 262 |
| 10 | 2004 | 119652 | 327 |

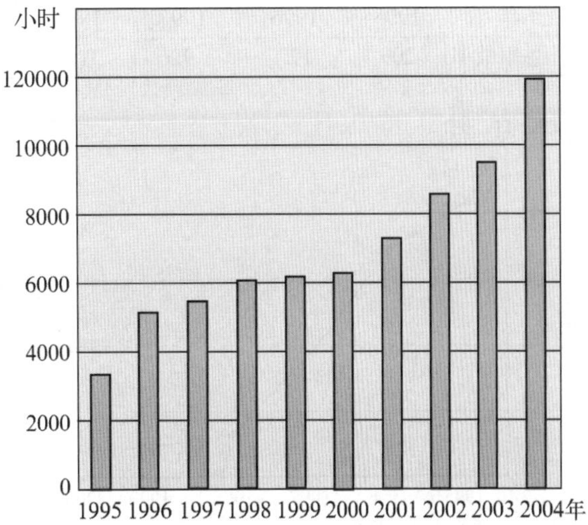


（播出传送中心提供）

# 2000年～2004年中央电视台技术制作中心节目录制情况对照表

（单位：小时）

| 项目　时长　年份 | 2000年 | 2001年 | 2002年 | 2003年 | 2004年 |
|---|---|---|---|---|---|
| 直播 | 1769 | 4531.5 | 5143 | 10193 | 21470 |
| 录像 | 26976 | 25274 | 27669 | 23369 | 33649.5 |
| 排练 | 5880 | 5591.5 | 5744 | 5864.5 | 7953 |
| 搭景布光 | 7464 | 6971.5 | 6670 | 7106 | 9990.5 |
| ENG采录 | 232204 | 332825.5 | 432790 | 408916 | 585494 |
| 电　编 | 154690 | 163577 | 230803 | 250504.6 | 330055.5 |
| 多媒体 | | 53894 | 104847 | 148852.5 | 239173 |
| 自编 | 199117 | 305607 | 460461 | 409835.1 | 623786.5 |
| 电影 | 55 | 23.5 | 14 | 28 | 30.5 |
| 带转 | 3216 | 2993 | 8067 | 6166 | 8028.5 |
| 录音 | 2907 | 3710 | 3507 | 2374 | 1532 |
| 音响 | 48295 | 47310 | 55334 | 78082.9 | 79220.5 |
| 译配 | 23888 | 24761 | 34867 | 40419.2 | 86422 |
| 灯光 | 35394 | 39660.5 | 42976 | 38977.9 | 63341 |
| 三维动画（秒） | 6095″ | 6619″ | 5800″ | 6575″ | 9877″ |

注：2004年工作量含录制三部

（技术制作中心提供）

## 中央电视台 1995 年～2004 年播出事故率比较

（单位：秒／百小时）

| 序　号 | 1 | 2 | 3 | 4 | 5 | 6 | 7 | 8 | 9 | 10 |
|---|---|---|---|---|---|---|---|---|---|---|
| 年 | 1995 | 1996 | 1997 | 1998 | 1999 | 2000 | 2001 | 2002 | 2003 | 2004 |
| 总事故率 | 209 | 172 | 92 | 31.6 | 22.17 | 19.08 | 5.09 | 8.75 | 3.86 | 2.52 |

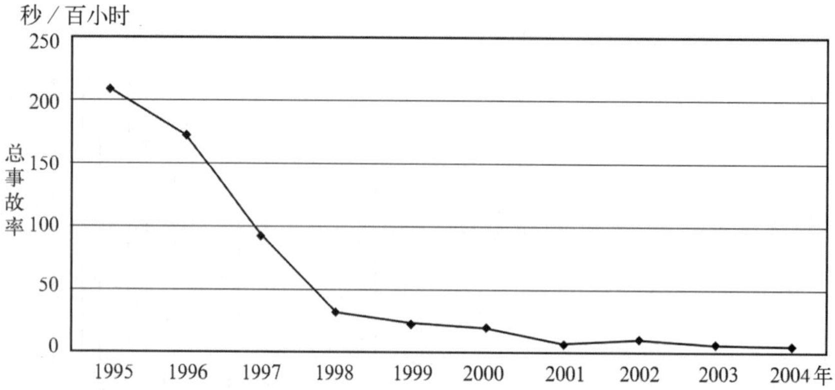


**2004 年总事故率：**
2.52 秒／百小时
**安全播出率：**
＞99.999%
注：
安全播出率与事故率换算：
99%=1 小时／百小时
99.9%=6 分钟／百小时
99.99%=36 秒／百小时
99.999%=3.6 秒／百小时

（播出传送中心提供）

## 2004 年中央电视台第一至第八套节目最高收视率排名

**第一套节目**

| 排名 | 节 目 名 称 | 日　期 | 开始时间（时：分） | 结束时间（时：分） | 收视率（%） | 占有率（%） |
|---|---|---|---|---|---|---|
| 1 | 直播 2004 年春节联欢晚会 | 1 月 21 日 星期三 | 20：00 | 0：16 | 40.71 | 73.05 |
| 2 | 新闻联播 | 1 月 21 日 星期三 | 19：00 | 19：35 | 28.45 | 63.11 |
| 3 | 直播 一年又一年——年夜饭(下) | 1 月 21 日 星期三 | 19：35 | 19：47 | 23.73 | 49.44 |
| 4 | 焦点访谈 | 2 月 9 日 星期一 | 19：38 | 19：53 | 15.12 | 29.94 |
| 5 | 十届全国人大二次会议闭幕大会 | 3 月 14 日 星期日 | 19：38 | 19：51 | 13.98 | 28.79 |
| 6 | 特别节目 2004 年元宵晚会 | 2 月 5 日 星期四 | 20：06 | 21：40 | 13.69 | 25.99 |
| 7 | 构筑公共安全平台促进经济社会发展 | 3 月 4 日 星期四 | 19：38 | 19：51 | 12.9 | 26.79 |
| 8 | 2003 年度国家科技奖励 | 2 月 20 日 星期五 | 19：39 | 19：54 | 12.77 | 25.65 |
| 9 | 两会专题 与时俱进修章程 求真务实展宏图 | 3 月 12 日 星期五 | 19：38 | 19：51 | 12.31 | 25.75 |
| 10 | 科技博览(2004-21) | 1 月 21 日 星期三 | 0：29 | 0：34 | 10.76 | 48.95 |
| 11 | 两会专题 团结求发展 开局谋新篇 | 3 月 3 日 星期三 | 19：39 | 20：03 | 10.61 | 21.52 |
| 12 | 电视剧 大姐(17) | 5 月 14 日 星期五 | 20：04 | 20：51 | 8.43 | 16.84 |
| 13 | 电视剧 婆婆(16) | 6 月 18 日 星期五 | 20：02 | 20：48 | 8.22 | 17.1 |
| 14 | 特别节目 祖国春光好 | 1 月 20 日 星期二 | 20：08 | 21：42 | 7.98 | 16.19 |
| 15 | 特别节目 春光这边独好 | 1 月 22 日 星期四 | 20：12 | 23：07 | 7.83 | 20.38 |
| 16 | 电视剧 香樟树(27) | 11 月 16 日 星期二 | 19：56 | 20：43 | 7.71 | 16.3 |
| 17 | 电视剧 成吉思汗(19) | 9 月 9 日 星期四 | 20：01 | 20：45 | 7.67 | 16.32 |
| 18 | 电视剧 正月里来是新春(13) | 1 月 19 日 星期一 | 20：05 | 20：51 | 7.56 | 14.61 |

续表

| 排名 | 节目名称 | 日期 | 开始时间(时：分) | 结束时间(时：分) | 收视率(%) | 占有率(%) |
|---|---|---|---|---|---|---|
| 19 | 特别节目 五星经旗迎风飘扬 | 10月1日 星期五 | 20：00 | 21：30 | 7.52 | 16.28 |
| 20 | 电视剧 浪漫的事(14) | 2月2日 星期一 | 20：05 | 20：52 | 7.35 | 13.41 |
| 21 | 特别节目 公安部2004年春节联欢晚会 | 1月23日 星期五 | 20：07 | 21：41 | 7.28 | 16.12 |
| 22 | 电视剧 天下第一楼(22) | 4月6日 星期二 | 20：03 | 20：50 | 7.03 | 14.41 |
| 23 | 电视剧 越走越好(10) | 2月26日 星期四 | 20：02 | 20：49 | 6.63 | 13.12 |
| 24 | 电视剧 延安颂(39) | 1月12日 星期一 | 20：06 | 20：51 | 6.62 | 12.61 |
| 25 | 第五届CCTV服装设计暨模特电视大赛 | 12月18日 星期六 | 19：57 | 21：31 | 6.53 | 13.9 |
| 26 | 电视剧 女子监狱(18) | 8月12日 星期四 | 19：59 | 20：46 | 6.49 | 13.53 |
| 27 | 红色土地绿色家园“心连心”赴张家界演出 | 11月13日 星期六 | 19：56 | 20：43 | 6.48 | 13.01 |
| 28 | 电视剧 红旗谱(28) | 9月29日 星期三 | 20：02 | 20：47 | 6.31 | 13.56 |
| 29 | 温家宝总理会见中外记者 | 3月14日 星期日 | 19：51 | 20：46 | 6.23 | 12.22 |
| 30 | 电视剧 康定情歌(23) | 11月30日 星期二 | 19：56 | 20：43 | 6.22 | 13.13 |

**第二套节目**

| 排名 | 节目名称 | 日期 | 开始时间(时：分) | 结束时间(时：分) | 收视率(%) | 占有率(%) |
|---|---|---|---|---|---|---|
| 1 | 特别节目 梦想中国 | 10月24日 星期日 | 19：40 | 21：08 | 3.27 | 7.12 |
| 2 | 非常6+1(2004-48) | 12月5日 星期日 | 19：40 | 21：00 | 2.57 | 5.17 |
| 3 | 第五届CCTV服装设计暨模特电视大赛 | 12月15日 星期三 | 19：35 | 21：00 | 1.88 | 4.02 |
| 4 | 艺术品投资－鉴宝(2004-49) | 12月4日 星期六 | 18：00 | 19：00 | 1.71 | 5. 92 |
| 5 | 幸运52(2004-12) | 3月20日 星期六 | 22：05 | 23：05 | 1.51 | 6.45 |
| 6 | 开心辞典(2004-8) | 2月20日 星期五 | 22：05 | 23：05 | 1.5 | 6.53 |
| 7 | 经济半小时 | 10月24日 星期日 | 21：48 | 22：18 | 1.47 | 5.05 |
| 8 | 直播 2004年NBA全明星嘉年华 | 2月15日 星期日 | 9：10 | 11：55 | 1.22 | 9. 35 |
| 9 | 前沿十一特别节目 超市大赢家 | 10月5日 星期二 | 19：30 | 20：35 | 1.22 | 2.63 |
| 10 | 生活十一特别节目 超市大赢家 | 10月3日 星期日 | 19：30 | 20：35 | 1.22 | 2.64 |
| 11 | 经济信息联播 | 12月12日 星期日 | 21：00 | 21：30 | 1.07 | 2.42 |
| 12 | 特别节目2004CCTV城市中国 | 11月6日 星期六 | 19：30 | 21：50 | 1.01 | 2.19 |
| 13 | 生活 第二届全国电视烹饪大赛决赛 | 1月27日 星期二 | 20：00 | 21：30 | 0.98 | 1.96 |
| 14 | 欢乐英雄(春节版)黄金周特别节目(7) | 1月28日 星期三 | 21：00 | 21：20 | 0.92 | 2.24 |
| 15 | 每日一歌 好风景 | 2月15日 星期日 | 11：55 | 12：00 | 0.92 | 7.01 |
| 16 | 特别节目 中国经济年度人物颁奖典礼 | 12月31日 星期五 | 20：35 | 23：05 | 0.92 | 2.64 |
| 17 | 经济与法 | 11月2日 星期二 | 20：30 | 21：00 | 0.9 | 1.97 |
| 18 | 绝对挑战(2004-51) | 12月18日 星期六 | 20：00 | 21：00 | 0.87 | 1.8 |
| 19 | 为您服务(2004-243) | 12月3日 星期五 | 18：20 | 19：10 | 0.81 | 2.47 |
| 20 | 特别节目 共度好时光(十) | 10月3日 星期日 | 11：00 | 11：00 | 0.78 | 6.22 |
| 21 | 经济频道奥运特刊 | 8月29日 星期日 | 21：00 | 22：00 | 0.73 | 1.62 |

续表

| 排名 | 节目名称 | 日期 | 开始时间（时：分） | 结束时间（时：分） | 收视率（%） | 占有率（%） |
|---|---|---|---|---|---|---|
| 22 | 2004年国际消费者权益日3·15晚会 | 3月15日 星期一 | 20：02 | 22：02 | 0.68 | 1.52 |
| 23 | 特别节目 2004年维也纳新年音乐会 | 1月1日 星期四 | 18：00 | 20：50 | 0.68 | 1.63 |
| 24 | 直播 两会特别报道 | 3月7日 星期日 | 21：00 | 22：00 | 0.63 | 1.48 |
| 25 | 金土地(2004-1) | 1月2日 星期五 | 19：40 | 20：00 | 0.55 | 1.11 |
| 26 | 艺术品投资(2004-237) | 11月29日 星期一 | 18：00 | 18：20 | 0.55 | 2.41 |
| 27 | 对话(2004-46) | 11月8日 星期一 | 22：05 | 23：05 | 0.53 | 2.72 |
| 28 | 天天饮食(2004-251) | 12月24日 星期五 | 11：50 | 12：00 | 0.51 | 6.41 |
| 29 | 中国财经报道 | 1月9日 星期五 | 23：10 | 23：30 | 0.5 | 4.02 |
| 30 | 第一时间·时尚 | 11月25日 星期四 | 7：48 | 7：57 | 0.5 | 10.66 |

**第三套节目**

| 排名 | 节目名称 | 日期 | 开始时间（时：分） | 结束时间（时：分） | 收视率（%） | 占有率（%） |
|---|---|---|---|---|---|---|
| 1 | 首届CCTV全国喜剧小品大赛第三场 | 1月2日 星期五 | 19：31 | 22：29 | 7.98 | 18.03 |
| 2 | 直播 今夜小品灿烂 | 1月4日 星期日 | 19：31 | 21：52 | 7.98 | 16.18 |
| 3 | 同一首歌(2004-49) | 12月31日 星期五 | 19：30 | 21：10 | 7.16 | 14.7 |
| 4 | 艺术人生(2004-2) | 1月9日 星期五 | 21：17 | 22：07 | 4.22 | 10.8 |
| 5 | 周末喜相逢(2004-1) | 1月10日 星期六 | 19：31 | 20：31 | 4.12 | 8.04 |
| 6 | 第十一届全国青年歌手电视大奖赛 | 5月7日 星期五 | 19：31 | 22：35 | 4 | 9.56 |
| 7 | 特别节目 百花迎春 | 1月25日 星期日 | 20：37 | 22：37 | 3.64 | 8.96 |
| 8 | 音画时尚(2004-17) | 5月15日 星期六 | 20：37 | 21：37 | 3.25 | 6.86 |
| 9 | 剧场 中国结 四海心 | 7月19日 星期一 | 20：37 | 21：57 | 2.96 | 6.55 |
| 10 | 特别节目 五星红旗迎风飘扬 | 10月1日 星期五 | 20：00 | 21：30 | 2.85 | 6.17 |
| 11 | 真情无限(2004-3) | 1月24日 星期六 | 20：37 | 21：07 | 2.82 | 6.12 |
| 12 | 特别节目 二十后再相见 | 3月30日 星期二 | 19：31 | 21：01 | 2.61 | 5.33 |
| 13 | 特别节目 为中国喝彩 | 9月4日 星期六 | 20：00 | 21：28 | 2.58 | 5.26 |
| 14 | 剧场 天下常熟 | 1月5日 星期一 | 20：27 | 21：57 | 2.47 | 5.65 |
| 15 | 综艺大观(2004-19) | 7月3日 星期六 | 19：31 | 20：31 | 2.28 | 5.31 |
| 16 | 特别节目 第五届中韩歌会 | 1月12日 星期一 | 20：27 | 21：57 | 2.21 | 4.8 |
| 17 | 第七届中国艺术节开幕式文艺晚会 | 9月10日 星期五 | 20：00 | 21：49 | 2.18 | 4.76 |
| 18 | 特别节目 公安部2004年春节联欢晚会 | 1月26日 星期一 | 20：37 | 22：11 | 2.17 | 4.92 |
| 19 | 欢乐中国行(2004-12) | 12月26日 星期日 | 19：30 | 20：30 | 2.17 | 4.4 |
| 20 | 特别节目 国庆歌会 | 9月30日 星期四 | 19：31 | 21：01 | 2.14 | 4.51 |
| 21 | 八面来风 国庆专辑(2) | 10月5日 星期二 | 20：30 | 21：11 | 2.07 | 4.42 |
| 22 | 曲苑杂坛 精编版(2004-42) | 12月29日 星期三 | 20：35 | 21：05 | 2.07 | 4.55 |
| 23 | 特别节目 正气满乾坤 | 1月11日 星期日 | 20：37 | 22：11 | 2.04 | 4.66 |
| 24 | 音乐现场春节特别节目 2003红歌汇 | 1月27日 星期二 | 19：31 | 21：11 | 2.03 | 4.05 |

续表

| 排名 | 节 目 名 称 | 日 期 | 开始时间(时：分) | 结束时间(时：分) | 收视率(%) | 占有率(%) |
|---|---|---|---|---|---|---|
| 25 | 梦想剧场(2004-3) | 1月20日 星期二 | 21：29 | 21：59 | 1.97 | 4.86 |
| 26 | 全国青年歌手电视大奖赛颁奖晚会 | 7月29日 星期四 | 19：31 | 20：55 | 1.95 | 4.26 |
| 27 | 剧场 青春2003 | 1月19日 星期一 | 20：27 | 21：57 | 1.94 | 4.22 |
| 28 | 想挑战吗(2004-12) | 12月26日 星期日 | 20：35 | 21：35 | 1.94 | 4.24 |
| 29 | 正大综艺(2004-45) | 11月20日 星期六 | 20：35 | 21：35 | 1.94 | 4.34 |
| 30 | 神州大舞台(2004-3) | 2月8日 星期日 | 21：24 | 22：24 | 1.89 | 5.23 |

**第四套节目**

| 排名 | 节 目 名 称 | 日 期 | 开始时间(时：分) | 结束时间(时：分) | 收视率(%) | 占有率(%) |
|---|---|---|---|---|---|---|
| 1 | 特别节目 浦江月·中华情 | 9月28日 星期二 | 20：00 | 21：59 | 1.71 | 3.97 |
| 2 | 电视剧 康熙微服私访记(第一部)(30) | 3月17日 星期三 | 19：10 | 19：56 | 1.36 | 2.91 |
| 3 | 今日关注(直播) | 9月9日 星期四 | 21：30 | 22：00 | 1.29 | 3.6 |
| 4 | 电视剧 神医喜来乐(27) | 5月15日 星期六 | 19：10 | 19：56 | 1.13 | 2.63 |
| 5 | 电视剧 雍正王朝(33) | 1月28日 星期三 | 19：20 | 20：04 | 1.08 | 2.18 |
| 6 | 电视剧 大染坊(22) | 4月12日 星期一 | 19：10 | 19：55 | 1.07 | 2.37 |
| 7 | 电视剧 偶然(29) | 11月30日 星期二 | 19：10 | 19：56 | 1.04 | 2.32 |
| 8 | 电视剧 亲情树(18) | 8月12日 星期四 | 19：10 | 19：56 | 0.93 | 2.29 |
| 9 | 中国文艺(2004-162) | 8月20日 星期五 | 22：00 | 22：20 | 0.92 | 2.75 |
| 10 | 欢聚一堂(2004-8) | 4月11日 星期日 | 19：10 | 20：00 | 0.92 | 1.99 |
| 11 | 特别节目 春节联欢晚会 | 1月22日 星期四 | 9：00 | 13：15 | 0.91 | 5.44 |
| 12 | 简明新闻(直播) | 3月16日 星期二 | 20：00 | 20：10 | 0.9 | 1.83 |
| 13 | 电视剧 越走越好(15) | 12月17日 星期五 | 19：10 | 19：56 | 0.86 | 1.9 |
| 14 | 电视剧 不觉流水年长(14) | 10月23日 星期六 | 19：10 | 19：56 | 0.83 | 1.88 |
| 15 | 海峡两岸(2004-224) | 8月11日 星期三 | 20：40 | 21：00 | 0.82 | 1.72 |
| 16 | 语林趣话(2004-28) | 1月28日 星期三 | 20：05 | 20：10 | 0.8 | 1.51 |
| 17 | 环球时讯(直播) | 9月4日 星期六 | 18：00 | 18：30 | 0.79 | 4.01 |
| 18 | 同乐五洲(2004-7) | 4月18日 星期日 | 19：10 | 20：00 | 0.79 | 1.74 |
| 19 | 台湾百科(2004-26) | 1月30日 星期五 | 19：55 | 20：00 | 0.78 | 1.56 |
| 20 | 爱在人间 全球华语优秀歌曲大型演唱会 | 1月28日 星期三 | 22：00 | 23：30 | 0.75 | 3.34 |
| 21 | 走遍中国(2004-260) | 9月16日 星期四 | 20：10 | 20：40 | 0.71 | 1.54 |
| 22 | 大世界 吉尼斯十年回顾暨颁证晚会(1) | 1月25日 星期日 | 20：30 | 21：00 | 0.69 | 1.36 |
| 23 | 特别节目 五洲同乐中国年(2) | 1月28日 星期三 | 20：30 | 21：00 | 0.68 | 1.31 |
| 24 | 电视剧 将装修进行到底(15) | 10月1日 星期五 | 19：10 | 19：56 | 0.68 | 1.64 |
| 25 | 名将之约(2004-36) | 9月3日 星期五 | 22：20 | 22：50 | 0.68 | 2.98 |
| 26 | 电视剧 大姐(12) | 7月14日 星期三 | 19：10 | 19：56 | 0.67 | 1.63 |
| 27 | 中国新闻(直播) | 9月6日 星期一 | 12：00 | 13：00 | 0.63 | 4.04 |
| 28 | 电视剧 大唐歌飞(1) | 5月21日 星期五 | 19：10 | 19：56 | 0.62 | 1.48 |
| 29 | 直播 国际2004 | 12月31日 星期五 | 18：00 | 19：00 | 0.6 | 2.13 |
| 30 | 电视剧 老屋(14) | 9月7日 星期二 | 19：10 | 19：56 | 0.6 | 1.44 |

第五套节目

| 排名 | 节目名称 | 日期 | 开始时间（时：分） | 结束时间（时：分） | 收视率（%） | 占有率（%） |
|---|---|---|---|---|---|---|
| 1 | 第28届奥运会女子排球(中国－日本) | 8月24日 星期二 | 19：27 | 20：25 | 14.04 | 29.26 |
| 2 | 冠军荣耀 | 8月19日 星期四 | 20：16 | 20：42 | 13.77 | 27.49 |
| 3 | 第28届奥运会女子排球(中国－俄罗斯) | 8月22日 星期日 | 20：16 | 21：34 | 13.30 | 25.92 |
| 4 | 第28届奥运会新闻 | 8月22日 星期日 | 21：34 | 21：40 | 13.25 | 29.04 |
| 5 | 第28届奥运会女子双向飞碟决赛 | 8月19日 星期四 | 20：46 | 21：32 | 13.05 | 26.98 |
| 6 | 亚洲杯足球赛(中国－日本) | 8月7日 星期六 | 18：55 | 22：21 | 13.00 | 28.79 |
| 7 | 第28届奥运会女子排球比赛(古巴－中国) | 8月18日 星期三 | 20：26 | 21：10 | 12.91 | 25.75 |
| 8 | 第28届奥运会报道 | 8月21日 星期六 | 19：57 | 20：22 | 12.77 | 26.16 |
| 9 | 第28届奥运会乒乓球男单决赛 | 8月23日 星期一 | 18：48 | 20：00 | 12.37 | 29.20 |
| 10 | 第28届奥运会乒乓球女子单打决赛 | 8月22日 星期日 | 18：59 | 20：00 | 12.18 | 26.94 |
| 11 | 第28届奥运会女子25米手枪决赛 | 8月18日 星期三 | 20：12 | 20：26 | 12.12 | 24.24 |
| 12 | 精彩回眸奥运DAY(4–9) | 8月22日 星期日 | 21：40 | 21：52 | 11.91 | 27.92 |
| 13 | 第28届奥运会射箭团体(中国－中国台北) | 8月20日 星期五 | 20：44 | 21：07 | 11.87 | 23.84 |
| 14 | 亚洲杯足球赛(中国－伊朗) | 8月3日 星期二 | 20：50 | 0：03 | 11.43 | 34.93 |
| 15 | 联通雅典 | 8月18日 星期三 | 20：06 | 20：12 | 11.30 | 22.97 |
| 16 | 第28届奥运会男子花剑团体(中国－美国) | 8月21日 星期六 | 20：41 | 21：02 | 11.02 | 22.32 |
| 17 | 第28届奥运会羽毛球混双决赛 | 8月19日 星期四 | 21：52 | 23：29 | 10.89 | 40.56 |
| 18 | 精彩瞬间 | 8月21日 星期六 | 20：28 | 20：39 | 10.79 | 21.67 |
| 19 | 第28届奥运会网球女子双打决赛 | 8月22日 星期日 | 21：52 | 23：47 | 10.71 | 41.87 |
| 20 | 第28届奥运会男篮小组赛(中国－西班牙) | 8月15日 星期日 | 20：27 | 21：06 | 10.49 | 20.15 |
| 21 | 第28届奥运会乒乓球男子双打半决赛 | 8月20日 星期五 | 20：10 | 20：40 | 10.40 | 20.79 |
| 22 | 第28届奥运会女子手球(乌克兰－中国) | 8月17日 星期二 | 20：18 | 21：01 | 10.32 | 20. 60 |
| 23 | 第28届奥运会跳水女子3米板预赛 | 8月25日 星期三 | 18：29 | 20：53 | 10.11 | 24.09 |
| 24 | 第28届奥运会男子10米气步枪决赛 | 8月16日 星期一 | 19：44 | 21：03 | 10.00 | 20.27 |
| 25 | 第28届奥运会体操表演 | 8月24日 星期二 | 20：38 | 21：44 | 10.00 | 20.58 |
| 26 | 相约雅典 | 8月19日 星期四 | 21：43 | 21：52 | 9.80 | 24.08 |
| 27 | 第28届奥运会男篮比赛(中国－意大利) | 8月21日 星期六 | 21：42 | 22：29 | 9.78 | 27.88 |
| 28 | 第28届奥运会羽毛球男单决赛 | 8月21日 星期六 | 21：03 | 21：37 | 9.61 | 20.78 |
| 29 | 第28届奥运会男子篮球(美国－西班牙) | 8月26日 星期四 | 19：29 | 21：17 | 9.46 | 19.41 |
| 30 | 第28届奥运会女子举重58公斤级决赛 | 8月26日 星期一 | 21：35 | 23：28 | 9.42 | 32.17 |

第六套节目

| 排名 | 节目名称 | 日期 | 开始时间（时：分） | 结束时间（时：分） | 收视率（%） | 占有率（%） |
|---|---|---|---|---|---|---|
| 1 | 电影 英雄 | 1月22日 星期四 | 19：49 | 21：30 | 3.47 | 7.22 |
| 2 | 电影 少林俗家弟子 | 4月3日 星期六 | 19：45 | 21：30 | 3.36 | 7.03 |
| 3 | 电影 代号213 | 5月24日 星期一 | 19：44 | 21：30 | 3.02 | 6.66 |
| 4 | 电影 世纪大阅兵 | 9月30日 星期四 | 19：45 | 21：07 | 3.01 | 6.3 |
| 5 | 电影 地雷战 | 3月1日 星期一 | 19：59 | 21：22 | 2.98 | 5.95 |
| 6 | 电影 智取华山 | 7月5日 星期一 | 19：45 | 21：48 | 2.9 | 6.48 |
| 7 | 电影 龙腾虎跃 | 2月21日 星期六 | 19：45 | 21：26 | 2.88 | 5.75 |
| 8 | 电影 哑巴女人哑巴弹 | 3月17日 星期三 | 19：45 | 21：17 | 2.86 | 5.89 |
| 9 | 电影 冲出亚马逊 | 3月7日 星期日 | 19：45 | 21：23 | 2.84 | 5.61 |
| 10 | 电影 武状元苏乞儿 | 12月18日 星期六 | 19：45 | 21：25 | 2.84 | 6.03 |
| 11 | 电影 索命逍遥楼 | 2月7日 星期六 | 19：45 | 21：28 | 2.82 | 5.49 |
| 12 | 电影 夺宝英雄 | 1月24日 星期六 | 19：48 | 21：27 | 2.73 | 5.98 |
| 13 | 电影 战争角落 | 3月21日 星期日 | 19：45 | 21：20 | 2.72 | 5.37 |
| 14 | 电影 国际大营救 | 11月16日 星期二 | 19：45 | 21：24 | 2.7 | 5.97 |
| 15 | 电影 花碧莲逼婚 | 4月24日 星期六 | 19：45 | 21：18 | 2.69 | 5.57 |
| 16 | 电影 武林志 | 2月2日 星期一 | 19：45 | 21：32 | 2.68 | 5.08 |
| 17 | 电影 黑山红杏 | 3月18日 星期四 | 19：45 | 21：22 | 2.65 | 5.55 |
| 18 | 电影 解放石家庄 | 10月4日 星期一 | 19：45 | 21：24 | 2.64 | 5.65 |
| 19 | 电影 南拳王 | 5月15日 星期六 | 19：45 | 21：24 | 2.64 | 5.42 |
| 20 | 第27届电影百花奖第24届电影金鸡奖典礼 | 9月19日 星期日 | 19：45 | 0：03 | 2.63 | 8.36 |
| 21 | 电影 蓝色档案 | 5月17日 星期一 | 19：45 | 21：25 | 2.63 | 5.67 |
| 22 | 电影 大上海1937 | 10月12日 星期二 | 19：45 | 21：14 | 2.61 | 5. 6 |
| 23 | 电影 佩剑将军 | 4月19日 星期一 | 19：45 | 21：42 | 2.61 | 5.73 |
| 24 | 电影 拂晓枪声 | 9月12日 星期日 | 19：45 | 21：21 | 2.6 | 5.4 |
| 25 | 2004中国电影人迎春大联欢 | 2月8日 星期日 | 19：45 | 21：21 | 2.58 | 4.84 |
| 26 | 电影 保密局的枪声 | 5月10日 星期一 | 19：45 | 21：45 | 2.56 | 5.52 |
| 27 | 电影 龙闯中原 | 1月31日 星期六 | 19：45 | 21：21 | 2.55 | 4.96 |
| 28 | 电影 密令截击 | 11月15日 星期一 | 19：45 | 21：30 | 2.55 | 5.5 |
| 29 | 电影 末日杀手 | 2月17日 星期二 | 19：45 | 21：15 | 2.52 | 4.99 |
| 30 | 电影 太极拳 | 5月29日 星期六 | 19：45 | 21：20 | 2.51 | 5.31 |

第七套节目

| 排名 | 节目名称 | 日期 | 开始时间(时：分) | 结束时间(时：分) | 收视率(%) | 占有率(%) |
|---|---|---|---|---|---|---|
| 1 | 中国动画(2004-107) | 5月20日 星期四 | 20：00 | 20：15 | 0.53 | 1.15 |
| 2 | 东方儿童(2004-5) | 1月7日 星期三 | 20：15 | 20：45 | 0.53 | 1.06 |
| 3 | 每日农经(20041004) | 10月4日 星期一 | 21：17 | 21：47 | 0.46 | 1.14 |
| 4 | 中国动画(2004-4) | 1月5日 星期一 | 20：00 | 20：15 | 0.45 | 0.89 |
| 5 | 乡村大世界(2004-15) | 2月25日 星期三 | 20：45 | 21：15 | 0.43 | 0.89 |
| 6 | 特别节目 神秘的自然(17) | 9月18日 星期六 | 20：45 | 21：15 | 0.43 | 0.93 |
| 7 | 今日说法(2004-271) | 10月4日 星期一 | 20：45 | 21：15 | 0.42 | 0.91 |
| 8 | 特别节目(农业)(2004-10) | 2月5日 星期四 | 18：05 | 19：30 | 0.41 | 1.18 |
| 9 | 周末讲述(精编版)(3) | 4月21日 星期三 | 20：50 | 21：10 | 0.4 | 0.9 |
| 10 | 走近科学(2004-1) | 5月17日 星期一 | 20：47 | 21：15 | 0.38 | 0.82 |
| 11 | 动物世界 大猫的王国(三) | 4月30日 星期五 | 20：50 | 21：03 | 0.37 | 0.77 |
| 12 | 军事报道 | 12月18日 星期六 | 19：30 | 20：00 | 0.37 | 0.81 |
| 13 | 聚焦三农(2004-114) | 6月14日 星期一 | 21：52 | 21：07 | 0.34 | 1.13 |
| 14 | 法制编辑部(2004-48) | 12月19日 星期日 | 21：52 | 21：37 | 0.34 | 1.34 |
| 15 | 特别节目 我们的队伍向太阳(5) | 11月19日 星期五 | 20：00 | 20：47 | 0.34 | 0.7 |
| 16 | 科普系列 天工开物(2004-71) | 8月10日 星期二 | 20：45 | 21：00 | 0.32 | 0.67 |
| 17 | 探索·发现(2004-8) | 8月1日 星期日 | 20：00 | 20：45 | 0.32 | 0.66 |
| 18 | 讲述(2003-126) | 4月18日 星期日 | 20：50 | 21：10 | 0.31 | 0.65 |
| 19 | 军事报道 | 9月30日 星期四 | 19：30 | 20：00 | 0.31 | 0.69 |
| 20 | 致富经(2004-53) | 3月4日 星期四 | 20：50 | 21：20 | 0. 3 | 0.65 |
| 21 | 农广天地(2004-531) | 12月16日 星期四 | 19：00 | 20：00 | 0.3 | 0. 7 |
| 22 | 科学世界(2003-54) | 2月19日 星期四 | 20：45 | 21：00 | 0.29 | 0.59 |
| 23 | 乡约(2004-21) | 5月29日 星期六 | 21：52 | 21：37 | 0.28 | 1.01 |
| 24 | 科技博览(2004-6) | 4月21日 星期三 | 21：10 | 21：15 | 0.28 | 0.65 |
| 25 | 选择(2004-11) | 3月21日 星期日 | 12：00 | 12：50 | 0.27 | 1.41 |
| 26 | 绿色空间(2003-264) | 4月1日 星期四 | 20：50 | 21：05 | 0.27 | 0.58 |
| 27 | 七巧板(2003-365) | 1月1日 星期四 | 9：50 | 10：00 | 0.27 | 2.78 |
| 28 | 第九届“神农奖”入围作品展播(3) | 8月25日 星期三 | 20：47 | 21：15 | 0.26 | 0.52 |
| 29 | 特别节目 邓小平军事生涯(3) | 8月21日 星期六 | 20：00 | 20：50 | 0.25 | 0.51 |
| 30 | 特别节目 中国士官(10) | 10月21日 星期四 | 20：00 | 20：23 | 0.25 | 0.53 |

**第八套节目**

| 排名 | 节 目 名 称 | 日 期 | 开始时间(时：分) | 结束时间(时：分) | 收视率(%) | 占有率(%) |
|---|---|---|---|---|---|---|
| 1 | 电视剧 看了又看(第四部)(28) | 4月4日 星期日 | 18：12 | 18：57 | 4.62 | 16.25 |
| 2 | 电视剧 当家的女人(18) | 3月6日 星期六 | 20：51 | 21：37 | 4.41 | 9.33 |
| 3 | 电视剧 小兵张嘎(20) | 8月5日 星期四 | 20：43 | 21：30 | 4.4 | 9.41 |
| 4 | 电视剧 种啥得啥(14) | 6月8日 星期二 | 20：42 | 21：28 | 3.74 | 8.41 |
| 5 | 电视剧 啼笑因缘(37) | 5月8日 星期六 | 20：42 | 21：28 | 3.5 | 7.59 |
| 6 | 电视剧 偶然(23) | 5月20日 星期四 | 20：42 | 21：29 | 3.13 | 7.12 |
| 7 | 电视剧 神探狄仁杰(22) | 8月16日 星期一 | 20：42 | 21：29 | 3.05 | 6.2 |
| 8 | 电视剧 欢乐农家(19) | 8月28日 星期六 | 20：42 | 21：29 | 2.87 | 5.93 |
| 9 | 电视剧 天下有情人 名扬花鼓(32) | 4月20日 星期二 | 19：54 | 20：39 | 2.79 | 5.92 |
| 10 | 电视剧 春花秋月(16) | 5月31日 星期一 | 20：42 | 21：29 | 2.77 | 6.14 |
| 11 | 电视剧 水浒传(36) | 1月1日 星期四 | 18：02 | 18：49 | 2.73 | 9.75 |
| 12 | 电视剧 水落石出(第二部)(19) | 12月24日 星期五 | 17：56 | 18：43 | 2.52 | 10.24 |
| 13 | 影视金曲(2004−15) | 4月15日 星期四 | 18：50 | 19：00 | 2.33 | 7.93 |
| 14 | 电视剧 岭南药侠(31) | 9月14日 星期二 | 20：42 | 21：29 | 2.31 | 5.23 |
| 15 | 电视剧 出水芙蓉(14) | 4月1日 星期四 | 20：42 | 21：29 | 1.99 | 4.46 |
| 16 | 电视剧 金手指(24) | 10月15日 星期五 | 20：41 | 21：28 | 1.89 | 4.16 |
| 17 | 电视剧 格格要出嫁(2) | 4月16日 星期五 | 17：59 | 18：49 | 1.88 | 8.57 |
| 18 | 电视剧 缘海情天(2) | 6月11日 星期五 | 20：41 | 21：28 | 1.84 | 4.11 |
| 19 | 电视剧 明成皇后(第三部)(8) | 9月12日 星期日 | 17：54 | 18：39 | 1.82 | 8. 9 |
| 20 | 海外剧场 孪生兄妹(40) | 5月30日 星期日 | 17：56 | 18：41 | 1.81 | 8.37 |
| 21 | 电视剧 红粉世家(2) | 9月15日 星期三 | 20：43 | 21：30 | 1.79 | 4.11 |
| 22 | 电视剧 画魂(19) | 1月7日 星期三 | 20：56 | 21：42 | 1.73 | 4.03 |
| 23 | 电视剧 闲人马大姐(210) | 9月21日 星期日 | 12：27 | 12：48 | 1.71 | 8.44 |
| 24 | 电视剧 武装特警(18) | 11月18日 星期四 | 17：57 | 18：44 | 1.68 | 6.87 |
| 25 | 电视剧 香樟树(12) | 12月31日 星期五 | 17：57 | 18：44 | 1.66 | 6.42 |
| 26 | 电视剧 人鱼小姐(第四部)(3) | 12月31日 星期五 | 23：01 | 23：46 | 1.58 | 11.13 |
| 27 | 世界影视博览(2004−103) | 6月7日 星期一 | 21：39 | 21：52 | 1.56 | 4.37 |
| 28 | 电视剧 夏天的味道(13) | 11月4日 星期四 | 20：40 | 21：25 | 1.48 | 3.41 |
| 29 | 电视剧 英雄时代(19) | 10月27日 星期三 | 20：42 | 21：28 | 1.44 | 3.33 |
| 30 | 电视剧 凤求凰(9) | 7月6日 星期二 | 19：48 | 20：34 | 1.4 | 3.1 |

说明：1. 相同栏目或连续节目，本表只选取收视率最高的一个。

2. 《新闻联播》收视率包含地方台转播该节目的收视率。

3. 5分钟以下栏目，本表均未选取。

(总编室观众联系处提供)

# 2004 年中央电视台新闻节目大型直播活动统计

| 播出时间（月.日） | 节目名称 | 时长（分钟） |
|---|---|---|
| 1.18～19 | 直击中国铁路春运现场直播 | 600 |
| 1.26 | 胡锦涛主席访问法国特别报道 | 70 |
| 2.20 | 2003 年度国家科技奖励大会特别报道 | 90 |
| 2.25 | 第二次北京六方会谈 | 90 |
| 3.2 | 全国政协十届二次会议举行新闻发布会 | 30 |
| 3.6 | 外长李肇星记者招待会现场直播 | 100 |
| 3.13 | 人大闭幕式和总理记者招待会现场直播 | 220 |
| 4.4 | 公祭黄帝陵现场直播 | 60 |
| 6.19 | 黄河调水调沙实验 | 90 |
| 6.23 | 第三轮北京六方会谈开幕式直播 | 90 |
| 6.28 | 世界自然遗产大会特别报道 | 105 |
| 6.28 | 伊拉克政权移交仪式现场直播 | 120 |
| 9.15 | 全国人民代表大会制度创立 50 周年大会直播 | 77 |
| 9.21 | 全国人民政治协商会议制度创立 55 周年大会直播 | 73 |
| 9.28 | 孔子诞辰 2555 周年公祭大会 | 55 |
| 10.11 | 法国“法兰西巡逻兵”飞行表演 | 65 |
| 10.22～24 | 敦煌再发现直播特别节目 | 360 |
| 11.3 | 中国—东盟博览会开幕式 | 47 |
| 11.4 | 中国八一飞行表演队飞行表演 | 60 |
| 11.11 | 特别报道　阿拉法特病逝 | 80 |
| 11.12 | 阿拉法特葬礼 | 65 |
| 12.19 | 澳门回归五周年庆典特别报道（胡锦涛主席抵达澳门机场欢迎仪式） | 45 |
| 12.20 | 澳门回归五周年庆典特别报道（澳门回归五周年庆典暨第二届特区政府宣誓就职仪式） | 70 |

（新闻节目中心提供）

# 2004年中央电视台大型文艺晚会播出统计

(一)

| 播出日期(月.日) | 晚会名称 | 地点 | 导演 | 主持人 |
|---|---|---|---|---|
| 1.20 | 祖国春光好——2004年军民迎新春文艺晚会 | 中国剧院 | 白志群 | 刘小娜、于子菲 |
| 1.21 | 2004年春节联欢晚会 | 本台一号演播厅 | 袁德旺 | 周涛、李咏、朱军、倪萍 |
| 1.22 | 春光这边独好——2004年文化部春节电视晚会 | 东方歌舞团 | 李松海 | 姜昆、严顺开 |
| 1.22 | 中央军委慰问驻京老干部迎新春文艺演出 | 通讯兵部礼堂 | 白志群 | 王虹、林达信 |
| 1.23 | 公安部2004年春节联欢晚会 | 大会堂 | 屠 茵 | 朱军、周涛 |
| 1.24 | 2004年正月正晚会 | 深 圳 | 汪文华 | 汪文华 |
| 1.25 | 百花迎春——2004年中国文学艺术界大联欢文艺晚会 | 北航体育馆 | 周晓冬 | 周涛、朱军 |
| 2.5 | 2004年元宵晚会——“珍奥核酸杯”我最喜爱的春节晚会节目颁奖晚会 | 本台一号演播厅 | 袁德旺 | 周涛、李咏 、朱军 |
| 4.3 | 岭南情——中央电视台“心连心”艺术团赴广东清远慰问演出 | 广东清远 | 陈临春 | 朱军、文清 |
| 5.1 | 劳动颂歌—庆“五一”共创美好未来文艺晚会 | 政协礼堂 | 齐宪役 | 文清、张泽群 |
| 5.23 | 地质之歌——中央电视台“心连心”艺术团赴江苏东海科钻基地慰问演出 | 江苏东海 | 王宪生 | 文清、朱军、董卿、张泽群 |
| 6.9 | 2004年雅典奥运火炬到京庆典活动 | 颐和园 | 吴楠 | 周涛、白岩松 |
| 7.1 | 中国心·亚运情——广州申办16届亚运会成功庆典仪式 | 广州 | 董长武 | 周涛、白岩松 |
| 7.31 | 边疆处处赛江南——“心连心”艺术团赴新疆生产建设兵团慰问演出 | 新疆 | 王宪生 | 文清、朱军、周涛、张泽群 |
| 8.27 | 第二十四届全国电视剧“飞天奖”颁奖典礼 | 本台一号演播厅 | 屠茵 | 李咏、董卿 |
| 8.28 | 百年情思——纪念小平同志诞辰100周年“心连心”艺术团赴四川广安慰问演出 | 四川广安 | 齐宪役 | 周涛、白岩松、朱军、文清 |
| 9.5 | 为中国喝彩——第二十八届奥林匹克运动会中国体育健儿胜利归来联欢晚会 | 本台一号演播厅 | 刘冠磷 | 周涛、朱军、白岩松、文清 |
| 9.30 | 《五星红旗我为你歌唱》国庆歌会 | 本台演播室 | 王浩 | 周涛、朱军、董卿、沈力 |
| 10.1 | 五星红旗迎风飘扬——庆祝中华人民共和国成立55周年大型文艺晚会 | 人民大会堂 | 陈临春 | 孙海英、吕丽萍等 |
| 10.1 | 我和我的祖国——统一战线中华人民共和国成立55周年文艺晚会 | 京西宾馆 | 王宪生 | 文清、张泽群 |
| 10.9 | 中法文化年开幕式暨雅尔音乐会 | 故宫 | 张晓海 | 周涛、朱力安 |
| 11.26 | 我和我的祖国——外交部国庆55周年文艺晚会 | 本台一号演播厅 | 王浩 | 周涛、朱军 |
| 12.5 | 为友谊喝彩——赴巴西大型音乐歌舞演出 | 巴西 | 吴楠 | 董卿 |

(文艺节目中心文艺部提供)

（二）

| 播出时期（月.日） | 晚 会 名 称 | 地 点 | 撰稿人 | 策划人 | 导演 | 主持人 |
|---|---|---|---|---|---|---|
| 1.1 | 2004新年京剧晚会 | 中南海怀仁堂 | | | 江则理 | 白燕升<br>王静 |
| 1.1 | 第五届中韩歌会 | 北京工人体育馆 | | | 杨东升 | 张政<br>董卿 |
| 1.21 | 青春中国——2004春节歌舞晚会 | 云南世博园 | 陆亮 | 朱彤<br>郎昆 | 刘真 | |
| 1.21 | 梨园盛世——2004春节戏曲晚会 | 本台1000平方米演播厅 | 魏子晨<br>薛继平<br>孙爱平 | 朱彤<br>郎昆<br>王志军<br>尹希元<br>薛继平<br>孙爱平 | 张巧英 | 白燕升<br>鞠萍<br>孙晓梅<br>施翌<br>周涛<br>姜昆 |
| 1.26 | 感动深圳——深圳原创歌曲演唱会 | 深圳 | 朱海 | 郎昆<br>白天 | 郎昆 | 朱军等 |
| 1.28 | 2004·维也纳新春音乐会 | 维也纳金色大厅 | | | 王裴<br>于希岩 | 张践<br>郭思乐 |
| 3.28（直播） | 让我们喝彩——音乐频道开播庆典音乐会 | 本台一号演播厅 | 任卫新 | 郎昆 | 郎昆<br>葛小红 | 朱军<br>董卿 |
| 4.29（直播） | 第七届“金玛格杯”中央电视台音乐电视大赛颁奖晚会 | 本台一号演播厅 | | 朱彤<br>郎昆 | 崔亚楠 | 施翌<br>李勇 |
| 5.1 | 在灿烂阳光下——“心连心”艺术团赴江苏温州慰问演出 | 浙江温州 | | 朱彤<br>郎昆<br>王志军 | 王炳森 | 朱军<br>周涛<br>施翌<br>张泽群 |
| 6.14 | 第二届中新歌会 | 新加坡 | | | 杨东升 | 任鲁豫 |
| 7.1 | “阳光乐章”——庆祝中国共产党建党83周年交响音乐会 | 世纪剧院 | 任卫新 | | 葛小红 | 管彤<br>任鲁豫 |
| 7.1 | 情系人民——“心连心”赴西柏坡慰问演出 | 西柏坡 | | 朱彤<br>郎昆<br>王志军 | 杨东升 | 朱军 |
| 7.10（上集）<br>7.11（下集） | “青春拥抱阳光”——上海青年原创歌曲演唱会 | 上海 | 陈念祖<br>桂兴华 | | 夏岛<br>芙英 | 文清<br>林海 |
| 7.31 | 2004CCTV——MTV音乐盛典 | 奥体中心 | | | 刘真 | 董卿<br>李霞<br>于澄庆 |
| 8.22 | 小平，你好！——纪念邓小平同志诞辰100周年大型文艺晚会 | 人民大会堂 | 阎肃<br>刘麟<br>宋小明<br>金兆钧 | 郎昆<br>陈维亚<br>夏岛<br>芙英等 | 郎昆<br>陈维亚<br>夏岛<br>芙英 | 倪萍<br>周涛<br>瞿弦和<br>濮存昕 |

续表

| 播出时期（月.日） | 晚会名称 | 地点 | 撰稿人 | 策划人 | 导演 | 主持人 |
|---|---|---|---|---|---|---|
| 8.24 | 第三届国际广电博览会开幕式音乐会 | 本台一号演播厅 | 任卫新 | | 葛小红 | 朱军<br>刘欣 |
| 9.10 | 洒满阳光的天堂——第七届中国艺术节开幕式文艺晚会 | 杭州 | | | 刘真<br>李琦 | |
| 9.19 | “吉祥草原”——中央电视台“心连心”艺术团赴内蒙古赤峰慰问演出 | 内蒙赤峰 | | 朱彤<br>郎昆<br>王志军 | 崔亚楠 | 朱军<br>周涛 |
| 10.1 | 江山如此多娇——庆祝中华人民共和国成立55周年大型交响音乐会 | 本台一号演播厅 | | | 刘万捷 | 朱军<br>管彤 |
| 10.2 | 香港明月夜——2004香港中秋晚会 | 香港 | 王纪宴 | 曾庆怀等 | 金越<br>王玉 | 刘芳菲<br>邓梓峰 |
| 10.5 | 中国蓬莱“和平颂”国际青少年文化艺术盛典 | 山东蓬莱 | | | 孟丹 | |
| 10.6 | 首届“沃尔沃杯”CCTV朗诵艺术大赛决赛第一场 | 本台800平方米演播室 | | | 王炳森 | 朱军<br>周涛 |
| 10.6 | 一个创造奇迹的地方——第七届中关村电脑节开幕式晚会 | 中关村 | 田甬<br>李川 | | 夏岛<br>芙英 | 朱军<br>董卿 |
| 10.7 | 首届“沃尔沃杯”CCTV朗诵艺术大赛决赛第二场 | 本台800平方米演播室 | | | 王炳森 | 朱军<br>周涛 |
| 10.9 | 首届“沃尔沃杯”CCTV朗诵艺术大赛颁奖晚会 | 本台800平方米演播室 | | | 王炳森 | 朱军<br>周涛 |
| 10.24 | 山海情深——中央电视台“心连心”艺术团赴威海演出 | 山东威海 | | 朱彤<br>郎昆<br>王志军 | 王炳森 | 朱军<br>施翌<br>周涛<br>赵保乐 |
| 10.31 | 第六届中韩歌会 | 韩国仁川 | | | 刘真 | 施翌等 |
| 11.13 | 红色土地　绿色家园——中央电视台“心连心”艺术团赴湖南张家界慰问演出 | 湖南张家界 | 陆亮 | 胡恩<br>朱彤<br>金越 | 刘真<br>李琦 | 朱军<br>杨柳<br>管彤<br>鞠萍 |
| 11.19 | 欢乐今宵——广告招标联谊晚会 | 本台一号演播厅 | 任卫新<br>金若男 | 朱彤<br>金越 | 刘真 | 朱军 |
| 11.20 | 和平歌圩——2004广西南宁民歌节开幕式文艺晚会 | 南宁 | 王晓岭 | 林国强<br>朱彤<br>刘莉玲<br>卫自光 | 郎昆<br>夏石生<br>王芙英 | 董卿<br>任鲁豫 |
| 11.21 | 与时代同行——庆祝中国记者节暨新闻工作者获奖文艺晚会 | 湖北荆门 | | | 王炳森 | 朱军<br>管彤 |
| 12.31 | 2005年新年音乐会 | 上海东方艺术中心 | | 苏峰 | 刘万捷<br>王裴 | |

（文艺节目中心戏曲·音乐部提供）

2005
CHINA
CENTRAL TELEVISION
YEARBOOK
中国中央电视台
年　鉴

D A S H I J I

# 大 事 记

# 大事记

## 2004年中央电视台大事记

### 一月

**1月1日** 中央电视台西班牙语节目按原计划正式播出。西班牙语节目以英语频道制作的节目为依托，日播出时长为4小时，其中新闻和专题节目各2小时，涉及13个栏目。节目开播后，引起海外观众和海外媒体的广泛关注。

**1月1日** 中央电视台第二套节目成功直播了2004年维也纳新年音乐会，这是本台连续第十七年对该音乐会进行直播报道，央视国际网络也同时开通了乐迷论坛。近1.5万人通过央视国际网络与嘉宾进行了在线交流。

**1月1日** 中国人民政治协商会议全国委员会举行新年茶话会，中共中央总书记、国家主席胡锦涛发表重要讲话，中央政治局常委和在京的政治局委员全部出席。中央电视台新闻节目中心时政部圆满完成这一重要会议的报道工作，并采用了九位常委与出席茶话会的各界人士握手并祝新年好的同期声，收到了很好的宣传效果。

中央电视台转播车在新闻现场

**1月4日** 中央电视台新闻频道、文化专题部《探索·发现》栏目分别对美国航天局发射的火星探测器“勇气号”登陆火星进行了成功直播。新闻频道16：00的新闻节目中大量播发了探测器发自火星的照片。当天，《探索·发现》特别节目《嘿！火星》也对“勇气号”登陆火星进行了成功直播。这是科教频道利用重大科学事件进行科普宣传的有益尝试。

**1月4日** 中央电视台新闻频道《每周质量报告》栏目报道了湖北省荆州市新生源工程股份有限公司利用人的毛发加工毛发水，并非法出售给一些酱油企业生产酿造酱油的恶性事件，引起国务院副总理吴仪的重视，并作出专门批示，要求国务院有关部门对该事件进行严肃查处。这是吴仪副总理对《每周质量报告》栏目报道严重危害人民群众生命安全的假冒伪劣食品、药品恶性事件作出的第三次重要批示。

**1月5日** 中共中央政治局常委、中央宣传思想工作领导小组组长李长春在《中央电视台简报》2004年第1期《中央电视台西班牙语节目正式开播》上批示：多么可贵的进取精神。赵化勇台长1月6日批示：向全台传达中央领导的重要批示，要再接再厉，把西班牙语节目办成深受海外观众喜欢的节目。

**1月5日** 中共中央政治局常委、中央宣传思想工作领导小组组长李长春在中宣部《新闻阅评》第一期《央视思想道德公益广告寓意深制作精》一文上批示：中央电视台公益广告搞得好。爱心传递（洗脚篇）是“三贴近”的精品广告。中央广播电台的公益广告也很感人，如“多一份自觉少一份尴尬”等。中央重点媒体要带头推动寓意深刻的公益广告，为全社会精神文明建设起示范带动作用。1月6日，中共中央政治局委员、书记处书记、中宣部部长刘云山批示：要总结经验，再接再厉，使公益广告不断出新出彩。

**1月6日** 中共中央政治局常委、中央宣传思想工作领导小组组长李长春打电话给赵化勇台长，充分肯定新开播的少儿频道。李长春同志在电话中说，专门抽出数小时的时间，看了少儿频道的多个节目，其中《异想天开》、《动漫世界》、《中国动画》等栏目都很不错，富有新意，相信一定会让小朋友们喜欢。此外，还有《同一片蓝天》栏目，反映我国儿童与外国小朋友进行英、汉语交流，也很好，会受到欢迎。李长春同志希望中央电视台下大决心，努力把少年儿童频道办成深受广大少年儿童喜爱的精品频道，为少年儿童开辟一片绿色文化空间。

第六届全国儿童音乐电视大赛在少儿频道播出

**1月6～7日** 国务院台湾事务办公室、中国文化部、中国文联、广电总局发起，中央电视台、中央人民广播电台、台湾中天电视台、香港亚洲电视、澳门电视台联合举办的“中华情——全球华语优秀原创歌曲大型演唱会”以及“中华情·爱在人间——全球华语优秀原创歌曲大型演唱会”在北京工人体育馆录制完毕，于年初三、初七在CCTV-4中播出。此次演唱会是国内第一次全部采用高清晰电视设备录制的演唱会。

**1月7日** 《经济半小时》栏目《为民工讨工钱：政府办公大楼赊账三千万》节目播出后，引起了中央领导的高度重视。中共中央政治局委员、国务院副总理曾培炎看完节目后立即联系节目组并审阅了相关素材带，于1月8日批示内蒙古自治区政府对片中反映的情况进行核查，并明确提出：政府要带头偿还拖欠工程款，尽快兑付农民工工资，无论如何要让这些农民工有钱回家过年。

**1月7日** 由中央电视台戏曲·音乐部和奥地利当地电视机构合作承办的“2004维也纳·中国新春音乐会”在维也纳金色大厅隆重举行并获得成功。这是我国连续5年在维也纳举办中国新春音乐会。我国京剧还首次在金色大厅亮相。

**1月8日** 中央电视台邀请美国广播公司、美国全国广播公司、CNN、美联环球电视新闻等驻京首席记者，美国、南非驻京办事处首席代表，以及在中央电视台工作的外国专家40人参加了中央电视台举行的新春招待酒会，以答谢国际电视机构和外国专家对中央电视台的支持。

**1月9日** 中央电视台邀请广电总局各司和中央人民广播电台、中国国际广播电台等兄弟单位的领导来台座谈。赵化勇台长介绍说，中央电视台在2003年，一是宣传上有了新突破；二是事业发展有了新突破；三是管理上有了新突破；四是经营创收有了新突破。赵化勇台长代表台领导、代表全台职工向总局各部门表示感谢。

**1月10日** 赵化勇台长会见法国陈氏传媒公司总经理陈克光以及法国著名音乐家让·米歇尔·雅尔一行7人。

**1月12日** 中共中央政治局委员、中共中央书记处书记、国务委员兼公安部部长周永康在中央电视台报送的有关材料上批示：感谢化勇同志及中央电视台对政法、公安工作的支持，祝大家新春愉快，新年有新气象。

**1月13日** 中共中央政治局常委、中央政法委员会书记罗干在中央电视台报送的有关材料上批示：“向中央电视台全体工作人员拜年，祝大家新春愉快，身体健康！”

**1月14日** 中央电视台2004年春节联欢晚会剧组在一号演播厅举行文艺演出，慰问中组部、中宣部、统战部、人事部、科技部和广电总局的专家学者。中央政治局委员、书记处书记、中组部部长贺国强，在广电总局副局长赵实、雷元亮等六部委负责人、中央人才工作协调小组成员，以及副台长胡恩、台办室主任唐世鼎等陪同下，与500多名专家学者观看了演出。

**1月14日** 中国科协和中央电视台联合主办的科技界新春团拜会在钓鱼台国宾馆芳菲苑举行。全国人大常委会副委员长韩启德、全国政协副主席王选、中国工程院院长徐匡迪，中央军委委员、解放军总装备部部长李继耐，原全国人大常委会副委员长吴阶平、周光召，以及著名科学家、专家、学者，共500多人参加了活动。活动现场揭晓了“2003年度公众关注的十位中国科技人物”评选结果。

**1月15日** 中央督查组来到中央电视台，检查中央电视台关于“三个代表”重要思想的学习、贯彻和落实情况。此行中央督查组成员有：中纪委副书记刘峰岩、中纪委三室副主任丁顺生等。

中央电视台《百家讲坛》节目录制现场

**1月15日** 赵化勇台长应联合国秘书长安南邀请，出席了在联合国总部美国纽约举行的第一届全球媒体艾滋病圆桌会议。会上，赵化勇台长介绍了中央电视台的艾滋病宣传工作，表示今后中央电视台将继续关注艾滋病防治宣传，号召世界媒体机构联合起来，宣传预防艾滋病，共同抗击艾滋病。会后，联合国秘书长安南与赵化勇台长亲切握手，称赞中国媒体在宣传预防和控制艾滋病方面所作的贡献。联合国副秘书长兼艾滋病规划署主任皮艾特先生充分肯定赵化勇台长关于“全球媒体联合起来共同抵抗艾滋病”的号召，认为赵化勇台长的讲话很有力。

**1月16日** 中央电视台召开中央电视台2004年年鉴工作会议。王庚年副台长、赵立凡副总编辑等领导到会讲话。王庚年副台长说，全台各中心，各部、处领导都要更加关心支持这项工作；特约编辑和资料员们要认真负责，以愉快的心情、积极的态度做好这项工作。赵立凡副总编在讲话中提出“及时、全面、准确、出新”八字要求。

**1月16日** 中央电视台2004年春节联欢晚会剧组到国务院办公厅进行慰问演出。国务院总理温家宝，副总理黄菊、吴仪、曾培炎、回良玉，国务委员周永康、曹刚川、唐家璇、华建敏、陈至立，以及中直工委、广电总局、国务院参事室等有关部门的领导，与国务院办公厅机关的600多名干部职工观看了演出。

**1月16日** 《中国电视》专版正式向印尼《千岛日报》传版，供其出版发行。此前，《中国电视》专版已于2003年底向菲律宾《商报》传版。《千岛日报》、《商报》是当地主要华文报纸，多年来反对台独，维护中国统一，深受读者喜爱。

**1月16日** 中央电视台经济频道特别节目工作室和专栏节目工作室成功录制“首届中国法官十杰评选”特别节目《人民法官》。全国人大常委会副委员长、全国妇联主席顾秀莲，最高人民法院院长肖扬，全国政协副主席罗豪才亲临录制现场，并为获奖法官颁奖。

**1月17日** 中央电视台2004年春节联欢晚会剧组到中央办公厅进行慰问演出。中央政治局候补委员、中央书记处书记、中央办公厅主任王刚等中央办公厅领导，与办公厅机关600多名干部职工一起观看了精彩的文艺表演。

**1月18～20日** 中央电视台代表团参加了第四十二届北美电视节目交易会(2004NATPE在美国拉斯维加斯沙洲会展中心举行)，与来自20多个国家和地区的近40家媒体机构进行业务洽谈，取得实际签约金额38万美元、意向签约15万美元的销售业绩，实现中央电视台参加NATPE展会现场签约零的突破。

**1月19日** 中央电视台在梅地亚中心举行2004年离退休老同志春节团拜会。广电总局老干部局副局长鞠远凯，台领导赵化勇、王庚年、罗明、胡恩、何宗就、李晓明、张海鸽、刘国良、赵立凡、孙玉胜、丁文华及各中心（室）领导，与孟启予、黄惠群、洪民生、于广华、马瑞流、林景云、刘宜勤、方庆浩、章壮沂、宋培福、陈君等退休老同志一起喜迎猴年新春。

**1月19日** 中共中央政治局常委、中央宣传思想工作领导小组组长李长春到中央电视台看望了为春节宣传紧张工作的编播记者和春节联欢晚会演职人员，并代表党中央向大家表示亲切慰问和新春祝贺。中共中央政治局委员、书记处书记、中宣部部长刘云山，国务委员陈至立，中宣部副部长、广电总局局长徐光春，中宣部常务副部长吉炳轩，中宣部副部长李东生，广电总局副局长胡占凡，中宣部新闻局局长胡孝汉等陪同看望。李长春同志指出，现在电视影响越来越大，随着我国国际地位的不断提高，办好电视这个新闻宣传的窗口是中央电视台的任务。一、抓好舆论监督。二、认真研究落实少儿频道的推广和落地工作。三、探索开辟对外宣传新渠道。四、电视节目和广告要体现导向性。一是遵循社会主义市场经济规律，二是符合社会主义精神文明建设。在这方面，中央电视台落实得很好，树立了良好的形象。

**1月20日** 中央电视台时政新闻部圆满完成“中共中央、国务院在京举办2004年春节团拜会”报道任务，报道注意画面的丰富性和音响的连贯性，播出后效果良好。此外中央电视台还圆满完成“春节音乐会”、“中央领导与党外人士座谈”、“中央领导与老同志座谈”、“中央领导与外国专家座谈”等多场重大活动的新闻报道任务。

中央电视台记者在南极大陆进行采访拍摄

**1月21日**　除夕之夜，中共中央政治局委员、中央书记处书记、国务委员、公安部部长周永康在公安部副部长刘京等陪同下，到中央电视台看望慰问坚守工作岗位的武警官兵。

**1月21日**　中央电视台现场直播春节联欢晚会。

**1月22日**　正月初一，中共中央政治局常委、中央宣传思想工作领导小组组长李长春，中共中央政治局委员、书记处书记、中宣部部长刘云山打电话给赵化勇台长，对春节联欢晚会给予充分肯定。

**1月23日**　中共中央政治局常委、国家副主席、中共中央书记处书记曾庆红在《国家广电总局圆满完成广播电视春节联欢晚会直播安全播出任务》报告上批示：向所有为圆满完成春节晚会节目精彩演出的安全播出的同志表示敬意。1月21日，中共中央政治局常委罗干在《国家广电总局关于确保春节晚会及春节期间安全播出的情况汇报》上批示：为确保春节联欢晚会的电视播放不受“法轮功”的干扰破坏，国家广电总局做了大量的工作。在此向除夕坚守工作岗位的同志们表示谢意并祝春节好！1月25日，中共中央政治局委员、书记处书记、中央宣传部部长刘云山在《国家广电总局关于确保春节晚会及春节期间安全播出的情况汇报》上批示：广电总局高度重视、严加防范、靠前指挥、精心组织，确保了春节期间安全播出，向广电战线辛劳工作的同志们表示敬意和感谢。

**1月26日**　国家主席胡锦涛在中法建交40周年之际应希拉克总统邀请赴法国进行为期四天的国事访问。中央电视台新闻频道对胡锦涛主席抵达巴黎奥利机场和法国总统希拉克在机场举行仪式欢迎胡锦涛主席进行了现场直播。中文国际频道直播了40分钟的“胡锦涛主席访法”特别节目，圆满完成了这一重要时政新闻的报道任务，受到社会各界广泛好评。

**1月26日～2月4日**　胡锦涛主席应邀对法国、埃及、加蓬和阿尔及利亚进行国事访问，中央电视台对这次出访进行了全程报道。除播发新闻外，还对重要活动进行了现场直播。

**1月27日**　我国广西隆安确定出现禽流感疫情后，中央电视台迅速反应，有关新闻、专题等栏目发挥各自宣传特点，充分准确地报道禽流感疫情，做到导向正确、把握适度，取得了良好的宣传效果。

**1月30日**　中央电视台召开音乐频道筹备动员大会。胡恩副台长 、张华山副总编辑参加会议。

## 二月

**2月1～29日**　西部频道展开“东北活动月”活动，通过新闻、专题、文艺等节目对东北三省进行集中宣传，这是东北首次以整体面貌全方位亮相。

**2月2日**　中共中央政治局常委、中央宣传思想工作领导小组组长李长春在《中央电视台关于采取有力举措进一步落实中央领导同志批示精神的情况汇报》上批示：很好。1．《焦点访谈》栏目要成为中央电视台舆论监督的阵地，数量上要增加（达50%），质量上要提高（真实、客观、跟踪解决）。2．视听在线要提高水平，可直接送到全球各家各户，不受对方是否落地的限制，关键是增加带宽和信号压缩。3．中央电视台的文艺节目更要突出导向性，把思想性、导向性和艺术性、观赏性紧密结合起来。对历史题材要坚持唯物史观，对现实题材要大力弘扬主旋律，对警匪片、反腐片要减少，增加一些伦理、道德之类的生活片，要在重大纪念日（如，邓小平诞辰100周年、建党85周年、国庆55周年、长征70周年、孙中山诞辰140周年、辛亥革命90周年）推出一批高水平的文献理论片、电视连续剧、电影等，以唯物史观回答中国为什么要“走向共和”，为什么历史选择了中国共产党、选择了社会主义道路。用强大的正面的声音覆盖少数学者、作品的奇谈怪论，以正视听。刘云山 、赵实、赵化勇等对如何落实都作了批示。

**2月3日**　赵化勇台长会见了葡萄牙驻华大使安东尼奥·卡罗斯先生。2月8日中、葡建交25周年纪念日期间，两国国家电视台将互播介绍对方国家的电视节目。

**2月5日** 国家发改委委托中国国际工程咨询公司组织广电技术专家，来中央电视台对高清晰度节目制作示范平台项目可研性报告进行考察评估。

**2月5日**（正月十五）中央电视台成功播出“2004年元宵晚会暨我最喜爱的春节晚会节目颁奖晚会”。

**2月9日** 李长春同志在《加快创新 实现提升 求真务实 全面发展——2004年中央电视台工作会议报告》上作出重要批示：过去的一年，中央电视台硕果累累，望在新的一年，有新的更大的进步。2月8日，刘云山同志批示：2003年中央电视台新闻宣传、内部改革、事业发展都取得显著成绩，可圈可点，可喜可贺。新的一年要认真总结经验，再接再厉，围绕中心，服务大局，把握导向，改进宣传，提高水平，扩大影响，抓改革、求创新、善管理、谋发展，进一步开创中央电视台事业发展新局面。又及：2004年工作安排很好，抓住根本，抓住关键，抓住重点，重要的是要求真务实，认真落实。看了很受鼓舞。2月10日，赵化勇台长批示：感谢中央领导对我台的关怀和鼓励。我们要再接再厉，争取更大的进步。

中央电视台记者深入地下700多米的矿井进行采访

**2月10日** 赵化勇台长会见了英国企鹅集团主席、皮尔森集团（又名“培生”）董事会董事约翰·梅更森先生率领的代表团一行6人。

**2月10日** 付费电视足球频道独家转播泰国银行队与大连实德队第一场赛事，拉开了独家直播亚洲冠军联赛小组赛、南美解放者杯小组赛等一系列赛事的序幕。2月12日开始，付费电视足球频道还全程直播近20场南美解放者杯比赛，这是中央电视台数字电视首次全程直播南美俱乐部顶级赛事。

**2月11～13日** 中央电视台2004年工作会议在顺义培训中心召开。中宣部副部长、广电总局局长徐光春，台分党组成员赵化勇、王庚年、张长明、罗明、胡恩、何宗就、李晓明、李春武、刘国良、李培森、李建、王晞建，台副总编辑赵立凡、孙玉胜，台总工程师丁文华，台副总编辑张华山、孙冰川以及来自全台各中心（室）、部（处）和台属各单位的代表200余人先后出席了会议。2月13日上午，徐光春同志在中央电视台2004年工作会议上作重要讲话，肯定中央电视台2003年各项工作取得的突出成绩，并表示对中央电视台搞好2004年的工作充满了希望和信心。纵观2003年中央电视台的工作，徐光春同志概括为：“大改革、大发展、大提高、大变化”。现有频道进一步调整，改革用工制度、财务制度，创办新闻频道、少儿频道，经营创收、产业发展上了新台阶，总收入突破了百亿元大关，第四、九套节目在海外落地进一步扩大。他肯定了中央电视台各项工作成绩的取得，主要得益于改革力度大。徐光春同志说，新的一年，摆在中央电视台面前的任务相当繁重。首先中央电视台要在深入宣传十六大精神这项工作中走在前面，肩负更重要的使命；其次文化建设的力度要加大，文化发展的速度要加快，把节目搞得更加丰富多彩、更加生动活泼，同时又要坚持正确导向，要高度重视舆论监督问题；抓好各项改革，事业和产业分开，企业运行面向市场，并抓好中央电视台内部管理体制的改革；要确保事业进一步发展，抓好新台址工程建设，发展付费电视，在观念上突破、思路上突破、体制和机制上突破；加强队伍建设，开展“三项学习教育活动”，力求取得明显成效。徐光春同志希望大家冷静思考，科学决策，正确实施需要采取的必要措施。第一要学习、学习、再学习；第二要把握、把握、再把握；第三要创新、创新、再创新；第四要务实、务实、再务实。2月11日赵化勇台长作了题为《加快创新 实现提升 求真务实 全面发展》的会议报告。报告对全台2003年的工作重点和取得的成绩进行了回顾，并对2004年工作进行了部署。

**2月17日** 中央电视台2003年度优秀栏目、优秀节目奖复评工作结束。共评出特别奖2个；优秀栏目一等奖9个，二等奖12个；优秀节目一等奖20个，二等奖41个。评出国外电视剧优秀译制奖1个。

**2月18日** 何宗就副台长会见法国汤姆逊广播系统公司总经理帕特利克先生率领的代表团一行5人。

**2月18日** 以色列驻华大使海逸达博士再次拜访

中央电视台，赵化勇台长会见了客人。

**2月20日**“国家最高科学技术奖”在人民大会堂隆重揭晓，国家主席胡锦涛为获奖者颁奖。新闻节目中心、社教节目中心、央视国际网络对这一活动进行了充分报道。

**2月21日** 《新闻30分》头条位置、《新闻联播》及新闻频道全天各档滚动新闻中连续播发了新闻采访部采制的独家新闻《“神舟”六号各项研究进展顺利将有两名航天员上天》、《王永志透露：按规划我国将进行空间站的研究开发》。

**2月21日** 中共中央政治局常委、中央宣传思想工作领导小组组长李长春打电话给中宣部副部长、广电总局局长徐光春，对中央电视台制作播出的特别节目《感动中国》给予充分肯定。李长春同志说：《感动中国》这个节目令人十分感动，十个年度人物选得好，不仅有先进模范、优秀干部，还有港人代表、外籍人士，看了给人以力量，给人以鼓舞。评委会所写的颁奖词也写得很好，主持人也很动感情，弘扬了主旋律，相信广大电视观众看了都会感动的，我是含着眼泪看完这台晚会的。这个晚会再一次证明，主旋律的节目，只要坚持“三贴近”，是不会枯燥的，而且是会有强烈的吸引力和感染力的。希望坚持“三贴近”，认真总结，不断改进，让更多主旋律的节目感动人，教育人。

**2月22日** 为纪念邓小平同志诞辰100周年而拍摄的大型革命历史题材电视剧《邓小平》在江西南昌开机。

**2月23日** 台领导赵化勇、王庚年、张长明、罗明、胡恩、何宗就、李晓明、张海鸽一行来到梅地亚中心，亲切看望了正在这里集中参加义务献血的中央电视台220名职工。

**2月24日** 中央电视台召开2004年“两会”宣传报道动员大会。台长、“两会”报道领导小组组长赵化勇作动员讲话，提出通过“三个确保”，达到“三个满意”：确保导向正确、确保节目质量、确保安全播出，让领导同志满意、代表委员满意、广大群众满意。

**2月24日** 北京科学教育电影制片厂召开2004年工作会议。副台长王庚年、李晓明，科影厂党委书记王晞建出席会议并讲话，王庚年副台长肯定了科影厂2003年在生产管理、改革创新、职工生活等方面所取得的成绩。认为科影厂的经验有两条：大造品牌、发扬品牌，科影厂要充分利用好这个品牌，求真、求变、求果，使科影厂有一个较大的发展。

**2月25日** 中央电视台召开了2004年中央电视台廉政工作会议。国家广电总局党组成员、中纪委驻广电总局纪检组组长王莉莉，台领导赵化勇、王庚年、张长明、胡恩、何宗就、李晓明、张海鸽、李春武、刘国良、李培森、李建、王晞建、丁文华、张华山，处级以上领导干部、台直属各单位领导班子成员、总公司事业发展部和部分下属公司负责人、专兼职纪检监察干部共300余人参加了会议。赵化勇台长与台属各单位的一把手签订并交换了2004年党风廉政建设责任书。

北京科学教育电影制片厂拍摄的获奖影片《复活的军团》剧照。

**2月25日** 由广电总局副局长雷元亮带队，总局人教司副司长李金荣、保卫司司长宋卫民和市公安局十四处的有关领导组成检查组，来到中央电视台检查消防安全工作。

**2月25日** 中共中央政治局委员、中央书记处书记、中宣部部长刘云山在中央电视台第35期《工作日报》上就“《艺术人生》录制《延安颂》主题节目”的信息批示：这类节目本身就是对文艺创作导向最生动具体的引导。央视要发挥特殊作用。请化勇同志阅。不久前，《朋友》栏目录制的大厂评剧团的节目也很好。

**2月25～28日** 第二轮朝核问题六方会谈在北京举行。中央电视台先后对“六方会谈”的开幕式、闭幕式和中国代表团团长王毅举行的中外记者招待会进行了现场直播，并按照外交部的要求向中外媒体提供了公共信号。据统计，共为NHK、KBS、路透社（RUTERS）、美联社（APTN）等23家海外媒体提供了卫星传送318节，合计126.5小时。

**2月26日** 2004年“3·15”电视宣传活动新闻发布会在梅地亚中心举行。副台长罗明出席新闻发布会并讲话。全国40多家媒体与会。罗明副台长介绍，今年“3·15”电视宣传活动的主题为“健康秩序，健康生活”。《2004“3·15之夜”》将把镜头直接对准三农问题、高科技、保健品和汽车等领域，揭示其中的各种欺诈行为。

**2月26日** 中央电视台团委荣获广电总局“五四红旗团委”荣誉称号，并直接被推荐为中直机关“五四红旗团委”候选单位。

**2月27日** 罗明副台长会见了香港无线台（TVB）新闻资讯部总监罗灿、台湾无线卫星电视台（TVBS）联意制作公司副总经理施洪达等一行5人。

## 三月

**3月1日** 中央电视台2003年总结表彰大会在一号演播大厅举行。广电总局党组副书记、副局长赵实和赵化勇台长出席会议并讲话。会议表彰了42个先进集体、102个先进个人，86个优秀栏目和优秀节目，颁发18个节目录制质量奖、23个安全播出班组奖、6个优秀技术工程奖、51个优秀管理服务奖。

**3月2日** 中央电视台对全国政协十届二次会议提案组初审提案工作进行了现场直播报道。

**3月2日～14日** 中央电视台第一、四、九、十二套节目和新闻频道以及央视国际网络，充分发挥频道优势，圆满完成了2004年“两会”各项宣传报道任务。是中央电视台历届“两会”报道规模最大的一次。3月14日，“全国人大闭幕会”和“温家宝总理记者招待会”，共有75个国家和地区的234家电视机构转播或部分使用CCTV-4和CCTV-9的节目信号，这是近年来海外主流媒体转播“两会”报道最密集的一次。

**3月3日和3月1日** 国务院总理温家宝、全国政协主席贾庆林分别到人民大会堂现场视察和了解会议电视转播的准备情况。台长赵化勇、副台长罗明、何宗就简要介绍了中央电视台有关本次两会新闻报道、电视转播、机位设置、镜头画面、灯光效果等有关准备情况，温家宝总理和贾庆林主席肯定了中央电视台的转播准备工作，并对中央电视台工作人员在现场试录的镜头表示满意。

**3月3日** 赵化勇台长会见了南非MIH集团全球电视付费平台首席执行官魏克文先生一行5人。

**3月3日** 李晓明副台长会见了来访的美国花旗集团环球金融亚洲有限公司亚洲区主席梁伯韬先生等一行3人。

**3月3日** 中央电视台新闻频道和第四、九套节目对全国政协十届二次会议开幕式进行了成功报道。

**3月3～5日** 中宣部舆情信息工作会议上，中央电视台被评为2003年度舆情信息工作先进单位。

中央电视台《国宝档案》节目摄制组在实地拍摄

**3月4日** 中央电视台体育频道开始在全国范围内公开招聘2008年奥运会主持人。

**3月5日** 十届全国人大二次会议在人民大会堂隆重开幕，温家宝总理作《政府工作报告》。中央电视台第一、四、九套节目和新闻频道全程进行了实况直播。十届人大二次会议开幕式受到海外电视媒体的广泛关注。截至3月5日12：00，共有75个国家和地区的233家电视机构转播或部分使用了CCTV-4和CCTV-9的节目信号，其中有10家同时转播CCTV-4和CCTV-9信号。

**3月8日** 全国政协副主席王忠禹和秘书长郑万通专门到大会秘书处，向正在这里等待审稿的中央电视台等新闻单位的记者表示慰问和感谢，向女记者表示节日的问候，对前一天《新闻联播》中政协大会新闻报道给予赞扬。王忠禹副主席说，昨天你们对大会修章的报道非常好，特别是《新闻联播》插入了珍贵的历史资料镜头，很生动活泼，使郑万通所作的《“政协章程修正案”说明报告》这条新闻显得很有分量，很有水平，体现了政协修章的重要性。感谢新闻单位的记者在这么短的时间内做了这样精彩的报道，你们很辛苦，谢谢大家！

**3月11日** 中央政治局委员、国务院副总理、全国老龄委主任回良玉在中南海接受了由中宣部、全国老龄办和中央电视台联合摄制的四集大型电视系列片《无声的革命——老龄问题醒世报告》摄制组的专访，并为剧组题词“老龄事业十分重要，老龄工作十分光荣”。

**3月11日** 张长明副台长会见了应中国记协邀请

来访的由墨西哥报社、电台和电视台的正副总编等组成的墨西哥新闻代表团。

**3月14日** 温家宝总理在人民大会堂举行中外记者招待会。中央电视台第一、四、九套节目和新闻频道全程进行实况直播。直播画面清晰，外界普遍评价是一次成功的直播。

**3月15日** 总理办公室打来电话，传达中共中央政治局常委、国务院总理温家宝对中央电视台“两会”现场直播报道的肯定意见。温家宝总理认为：3月14日下午记者招待会的直播很好、很成功，中央电视台的同志们很辛苦，向大家表示感谢和问候。3月14日下午，在“两会”直播报道圆满结束后，国务委员、国务院秘书长华建敏向中央电视台现场转播人员表示慰问和感谢，认为现场直播非常成功、十分圆满，并确保了安全播出。

**3月15日** 中央电视台《2004“3·15”之夜》通过一、二套节目向全国现场直播，使为期20天、有11个栏目参与的《“3·15”我们共同行动》进入高潮。在120分钟的直播中，《2004“3·15”之夜》围绕“健康生活，健康秩序”的主题，报道了抗生素、短信、网吧、三农和汽车等领域发生的侵害消费者权益的典型案例；评选出2004年“3·15”贡献奖得主。

**3月17日** 中央电视台召开“两会”宣传报道总结大会。台长赵化勇要求在今后的“两会”报道和其他报道中一要突出个性，形成品牌；二要提高效益，减少“撞车”，以质取胜，加强协调；三要精心准备，精心策划，精心实施，确保安全。

中央电视台以各种观众喜闻乐见的形式宣传报道“两会”，图为“马斌读两会”节目。

**3月17日** 何宗就副台长会见了瑞典卫星系统公司总裁兼首席执行官拉尔斯及亚洲公司副总裁贾吉泰等一行4人。

**3月19日** 台办室召开规章制度修订工作会议。

**3月20日** 中国国际电视总公司第三届第八次董事会在梅地亚中心召开。台长赵化勇、副台长李晓明、纪检组组长张海鸽、总公司总裁李建以及总公司董事会、监事会其他成员出席大会。

**3月22日** 中央新闻纪录电影制片厂召开中层干部会议。广电总局副局长雷元亮，中央电视台台长赵化勇、副台长李晓明，中央新闻纪录电影制片厂新任党委书记、厂长高峰，艺委会新任副主任兼秘书长李春武，台人事办主任杨晓民等到会。会议宣读了广电总局关于高峰、李春武同志职务任免的通知。

**3月22日** 赵化勇台长会见了美国华特·迪斯尼国际电视公司总裁安迪·博德先生、副总裁理查德先生以及该公司中国事务副总裁唐军先生等一行5人。

**3月22日** 为纪念全国青年歌手电视大奖赛二十年历程，中央电视台一号演播厅举行了《二十年后再相会》演唱会，拉开了第十一届全国青年歌手电视大奖赛的帷幕。

**3月23日** 中央电视台台长赵化勇、副台长胡恩与总编室处级以上干部就当前本台改革以及今年的工作进行了座谈。

**3月23日** 赵化勇台长会见了美国维亚康姆公司董事长兼首席执行官雷石东先生一行10人。

**3月23日** 李晓明副台长会见了意大利广播电视台市场战略部主任那德罗博士率领的意大利电视代表团一行5人。

**3月24日** 中央电视台举行音乐频道开播新闻发布会，30多家新闻媒体记者到会采访。

**3月24日～26日** 广电总局在顺义培训中心召开了2003年精神文明总结评比会议，中央电视台再次获得了广电总局精神文明标兵单位荣誉称号。

**3月27日** 厦门国际马拉松赛举行，中央电视台和厦门电视台从7:52开始对这场马拉松进行了直播，并取得了圆满成功。

**3月27日** 由中共中央文献研究室和中央电视台联合拍摄的文献纪录片《任弼时》通过了广电总局重大题材审片领导小组的审看。

**3月28日** 中共中央政治局常委、中央宣传思想工作领导小组组长李长春出席中央电视台音乐频道开播庆典音乐会，会见了参加音乐会的老艺术家和音乐频道的创作人员。李长春同志指出：音乐频道开播是我国文艺生活中的一件大事，也是精神文明建设中的一件大事。音乐频道仅用两个多月时间就筹建起来，它在高雅艺术和人民群众之间架起一座新桥梁，为广大艺术家施展才华提供了一个新舞台，在艺术家和人民群众之间建起一条新纽带。希望广大文艺工作者坚持以“三个代表”重要思想为指导，多出精品，为繁荣社会主义文化，推动精神文明建设作出更大贡献。

**3月28日** 中共中央政治局委员、书记处书记、中宣部部长刘云山在观看中央电视台音乐频道开播庆典音乐会时批示：热烈祝贺音乐频道的开播！向为频道开播辛勤劳动的电视工作者和音乐工作者表示敬意和感谢。音乐频道的开播是我国电视界、音乐界的一件大事，必将载入我国文化发展的史册。中华民族是礼乐之邦，翻开五千年的文明史、文化史，音乐占有十分重要的位置。今天，我们全面建设小康社会，建设社会主义精神文明，实现中华民族的伟大复兴，离不开音乐的发展、音乐的建设、音乐的繁荣。音乐频道的开播是音乐爱好者的福音，为人民群众提供了多彩的音乐美餐，有历史意义亦有现实意义，有文化意义亦有政治意义。祝音乐频道成为播撒精神文明的阵地，成为普及音乐知识的课堂，成为13亿人民的精神朋友。

**3月29日** 中央电视台第十五个频道——音乐频道正式开播，并播出第一个节目《CCTV音乐厅》。音乐频道共设《CCTV音乐厅》、《经典》、《风华国乐》、《民歌·中国》、《世界音乐广场》、《感受交响音乐》、《音乐人生》等12个栏目，每天播出18个小时。

**3月29日** 中央军委主席江泽民就音乐频道开播打电话给赵化勇台长。江泽民主席说：昨天晚上的音乐频道开播庆典音乐会很好，我从音乐会开始到结束，全部看了，质量很高。今天上午，我很注意地观看了音乐频道的节目，整个节目编排很好。

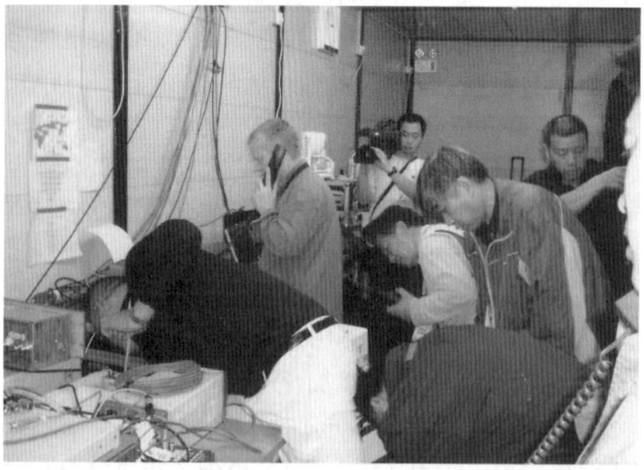

中央电视台与法国同行合作完成了在故宫举办的中法文化年雅尔激光音乐会高清直播。

**3月29日** 罗明副台长会见了美国广播公司(ABC)新闻副总裁兼数字传媒集团总经理伯纳特·格森一行5人。

**3月29日～4月2日** 中国国际电视总公司总裁李建率中央电视台、国际电视总公司代表团一行16人参加了法国春季戛纳电视节。中央电视台与全国17家地方电视台、民营公司联合参展。这是中国参展规模最大、人数最多的一次。“中国馆”展位面积共366.2平方米，是中国第一次进入主展厅的中心位置设展。为期5天的展会中，总公司节目代理部的海外销售人员共接待来自18个国家和地区的80多家客户，与38个国际媒体机构和片商洽谈销售及合作，签约或意向签约290多万美元，取得了中央电视台参加法国戛纳电视节以来的历史最好成绩。展会期间，总公司还成功举办“中国日”主题活动。此外，总公司积极开展“第二届广播影视博览会”招展工作，共与101家海内外媒体洽谈，销售展位面积400多平方米。

**3月30日** 中央电视台管理规章制度修订工作领导小组召开全体会议。赵化勇台长作了动员讲话，强调修订工作要坚持“三个结合”，即修订与改革相结合，修订与发展相结合，修订与现实相结合；要体现“三个特点”，即简洁明确、科学发展、操作性强。

**3月30日** 温家宝总理就《焦点访谈》3月29日播出节目《良种种在了哪儿》批示：请农业部、财政部立即派人调查，严肃处理，并公开曝光，以起警示作用。对各项扶持农业和粮食生产，以及减免税收的政策，国务院要组织督查组，深入基层检查落实情况。回良玉副总理3月30日也作出批示：良种补贴是国家扶持粮食生产，调动农民种粮积极性的一项重要举措，务必采取有效措施，健全工作机制，完善管理办法，严格资金监管，不折不扣地把补贴落到农民手中，把良种落到田间地里。对违纪违规行为，务必会同有关方面严肃查处。请尽速会同有关方面发一紧急通知。

**3月31日** 在中央电视台《焦点访谈》迎来10周年之际，赵化勇、罗明、胡恩、孙冰川、孙玉胜等台领导与《焦点访谈》栏目部分编辑记者举行了座谈。赵化勇台长代表台分党组对《焦点访谈》组同志们多年来的辛勤工作表示感谢，并提出要在确保舆论导向正确，确保事实准确，确保与人为善的态度，确保舆论监督报道适度、适量等“四个确保”的前提下，开拓思路，勇于创新，抓好从业人员的政治素养，提高新闻业务水平，创作出更多更好的作品。

**3月31日** 中央电视台党风廉政建设协调小组召开会议。张海鸽同志对2003年台党风廉政建设协调小组各成员单位落实党风廉政建设和反腐败工作情况进行了总结，并就2004年各成员单位如何落实具体任务提出了要求。

## 四月

**4月2日** 温家宝总理对《焦点访谈》4月1日播出的《坑农劣肥肥了谁》节目作出重要批示：要对全国化肥市场立即部署一次普遍检查。根据温总理的批示，国家质检总局发出了《关于立即开展全国化肥市场产品质量普遍检查的紧急通知》，要求全国质量技术监督系统行动起来，对重点市场、重点区域和重点企业进行认真检查，发现掺杂使假、以假充真等违法行为的要立即查处；对存在突出质量问题的企业要责令限期整改。尤其要强化化肥与农资产品质量的监督抽查，保障农民利益。

**4月4日** 温家宝总理到河北省农村考察，每到一地都会向农民询问："乡亲们知不知道最近党和国家为调动农民种粮积极性，让农民减负增收出台的一系列政策？"许多农民纷纷表示："我们看《新闻联播》了"，"中央电视台说了"。温总理听后，含笑点头，同时表示："新闻单位要以通俗易懂的方式向群众宣传中央支持粮食生产的多项政策，调动群众发展粮食生产的积极性。"

**4月6日** 由财政部监察局、财政部驻京专员办组成的调研组进驻中央电视台，开始进行40多天的调研。

**4月8日** 正值《焦点访谈》栏目开播10周年之际，温家宝总理致信栏目全体同志，对《焦点访谈》提出谆谆教诲和殷切期望：《焦点访谈》栏目全体同志：《焦点访谈》用责任作为主题，回顾10年的历程，展望未来的前景，很有意义。责任，就是新闻工作者对国家的责任，对社会的责任，对人民的责任。责任源于对国家和人民深刻的了解，对国家和人民深厚的感情。只有对国家和人民了解得深，爱得深，才会有强烈的责任感。责任体现在对焦点的关注和正确的把握，特别是要善于抓住关系人民切身利益的事情。责任还体现在坚持真理，实事求是，一切从实际出发，讲求社会效益。"知屋漏者在宇下，知政失者在草野"。人民的意见、要求和呼声，是对政府工作最好的批评和监督。只有人民的批评和监督，政府才不敢松懈，才不会犯骄傲自满的错误。希望《焦点访谈》以邓小平理论和"三个代表"重要思想为指导，坚持对党负责和对人民负责的一致性，宣传党的方针政策，反映人民群众的意见，越办越好。

**4月10日** 中央电视台与澳大利亚广播电视公司共同举办的电视制片人业务培训班在顺义培训中心如期开班。

**4月11日** 《新闻联播》和新闻频道推出许振超典型事迹宣传报道。《新闻联播》播出了三集系列报道《当代产业工人楷模——许振超》的第一集。《焦点访谈》播出了《振超效率》，《实话实说》还将许振超和他的工友请进演播室。4月13日晚，许振超作客《新闻会客厅》。广告经济信息中心还专门制作了公益广告《劳动创造人生价值》。

**4月13～17日** 应中央电视台邀请，德国巴伐利亚州广播电视台（BR）主编兼电视台副台长戈特列布率代表团，对北京、上海进行参观访问。在北京期间，赵化勇台长会见了代表团。

**4月14日** 中央电视台台史馆正式建成并对内开放。

**4月14日** 赵化勇台长会见了包括阿曼大使侯斯尼阁下、巴林大使舒克里阁下、巴勒斯坦大使阿卜杜·拉希姆阁下、伊拉克驻华代办哈达利阁下在内的阿拉伯国家驻华大使文化委员会成员。

**4月16日** 为进一步落实李长春同志提出的关于加强网上视听宣传的批示精神，央视国际调整现有技术设备，经充分论证后，正式推出300K高码流的网上宽带版《新闻联播》节目。

**4月16日** 在《焦点访谈》栏目创办10周年之际，中共中央政治局常委李长春、国务委员陈至立来到中央电视台，看望《焦点访谈》栏目组全体同志，对《焦点访谈》创办10周年表示衷心祝贺。李长春同志说，10年来，《焦点访谈》坚持以正确的舆论引导人，坚持贴近实际、贴近生活、贴近群众，宣传党的主张、反映人民意愿、关注社会大事、聚焦新闻热点，制作播出了大量精品力作，成为党和政府推动工作的好帮手，成为密切联系群众的纽带，成为最需要帮助的困难群体的主心骨，成为深受人民群众喜爱的名牌电视栏目。李长春同志指出，充分发挥舆论监督的积极作用，是我们党的优良传统。在新的历史条件下，正确开展舆论监督，是维护党和人民利益的需要，是推进社会主义民主政治建设的需要，是实践立党为公、执政为民，提高党的执政能力的需要。舆论监督只能加强，不能削弱。李长春同志强调，开展舆论监督，要以邓小平理论和“三个代表”重要思想为指导，以推进社会主义物质文明、政治文明、精神文明建设为宗旨。要坚持党的领导，严格依法办事，充分走群众路线，围绕中心，服务大局。要坚持实事求是，以理服人，客观公正，出以公心，注重社会效果。要做到有利于问题的解决，有利于社会稳定，有利于党和政府改进工作，有利于人民群众增强对党和政府的信任。要进一步改进方法，创新手段，不断增强舆论监督的针对性和实效性。李长春同志强调，实现正确的舆论监督，监督者首先要提高自身水平。广大新闻工作者要加强学习，提高素质，不断增强政治意识、大局意识、责任意识，深入调查研究，注重制度建设，自觉接受社会监督，维护新闻工作者的采访权利，保证舆论监督正常进行。国务委员陈至立感谢《焦点访谈》栏目在舆论监督等工作中的突出贡献，称赞《焦点访谈》工作人员是新闻工作者的优秀代表。中宣部副部长、广电总局局长徐光春希望《焦点访谈》进一步发扬成绩，更好地发挥《焦点访谈》栏目对党的方针政策的传播作用，对不良现象的监督作用，对党心民心的凝聚作用，对改革发展的推动作用，不辜负长春同志和其他中央领导同志的殷切期望和热情关怀。中宣部常务副部长吉炳轩，中宣部副部长李东生，广电总局副局长胡占凡，中宣部新闻局局长胡孝汉，广电总局副总编辑金德龙，中央电视台副台长罗明、胡恩，副总编辑孙玉胜随同看望。

中央新闻纪录电影制片厂记者在澳门拍摄

**4月19日** 中央电视台新闻频道对新疆今年最大一场沙尘暴进行了成功直播。

**4月20日** 赵化勇台长分别会见了德国之声台长埃里克·贝特尔曼先生一行6人以及克罗地亚共和国新任驻华大使博里斯·韦利奇先生。

**4月21日** 何宗就副台长会见了美国思科系统网络技术有限公司副总裁孟浩哲先生等一行4人。

**4月21～22日** 赵化勇台长分别会见了墨西哥前总统塞迪略先生和埃及广播电视协会主席哈密德先生。

**4月22日** 体育频道在直播中国国家队与西班牙巴塞罗那队的足球比赛中，值班人员及时发现有“法轮功”反动标语画面，并果断处理，使用延时系统成功拦截，保证播出安全。

**4月22日** 赵化勇台长在《关于我台直升机运行状况的报告》上批示，祝贺（直－11型直升机）在第一年能基本做到自给自足，在确保安全的前提下，再前进一步。

**4月23日** 中宣部副部长、广电总局局长徐光春在广电总局党组会议室听取了中央电视台数字电视工作进展汇报。徐光春同志要求：一、胆子要大一些。二、起点要高一些。三、立意要新一些。四、步子要快一些。中央数字电视节目有限公司就付费电视最新动态和形势判断、付费电视发展障碍和对策分析、付费电视运营模式和战略思考、近期加快发展的举措和需要的政策支持等几个方面进行了汇报。

**4月23日** 中央电视台“心连心”艺术团赴浙江温州慰问演出。演出结束后，浙江省委、温州市委领导分别致函赵化勇台长表示感谢。

**4月24～25日** 博鳌亚洲论坛年会在海南隆重举行，国家主席胡锦涛在会上发表了主旨演讲。中央电视台新闻频道和第四、九套节目对胡锦涛主席的重要演讲进行了直播报道，并为论坛年会配发了大量新闻和专题报道，实现了准确、及时、权威、独家、安全的总体报道要求。中央电视台还为巴基斯坦、日本、捷克和香港等国家和地区的多家海外媒体共完成卫星传送13节，共计2小时50分钟，受到海外媒体的一致好评。

**4月24～27日** 中共中央政治局常委、国家副主席、中共中央书记处书记曾庆红赴上海出席联合国亚太经社会第60届会议并在上海考察。在去上海的专机上，曾庆红同志同中央电视台随行记者进行了简短交谈，曾庆红同志说，应该给《焦点访谈》鼓劲，充分发挥《焦点访谈》栏目的舆论监督作用。《焦点访谈》要坚持用事实说话，让报道经得起检验。在谈到中央电视台最近的宣传报道工作时，曾庆红同志说，电视最近关于许振超的报道非常好，现在全国正在掀起学习许振超同志的热潮，各行各业的人对许振超都很服气，他的技术在世界上是一流的。现在有好多“追星族”，追一些歌星、影星，我看我们要大力宣传许振超这样的技术能手、先进模范。

**4月28～30日** 人事办培训职称处在顺义举办了第一期编外人员入台教育培训班，来自本台各部、处的近100名编外人员参加了培训。

**4月29日** 第七届中央电视台音乐电视大赛颁奖晚会在中央电视台一号演播厅现场直播。

**4月** 经过台编委的严格考核和无记名投票，评选出2003年度优秀栏目播音员、主持人10名。其中，鲁健、王志、周涛、罗京、水均益为甲等，李咏、王小丫、敬一丹、汪文华、邢质斌为乙等。

**4月** 《电视研究》成为代表学术界权威地位的CSSCI的来源期刊和第四届新闻核心期刊的成员。本届新闻核心期刊共有25家刊物榜上有名。CSSCI学术界权威期刊共有418种入选。

中国电视剧制作中心拍摄的电视剧《刘老根》剧照

## 五月

**5月1日** 中央电视台通过卫星成功直播了在希腊首都雅典举办的“2004年欧洲音乐会”。

**5月1日** 中央电视台新闻频道进行了开播一周年以来的第二次全面改版。

**5月1～7日** 中央电视台圆满完成胡锦涛总书记考察江苏、温家宝总理出访欧洲等时政报道任务，以及“五一”庆祝活动和黄金周活动的报道。

**5月3日** 英语频道正式改版，由原来的英语新闻综合频道改为英语新闻频道。改版后，英语频道定位由“让世界了解中国、让中国走向世界的‘中国之窗’”转变为“让全球观众在了解世界的同时了解中国的‘中国和世界之窗’”，更加“贴近中国发展变化的实际、贴近服务对象对信息的需求、贴近海外观众的收视习惯”。

**5月8日** 正在意大利进行正式访问的国务院总理温家宝，在飞行途中，对随访的中央电视台记者说：电视台每天的新闻我都看了，重点突出，报道得很好。画面拍得好，编得也好。你们辛苦了，谢谢大家！

**5月8～9日** 中央电视台举办“CCTV-RTL频道制管理及优秀新闻节目观摩研讨会”。广电总局副局长张海涛在会上向参加研讨会的贝塔斯曼集团介绍了近年来中国电视业加大产业发展、推进数字电视进程取得的成果。双方就下一步合作进行了深入交流，并在节目研发、人员培训、新闻节目素材交换、合拍节目等方面达成初步合作意向。

**5月9日** 中共中央政治局常委、中央宣传思想工作领导小组组长李长春对“西安宝马彩票”事件作出批示：此事是对社会的严重欺诈，性质恶劣，影响极坏。中央电视台揭露得好，要表扬这位记者。建议《焦点访谈》跟踪报道，对社会有个交代。

**5月9日** 中宣部副部长、广电总局局长徐光春在第14期《中央电视台简报》刊登的“中央电视台英语频道全新改版”信息上批示：好。希望加强领导，认真组织实施，取得良好效果。

**5月10日** 由国家广电总局主办、中央电视台承办的2004年全国电视对外宣传协作会在广西南宁召开。国务院、中央对外宣传办、广电总局有关领导以及来自全国37家省、市电视台的代表共60多人参加会议。

**5月10～11日** 为宣传中共中央“全国加强和改进未成年人思想道德建设工作会议”精神，《新闻联播》持续播发了各地深入开展青少年德育教育、各部委采取措施净化未成年人成长环境等报道；《焦点访谈》播出了《关注未成年人系列之五——为了祖国的明天》。《东方儿童》、《第二起跑线》、《动感特区》等栏目制作播出引导孩子树立正确人生观等系列节目。

**5月12日** 青少节目中心召开动画部成立大会。

**5月13日** 赵化勇台长主持召开台分党组会议，认真学习了胡锦涛总书记和李长春、刘云山同志在全国加强和改进未成年人思想道德建设工作会议上的讲话精神。

**5月13日** 第五届中央电视台“十优青年”颁奖表彰会召开。

**5月13日** 中共中央政治局常委、国务院总理温家宝在结束对欧洲五国和欧盟总部正式访问的回国途中说：我每天都看中央电视台的新闻节目，我这次出访的新闻，编辑、拍摄得都很好，感谢你们。温总理说：《新闻联播》有很大的改进，不是不报领导的讲话，而是挑选新鲜的角度。温家宝总理谈到在春节期间和4月份考察河北农村期间中央电视台播出的两条新闻特写时说：我看过了，非常好，给人印象深刻。

**5月13日**　中共中央政治局常委李长春在广电总局“走出去工程”简报第11期“荷兰CPRO电视台来华拍摄《巨龙腾飞》电视片”一文上批示：类似这种合作应多搞，外宣办、广电总局、中央电视台都可以联系国际上的友台直接到中国拍摄纪录片。

**5月14日**　中国国际电视总公司和新加坡新传媒集团签署了CCTV-9与亚洲新闻台相互落地协议。

**5月14日**　国家档案局副局长杨冬权来到中央电视台检查、指导档案、资料管理工作。

**5月15日**　新闻节目中心和北京广播学院新闻传播学院联合主办“频道时代的电视新闻传播暨CCTV新闻频道开播一周年研讨会”。

中央电视台记者在哈尔滨市拍摄《托起明天的太阳》

**5月17日**　青少节目中心召集全体处以上干部会议，认真学习、深入领会胡锦涛、李长春、徐光春等领导同志在全国加强和改进未成年人思想道德建设工作会议上的重要讲话，研究、部署青少电视宣传工作，提出组织实施以“五个一百”、“十大活动”为核心内容的《“5·10”工程》计划。

**5月18日**　由中央电视台、中国电影电视技术学会联合主办的北京国际电视技术研讨会在京举行。

**5月19日**　赵化勇台长、胡恩副台长观察西部频道，听取西部频道开办两年来工作情况汇报，赵化勇台长对今后工作提出要求。

**5月18～29日**　《焦点访谈》栏目相继播出“西安宝马彩票案”后续追踪报道——《公证为何不公》、《重重迷雾待揭开》以及《大奖落谁手》。

**5月20日**　中央电视台举办《焦点访谈》栏目制片人竞聘上岗公开会。

**5月21日**　台长赵化勇，副台长胡恩、何宗就听取了中视网络公司开办“央视网络电视”的情况汇报。赵化勇台长指出，开办“央视网络电视”是落实中央领导同志批示精神以及广电总局产业年规划的具体措施和步骤。全力推动网络电视，与付费电视并行发展，成为中央电视台新经济增长点。

**5月21日**　何宗就副台长主持召开安全播出工作会议，传达全国安全播出电视会议精神，并具体部署安全播出工作。

**5月21日**　中央电视台召开大型电视纪录片《再说长江》摄制组成立大会。

**5月22日**　中央电视台第一个少儿频道活动基地——天津岳阳道小学举行了隆重的挂牌、捐赠仪式。

**5月22日**　《CCTV空中剧院》在江苏常熟直播了现代京剧《沙家浜》，并与江苏省委宣传部召开《CCTV空中剧院》“江苏行”座谈会。此次活动以江苏泰州的“纪念梅兰芳诞辰110周年演唱会”拉开帷幕，先后共演出8场，其中中央电视台直播两场。

**5月22日～6月5日**　中央电视台驻华盛顿、纽约站的记者全程跟踪采访中央外宣办组织的中国藏学家、活佛代表团访问美国，有效地宣传了西藏的真实情况以及中央对西藏和达赖问题的政策立场，为代表团成功访问作出了重要贡献。中央对外宣传办公室致信中央电视台，对驻外记者提供的报道以及所表现出的高度政治责任心和良好的业务能力表示赞赏。

**5月24日**　中宣部副部长、广电总局局长徐光春在《中央电视台简报》第16期“中央电视台积极改革改进电视外宣工作”上批示：中央电视台加大外宣改革的力度，并取得明显成效，值得充分肯定。希望不断总结经验，开创新局面。

**5月24日**　赵化勇台长在新创刊的《CCTV事业发展季报》上批示：“《事业发展季报》的创办有必要，有新意，这也是强化管理、科学管理的一个方面。”《CCTV事业发展季报》按季度总结中央电视台宣传、经营、管理、技术四个方面的重大业绩。

**5月25～27日**　中央电视台召开各中心（室）上半年工作汇报会。

**5月26日**　中央电视台成功报道首届全球扶贫大会开幕式，完成了包括直播报道、会议新闻、深度报道和演播室述评等在内的开幕式系列报道。

**5月26日**　中央纪委驻广电总局纪检组、监察局与北京市广播电视局组成调研小组，对中央电视台落实“三项学习教育活动”、加强职业道德建设、纠正行业不正之风工作进行调研。

**5月26～27日** 海外节目中心与台湾中天电视台就联合举办“第三届海峡两岸知识大赛”事宜进行了协商，并达成共识。双方议定，“第三届海峡两岸知识大赛”在北京设总赛场，在台北设分赛场。比赛将以中华五千年传统文化和两岸建设成就等为主要内容，并增加科技、英语等基础知识。

**5月27日** 《焦点访谈》播出“临汾矿难瞒报案追踪”，披露了山西省临汾市阳泉沟煤矿前年年底发生瓦斯爆炸事故后，瞒报遇难矿工人数的情况。立刻引起国务委员兼国务院秘书长华建敏的高度重视。临汾市委、市政府也连夜召集相关部门负责人召开紧急会议，要求查清案件真相，尽快处理，认真反思。

**5月28日** 赵化勇台长召集各中心主任会议，传达中宣部有关会议精神，对全台各部门在敏感时期的宣传报道等各项工作提出要求。

**5月28日** 广电总局在中央电视台召开会议，深入研究有关搭建北美电视对外宣传平台的具体事宜。

**5月29日** 文艺节目中心举行第三套节目新栏目竞标会，听取文艺部、戏曲·音乐部的14组竞标人中的竞标方案。

**5月29日** 中央电视台《面对面》栏目播出了对武汉大学中南医院桂希恩教授投身艾滋病防治工作的专访节目，引起温家宝总理的高度关注。温家宝总理在收看节目后，特地向国家卫生部了解桂希恩医生个人情况，随后，《新闻联播》播发了温家宝总理登门看望桂希恩的消息。

**5月29日** 总编室节目资料管理处圆满完成清理移交节目资料磁带工作，共向音像资料馆移交节目资料磁带105356盘。

**5月31日** 央视网络电视正式试播，并举行了开播仪式。目前，央视网络电视设有 16个频道，其中包括影视剧场、纪录时空、体育传奇、娱乐空间4个重点频道，以及新闻、经济、音乐、法制、人物、教育、财富、动漫、少儿、生活、军事、直播频道。

**5月31日** 中央电视台《新闻联播》播出报道中共中央总书记、国家主席胡锦涛专程到中国科技馆、北京市少年宫看望少年儿童，并就加强和改进未成年人思想道德建设工作进行考察。中办、广电总局以及中央电视台的领导在审看此条新闻报道时给予一致好评，认为解说词到位、同期声精彩、画面生动。

**5月31日** 中央电视台申报的研究课题《中国特色的电视产业运营模式研究》通过了2004年度国家社会科学基金重点项目的专家评审，正式立项。

**5月31日** 中央电视台举行落实“加强财务管理，规范经济秩序”动员会，要求各部门要认真贯彻落实广电总局有关文件精神，深入开展经济自查工作。

## 六月

**6月1日** 台长赵化勇、副台长何宗就、总工程师丁文华等考察了音像资料馆工艺系统建设情况。

**6月2日** 《新闻联播》开始推出任长霞先进事迹报道，中共中央政治局委员、书记处书记、国务委员、公安部部长周永康委托专人致电中央电视台，对报道给予高度评价。同时，《焦点访谈》、《面对面》、《法治在线》等专栏也都以情感贯穿为主线，以不同形式展现了任长霞的英模风采和感人事迹。

**6月2日** 央视国际网络在全球4000万家互联网站中的综合排名上升至48位，在国家八大重点新闻网站中排名第一位。

**6月2～4日** 中央电视台总编室专题研究本台磁带清理工作。

**6月3日** 中央电视台《法治在线》栏目播出特别节目《霞映长空》，反映河南省登封市公安局局长任长霞生前的先进事迹，这是该栏目第一次作为中宣部指定栏目参与重大人物宣传。中宣部、公安部领导专门来电、来函称赞，这期节目鲜活生动，以细节打动人、感染人，起到了很好的宣传效果。全国各地公安部门统一组织当地民警收看了这期特别节目。

**6月4日** 人事办公室和广告经济信息中心举行了《经济与法》栏目制片人竞争上岗公开会。

**6月4～7日** 为贯彻落实李长春同志的指示精神，英语频道全天滚动播出4集系列节目《抚顺战犯管理所奇迹》，形成了日本人反省侵华战争，呼唤中日友好的外宣攻势。节目用事实说话，具有较强的冲击力和公信力。

**6月7日** 中直工委宣传部副部长、中直精神文明办副主任吴清彬同志和广电总局文明委有关负责同志到中央电视台与《焦点访谈》栏目组进行座谈，就即将举行的“中直机关职业道德研讨会”进行交流。

**6月7日** 中央电视台《新闻联播》推出“天津市和平区加强未成年人思想道德建设巡礼”系列报道。

**6月7～19日** 中央电视台驻法国记者站圆满报道曾培炎副总理访问法国、瑞士和克罗地亚三国。

**6月9日** 中央电视台新闻频道、第三、四、五、九套节目和技术部门密切配合，成功直播雅典奥运火炬传递活动。

**6月10日** 央视国际网络推出书画频道。

**6月11日** 台分党组召开会议，贯彻落实胡锦涛、温家宝、李长春、罗干等中央领导同志指示精神，认真学习任长霞同志的先进事迹，并结合本台工作进行了研究讨论，同时号召全台同志“学习任长霞 做好电视人”。

**6月11日** 奥运会远程网络节目制作系统日前建成并投入试运行。该系统以媒体资产管理为基础，利用最先进的网络技术，实现雅典奥运会前、后方素材资料共享和远程节目制作，提高了节目的时效性，为大型体育报道建立了一种全新的工作模式。

**6月11日** 中央电视台在梅地亚中心举行外宣工作座谈会，正式聘请外交部部长助理沈国放等40名资深外交官为中央电视台外宣顾问。

中央电视台拍摄音乐电视《龙船调》

**6月14日** 对《焦点访谈》近期报道高考舞弊事件，陈至立同志批示：河南省濮阳县三中高考舞弊案情节极其恶劣，要继续彻底查清案情，坚决依法严肃处理。感谢中央电视台《焦点访谈》栏目组对严肃考风考纪，维护人民群众利益，坚决惩治腐败方面作出的贡献。

**6月15日** 中央电视台召开“学习任长霞 做好电视人”专题报告会。

**6月15日** 由中央电视台海外节目中心、中共辽宁省委对外宣传办公室和辽宁电视台共同举办的《振兴辽宁老工业基地》全国电视易地采访活动在辽宁沈阳拉开序幕，中共辽宁省委书记闻世震、省长张文岳分别出席了开机仪式和记者招待会。海外节目中心摄制组和来自全国23家省市电视台的记者共同参加了这次大型联合采访活动。

**6月16日** 正在印度访问的全国人大常委会副委员长李铁映接见了参加中、印、缅三国倡导的“和平共处五项原则”50周年纪念活动的中央电视台“手拉手”艺术团。

**6月17日** 台分党组召开会议，传达学习广电总局广播影视体制改革试点工作座谈会精神。

**6月18日** 中共中央政治局委员、书记处书记、中宣部部长刘云山接受了中央电视台大型文献访谈纪录片《百年小平》摄制组的专访。

**6月18日** 中央电视台“2004年雅典奥运会特殊形式广告资源招标会”在梅地亚中心举行。

**6月20日** 在胡锦涛主席出访乌兹别克斯坦期间，《正大综艺·乌兹别克斯坦》专辑顺利播出。乌兹别克斯坦驻华大使馆打来电话表示感谢，对节目中有关乌兹别克斯坦的历史、文化、民俗、民风的精彩介绍表示满意和赞许，希望进一步加强两国的文化交流。

**6月20日** 国家食品药品监督管理局致信中央电视台，认为《每周质量报告》播出的《“无菌”医卫材料藏污纳垢》节目形式非常好，既曝光了不法分子，又树立了政府严厉打击制假贩假、维护百姓用药安全的良好形象。希望进一步加强与中央电视台合作，共同营造“健康秩序，健康生活”。

**6月20～29日** 中共中央政治局常委、国家副主席曾庆红对非洲四国进行正式访问，中央电视台随行记者在《新闻联播》中播发了新闻，并编辑制作了《中国医疗队——中非友谊的使者》节目，圆满完成了报道任务，得到了中央领导的表扬和肯定。

**6月20日～7月5日** 中共中央政治局常委李长春应邀率中国共产党代表团对哈萨克斯坦、乌克兰、希腊和法国进行了正式友好访问。中央电视台记者随团进行采访报道。李长春同志办公室和中联部有关领导对中央电视台的新闻报道工作表示满意。

**6月21日** 中央数字电视传媒有限公司与福建、云南、吉林、武汉、长沙、昆明、济南、杭州、南昌、苏州、宁波等19家有线电视接入网签署战略合作协议，共同推动中国数字付费电视的发展。

**6月22日** 中央电视台新闻节目中心创新报道形式，圆满完成国家主席胡锦涛对波兰、匈牙利、罗马尼亚和乌兹别克斯坦进行的国事访问，以及出席上海合作组织塔什干峰会报道任务，受到中央领导及中央办公厅和外交部的高度评价。

**6月22日** 由中国儿童少年基金会主办的《欢聚一堂》特别节目“第三届中国儿童慈善活动日”颁奖晚会在中央电视台一号演播厅举行。全国人大常委会副委员长、全国妇联主席、中国儿童基金会会长顾秀莲同志出席晚会，并代表全国妇联感谢中央电视台长期以来对妇女儿童事业的发展作出的贡献。

**6月23日** 中央电视台节目系统和技术系统联合召开了中央电视台节目生产管理系统规划汇报会。

**6月23～26日** 中央电视台全方位、多角度报道朝核问题第三轮六方会谈。

**6月27日** 《新闻联播》和《焦点访谈》同步推出《经典中国》系列报道。中宣部副部长李东生对《经典中国》的“上海篇”报道提出表扬。

**6月28日** 中文国际频道成功对世界瞩目的伊拉克政权交接仪式进行了及时直播报道，并邀请专家进行评述。

**6月28日** 世界品牌试验室和世界经济论坛联合发布2004年《中国500最具价值品牌》，中央电视台以608.51亿元的品牌价值名列第2位，仅次于以612.37亿荣膺冠军的海尔集团。这是第一次由世界顶尖品牌研究机构对中国品牌进行的全面科学的评估。

**6月30日** 人事办公室和青少节目中心举行了《大风车》栏目制片人竞聘上岗公开会。

## 七月

**7月1日** 中央电视台第一套节目黄金时间段播出“心连心”艺术团赴西柏坡慰问演出晚会《情系人民》，这是为庆祝中国共产党建党83周年和纪念中共七届二中全会召开55周年而举行的特别节目。中共河北省委书记白克明，中央电视台副台长胡恩、副总编张华山和当地群众一起观看了演出。

**7月1日** 中央电视台经营管理委员会正式成立，以加强对经营工作的统一领导和管理。

**7月1日** 西部频道与国家林业局联合举行“秦岭探访”出发仪式。

**7月4日** 赵化勇台长召集紧急会议传达曾庆红等中央领导同志参加全国科普日活动时的讲话精神，部署中央电视台近期科技宣传工作。

**7月4日** 由中央电视台主办的“第三届大学生机器人电视大赛”在北京航空航天大学体育馆圆满结束。全国人大常委会副委员长、中科院院长路甬祥专门为本届大赛发来贺信。

**7月6日** 根据中央领导同志关于进一步做好科普宣传工作的指示精神，经济频道推出系列科普宣传节目、科普信息。

**7月7日** 新闻频道、英语频道完成了报道第二十八届世界遗产大会的任务。

**7月8日** 中共中央政治局常委、中央纪委书记吴官正，中央书记处书记、中央纪委副书记何勇，中央纪委副书记夏赞忠，中央纪委副书记、监察部部长李至伦，中央宣传部副部长、广电总局局长徐光春，以及中央国家机关有关部门领导，在赵化勇等台领导的陪同下，在中央电视台一号演播厅观看了全国党内法规知识竞赛决赛。

**7月12日** 中央纪委副书记刘峰岩等领导同志审看了“全国党内法规知识竞赛暨颁奖晚会”的播出样带，对节目予以极高的赞许：这是一台精品节目，充分体现出中央电视台节目制作的高水平。他向剧组表示感谢。

**7月13～15日** 中央电视台2004年年中工作会议在顺义培训中心召开。广电总局徐光春局长出席会议并讲话，台领导以及来自全台各中心（室）和台属各单位的代表80余人出席了会议。赵化勇台长作了题为《统一思想 增强责任 深化改革 全面发展》的报告。

**7月14日** 新闻节目中心圆满完成对政协十届常委会第六次会议的报道。

**7月15日** 由公安部和中央电视台共同举办的首届“我最喜爱的十大人民警察”评选活动日前正式启动。《法治在线》栏目播出了候选人的先进事迹。

**7月16日** 全新改版的付费电视频道开始试验播出。

**7月17日** 中央电视台圆满完成2004年亚洲杯足球赛开幕式和揭幕战直播任务。同时为亚洲具有报道权的国家和地区提供了国际公共信号。

**7月17日** 中央电视台开始全程报道环青海湖自行车赛。

**7月19日** 中央电视台科教频道整合节目资源，推出暑期特别节目——38集大型历史题材系列片《中国史话》。

**7月21日** 中央电视台召开第二十八届奥运会电视报道动员会。

**7月22～23日** 2004年中央电视台经营工作会议召开。这是中央电视台建台以来第一次经营工作会议。张长明副台长主持会议。赵化勇台长作了题为《认清形势 调整思路 统筹规划 推进发展》的工作报告，分析了经营工作在中央电视台工作中的重要地位和作用，并指出了工作方针和工作要求。李晓明副台长、刘国良总会计师也分别作了《面向市场、整合资源、开创我台经营工作新局面》和《中央电视台财务成本状况简介》的报告。广电总局副局长、广电集团管委会常务副主任张海涛出席闭幕式并讲话。

**7月23日** 中央电视台技术系统组织举办了第一届媒体资源共享论坛。

**7月23日** 中央电视台《健康之路》"送医送药送知识内蒙行"宣传报道全面启动。这是由卫生部和中央电视台共同主办的"送医送药送知识下乡活动"，自1997年开始至今已连续举办的第九次。

**7月24日** 赵化勇台长主持会议，研究加强和改进舆论监督报道工作。赵化勇台长强调，一是要把好关、把好度、把好量；二是要进一步明确中央电视台舆论监督常态性栏目，充分体现栏目的定位和宗旨；三是要控制舆论监督常态性栏目的节目比例；四是要注重舆论监督的平衡性；五是要加强舆论监督的规范管理；六是要讲究报道的客观性和准确性；七是要加强对编辑记者的经常性教育；八是要加强舆论监督报道的管理。张长明、罗明、胡恩副台长也在会上讲话。

**7月24日** 中央电视台新闻频道推出特别节目《人大之窗》，配合宣传全国人大成立50周年。

**7月26日** 《中国电视报》推出全新改版。

**7月27日** 中共中央政治局委员、书记处书记、中组部部长贺国强接受中央电视台大型访谈纪录片《百年小平》摄制组专访。

**7月28日** 海外节目中心《欢聚一堂》栏目成功录制"全国青年文明号活动十周年文艺晚会"。团中央书记处常务书记赵勇对晚会给予了高度评价。

**7月29日** 由社教节目中心主办的全国电视教科文节目发展战略论坛在京隆重开幕。

**7月29日** 备受瞩目的第十一届全国青年歌手电视大奖赛顺利落下帷幕。中央电视台综艺频道连续直播了全部团体、个人决赛及"最受观众喜爱歌手"评选活动。平均收视率超过上届大奖赛收视率3倍，创下了历史新高。

**7月29日** 中央电视台2005年春节联欢晚会总导演招标会举行。

**7月30日** 中共中央政治局委员、中央书记处书记、中央宣传部部长刘云山在和赵化勇台长通话中，对中央电视台近期宣传工作给予充分肯定：近一段时间，中央电视台推出了宏观经济调控的系列新闻及新闻专题报道，整体宣传有声有色，组织得好，选题也好，宣传报道比较准确地体现了中央的精神，有相当的深度。希望继续努力，为我国经济工作营造良好的舆论环境。

**7月30日** 第一届中央电视台青年职工英语演讲大赛落下帷幕。本次大赛的演讲主题是"2008CCTV"。

## 八月

**8月1日** 中共中央政治局委员、中央书记处书记、中央宣传部部长刘云山再次肯定中央电视台近期的有关宣传报道，称赞中央电视台落实农村政策报道。刘云山同志在电话中对赵化勇台长说，近期，《共同关注》栏目有关河南、安徽、山东等地落实农村政策的报道不错，反映了农民的呼声。在很短时间内，《新闻联播》栏目也推出了相关连续报道，《焦点访谈》栏目也给予了关注，报道效果很好，给人以信心、给人以力量。同时，希望中央电视台在加强舆论监督方面，要继续高度重视，把好关、把好量、把好度，搞好平衡。

中央电视台记者在河北农村采访

**8月1日** 中央电视台《每周质量报告》栏目播出了中央电视台《记者调查——目击涪陵榨菜腌制新工艺》。节目播出后，重庆市委宣传部专门致信中央电视台，对本期节目所产生的积极影响表示感谢，感谢中央电视台关注重庆食品企业，并对记者求真务实的工作作风表示赞赏。

**8月1日** 为庆祝中国人民解放军建军77周年，新闻中心军事部近期制作播出相关新闻21条。

**8月2日** 中央电视台播音员、主持人业务委员会成立四周年之际，该委员会向全台播音员、主持人发出倡议，号召大家珍惜荣誉、谦虚谨慎、心系观众、爱岗敬业，塑造良好的公众形象，做德艺双馨的新闻工作者。

**8月3～4日** 中央文献研究室、广电总局理论文献片领导小组与中央电视台领导共同审看了文献纪录片《百年小平》。

**8月4日** 中共中央政治局委员、中央书记处书记、中宣部部长刘云山，在第30期中央电视台简报《中央电视台播音员、主持人业务指导委员会向全体播音员、主持人发出自律倡议》上批示：中央电视台主持人、播音员自律倡议反映了"三项学习教育活动"给中央电视台带来的新的风貌。倡议书实际上也是一份向社会的承诺和宣言。作为党的新闻工作者，作为社会公众人物，把德艺双馨作为追求和目标很有现实意义。中央电视台可在专栏节目中向外公布。

**8月4日** 中宣部副部长、广电总局局长徐光春在第30期中央电视台简报《中央电视台播音员、主持人发出自律倡议》上批示：《倡议书》很好。关键是要认真贯彻执行。请中央电视台按云山同志指示抓好落实，取得实效。《倡议书》可在媒体公开发表，以利监督。广电总局副局长胡占凡批示：请中央电视台向主要媒体发布此倡议书。赵化勇台长批示：要认真学习、传达、贯彻云山、光春部长的批示，要趁热打铁，保持长效，真正让"自律倡议书"的提议落到实处。

**8月4日** 赵化勇台长以及美国国家地理频道亚洲董事总经理白华乐（Ward Platt）出席了央视风云传播有限公司与美国国家地理频道战略合作协议的签约仪式。在签约仪式上，中央电视台副总编辑、中央数字电视传媒有限公司总裁孙玉胜和美国国家地理频道亚洲高级副总裁甘大伟（David Gunson）分别代表合作双方签署了协议。双方就国家地理为央视的数字付费电视《世界地理》频道提供节目，以及在海外市场销售中国纪录片等事宜达成了共识。

**8月5日** 台编外人员改革领导小组召开专门会议，研究中央电视台定岗、定编和定酬工作。副台长张长明主持会议，总会计师刘国良及财经办和人事办的有关同志参加会议。会议就如何调整编外人员工资标准、台聘职工科以下干部和专业技术人员的职务津贴标准及如何开展定岗、定编问题达成了共识。

**8月6日** 中央电视台召开2004年中央电视台电视剧产业发展研讨会。

**8月7日** 中央电视台全程直播第十三届亚洲杯决赛颁奖仪式和闭幕式，圆满完成了第十三届亚洲杯足球赛的全部32场比赛的转播任务。

**8月8日** 《新闻联播》在大型系列报道《经典中国》中推出18集《百年小平》。

**8月9日** 中宣部副部长、广电总局局长徐光春率总局影视动画工作领导小组来中央电视台调研动画产业发展情况。

**8月10日** 中央电视台正式播出《第一剧场》、《风云剧场》、《世界地理》、《风云音乐》、《风云奥运—1》和《风云奥运—2》6个数字付费电视频道。

**8月10日** 人事办公室、纪检组监察室、机关纪委和机关党委等部门联合召开干部监督工作联席会议。

**8月10～24日** 为"纪念邓小平同志诞辰100周年"，中央电视台《新闻联播》播出了《忆小平，忆父亲》、《小平像前留个影》、《一代伟人的军事韬略》、《怀念小平——文艺工作者心中一支永远的颂歌》以及《百位理论专家学者参观纪念邓小平同志诞辰100周年展览侧记》、《在特区展区忆邓小平》等新闻特写；《东方之子》推出"我眼中的邓小平"系列人物访谈节目；《面对面》栏目推出两集特别节目《小平往事》；《中国新闻》、《今日亚洲》、《今日话题》也制作了回顾邓小平同志光辉一生的专题。第一、四套和新闻频道现场直播了邓小平同志诞辰100周年纪念大会；第一、三套节目并机播出了纪念邓小平同志诞辰100周年大型文艺晚会《小平你好》；特别节目《春天的故事——纪念邓小平同志诞辰100周年大型交响音诗画》也在一套节目中播出。央视国际网络推出"纪念小平诞辰百年中英文专题"，以不同的视角生动再现小平同志的丰功伟绩和人格魄力。

中央电视台出动10讯道数字转播车直播邓小平百年诞辰纪念大会，图为工作人员在车内工作台前紧张操作。

**8月11日** 赵化勇台长在雅典拜会了国际奥委会主席罗格。罗格表示相信北京一定能办好奥运会，中央电视台也一定能报道好本届奥运会和北京2008年奥运会。

**8月11日** 中央电视台雅典奥运会前方报道团召开动员大会，赵化勇台长、张长明副台长作动员讲话。

**8月12日** 中共中央政治局常委、中央宣传思想工作领导小组组长李长春，就《中央电视台简报》第32期刊登《北美中国卫星电视平台筹备工作取得突破性进展》所反映的情况作出重要指示，赞成运用市场竞争机制推进此项事业。

**8月18日** 由台办公室主办的"邓小平与CCTV"专题展览在台史馆开展。

**8月19日** 国际奥委会主席罗格视察中央电视台前方奥运报道团。

**8月19日** 中央电视台音像资料馆举行2004年度电视节目初级编目国内公开招标、开标和评标活动。此次招标由总编室委托中化国际招标有限责任公司，就中央电视台新闻、体育、综艺、电视剧共10万小时节目初级编目项目首次进行国内公开招标。有3家编目公司参加了此次竞标。

**8月23日** 赵化勇台长代表台分党组和全台职工致函中央电视台奥运会前方报道团，表示亲切慰问和衷心感谢。

**8月24日** 2004年中国国际广播影视博览会开幕式音乐会在中央电视台一号演播厅成功举行。组委会主席徐光春出席活动并致开幕词。中央电视台第三套节目和音乐频道对音乐会进行了现场直播。

**8月25日** 中宣部副部长、广电总局局长徐光春视察第十三届中国国际广播影视博览会中央电视台展台，并对中央电视台近几年的数字化发展及技术创新给予了充分肯定。

**8月26日** 中共中央政治局常委、中央宣传思想工作领导小组组长李长春，中共中央政治局委员、书记处书记、中宣部部长刘云山，国务委员陈至立视察了第十三届中国国际广播影视博览会中央电视台展区和中数传媒展区，认真听取了中央电视台领导有关事业发展、技术创新、产业经营，以及付费频道节目发展等情况介绍；观看了通过卫星接收的试验播出的高清电视节目，并对中央电视台取得的成绩表示赞许。

**8月24日～9月1日** 全国政协主席贾庆林对韩国、奥地利、西班牙、葡萄牙四国进行了正式友好访问。中央电视台报道组的工作得到出访代表团各级领导的充分肯定。

**8月27日** 第二十四届全国电视剧"飞天奖"颁奖典礼在一号演播厅举行。广电总局领导徐光春、赵实、张海涛、胡占凡、雷元亮、田进、王莉莉等和台领导赵化勇、胡恩、张华山出席颁奖典礼。

**8月27日** 中央电视台台长赵化勇会见了美国艾柯斯达公司执行副总裁施威玛一行4人。

**8月27～29日** 由中央电视台主办、湖南电视台承办的"2004全国电视新闻年会"在湖南召开。会议在深化中央电视台与地方台合作方面达成了一系列的共识。

**8月28日** 中共中央政治局委员、中央书记处书记、中宣部部长刘云山在与赵化勇台长通话中，充分肯定了中央电视台近期奥运会报道工作。他指出，近一段时间，中央电视台的奥运会报道总体很好，振奋精神，鼓舞士气，极大地弘扬了民族精神和我国奥运健儿奋勇拼搏、为国争光的精神。在此，向为之付出辛勤劳动的中央电视台全体同志表示问候和感谢，并提出表扬！ 希望中央电视台精心策划，精心设计，精心组织，努力做好本届奥运会的后续报道工作，进一步鼓舞全国人民全面建设小康社会的干劲和信心。要充分展示我国体育健儿在奥运会上勇于拼搏、敢于奉献的精神，以及能够战胜任何困难的决心和勇气；充分体现只有在社会主义制度下，我国体育才能取得前所未有的优异成绩，才能实现奥运会上新的历史性突破，中国奥运健儿才能表现出团结协作、齐心协力，没有克服不了的困难的精神风貌。同时，围绕奥运会上我国体育健儿的出色表现和我国体育取得的辉煌成绩，还要邀请工人、农民、学生、战士等基层群众谈认识、说体会，从而再次推动全国掀起弘扬伟大民族精神的热潮。

**8月28日** 赵化勇台长会见第五届中外有线电视论坛部分境外嘉宾。赵化勇台长向客人介绍了中央电视台频道、节目及技术等方面的发展状况，并祝贺星光映佳集团创始人兼董事长谢诚刚先生成功举办此次论坛。

**8月28日** 大型电影纪录片《布达拉宫》荣获第十届中国电影优秀纪录片"华表奖"。《布达拉宫》由中央电视台新闻评论部和中视股份有限公司、珠海联邦制药有限公司共同摄制。1998年开机，历时五年拍摄完成。该片由《红山》、《红宫》、《白宫》、《生死》和《俗世》五部分组成，时长90分钟。

**8月28～30日** 中央电视台举办国家广电总局科技委电视专业委员会七届一次会议。广电总局科技委主任张海涛出席开幕式并讲话。会议还讨论并提出了有关推动发展高清晰度电视节目制作与播出的建议，并通过了有关文件。

**8月31日** 中央电视台直播奥运会闭幕式，圆满完成第二十八届奥运会报道任务。在历时19天的转播工作中，全台奥运节目的播出总量达到1474小时28分钟，是上届悉尼奥运会报道总量的2倍多。第一、二、五套节目和两个付费频道进行奥运赛事转播和新闻专题报道，第四、九套节目和新闻频道也对奥运会作了全程新闻报道。

## 九月

**9月2日** 为热烈欢迎参加第二十八届奥运会的中国体育代表团载誉归来，中华体育总会、中国奥委会和中央电视台，在中央电视台一号演播厅联合举行了《为中国喝彩——第二十八届奥林匹克运动会中国体育健儿胜利归来联欢晚会》。晚会于9月4日在第一、三、五套节目中播出，第四、九套国际频道适时向海外播出。

**9月2日** 中共中央政治局常委李长春在《中央电视台简报》第36期《中央电视台圆满完成雅典奥运会赛事阶段报道》上批示：奥运会的报道有气势、有创新，生动、活泼，有很强的感染力，是“三贴近”的成功实践。望不断总结，继续搞好大型活动的报道。另外，这种国际重大活动也是扩大四频道、九频道国际影响力的好时机，不知这两个频道抓住这次的机遇没有。国务委员陈至立和中宣部副部长、广电总局局长徐光春也先后在该简报上批示，表示感谢和祝贺。徐光春在批示上说，这次奥运报道，对中央电视台来说，也是一次实战演习，为我们搞好北京奥运创造了条件。希望通过总结，把宝贵的经验坚持下去，光大开来。

**9月5日** 由中央电视台社教中心文化专题部《探索·发现》栏目和凤凰卫视合作拍摄的百集纪录片《中国邻邦大扫描》在北京举行启程仪式。这是双方继《极地跨越》、《走进非洲》的成功合作之后的第三次合作。

**9月8日** 中央电视台召开奥运会宣传总结表彰暨奥运会后续报道动员大会。徐光春同志代表中宣部和广电总局对中央电视台奥运会报道取得的成绩表示衷心的感谢、真挚的问候和热烈的祝贺，并高度评价了中央电视台奥运会报道工作。徐光春同志指出，党中央正确的领导和指导是中央电视台取得奥运会报道成功的重要条件；中央电视台奥运会报道团无私奉献、顽强拼搏、为国争光的精神是奥运会报道成功的根本条件；广大人民群众对电视报道的热心关爱和热情支持是奥运会报道成功的必要条件。赵化勇台长高度概括总结了本届奥运会报道工作。

中央电视台记者在雅典奥运会报道

**9月9日** 赵化勇台长会见了马来西亚驻华大使阿布杜·坎先生、马来西亚成功集团中国区首席执行官陈永和及成功集团下属MITV节目总管孙安娜一行3人。大使表示十分关注中央电视台的节目，并见证了中央电视台的迅速发展。中央电视台的英语频道在马落地，许多无法亲自来中国的马来西亚人正是通过中央电视台的频道了解中国。同时，大使希望中央电视台能够与更多公司建立合作关系。赵化勇台长对此十分赞同，表示电视在增强两国人民相互了解方面的作用越来越大，中央电视台十分乐意与MITV合作，争取在该台10月开播时转播我台节目。

**9月10日** 第七届中国艺术节在杭州隆重开幕。中央电视台第三套节目成功直播开幕式晚会《撒满阳光的天堂》。

**9月11日** 中央电视台第五届职工田径运动会在北京丰台体育场隆重举行。

**9月13日** 中央电视台“心连心”艺术团赴内蒙古赤峰进行《吉祥草原》慰问演出。

**9月14日** 全国人大常委会副委员长、中央综治委预防青少年违法犯罪工作领导小组组长顾秀莲，共青团中央书记处书记、中央综治委预防青少年违法犯罪工作领导小组办公室主任杨岳，就预防未成年人违法犯罪问题接受新闻频道《法治在线》栏目专访，并对《法治在线》给予高度评价。顾秀莲副委员长充分肯定《法治在线》栏目制作的重大法治事件报道，特别是介绍预防未成年人违法犯罪成功经验的节目导向正确，普及法律，对提高未成年人法制意识起到了很好的宣传促进作用。顾秀莲副委员长为《法治在线》栏目题词：“把法制宣传做得更好。”

**9月14日** 正在访华的阿尔巴尼亚总理法托斯·纳诺，率阿文化、青年和体育部长，总理办公室主任，阿广播电视总局局长，阿驻华大使，阿总理外事顾问等一行来中央电视台参观访问，并与中宣部副部长、广电总局局长徐光春，副局长田进，中央电视台台长赵化勇和总局有关司局领导进行了座谈。副台长何宗就、李晓明参加了座谈。

**9月15日** 首都各界纪念全国人民代表大会成立50周年大会在人民大会堂隆重召开，中央电视台在CCTV-1、新闻频道进行了实况直播。

**9月15日** 由民政部、中央文明办、新闻出版总署和广电总局联合推出的"全国社区文明风采电视大赛"由《公益行动》栏目录制完成。民政部部长李学举对大赛给予高度评价，称赞中央电视台同志们的敬业精神和团队精神。

**9月15日** 张长明副台长接受了斯洛文尼亚国家广播电视台摄制组的采访。

**9月15日** 作为新闻频道"国庆55周年"宣传报道中的一大亮点，"CCTV—2004年度中国魅力城市展示"活动，开始在新闻频道陆续播出，32个提名魅力城市依次与观众见面。

**9月15～16日** 张长明副台长分别会见了由朝鲜广播电视委员会副委员会长杨时云率领的朝鲜广播电视委员会代表团和由朝鲜记者同盟中央委员会副委员长朱华日率领的朝鲜记者同盟代表团。

**9月16日** 第二十二届中国电视"金鹰奖"揭晓，文艺中心获得电视文艺类、电视剧类、电视广告类节目的7个奖项。北京科学教育电影制片厂摄制的电视纪录片《复活的军团》荣获长篇电视纪录片最佳作品奖。该片导演金铁木荣获长篇电视纪录片最佳编导奖。

**9月16～19日** 中国共产党第十六届中央委员会第四次全体会议在北京举行。胡锦涛当选中央军委主席。中央电视台精心组织、周密安排，圆满完成了对大会的报道任务。19日，《新闻联播》播出《胡锦涛、江泽民会见参加党的十六届四中全会的全体同志并发表重要讲话》，大量使用现场同期声，通篇贯穿热烈的掌声，收到了很好的收视效果，得到在场的中办、中宣部领导的高度肯定。

**9月17日** 国际认证机构联盟（IQNET）首次在中国召开国际认证联盟论坛和年会，向中国广播电影电视节目交易中心(中国国际电视总公司节目代理部)等10家企业，颁发了IQNET国际互认证书，这表明中国广播电影电视节目交易中心质量管理水平得到IQNET全球36个联盟成员国的互认，为开拓国际电视节目市场奠定了良好的基础。

中国广播电影电视节目交易中心参加美国电视节

**9月18日** 凌晨1:25（雅典时间9月17日8:30），第二十八届残奥会在雅典奥林匹克主体育场开幕，中央电视台体育频道全程直播了开幕式盛况，并于18日上午10:30重播。

**9月18日** 中共中央政治局常委李长春同志在《广电总局关于中央电视台开办"社会与法"频道的报告》上批示：请罗干同志阅示。9月20日，罗干同志批示：对中宣部、广电总局重视法制宣传、开办"社会与法"频道表示谢意。9月21日，中宣部副部长、广电总局局长徐光春要求抓紧筹办"社会与法"频道，确保按时播出。

**9月18日** 作为国庆55周年宣传报道的重头戏，中央电视台新闻频道牵头，全国31家省、市、自治区电视台联手打造的31集大型直播特别报道《精彩中国》，正式亮相新闻频道。

**9月19日** 由中华民族团结进步协会主办，海外节目中心《欢聚一堂》栏目协助拍摄的特别节目"中华一家亲——第三届海峡两岸各民族中秋联欢晚会"在北京会议中心成功录制。全国人大常委会副委员长热地、乌云其木格，国务委员唐家璇，全国政协副主席张克辉、阿不来提·阿不都热西提、李兆焯等领导出席了晚会。

**9月19日** 在第二十四届中国电影"金鸡奖"颁奖晚会上，由北京科学教育电影制片厂摄制的科教片《黑脸琵鹭》获得最佳科教片奖。

**9月21日** 中央电视台第一套节目和新闻频道成功直播了全国政协成立55周年庆祝大会。

**9月21日** 广电总局副局长田进考察了中央电视台西法语频道的筹备工作，视察了英语频道的新闻演播室和三楼主控机房，并审定了由央视风云传播有限公司制作的“长城卫星平台”宣传片。

**9月21日** 赵化勇台长会见了美国维亚康姆公司董事长雷石东先生一行。

**9月22日** 中央电视台新台址建设工程开工。中共中央政治局常委李长春，中共中央政治局委员、北京市委书记刘淇，中共中央政治局委员、书记处书记、中宣部部长刘云山，中宣部副部长、广电总局局长徐光春，北京市市长王岐山，国家发改委副主任张国宝，中国文联党组书记、副主席李树文以及财政部、海关总署等有关部委领导，广电总局副局长赵实，北京市委副书记龙新民，广电总局党组成员雷元亮、田进、赵化勇、李丹，广电总局、广电集团各司局和直属单位领导，中央电视台领导，荷兰驻华大使，中央电视台离退休老领导及职工代表共计800余人出席奠基仪式。在开工仪式上，徐光春同志说，中央电视台新台址建设工程开工不仅是中央电视台的一件大事，也是全国广电行业的一件大事。进入新世纪、新阶段，我国广电业特别是中央电视台肩负着新的历史使命，迫切需要有一个大的发展。中央电视台新台址建设，正是适应这一新形势、新要求、新机遇、新挑战、新任务，加快发展的重要举措，要确保工程质量，加强工程管理，同时以新台址工程建设为契机，全面推进各项工作，使节目质量、事业发展、管理水平、队伍建设都和硬件设施一样取得跨越式的进步。赵化勇台长在致辞中说，新台址工程的开工标志着中央电视台事业发展又掀开了崭新的一页。

**9月22日** 由中国记协主办的第六届范长江新闻奖、韬奋新闻奖、“全国百佳新闻工作者”评选揭晓，新闻节目中心副主任张宁、社教节目中心主任袁正明分别获得韬奋新闻奖和“全国百佳新闻工作者”称号。

**9月23日** 《新闻联播》推出国庆55周年大型系列报道《经典中国 · 辉煌的55年》。

**9月23日** 赵化勇台长主持召开台分党组会议，专题传达、学习十六届四中全会和全国宣传部长会议精神。

**9月25日** 《平安中国——我最喜爱的十大人民警察颁奖典礼》在中央电视台一号演播厅隆重举行，由观众投票选出的任长霞等十位优秀警察荣获本届“我最喜爱的十大人民警察”荣誉称号。

**9月26日** 中央电视台完成了连续14天的首届中国网球公开赛的国际信号制作和转播。美国、法国、泰国、欧洲体育等多个国家和电视组织购买了中央电视台的国际公用信号。

**9月26日** 中央电视台圆满完成了F1汽车大奖赛上海站电视转播任务，受到了广大电视媒体和世界一级方程式管理协会（FOM）的好评。这是首次在中国境内举办的F1赛事。

**9月27日** 赵化勇台长在梅地亚中心多功能厅设宴款待在中央电视台工作的外国专家，与他们共庆中秋佳节。

**9月28日** 第十四届中国新闻奖评选揭晓。《面对面》栏目制作的《钟南山：直面“非典”》夺得中国新闻奖电视专题类节目一等奖，《焦点访谈》栏目组制作的《追踪矿难瞒报真相》获得电视评论类节目二等奖。

**9月29日** 《聆听经典》首届CCTV朗诵艺术大赛颁奖晚会在中央电视台800平方米演播厅隆重举行。

## 十月

**10月1日** 中央电视台第三个国际频道——西法语频道正式开播，并举行简短的开播仪式。同日，中国长城卫星电视平台通过美国EchoStar直播卫星电视网正式在美国开播。

中央电视台西法语频道正式开播

**10月7日** 中共中央政治局常委李长春在《中央电视台简报》第40期“中央电视台西班牙语法语频道10月1日正式开播”情况简报上批示：光春并化勇同志：这是对外宣传工作的一件大事，值得祝贺。望不断总结，增强感染力，扩大收视率。

**10月7～21日** 中共中央政治局常委、中央纪委书记吴官正率中国共产党代表团访问斯里兰卡、马尔代夫、印度尼西亚、菲律宾等国，中央电视台圆满完成此次访问的新闻报道任务。

**10月8日** 文艺节目中心召开综艺频道改版开播会议。新改版的综艺频道将原有34个栏目减至22个，覆盖综艺、娱乐、资讯、益智、访谈和评论等诸多栏目类型，并针对目标受众需求对整体频道编排结构进行较大调整。

**10月12日** 国务院副总理回良玉出席农交会开幕式时说：中央电视台近期的新闻报道中，农交会的报道搞得不错，特别是第一套新闻中的报道力度大，希望再接再厉。农业部部长杜青林认为，中央电视台这样的主流媒体积极营造有利于农业、农村、农民经济发展的良好舆论环境，是对正处在关键时期的我国农业的最大支持。

**10月13日** 赵化勇台长会见了美国华纳兄弟娱乐公司董事长兼首席执行官巴利·梅尔先生（Barry Meyer）一行。副总编辑、中央数字电视传媒有限公司总经理孙玉胜等陪同会见。

**10月13日** 赵化勇台长会见日本东京广播公司（TBS）社长井上弘等一行。

**10月13日** 张长明副台长会见了美国新闻集团下属福克斯有线电视网执行副总裁林赛·嘉德先生（Lindsay Gardner）一行。

**10月13日** 何宗就副台长会见了日本日立麦克赛尔（MAXELL）公司社长赤井纪男等一行。

**10月15日** 《第三届海峡两岸知识大赛》圆满结束，中国政法大学队获一等奖。广电总局副局长田进、中央电视台副台长张长明、国台办新闻局副局长杨毅、台湾中天电视台总经理王克捷、中国和平统一促进会执行副秘书长王克斌等领导亲临现场观看比赛并为获奖队颁奖。

**10月15日** 在第十八届全国电视文艺“星光奖”评选中，中央电视台文艺节目中心获得综艺类、音乐歌舞类、曲杂戏剧类、专题类、栏目类、戏曲类、文学类、纪录片类、形象广告类、MTV类节目的63个奖项。北京未来广告公司4部作品获奖，《抗击非典·春天篇》荣获公益广告一等奖；中央新闻纪录电影制片厂电视节目纪录片《走近毛泽东》获电视纪录片一等奖和优秀撰稿奖。

**10月17日** 中央电视台西班牙语法语频道（CCTV-E&F）、中文国际频道（CCTV-4）和英文国际频道（CCTV-9）三个完整频道的节目正式进入古巴有线电视网，并通过这一网络在古巴首都哈瓦那等地的涉外酒店和公寓中播出。

**10月18日** 赵化勇台长会见了美国麦肯锡公司高级合伙人史蒂夫·哈斯克先生（Steve Hasker）一行。

**10月18日** 在农业部和国家广电总局联合举办的第九届全国农业电影电视“神农奖”评选中，新闻中心选送的电视新闻专题《城乡统筹看浙江》获得金奖，这也是本次8部金奖作品中唯一一部电视新闻作品。

**10月18～24日** 经济频道连续7天成功推出大型直播节目《梦想中国》，整个节目累计时长10小时。10月24日《梦想中国》总决赛平均收视率达到2.68%，创采用收视仪进行统计以来经济频道收视率新高。

**10月19日** 张长明副台长会见了萨摩亚通讯与信息技术部长帕卢萨卢·法阿波（Palusalue Faapo II）一行。总公司总裁李建等参加了会见。

**10月19日** 罗明副台长会见了应外交部邀请来华访问的非洲法语国家联合新闻团。

**10月20日** 中央电视台社教节目中心《挺进南极冰盖最高点》前方记者出发仪式隆重举行。赵化勇台长要求本次赴南极采访的记者“确保安全，圆满完成任务”，强调这次采访工作将是中央电视台电视宣传工作的又一次积极探索。社教节目中心、总编室负责同志分别向出征记者李亚玮、陈晓夏授予国旗、台标识，作为中央电视台到达南极冰盖最高点的见证物。10月25日，南极探险科考队在上海举行出发仪式，《挺进南极冰盖最高点》特别节目启播。

**10月20日** 为深入开展“三项学习教育活动”，提高电视工作者的职业精神和职业道德，中央电视台在1000平方米演播室举办了《感动CCTV》先进事迹电视报告会。

**10月21日** 中共中央政治局常委李长春在中宣部《新闻阅评》第655期“央视《精彩中国》系列报道令人耳目一新”一文上批示：“光春并化勇同志：经典中国、精彩中国、历史的见证，这几组系列报道都很好。”云南省省长徐荣凯称赞《精彩中国》为各地展示风采搭建了一个巨大的平台；上海、重庆、辽宁、河南等各地领导均对节目给予了高度评价。

**10月21日** 中宣部副部长、广电总局局长徐光春在《中央电视台简报》第44期“中央电视台‘中法文化年’宣传报道全面、丰富、立体”一文上批示：中央电视台“中法文化年”的宣传开局很好。希望总结经验，搞好后续的宣传。

**10月22日** 赵化勇台长与许强、高丽萍等新任职的10名干部进行座谈，要求新任职同志，一要强调政治意识。二要强调管理意识。三要强调业务意识。四要强调团结协作意识。五要强调廉政意识。

**10月22～24日** 中央电视台连续三天成功直播了《敦煌再发现》，这是中央电视台第一次通过电视屏幕对敦煌莫高窟进行全方位介绍。

**10月23日** 电视文献纪录片《董必武》座谈会举行。原全国政协副主席任建新、中共中央党史研究室主任孙英、中央电视台台长赵化勇，以及最高人民法院、中国法学会的有关领导和董必武的家属出席座谈会。电视文献纪录片《董必武》于10月12日至14日在中央电视台第一套节目中播出。

**10月25日** 张长明副台长会见了应中央电视台邀请率团访华的奥地利国家电视台（ORF）台长林德纳女士一行，总编室、新闻节目中心、海外节目中心、中国国际电视总公司、外事处、国际部等负责同志陪同会见。

**10月27日** 中共江西省委副书记、江西省人民政府常务副省长吴新雄致信赵化勇台长，对中央电视台大力宣传10月18日至24日在江西举行的第五届全国农运会表示感谢。

**10月28日** 张长明副台长召集会议，听取长城平台进展情况汇报。中国国际电视总公司总裁李建及海外节目中心联络部负责人出席会议。总公司驻美国子公司总经理吕春光汇报了长城平台开播后的进展情况。张长明副台长传达了10月9日李长春同志关于“要精心办好长城平台”的批示精神，并就落实李长春同志的批示提出要求：一、建立节目评估机制。二、加强宣传推广和客户服务。三、建立健全运营机制，加强管理。四、制定可持续发展战略。李建同志表示将根据汇报会的精神，迅速组织落实，推进长城平台健康发展。长城平台正式开播后客户增长迅速，不足一个月时间里，长城平台客户服务中心已接到近万个电话，推广速度大大超过预期。

美国洛杉矶北美长城电视平台开播仪式举行

**10月29日** 在第十三届“全国政协好新闻”颁奖仪式上，全国政协副主席王忠禹对中央电视台“庆祝政协成立55周年”报道提出表扬，并感谢中央电视台及其他新闻单位多年来对政协工作的支持。中央电视台《全国政协举行新年茶话会》和《与时俱进修章程 求真务实展宏图》分获电视消息类和电视专题类一等奖。

**10月29～11月8日** 中共中央政治局常委、全国人大常委会委员长吴邦国应邀对肯尼亚、津巴布韦、赞比亚和尼日利亚四国进行了正式友好访问。由中央电视台时政新闻部等部门组成的9人报道小组随行报道。

## 十一月

**11月1日** 赵化勇台长会见马来西亚新任新闻部长达图·斯里·阿都·卡迪·赛法兹先生率领的马来西亚私营传媒界成功华人代表团。

**11月2日** 赵化勇台长会见了日本索尼公司董事长兼集团CEO出井伸之等一行，台总工程师丁文华等参加会见。

**11月3日** 第五届CCTV模特电视大赛总决赛在京正式开赛。

**11月4日** “2004CCTV中国最具经济活力城市”颁奖典礼在京录制。徐光春同志为获奖城市颁奖，并对节目给予高度评价。颁奖典礼节目于11月6日在经济频道播出。

**11月4日** 赵化勇台长主持召开分党组扩大会议，传达学习中办发2004年第29号文件精神和中央领导同志讲话，中宣部、广电总局有关会议的指示精神。他要求：一是认真学习领会，统一思想认识。二是搞好宣传报道，确保导向正确。三是坚决贯彻落实，做好本职工作。

**11月4日** 广电总局主办的2003年度中国广播电视新闻奖“十佳栏目奖”评选揭晓，《焦点访谈》、《对话》和《实话实说》获得“十佳栏目奖”。

**11月4～5日** 由中央电视台主办、辽宁电视台承办的2004年全国省暨计划单列市电视台办公室主任会议在沈阳召开。

**11月6日** 中央电视台“心连心”艺术团在张家界国家森林公园隆重举行慰问演出。

**11月9日** “我和我的祖国——新中国外交55周年文艺晚会”在中央电视台一号演播大厅成功录制。

**11月9日** 张长明副台长会见了由韩国文化观光部副部长裴钟信率领的韩国文化观光部代表团。

**11月14～18日** 在中国电视艺术家协会和中国视协电视纪录片学术委员会主办的“第十届中国电视纪录片学术奖颁奖暨中外纪录片论坛”上，北京科学教育电影制片厂电视纪录片《复活的军团》、《狙击英雄》等5部作品获得9个奖项，成为本届学术奖获奖最多的单位。同时，科影厂荣获“第十届学术奖组织奖”，厂长薛继军被授予“特别成就奖”。中央新闻纪录电影制片厂摄制的大型文献纪录片《走近毛泽东》获长纪录片一等奖和长纪录片撰稿奖。

**11月15日** 李晓明副台长会见了AGB尼尔森媒介研究公司新任全球总裁阿尔伯托·克鲁西先生。

**11月15日** 中宣部新闻局电话传达了刘云山部长对《面对面》播出的节目《尼玛拉木：大山里的邮递员》的重要批示：《面对面》栏目11月14日播出的藏族邮递员尼玛拉木的事迹很感人，这样的节目要多做。

**11月16日** “第五届CCTV服装设计暨模特电视大赛”总决赛在京结束，来自广西南宁分赛区的郭思雅摘得桂冠。总决赛录像于12月上旬在经济频道播出。

中央电视台《探索·发现》节目组正在采访拍摄

**11月17日** 中共中央政治局委员、中宣部部长刘云山在中宣部《舆情摘报》第221期上，对中央电视台上报中宣部的信息——《中央电视台提出电视宣传坚持“三个服务”、做到“三个不能”》作出重要批示：中央电视台提出的“三个服务”、“三个不能”有很强的针对性，体现了作为国家电视台的责任意识、大局意识、政治意识。可登载《内部通报》。“三个服务”：服务于党的十六届四中全会精神的宣传贯彻落实，服务于经济建设中心，服务于社会稳定。“三个不能”：对老百姓不满意的问题不能火上浇油，对影响社会稳定的全局性问题不能推波助澜，对与党和政府的方针政策不协调的噪音、杂音不能提供传播渠道。

**11月17日** 中共中央政治局委员、中宣部部长刘云山在中央电视台《工作日报》第219期上，对中央电视台工作作出重要批示：化勇同志：今年以来中央（电视）台抓的几个专题性宣传影响很大，发挥了很好的作用。近日我到省里，大家对选送春节晚会节目积极性很高，可见动员各方、形成合力是办好节目很重要的经验。春节晚会一定要体现“大联欢”的精神，有新的突破。“大”就是要放眼全国、服务大局，风格要大气大方，要体现大团圆；“联”就是要发挥和调动各方面的积极性，联合作战，上下左右共同参与，包括群众参与；“欢”就是要营造欢乐和谐、高高兴兴、太平盛世、安居乐业的氛围。

**11月17～19日** 在2004年电视包装作品评选颁奖暨频道专业化经营与包装国际研讨会上，中央电视台形象宣传片《高远篇》，《今日说法》栏目形象宣传片《秋菊篇》，《动画城》栏目形象宣传片《打开篇》，体育频道整体包装片、《央视论坛》“透过现象说本质”广告语，《讲述》栏目《末路亲情》预告片等获奖。

**11月18日** 中央电视台2005年黄金段位广告招标圆满结束，达到52.4815亿元，比去年增长19%。本次招标有四个突出特点：一是外资企业中标额巨额增长；二是国字头企业参与投标的数量增加；三是地区客户增长；四是中标企业类型多样，既有传统企业，也有新兴行业。

**11月21日** 在“世界电视日”，赵化勇台长应邀在“21世纪广电传媒高峰论坛”上作了《CCTV产业经营发展探索》的主题演讲，并和与会中外嘉宾及代表进行了广泛交流。赵化勇台长在演讲中指出，中央电视台产业经营发展概括为：品牌价值形成产业经营基础，内容优势构建产业经营支柱，创新合作推动产业持续发展。

**11月22日** 胡恩副台长会见了新加坡新传媒制作总裁章能容先生一行。文艺节目中心主任朱彤等陪同会见。

**11月22日** 由中央电视台和清华大学主办的“中国广播影视数字版权管理技术论坛”在京开幕。

**11月23日** 台长赵化勇、副台长罗明会见了传立媒体总裁普罗科特先生一行。

**11月23日** 张长明副台长会见了法国陈氏公司总经理陈克光一行。

**11月24日** 台长赵化勇、副台长李晓明会见了花旗集团执行董事库恩博士、花旗银行中国投资银行主席孙纬女士一行。中国国际电视总公司总裁李建会见时在座。

**11月24日** 广电总局在中央电视台召开新台址建设领导小组会议。中宣部副部长、广电总局局长徐光春，广电总局副局长张海涛，中纪委驻广电总局纪检组组长王莉莉，台长赵化勇和总局“中央电视台新台址建设工程领导小组”成员、中央电视台“新台址工程业主委员会”和“新台址建设工程业主委员会监督组”成员出席会议。徐光春同志指出，中央电视台新台址建设工程开局很好，要按照李长春同志“确保工程质量、切实加强管理”的指示，进一步搞好新台址工程，总局要加强对工程的领导和管理。

**11月25日** 全国人大副委员长李铁映来到中央电视台，在赵化勇台长、张长明副台长的陪同下审看大型电影纪录片《中华文明》第五集至第八集。李铁映同志对节目给予充分肯定和热情鼓励，同时提出了非常中肯的意见。

**11月26日** 为配合即将召开的中央经济工作会议，《经济半小时》栏目开始播出特别制作的系列节目《2004中国经验》。

**11月29日** 中共中央政治局委员、中央书记处书记、中央宣传部部长刘云山就经济频道推出的大型系列报道《2004中国经验》作出批示：“元旦前后集中宣传一年来的成就很有必要，最好31个省市都发一篇。当然要抓住特点，选好角度。”

**11月29日** 为配合即将召开的中央经济工作会议，经济频道与《经济日报》联合全国10多家主流经济媒体共同推出的《记者见证——2004中国经济》系列报道开始播出。

## 十二月

**12月1日** 台长赵化勇、副台长李晓明、分党组纪检组组长张海鸽、总会计师刘国良到中国国际电视总公司调研。赵化勇台长说，面对未来媒体的竞争，总公司要做到：一、明确骨干企业；二、制定发展规划；三、统筹整合资源；四、强化成本意识；五、提高管理能力。

**12月1日** 张长明副台长会见哥伦比亚驻华大使吉列尔莫·里卡多·佩雷斯先生一行。

**12月1日** 孙冰川副总编辑会见美国广播理事会理事爱德华·考夫曼一行。

**12月2日** 分党组纪检组组长张海鸽会见了日本广播协会监事西尾胜先生一行，

**12月3日** 台工会联合会召开第二届会员代表大会，来自全台26个基层工会的118位代表和特邀代表参加会议。大会选举产生了第二届工会联合会委员会委员和经费审查委员会委员。任海当选为第二届工会委员会主席，马静为副主席；高祥林当选为第二届经费审查委员会主任。

**12月3日** 罗明副台长会见由俄罗斯国际文传电讯社、塔斯社、俄罗斯中心电视台和灯塔广播电台代表组成的俄罗斯主流媒体代表团。

**12月3日** 2004年中央电视台书画展在中华世纪坛开幕。

中央电视台记者与中国南极科考队一起到达南极冰盖最高点。

**12月5日** 中国电视剧制作中心摄制的29集电视剧《记忆的证明》在中央电视台一套黄金时间播出，得到有关专家和观众的一致好评。重大革命和历史题材影视创作领导小组副组长李准在《人民日报》撰文认为，《记忆的证明》是一部“凝重、犀利、黄钟大吕式的新锐力作”，是对“中国人民在抗日战争期间的历史记忆所做的一次新发现，是以审美方式呈现的历史对现实的激情叩问，疼痛对忘却的有力撞击”。

**12月7日** 何宗就副台长会见了加拿大米瑞达公司（MTRANDA）产品事业部执行总裁米歇尔·普瑞克斯先生一行。

**12月8日** 李晓明副台长会见来北京参加第三届中日业务协作会议的日本NHK 21世纪企业公司总经理板谷骏一一行。

**12月8～9日** 中国共产党中央电视台第七次代表大会召开。在第七届机关党委和第六届机关纪委第一次全体会议上，张长明同志当选为第七届机关党委书记，郭秀英同志为副书记；郭秀英同志当选为第六届机关纪委书记，赵玉东同志为副书记。

**12月13日** 为庆祝“春蕾计划”实施15周年，中央电视台青少节目中心与中国儿童少年基金会联合推出并录制完成专题晚会《春蕾绽放》。“春蕾计划”是专门救助失学女童，并让她们重返校园的计划。

**12月21日** 中央电视台圆满完成庆祝澳门回归五周年的各项报道任务，受到中办、国新办、港澳办、澳门特区政府新闻局等高度评价和称赞。12月19日上午和20日上午，第一套节目与新闻频道并机分别现场直播了胡锦涛主席抵达澳门机场欢迎仪式以及在澳门文化中心举行的澳门回归五周年庆典暨第二届特区政府宣誓就职仪式，并充分报道了胡锦涛主席在澳门期间的19场活动。国际频道《欢聚一堂》与澳门普通话联谊会联合制作推出的特别节目《情满濠江——澳门普通话大赛颁奖晚会》，引起海内外观众强烈反响。

中央电视台在澳门机场现场直播胡锦涛主席抵达澳门

**12月21日** 全国人大常委会副委员长、全国妇联主席顾秀莲参加了中央电视台少儿频道周年联欢活动——《感动未来》节目录制。节目录像于少儿频道开播周年12月28日播出。

**12月21日** 胡恩副台长会见了法国总统技术顾问瓦蕾丽女士一行。双方就法方希望派遣法国艺术家参加2005年春节晚会演出事宜进行了商谈。

**12月21日** 第三届国家期刊奖评选结果揭晓，中央电视台主办的《电视研究》杂志荣获国家百种重点期刊奖。

**12月22日** 中国共产主义青年团中央电视台第十次代表大会在梅地亚电视中心召开。会后，第十届团委召开第一次全体委员会议，选举产生了第十届团委会书记、副书记和常委。

**12月24日** 中央电视台直11型中继航拍直升机自2002年8月交付使用已累计安全飞行571小时，起落架次838次，先后完成了长江三峡导流明渠截流、第五届城市运动会开幕式及文艺晚会、敦煌莫高窟再发现等30多场航拍和直播任务。

**12月26日** 印度尼西亚苏门答腊岛附近海域发生8.7级强烈地震，中央电视台中文国际频道在当天中午12点05分《中国新闻》中第一时间对外播出了印尼地震的有关新闻。12月27日零点新闻中心头条播发了《胡锦涛主席就印尼等国遭受地震和海啸灾难致电慰问》的重要新闻。

**12月28日** 中央电视台“社会与法”频道正式开播。“社会与法”频道以“公民、公正、公益”为核心理念，每天播出20小时，开设《中国法治报道》、《大家看法》、《道德观察》、《第一线》、《忏悔录》、《天网》、《心理访谈》等15个栏目，旨在宣传“依法治国”、“以德治国”方略，促进和谐社会发展，构筑沟通共享的新平台。

**12月28日** “CCTV2004中国经济年度人物”评选揭晓。全国人大副委员长成思危为获得2004中国经济年度人物奖和年度大奖的国家审计署审计长李金华颁奖。

**12月29日** 人事办公室、青少节目中心和中视汇才文化发展有限公司（原中视劳务派遣有限公司）联合举行了青少节目中心动画部编外人员公司化管理签约仪式。这是中央电视台最后一批纳入公司化管理的编外人员，标志着全台编外人员公司化管理改革工作顺利结束。至此，全台4500名编外人员顺利实现了公司化管理，1184名借用和退休人员签订了劳务协议。

中央电视台技术中心临时工作人员正在与派遣公司签约

**12月30日** 全国政协副主席、致公党中央主席罗豪才通过秘书转达了他对中央电视台开办“社会与法”频道的评价：“弘扬法治精神，构建和谐社会”不仅是政府的责任，也需要公民的广泛参与。电视作为强势媒体，更应该为弘扬法治精神做出更大贡献。从这个意义上讲，中央电视台开办“社会与法”频道，有着非常重要的意义，回应了时代的需要和人民的意愿，相信会越办越好。

**12月30日** 中央电视台首次联合31个省台以中国电视新闻界整体面貌推出的年终特别节目——“2004中国电视国内国际十大新闻评选揭晓特别节目”录制完成，在新闻频道和全国省级电视台播出。

**12月31日** 中央电视台紧急传达了外交部、外宣办通知精神，由于印度洋海啸给东南亚和南亚国家造成重大人员伤亡和财产损失，近期中央电视台中文、英文、西法语国际频道的对外宣传将压缩娱乐类节目，不过分渲染元旦节日气氛。

（中央电视台办公室秘书处提供）

中央电视台新台址（效果图）

2005

CHINA
CENTRAL TELEVISION
YEARBOOK

中国中央电视台
年 鉴

# F U L U

# 附　录

# 附 录

## 2004年中央电视台广告价目表

### CCTV-1 广告价目表

2004年1月1日起执行(单位：RMB/元)

| 时段及栏目 | 广告价格 | | | | | | |
|---|---|---|---|---|---|---|---|
| | 播出时间 | 5秒 | 10秒 | 15秒 | 20秒 | 25秒 | 30秒 |
| 走遍中国前 | 06：22 | 6，900 | 10，000 | 13，000 | 18，000 | 21，000 | 23，000 |
| 黄金热播贴片一 | 09：25 | 14，000 | 21，000 | 26，000 | 35，000 | 42，000 | 47，000 |
| 黄金热播集间 | 10：14 | 12，900 | 18，000 | 22，000 | 30，000 | 35，000 | 40，000 |
| 黄金热播贴片二 | 10：16 | 14，000 | 21，000 | 26，000 | 35，000 | 42，000 | 47，000 |
| 新闻30分前 | 11：55 | 18，000 | 26，000 | 33，000 | 45，000 | 53，000 | 59，000 |
| 今日说法后 | 12：57 | 18，000 | 26，000 | 33，000 | 45，000 | 53，000 | 59，000 |
| 午后长片贴片一 | 13：02 | 14，000 | 21，000 | 26，000 | 35，000 | 42，000 | 47，000 |
| 午后长片集间 | 13：52 | 12，000 | 18，000 | 22，000 | 30，000 | 35，000 | 40，000 |
| 午后长片贴片二 | 14：01 | 14，000 | 21，000 | 26，000 | 35，000 | 42，000 | 47，000 |
| 少儿节目 | 18：05 | 12，000 | 18，000 | 22，000 | 30，000 | 35，000 | 40，000 |
| 榜上有名 | 18：49 | 25，000 | 37，000 | 46，000 | 63，000 | 74，000 | 83，000 |
| 收视指南-A | 18：56 | 33，000 | | | | | |
| 标前广告 | 18：58 | 58，000 | 86，000 | 108，000 | 147，000 | 173，000 | 195，000 |
| 焦点访谈后 | 19：53 | 59，000 | 88，000 | 110，000 | 150，000 | 176，000 | 198，000 |
| 收视指南-11 | 19：56 | 59，000 | | | | | |
| 黄金晚八点 | 20：00 | 53，000 | 80，000 | 100，000 | 136，000 | 160，000 | 180，000 |
| 电视剧贴片一 | 20：01 | 52，000 | 78，000 | 98，000 | 133，000 | 157，000 | 176，000 |
| 名不虚传(电视剧集间) | 20：49 | 44，000 | 66，000 | 82，000 | 112，000 | 131，000 | 148，000 |
| 电视剧贴片二 | 20：51 | 52，000 | 78，000 | 98，000 | 133，000 | 157，000 | 176，000 |
| 电视剧后 | 21：40 | 38，000 | 58，000 | 72，000 | 98，000 | 115，000 | 130，000 |
| 收视指南-12 | 21：48 | 38，000 | | | | | |
| 收视指南-13 | 21：54 | 27，000 | | | | | |
| 名牌时间 | 21：55 | 27，000 | 41，000 | 51，000 | 69，000， | 82，000 | 92，000 |
| 国内报道后 | 22：10 | 32，000 | 48，000 | 60，000 | 82，000 | 96，000 | 108，000 |
| 国际报道后 | 22：20 | 32，000 | 48，000 | 60，000 | 82，000 | 96，000 | 108，000 |
| 晚间新闻报道 | 22：30 | 27，000 | 40，000 | 50，000 | 68，000 | 80，000 | 90，000 |
| 精品栏目中(周一、周二) | | 31，000 | 46，000 | 58，000 | 79，000 | 93，000 | 104，000 |
| 精品栏目中(周三、周四) | | 32，000 | 48，000 | 60，000 | 82，000 | 96，000 | 108，000 |
| 精品栏目中(周五～日) | | 33，000 | 50，000 | 62，000 | 84，000 | 99，000 | 112，000 |
| 见证前 | 23：20 | 19，000 | 29，000 | 36，000 | 49，000 | 58，000 | 65，000 |
| 午夜精选贴片一 | 00：20 | 18，000 | 26，000 | 33，000 | 45，000 | 53，000 | 59，000 |

# CCTV 新闻频道广告价目表

2004 年 1 月 1 日起执行(单位:RMB/ 元)

| 白天栏目 | 播出时间 | 广告价格 | | | | | |
|---|---|---|---|---|---|---|---|
| | | 5秒 | 10秒 | 15秒 | 20秒 | 25秒 | 30秒 |
| 法治在线 | 首播：周一～周六11:30<br>重播：周一～周六17:30 | 8,900 | 11,000 | 14,000 | 19,000 | 23,000 | 25,000 |
| 共同关注 | 首播：周一～周六12:30<br>重播：次日02:10 | 10,000 | 13,000 | 16,000 | 22,000 | 26,000 | 29,000 |
| 每周质量报告 | 首播：周日12:30<br>重播：17:30、次日02:10 | 10,000 | 13,000 | 16,000 | 22,000 | 26,000 | 29,000 |
| 国际时讯 | 首播：18:10<br>重播：次日01:35 | 10,000 | 13,000 | 16,000 | 22,000 | 26,000 | 29,000 |

| 平日晚间栏目 | 播出时间 | 广告价格 | | | | | |
|---|---|---|---|---|---|---|---|
| | | 5秒 | 10秒 | 15秒 | 20秒 | 25秒 | 30秒 |
| 新闻会客厅 | 首播：周一～周五20:30<br>重播：次日04:10、10:30 | 17,000 | 21,000 | 26,000 | 35,000 | 42,000 | 47,000 |
| 今天 | 首播：周一～周五21:00 | 18,000 | 23,000 | 28,000 | 38,000 | 45,000 | 51,000 |
| 国际观察 | 首播：周一～周五21:30<br>重播：次日01:10 | 16,000 | 20,000 | 25,000 | 34,000 | 40,000 | 45,000 |
| 央视论坛 | 首播：周一～周五22:30<br>重播：次日02:35、8:30 | 14,000 | 17,000 | 21,000 | 29,000 | 34,000 | 38,000 |
| 社会记录 | 首播：周一～周六23:40<br>重播：次日04:40、15:30 | 10,000 | 13,000 | 16,000 | 22,000 | 26,000 | 19,000 |

| 周末晚间栏目 | 播出时间 | 广告价格 | | | | | |
|---|---|---|---|---|---|---|---|
| | | 5秒 | 10秒 | 15秒 | 20秒 | 25秒 | 30秒 |
| 面对面 | 首播：周六、日20:30<br>重播：次日04:10、10:30 | 22,000 | 28,000 | 35,000 | 48,000 | 56,000 | 63,000 |
| 中国周刊 | 首播：周六21:10<br>重播：次日01:10 | 20,000 | 25,000 | 31,000 | 42,000 | 50,000 | 56,000 |
| 世界周刊 | 首播：周日21:10<br>重播：次日01:10 | 20,000 | 25,000 | 31,000 | 42,000 | 50,000 | 56,000 |
| 小崔说事 | 首播：周六22:30<br>重播：次日02:35、18:30 | 17,000 | 21,000 | 26,000 | 35,000 | 42,000 | 47,000 |
| 声音 | 首播：周日22:30<br>重播：次日02:35、08:30 | 14,000 | 17,000 | 21,000 | 29,000 | 34,000 | 38,000 |
| 纪事 | 首播：周日23：24<br>重播：次日04：40、15：30 | 10,000 | 13,000 | 16,000 | 22,000 | 26,000 | 29,000 |

注：新闻频道的广告最小签约单位为一周，按周换版。

# CCTV-2 广告价目表

2004年1月1日起执行(单位：RMB/元)

| 时段及栏目 | 广告价格 | | | | | | 备　　注 |
|---|---|---|---|---|---|---|---|
| | 5秒 | 10秒 | 15秒 | 20秒 | 25秒 | 30秒 | |
| 非常6+1 | 20,000 | 30,000 | 37,000 | 50,000 | 59,000 | 60,000 | 首播：周日19:40，<br>重播：周六15:20，周日8:00，周四23:30 |
| 绝对挑战 | 14,000 | 21,000 | 27,000 | 37,000 | 43,000 | 49,000 | 首播：周六20:00<br>重播：周六14:20，周日18:00，周一23:30 |
| 鉴宝 | 11,700 | 17,600 | 22,000 | 30,000 | 35,000 | 39,000 | 首播：周六18:00<br>重播：周六10:00，周三23:30 |
| 第一时间 | 3,600 | 5,500 | 6,800 | 9,200 | 10,800 | 12,000 | 首播:周一至周五07:00<br>重播:周一至周五08:00 |
| 全球资讯榜 | 4,800 | 7,200 | 9,000 | 12,200 | 14,400 | 16,000 | 首播:周一至周日12:00<br>重播:周一至周日16:40 |
| 经济信息联播 | 11,200 | 16,800 | 21,000 | 28,500 | 33,000 | 37,000 | 首播:周至周日21:00<br>重播：周一至同三0:30，周四0:50，<br>周五0:30，周六0:50，周日0:00 |
| 中国财经报道 | 11,000 | 16,000 | 20,000 | 27,000 | 32,000 | 36,000 | 首播:周一至周四22:05 周五23:10<br>重播:周一至周五14:35 |
| 生活 | 11,200 | 16,800 | 21,000 | 28,500 | 33,000 | 37,000 | 首播:周一至周五20:00 周六19:25<br>重播：周一至周五10:26 周六、日09:30 |
| 经济半小时 | 12,000 | 18,000 | 22,000 | 30,000 | 35,000 | 39,500 | 首播：周一至周日21:30<br>重播：周一至周日12:35，周一至周三1:00，<br>周四1:20，周五1:00，周六0:20，周日0:30 |
| 地球故事 | 6,400 | 9,600 | 12,000 | 17,000 | 20,000 | 22,000 | 首播:周一至周四23:00,周五00:05<br>重播:周一至周五09:40 |
| 开心辞典 | 18,000 | 27,000 | 34,000 | 46,000 | 54,000 | 61,000 | 首播:周五22:05<br>重播:周六11:00,周日07:00 |
| 对话 | 15,200 | 22,800 | 28,500 | 38,800 | 45,500 | 51,000 | 首播:周日22:05<br>重播:周六08:00，周日10:00,周二23:30 |
| 幸运52 | 18,000 | 27,000 | 34,000 | 46,000 | 54,000 | 61,000 | 首播:周日22:05<br>重播:周六07:00，周六11:00 |
| 前沿 | 11,200 | 16,800 | 21,000 | 28,500 | 33,000 | 37,000 | 首播:周一至周五19:35，周六、日19:00<br>重播:周一至周五14:10,周六09:05,周日23:10 |
| 中国证券 | 9,600 | 14,500 | 18,000 | 25,000 | 28,800 | 32,000 | 首播:周一至周四09:10、17:20、22:25，<br>周五9:10、17:00、23:35 重播:周一至周五01:30 |
| 中国证券白天 | 3,600 | 5,500 | 6,800 | 9,200 | 10,800 | 12,000 | 首播:周一至周五09:10、17:20 |
| 中国证券晚间 | 8,000 | 12,000 | 15,000 | 20,000 | 24,000 | 26,000 | 首播:周一至周四22:25,周五23:35<br>重播:周一至周五01:30 |
| 经济与法 | 12,000 | 18,000 | 22,000 | 30,000 | 35,000 | 39,500 | 首播：周一至周五20:30,周六23,10重播:周一<br>至周日13:40,周一至周五16:10周六、日06:00 |

续表

| 时段及栏目 | 广告价格 | | | | | | 备　注 |
|---|---|---|---|---|---|---|---|
| | 5秒 | 10秒 | 15秒 | 20秒 | 25秒 | 30秒 | |
| 艺术品投资 | 4,400 | 6,600 | 8,300 | 11,000 | 13,000 | 15,000 | 首播:周一至周五18:00重播:周一至周五10:00 |
| 金土地 | 8,000 | 12,000 | 15,000 | 20,000 | 24,000 | 26,000 | 首播:周一至周五19:10重播:周一至周五15:00 |
| 欢乐家庭 | 6,700 | 10,000 | 12,600 | 17,800 | 21,000 | 23,000 | 首播:周六、周日17:30重播:周六、周日6:30 |
| 为您服务 | 6,400 | 9,600 | 12,000 | 17,000 | 20,000 | 22,000 | 首播:周一至周五18:20重播:周一至周五15:20 |
| 健康之路 | 5,500 | 8,200 | 10,300 | 14,000 | 16,500 | 18,500 | 首播:周一至周五11:00重播:周一至周五6:00 |
| A | 11:000 | 16,000 | 20,000 | 27,000 | 32,000 | 36,000 | 周一至周五19:30 |
| B | 11,000 | 16,000 | 20,000 | 27,000 | 32,000 | 36,000 | 周一至周四22:00 |
| C | 6,400 | 9,600 | 12,000 | 17,000 | 20,000 | 22,000 | 周一至周四22:55 |
| D | 6,400 | 9,600 | 12,000 | 17,000 | 20,000 | 22,000 | 周一至周四23:20,周五23:30周六23:40,周日23:50 |
| 周末精品节目前 | 18,000 | 27,000 | 34,000 | 46,000 | 54,000 | 61,000 | 周五、周六、周日22:00 |
| 周末精品节目后 | 15,200 | 22,800 | 28,500 | 38,800 | 45,500 | 51,000 | 周五、周六、周日23:05 |
| 频道导视-幸运套装 | 180000/周　270000/周　337500/周<br>每日滚动播出，每周78次左右 | | | | | | 幸运52/生活/中国财经报道/欢乐家庭/金土地/地球故事/为您服务/前沿/绝对挑战 片后播出 |
| 频道导视-经济套装 | 180000/周　270000/周　337500/周<br>每日滚动播出，每周82次左右 | | | | | | 经济半小时/开心辞典/中国证券/对话/非常6+1/鉴宝/劳动就业/经济与法/艺术品投资 片后播出 |

## CCTV-3 广告价目表

2004年1月1日起执行(单位：RMB/元)

| 广告时段 | 播出时间 | 时长 | 5秒 | 10秒 | 15秒 | 30秒 | 备注 |
|---|---|---|---|---|---|---|---|
| 广告1 | 周一至周日　6:30 | 3分 | 3,200 | 4,800 | 6,000 | 10,800 | 招标套售 |
| 广告3 | 周一至周日　7:21 | 3分 | 5,900 | 8,800 | 11,000 | 19,800 | 正常 |
| 广告4 | 周一至周日　8:03 | 5分 | 5,900 | 8,800 | 11,000 | 19,800 | 招标套售 |
| 广告5 | 周一至周五、周日10:02 周六9:51 | 3分 | 5,900 | 8,800 | 11,000 | 19,800 | 招标套售 |
| 广告6 | 周一至周日　11:14 | 3分 | 7,500 | 11,000 | 14,000 | 25,000 | 招标套售 |
| 广告7 | 周一至周日　11:30 | 5分 | | | 企业MTV展播 | 上年价格 | 承包 |
| 广告8 | 周一至周日　13:27 | 3分 | 7,500 | 11,000 | 14,000 | 25,000 | 招标套售 |
| 广告9 | 周一至周五、周日14:40 周六15:25 | 3分 | 5,900 | 8,800 | 11,000 | 19,800 | 正常 |
| 广告10 | 周一至周日　17:51 | 3分 | 7,500 | 11,000 | 14,000 | 25,000 | 正常 |
| 广告11 | 周一至周日　19:00 | 3分 | 9,600 | 14,400 | 18,000 | 32,000 | 招标套售 |
| 广告12 | 周一至周日　19:25 | 2分30秒 | | | 英迈 | 上年价格 | 承包 |
| 广告13 | 周一至周四，周六21:58 周五、日22:11 | 2分30秒 | | | 英迈 | 上年价格 | 承包 |
| 广告14 | 周一至周日　23:17 | 3分 | 7,500 | 11,000 | 14,000 | 25,000 | 招标套售 |
| 广告15 | 周一至周日　23:40 | 5分 | | | 企业MTV展播 | 上年价格 | 承包 |
| 广告16 | 周一至周日　0:05 | 2分 | 5,900 | 8,800 | 11,000 | 19,800 | 招标套售 |
| 广告17 | 周一至周日　0:37 | 5分 | | | 企业MTV展播 | 上年价格 | 承包 |

# CCTV-4 广告价目表

2004年1月1日起执行(单位：RMB/元)

| 时 段 | 播 出 时 间 | 广 告 价 格 | | | |
|---|---|---|---|---|---|
| | | 5秒 | 10秒 | 15秒 | 30秒 |
| 广告1 | 周一至周日5:00 | 3,200 | 4,800 | 6,000 | 10,800 |
| 广告2 | 周一至周日5:55 | 3,200 | 4,800 | 6,000 | 10,800 |
| 广告3 | 周一至周日7:55 | 4,300 | 6,400 | 8,000 | 14,400 |
| 广告4 | 周一至周六10:55周日09:45 | 4,300 | 6,400 | 8,000 | 14,400 |
| 广告5 | 周一至周日13:00 | 6,400 | 9,600 | 12,000 | 21,600 |
| 广告6 | 周一至周日13:55 | 5,400 | 8,000 | 10,000 | 18,000 |
| 广告7 | 周一至周六16:10 | 4,300 | 6,400 | 8,000 | 14,400 |
| 广告8 | 周一至周日17:10 | 4,300 | 6,400 | 8,000 | 14,400 |
| 广告9 | 周一至周日23:55 | 4,300 | 6,400 | 8,000 | 14,400 |
| 广告10 | 周一至周六01:55周日00:55 | 3,200 | 4,800 | 6,000 | 10,800 |
| 广告11 | 周一至周日03:00 | 3,200 | 4,800 | 6,000 | 10,800 |
| 广告12 | 周一至周日03:55 | 3,200 | 4,800 | 6,000 | 10,800 |

| 栏 目 | 播 出 时 间 | 广 告 价 格 | | |
|---|---|---|---|---|
| | | 5秒 | 15秒 | 30秒 |
| 走遍中国 | 周一至周日20:10～20:40(重播11:10 03:05)<br>CCTV-1周一至周日06:25～06:55 | 16,000 | 30,000 | 54,000 |
| 海峡两岸 | 周一至周日20:40-21:00<br>(重播11:40 03:35) | 10,700 | 20,000 | 36,000 |
| 中国文艺 | 周一至周五06:10,14:10,22:00 | 10,700 | 20,000 | 36,000 |
| 电视剧 | 周一至周六05:05,13:05,19:10 | 13,300 | 25,000 | 45,000 |
| 欢聚一堂 | 隔周日05:05,13:05,19:10 | 8,000 | 15,000 | 27,000 |
| 同乐五洲 | 隔周日05:05,13:05,19:10 | 8,000 | 15,000 | 27,000 |
| 互动星期天 | 每周日06:10,14:10,22:00 | 8,000 | 15,000 | 27,000 |
| 华夏文明 | 周一至周日09:55,22:55,16:30(周日无) | 8,000 | 15,000 | 27,000 |
| 语林趣话 | 周一至周日09:50,22:50,16:25(周日无) | 8,000 | 15,000 | 27.000 |
| 两岸万事通 | 周一至周五07:40,17:45,23:30 | 8,000 | 15,000 | 27,000 |
| 环球时讯 | 周一至周日18:00 | 54,000/周 | 100,000/周 | 180,000/周 |
| 财经报道 | 周一至周五23:00 | 54,000/周 | 100,000/周 | 180,000/周 |
| 《中国新闻》套装 | 每日重播:04:00～05:00<br>每日首播:08:00～09:00,<br>12:00～13:00 ,21:00～22:00 | 16,000 | 30,000 | 54,000 |
| 《简明新闻》套装 | 07:00,10:00,11:00,14:00,15:00,<br>16:00(周日除外),17:00,19:00,20:00,<br>00:00,01:00,06:00 | 32,000 | 60,000 | 108,000 |

## CCTV-5 广告价目表

2004年4月1日起执行(单位：RMB/万元)

| 时　段 | 播　出　安　排 | 价格(万元／次) | | |
|---|---|---|---|---|
| | | 5秒 | 15秒 | 30秒 |
| A段 | 18:00～19:00期间(约18:50) | 1.6 | 3 | 5.4 |
| B段 | 19:00～20:00期间(约19:25) | 1.5 | 2.8 | 5.04 |
| C段 | 21:00～22:00期间(约21:25) | 1.6 | 3 | 5.4 |
| D段 | 22:00～23:00期间(约22:00) | 1.6 | 3 | 5.4 |
| E段 | 22:00～23:00期间(约22:35) | 1.6 | 3 | 5.4 |

| 栏　目 | 首　播　时　间 | 价格(万元／次) | | |
|---|---|---|---|---|
| | | 5秒 | 15秒 | 30秒 |
| 天下足球 | 周一19:30～21:25 | 3.5 | 6.6 | 11.8 |
| NBA赛场 | 周五19:55～21:25 | 3.2 | 6 | 10.8 |
| 足球之夜 | 周四19:55～21:25 | 3.5 | 6.6 | 11.8 |
| 体育人间 | 周一至周五22:05～22:35 | 1.86 | 3.5 | 6.3 |
| 赛车时代 | 周五19:55～21:25 | / | 6.8 | 13 |

| 新　闻 | 播　出　时　间 | 价格(万元／次) | | |
|---|---|---|---|---|
| | | 5秒 | 15秒 | 30秒 |
| 体坛快讯 | 直播:CCTV-5每天12:00～12:15 | 1.32 | 2.5 | 4.5 |
| 体育新闻 | 直播:CCTV-5每天18:00～18:30 | 2.06 | 3.8 | 6.85 |
| 体育世界 | 直播:CCTV-5每天21：30～22：00 | 2.06 | 3.8 | 6.85 |

## CCTV-6 广告价目表

2004年1月1日起执行(单位：RMB/元)

| 金额＼时长<br>时段 | 5秒 | 10秒 | 15秒 | 20秒 | 25秒 | 30秒 | 45秒 | 60秒 |
|---|---|---|---|---|---|---|---|---|
| A1约18:15(短片前) | 3,300 | 6,000 | 8,300 | 11,200 | 13,500 | 15,000 | 22,000 | 27,500 |
| A2约18:50(短片后) | 3,600 | 6,600 | 9,000 | 12,400 | 14,000 | 16,200 | 23,700 | 29,600 |
| A3约19:40(故事片前) | 7,600 | 14,000 | 19,000 | 26,200 | 31,000 | 33,000 | 48,900 | 60,400 |
| A4约20:30(故事片间) | 10,000 | 18,400 | 25,000 | 34,600 | 39,600 | 43,100 | 64,000 | 79,000 |
| D1约21:10(故事片后) | 10,000 | 18,400 | 25,000 | 34,600 | 39,600 | 43,100 | 64,000 | 79,000 |
| B1约21:50(故事片前) | 9,200 | 16,800 | 23,000 | 32,000 | 36,000 | 40,000 | 59,200 | 73,200 |
| B2约22:30(故事片间) | 7,200 | 13,200 | 17,800 | 24,800 | 29,000 | 31,800 | 46,500 | 58,000 |
| C1约23:30(故事片前) | 3,800 | 7,000 | 9,600 | 13,200 | 15,800 | 17,300 | 25,300 | 31,700 |
| C2约24:30(故事片间) | 2,500 | 4,600 | 6,300 | 8,600 | 10,000 | 11,300 | 16,500 | 20,700 |
| C3约1:30(故事片后) | 1,400 | 2,400 | 3,200 | 4,000 | 5,000 | 6,000 | 8,600 | 11,000 |
| 白天6:00-7:00 | 1,300 | 2,200 | 3,000 | 3,800 | 4,800 | 5,800 | 8,280 | 10,600 |
| 白天7:00-8:20 | 2,380 | 3,660 | 5,000 | 6,800 | 8,800 | 10,000 | 13,000 | 18,300 |

续表

| 时段 \ 金额 \ 时长 | 5秒 | 10秒 | 15秒 | 20秒 | 25秒 | 30秒 | 45秒 | 60秒 |
|---|---|---|---|---|---|---|---|---|
| 8:20~18:00(故事片或短片前后) | 3,300 | 5,260 | 7,200 | 9,720 | 11,700 | 13,600 | 19,600 | 24,800 |
| 8:20~18:00(故事片间) | 3,420 | 5,548 | 7,600 | 10,260 | 12,400 | 14,000 | 20,000 | 25,600 |
| 白天套播 每日12次 | 13,300 | 21,200 | 27,000 | 34,800 | 41,500 | 49,400 | 72,800 | 91,000 |
| 导视套播 每日10次 | 19,200 | 31,000 | 38,000 | 52,000 | 62,000 | 69,000 | 103,000 | 131,000 |
| 晚间套播 每日8次 | 25,000 | 40,300 | 49,800 | 65,600 | 79,200 | 91,600 | 141,400 | 183,200 |
| 黄金套播 每日10次 | 26,800 | 42,800 | 53,300 | 75,700 | 89,100 | 100,200 | 153,500 | 200,400 |

## CCTV-7 广告价目表

2004年1月1日起执行(单位：RMB/元)

| 广告段位 | 广告时长 | | |
|---|---|---|---|
| | 5秒 | 15秒 | 30秒 |
| 19:00以前 | 1,300 | 2,500 | 4,500 |
| 19:00以后 | 2,100 | 4,000 | 7,200 |

## CCTV-8 广告价目表

2004年1月1日起执行(单位：RMB/元)

| 时段及节目 | 节目播出时间 | 5秒 | 15秒 | 30秒 |
|---|---|---|---|---|
| 黄金强档贴片 | 每日约19:35、20:30 | 25,600 | 48,000 | 86,400 |
| 黄金强档集间 | 每日约20:25 | 25,600 | 48,000 | 86,400 |
| 黄金强档中插 | 每日约21:00 | 38,500 | 72,000 | 130,000 |
| 大剧场贴片一、二 | 每日约8:20、9:13 | 4,700 | 8,800 | 16,000 |
| 大剧场集间一 | 每日约9:10 | 4,700 | 8,800 | 16,000 |
| 大剧场贴片三、四 | 周二至周日10:08、11:01 | 6,000 | 11,000 | 20,000 |
| 大剧场集间二 | 周二至周日10:58 | 6,000 | 11,000 | 20,000 |
| 快乐剧场贴片 | 每日约11:56、12:29 | 6,800 | 12,800 | 23,000 |
| 快乐剧场集间 | 每日约12:26 | 6,800 | 12,800 | 23,000 |
| 环球影院贴片 | 周一至周六约13:26 | 8,000 | 15,000 | 27,000 |
| 魅力100分贴片 | 周一至周六约15:12、16:06，周日约15:22、16:16 | 7,000 | 13,000 | 23,400 |
| 魅力100分集间 | 周一至周六约16:03，周日约16:13 | 7,000 | 13,000 | 23,400 |
| 青春剧苑贴片 | 周一至周六约17:03、18:00，周日约17:13、18:09 | 10,000 | 18,000 | 32,400 |
| 青春剧苑集间 | 周一至周六约17:54，周日约18:04 | 10,000 | 18,000 | 32,400 |
| 海外剧场贴片 | 周一至周六约22:47，23:43 | 10,000 | 18,000 | 32,400 |
| 海外剧场集间 | 周一至周六约23:39 | 10,000 | 18,000 | 32,400 |
| 海外剧场中插 | 周一至周六约23:15 | 11,800 | 22,000 | 39,600 |
| 都市剧场贴片 | 首播周一至周六约24:40，重播周二至周日约6:50 | 6,000 | 11,000 | 20,000 |
| 影视同期声 | 首播周一至周日约21:26，<br>重播周二至周日约7:45，周一至周六约13:01 | 16,000 | 30,000 | 50,400 |
| 影视俱乐部 | 首播周日约13:01，重播周一约7:45 | 16,000 | 30,000 | 50,400 |
| 走进电视 | 首播：周日约13:36，重播周一约7:45，周日约23:30 | 12,800 | 24,000 | 43,200 |
| 世界影视博览 | 首播：周日约14:26，重播：周日24:24 | 10,600 | 20,000 | 36,000 |

# CCTV-10广告价目表

2004年1月1日起执行(单位：RMB/元)

| 时段 | 播出时间 | 广告价格 | | |
|---|---|---|---|---|
| | | 5秒 | 15秒 | 30秒 |
| 1 | 19:00前《收视指南》内 | 2,100 | 4,000 | 7,200 |
| 2 | 19:00后《收视指南》内 | 4,500 | 8,500 | 15,000 |

| 栏目 | 播出时间 | 广告价格 | | |
|---|---|---|---|---|
| | | 5秒 | 15秒 | 30秒 |
| 白天栏目 | 19:00前 | 3,000 | 5,600 | 10,000 |
| 绿色空间 | 首播:周一至周日19:30<br>重播:周一至周日06:10 | 5,200 | 9,800 | 18,000 |
| 历程 | 首播:周一至周六19:45<br>重播:周一至周六09:40 | 5,900 | 11,000 | 20,000 |
| 五日谈 | 首播:周一至周五20:00<br>重播:周一至周五00:53,11:00 | 6,400 | 12,000 | 22,000 |
| 走近科学 | 首播:周一至周日20:30<br>重播:周一至周日09:10 | 6,400 | 12,000 | 22,000 |
| 探索·发现 | 首播:周一至周五21:00<br>重播:周一至周五10:00,16:48<br>CCTV-4:周一至周五07:10,18:30<br>CCTV-12:周一至周五09:20 | 6,900 | 13,000 | 23,000 |
| 大家 | 首播:周六21:00<br>重播:周日0:10,12:40 | 6,400 | 12,000 | 22,000 |
| 讲述 | 首播:周一至周日21:45<br>重播:周一至周日10:40<br>CCTV-1:周一至周五01:46 | 6,400 | 12,000 | 22,000 |
| 科技之光 | 首播:周一至周六22:05<br>重播:周一至周六01:21, 07:00 | 5,900 | 11,000 | 20,000 |
| 人物 | 首播:周一至周六22:50<br>重播:周一至周日13:25 | 4,500 | 8,400 | 15,000 |

# CCTV-11广告价目表

2004年1月1日起执行(单位：RMB/元)

| 时段 | 广告价格 | | |
|---|---|---|---|
| | 5秒 | 15秒 | 30秒 |
| 19:00前 | 2,000 | 3,500 | 6,300 |
| 19:00后 | 2,800 | 5,000 | 9,000 |

# 2004年中央电视台栏目播出时间表

## CCTV—1(综合频道)栏目播出时间表

| 星期一 | | 星期二 | | 星期三 | | 星期四 | | 星期五 | | 星期六 | | 星期日 | |
|---|---|---|---|---|---|---|---|---|---|---|---|---|---|
| 05：55 | 台标国歌<br>收视指南 | 05：55 | 台标国歌<br>收视指南 | 05：55 | 台标国歌<br>收视指南 | 05：55 | 台标国歌<br>收视指南 | 05：55 | 台标国歌<br>收视指南 | 05：55 | 台标国歌<br>收视指南 | 05：55 | 台标国歌<br>收视指南 |
| 06：00 | 走近科学 | 06：00 | 走近科学 | 06：00 | 走近科学 | 06：00 | 走近科学 | 06：00 | 走近科学 | 06：00 | 走近科学 | 06：00 | 走近科学 |
| 06：30 | 媒体广场 | 06：30 | 媒体广场 | 06：30 | 媒体广场 | 06：30 | 媒体广场 | 06：30 | 媒体广场 | 06：30 | 媒体广场 | 06：30 | 媒体广场 |
| 06：52 | 天气·资讯 | 06：52 | 天气·资讯 | 06：52 | 天气·资讯 | 06：52 | 天气·资讯 | 06：52 | 天气·资讯 | 06：52 | 天气·资讯 | 06：52 | 天气·资讯 |
| 06：57 | 导视 | 06：57 | 导视 | 06：57 | 导视 | 06：57 | 导视 | 06：57 | 导视 | 06：57 | 导视 | 06：57 | 导视 |
| 07：00 | 整点新闻 | 07：00 | 整点新闻 | 07：00 | 整点新闻 | 07：00 | 整点新闻 | 07：00 | 整点新闻 | 07：00 | 整点新闻 | 07：00 | 整点新闻 |
| 07：15 | 媒体广场 | 07：15 | 媒体广场 | 07：15 | 媒体广场 | 07：15 | 媒体广场 | 07：15 | 媒体广场 | 07：15 | 媒体广场 | 07：15 | 媒体广场 |
| 07：52 | 天气·资讯 | 07：52 | 天气·资讯 | 07：52 | 天气·资讯 | 07：52 | 天气·资讯 | 07：52 | 天气·资讯 | 07：52 | 天气·资讯 | 07：52 | 天气、资讯 |
| 07：57 | 导视 | 07：57 | 导视 | 07：57 | 导视 | 07：57 | 导视 | 07：57 | 导视 | 07：57 | 导视 | 07：57 | 导视 |
| 08：00 | 新闻早8点 | 08：00 | 新闻早8点 | 08：00 | 新闻早8点 | 08：00 | 新闻早8点 | 08：00 | 新闻早8点 | 08：00 | 新闻早8点 | 08：00 | 新闻早8点 |
| 08：30 | 广告 | 08：30 | 广告 | 08：30 | 广告 | 08：30 | 广告 | 08：30 | 广告 | 08：30 | 广告 | 08：30 | 广告 |
| 08：35 | 焦点访谈(重) | 08：35 | 焦点访谈(重) | 08：35 | 焦点访谈(重) | 08：35 | 焦点访谈(重) | 08：35 | 焦点访谈(重) | 08：35 | 焦点访谈(重) | 08：35 | 焦点访谈（重） |
| 08：48 | 导视 | 08：48 | 导视 | 08：48 | 导视 | 08：48 | 导视 | 08：48 | 导视 | 08：48 | 导视 | 08：48 | 导视 |
| 08：50 | 夕阳红 | 08：50 | 夕阳红 | 08：50 | 夕阳红 | 08：50 | 夕阳红 | 08：50 | 夕阳红 | 08：50 | 夕阳红 | 08：50 | 夕阳红 |
| 09：20 | 导视、广告 | 09：20 | 导视、广告 | 09：20 | 导视、广告 | 09：20 | 导视、广告 | 09：20 | 导视、广告 | 09：20 | 导视、广告 | 09：20 | 导视、广告 |
| 09：25 | 经典剧场 | 09：25 | 经典剧场 | 09：25 | 经典剧场 | 09：25 | 经典剧场 | 09：25 | 经典剧场 | 09：25 | 经典剧场 | 09：25 | 经典剧场 |
| 10：13 | 广告 | 10：13 | 广告 | 10：13 | 广告 | 10：13 | 广告 | 10：13 | 广告 | 10：13 | 广告 | 10：13 | 广告 |
| 10：17 | 经典剧场 | 10：17 | 经典剧场 | 10：17 | 经典剧场 | 10：17 | 经典剧场 | 10：17 | 经典剧场 | 10：17 | 经典剧场 | 10：17 | 经典剧场 |
| 11：05 | 导视、广告 | 11：05 | 导视、广告 | 11：05 | 导视、广告 | 11：05 | 导视、广告 | 11：05 | 导视、广告 | 11：05 | 导视、广告 | 11：05 | 导视、广告 |
| 11：10 | 同乐五洲 | 11：10 | 全明星猜想 | 11：10 | 魅力12 | 11：10 | 名将之约 | 11：10 | 外国文艺 | 11：10 | 演艺竞技场 | 11：10 | 金苹果 |
| 11：55 | 导视、广告 | 11：55 | 导视、广告 | 11：55 | 导视、广告 | 11：55 | 导视、广告 | 11：55 | 导视、广告 | 11：55 | 导视、广告 | 11：55 | 导视、广告 |
| 12：00 | 新闻30分 | 12：00 | 新闻30分 | 12：00 | 新闻30分 | 12：00 | 新闻30分 | 12：00 | 新闻30分 | 12：00 | 新闻30分 | 12：00 | 新闻30分 |
| 12：30 | 收视指南（6） | 12：30 | 收视指南（6） | 12：30 | 收视指南（6） | 12：30 | 收视指南（6） | 12：30 | 收视指南（6） | 12：30 | 收视指南（6） | 12：30 | 收视指南（6） |
| 12：33 | 广告 | 12：33 | 广告 | 12：33 | 广告 | 12：33 | 广告 | 12：33 | 广告 | 12：33 | 广告 | 12：33 | 广告 |
| 12：38 | 今日说法 | 12：38 | 今日说法 | 12：38 | 今日说法 | 12：38 | 今日说法 | 12：38 | 今日说法 | 12：38 | 今日说法 | 12：38 | 今日说法 |
| 12：58 | 导视、广告 | 12：58 | 导视、广告 | 12：58 | 导视、广告 | 12：58 | 导视、广告 | 12：58 | 导视、广告 | 12：58 | 导视、广告 | 12：58 | 广告 |
| 13：03 | 情感剧场 | 13：03 | 情感剧场 | 13：03 | 情感剧场 | 13：03 | 情感剧场 | 13：03 | 情感剧场 | 13：03 | 情感剧场 | 13：03 | 情感剧场 |
| 13：51 | 导视、广告 | 13：51 | 导视、广告 | 13：51 | 导视、广告 | 13：51 | 导视、广告 | 13：51 | 导视、广告 | 13：51 | 导视、广告 | 13：51 | 导视、广告 |

续表

| 星期一 | | 星期二 | | 星期三 | | 星期四 | | 星期五 | | 星期六 | | 星期日 | |
|---|---|---|---|---|---|---|---|---|---|---|---|---|---|
| 13：59 | 情感剧场 | 13：59 | 情感剧场 | 13：59 | 情感剧场 | 13：59 | 情感剧场 | 13：59 | 情感剧场 | 13：58 | 情感剧场 | 13：59 | 情感剧场 |
| 14：47 | 导视＋广告＋请您欣赏 | 14：47 | 导视＋广告＋请您欣赏 | 14：47 | 导视＋广告＋请您欣赏 | 14：47 | 导视＋广告＋请您欣赏 | 14：47 | 导视＋广告＋请您欣赏 | 14：46 | 导视＋广告＋请您欣赏 | 14：47 | 导视＋请您欣赏 |
| 14：54 | 中华民族 | 14：54 | 当代工人 | 14：54 | 中国人口(20分) | 14：54 | 环球 | 14：54 | 电视你我他(首) | 14：53 | 道德观察(首) | 14：50 | 周日影院 |
| 15：24 | 电视你我他(重) | 15：24 | 梦想剧场 | 15：24 | 健康之路周刊 | 15：24 | 人与自然 | 15：24 | 军事天地 | 15：23 | 导视 | 16：20 | 导视 |
| 15：54 | 导视、广告 | 15：54 | 导视、广告 | 15：54 | 导视、广告 | 15：54 | 导视、广告 | 15：54 | 导视、广告 | 15：25 | 三星智力快车 | 16：22 | 广告 |
| 16：00 | 天天饮食 | 16：00 | 天天饮食 | 16：00 | 天天饮食 | 16：00 | 天天饮食 | 16：00 | 天天饮食 | 16：15 | 广告 | 16：27 | 正大综艺 |
| 16：10 | 半边天 | 16：10 | 半边天 | 16：10 | 半边天 | 16：10 | 半边天 | 16：10 | 半边天 | 16：20 | 音画时尚 | | |
| 16：40 | 科技博览 | 16：40 | 科技博览 | 16：40 | 科技博览 | 16：40 | 科技博览 | 16：40 | 科技博览 | 17：05 | 广告 | | |
| 16：50 | 导视、广告 | 16：50 | 导视、广告 | 16：50 | 导视、广告 | 16：50 | 导视、广告 | 16：50 | 导视、广告 | 17：07 | 天天饮食 | | |
| 16：57 | 动画城 | 16：57 | 动画城 | 16：57 | 动画城 | 16：57 | 动画城 | 16：57 | 动画城 | 17：17 | 科技博览 | | |
| 17：27 | 大风车 | 17：27 | 大风车 | 17：27 | 大风车 | 17：27 | 大风车 | 17：27 | 大风车 | 17：27 | 大风车 | 17：27 | 大风车 |
| 18：07 | 导视、广告 | 18：07 | 导视、广告 | 18：07 | 导视、广告 | 18：07 | 导视、广告 | 18：07 | 导视、广告 | 18：07 | 导视、广告 | 18：07 | 导视、广告 |
| 18：14 | 东方时空（首） | 18：14 | 东方时空(首) | 18：14 | 东方时空（首） | 18：14 | 东方时空（首） | 18：14 | 东方时空（首） | 18：14 | 东方时空（首） | 18：14 | 东方时空（首） |
| 18：59 | 导视、广告 | 18：59 | 导视、广告 | 18：59 | 导视、广告 | 18：59 | 导视、广告 | 18：59 | 导视、广告 | 18：59 | 导视、广告 | 18：59 | 导视、广告 |
| 19：00 | 新闻联播＋广告＋天气预报 | 19：00 | 新闻联播＋广告＋天气预报 | 19：00 | 新闻联播＋广告＋天气预报 | 19：00 | 新闻联播＋广告＋天气预报 | 19：00 | 新闻联播＋广告＋天气预报 | 19：00 | 新闻联播＋广告＋天气预报 | 19：00 | 新闻联播＋广告＋天气预报 |
| 19：38 | 焦点访谈（首） | 19：38 | 焦点访谈（首） | 19：38 | 焦点访谈（首） | 19：38 | 焦点访谈（首） | 19：38 | 焦点访谈（首） | 19：38 | 焦点访谈（首） | 19：38 | 焦点访谈（首） |
| 19：51 | 广告、导视、广告 | 19：51 | 广告、导视、广告 | 19：51 | 广告、导视、广告 | 19：51 | 广告、导视、广告 | 19：51 | 广告、导视、广告 | 19：51 | 广告、导视、广告 | 19：51 | 广告、导视、广告 |
| 19：55 | 电视剧 | 19：55 | 电视剧 | 19：55 | 电视剧 | 19：55 | 电视剧 | 19：55 | 电视剧 | 19：55 | 电视剧 | 19：55 | 电视剧 |
| 20：42 | 导视、广告 | 20：42 | 导视、广告 | 20：42 | 导视、广告 | 20：42 | 导视、广告 | 20：42 | 导视、广告 | 20：42 | 导视、广告 | 20：42 | 导视、广告 |
| 20：49 | 电视剧 | 20：49 | 电视剧 | 20：49 | 电视剧 | 20：49 | 电视剧 | 20：49 | 电视剧 | 20：49 | 电视剧 | 20：49 | 电视剧 |
| 21：36 | 导视、广告 | 21：36 | 导视、广告 | 21：36 | 导视、广告 | 21：36 | 导视、广告 | 21：36 | 导视、广告 | 21：36 | 导视、广告 | 21：36 | 导视、广告 |
| 21：45 | 新闻调查（首） | 21：45 | 实话实说(首) | 21：45 | 艺术人生(首) | 21：45 | 幸运52（首） | 21：45 | 曲苑杂坛（首） | 21：45 | 同一首歌（首） | 21：45 | 开心辞典（首） |
| 22：30 | 广告 | 22：30 | 广告 | 22：30 | 广告 | 22：30 | 广告 | 22：30 | 广告 | 22：30 | 广告 | 22：30 | 广告 |
| 22：35 | 晚间新闻 | 22：35 | 晚间新闻 | 22：35 | 晚间新闻 | 22：35 | 晚间新闻 | 22：35 | 晚间新闻 | 22：35 | 晚间新闻 | 22：35 | 晚间新闻 |
| 23：00 | 导视、广告 | 23：00 | 导视、广告 | 23：00 | 导视、广告 | 23：00 | 导视、广告 | 23：00 | 导视、广告 | 23：00 | 导视、广告 | 23：00 | 导视、广告 |
| 23：07 | 星夜剧场 | 23：07 | 星夜剧场 | 23：07 | 星夜剧场 | 23：07 | 星夜剧场 | 23：07 | 星夜剧场 | 23：07 | 星夜剧场 | 23：07 | 星夜剧场 |
| 23：54 | 广告、导视 | 23：54 | 广告、导视 | 23：54 | 广告、导视 | 23：54 | 广告、导视 | 23：54 | 广告、导视 | 23：54 | 广告、导视 | 23：54 | 广告、导视 |
| 00：02 | 星夜剧场 | 00：02 | 星夜剧场 | 00：02 | 星夜剧场 | 00：02 | 星夜剧场 | 00：02 | 星夜剧场 | 00：02 | 星夜剧场 | 00：02 | 星夜剧场 |
| 00：49 | 导视、广告 | 00：49 | 导视、广告 | 00：49 | 导视、广告 | 00：49 | 导视、广告 | 00：49 | 导视、广告 | 00：49 | 导视、广告 | 00：49 | 导视、广告 |

续表

| 星期一 | | 星期二 | | 星期三 | | 星期四 | | 星期五 | | 星期六 | | 星期日 | |
|---|---|---|---|---|---|---|---|---|---|---|---|---|---|
| 00：56 | 见证（首） | 00：56 | 见证（首） | 00：56 | 见证（首） | 00：56 | 见证（首） | 00：56 | 见证 | 00：56 | 见证（首） | 00：56 | 见证（首） |
| 01：26 | 广告 | 01：26 | 广告 | 01：26 | 广告 | 01：26 | 广告 | 01：26 | 广告 | 01：26 | 广告 | 01：26 | 广告 |
| 01：31 | 讲述 | 01：31 | 讲述 | 01：31 | 讲述 | 01：31 | 讲述 | 01：31 | 讲述 | 01：31 | 讲述 | 01：31 | 讲述 |
| 01：51 | 导视 | 01：51 | 导视 | 01：51 | 导视 | 01：51 | 导视 | 01：51 | 导视 | 01：51 | 导视 | 01：51 | 导视 |
| 01：53 | 探索·发现(首) | 01：53 | 探索·发现(首) | 01：53 | 探索·发现(首) | 01：53 | 探索·发现(首) | 01：53 | 探索·发现(首) | 01：53 | 探索·发现(首) | 01：53 | 探索·发现(首) |
| 02：23 | 点播时间 | 02：23 | 请您欣赏 | 02：23 | 请您欣赏 | 02：23 | 请您欣赏 | 02：23 | 请您欣赏 | 02：23 | 请您欣赏 | 02：23 | 请您欣赏 |
| | | 02：26 | 黄金剧重播 | 02：26 | 黄金剧重播 | 02：26 | 黄金剧重播 | 02：26 | 黄金剧重播 | 02：26 | 黄金剧重播 | | |
| 04：01 | 新闻调查（重） | 04：01 | 实话实说（重） | 04：01 | 艺术人生（重） | 04：01 | 幸运 52（重） | 04：01 | 曲苑杂坛（重） | 04：01 | 同一首歌（重） | 04：01 | 开心辞典（重） |
| 04：46 | 请您欣赏 | 04：46 | 请您欣赏 | 04：46 | 请您欣赏 | 04：46 | 请您欣赏 | 04：46 | 请您欣赏 | 04：46 | 请您欣赏 | 04：46 | 请您欣赏 |
| 04：50 | 探索·发现(重) | 04：50 | 探索·发现(重) | 04：50 | 探索·发现(重) | 04：50 | 探索·发现(重) | 04：50 | 探索·发现(重) | 04：50 | 探索·发现(重) | 04：50 | 探索·发现(重) |
| 05：20 | 请您欣赏 | 05：20 | 请您欣赏 | 05：20 | 请您欣赏 | 05：20 | 请您欣赏 | 05：20 | 请您欣赏 | 05：20 | 请您欣赏 | 05：20 | 请您欣赏 |
| 05：25 | 见证（重） | 05：25 | 见证（重） | 05：25 | 见证（重） | 05：25 | 见证（重） | 05：25 | 见证（重） | 05：25 | 见证（重） | 05：25 | 见证（重） |
| 05：55 | 接第二天节目 | 05：55 | 接第二天节目 | 05：55 | 接第二天节目 | 05：55 | 接第二天节目 | 05：55 | 接第二天节目 | 05：55 | 接第二天节目 | 05：55 | 接第二天节目 |

## CCTV 新闻频道栏目播出时间表

| 星期一 | | 星期二 | | 星期三 | | 星期四 | | 星期五 | | 星期六 | | 星期日 | |
|---|---|---|---|---|---|---|---|---|---|---|---|---|---|
| 06：00 | 整点新闻 | 06：00 | 整点新闻 | 06：00 | 整点新闻 | 06：00 | 整点新闻 | 06：00 | 整点新闻 | 06：00 | 整点新闻 | 06：00 | 整点新闻 |
| 06：30 | 媒体广场 | 06：30 | 媒体广场 | 06：30 | 媒体广场 | 06：30 | 媒体广场 | 06：30 | 媒体广场 | 06：30 | 媒体广场 | 06：30 | 媒体广场 |
| 06：52 | 天气·资讯 | 06：52 | 天气·资讯 | 06：52 | 天气·资讯 | 06：52 | 天气·资讯 | 06：52 | 天气·资讯 | 06：52 | 天气·资讯 | 06：52 | 天气·资讯 |
| 06：57 | 包装 | 06：57 | 包装 | 06：57 | 包装 | 06：57 | 包装 | 06：57 | 包装 | 06：57 | 包装 | 06：57 | 包装 |
| 07：00 | 整点新闻 | 07：00 | 整点新闻 | 07：00 | 整点新闻 | 07：00 | 整点新闻 | 07：00 | 整点新闻 | 07：00 | 整点新闻 | 07：00 | 整点新闻 |
| 07：15 | 东方时空 | 07：15 | 东方时空 | 07：15 | 东方时空 | 07：15 | 东方时空 | 07：15 | 东方时空 | 07：15 | 东方时空 | 07：15 | 东方时空 |
| 08：00 | 新闻早 8 点 | 08：00 | 新闻早 8 点 | 08：00 | 新闻早 8 点 | 08：00 | 新闻早 8 点 | 08：00 | 新闻早 8 点 | 08：00 | 新闻早 8 点 | 08：00 | 新闻早 8 点 |
| 08：30 | 每周质量报告（重） | 08：30 | 共同关注(重) | 08：30 | 共同关注(重) | 08：30 | 共同关注(重) | 08：30 | 共同关注(重) | 08：30 | 共同关注(重) | 08：30 | 共同关注(重) |
| 08：50 | 包装 | 08：50 | 包装 | 08：50 | 包装 | 08：50 | 包装 | 08：50 | 包装 | 08：50 | 约会新七天 | 08：50 | 约会新七天 |
| 08：55 | 天气·资讯 | 08：55 | 天气·资讯 | 08：55 | 天气·资讯 | 08：55 | 天气·资讯 | 08：55 | 天气·资讯 | | | | |
| 09：00 | 整点新闻 | 09：00 | 整点新闻 | 09：00 | 整点新闻 | 09：00 | 整点新闻 | 09：00 | 整点新闻 | 09：00 | 整点新闻 | 09：00 | 整点新闻 |
| 09：30 | 小崔说事(重播) | 09：30 | 央视论坛(重播) | 09：30 | 央视论坛(重播) | 09：30 | 央视论坛(重播) | 09：30 | 央视论坛(重播) | 09：30 | 央视论坛(重播) | 09：30 | 本周(首) |
| 09：55 | 包装、天气·资讯 | 09：55 | 包装、天气·资讯 | 09：55 | 包装、天气·资讯 | 09：55 | 包装、天气·资讯 | 09：55 | 包装、天气·资讯 | 09：55 | 包装、天气·资讯 | 09：55 | 包装、天气·资讯 |

续表

| 星期一 | | 星期二 | | 星期三 | | 星期四 | | 星期五 | | 星期六 | | 星期日 | |
|---|---|---|---|---|---|---|---|---|---|---|---|---|---|
| 10：00 | 整点新闻 | 10：00 | 整点新闻 | 10：00 | 整点新闻 | 10：00 | 整点新闻 | 10：00 | 整点新闻 | 10：00 | 整点新闻 | 10：00 | 整点新闻 |
| 10：20 | 面对面(重) | 10：30 | 新闻会客厅(重) | 10：30 | 新闻会客厅(重) | 10：30 | 新闻会客厅(重) | 10：30 | 新闻会客厅(重) | 10：30 | 新闻会客厅(重) | 10：20 | 面对面(重) |
| 11：00 | 整点新闻 | 11：00 | 整点新闻 | 11：00 | 整点新闻 | 11：00 | 整点新闻 | 11：00 | 整点新闻 | 11：00 | 整点新闻 | 11：00 | 整点新闻 |
| 11：30 | 法治在线 | 11：30 | 法治在线 | 11：30 | 法治在线 | 11：30 | 法治在线 | 11：30 | 法治在线 | 11：30 | 法治在线 | 11：10 | 纪事(重) |
| 11：55 | 包装、<br>天气·资讯 | 11：55 | 包装、<br>天气·资讯 | 11：55 | 包装、<br>天气·资讯 | 11：55 | 包装、<br>天气·资讯 | 11：55 | 包装、<br>天气·资讯 | 11：55 | 包装、<br>天气·资讯 | 11：55 | 包装、<br>天气·资讯 |
| 12：00 | 新闻30分 | 12：00 | 新闻30分 | 12：00 | 新闻30分 | 12：00 | 新闻30分 | 12：00 | 新闻30分 | 12：00 | 新闻30分 | 12：00 | 新闻30分 |
| 12：30 | 共同关注 | 12：30 | 共同关注 | 12：30 | 共同关注 | 12：30 | 共同关注 | 12：30 | 共同关注 | 12：30 | 共同关注 | 12：30 | 每周质量报告 |
| 12：50 | 包装 | 12：50 | 包装 | 12：50 | 包装 | 12：50 | 包装 | 12：50 | 包装 | 12：50 | 约会新七天 | | |
| 12：55 | 天气·资讯 | 12：55 | 天气·资讯 | 12：55 | 天气·资讯 | 12：55 | 天气·资讯 | 12：55 | 天气·资讯 | | | 12：55 | 天气·资讯 |
| 13：00 | 整点新闻 | 13：00 | 整点新闻 | 13：00 | 整点新闻 | 13：00 | 整点新闻 | 13：00 | 整点新闻 | 13：00 | 整点新闻 | 13：00 | 整点新闻 |
| 13：30 | 体育报道 | 13：30 | 体育报道 | 13：30 | 体育报道 | 13：30 | 体育报道 | 13：30 | 体育报道 | 13：30 | 体育报道 | 13：30 | 体育报道 |
| 13：52 | 包装 | 13：52 | 包装 | 13：52 | 包装 | 13：52 | 包装 | 13：52 | 包装 | 13：52 | 包装 | 13：52 | 包装 |
| 13：55 | 天气·资讯 | 13：55 | 天气·资讯 | 13：55 | 天气·资讯 | 13：55 | 天气·资讯 | 13：55 | 天气·资讯 | 13：55 | 天气·资讯 | 13：55 | 天气·资讯 |
| 14：00 | 整点新闻 | 14：00 | 整点新闻 | 14：00 | 整点新闻 | 14：00 | 整点新闻 | 14：00 | 整点新闻 | 14：00 | 整点新闻 | 14：00 | 整点新闻 |
| 14：10 | 中国周刊(重) | 14：10 | 世界周刊(重) | 14：10 | 面对面(重) | 14：10 | 面对面(重) | 14：10 | 纪事(重) | 14：10 | 新闻调查(重) | 14：10 | 实话实说(重) |
| | | | | 14：50 | 天气 | 14：50 | 天气 | | | | | | |
| 14：55 | 包装 | 14：55 | 包装 | 14：55 | 包装 | 14：55 | 包装 | 14：55 | 包装 | 14：55 | 包装 | 14：55 | 包装 |
| 15：00 | 整点新闻 | 15：00 | 整点新闻 | 15：00 | 整点新闻 | 15：00 | 整点新闻 | 15：00 | 整点新闻 | 15：00 | 整点新闻 | 15：00 | 整点新闻 |
| 15：30 | 文化报道 | 15：30 | 文化报道 | 15：30 | 文化报道 | 15：30 | 文化报道 | 15：30 | 文化报道 | 15：30 | 文化报道 | 15：30 | 文化报道 |
| 15：55 | 天气·资讯 | 15：55 | 天气·资讯 | 15：55 | 天气·资讯 | 15：55 | 天气·资讯 | 15：55 | 天气·资讯 | 15：55 | 天气·资讯 | 15：55 | 天气·资讯 |
| 16：00 | 整点新闻 | 16：00 | 整点新闻 | 16：00 | 整点新闻 | 16：00 | 整点新闻 | 16：00 | 整点新闻 | 16：00 | 整点新闻 | 16：00 | 整点新闻 |
| 16：30 | 世界周刊(重) | 16：30 | 社会记录(重) | 16：30 | 社会记录(重) | 16：30 | 社会记录(重) | 16：30 | 社会记录(重) | 16：30 | 社会记录(重) | 16：10 | 中国周刊(重) |
| 16：50 | 包装 | 16：50 | 包装 | 16：50 | 包装 | 16：50 | 包装 | 16：50 | 包装 | 16：50 | 约会新七天(重) | | |
| 16：55 | 天气·资讯 | 16：55 | 天气·资讯 | 16：55 | 天气·资讯 | 16：55 | 天气·资讯 | 16：55 | 天气·资讯 | | | 16：55 | 天气·资讯 |
| 17：00 | 整点新闻 | 17：00 | 整点新闻 | 17：00 | 整点新闻 | 17：00 | 整点新闻 | 17：00 | 整点新闻 | 17：00 | 整点新闻 | 17：00 | 整点新闻 |
| 17：30 | 法治在线(重) | 17：00 | 法治在线(重) | 17：00 | 法治在线(重) | 17：00 | 法治在线(重) | 17：00 | 法治在线(重) | 17：00 | 法治在线(重) | 17：00 | 本周(重) |
| 17：55 | 包装、<br>天气·资讯 | 17：55 | 包装、<br>天气·资讯 | 17：55 | 包装、<br>天气·资讯 | 17：55 | 包装、<br>天气·资讯 | 17：55 | 包装、<br>天气·资讯 | 17：55 | 包装、<br>天气·资讯 | 17：55 | 包装、<br>天气·资讯 |
| 18：00 | 整点新闻 | 18：00 | 整点新闻 | 18：00 | 整点新闻 | 18：00 | 整点新闻 | 18：00 | 整点新闻 | 18：00 | 整点新闻 | 18：00 | 整点新闻 |
| 18：10 | 国际时讯 | 18：10 | 国际时讯 | 18：10 | 国际时讯 | 18：10 | 国际时讯 | 18：10 | 国际时讯 | 18：10 | 国际时讯 | 18：10 | 国际时讯 |
| 18：30 | 新闻社区 | 18：30 | 新闻社区 | 18：30 | 新闻社区 | 18：30 | 新闻社区 | 18：30 | 新闻社区 | 18：30 | 新闻社区 | 18：30 | 小崔说事(重) |

续表

| 星期一 | | 星期二 | | 星期三 | | 星期四 | | 星期五 | | 星期六 | | 星期日 | |
|---|---|---|---|---|---|---|---|---|---|---|---|---|---|
| 18：55 | 天气·资讯、广告、报时 | 18：55 | 天气·资讯、广告、报时 | 18：55 | 天气·资讯、广告、报时 | 18：55 | 天气·资讯、广告、报时 | 18：55 | 天气·资讯、广告、报时 | 18：55 | 天气·资讯、广告、报时 | 18：55 | 天气·资讯、广告、报时 |
| 19：00 | 新闻联播、天气预报 | 19：00 | 新闻联播、天气预报 | 19：00 | 新闻联播、天气预报 | 19：00 | 新闻联播、天气预报 | 19：00 | 新闻联播、天气预报 | 19：00 | 新闻联播、天气预报 | 19：00 | 新闻联播、天气预报 |
| 19：35 | 广告＋焦点访谈＋广告 | 19：35 | 广告＋焦点访谈＋广告 | 19：35 | 广告＋焦点访谈＋广告 | 19：35 | 广告＋焦点访谈＋广告 | 19：35 | 广告＋焦点访谈＋广告 | 19：35 | 广告＋焦点访谈＋广告 | 19：35 | 广告＋焦点访谈＋广告 |
| 19：50 | 包装 | 19：50 | 包装 | 19：50 | 包装 | 19：50 | 包装 | 19：50 | 包装 | 19：50 | 包装 | 19：50 | 包装 |
| 19：55 | 天气·资讯 | 19：55 | 天气·资讯 | 19：55 | 天气·资讯 | 19：55 | 天气·资讯 | 19：55 | 天气·资讯 | 19：55 | 天气·资讯 | 19：55 | 天气·资讯 |
| 20：00 | 整点新闻 | 20：00 | 整点新闻 | 20：00 | 整点新闻 | 20：00 | 整点新闻 | 20：00 | 整点新闻 | 20：00 | 整点新闻 | 20：00 | 整点新闻 |
| 20：30 | 新闻会客厅 | 20：30 | 新闻会客厅 | 20：30 | 新闻会客厅 | 20：30 | 新闻会客厅 | 20：30 | 新闻会客厅 | 20：10 | 面对面 | 20：10 | 面对面 |
| | | | | | | | | | | 20：50 | 约会新七天(重) | 20：50 | 约会新七天(重) |
| 21：00 | 今天 | 21：00 | 今天 | 21：00 | 今天 | 21：00 | 今天 | 21：00 | 今天 | 21：00 | 今天 | 21：00 | 今天 |
| 21：30 | 国际观察 | 21：30 | 国际观察 | 21：30 | 国际观察 | 21：30 | 国际观察 | 21：30 | 国际观察 | 21：10 | 中国周刊 | 21：10 | 世界周刊 |
| 21：55 | 包装、天气·资讯 | 21：55 | 包装、天气·资讯 | 21：55 | 包装、天气·资讯 | 21：55 | 包装、天气·资讯 | 21：55 | 包装、天气·资讯 | 21：55 | 包装、天气·资讯 | 21：55 | 包装、天气·资讯 |
| 22：00 | 新闻联播(重) | 22：00 | 新闻联播(重) | 22：00 | 新闻联播(重) | 22：00 | 新闻联播(重) | 22：00 | 新闻联播(重) | 22：00 | 新闻联播(重) | 22：00 | 新闻联播(重) |
| 22：30 | 央视论坛 | 22：30 | 央视论坛 | 22：30 | 央视论坛 | 22：30 | 央视论坛 | 22：30 | 央视论坛 | 22：30 | 小崔说事(首) | 22：30 | 每周质量报告(重) |
| 22：55 | 包装 | 22：55 | 包装 | 22：55 | 包装 | 22：55 | 包装 | 22：55 | 包装 | 22：55 | 包装 | 22：55 | 包装 |
| 23：00 | 整点新闻 | 23：00 | 整点新闻 | 23：00 | 整点新闻 | 23：00 | 整点新闻 | 23：00 | 整点新闻 | 23：00 | 整点新闻 | 23：00 | 整点新闻 |
| 23：30 | 社会记录(首) | 23：30 | 社会记录(首) | 23：30 | 社会记录(首) | 23：30 | 社会记录(首) | 23：30 | 社会记录(首) | 23：10 | 纪事(首) | 23：10 | 新闻调查(重) |
| 23：50 | 包装 | 23：50 | 包装 | 23：50 | 包装 | 23：50 | 包装 | 23：50 | 包装 | | | | |
| 23：55 | 天气·资讯 | 23：55 | 天气·资讯 | 23：55 | 天气·资讯 | 23：55 | 天气·资讯 | 23：55 | 天气·资讯 | | | | |
| 00：00 | 午间新闻 | 00：00 | 午间新闻 | 00：00 | 午间新闻 | 00：00 | 午间新闻 | 00：00 | 午间新闻 | 00：00 | 午间新闻 | 00：00 | 午间新闻 |
| 00：30 | 体育报道 | 00：30 | 体育报道 | 00：30 | 体育报道 | 00：30 | 体育报道 | 00：30 | 体育报道 | 00：30 | 体育报道 | 00：30 | 体育报道 |
| 00：52 | 包装 | 00：52 | 包装 | 00：52 | 包装 | 00：52 | 包装 | 00：52 | 包装 | 00：52 | 包装 | 00：52 | 包装 |
| 00：55 | 天气·资讯 | 00：55 | 天气·资讯 | 00：55 | 天气·资讯 | 00：55 | 天气·资讯 | 00：55 | 天气·资讯 | 00：55 | 天气·资讯 | 00：55 | 天气·资讯 |
| 01：00 | 整点新闻 | 01：00 | 整点新闻 | 01：00 | 整点新闻 | 01：00 | 整点新闻 | 01：00 | 整点新闻 | 01：00 | 整点新闻 | 01：00 | 整点新闻 |
| 01：10 | 国际观察(重) | 01：10 | 国际观察(重) | 01：10 | 国际观察(重) | 01：10 | 国际观察(重) | 01：10 | 国际观察(重) | 01：10 | 中国周刊(重) | 01：10 | 世界周刊(重) |
| 01：35 | 国际时讯(重) | 01：35 | 国际时讯(重) | 01：35 | 国际时讯(重) | 01：35 | 国际时讯(重) | 01：35 | 国际时讯(重) | | | | |
| 01：55 | 天气·资讯 | 01：55 | 天气·资讯 | 01：55 | 天气·资讯 | 01：55 | 天气·资讯 | 01：55 | 天气·资讯 | 01：55 | 天气·资讯 | 01：55 | 天气·资讯 |
| 02：00 | 整点新闻 | 02：00 | 整点新闻 | 02：00 | 整点新闻 | 02：00 | 整点新闻 | 02：00 | 整点新闻 | 02：00 | 整点新闻 | 02：00 | 整点新闻 |

续表

| 星期一 | | 星期二 | | 星期三 | | 星期四 | | 星期五 | | 星期六 | | 星期日 | |
|---|---|---|---|---|---|---|---|---|---|---|---|---|---|
| 02：10 | 共同关注(重) | 02：10 | 共同关注(重) | 02：10 | 共同关注(重) | 02：10 | 共同关注(重) | 02：10 | 共同关注(重) | 02：10 | 共同关注(重) | 02：10 | 本周(重) |
| 02：30 | 央视论坛(重) | 02：30 | 央视论坛(重) | 02：30 | 央视论坛(重) | 02：30 | 央视论坛(重) | 02：30 | 央视论坛(重) | 02：30 | 小崔说事(重) | 02：35 | 每周质量报告(重) |
| 02：55 | 天气·资讯(重) | 02：55 | 天气·资讯(重) | 02：55 | 天气·资讯(重) | 02：55 | 天气·资讯(重) | 02：55 | 天气·资讯(重) | 02：55 | 天气·资讯(重) | 02：55 | 天气·资讯(重) |
| 03：00 | 整点新闻 | 03：00 | 整点新闻 | 03：00 | 整点新闻 | 03：00 | 整点新闻 | 03：00 | 整点新闻 | 03：00 | 整点新闻 | 03：00 | 整点新闻 |
| 03：10 | 东方时空(首) | 03：10 | 东方时空(首) | 03：10 | 东方时空(首) | 03：10 | 东方时空(首) | 03：10 | 东方时空(首) | 03：10 | 东方时空(首) | 03：10 | 东方时空(首) |
| 03：55 | 天气·资讯(重) | 03：55 | 天气·资讯(重) | 03：55 | 天气·资讯(重) | 03：55 | 天气·资讯(重) | 03：55 | 天气·资讯(重) | 03：55 | 天气·资讯(重) | 03：55 | 天气·资讯(重) |
| 04：00 | 整点新闻 | 04：00 | 整点新闻 | 04：00 | 整点新闻 | 04：00 | 整点新闻 | 04：00 | 整点新闻 | 04：00 | 整点新闻 | 04：00 | 整点新闻 |
| 04：10 | 新闻会客厅(重) | 04：10 | 新闻会客厅(重) | 04：10 | 新闻会客厅(重) | 04：10 | 新闻会客厅(重) | 04：10 | 新闻会客厅(重) | 04：10 | 面对面(重) | 04：10 | 面对面(重) |
| 04：40 | 社会记录(重) | 04：40 | 社会记录(重) | 04：40 | 社会记录(重) | 04：40 | 社会记录(重) | 04：40 | 社会记录(重) | 04：50 | 约会新七天(重) | 04：50 | 约会新七天(重) |
| 05：00 | 整点新闻 | 05：00 | 整点新闻 | 05：00 | 整点新闻 | 05：00 | 整点新闻 | 05：00 | 整点新闻 | 05：00 | 整点新闻 | 05：00 | 整点新闻 |
| 05：10 | 法治在线(重) | 05：10 | 法治在线(重) | 05：10 | 法治在线(重) | 05：10 | 法治在线(重) | 05：10 | 法治在线(重) | 05：10 | 纪事(重) | 05：10 | 新闻调查(重) |
| 05：35 | 焦点访谈(重) | 05：35 | 焦点访谈(重) | 05：35 | 焦点访谈(重) | 05：35 | 焦点访谈(重) | 05：35 | 焦点访谈(重) | | | | |
| 05：47 | 包装 | 05：47 | 包装 | 05：47 | 包装 | 05：47 | 包装 | 05：47 | 包装 | | | | |
| 05：50 | 天气·资讯(重) | 05：50 | 天气·资讯(重) | 05：50 | 天气·资讯(重) | 05：50 | 天气·资讯(重) | 05：50 | 天气·资讯(重) | | | | |
| 05：55 | 包装 | 05：55 | 包装 | 05：55 | 包装 | 05：55 | 包装 | 05：55 | 包装 | 05：55 | 天气·资讯(重) | 05：55 | 天气·资讯(重) |

## CCTV—2（经济频道）栏目播出时间表

| 星期一 | | 星期二 | | 星期三 | | 星期四 | | 星期五 | | 星期六 | | 星期日 | |
|---|---|---|---|---|---|---|---|---|---|---|---|---|---|
| 05：55 | 台标 国歌 | 05：55 | 台标 国歌 | 05：55 | 台标 国歌 | 05：55 | 台标 国歌 | 05：55 | 台标 国歌 | 05:55 | 台标 国歌 | 05：55 | 台标 国歌 |
| 05：58 | 收视指南 | 05：58 | 收视指南 | 05：58 | 收视指南 | 05：58 | 收视指南 | 05：58 | 收视指南 | 05：58 | 收视指南 | 05：58 | 收视指南 |
| 06：00 | 健康之路(重) | 06：00 | 健康之路(重) | 06：00 | 健康之路(重) | 06：00 | 健康之路(重) | 06：00 | 健康之路(重) | 06：00 | 经济与法(重) | 06：00 | 经济与法(重) |
| | | | | | | | | | | 06：30 | 欢乐家庭(重) | 06：30 | 欢乐家庭(重) |
| 06：50 | 广告 | 06：50 | 广告 | 06：50 | 广告 | 06：50 | 广告 | 06：50 | 广告 | | | | |
| 06：54 | 收视指南 | 06：54 | 收视指南 | 06：54 | 收视指南 | 06：54 | 收视指南 | 06：54 | 收视指南 | | | | |
| 06：57 | 二套导视（上午版） | 06：57 | 二套导视（上午版） | 06：57 | 二套导视（上午版） | 06：57 | 二套导视（上午版） | 06：57 | 二套导视（上午版） | | | | |
| 07：00 | 第一时间(首) | 07：00 | 第一时间(首) | 07：00 | 第一时间(首) | 07：00 | 第一时间(首) | 07：00 | 第一时间(首) | 07：00 | 幸运 52(重) | 07：00 | 开心辞典(重) |
| | | | | | | | | | | 08：00 | 对话(重) | 08：00 | 非常 6+1(重) |

续表

| 星期一 | | 星期二 | | 星期三 | | 星期四 | | 星期五 | | 星期六 | | 星期日 | |
|---|---|---|---|---|---|---|---|---|---|---|---|---|---|
| 09：00 | 广告 | 09：00 | 广告 | 09：00 | 广告 | 09：00 | 广告 | 09：00 | 广告 | 09：00 | 二套导视(上午版) | | |
| 09：04 | 收视指南 | 09：04 | 收视指南 | 09：04 | 收视指南 | 09：04 | 收视指南 | 09：04 | 收视指南 | 09：04 | 收视指南 | | |
| 09：07 | 二套导视（上午版） | 09：07 | 二套导视（上午版） | 09：07 | 二套导视（上午版） | 09：07 | 二套导视（上午版） | 09：07 | 二套导视（上午版） | 09：05 | 前沿（重） | 09：20 | 二套导视（上午版） |
| 09：10 | 中国证券 | 09：10 | 中国证券 | 09：10 | 中国证券 | 09：10 | 中国证券 | 09：10 | 中国证券 | | | 09：23 | 收视指南 |
| 09：40 | 地球故事(重) | 09：40 | 地球故事(重) | 09：40 | 地球故事(重) | 09：40 | 地球故事(重) | 09：40 | 地球故事(重) | 09：30 | 生活(重) | 09：25 | 生活(重) |
| 10：00 | 艺术品投资(重) | 10：00 | 艺术品投资(重) | 10：00 | 艺术品投资(重) | 10：00 | 艺术品投资(重) | 10：00 | 艺术品投资(重) | 10：00 | 鉴宝(重) | 10：00 | 对话(重) |
| 10：20 | 广告 | 10：20 | 广告 | 10：20 | 广告 | 10：20 | 广告 | 10：20 | 广告 | | | | |
| 10：24 | 收视指南 | 10：24 | 收视指南 | 10：24 | 收视指南 | 10：24 | 收视指南 | 10：24 | 收视指南 | | | | |
| 10：26 | 生活(重) | 10：26 | 生活(重) | 10：26 | 生活(重) | 10：26 | 生活(重) | 10：26 | 生活(重) | | | | |
| 10：56 | 广告 | 10：56 | 广告 | 10：56 | 广告 | 10：56 | 广告 | 10：56 | 广告 | | | | |
| 11：00 | 健康之路(首) | 11：00 | 健康之路(首) | 11：00 | 健康之路(首) | 11：00 | 健康之路(首) | 11：00 | 健康之路(首) | 11：00 | 开心辞典(重) | 11：00 | 幸运52(重) |
| 11：50 | 天天饮食(重) | 11：50 | 天天饮食(重) | 11：50 | 天天饮食(重) | 11：50 | 天天饮食(重) | 11：50 | 天天饮食(重) | | | | |
| 12：00 | 全球资讯榜(首) | 12：00 | 全球资讯榜(首) | 12：00 | 全球资讯榜(首) | 12：00 | 全球资讯榜(首) | 12：00 | 全球资讯榜(首) | 12：00 | 全球资讯榜(首) | 12：00 | 全球资讯榜(首) |
| 12：35 | 经济半小时(重) | 12：35 | 经济半小时(重) | 12：35 | 经济半小时(重) | 12：35 | 经济半小时(重) | 12：35 | 经济半小时(重) | 12：35 | 经济半小时(重) | 12：35 | 经济半小时(重) |
| 13：05 | 劳动 · 就业 | 13：05 | 劳动 · 就业 | 13：05 | 劳动 · 就业 | 13：05 | 劳动 · 就业 | 13：05 | 劳动 · 就业 | 13：05 | 劳动 · 就业 | 13：05 | 劳动 · 就业 |
| 13：35 | 收视指南 | 13：35 | 收视指南 | 13：35 | 收视指南 | 13：35 | 收视指南 | 13：35 | 收视指南 | 13：35 | 收视指南 | 13：35 | 收视指南 |
| 13：36 | 广告 | 13：36 | 广告 | 13：36 | 广告 | 13：36 | 广告 | 13：36 | 广告 | 13：36 | 广告 | 13：36 | 广告 |
| 13：40 | 经济与法(重) | 13：40 | 经济与法(重) | 13：40 | 经济与法(重) | 13：40 | 经济与法(重) | 13：40 | 经济与法(重) | 13：40 | 经济与法(重) | 13：40 | 经济与法(重) |
| 14：10 | 前沿(重) | 14：10 | 前沿(重) | 14：10 | 前沿(重) | 14：10 | 前沿(重) | 14：10 | 前沿(重) | 14：10 | 二套导视（上午版） | 14：10 | 二套导视（上午版） |
| | | | | | | | | | | 14：13 | 广告 | 14：13 | 广告 |
| | | | | | | | | | | 14：17 | 收视指南 | 14：17 | 收视指南 |
| 14：35 | 中国财经报道（重） | 14：35 | 中国财经报道（重） | 14：35 | 中国财经报道（重） | 14：35 | 中国财经报道（重） | 14：35 | 中国财经报道（重） | 14：20 | 绝对挑战(重) | 14：20 | 非常6+1(重) |
| 14：55 | 广告 | 14：55 | 广告 | 14：55 | 广告 | 14：55 | 广告 | 14：55 | 广告 | | | | |
| 14：57 | 收视指南 | 14：57 | 收视指南 | 14：57 | 收视指南 | 14：57 | 收视指南 | 14：57 | 收视指南 | | | | |
| 15：00 | 金土地(重) | 15：00 | 金土地(重) | 15：00 | 金土地(重) | 15：00 | 金土地(重) | 15：00 | 金土地(重) | | | | |
| 15：20 | 为您服务(重) | 15：20 | 为您服务(重) | 15：20 | 为您服务(重) | 15：20 | 为您服务(重) | 15：20 | 为您服务(重) | 15：20 | 为您服务(重) | 15：40 | 鉴宝(重) |
| 16：10 | 经济与法(重) | 16：10 | 经济与法(重) | 16：10 | 经济与法(重) | 16：10 | 经济与法(重) | 16：10 | 经济与法(重) | 16：10 | 经济与法(重) | | |
| 16：40 | 全球资讯榜(重) | 16：40 | 全球资讯榜(重) | 16：40 | 全球资讯榜(重) | 16：40 | 全球资讯榜(重) | 16：40 | 全球资讯榜(重) | 16：40 | 全球资讯榜(重) | 16：40 | 全球资讯榜(重) |
| 17：15 | 收视指南 | 17：15 | 收视指南 | 17：15 | 收视指南 | 17：15 | 收视指南 | 17：15 | 收视指南 | 17：15 | 收视指南 | 17：15 | 收视指南 |

续表

| 星期一 | | 星期二 | | 星期三 | | 星期四 | | 星期五 | | 星期六 | | 星期日 | |
|---|---|---|---|---|---|---|---|---|---|---|---|---|---|
| 17：17 | 二套导视（下午版） | 17：17 | 二套导视（下午版） | 17：17 | 二套导视（下午版） | 17：17 | 二套导视（下午版） | 17：17 | 二套导视（下午版） | 17：17 | 广告 | 17：17 | 广告 |
| 17：20 | 中国证券（下午版） | 17：20 | 中国证券（下午版） | 17：20 | 中国证券（下午版） | 17：20 | 中国证券（下午版） | 17：20 | 中国证券（下午版） | 17：21 | 二套导视（下午版） | 17：21 | 二套导视（下午版） |
| | | | | | | | | | | 17：24 | 广告 | 17：24 | 广告 |
| | | | | | | | | | | 17：28 | 收视指南 | 17：28 | 收视指南 |
| | | | | | | | | | | 17：30 | 欢乐家庭(首) | 17：30 | 欢乐家庭(首) |
| 18：00 | 艺术品投资(首) | 18：00 | 艺术品投资(首) | 18：00 | 艺术品投资(首) | 18：00 | 艺术品投资(首) | 18：00 | 艺术品投资(首) | 18：00 | 鉴宝(首) | 18：00 | 绝对挑战(重) |
| 18：20 | 为您服务(首) | 18：20 | 为您服务(首) | 18：20 | 为您服务(首) | 18：20 | 为您服务(首) | 18：20 | 为您服务(首) | | | | |
| 19：10 | 金土地(首) | 19：10 | 金土地(首) | 19：10 | 金土地(首) | 19：10 | 金土地(首) | 19：10 | 金土地(首) | 19：10 | 前沿(首) | 19：10 | 前沿(首) |
| 19：30 | 广告 | 19：30 | 广告 | 19：30 | 广告 | 19：30 | 广告 | 19：30 | 广告 | 19：25 | 生活(首) | | |
| 19：35 | 前沿(首) | 19：35 | 前沿(首) | 19：35 | 前沿(首) | 19：35 | 前沿(首) | 19：35 | 前沿(首) | | | 19：40 | 非常 6+1(首) |
| 20：00 | 生活(首) | 20：00 | 生活(首) | 20：00 | 生活(首) | 20：00 | 生活(首) | 20：00 | 生活(首) | 20：00 | 绝对挑战(首) | | |
| 20：30 | 经济与法(首) | 20：30 | 经济与法(首) | 20：30 | 经济与法(首) | 20：30 | 经济与法(首) | 20：30 | 经济与法(首) | | | | |
| 21：00 | 经济信息联播(首) | 21：00 | 经济信息联播(首) | 21：00 | 经济信息联播(首) | 21：00 | 经济信息联播(首) | 21：00 | 经济信息联播(首) | 21：00 | 经济信息联播(首) | 21：00 | 经济信息联播(首) |
| 21：30 | 经济半小时(首) | 21：30 | 经济半小时(首) | 21：30 | 经济半小时(首) | 21：30 | 经济半小时(首) | 21：30 | 经济半小时(首) | 21：30 | 经济半小时(首) | 21：30 | 经济半小时(首) |
| 22：00 | 广告 | 22：00 | 广告 | 22：00 | 广告 | 22：00 | 广告 | 22：00 | 广告 | 22：00 | 广告 | 22：00 | 广告 |
| 22：05 | 中国财经报道(首) | 22：05 | 中国财经报道(首) | 22：05 | 中国财经报道(首) | 22：05 | 中国财经报道(首) | 22：05 | 开心辞典(重) | 22：05 | 幸运 52(首) | 22：05 | 对话(首) |
| 22：25 | 中国证券（晚间版） | 22：25 | 中国证券（晚间版） | 22：25 | 中国证券（晚间版） | 22：25 | 中国证券（晚间版） | | | | | | |
| 22：55 | 广告 | 22：55 | 广告 | 22：55 | 广告 | 22：55 | 广告 | 23：05 | 广告 | 23：05 | 广告 | 23：05 | 广告 |
| 23：00 | 地球故事(首) | 23：00 | 地球故事(首) | 23：00 | 地球故事(首) | 23：00 | 地球故事(首) | 23：10 | 中国财经报道(首) | 23：10 | 经济与法(首) | 23：10 | 前沿(重) |
| 23：20 | 广告 | 23：20 | 广告 | 23：20 | 广告 | 23：20 | 广告 | 23：30 | 广告 | 23：40 | 广告 | 23：50 | 广告 |
| 23：22 | 收视指南 | 23：22 | 收视指南 | 23：22 | 收视指南 | 23：22 | 收视指南 | 23：35 | 收视指南 | 23：45 | 收视指南 | 23：55 | 收视指南 |
| 23：25 | 广告 | 23：25 | 广告 | 23：25 | 广告 | 23：25 | 广告 | 00：05 | 地球故事(首) | | | | |
| 23：30 | 绝对挑战(重) | 23：30 | 对话(重) | 23：30 | 鉴宝(重) | 23：30 | 非常 6+1(重) | 00：25 | 收视指南 | | | | |
| 00：30 | 经济信息联播(重) | 00：30 | 经济信息联播(重) | 00：30 | 经济信息联播(重) | 00：50 | 经济信息联播(重) | 00：30 | 经济信息联播(重) | 23：50 | 经济信息联播(重) | 00：00 | 经济信息联播(重) |
| 01：00 | 经济半小时(重) | 01：00 | 经济半小时(重) | 01：00 | 经济半小时(重) | 01：20 | 经济半小时(重) | 01：00 | 经济半小时(重) | 00：20 | 经济半小时(重) | 00：30 | 经济半小时(重) |

续表

| 星期一 | | 星期二 | | 星期三 | | 星期四 | | 星期五 | | 星期六 | | 星期日 | |
|---|---|---|---|---|---|---|---|---|---|---|---|---|---|
| 01：30 | 中国证券(晚间版)(重) | 01：30 | 中国证券(晚间版)(重) | 01：30 | 中国证券(晚间版)(重) | 01：50 | 中国证券(晚间版)(重) | 01：30 | 中国证券(晚间版)(重) | | | | |
| 02：00 | 每日一歌 | 02：00 | 每日一歌 | 02：00 | 每日一歌 | 02：20 | 每日一歌 | 02：00 | 每日一歌 | 00：50 | 每日一歌 | 01：00 | 每日一歌 |
| 02：05 | 收视指南　结束 | 02：05 | 收视指南　结束 | 02：05 | 收视指南　结束 | 02：25 | 收视指南　结束 | 02：05 | 收视指南　结束 | 01：55 | 收视指南　结束 | 01：05 | 收视指南　结束 |

## CCTV—3(综艺频道）栏目播出时间表

| 星期一 | | 星期二 | | 星期三 | | 星期四 | | 星期五 | | 星期六 | | 星期日 | |
|---|---|---|---|---|---|---|---|---|---|---|---|---|---|
| 06：00 | 中国音乐电视 | 06：00 | 中国音乐电视 | 06：00 | 中国音乐电视 | 06：00 | 中国音乐电视 | 06：00 | 中国音乐电视 | 06：00 | 中国音乐电视 | 06：00 | 中国音乐电视 |
| 06：40 | 快乐驿站 | 06：40 | 快乐驿站 | 06：40 | 快乐驿站 | 06：40 | 快乐驿站 | 06：40 | 快乐驿站 | 06：40 | 快乐驿站 | 06：40 | 快乐驿站 |
| 06：50 | 综艺快报 | 06：50 | 综艺快报 | 06：50 | 综艺快报 | 06：50 | 综艺快报 | 06：50 | 综艺快报 | 06：50 | 综艺快报 | 06：50 | 综艺快报 |
| | 周末版 | 07：20 | 幕后 | 07：20 | 幕后 | 07：20 | 幕后 | 07：20 | 幕后 | 07：20 | 幕后 | 07：20 | 幕后 |
| 07：40 | 广告包装 | 07：40 | 广告包装 | 07：40 | 广告包装 | 07：40 | 广告包装 | 07：40 | 广告包装 | 07：40 | 广告包装 | 07：40 | 广告包装 |
| 07：45 | 演艺竞技场 | 07：45 | 曲苑杂坛精编版 | 07：45 | 文化访谈录 | 07：45 | 梦想剧场 | 07：45 | 艺苑风景线 | 07：45 | 电视诗歌散文 | 07：45 | 舞蹈世界 |
| 08：15 | 广告包装 | 08：15 | 广告包装 | 08：15 | 广告包装 | 08：15 | 广告包装 | 08：15 | 广告包装 | 08：15 | 广告包装 | 08：15 | 广告包装 |
| 08：20 | 中国音乐电视 | 08：20 | 中国音乐电视 | 08：20 | 中国音乐电视 | 08：20 | 中国音乐电视 | 08：20 | 中国音乐电视 | 08：20 | 中国音乐电视 | 08：20 | 中国音乐电视 |
| 09：00 | 广告包装 | 09：00 | 广告包装 | 09：00 | 广告包装 | 09：00 | 广告包装 | 09：00 | 广告包装 | 09：00 | 广告包装 | 09：00 | 广告包装 |
| 09：00 | 剧场 | 09：00 | 剧场 | 09：00 | 剧场 | 09：00 | 剧场 | 09：05 | 演艺竞技场(60′) | 09：05 | 同一首歌 | 09：05 | 艺苑风景线 |
| | | | | | | | | 10：05 | 电视诗歌散文 | | | 09：35 | 与您相约 |
| | | | | | | | | | | | | 10：15 | 舞蹈世界 |
| 10：35 | 广告包装 | 10：35 | 广告包装 | 10：35 | 广告包装 | 10：35 | 广告包装 | 10：35 | 广告包装 | 10：45 | 广告包装 | 10：45 | 广告包装 |
| 10：40 | 中国音乐电视精编版 | 10：40 | 国际艺苑 | 10：40 | 新视听 | 10：40 | 激情广场 | 10：40 | 挑战主持人 | 10：50 | 欢乐中国行 | 10：50 | 星光大道 |
| 11：40 | 广告包装 | 11：40 | 广告包装 | 11：40 | 广告包装 | 11：40 | 广告包装 | 11：40 | 广告包装 | | | | |
| 11：45 | 每日一歌 | 11：45 | 每日一歌 | 11：45 | 每日一歌 | 11：45 | 每日一歌 | 11：45 | 每日一歌 | | | | |
| 11：50 | 广告 | 11：50 | 广告 | 11：50 | 广告 | 11：50 | 广告 | 11：50 | 广告 | 11：50 | 广告 | 11：50 | 广告 |
| 11：55 | 真情无限 | 11：55 | 梦想剧场 | 11：55 | 曲苑杂坛精编版 | 11：55 | 演艺竞技场 | 11：55 | 联合对抗 | 11：55 | 舞蹈世界 | 11：55 | 电视诗歌散文 |
| 12：25 | 广告包装 | 12：25 | 广告包装 | 12：25 | 广告包装 | 12：25 | 广告包装 | 12：25 | 广告包装 | 12：25 | 广告包装 | 12：25 | 广告包装 |
| 12：30 | 快乐驿站 | 12：30 | 快乐驿站 | 12：30 | 快乐驿站 | 12：30 | 快乐驿站 | 12：30 | 快乐驿站 | 12：30 | 快乐驿站 | 12：30 | 快乐驿站 |
| 12：40 | 广告包装 | 12：40 | 广告包装 | 12：40 | 广告包装 | 12：40 | 广告包装 | 12：40 | 广告包装 | 12：40 | 广告包装 | 12：40 | 广告包装 |

续表

| 星期一 | | 星期二 | | 星期三 | | 星期四 | | 星期五 | | 星期六 | | 星期日 | |
|---|---|---|---|---|---|---|---|---|---|---|---|---|---|
| 12：45 | 艺术人生系列回顾 | 12：45 | 艺术人生系列回顾 | 12：45 | 艺术人生系列回顾 | 12：45 | 艺术人生系列回顾 | 12：45 | 艺术人生系列回顾 | 12：45 | 艺术人生系列回顾 | 12：45 | 艺术人生 |
| 13：35 | 快乐驿站 | 13：35 | 快乐驿站 | 13：35 | 快乐驿站 | 13：35 | 快乐驿站 | 13：35 | 快乐驿站 | 13：35 | 快乐驿站 | 13：35 | 快乐驿站 |
| 13：45 | 广告包装 | 13：45 | 广告包装 | 13：45 | 广告包装 | 13：45 | 广告包装 | 13：45 | 广告包装 | 13：45 | 广告包装 | 13：45 | 广告包装 |
| 13：50 | 电视诗歌散文 | 13：50 | 综艺快报 | 13：50 | 综艺快报 | 13：50 | 综艺快报 | 13：50 | 综艺快报 | 13：50 | 演艺竞技场(60′) | 13：50 | 文化访谈录 |
| 14：20 | 中国音乐电视 | 14：20 | 中国音乐电视 | 14：20 | 中国音乐电视 | 14：20 | 中国音乐电视 | 14：20 | 中国音乐电视 | 14：50 | 快乐驿站 | 14：20 | 想挑战吗 |
| 15：00 | 广告包装 | 15：00 | 广告包装 | 15：00 | 广告包装 | 15：00 | 广告包装 | 15：00 | 广告包装 | 15：00 | 广告包装 | 15：20 | 广告包装 |
| 15：05 | 剧场 | 15：05 | 剧场 | 15：05 | 剧场 | 15：05 | 剧场 | 15：05 | 剧场 | 15：05 | 剧场 | 15：25 | 神州大舞台 |
| 16：35 | 广告包装 | 16：35 | 广告包装 | 16：35 | 广告包装 | 16：35 | 广告包装 | 16：35 | 广告包装 | 16：35 | 广告包装 | 16：25 | 广告包装 |
| 16：40 | 快乐驿站 | 16：40 | 快乐驿站 | 16：40 | 快乐驿站 | 16：40 | 快乐驿站 | 16：40 | 快乐驿站 | 16：40 | 快乐驿站 | 16：30 | 快乐驿站 |
| 16：50 | 幕后 | 16：50 | 幕后 | 16：50 | 幕后 | 16：50 | 幕后 | 16：50 | 幕后 | 16：50 | 幕后 | 16：40 | 广告包装 |
| 17：10 | 中国音乐电视 | 17：10 | 中国音乐电视 | 17：10 | 中国音乐电视 | 17：10 | 中国音乐电视 | 17：10 | 中国音乐电视 | 17：10 | 中国音乐电视 | 16：45 | 同一首歌 |
| 17：50 | 广告包装 | 17：50 | 广告包装 | 17：50 | 广告包装 | 17：50 | 广告包装 | 17：50 | 广告包装 | 17：50 | 广告包装 | | |
| 17：55 | 梦想剧场 | 17：55 | 联合对抗 | 17：55 | 演艺竞技场 | 17：55 | 曲苑杂坛精编版 | 17：55 | 真情无限 | 17：55 | 艺苑风景线 | | |
| 18：25 | 广告包装 | 18：25 | 广告包装 | 18：25 | 广告包装 | 18：25 | 广告包装 | 18：25 | 广告包装 | 18：25 | 广告包装 | 18：25 | 广告包装 |
| 18：30 | 综艺快报 | 18：30 | 综艺快报 | 18：30 | 综艺快报 | 18：30 | 综艺快报 | 18：30 | 综艺快报 | 18：30 | 综艺快报 | 18：30 | 综艺快报周末版 |
| 19：00 | 广告包装 | 19：00 | 广告包装 | 19：00 | 广告包装 | 19：00 | 广告包装 | 19：00 | 广告包装 | 19：00 | 广告包装 | | |
| 19：05 | 幕后 | 19：05 | 幕后 | 19：05 | 幕后 | 19：05 | 幕后 | 19：05 | 幕后 | 19：05 | 幕后 | 19：20 | 每日一歌 |
| 19：25 | 广告包装 | 19：25 | 广告包装 | 19：25 | 广告包装 | 19：25 | 广告包装 | 19：25 | 广告包装 | 19：25 | 广告包装 | 19：25 | 广告包装 |
| 19：30 | 国际艺苑 | 19：30 | 神州大舞台 | 19：30 | 演艺竞技场(60′) | 19：30 | 音画时尚 | 19：30 | 同一首歌 | 19：30 | 星光大道 | 19：30 | 欢乐中国行 |
| 20：30 | 广告包装 | 20：30 | 广告包装 | 20：30 | 广告包装 | 20：30 | 广告包装 | | | 20：30 | 广告包装 | 20：30 | 广告包装 |
| 20：35 | 联合对抗 | 20：35 | 梦想剧场 | 20：35 | 曲苑杂坛精编版 | 20：35 | 文化访谈录 | | | 20：35 | 正大综艺 | 20：35 | 想挑战吗 |
| 21：05 | 广告包装 | 21：05 | 广告包装 | 21：05 | 广告包装 | 21：05 | 广告包装 | 21：10 | 广告包装 | 21：35 | 广告包装 | 21：35 | 广告包装 |
| 21：10 | 星光大道 | 21：10 | 新视听 | 21：10 | 激情广场 | 21：10 | 挑战主持人 | 21：15 | 艺术人生 | 21：40 | 与您相约 | 21：40 | 真情无限 |
| 22：10 | 广告 | 22：10 | 广告 | 22：10 | 广告 | 22：10 | 广告 | 22：05 | 广告 | 22：20 | 广告 | 22：10 | 广告 |
| 22：15 | 快乐驿站 | 22：15 | 快乐驿站 | 22：15 | 快乐驿站 | 22：15 | 快乐驿站 | 22：10 | 快乐驿站 | 22：25 | 快乐驿站 | 22：15 | 快乐驿站 |
| 22：25 | 广告包装 | 22：25 | 广告包装 | 22：25 | 广告包装 | 22：25 | 广告包装 | 22：20 | 广告包装 | 22：35 | 广告包装 | 22：25 | 广告包装 |
| 22：30 | 欢乐中国行 | 22：30 | 想挑战吗 | 22：30 | 神州大舞台 | 22：30 | 中国音乐电视精编版 | 22：25 | 演艺竞技场 | 22：40 | 音画时尚 | 22：30 | 剧场 |
| 23：30 | 广告 | 23：30 | 广告 | 23：30 | 广告 | 23：30 | 广告 | 23：30 | 广告 | 23：30 | 广告 | 23：30 | 剧场 |
| 23：35 | 幕后 | 23：35 | 幕后 | 23：35 | 幕后 | 23：35 | 幕后 | 23：35 | 幕后 | 23：35 | 幕后 | | |
| 23：55 | 广告包装 | 23：55 | 广告包装 | 23：55 | 广告包装 | 23：55 | 广告包装 | 23：55 | 广告包装 | 23：55 | 广告包装 | 00：00 | 广告包装 |

续表

| 星期一 | | 星期二 | | 星期三 | | 星期四 | | 星期五 | | 星期六 | | 星期日 | |
|---|---|---|---|---|---|---|---|---|---|---|---|---|---|
| 00：00 | 中国音乐电视 | 00：00 | 中国音乐电视 | 00：00 | 中国音乐电视 | 00：00 | 中国音乐电视 | 00：00 | 中国音乐电视 | 00：00 | 中国音乐电视 | 00：05 | 中国音乐电视精编版 |
| 00：40 | 广告 | 00：40 | 广告 | 00：40 | 广告 | 00：40 | 广告 | 00：40 | 广告 | 00：40 | 广告 | 01：05 | 广告 |
| 00：45 | 综艺快报 | 00：45 | 综艺快报 | 00：45 | 综艺快报 | 00：45 | 综艺快报 | 00：45 | 综艺快报 | 00：45 | 综艺快报 | 01：10 | 综艺快报周末版 |
| 01：15 | 每日一歌 | 01：15 | 每日一歌 | 01：15 | 每日一歌 | 01：15 | 每日一歌 | 01：15 | 每日一歌 | 01：15 | 每日一歌 | 02：00 | 每日一歌 |
| 01：20 | 节目预告、结束 | 01：20 | 节目预告、结束 | 01：20 | 节目预告、结束 | 01：20 | 节目预告、结束 | 01：20 | 节目预告、结束 | 01：20 | 节目预告、结束 | 02：05 | 节目预告、结束 |

## CCTV—4(国际频道）栏目播出时间表

| 星期一 | | 星期二 | | 星期三 | | 星期四 | | 星期五 | | 星期六 | | 星期日 | |
|---|---|---|---|---|---|---|---|---|---|---|---|---|---|
| 04：00 | 中国新闻 | 04：00 | 中国新闻 | 04：00 | 中国新闻 | 04：00 | 中国新闻 | 04：00 | 中国新闻 | 04：00 | 中国新闻 | 04：00 | 中国新闻 |
| 05：00 | 导视、宣传、广告 | 05：00 | 导视、宣传、广告 | 05：00 | 导视、宣传、广告 | 05：00 | 导视、宣传、广告 | 05：00 | 导视、宣传、广告 | 05：00 | 导视、宣传、广告 | 05：00 | 导视、宣传、广告 |
| 05：05 | 电视剧 1 | 05：05 | 电视剧 1 | 05：05 | 电视剧 1 | 05：05 | 电视剧 1 | 05：05 | 电视剧 1 | 05：05 | 电视剧 1 | 05：05 | 欢聚一堂／同乐五洲 |
| 05：55 | 导视、宣传、广告 | 05：55 | 导视、宣传、广告 | 05：55 | 导视、宣传、广告 | 05：55 | 导视、宣传、广告 | 05：55 | 导视、宣传、广告 | 05：55 | 导视、宣传、广告 | 05：55 | 导视、宣传、广告 |
| 06：00 | 简明新闻 | 06：00 | 简明新闻 | 06：00 | 简明新闻 | 06：00 | 简明新闻 | 06：00 | 简明新闻 | 06：00 | 简明新闻 | 06：00 | 简明新闻 |
| 06：10 | 中国文艺 | 06：10 | 中国文艺 | 06：10 | 中国文艺 | 06：10 | 中国文艺 | 06：10 | 中国文艺 | 06：10 | 让世界了解你 | 06：10 | 互动星期天 |
| 06：30 | 神州戏坛 | 06：30 | 体育在线 | 06：30 | 体育在线 | 06：30 | 体育在线 | 06：30 | 名将之约 | | | | |
| 07：00 | 简明新闻 | 07：00 | 简明新闻 | 07：00 | 简明新闻 | 07：00 | 简明新闻 | 07：00 | 简明新闻 | 07：00 | 简明新闻 | 07：00 | 简明新闻 |
| 07：10 | 探索·发现 | 07：10 | 探索·发现 | 07：10 | 探索·发现 | 07：10 | 探索·发现 | 07：10 | 探索·发现 | 07：10 | 天涯共此时 | 07：10 | 中华医药 |
| 07：40 | 两岸万事通 | 07：40 | 两岸万事通 | 07：40 | 两岸万事通 | 07：40 | 两岸万事通 | 07：40 | 两岸万事通 | | | | |
| 07：55 | 导视、宣传、广告 | 07：55 | 导视、宣传、广告 | 07：55 | 导视、宣传、广告 | 07：55 | 导视、宣传、广告 | 07：55 | 导视、宣传、广告 | 07：55 | 导视、宣传、广告 | 07：55 | 导视、宣传、广告 |
| 08：00 | 新闻 60 分 | 08：00 | 新闻 60 分 | 08：00 | 新闻 60 分 | 08：00 | 新闻 60 分 | 08：00 | 新闻 60 分 | 08：00 | 新闻 60 分 | 08：00 | 新闻 60 分 |
| 09：00 | 电视剧 2 | 09：00 | 电视剧 2 | 09：00 | 电视剧 2 | 09：00 | 电视剧 2 | 09：00 | 电视剧 2 | 09：00 | 电视剧 2 | 09：00 | 实话实说（导视、广告） |

续表

| 星期一 | | 星期二 | | 星期三 | | 星期四 | | 星期五 | | 星期六 | | 星期日 | |
|---|---|---|---|---|---|---|---|---|---|---|---|---|---|
| 09：50 | 语林趣话 | 09：50 | 语林趣话 | 09：50 | 语林趣话 | 09：50 | 语林趣话 | 09：50 | 语林趣话 | 09：50 | 语林趣话 | 09：50 | 语林趣话 |
| 09：55 | 华夏文明 | 09：55 | 华夏文明 | 09：55 | 华夏文明 | 09：55 | 华夏文明 | 09：55 | 华夏文明 | 09：55 | 华夏文明 | 09：55 | 华夏文明 |
| 10：00 | 简明新闻 | 10：00 | 简明新闻 | 10：00 | 简明新闻 | 10：00 | 简明新闻 | 10：00 | 简明新闻 | 10：00 | 简明新闻 | 10：00 | 简明新闻 |
| 10：15 | 动画城 | 10：15 | 动画城 | 10：15 | 动画城 | 10：15 | 动画城 | 10：15 | 动画城 | 10：15 | 闽南话时间 | 10：15 | 艺术人生 |
| 10：45 | 学汉语 | 10：45 | 学汉语 | 10：45 | 学汉语 | 10：45 | 学汉语 | 10：45 | 学汉语 | 10：45 | 学汉语 | | |
| 10：55 | 导视、宣传、广告 | 10：55 | 导视、宣传、广告 | 10：55 | 导视、宣传、广告 | 10：55 | 导视、宣传、广告 | 10：55 | 导视、宣传、广告 | 10：55 | 导视、宣传、广告 | | |
| 11：00 | 简明新闻 | 11：00 | 简明新闻 | 11：00 | 简明新闻 | 11：00 | 简明新闻 | 11：00 | 简明新闻 | 11：00 | 简明新闻 | 11：00 | 简明新闻 |
| 11：10 | 走遍中国 | 11：10 | 走遍中国 | 11：10 | 走遍中国 | 11：10 | 走遍中国 | 11：10 | 走遍中国 | 11：10 | 走遍中国 | 11：10 | 走遍中国 |
| 11：40 | 海峡两岸 | 11：40 | 海峡两岸 | 11：40 | 海峡两岸 | 11：40 | 海峡两岸 | 11：40 | 海峡两岸 | 11：40 | 海峡两岸 | 11：40 | 海峡两岸 |
| 12：00 | 中国新闻 | 12：00 | 中国新闻 | 12：00 | 中国新闻 | 12：00 | 中国新闻 | 12：00 | 中国新闻 | 12：00 | 中国新闻 | 12：00 | 中国新闻 |
| 13：00 | 导视、宣传、广告 | 13：00 | 导视、宣传、广告 | 13：00 | 导视、宣传、广告 | 13：00 | 导视、宣传、广告 | 13：00 | 导视、宣传、广告 | 13：00 | 导视、宣传、广告 | 13：00 | 导视、宣传、广告 |
| 13：05 | 电视剧 1 | 13：05 | 电视剧 1 | 13：05 | 电视剧 1 | 13：05 | 电视剧 1 | 13：05 | 电视剧 1 | 13：05 | 电视剧 1 | 13：05 | 欢聚一堂／同乐五洲 |
| 13：55 | 导视、宣传、广告 | 13：55 | 导视、宣传、广告 | 13：55 | 导视、宣传、广告 | 13：55 | 导视、宣传、广告 | 13：55 | 导视、宣传、广告 | 13：55 | 导视、宣传、广告 | 13：55 | 导视、宣传、广告 |
| 14：00 | 简明新闻 | 14：00 | 简明新闻 | 14：00 | 简明新闻 | 14：00 | 简明新闻 | 14：00 | 简明新闻 | 14：00 | 简明新闻 | 14：00 | 简明新闻 |
| 14：10 | 中国文艺 | 14：10 | 中国文艺 | 14：10 | 中国文艺 | 14：10 | 中国文艺 | 14：10 | 中国文艺 | 14：10 | 让世界了解你 | 14：10 | 互动星期天 |
| 14：30 | 神州戏坛 | 14：30 | 体育在线 | 14：30 | 体育在线 | 14：30 | 体育在线 | 14：30 | 名将之约 | | | | |
| 15：00 | 简明新闻 | 15：00 | 简明新闻 | 15：00 | 简明新闻 | 15：00 | 简明新闻 | 15：00 | 简明新闻 | 15：00 | 简明新闻 | 15：00 | 简明新闻 |
| 15：15 | 东方时空 | 15：15 | 东方时空 | 15：15 | 东方时空 | 15：15 | 东方时空 | 15：15 | 东方时空 | 15：15 | 东方时空 | 15：15 | 周日剧场 |
| 16：00 | 简明新闻 | 16：00 | 简明新闻 | 16：00 | 简明新闻 | 16：00 | 简明新闻 | 16：00 | 简明新闻 | 16：00 | 简明新闻 | | |
| 16：10 | 导视、宣传、广告 | 16：10 | 导视、宣传、广告 | 16：10 | 导视、宣传、广告 | 16：10 | 导视、宣传、广告 | 16：10 | 导视、宣传、广告 | 16：10 | 导视、宣传、广告 | | |
| 16：15 | 学汉语 | 16：15 | 学汉语 | 16：15 | 学汉语 | 16：15 | 学汉语 | 16：15 | 学汉语 | 16：15 | 学汉语 | | |
| 16：25 | 语林趣话 | 16：25 | 语林趣话 | 16：25 | 语林趣话 | 16：25 | 语林趣话 | 16：25 | 语林趣话 | 16：25 | 语林趣话 | | |
| 16：30 | 探索·发现 | 16：30 | 探索·发现 | 16：30 | 探索·发现 | 16：30 | 探索·发现 | 16：30 | 探索·发现 | 16：30 | 探索·发现 | | |
| 17：00 | 简明新闻 | 17：00 | 简明新闻 | 17：00 | 简明新闻 | 17：00 | 简明新闻 | 17：00 | 简明新闻 | 17：00 | 简明新闻 | 17：00 | 简明新闻 |
| 17：00 | 导视、宣传、广告 | 17：00 | 导视、宣传、广告 | 17：00 | 导视、宣传、广告 | 17：00 | 导视、宣传、广告 | 17：00 | 导视、宣传、广告 | 17：00 | 导视、宣传、广告 | 17：10 | 导视、宣传、广告 |
| 17：15 | 夕阳红 | 17：15 | 夕阳红 | 17：15 | 夕阳红 | 17：15 | 夕阳红 | 17：15 | 夕阳红 | 17：15 | 天涯共此时 | 17：15 | 中华医药 |

续表

| 星期一 | | 星期二 | | 星期三 | | 星期四 | | 星期五 | | 星期六 | | 星期日 | |
|---|---|---|---|---|---|---|---|---|---|---|---|---|---|
| 17：45 | 两岸万事通 | 17：45 | 两岸万事通 | 17：45 | 两岸万事通 | 17：45 | 两岸万事通 | 17：45 | 两岸万事通 | | | | |
| 18：00 | 环球时讯 | 18：00 | 环球时讯 | 18：00 | 环球时讯 | 18：00 | 环球时讯 | 18：00 | 环球时讯 | 18：00 | 环球时讯 | 18：00 | 环球时讯 |
| 18：30 | 华夏掠影 | 18：30 | 华夏掠影 | 18：30 | 华夏掠影 | 18：30 | 华夏掠影 | 18：30 | 华夏掠影 | 18：30 | 华夏掠影 | 18：30 | 变化中的中国 |
| 18：45 | 台湾百科 | 18：45 | 台湾百科 | 18：45 | 台湾百科 | 18：45 | 台湾百科 | 18：45 | 台湾百科 | 18：45 | 东方时尚 | 18：45 | 东方时尚 |
| 18：50 | 国宝档案 | 18：50 | 国宝档案 | 18：50 | 国宝档案 | 18：50 | 国宝档案 | 18：50 | 国宝档案 | | | | |
| 19：00 | 简明新闻 | 19：00 | 简明新闻 | 19：00 | 简明新闻 | 19：00 | 简明新闻 | 19：00 | 简明新闻 | 19：00 | 简明新闻 | 19：00 | 简明新闻 |
| 19：10 | 电视剧 1 | 19：10 | 电视剧 1 | 19：10 | 电视剧 1 | 19：10 | 电视剧 1 | 19：10 | 电视剧 1 | 19：10 | 电视剧 1 | 19：10 | 欢聚一堂／同乐五洲 |
| 20：00 | 简明新闻 | 20：00 | 简明新闻 | 20：00 | 简明新闻 | 20：00 | 简明新闻 | 20：00 | 简明新闻 | 20：00 | 简明新闻 | 20：00 | 简明新闻 |
| 20：10 | 走遍中国 | 20：10 | 走遍中国 | 20：10 | 走遍中国 | 20：10 | 走遍中国 | 20：10 | 走遍中国 | 20：10 | 走遍中国 | 20：10 | 走遍中国 |
| 20：40 | 海峡两岸 | 20：40 | 海峡两岸 | 20：40 | 海峡两岸 | 20：40 | 海峡两岸 | 20：40 | 海峡两岸 | 20：40 | 海峡两岸 | 20：40 | 海峡两岸 |
| 21：00 | 中国新闻（含中国报道） | 21：00 | 中国新闻（含中国报道） | 21：00 | 中国新闻（含中国报道） | 21：00 | 中国新闻（含中国报道） | 21：00 | 中国新闻（含中国报道） | 21：00 | 中国新闻（含中国报道） | 21：00 | 中国新闻（含中国报道） |
| 22：00 | 中国文艺 | 22：00 | 中国文艺 | 22：00 | 中国文艺 | 22：00 | 中国文艺 | 22：00 | 中国文艺 | 22：00 | 让世界了解你 | 22：00 | 互动星期天 |
| 22：20 | 神州戏坛 | 22：20 | 体育在线 | 22：20 | 体育在线 | 22：20 | 体育在线 | 22：20 | 名将之约 | | | | |
| 22：50 | 语林趣话 | 22：50 | 语林趣话 | 22：50 | 语林趣话 | 22：50 | 语林趣话 | 22：50 | 语林趣话 | 22：50 | 语林趣话 | 22：50 | 语林趣话 |
| 22：55 | 华夏文明 | 22：55 | 华夏文明 | 22：55 | 华夏文明 | 22：55 | 华夏文明 | 22：55 | 华夏文明 | 22：55 | 华夏文明 | 22：55 | 华夏文明 |
| 23：00 | 财经报道 | 23：00 | 财经报道 | 23：00 | 财经报道 | 23：00 | 财经报道 | 23：00 | 财经报道 | 23：00 | 天涯共此时 | 23：00 | 中华医药 |
| 23：30 | 两岸万事通 | 23：30 | 两岸万事通 | 23：30 | 两岸万事通 | 23：30 | 两岸万事通 | 23：30 | 两岸万事通 | | | | |
| 23：45 | 台湾百科 | 23：45 | 台湾百科 | 23：45 | 台湾百科 | 23：45 | 台湾百科 | 23：45 | 台湾百科 | 23：45 | 台湾百科 | 23：45 | 台湾百科 |
| 23：50 | 科技博览 | 23：50 | 科技博览 | 23：50 | 科技博览 | 23：50 | 科技博览 | 23：50 | 科技博览 | 23：50 | 科技博览 | 23：50 | 科技博览 |
| 23：55 | 导视、宣传、广告 | 23：55 | 导视、宣传、广告 | 23：55 | 导视、宣传、广告 | 23：55 | 导视、宣传、广告 | 23：55 | 导视、宣传、广告 | 23：55 | 导视、宣传、广告 | 23：55 | 导视、宣传、广告 |
| 00：00 | 简明新闻 | 00：00 | 简明新闻 | 00：00 | 简明新闻 | 00：00 | 简明新闻 | 00：00 | 简明新闻 | 00：00 | 简明新闻 | 00：00 | 简明新闻 |
| 00：10 | 电视剧 2 | 00：10 | 电视剧 2 | 00：10 | 电视剧 2 | 00：10 | 电视剧 2 | 00：10 | 电视剧 2 | 00：10 | 电视剧 2 | 00：10 | 艺术人生（导视、广告） |
| 01：00 | 简明新闻 | 01：00 | 简明新闻 | 01：00 | 简明新闻 | 01：00 | 简明新闻 | 01：00 | 简明新闻 | 01：00 | 简明新闻 | 01：00 | 简明新闻 |
| 01：15 | 动画城 | 01：15 | 动画城 | 01：15 | 动画城 | 01：15 | 动画城 | 01：15 | 动画城 | 01：15 | 闽南话时间 | 01：15 | 实话实说 |
| 01：45 | 学汉语 | 01：45 | 学汉语 | 01：45 | 学汉语 | 01：45 | 学汉语 | 01：45 | 学汉语 | 01：45 | 学汉语 | | |
| 01：55 | 导视、宣传、广告 | 01：55 | 导视、宣传、广告 | 01：55 | 导视、宣传、广告 | 01：55 | 导视、宣传、广告 | 01：55 | 导视、宣传、广告 | 01：55 | 导视、宣传、广告 | | |
| 02：00 | 新闻联播 | 02：00 | 新闻联播 | 02：00 | 新闻联播 | 02：00 | 新闻联播 | 02：00 | 新闻联播 | 02：00 | 新闻联播 | 02：00 | 新闻联播 |

续表

| 星期一 | | 星期二 | | 星期三 | | 星期四 | | 星期五 | | 星期六 | | 星期日 | |
|---|---|---|---|---|---|---|---|---|---|---|---|---|---|
| 02:30 | 华夏掠影 | 02:30 | 华夏掠影 | 02:30 | 华夏掠影 | 02:30 | 华夏掠影 | 02:30 | 华夏掠影 | 02:30 | 华夏掠影 | 02:30 | 变化中的中国 |
| 02:45 | 台湾百科 | 02:45 | 台湾百科 | 02:45 | 台湾百科 | 02:45 | 台湾百科 | 02:45 | 台湾百科 | 02:45 | 东方时尚 | 02:45 | 东方时尚 |
| 02:50 | 国宝档案 | 02:50 | 国宝档案 | 02:50 | 国宝档案 | 02:50 | 国宝档案 | 02:50 | 国宝档案 | | | | |
| 03:00 | 导视、宣传、广告 | 03:00 | 导视、宣传、广告 | 03:00 | 导视、宣传、广告 | 03:00 | 导视、宣传、广告 | 03:00 | 导视、宣传、广告 | 03:00 | 导视、宣传、广告 | 03:00 | 导视、宣传、广告 |
| 03:05 | 走遍中国 | 03:05 | 走遍中国 | 03:05 | 走遍中国 | 03:05 | 走遍中国 | 03:05 | 走遍中国 | 03:05 | 走遍中国 | 03:05 | 走遍中国 |
| 03:35 | 海峡两岸 | 03:35 | 海峡两岸 | 03:35 | 海峡两岸 | 03:35 | 海峡两岸 | 03:35 | 海峡两岸 | 03:35 | 海峡两岸 | 03:35 | 海峡两岸 |
| 03:55 | 导视、宣传、广告 | 03:55 | 导视、宣传、广告 | 03:55 | 导视、宣传、广告 | 03:55 | 导视、宣传、广告 | 03:55 | 导视、宣传、广告 | 03:55 | 导视、宣传、广告 | 03:55 | 导视、宣传、广告 |

## CCTV—5(体育频道) 栏目播出时间表

| 星期一 | | 星期二 | | 星期三 | | 星期四 | | 星期五 | | 星期六 | | 星期日 | |
|---|---|---|---|---|---|---|---|---|---|---|---|---|---|
| 05:55 | 国歌 预告 | 05:55 | 国歌 预告 | 05:55 | 国歌 预告 | 05:55 | 国歌 预告 | 05:55 | 国歌 预告 | 05:55 | 国歌 预告 | 05:55 | 国歌 预告 |
| 06:00 | 健身房(闻) | 06:00 | 健身房(闻) | 06:00 | 健身房(闻) | 06:00 | 健身房(闻) | 06:00 | 健身房(闻) | 06:00 | 健身房(闻) | 06:00 | 健身房(闻) |
| 06:55 | 广告+包装 | 06:55 | 广告+包装 | 06:55 | 广告+包装 | 06:55 | 广告+包装 | 06:55 | 广告+包装 | 06:55 | 广告+包装 | 06:55 | 广告+包装 |
| 07:00 | 早安中国(首) | 07:00 | 早安中国(首) | 07:00 | 早安中国(首) | 07:00 | 早安中国(首) | 07:00 | 早安中国(首) | 07:00 | 体育英语 | 07:00 | 体育英语 |
| | | | | | | | | | | 07:25 | 广告+包装 | 07:25 | 广告+包装 |
| 07:55 | 广告+包装 | 07:55 | 广告+包装 | 07:55 | 广告+包装 | 07:55 | 广告+包装 | 07:55 | 广告+包装 | 07:30 | 早安中国(周末版) | 07:30 | 早安中国(周末版) |
| 08:00 | 健身房(青) | 08:00 | 健身房(青) | 08:00 | 健身房(青) | 08:00 | 健身房(青) | 08:00 | 健身房(青) | | | | |
| 08:55 | 广告+包装 | 08:55 | 广告+包装 | 08:55 | 广告+包装 | 08:55 | 广告+包装 | 08:55 | 广告+包装 | 08:55 | 广告+包装 | 08:55 | 广告+包装 |
| 09:00 | 早安中国(重) | 09:00 | 早安中国(重) | 09:00 | 早安中国(重) | 09:00 | 早安中国(重) | 09:00 | 早安中国(重) | 09:00 | 全明星猜想(重) | 09:00 | 围棋节目 |
| 09:55 | 广告+包装 | 09:55 | 广告+包装 | 09:55 | 广告+包装 | 09:55 | 广告+包装 | 09:55 | 广告+包装 | 09:55 | 广告+包装 | 09:55 | 广告+包装 |
| 10:00 | 实况录像 | 10:00 | 天下足球(重) | 10:00 | 北京2008(重) | 10:00 | 赛车时代 | 10:00 | 足球之夜(重) | 10:00 | 直播周末 | 10:00 | 直播周末 |
| | | | | 10:55 | 广告+包装 | 10:55 | 广告+包装 | | | 10:05 | NBA 直播 | 10:05 | 拳击直播 |
| | | | | 11:00 | 体育教学 | 11:00 | 体育教学 | | | | | | |
| | | | | 11:25 | 广告+包装 | 11:25 | 广告+包装 | | | | | | |
| 11:30 | 体育商城 | | | 11:30 | 体育商城 | 11:30 | 体育商城 | 11:30 | 体育商城 | | | | |

续表

| 星期一 | | 星期二 | | 星期三 | | 星期四 | | 星期五 | | 星期六 | | 星期日 | |
|---|---|---|---|---|---|---|---|---|---|---|---|---|---|
| 11：55 | 广告＋包装 | 11：55 | 广告＋包装 | 11：55 | 广告＋包装 | 11：55 | 广告＋包装 | 11：55 | 广告＋包装 | | | | |
| 12：00 | 体坛快讯 | 12：00 | 体坛快讯 | 12：00 | 体坛快讯 | 12：00 | 体坛快讯 | 12：00 | 体坛快讯 | | | | |
| 12：15 | 广告＋包装 | 12：15 | 广告＋包装 | 12：15 | 广告＋包装 | 12：15 | 广告＋包装 | 12：15 | 广告＋包装 | | | | |
| 12：20 | 体育人间(重) | 12：20 | 体育人间(重) | 12：20 | 体育人间(重) | 12：20 | 体育人间(重) | 12：20 | 体育人间(重) | 12：30 | 足球彩经 | | |
| 12：55 | 棋牌乐 | 12：55 | 棋牌乐 | 12：55 | 棋牌乐 | 12：55 | 棋牌乐 | 12：55 | 棋牌乐 | | | | |
| 13：25 | 广告＋包装 | 13：25 | 广告＋包装 | 13：25 | 广告＋包装 | 13：25 | 广告＋包装 | 13：25 | 广告＋包装 | 13：00 | 广告＋包装 | 13：00 | 广告＋包装 |
| 13：30 | 实况足球重播 | 13：30 | 实况足球集锦 | 13：30 | 实况录像 | 13：30 | 实况录像 | 13：30 | 拳击直播 | 13：05 | 象棋直播 | 13：05 | 视赛事安排节目 |
| 15：00 | 体育报道 | 15：00 | 体育报道 | 15：00 | 体育报道 | 15：00 | 体育报道 | 15：00 | 体育报道 | 14：25 | 广告＋包装 | | |
| 15：22 | 广告＋包装 | 15：22 | 广告＋包装 | 15：22 | 广告＋包装 | 15：22 | 广告＋包装 | 15：22 | 广告＋包装 | 14：30 | 视赛事安排节目 | | |
| 15：30 | 实况录像或现场直播 | 15：30 | 实况录像或现场直播 | 15：30 | 实况录像或现场直播 | 15：30 | 实况录像或现场直播 | 15：30 | 实况录像或现场直播 | | | | |
| 17：00 | 体育教学 | 17：00 | 体育商城 | 17：00 | 体育教学 | 17：00 | 体育商城 | 17：00 | 体育教学 | | | | |
| 17：25 | 广告＋包装 | 17：25 | 广告＋包装 | 17：25 | 广告＋包装 | 17：25 | 广告＋包装 | 17：25 | 广告＋包装 | | | | |
| 17：30 | 体育商城 | 17：30 | 体育英语 | 17：30 | 体育商城 | 17：30 | 体育英语 | 17：30 | 体育商城 | | | | |
| 17：55 | 广告＋包装 | 17：55 | 广告＋包装 | 17：55 | 广告＋包装 | 17：55 | 广告＋包装 | 17：55 | 广告＋包装 | 17：55 | 广告＋包装 | 17：55 | 广告＋包装 |
| 18：00 | 体育新闻 | 18：00 | 体育新闻 | 18：00 | 体育新闻 | 18：00 | 体育新闻 | 18：00 | 体育新闻 | 18：00 | 体育新闻 | 18：00 | 体育新闻 |
| 18：50 | 广告＋包装 | 18：30 | 北京 2008 | 18：50 | 广告＋包装 | 18：50 | 广告＋包装 | 18：50 | 广告＋包装 | 18：50 | 广告＋包装 | 18：50 | 广告＋包装 |
| 18：55 | 巅峰时刻 | | | 18：55 | 巅峰时刻 | 18：55 | 全明星猜想 | 18：55 | 赛车时代 | 18：55 | 巅峰时刻 | 18：55 | 巅峰时刻 |
| 19：25 | 广告＋包装 | 19：25 | 广告＋包装 | 19：25 | 广告＋包装 | | | | | 19：25 | 广告＋包装 | 19：25 | 广告＋包装 |
| 19：30 | 天下足球 | 19：30 | 全明星猜想 | 19：30 | 现场直播 | | | | | 19：30 | 现场直播 | 19：30 | 现场直播 |
| | | 20：25 | 广告＋包装 | | | 19：50 | 广告＋包装 | 19：50 | 广告＋包装 | | | | |
| | | 20：30 | 赛车时代 | | | 19：55 | 足球之夜 | 19：55 | NBA 赛场 | | | | |
| 21：25 | 广告＋包装 | 21：25 | 广告＋包装 | 21：25 | 广告＋包装 | 21：25 | 广告＋包装 | 21：25 | 广告＋包装 | 21：25 | 广告＋包装 | 21：25 | 广告＋包装 |
| 21：30 | 体育世界 | 21：30 | 体育世界 | 21：30 | 体育世界 | 21：30 | 体育世界 | 21：30 | 体育世界 | 21：30 | 体育世界 | 21：30 | 体育世界 |
| 22：00 | 广告＋包装 | 22：00 | 广告＋包装 | 22：00 | 广告＋包装 | 22：00 | 广告＋包装 | 22：00 | 广告＋包装 | 22：00 | 视赛季而定 | 22：00 | 视赛季而定 |
| 22：05 | 体育人间 | 22：05 | 体育人间 | 22：05 | 体育人间 | 22：05 | 体育人间 | 22：05 | 体育人间 | | | | |
| 22：35 | 广告＋包装 | 22：35 | 广告＋包装 | 22：35 | 广告＋包装 | 22：35 | 广告＋包装 | 22：35 | 广告＋包装 | | | | |
| 22：40 | 顶级赛事 | 22：40 | 顶级赛事 | 22：40 | 顶级赛事 | 22：40 | 顶级赛事 | 22：40 | 顶级赛事 | | | | |
| 01：40 | 棋牌乐 | 01：40 | 棋牌乐 | 01：40 | 棋牌乐 | 01：40 | 棋牌乐 | 01：40 | 棋牌乐 | | | | |
| 02：10 | 结束 | 02：10 | 结束 | 02：10 | 结束 | 02：10 | 结束 | 02：10 | 结束 | 02：10 | 结束 | 02：10 | 结束 |

## CCTV—6(电影频道)栏目播出时间表

| 星期一 | | 星期二 | | 星期三 | | 星期四 | | 星期五 | | 星期六 | | 星期日 | |
|---|---|---|---|---|---|---|---|---|---|---|---|---|---|
| 05：57 | 国歌 预告 | 05：57 | 国歌 预告 | 05：57 | 国歌 预告 | 05：57 | 国歌 预告 | 05：57 | 国歌 预告 | 05：57 | 国歌 预告 | 05：57 | 国歌 预告 |
| 06：00 | 白天广告 | 06：00 | 白天广告 | 06：00 | 白天广告 | 06：00 | 白天广告 | 06：00 | 白天广告 | 06：00 | 白天广告 | 06：00 | 白天广告 |
| 06：05 | 纪录科教片 | 06：05 | 纪录科教片 | 06：05 | 纪录科教片 | 06：05 | 纪录科教片 | 06：05 | 纪录科教片 | 06：05 | 纪录科教片 | 06：05 | 纪录科教片 |
| 06：20 | 白天广告 | 06：20 | 白天广告 | 06：20 | 白天广告 | 06：20 | 白天广告 | 06：20 | 白天广告 | 06：20 | 白天广告 | 06：20 | 白天广告 |
| 06：25 | 故事片 | 06：25 | 故事片 | 06：25 | 故事片 | 06：25 | 故事片 | 06：25 | 故事片 | 06：25 | 故事片 | 06：25 | 故事片 |
| 08：10 | 导视 | 08：10 | 导视 | 08：10 | 导视 | 08：10 | 导视 | 08：10 | 导视 | 08：10 | 导视 | 08：10 | 导视 |
| 08：16 | 白天广告 | 08：16 | 白天广告 | 08：16 | 白天广告 | 08：16 | 白天广告 | 08：16 | 白天广告 | 08：16 | 白天广告 | 08：16 | 白天广告 |
| 08：21 | 探索影厅(重) | 08：21 | 故事片 | 08：21 | 故事片 | 08：21 | 故事片 | 08：21 | 故事片 | 08：21 | 故事片 | 08：21 | 故事片 |
| 10：00 | 导视 | 10：00 | 导视 | 10：00 | 导视 | 10：00 | 导视 | 10：00 | 导视 | 10：00 | 导视 | 10：00 | 导视 |
| 10：06 | 今日影视(重) | 10：06 | 电影人物(重) | | | 10：06 | 音乐之声（重） | | | 10：06 | 下周电影 | | |
| 10：25 | 白天广告 | 10：25 | 白天广告 | 10：25 | 白天广告 | 10：25 | 白天广告 | 10：25 | 白天广告 | 10：25 | 白天广告 | 10：25 | 白天广告 |
| 10：30 | 故事片 | 10：30 | 故事片 | 10：30 | 故事片 | 10：30 | 故事片 | 10：30 | 故事片 | 10：30 | 周末影院(重) | 10：30 | 佳片有约(重) |
| 12：00 | 导视 | 12：00 | 导视 | 12：00 | 导视 | 12：00 | 导视 | 12：00 | 导视 | 12：00 | 导视 | 12：00 | 导视 |
| 12：06 | 白天广告 | 12：06 | 白天广告 | 12：06 | 白天广告 | 12：06 | 白天广告 | 12：06 | 白天广告 | 12：06 | 白天广告 | 12：06 | 白天广告 |
| 12：11 | 中国电影报道(重) | 12：11 | 世界电影之旅(重) | 12：11 | 中国电影报道(重) | 12：11 | 中国电影报道(重) | 12：11 | 中国电影报道(重) | 12：11 | 中国电影报道(重) | 12：11 | 音乐之声(重) |
| 12：26 | 白天广告 | 12：26 | 白天广告 | 12：26 | 白天广告 | 12：26 | 白天广告 | 12：26 | 白天广告 | 12：26 | 白天广告 | 12：26 | 白天广告 |
| 12：31 | 导视 | 12：31 | 导视 | 12：31 | 导视 | 12：31 | 导视 | 12：31 | 导视 | 12：31 | 导视 | 12：31 | 导视 |
| 12：37 | 白天广告 | 12：37 | 白天广告 | 12：37 | 白天广告 | 12：37 | 白天广告 | 12：37 | 白天广告 | 12：37 | 白天广告 | 12：37 | 白天广告 |
| 12：52 | 译制片(重) | 12：52 | 欧陆影坛(重) | 12：52 | 原声影院(重) | 12：52 | 情感剧场(重) | 12：52 | 东方院线(重) | 12：52 | 喜剧天地(重) | 12：52 | 译制片 |
| 14：25 | 导视 | 14：25 | 导视 | 14：25 | 导视 | 14：25 | 导视 | 14：25 | 导视 | 14：25 | 导视 | 14：25 | 导视 |
| | | | | 14：30 | 音乐之声(首) | | | 14：30 | 今日影视 | | | | |
| 14：45 | 白天广告 | 14：45 | 白天广告 | 14：45 | 白天广告 | 14：45 | 白天广告 | 14：45 | 白天广告 | 14：45 | 白天广告 | 14：45 | 白天广告 |
| 14：50 | 周日点播(重) | 14：50 | 故事片＋流金岁月 | 14：50 | 故事片 | 14：50 | 故事片 | 14：50 | 故事片 | 14：50 | 故事片 | 14：50 | 青少年影院 |
| 16：30 | 导视 | 16：30 | 导视 | 16：30 | 导视 | 16：30 | 导视 | 16：30 | 导视 | 16：30 | 导视 | 16：30 | 导视 |
| 16：36 | 白天广告 | 16：36 | 白天广告 | 16：36 | 白天广告 | 16：36 | 白天广告 | 16：36 | 白天广告 | 16：36 | 白天广告 | 16：36 | 白天广告 |
| 16：41 | 故事片 | 16：41 | 故事片 | 16：41 | 故事片 | 16：41 | 故事片 | 16：41 | 故事片 | 16：41 | 故事片 | 16：41 | 故事片 |
| 18：15 | 导视 | 18：15 | 导视 | 18：15 | 导视 | 18：15 | 导视 | 18：15 | 导视 | 18：15 | 导视 | 18：15 | 导视 |
| 18：21 | 欣赏 | 18：21 | 欣赏 | 18：21 | 欣赏 | 18：21 | 欣赏 | 18：21 | 欣赏 | 18：21 | 欣赏 | 18：21 | 欣赏 |
| 18：25 | 广告 | 18：25 | 广告 | 18：25 | 广告 | 18：25 | 广告 | 18：25 | 广告 | 18：25 | 广告 | 18：25 | 广告 |
| 18：30 | 世界纪录<br>电影长廊 | 18：30 | 世界纪录<br>电影长廊 | 18：30 | 世界纪录<br>电影长廊 | 18：30 | 世界纪录<br>电影长廊 | 18：30 | 世界纪录<br>电影长廊 | 18：30 | 世界纪录<br>电影长廊 | 18：30 | 世界电影之旅(重)<br>下周电影(重) |

续表

| 星期一 | | 星期二 | | 星期三 | | 星期四 | | 星期五 | | 星期六 | | 星期日 | |
|---|---|---|---|---|---|---|---|---|---|---|---|---|---|
| 19：00 | 导视 | 19：00 | 导视 | 19：00 | 导视 | 19：00 | 导视 | 19：00 | 导视 | 19：00 | 导视 预告 | 19：00 | 导视 |
| 19：06 | 广告 | 19：06 | 广告 | 19：06 | 广告 | 19：06 | 广告 | 19：06 | 广告 | 19：06 | 广告 | 19：06 | 广告 |
| 19：11 | 美术片 | 19：11 | 美术片 | 19：11 | 美术片 | 19：11 | 美术片 | 19：11 | 美术片 | 19：11 | 美术片 | 19：11 | 美术片 |
| 19：29 | 广告、导视、广告 | 19：29 | 广告、导视、广告 | 19：29 | 广告、导视、广告 | 19：29 | 广告、导视、广告 | 19：29 | 广告、导视、广告 | 19：29 | 广告、导视、广告 | 19：29 | 广告、导视、广告 |
| 19：45 | 故事片 | 19：45 | 故事片 | 19：45 | 故事片 | 19：45 | 故事片 | 19：45 | 周末影院 | 19：45 | 动作 90 分 | 19：45 | 周日点播 |
| 21：23 | 广告 预告 | 21：23 | 广告 预告 | 21：23 | 广告 预告 | 21：23 | 广告 预告 | 21：23 | 广告 预告 | 21：23 | 广告 预告 | 21：23 | 广告 预告 |
| 21：30 | 流金岁月 | 21：30 | 中国电影报道 | 21：30 | 中国电影报道 | 21：30 | 中国电影报道 | 21：30 | 中国电影报道 | 21：30 | 欣赏 | 21：30 | 中国电影报道、世界电影之旅 |
| 21：45 | 广告 | 21：45 | 广告 | 21：45 | 广告 | 21：45 | 广告 | 21：45 | 广告 | 21：45 | 广告 | 21：45 | 广告 |
| 21：50 | 译制片 | 21：50 | 译制片 | 21：50 | 情感剧场 | 21：50 | 译制片 | 21：50 | 译制片 | 21：50 | 佳片有约(译) | 21：50 | 译制片 |
| 23：20 | 导视 | 23：20 | 导视 | 23：20 | 导视 | 23：20 | 导视 | 23：20 | 导视 | 23：20 | 导视 预告 | 23：20 | 导视 |
| 23：25 | 广告 | 23：25 | 广告 | 23：25 | 广告 | 23：25 | 广告 | 23：25 | 广告 | 23：25 | 广告 | 23：25 | 广告 |
| 23：30 | 故事片 | 23：30 | 故事片 | 23：30 | 故事片 | 23：30 | 故事片 | 23：30 | 故事片 | 23：30 | 故事片 | 23：30 | 故事片 |
| 01：10 | 广告 | 01：10 | 广告 | 01：10 | 广告 | 01：10 | 广告 | 01：10 | 广告 | 01：10 | 广告 | 01：10 | 广告 |
| 01：15 | 电影歌曲 | 01：15 | 电影歌曲 | 01：15 | 电影歌曲 | 01：15 | 电影歌曲 | 01：15 | 电影歌曲 | 01：00 | 电影歌曲 | 01：15 | 电影歌曲 |
| 01：20 | 结束 | 01：20 | 结束 | 01：20 | 结束 | 01：20 | 结束 | 01：20 | 结束 | 01：20 | 结束 | 01：20 | 结束 |

## CCTV—7(少儿·军事·农业频道）栏目播出时间表

| 星期一 | | 星期二 | | 星期三 | | 星期四 | | 星期五 | | 星期六 | | 星期日 | |
|---|---|---|---|---|---|---|---|---|---|---|---|---|---|
| 05：55 | 台标 国歌 收视指南 | 05：55 | 台标 国歌 收视指南 | 05：55 | 台标 国歌 收视指南 | 05：55 | 台标 国歌 收视指南 | 05：55 | 台标 国歌 收视指南 | 05：55 | 台标 国歌 收视指南 | 05：55 | 台标 国歌 收视指南 |
| 06：00 | 每日农经 | 06：00 | 每日农经 | 06：00 | 每日农经 | 06：00 | 每日农经 | 06：00 | 每日农经 | 06：00 | 每日农经 | 06：00 | 每日农经 |
| 06：30 | 基层瞭望 | 06：30 | 生活 567 | 06：30 | 生活 567 | 06：30 | 生活 567 | 06：30 | 生活 567 | 06：30 | 生活 567 | 06：30 | 生活 567 |
| 06：55 | 广告 | 06：55 | 广告 | 06：55 | 广告 | 06：55 | 广告 | 06：55 | 广告 | 06：55 | 广告 | 06：55 | 广告 |
| 07：00 | 国防时空(重) | 07：00 | 国防时空(重) | 07：00 | 国防时空(重) | 07：00 | 国防时空(重) | 07：00 | 国防时空(重) | 07：00 | 国防时空(重) | 07：00 | 国防时空(重) |
| 07：30 | 金土地(重) | 07：30 | 金土地(重) | 07：30 | 金土地(重) | 07：30 | 金土地(重) | 07：30 | 金土地(重) | 07：30 | 军事报道(重) | 07：30 | 第二起跑线 |
| 07：50 | 劳动·就业(重) | 07：50 | 劳动·就业(重) | 07：50 | 劳动·就业(重) | 07：50 | 劳动·就业(重) | 07：50 | 劳动·就业(重) | 08：00 | 劳动·就业(重) | | |
| 08：20 | 芝麻开门 | 08：20 | 芝麻开门 | 08：20 | 芝麻开门 | 08：20 | 芝麻开门 | 08：20 | 芝麻开门 | | | 08：20 | 芝麻开门 |

续表

| 星期一 | | 星期二 | | 星期三 | | 星期四 | | 星期五 | | 星期六 | | 星期日 | |
|---|---|---|---|---|---|---|---|---|---|---|---|---|---|
| 08：30 | 广告 | 08：30 | 广告 | 08：30 | 广告 | 08：30 | 广告 | 08：30 | 广告 | 08：30 | 广告 | 08：30 | 广告 |
| 08：35 | 动画城 | 08：35 | 动画城 | 08：35 | 动画城 | 08：35 | 动画城 | 08：35 | 动画城 | 08：35 | 动画城 | 08：35 | 周末七巧板 |
| 09：05 | 中国动画 | 09：05 | 中国动画 | 09：05 | 中国动画 | 09：05 | 中国动画 | 09：05 | 中国动画 | 09：05 | 中国动画 | 09：05 | 中国动画 |
| 09：20 | 智慧树 | 09：20 | 智慧树 | 09：20 | 智慧树 | 09：20 | 智慧树 | 09：20 | 智慧树 | 09：20 | 智慧树 | 09：20 | 智慧树 |
| 09：50 | 七巧板 | 09：50 | 七巧板 | 09：50 | 七巧板 | 09：50 | 七巧板 | 09：50 | 七巧板 | 09：50 | 七巧板 | 09：50 | 七巧板 |
| 10：00 | 军事报道(重) | 10：00 | 军事报道(重) | 10：00 | 军事报道(重) | 10：00 | 军事报道(重) | 10：00 | 军事报道(重) | 10：00 | 军事报道(重) | 10：00 | 军事报道(重) |
| 10：30 | 广告 | 10：30 | 广告 | 10：3 | 广告 | 10：30 | 广告 | 10：30 | 广告 | 10：30 | 广告 | 10：30 | 广告 |
| 10：35 | 中国武警(首) | 10：35 | 祝你成才 | 10：35 | 祝你成才 | 10：35 | 军营文化（首） | 10：35 | 中国武警(首) | 10：35 | 中国武警(首) | 10：35 | 军营文化（首） |
| 11：30 | 专题片节目 | 11：30 | 专题片节目 | 11：30 | 专题片节目 | 11：30 | 专题片节目 | 11：30 | 专题片节目 | 11：30 | 专题片节目 | 11：30 | 专题片节目 |
| 12：00 | 周末七巧板 | 12：00 | 星火科技(首) | 12：00 | 星火科技(重) | 12：00 | 星火科技(首) | 12：00 | 星火科技(重) | 12：00 | 三星智力快车 | 12：00 | 选择 |
| 12：30 | 致富经 | 12：30 | 致富经 | 12：30 | 致富经 | 12：30 | 致富经 | 12：30 | 致富经 | 12：30 | 七巧板 | 12：30 | 七巧板 |
| 13：00 | 科技苑 | 13：00 | 科技苑 | 13：00 | 科技苑 | 13：00 | 科技苑 | 13：00 | 科技苑 | 13：00 | 科技苑 | 13：00 | 科技苑 |
| 13：30 | 法制编辑部45分 | 13：30 | 聚焦三农 | 13：30 | 聚焦三农 | 13：30 | 聚焦三农 | 13：30 | 聚焦三农 | 13：30 | 聚焦三农 | 13：30 | 乡约 |
| | | 13：45 | 搜寻天下 | 13：45 | 搜寻天下 | 13：45 | 搜寻天下 | 13：45 | 搜寻天下 | 13：45 | 搜寻天下 | | |
| 14：15 | 收视指南 | 14：15 | 收视指南 | 14：15 | 收视指南 | 14：15 | 收视指南 | 14：15 | 收视指南 | 14：15 | 收视指南 | 14：15 | 收视指南 |
| 14：19 | 广告(农业) | 14：19 | 广告(农业) | 14：19 | 广告(农业) | 14：19 | 广告(农业) | 14：19 | 广告(农业) | 14：19 | 广告(农业) | 14：19 | 广告(农业) |
| 14：20 | 每日农经 | 14：20 | 每日农经 | 14：20 | 每日农经 | 14：20 | 每日农经 | 14：20 | 每日农经 | 14：20 | 每日农经 | 14：20 | 每日农经 |
| 14：50 | 农广天地 | 14：50 | 农广天地 | 14：50 | 农广天地 | 14：50 | 农广天地 | 14：50 | 农广天地 | 15：20 | 芝麻开门 | 15：20 | 芝麻开门 |
| 15：20 | 芝麻开门 | 15：20 | 芝麻开门 | 15：20 | 芝麻开门 | 15：20 | 芝麻开门 | 15：20 | 芝麻开门 | 15：00 | 第二起跑线 | 15：00 | 大风车 |
| 15：30 | 中国动画 | 15：30 | 中国动画 | 15：30 | 中国动画 | 15：30 | 中国动画 | 15：30 | 中国动画 | 15：50 | 大风车 | 15：40 | 同一片蓝天 |
| 15：45 | 智慧树 | 15：45 | 智慧树 | 15：45 | 智慧树 | 15：45 | 同一片蓝天 | 15：45 | LG 移动电话金苹果 | 16：30 | 周末七巧板 | 16：25 | 音乐快递 5′ 周末音乐快递 30′ |
| 16：15 | 大风车 | 16：15 | 大风车 | 16：15 | 大风车 | 16：15 | 大风车 | 16：15 | 大风车 | 17：00 | 收视指南 | 17：00 | 收视指南 |
| 16：55 | 七巧板 | 16：55 | 七巧板 | 16：55 | 七巧板 | 16：55 | 七巧板 | 16：55 | 七巧板 | 17：02 | 请您欣赏 | 17：02 | 请您欣赏 |
| 17：05 | 国防时空(重) | 17：05 | 国防时空(重) | 17：05 | 国防时空(重) | 17：05 | 国防时空(重) | 17：05 | 国防时空(重) | 17：05 | 祝你成才 | 17：05 | 军营文化 |
| 17：35 | 军事科技 | 17：35 | 文体视窗 | 17：35 | 军事科技 | 17：35 | 军事科技 | 17：35 | 文体视窗 | | | | |
| 17：55 | 天气预报 | 17：55 | 天气预报 | 17：55 | 天气预报 | 17：55 | 天气预报 | 17：55 | 天气预报 | 17：55 | 天气预报 | 17：55 | 天气预报 |
| 18：00 | 广告(农业) | 18：00 | 广告(农业) | 18：00 | 广告(农业) | 18：00 | 广告(农业) | 18：00 | 广告(农业) | 18：00 | 广告(农业) | 18：00 | 广告(农业) |
| 18：05 | 生活 567 | 18：05 | 生活 567 | 18：05 | 生活 567 | 18：05 | 生活 567 | 18：05 | 生活 567 | 18：05 | 乡村大世界(首) | 18：05 | 基层瞭望 |
| 18：30 | 科技苑 | 18：30 | 科技苑 | 18：30 | 科技苑 | 18：30 | 科技苑 | 18：30 | 科技苑 | | | 18：30 | 科技苑 |
| 19：00 | 农广天地 | 19：00 | 农广天地 | 19：00 | 农广天地 | 19：00 | 农广天地 | 19：00 | 农广天地 | | | 19：00 | 农广天地 |
| 19：30 | 军事报道 | 19：30 | 军事报道 | 19：30 | 军事报道 | 19：30 | 军事报道 | 19：30 | 军事报道 | 19：30 | 军事报道 | 19：30 | 军事报道 |

续表

| 星期一 | | 星期二 | | 星期三 | | 星期四 | | 星期五 | | 星期六 | | 星期日 | |
|---|---|---|---|---|---|---|---|---|---|---|---|---|---|
| 20：00 | 中国动画 | 20：00 | 中国动画 | 20：00 | 中国动画 | 20：00 | 中国动画 | 20：00 | 中国动画 | 20：00 | 中国动画 | 20：00 | 中国动画 |
| 20：15 | 东方儿童 | 20：15 | 东方儿童 | 20：15 | 东方儿童 | 20：15 | 东方儿童 | 20：15 | 东方儿童 | 20：15 | 东方儿童 | 20：15 | 东方儿童 |
| 20：45 | 收视指南 | 20：45 | 收视指南 | 20：45 | 收视指南 | 20：45 | 收视指南 | 20：45 | 收视指南 | 20：45 | 收视指南 | 20：45 | 收视指南 |
| 20：47 | 专题节目 | 20：47 | 专题节目 | 20：47 | 专题节目 | 20：47 | 专题节目 | 20：47 | 专题节目 | 20：47 | 专题节目 | 20：47 | 专题节目 |
| 21：15 | 广告(农业) | 21：15 | 广告(农业) | 21：15 | 广告(农业) | 21：15 | 广告(农业) | 21：15 | 广告(农业) | 21：15 | 广告(农业) | 21：15 | 广告(农业) |
| 21：17 | 每日农经 | 21：17 | 每日农经 | 21：17 | 每日农经 | 21：17 | 每日农经 | 21：17 | 每日农经 | 21：17 | 每日农经 | 21：17 | 每日农经 |
| 21：47 | 收视指南 | 21：47 | 收视指南 | 21：47 | 收视指南 | 21：47 | 收视指南 | 21：47 | 收视指南 | 21：47 | 收视指南 | 21：47 | 收视指南 |
| 21：52 | 聚焦三农 | 21：52 | 聚焦三农 | 21：52 | 聚焦三农 | 21：52 | 聚焦三农 | 21：52 | 聚焦三农 | 21：52 | 乡约(45′) | 21：52 | 法制编辑部(45′) |
| 22：07 | 致富经 | 22：07 | 致富经 | 22：07 | 致富经 | 22：07 | 致富经 | 22：07 | 致富经 | | | | |
| 22：37 | 广告 | 22：37 | 广告 | 22：37 | 广告 | 22：37 | 广告 | 22：37 | 广告 | 22：37 | 广告 | 22：37 | 广告 |
| 22：40 | 广告(农业) | 22：40 | 广告(农业) | 22：40 | 广告(农业) | 22：40 | 广告(农业) | 22：40 | 广告(农业) | 22：40 | 广告(农业) | 22：40 | 广告(农业) |
| 22：42 | 国防时空(首) | 22：42 | 国防时空(首) | 22：42 | 国防时空(首) | 22：42 | 国防时空(首) | 22：42 | 国防时空(首) | 22：42 | 国防时空(首) | 22：42 | 国防时空(首) |
| 23：12 | 广告 | 23：12 | 广告 | 23：12 | 广告 | 23：12 | 广告 | 23：12 | 广告 | 23：12 | 广告 | 23：12 | 广告 |
| 23：15 | 搜寻天下 | 23：15 | 搜寻天下 | 23：15 | 搜寻天下 | 23：15 | 搜寻天下 | 23：15 | 搜寻天下 | 23：15 | 搜寻天下 | 23：15 | 广告（农业） |
| 23：45 | 广告(农业) | 23：45 | 广告(农业) | 23：45 | 广告(农业) | 23：45 | 广告(农业) | 23：45 | 广告(农业) | 23：45 | 广告(农业) | | |
| 23：50 | 科技苑 | 23：50 | 农广天地 | 23：50 | 农广天地 | 23：50 | 农广天地 | 23：50 | 农广天地 | 23：50 | 农广天地 | 23：20 | 乡村大世界 |
| 00：20 | 广告(农业) | 00：20 | 广告(农业) | 00：20 | 广告(农业) | 00：20 | 广告(农业) | 00：20 | 广告(农业) | 00：20 | 广告(农业) | | |
| 00：23 | 农广天地 | 00：23 | 农广天地 | 00：23 | 农广天地 | 00：23 | 农广天地 | 00：23 | 农广天地 | 00：23 | 农广天地 | 00：45 | 广告（农业） |
| 00：53 | 广告 | 00：53 | 广告 | 00：53 | 广告 | 00：53 | 广告 | 00：53 | 广告 | 00：53 | 广告 | 00：53 | 广告 |
| 00：56 | 收视指南　结束 | 00：56 | 收视指南　结束 | 00：56 | 收视指南　结束 | 00：56 | 收视指南　结束 | 00：56 | 收视指南　结束 | 00：56 | 收视指南　结束 | 00：56 | 收视指南　结束 |

## CCTV—8(电视剧频道）栏目播出时间表

| 星期一 | | 星期二 | | 星期三 | | 星期四 | | 星期五 | | 星期六 | | 星期日 | |
|---|---|---|---|---|---|---|---|---|---|---|---|---|---|
| 05：57 | 台标　国歌、预告 | 05：57 | 台标　国歌、预告 | 05：57 | 台标　国歌、预告 | 05：57 | 台标　国歌、预告 | 05：57 | 台标　国歌、预告 | 05：57 | 台标　国歌、预告 | 05：57 | 台标　国歌、预告 |
| 06：00 | 佳艺影院 | 06：00 | 佳艺剧场 | 06：00 | 佳艺剧场 | 06：00 | 佳艺剧场 | 06：00 | 佳艺剧场 | 06：00 | 佳艺剧场 | 06：00 | 佳艺剧场 |
| | | 06：50 | 都市剧场 | 06：50 | 都市剧场 | 06：50 | 都市剧场 | 06：50 | 都市剧场 | 06：50 | 都市剧场 | 06：50 | 都市剧场 |
| 07：40 | 包装＋广告 | 07：40 | 包装＋广告 | 07：40 | 包装＋广告 | 07：40 | 包装＋广告 | 07：40 | 包装＋广告 | 07：40 | 包装＋广告 | 07：40 | 包装＋广告 |
| 07：45 | 影视俱乐部 | 07：45 | 影视同期声 | 07：45 | 影视同期声 | 07：45 | 影视同期声 | 07：45 | 影视同期声 | 07：45 | 影视同期声 | 07：45 | 影视同期声 |

续表

| 星期一 | | 星期二 | | 星期三 | | 星期四 | | 星期五 | | 星期六 | | 星期日 | |
|---|---|---|---|---|---|---|---|---|---|---|---|---|---|
| 08：15 | 包装＋广告 | 08：15 | 包装＋广告 | 08：15 | 包装＋广告 | 08：15 | 包装＋广告 | 08：15 | 包装＋广告 | 08：15 | 包装＋广告 | 08：15 | 包装＋广告 |
| 08：20 | 大剧场<br>（集间广告） | 08：20 | 大剧场<br>（集间广告） | 08：20 | 大剧场<br>（集间广告） | 08：20 | 大剧场<br>（集间广告） | 08：20 | 大剧场<br>（集间广告） | 08：20 | 大剧场<br>（集间广告） | 08：20 | 大剧场<br>（集间广告） |
| 10：03 | 包装＋广告 | 10：03 | 包装＋广告 | 10：03 | 包装＋广告 | 10：03 | 包装＋广告 | 10：03 | 包装＋广告 | 10：03 | 包装＋广告 | 10：03 | 包装＋广告 |
| 10：08 | 大剧场＋ | 10：08 | 大剧场 | 10：08 | 大剧场 | 10：08 | 大剧场 | 10：08 | 大剧场 | 10：08 | 大剧场 | 10：08 | 大剧场 |
| | 走进电视剧 | | （集间广告） | | （集间广告） | | （集间广告） | | （集间广告） | | （集间广告） | | （集间广告） |
| 11：52 | 包装＋广告 | 11：52 | 包装＋广告 | 11：52 | 包装＋广告 | 11：52 | 包装＋广告 | 11：52 | 包装＋广告 | 11：52 | 包装＋广告 | 11：52 | 包装＋广告 |
| 11：56 | 快乐剧场<br>（集间广告） | 11：56 | 快乐剧场<br>（集间广告） | 11：56 | 快乐剧场<br>（集间广告） | 11：56 | 快乐剧场<br>（集间广告） | 11：56 | 快乐剧场<br>（集间广告） | 11：56 | 快乐剧场<br>（集间广告） | 11：56 | 快乐剧场<br>（集间广告） |
| 12：59 | 包装 | 12：59 | 包装 | 12：59 | 包装 | 12：59 | 包装 | 12：59 | 包装 | 12：59 | 包装 | 12：59 | 包装 |
| 13：05 | 环球影院 | 13：05 | 环球影院 | 13：05 | 环球影院 | 13：05 | 环球影院 | 13：05 | 环球影院 | 13：05 | 环球影院 | 13：05<br>13：55 | 环球影院<br>走进电视剧 |
| 14：45 | 包装＋广告 | 14：45 | 包装＋广告 | 14：45 | 包装＋广告 | 14：45 | 包装＋广告 | 14：45 | 包装＋广告 | 14：45 | 包装＋广告 | 14：45 | 包装＋广告 |
| 14：47 | 世界影视博览 | 14：47 | 世界影视博览 | 14：47 | 世界影视博览 | 14：47 | 世界影视博览 | 14：47 | 世界影视博览 | 14：47 | 世界影视博览 | 14：47 | 世界影视博览 |
| 15：02 | 包装＋广告 | 15：02 | 包装＋广告 | 15：02 | 包装＋广告 | 15：02 | 包装＋广告 | 15：02 | 包装＋广告 | 15：02 | 包装＋广告 | 15：02 | 包装＋广告 |
| 15：10 | 魅力100分<br>（集间广告） | 15：10 | 魅力100分<br>（集间广告） | 15：10 | 魅力100分<br>（集间广告） | 15：10 | 魅力100分<br>（集间广告） | 15：10 | 魅力100分<br>（集间广告） | 15：10 | 魅力100分<br>（集间广告） | 15：10 | 魅力100分<br>（集间广告） |
| 16：52 | 包装＋广告 | 16：52 | 包装＋广告 | 16：52 | 包装＋广告 | 16：52 | 包装＋广告 | 16：52 | 包装＋广告 | 16：52 | 包装＋广告 | 16：52 | 包装＋广告 |
| 16：58 | 青春剧院 | 16：58 | 青春剧院 | 16：58 | 青春剧院 | 16：58 | 青春剧院 | 16：58 | 青春剧院 | 16：58 | 青春剧院 | 16：58 | 青春剧院 |
| 18：45 | 包装＋广告 | 18：45 | 包装＋广告 | 18：45 | 包装＋广告 | 18：45 | 包装＋广告 | 18：45 | 包装＋广告 | 18：45 | 包装＋广告 | 18：45 | 包装 |
| 18：50 | 影视金曲 | 18：50 | 影视金曲 | 18：50 | 影视金曲 | 18：50 | 影视金曲 | 18：50 | 影视金曲 | 18：50 | 影视金曲 | 18：50 | 影视俱乐部 |
| 19：00 | 动物世界 | 19：00 | 动物世界 | 19：00 | 动物世界 | 19：00 | 动物世界 | 19：03 | 动物世界 | 19：00 | 世界各地 | | |
| 19：15 | 包装＋广告 | 19：15 | 包装＋广告 | 19：15 | 包装＋广告 | 19：15 | 包装＋广告 | 19：15 | 包装＋广告 | 19：15 | 包装＋广告 | 19：20 | 包装＋广告 |
| 19：18 | 影视同期声 | 19：18 | 影视同期声 | 19：18 | 影视同期声 | 19：18 | 影视同期声 | 19：18 | 影视同期声 | 19：18 | 影视同期声 | 19：18 | 世界各地 |
| 19：38 | 包装＋广告 | 19：38 | 包装＋广告 | 19：38 | 包装＋广告 | 19：38 | 包装＋广告 | 19：38 | 包装＋广告 | 19：38 | 包装＋广告 | 19：38 | 包装＋广告 |
| 19：45 | 黄金强档＋<br>（集间广告） | 19：45 | 黄金强档＋<br>（集间广告） | 19：45 | 黄金强档＋<br>（集间广告） | 19：45 | 黄金强档＋<br>（集间广告） | 19：45 | 黄金强档＋<br>（集间广告） | 19：45 | 黄金强档＋<br>（集间广告） | 19：45 | 黄金强档＋<br>（集间广告） |
| 21：31 | 包装＋广告 | 21：31 | 包装＋广告 | 21：31 | 包装＋广告 | 21：31 | 包装＋广告 | 21：31 | 包装＋广告 | 21：31 | 包装＋广告 | 21：31 | 包装＋广告 |
| 21：40 | 世界影视博览 | 21：40 | 世界影视博览 | 21：40 | 世界影视博览 | 21：40 | 世界影视博览 | 21：40 | 世界影视博览 | 21：40 | 世界影视博览 | 21：40 | 世界影视博览 |
| 21：55 | 广告 | 21：55 | 广告 | 21：55 | 广告 | 21：55 | 广告 | 21：55 | 广告 | 21：55 | 广告 | 21：55 | 广告 |
| 22：00 | 佳艺剧场 | 22：00 | 佳艺剧场 | 22：00 | 佳艺剧场 | 22：00 | 佳艺剧场 | 22：00 | 佳艺剧场 | 22：00 | 佳艺剧场 | 22：00 | 佳艺影院<br>包装＋广告 |

续表

| 星期一 | | 星期二 | | 星期三 | | 星期四 | | 星期五 | | 星期六 | | 星期日 | |
|---|---|---|---|---|---|---|---|---|---|---|---|---|---|
| 22：50 | 包装＋广告 | 22：50 | 包装＋广告 | 22：50 | 包装＋广告 | 22：50 | 包装＋广告 | 22：50 | 包装＋广告 | 22：50 | 包装＋广告 | 22：50 | 包装＋广告 |
| 22：56 | 海外剧场 | 22：56 | 海外剧场 | 22：56 | 海外剧场 | 22：56 | 海外剧场 | 22：56 | 海外剧场 | 22：56 | 海外剧场 | 23：46 | 走进电视剧 |
| 00：39 | 包装＋广告 | 00：39 | 包装＋广告 | 00：39 | 包装＋广告 | 00：39 | 包装＋广告 | 00：39 | 包装＋广告 | 00：39 | 包装＋广告 | 00：36 | 包装＋广告 |
| 00：46 | 都市剧场 | 00：46 | 都市剧场 | 00：46 | 都市剧场 | 00：46 | 都市剧场 | 00：46 | 都市剧场 | 00：46 | 都市剧场 | 00：43 | 周日影院 |
| 01：36 | 节目预告<br>01：38 结束 | 01：36 | 节目预告<br>01：38 结束 | 01：36 | 节目预告<br>01：38 结束 | 01：36 | 节目预告 | 01：36 | 节目预告 | 01：36 | 节目预告<br>01：38 结束 | 02：13 | 节目预告<br>结束 |

## CCTV—9(英语频道）栏目播出时间表

| 星期一 | | 星期二 | | 星期三 | | 星期四 | | 星期五 | | 星期六 | | 星期日 | |
|---|---|---|---|---|---|---|---|---|---|---|---|---|---|
| 04：00 | 综合新闻＋荧屏导视 | 04：00 | 综合新闻＋荧屏导视 | 04：00 | 综合新闻＋荧屏导视 | 04：00 | 综合新闻＋荧屏导视 | 04：00 | 综合新闻＋荧屏导视 | 04：00 | 综合新闻＋荧屏导视 | 04：00 | 综合新闻＋荧屏导视 |
| 04：30 | 纪录片 | 04：30 | 纪录片 | 04：30 | 纪录片 | 04：30 | 纪录片 | 04：30 | 纪录片 | 04：30 | 纪录片 | 04：30 | 纪录片 |
| 05：00 | 综合要闻 | 05：00 | 综合要闻 | 05：00 | 综合要闻 | 05：00 | 综合要闻 | 05：00 | 综合要闻 | 05：00 | 综合要闻 | 05：00 | 体育新闻周末版 |
| 05：15 | 体育新闻 | 05：15 | 体育新闻 | 05：15 | 体育新闻 | 05：15 | 体育新闻 | 05：15 | 体育新闻 | 05：15 | 体育新闻 | | |
| 05：30 | 自然与科学 | 05：30 | 自然与科学 | 05：30 | 自然与科学 | 05：30 | 自然与科学 | 05：30 | 自然与科学 | 05：30 | 中华艺苑 | 05：30 | 中华艺苑 |
| 05：55 | 中华文明 | 05：55 | 中华文明 | 05：55 | 中华文明 | 05：55 | 中华文明 | 05：55 | 中华文明 | | | | |
| 06：00 | 综合要闻、财经新闻 | 06：00 | 综合要闻、财经新闻 | 06：00 | 综合要闻、财经新闻 | 06：00 | 综合要闻、财经新闻 | 06：00 | 综合要闻、财经新闻 | 06：00 | 综合要闻、财经新闻 | 06：00 | 综合要闻、财经新闻 |
| 06：30 | 中国各地 | 06：30 | 中国各地 | 06：30 | 中国各地 | 06：30 | 中国各地 | 06：30 | 中国各地 | 06：30 | 今日世界 | 06：30 | 一周回顾 |
| 07：00 | 综合要闻、今日亚洲 | 07：00 | 综合要闻、今日亚洲 | 07：00 | 综合要闻、今日亚洲 | 07：00 | 综合要闻、今日亚洲 | 07：00 | 综合要闻、今日亚洲 | 07：00 | 综合要闻、今日亚洲 | 07：00 | 综合要闻、今日亚洲 |
| 07：30 | 今日话题 | 07：30 | 今日话题 | 07：30 | 今日话题 | 07：30 | 今日话题 | 07：30 | 今日话题 | 07：30 | 今日话题 | 07：30 | 今日话题 |
| 08：00 | 环球瞭望＋荧屏导视 | 08：00 | 环球瞭望＋荧屏导视 | 08：00 | 环球瞭望＋荧屏导视 | 08：00 | 环球瞭望＋荧屏导视 | 08：00 | 环球瞭望＋荧屏导视 | 08：00 | 环球瞭望＋荧屏导视 | 08：00 | 环球瞭望＋荧屏导视 |
| 08：30 | 文化特快 | 08：30 | 文化特快 | 08：30 | 文化特快 | 08：30 | 文化特快 | 08：30 | 文化特快 | 08：30 | 文化特快 | 08：30 | 文化特快 |
| 09：00 | 综合要闻 | 09：00 | 综合要闻 | 09：00 | 综合要闻 | 09：00 | 综合要闻 | 09：00 | 综合要闻 | 09：00 | 综合要闻 | 09：00 | 综合要闻 |
| 09：15 | 学汉语 | 09：15 | 学汉语 | 09：15 | 学汉语 | 09：15 | 学汉语 | 09：15 | 学汉语 | 09：15 | 学汉语 | 09：15 | 人物聚焦 |
| 09：30 | 外国人看中国 | 09：30 | 旅游指南 | 09：30 | 外国人看中国 | 09：30 | 旅游指南 | 09：30 | 外国人看中国 | 9：30 | 旅游指南 | | |
| 10：00 | 综合要闻 | 10：00 | 综合要闻 | 10：00 | 综合要闻 | 10：00 | 综合要闻 | 10：00 | 综合要闻 | 10：00 | 综合要闻 | 10：00 | 体育新闻周末版 |

续表

| 星期一 | | 星期二 | | 星期三 | | 星期四 | | 星期五 | | 星期六 | | 星期日 | |
|---|---|---|---|---|---|---|---|---|---|---|---|---|---|
| 10：15 | 体育新闻 | 10：15 | 体育新闻 | 10：15 | 体育新闻 | 10：15 | 体育新闻 | 10：15 | 体育新闻 | 10：15 | 体育新闻 | | |
| 10：30 | 纪录片 | 10：30 | 纪录片 | 10：30 | 纪录片 | 10：30 | 纪录片 | 10：30 | 纪录片 | 10：30 | 纪录片 | 10：30 | 纪录片 |
| 11：00 | 综合要闻、财经新闻 | 11：00 | 综合要闻、财经新闻 | 11：00 | 综合要闻、财经新闻 | 11：00 | 综合要闻、财经新闻 | 11：00 | 综合要闻、财经新闻 | 11：00 | 综合要闻、财经新闻 | 11：00 | 综合要闻、财经新闻 |
| 11：30 | 自然与科学 | 11：30 | 自然与科学 | 11：30 | 自然与科学 | 11：30 | 自然与科学 | 11：30 | 自然与科学 | 11：30 | 中华艺苑 | 11：30 | 中华艺苑 |
| 11：55 | 中华文明 | 11：55 | 中华文明 | 11：55 | 中华文明 | 11：55 | 中华文明 | 11：55 | 中华文明 | | | | |
| 12：00 | 综合要闻＋荧屏导视 | 12：00 | 综合要闻＋荧屏导视 | 12：00 | 综合要闻＋荧屏导视 | 12：00 | 综合要闻＋荧屏导视 | 12：00 | 综合要闻＋荧屏导视 | 12：00 | 综合要闻＋荧屏导视 | 12：00 | 综合要闻＋荧屏导视 |
| 12：30 | 中国各地 | 12：30 | 中国各地 | 12：30 | 中国各地 | 12：30 | 中国各地 | 12：30 | 中国各地 | 12：30 | 今日世界 | 12：30 | 一周回顾 |
| 13：00 | 综合要闻＋荧屏导视 | 13：00 | 综合要闻＋荧屏导视 | 13：00 | 综合要闻＋荧屏导视 | 13：00 | 综合要闻＋荧屏导视 | 13：00 | 综合要闻＋荧屏导视 | 13：00 | 综合要闻＋荧屏导视 | 13：00 | 综合要闻＋荧屏导视 |
| 13：30 | 今日话题 | 13：30 | 今日话题 | 13：30 | 今日话题 | 13：30 | 今日话题 | 13：30 | 今日话题 | 13：30 | 今日话题 | 13：30 | 今日话题 |
| 14：00 | 综合要闻、财经新闻 | 14：00 | 综合要闻、财经新闻 | 14：00 | 综合要闻、财经新闻 | 14：00 | 综合要闻、财经新闻 | 14：00 | 综合要闻、财经新闻 | 14：00 | 综合要闻、财经新闻 | 14：00 | 综合要闻、财经新闻 |
| 14：30 | 文化特快 | 14：30 | 文化特快 | 14：30 | 文化特快 | 14：30 | 文化特快 | 14：30 | 文化特快 | 14：30 | 文化特快 | 14：30 | 文化特快 |
| 15：00 | 综合要闻 | 15：00 | 综合要闻 | 15：00 | 综合要闻 | 15：00 | 综合要闻 | 15：00 | 综合要闻 | 15：00 | 综合要闻 | 15：00 | 综合要闻 |
| 15：15 | 学汉语 | 15：15 | 学汉语 | 15：15 | 学汉语 | 15：15 | 学汉语 | 15：15 | 学汉语 | 15：15 | 学汉语 | 15：15 | 人物聚焦 |
| 15：30 | 外国人看中国 | 15：30 | 旅游指南 | 15：30 | 外国人看中国 | 15：30 | 旅游指南 | 15：30 | 外国人看中国 | 15：30 | 旅游指南 | | |
| 16：00 | 综合要闻 | 16：00 | 综合要闻 | 16：00 | 综合要闻 | 16：00 | 综合要闻 | 16：00 | 综合要闻 | 16：00 | 综合要闻 | 16：00 | 体育新闻周末版 |
| 16：15 | 体育新闻 | 16：15 | 体育新闻 | 16：15 | 体育新闻 | 16：15 | 体育新闻 | 16：15 | 体育新闻 | 16：15 | 体育新闻 | | |
| 16：30 | 纪录片 | 16：30 | 纪录片 | 16：30 | 纪录片 | 16：30 | 纪录片 | 16：30 | 纪录片 | 16：30 | 纪录片 | 16：30 | 纪录片 |
| 17：00 | 综合新闻＋荧屏导视 | 17：00 | 综合新闻＋荧屏导视 | 17：00 | 综合新闻＋荧屏导视 | 17：00 | 综合新闻＋荧屏导视 | 17：00 | 综合新闻＋荧屏导视 | 17：00 | 综合新闻＋荧屏导视 | 17：00 | 综合新闻＋荧屏导视 |
| 17：30 | 自然与科学 | 17：30 | 自然与科学 | 17：30 | 自然与科学 | 17：30 | 自然与科学 | 17：30 | 自然与科学 | 17：30 | 中华艺苑 | 17：30 | 中华艺苑 |
| 17：55 | 中华文明 | 17：55 | 中华文明 | 17：55 | 中华文明 | 17：55 | 中华文明 | 17：55 | 中华文明 | | | | |
| 18：00 | 综合要闻、财经新闻 | 18：00 | 综合要闻、财经新闻 | 18：00 | 综合要闻、财经新闻 | 18：00 | 综合要闻、财经新闻 | 18：00 | 综合要闻、财经新闻 | 18：00 | 综合要闻、财经新闻 | 18：00 | 综合要闻、财经新闻 |
| 18：30 | 中国各地 | 18：30 | 中国各地 | 18：30 | 中国各地 | 18：30 | 中国各地 | 18：30 | 中国各地 | 18：30 | 今日世界 | 18：30 | 一周回顾 |
| 19：00 | 环球瞭望＋荧屏导视 | 19：00 | 环球瞭望＋荧屏导视 | 19：00 | 环球瞭望＋荧屏导视 | 19：00 | 环球瞭望＋荧屏导视 | 19：00 | 环球瞭望＋荧屏导视 | 19：00 | 环球瞭望＋荧屏导视 | 19：00 | 环球瞭望＋荧屏导视 |
| 19：30 | 今日话题 | 19：30 | 今日话题 | 19：30 | 今日话题 | 19：30 | 今日话题 | 19：30 | 今日话题 | 19：30 | 今日话题 | 19：30 | 今日话题 |

续表

| 星期一 | | 星期二 | | 星期三 | | 星期四 | | 星期五 | | 星期六 | | 星期日 | |
|---|---|---|---|---|---|---|---|---|---|---|---|---|---|
| 20：00 | 综合要闻、今日亚洲 | 20：00 | 综合要闻、今日亚洲 | 20：00 | 综合要闻、今日亚洲 | 20：00 | 综合要闻、今日亚洲 | 20：00 | 综合要闻、今日亚洲 | 20：00 | 综合要闻、今日亚洲 | 20：00 | 综合要闻、今日亚洲 |
| 20：30 | 文化特快 | 20：30 | 文化特快 | 20：30 | 文化特快 | 20：30 | 文化特快 | 20：30 | 文化特快 | 20：30 | 文化特快 | 20：30 | 文化特快 |
| 21：00 | 综合新闻＋荧屏导视 | 21：00 | 综合新闻＋荧屏导视 | 21：00 | 综合新闻＋荧屏导视 | 21：00 | 综合新闻＋荧屏导视 | 21：00 | 综合新闻＋荧屏导视 | 21：00 | 综合新闻＋荧屏导视 | 21：00 | 综合新闻＋荧屏导视 |
| 21：30 | 外国人看中国 | 21：30 | 旅游指南 | 21：30 | 外国人看中国 | 21：30 | 旅游指南 | 21：30 | 外国人看中国 | 21：30 | 旅游指南 | 21：15 | 人物聚焦 |
| 22：00 | 综合要闻、财经新闻 | 22：00 | 综合要闻、财经新闻 | 22：00 | 综合要闻、财经新闻 | 22：00 | 综合要闻、财经新闻 | 22：00 | 综合要闻、财经新闻 | 22：00 | 综合要闻、财经新闻 | 22：00 | 综合要闻、财经新闻 |
| 22：30 | 纪录片 | 22：30 | 纪录片 | 22：30 | 纪录片 | 22：30 | 纪录片 | 22：30 | 纪录片 | 22：30 | 纪录片 | 22：30 | 纪录片 |
| 23：00 | 综合要闻 | 23：00 | 综合要闻 | 23：00 | 综合要闻 | 23：00 | 综合要闻 | 23：00 | 综合要闻 | 23：00 | 综合要闻 | 23：00 | 体育新闻周末版 |
| 23：15 | 体育新闻 | 23：15 | 体育新闻 | 23：15 | 体育新闻 | 23：15 | 体育新闻 | 23：15 | 体育新闻 | 23：15 | 体育新闻 | | |
| 23：30 | 自然与科学 | 23：30 | 自然与科学 | 23：30 | 自然与科学 | 23：30 | 自然与科学 | 23：30 | 自然与科学 | 23：30 | 中华艺苑 | 23：30 | 中华艺苑 |
| 23：55 | 中华文明 | 23：55 | 中华文明 | 23：55 | 中华文明 | 23：55 | 中华文明 | 23：55 | 中华文明 | | | | |
| 00：00 | 综合要闻＋荧屏导视 | 00：00 | 综合要闻＋荧屏导视 | 00：00 | 综合要闻＋荧屏导视 | 00：00 | 综合要闻＋荧屏导视 | 00：00 | 综合要闻＋荧屏导视 | 00：00 | 综合要闻＋荧屏导视 | 00：00 | 综合要闻＋荧屏导视 |
| 00：30 | 中国各地 | 00：30 | 中国各地 | 00：30 | 中国各地 | 00：30 | 中国各地 | 00：30 | 中国各地 | 00：30 | 今日世界 | 00：30 | 一周回顾 |
| 01：00 | 综合要闻、财经新闻 | 01：00 | 综合要闻、财经新闻 | 01：00 | 综合要闻、财经新闻 | 01：00 | 综合要闻、财经新闻 | 01：00 | 综合要闻、财经新闻 | 01：00 | 综合要闻、财经新闻 | 01：00 | 综合要闻、财经新闻 |
| 01：30 | 今日话题 | 01：30 | 今日话题 | 01：30 | 今日话题 | 01：30 | 今日话题 | 01：30 | 今日话题 | 01：30 | 今日话题 | 01：30 | 今日话题 |
| 02：00 | 综合要闻、今日亚洲 | 02：00 | 综合要闻、今日亚洲 | 02：00 | 综合要闻、今日亚洲 | 02：00 | 综合要闻、今日亚洲 | 02：00 | 综合要闻、今日亚洲 | 02：00 | 综合要闻、今日亚洲 | 02：00 | 综合要闻、今日亚洲 |
| 02：30 | 文化特快 | 02：30 | 文化特快 | 02：30 | 文化特快 | 02：30 | 文化特快 | 02：30 | 文化特快 | 02：30 | 文化特快 | 02：30 | 文化特快 |
| 03：00 | 综合要闻 | 03：00 | 综合要闻 | 03：00 | 综合要闻 | 03：00 | 综合要闻 | 03：00 | 综合要闻 | 03：00 | 综合要闻 | 03：00 | 综合要闻 |
| 03：15 | 学汉语 | 03：15 | 学汉语 | 03：15 | 学汉语 | 03：15 | 学汉语 | 03：15 | 学汉语 | 03：15 | 学汉语 | 03：15 | 人物聚焦 |
| 03：30 | 外国人看中国 | 03：30 | 旅游指南 | 03：30 | 外中人看中国 | 03：30 | 旅游指南 | 03：00 | 外国人看中国 | 03：30 | 旅游指南 | | |

# CCTV—10（科教频道）栏目播出时间表

| 星期一 | | 星期二 | | 星期三 | | 星期四 | | 星期五 | | 星期六 | | 星期日 | |
|---|---|---|---|---|---|---|---|---|---|---|---|---|---|
| 05：55 | 开始曲 | 05：55 | 开始曲 | 05：55 | 开始曲 | 05：55 | 开始曲 | 05：55 | 开始曲 | 05：55 | 开始曲 | 05：55 | 开始曲 |
| 06：00 | 子午书简 | 06：00 | 子午书简 | 06：00 | 子午书简 | 06：00 | 子午书简 | 06：00 | 子午书简 | 06：00 | 子午书简 | 06：00 | 子午书简 |
| 06：10 | 绿色空间 | 06：10 | 绿色空间 | 06：10 | 绿色空间 | 06：10 | 绿色空间 | 06：10 | 绿色空间 | 06：10 | 绿色空间 | 06：10 | 绿色空间(周末) |
| 06：24 | 收视指南 | 06：24 | 收视指南 | 06：24 | 收视指南 | 06：24 | 收视指南 | 06：24 | 收视指南 | 06：24 | 收视指南 | 06：38 | 收视指南 |
| 06：25 | 希望—英语杂志 | 06：25 | 希望—英语杂志 | 06：25 | 希望—英语杂志 | 06：25 | 希望—英语杂志 | 06：25 | 希望—英语杂志 | 06：25 | 希望—英语杂志 | 06：40 | 专题节目 |
| 06：53 | 收视指南 | 06：53 | 收视指南 | 06：53 | 收视指南 | 06：53 | 收视指南 | 06：53 | 收视指南 | 06：53 | 收视指南 | | |
| 06：55 | 科技之光 | 06：55 | 科技之光 | 06：55 | 科技之光 | 06：55 | 科技之光 | 06：55 | 科技之光 | 06：55 | 科技之光 | 06：55 | 科技之光 |
| 07：38 | 收视指南 | 07：38 | 收视指南 | 07：38 | 收视指南 | 07：38 | 收视指南 | 07：38 | 收视指南 | 07：38 | 收视指南 | 07：38 | 收视指南 |
| 07：40 | 大话养生 | 07：40 | 大话养生 | 07：40 | 大话养生 | 07：40 | 大话养生 | 07：40 | 大话养生 | 07：40 | 教科文 90′(85′) | 07：40 | 教科文90′（85′） |
| 08：03 | 收视指南 | 08：03 | 收视指南 | 08：03 | 收视指南 | 08：03 | 收视指南 | 08：03 | 收视指南 | | | | |
| 08：05 | 家庭 | 08：05 | 家庭 | 08：05 | 家庭 | 08：05 | 家庭 | 08：05 | 家庭 | | | | |
| 08：30 | 收视指南 | 08：30 | 收视指南 | 08：30 | 收视指南 | 08：30 | 收视指南 | 08：30 | 收视指南 | | | | |
| 08：32 | 半边天 | 08：32 | 半边天 | 08：32 | 半边天 | 08：32 | 半边天 | 08：32 | 半边天 | | | | |
| 09：02 | 收视指南 | 09：02 | 收视指南 | 09：02 | 收视指南 | 09：02 | 收视指南 | 09：02 | 收视指南 | | | | |
| 09：05 | 走近科学 | 09：05 | 走近科学 | 09：05 | 走近科学 | 09：05 | 走近科学 | 09：05 | 走近科学 | 09：05 | 走近科学 | 09：05 | 走近科学(周末) |
| 09：33 | 收视指南 | 09：33 | 收视指南 | 09：33 | 收视指南 | 09：33 | 收视指南 | 09：33 | 收视指南 | 09：33 | 收视指南 | | |
| 09：35 | 历程 | 09：35 | 历程 | 09：35 | 历程 | 09：35 | 历程 | 09：35 | 历程 | 09：35 | 历程（周末） | 09：48 | 10 视之窗 |
| 09：49 | 收视指南 | 09：49 | 收视指南 | 09：49 | 收视指南 | 09：49 | 收视指南 | 09：49 | 收视指南 | 10：18 | 收视指南 | | |
| 09：50 | 探索·发现 | 09：50 | 探索·发现 | 09：50 | 探索·发现 | 09：50 | 探索·发现 | 09：50 | 探索·发现 | 10：20 | 专题节目 | 10：16 | 纪录片之窗 |
| 10：30 | 讲述 | 10：30 | 讲述 | 10：30 | 讲述 | 10：30 | 讲述 | 10：30 | 讲述 | 10：30 | 讲述 | 10：31 | 周末讲述 |
| 10：50 | 记忆 | 10：50 | 记忆 | 10：50 | 记忆 | 10：50 | 记忆 | 10：50 | 记忆 | 10：50 | 10 视之窗 | 11：09 | 收视指南 |
| 11：10 | 专题节目 | 11：10 | 专题节目 | 11：10 | 专题节目 | 11：10 | 专题节目 | 11：10 | 专题节目 | 11：18 | 收视指南 | 11：10 | 交流 |
| 11：20 | 当代教育 | 11：20 | 当代教育 | 11：20 | 当代教育 | 11：20 | 当代教育 | 11：20 | 当代教育 | 11：20 | 当代教育 | | |
| 11：48 | 收视指南 | 11：48 | 收视指南 | 11：48 | 收视指南 | 11：48 | 收视指南 | 11：48 | 收视指南 | 11：48 | 收视指南 | 11：48 | 收视指南 |
| 11：50 | 子午书简 | 11：50 | 子午书简 | 11：50 | 子午书简 | 11：50 | 子午书简 | 11：50 | 子午书简 | 11：50 | 子午书简 | 11：50 | 子午书简 |
| 12：00 | 绿色空间 | 12：00 | 绿色空间 | 12：00 | 绿色空间 | 12：00 | 绿色空间 | 12：00 | 绿色空间 | 12：00 | 绿色空间 | 12：00 | 道德观察 |
| 12：14 | 收视指南 | 12：14 | 收视指南 | 12：14 | 收视指南 | 12：14 | 收视指南 | 12：14 | 收视指南 | 12：14 | 收视指南 | | |
| 12：15 | 希望—英语杂志 | 12：15 | 希望—英语杂志 | 12：15 | 希望—英语杂志 | 12：15 | 希望—英语杂志 | 12：15 | 希望—英语杂志 | 12：15 | 希望—英语杂志 | 12：30 | 大家 |
| 12：43 | 收视指南 | 12：43 | 收视指南 | 12：43 | 收视指南 | 12：43 | 收视指南 | 12：43 | 收视指南 | 12：43 | 收视指南 | | |
| 12：45 | 百家讲坛 | 12：45 | 百家讲坛 | 12：45 | 百家讲坛 | 12：45 | 百家讲坛 | 12：45 | 百家讲坛 | 12：45 | 百家讲坛 | | |

续表

| 星期一 | | 星期二 | | 星期三 | | 星期四 | | 星期五 | | 星期六 | | 星期日 | |
|---|---|---|---|---|---|---|---|---|---|---|---|---|---|
| 13：28 | 收视指南 | 13：28 | 收视指南 | 13：28 | 收视指南 | 13：28 | 收视指南 | 13：28 | 收视指南 | 13：28 | 收视指南 | 13：13 | 收视指南 |
| 13：30 | 科学世界 | 13：30 | 人物 | 13：30 | 人物 | 13：30 | 人物 | 13：30 | 人物 | 13：30 | 人物 | 13：15 | 人物（周末） |
| 13：58 | 收视指南 | | | | | | | | | | | 13：58 | 收视指南 |
| 14：00 | 见证 | 14：00 | 见证 | 14：00 | 见证 | 14：00 | 见证 | 14：00 | 见证 | 14：00 | 公益行动 | 14：00 | 公益行动 |
| | | | | | | | | | | | | 14：28 | 收视指南 |
| 14：30 | 科技博览 | 14：30 | 科技博览 | 14：30 | 科技博览 | 14：30 | 科技博览 | 14：30 | 科技博览 | 14：30 | 科技博览 | 14：30 | 科技博览 |
| 14：40 | 专题节目 | 14：40 | 专题节目 | 14：40 | 专题节目 | 14：40 | 专题节目 | 14：40 | 专题节目 | 14：40 | 第 10 放映室 | 14：40 | 第 10 放映室 |
| 15：00 | 大话养生 | 15：00 | 大话养生 | 15：00 | 大话养生 | 15：00 | 大话养生 | 15：00 | 大话养生 | | | | |
| 15：23 | 收视指南 | 15：23 | 收视指南 | 15：23 | 收视指南 | 15：23 | 收视指南 | 15：23 | 收视指南 | | | | |
| 15：25 | 家庭 | 15：25 | 家庭 | 15：25 | 家庭 | 15：25 | 家庭 | 15：25 | 家庭 | | | | |
| 15：50 | 健康之路 | 15：50 | 健康之路 | 15：50 | 健康之路 | 15：50 | 健康之路 | 15：50 | 健康之路 | 16：10 | 科学世界 | 16：10 | 科学世界 |
| 16：40 | 收视指南 | 16：40 | 收视指南 | 16：40 | 收视指南 | 16：40 | 收视指南 | 16：40 | 收视指南 | 16：38 | 收视指南 | 16：38 | 收视指南 |
| 16：43 | 探索·发现 | 16：43 | 探索·发现 | 16：43 | 探索·发现 | 16：43 | 探索·发现 | 16：43 | 探索·发现 | 16：40 | 危机大营救 | 16：40 | 选择 |
| 17：23 | 收视指南 | 17：23 | 收视指南 | 17：23 | 收视指南 | 17：23 | 收视指南 | 17：23 | 收视指南 | | | | |
| 17：25 | 异想天开 | 17：25 | 异想天开 | 17：25 | 异想天开 | 17：25 | 异想天开 | 17：25 | 异想天开 | 17：30 | 异想天开 | 17：30 | 异想天开 |
| 17：50 | 科教片之窗 | 17：50 | 科普系列 | 17：50 | 科普系列 | 17：50 | 科普系列 | 17：50 | 科普系列 | 17：55 | 纪录片之窗 | 17：55 | 收视指南 |
| 18：05 | 地图上的故事 | 18：05 | 地图上的故事 | 18：05 | 地图上的故事 | 18：05 | 地图上的故事 | 18：05 | 地图上的故事 | | | 18：00 | 交流 |
| 18：10 | 当代教育 | 18：10 | 当代教育 | 18：10 | 当代教育 | 18：10 | 当代教育 | 18：10 | 当代教育 | 18：10 | 当代教育 | | |
| 18：38 | 收视指南 | 18：38 | 收视指南 | 18：38 | 收视指南 | 18：38 | 收视指南 | 18：38 | 收视指南 | 18：38 | 收视指南 | 18：38 | 收视指南 |
| 18：40 | 今日气象 | 18：40 | 今日气象 | 18：40 | 今日气象 | 18：40 | 今日气象 | 18：40 | 今日气象 | 18：40 | 今日气象 | 18：40 | 今日气象 |
| 19：00 | 希望—英语杂志 | 19：00 | 希望—英语杂志 | 19：00 | 希望—英语杂志 | 19：00 | 希望—英语杂志 | 19：00 | 希望—英语杂志 | 19：00 | 希望—英语杂志 | 19：00 | 10 视之窗 |
| 19：28 | 收视指南 | 19：28 | 收视指南 | 19：28 | 收视指南 | 19：28 | 收视指南 | 19：28 | 收视指南 | 19：28 | 收视指南 | 19：28 | 收视指南 |
| 19：30 | 绿色空间 | 19：30 | 绿色空间 | 19：30 | 绿色空间 | 19：30 | 绿色空间 | 19：30 | 绿色空间 | 19：30 | 绿色空间 | 19：30 | 绿色空间(周末) |
| 19：44 | 收视指南 | 19：44 | 收视指南 | 19：44 | 收视指南 | 19：44 | 收视指南 | 19：44 | 收视指南 | 19：44 | 收视指南 | | |
| 19：45 | 历程 | 19：45 | 历程 | 19：45 | 历程 | 19：45 | 历程 | 19：45 | 历程 | 19：45 | 历程（周末） | | |
| 19：59 | 收视指南 | 19：59 | 收视指南 | 19：59 | 收视指南 | 19：59 | 收视指南 | 19：59 | 收视指南 | | | 19：58 | 收视指南 |
| 20：00 | 专题节目 | 20：00 | 专题节目 | 20：00 | 专题节目 | 20：00 | 专题节目 | 20：00 | 专题节目 | | | 20：00 | 危机大营救 |
| 20：10 | 记忆 | 20：10 | 记忆 | 20：10 | 记忆 | 20：10 | 记忆 | 20：10 | 记忆 | 20：28 | 收视指南 | 20：50 | 收视指南 |
| 20：30 | 走近科学 | 20：30 | 走近科学 | 20：30 | 走近科学 | 20：30 | 走近科学 | 20：30 | 走近科学 | 20：30 | 走近科学 | 20：52 | 专题节目 |
| 20：58 | 收视指南 | 20：58 | 收视指南 | 20：58 | 收视指南 | 20：58 | 收视指南 | 20：58 | 收视指南 | 20：58 | 收视指南 | 20：57 | 收视指南 |
| 21：00 | 探索·发现 | 21：00 | 探索·发现 | 21：00 | 探索·发现 | 21：00 | 探索·发现 | 21：00 | 探索·发现 | 21：00 | 大家 | 21：00 | 走近科学(周末) |

续表

| 星期一 | | 星期二 | | 星期三 | | 星期四 | | 星期五 | | 星期六 | | 星期日 | |
|---|---|---|---|---|---|---|---|---|---|---|---|---|---|
| 21：40 | 收视指南 | 21：40 | 收视指南 | 21：40 | 收视指南 | 21：40 | 收视指南 | 21：40 | 收视指南 | 21：43 | 收视指南 | 21：43 | 收视指南 |
| 21：45 | 讲述 | 21：45 | 讲述 | 21：45 | 讲述 | 21：45 | 讲述 | 21：45 | 讲述 | 21：45 | 讲述 | 21：45 | 周末讲述 |
| 22：05 | 科技之光 | 22：05 | 科技之光 | 22：05 | 科技之光 | 22：05 | 科技之光 | 22：05 | 科技之光 | 22：05 | 科技之光 | 22：23 | 收视指南 |
| 22：48 | 收视指南 | 22：48 | 收视指南 | 22：48 | 收视指南 | 22：48 | 收视指南 | 22：48 | 收视指南 | 22：48 | 收视指南 | 22：25 | 科技之光 |
| 22：50 | 人物 | 22：50 | 人物 | 22：50 | 人物 | 22：50 | 人物 | 22：50 | 人物 | 22：50 | 人物（周末） | 23：08 | 收视指南 |
| 23：20 | 科教片之窗 | 23：20 | 科普系列 | 23：20 | 科普系列 | 23：20 | 科普系列 | 23：20 | 科普系列 | 23：33 | 收视指南 | 23：10 | 专题节目 |
| 23：35 | 地图上的故事 | 23：35 | 地图上的故事 | 23：35 | 地图上的故事 | 23：35 | 地图上的故事 | 23：35 | 地图上的故事 | 23：35 | 专题节目 | | |
| 23：40 | 子午书简 | 23：40 | 子午书简 | 23：40 | 子午书简 | 23：40 | 子午书简 | 23：40 | 子午书简 | 23：40 | 子午书简 | 23：40 | 子午书简 |
| 23：50 | 今日气象 | 23：50 | 今日气象 | 23：50 | 今日气象 | 23：50 | 今日气象 | 23：50 | 今日气象 | 23：50 | 今日气象 | 23：50 | 今日气象 |
| 00：10 | 百家讲坛 | 00：10 | 百家讲坛 | 00：10 | 百家讲坛 | 00：10 | 百家讲坛 | 00：10 | 百家讲坛 | 00：10 | 百家讲坛 | 00：10 | 大家 |
| 00：53 | 记忆 | 00：53 | 记忆 | 00：53 | 记忆 | 00：53 | 记忆 | 00：53 | 记忆 | 00：53 | 科学世界 | 00：53 | 科学世界 |
| 01：13 | 科技之光 | 01：13 | 科技之光 | 01：13 | 科技之光 | 01：13 | 科技之光 | 01：13 | 科技之光 | 01：21 | 科技之光 | 01：21 | 科技之光 |
| 01：56 | 节目结束 | 01：56 | 节目结束 | 01：56 | 节目结束 | 01：56 | 节目结束 | 01：56 | 节目结束 | 02：04 | 节目结束 | 02：04 | 节目结束 |

## CCTV—11（戏曲频道）栏目播出时间表

| 星期一 | | 星期二 | | 星期三 | | 星期四 | | 星期五 | | 星期六 | | 星期日 | |
|---|---|---|---|---|---|---|---|---|---|---|---|---|---|
| 05：57 | 台标 国歌 | 05：57 | 台标 国歌 | 05：57 | 台标 国歌 | 05：57 | 台标 国歌 | 05：57 | 台标 国歌 | 05：57 | 台标 国歌 | 05：57 | 台标 国歌 |
| 05：58 | 节目预告 | 05：58 | 节目预告 | 05：58 | 节目预告 | 05：58 | 节目预告 | 05：58 | 节目预告 | 05：58 | 节目预告 | 05：58 | 节目预告 |
| 06：00 | 跟我学 | 06：00 | 跟我学 | 06：00 | 跟我学 | 06：00 | 跟我学 | 06：00 | 跟我学 | 06：00 | 跟我学 | 06：00 | 跟我学 |
| 06：30 | 广告包装 | 06：30 | 广告包装 | 06：30 | 广告包装 | 06：30 | 广告包装 | 06：30 | 广告包装 | 06：30 | 广告包装 | 06：30 | 广告包装 |
| 06：35 | 名段欣赏 | 06：35 | 名段欣赏 | 06：35 | 名段欣赏 | 06：35 | 名段欣赏 | 06：35 | 名段欣赏 | 06：35 | 名段欣赏 | 06：35 | 名段欣赏 |
| 07：05 | 广告＋包装 | 07：05 | 广告＋包装 | 07：05 | 广告＋包装 | 07：05 | 广告＋包装 | 07：05 | 广告＋包装 | 07：05 | 广告＋包装 | 07：05 | 广告＋包装 |
| 07：10 | 戏曲采风 | 07：10 | 戏曲采风 | 07：10 | 戏曲采风 | 07：10 | 戏曲采风 | 07：10 | 戏曲采风 | 07：10 | 戏曲采风 | 07：10 | 戏曲采风 |
| 07：40 | 广告包装 | 07：40 | 广告包装 | 07：40 | 广告包装 | 07：40 | 广告包装 | 07：40 | 广告包装 | 07：40 | 广告包装 | 07：40 | 广告包装 |
| 07：45 | 九州大戏台（地方戏） | 07：45 | 九州大戏台（地方戏） | 07：45 | 九州大戏台（地方戏） | 07：45 | 九州大戏台（地方戏） | 07：45 | 九州大戏台（地方戏） | 07：45 | 九州大戏台（地方戏） | 07：45 | 九州大戏台（地方戏） |
| 10：15 | 戏苑百家 | | | 10：15 | 过把瘾 | 10：15 | 南腔北调 | 10：15 | 点播时间 | 09：25 | 梨园擂台 | | |
| 11：05 | 广告＋包装 | 11：05 | 广告＋包装 | 11：05 | 广告＋包装 | 11：05 | 广告＋包装 | 11：05 | 广告＋包装 | 11：05 | 广告＋包装 | 11：05 | 广告＋包装 |

续表

| 星期一 | | 星期二 | | 星期三 | | 星期四 | | 星期五 | | 星期六 | | 星期日 | |
|---|---|---|---|---|---|---|---|---|---|---|---|---|---|
| 11：10 | 九州大戏台（影视剧） | 11：10 | 九州大戏台（影视剧） | 11：10 | 九州大戏台（影视剧） | 11：10 | 九州大戏台（影视剧） | 11：10 | 九州大戏台（影视剧） | 11：10 | 九州大戏台（影视剧） | 11：10 | 九州大戏台（影视剧） |
| 12：00 | 跟我学 | 12：00 | 跟我学 | 12：00 | 跟我学 | 12：00 | 跟我学 | 12：00 | 跟我学 | 12：00 | 跟我学 | 12：00 | 跟我学 |
| 12：30 | 广告＋包装 | 12：30 | 广告＋包装 | 12：30 | 广告＋包装 | 12：30 | 广告＋包装 | 12：30 | 广告＋包装 | 12：30 | 广告＋包装 | 12：30 | 广告＋包装 |
| 12：35 | 名段欣赏 | 12：35 | 名段欣赏 | 12：35 | 名段欣赏 | 12：35 | 名段欣赏 | 12：35 | 名段欣赏 | 12：35 | 名段欣赏 | 12：35 | 名段欣赏 |
| 13：05 | 广告＋包装 | 13：05 | 广告＋包装 | 13：05 | 广告＋包装 | 13：05 | 广告＋包装 | 13：05 | 广告＋包装 | 13：05 | 广告＋包装 | 13：05 | 广告＋包装 |
| 13：10 | 戏曲采风 | 13：10 | 戏曲采风 | 13：10 | 戏曲采风 | 13：10 | 曲戏采风 | 13：10 | 戏曲采风 | 13：10 | 戏曲采风 | 13：10 | 戏曲采风 |
| 13：40 | 广告＋包装 | 13：40 | 广告＋包装 | 13：40 | 广告＋包装 | 13：40 | 广告＋包装 | 13：40 | 广告＋包装 | 13：40 | 广告＋包装 | 13：40 | 广告＋包装 |
| 13：45 | 戏苑百家 | 13：45 | CCTV 空中剧院 | 13：45 | 过把瘾 | 13：45 | 南腔北调 | 13：45 | 点播时间 | 13：45 | 梨园擂台 | 13：45 | CCTV 空中剧院 |
| 14：35 | 九州大戏台（影视剧） | | | 14：35 | 九州大戏台（音配像） | 14：35 | 九州大戏台（京剧） | 14：35 | 九州大戏台（京剧） | 14：35 | 九州大戏台（京剧版） | | |
| 17：05 | 广告＋包装 | 17：05 | 广告＋包装 | 17：05 | 广告＋包装 | 17：05 | 广告＋包装 | 17：05 | 广告＋包装 | 17：05 | 广告＋包装 | 17：05 | 广告＋包装 |
| 17：10 | 九州大戏台（影视剧） | 17：10 | 九州大戏台（影视剧） | 17：10 | 九州大戏台（影视剧） | 17：10 | 九州大戏台（影视剧） | 17：10 | 九州大戏台（影视剧） | 17：10 | 九州大戏台（影视剧） | 17：10 | 九州大戏台（影视剧） |
| 18：00 | 广告＋包装 | 18：00 | 广告＋包装 | 18：00 | 广告＋包装 | 18：00 | 广告＋包装 | 18：00 | 广告＋包装 | 18：00 | 广告＋包装 | 18：00 | 广告＋包装 |
| 18：05 | 跟我学 | 18：05 | 跟我学 | 18：05 | 跟我学 | 18：05 | 跟我学 | 18：05 | 跟我学 | 18：05 | 跟我学 | 18：05 | 跟我学 |
| 18：35 | 广告＋包装 | 18：35 | 广告＋包装 | 18：35 | 广告＋包装 | 18：35 | 广告＋包装 | 18：35 | 广告＋包装 | 18：35 | 广告＋包装 | 18：35 | 广告＋包装 |
| 18：40 | 名段欣赏 | 18：40 | 名段欣赏 | 18：40 | 名段欣赏 | 18：40 | 名段欣赏 | 18：40 | 名段欣赏 | 18：40 | 名段欣赏 | 18：40 | 名段欣赏 |
| 19：10 | 广告＋包装 | 19：10 | 广告＋包装 | 19：10 | 广告＋包装 | 19：10 | 广告＋包装 | 19：10 | 广告＋包装 | 19：10 | 广告＋包装 | 19：10 | 广告＋包装 |
| 19：15 | 戏曲采风 | 19：15 | 戏曲采风 | 19：15 | 戏曲采风 | 19：15 | 戏曲采风 | 19：15 | 戏曲采风 | 19：15 | 插花 | 19：15 | 戏曲采风 |
| 19：45 | CCTV 空中剧院 | 19：45 | 过把瘾 | 19：45 | 南腔北调 | 19：45 | 点播时间 | 19：45 | 梨园擂台 | 19：20 | CCTV 空中剧院 | 19：45 | 戏苑百家 |
| | | 20：35 | 九州大戏台（音配像） | 20：35 | 九州大戏台（地方戏） | 20：35 | 九州大戏台（京戏） | 21：25 | 九州大戏台（地方戏） | | | 20：35 | 九州大戏台（影视剧） |
| 23：05 | 广告＋包装 | 23：05 | 广告＋包装 | 23：05 | 广告＋包装 | 23：05 | 广告＋包装 | 23：05 | 广告＋包装 | 23：05 | 广告＋包装 | 23：05 | 广告＋包装 |
| 23：10 | 九州大戏台（影视剧） | 23：10 | 九州大戏台（影视剧） | 23：10 | 九州大戏台（影视剧） | 23：10 | 九州大戏台（影视剧） | 23：10 | 九州大戏台（影视剧） | 23：10 | 九州大戏台（影视剧） | 23：10 | 九州大戏台（影视剧） |
| 00：00 | 节目预告 | 00：00 | 节目预告 | 00：00 | 节目预告 | 00：00 | 节目预告 | 00：00 | 节目预告 | 00：00 | 节目预告 | 00：00 | 节目预告 |
| 00：02 | 结束 | 00：02 | 结束 | 00：02 | 结束 | 00：02 | 结束 | 00：02 | 结束 | 00：02 | 结束 | 00：02 | 结束 |

# CCTV—12（西部频道）栏目播出时间表

| 星期一 | | 星期二 | | 星期三 | | 星期四 | | 星期五 | | 星期六 | | 星期日 | |
|---|---|---|---|---|---|---|---|---|---|---|---|---|---|
| 07：55 | 西部导视 | 07：55 | 西部导视 | 07：55 | 西部导视 | 07：55 | 西部导视 | 07：55 | 西部导视 | 07：55 | 西部导视 | 07：55 | 西部导视 |
| 08：00 | 西部新闻(重) | 08：00 | 西部新闻(重) | 08：00 | 西部新闻(重) | 08：00 | 西部新闻(重) | 08：00 | 西部新闻(重) | 08：00 | 西部新闻(重) | 08：00 | 西部新闻(重) |
| 09：00 | 西部导视 | 09：00 | 西部导视 | 09：00 | 西部导视 | 09：00 | 西部导视 | 09：00 | 西部导视 | 09：00 | 西部导视 | 09：00 | 西部导视 |
| 09：05 | 天天快乐(重) | 09：05 | 天天快乐(重) | 09：05 | 天天快乐(重) | 09：05 | 天天快乐(重) | 09：05 | 天天快乐(重) | 09：05 | 天天快乐(重) | 09：05 | 欢乐周末(重) |
| 09：20 | 探索·发现(重) | 09：20 | 探索·发现(重) | 09：20 | 探索·发现(重) | 09：20 | 探索·发现(重) | 09：20 | 探索·发现(重) | 09：20 | 魅力 12(重) | | |
| 10：00 | 西部音画(重) | 10：00 | 西部音画(重) | 10：00 | 西部音画(重) | 10：00 | 西部音画(重) | 10：00 | 西部音画(重) | | | | |
| 10：06 | 西部导视 | 10：06 | 西部导视 | 10：06 | 西部导视 | 10：06 | 西部导视 | 10：06 | 西部导视 | | | 10：06 | 西部导视 |
| 10：10 | 精品动画片 | 10：10 | 精品动画片 | 10：10 | 精品动画片 | 10：10 | 精品动画片 | 10：10 | 精品动画片 | 10：10 | 精品动画片 | 10：10 | 精品动画片 |
| 10：40 | 法治在线(重) | 10：40 | 法治在线(重) | 10：40 | 法治在线(重) | 10：40 | 法治在线(重) | 10：40 | 法治在线(重) | 10：40 | 法治在线(重) | 10：40 | 法治在线(重) |
| 11：05 | 西部新闻(重) | 11：05 | 西部新闻(重) | 11：05 | 西部新闻(重) | 11：05 | 西部新闻(重) | 11：05 | 西部新闻(重) | 11：05 | 西部新闻(重) | 11：05 | 西部新闻(重) |
| 12：05 | 西部导视 | 12：05 | 西部导视 | 12：05 | 西部导视 | 12：05 | 西部导视 | 12：05 | 西部导视 | 12：05 | 西部导视 | 12：05 | 西部导视 |
| 12：10 | 12/12 | 12：10 | 12/12 | 12：10 | 12/12 | 12：10 | 12/12 | 12：10 | 12/12 | 12：10 | 12/12 | 12：10 | 12/12 |
| 12：30 | 西部导视 | 12：30 | 西部导视 | 12：30 | 西部导视 | 12：30 | 西部导视 | 12：30 | 西部导视 | 12：30 | 西部导视 | 12：30 | 西部导视 |
| 12：35 | 新闻夜话(重) | 12：35 | 新闻夜话(重) | 12：35 | 新闻夜话(重) | 12：35 | 新闻夜话(重) | 12：35 | 新闻夜话(重) | 12：35 | 新闻夜话(重) | 12：35 | 新闻夜话(重) |
| 12：55 | 西部导视 | 12：55 | 西部导视 | 12：55 | 西部导视 | 12：55 | 西部导视 | 12：55 | 西部导视 | 12：55 | 西部导视 | 12：55 | 西部导视 |
| 13：00 | 旅游黄金线(重) | 13：00 | 旅游黄金线(重) | 13：00 | 旅游黄金线(重) | 13：00 | 旅游黄金线(重) | 13：00 | 旅游黄金线(重) | 13：00 | 一周导视 | 13：00 | 一周导视(重) |
| | | | | | | | | | | 13：10 | 西部导视 | 13：10 | 西部导视 |
| 13：20 | 西部导视 | 13：20 | 魅力 12(重) | 13：20 | 精品荟萃(重) | 13：20 | 魅力 12 | 13：20 | 精品荟萃 | 13：15 | 西部教育(重) | 13：15 | 魅力 12(重) |
| 13：25 | 中华民族(重) | | | | | | | | | | | | |
| 13：55 | 西部导视 | | | | | | | | | | | | |
| 14：00 | 一周导视 | | | | | | | | | 14：05 | 西部导视 | 14：05 | 天下足球 |
| 14：10 | 西部导视 | 14：10 | 西部导视 | 14：10 | 西部导视 | 14：10 | 西部导视 | 14：10 | 西部导视 | 14：10 | 精品荟萃 | | |
| 14：15 | 动感剧场 | 14：15 | 动感剧场 | 14：15 | 动感剧场 | 14：15 | 动感剧场 | 14：15 | 动感剧场 | | | | |
| 15：05 | 西部导视 | 15：05 | 西部导视 | 15：05 | 西部导视 | 15：05 | 西部导视 | 15：05 | 西部导视 | | | | |
| 15：10 | 动感剧场 | 15：10 | 动感剧场 | 15：10 | 动感剧场 | 15：10 | 动感剧场 | 15：10 | 动感剧场 | | | | |
| 16：00 | 西部导视 | 16：00 | 西部导视 | 16：00 | 西部导视 | 16：00 | 西部导视 | 16：00 | 西部导视 | 16：00 | 西部导视 | 16：00 | 西部导视 |
| 16：05 | 12/12(重) | 16：05 | 12/12(重) | 16：05 | 12/12(重) | 16：05 | 12/12(重) | 16：05 | 12/12(重) | 16：05 | 12/12(重) | 16：05 | 12/12(重) |
| 16：25 | 西部导视 | 16：25 | 西部导视 | 16：25 | 西部导视 | 16：25 | 西部导视 | 16：25 | 西部导视 | 16：25 | 西部导视 | 16：25 | 西部导视 |
| 16：30 | 巅峰时刻(重) | 16：30 | 巅峰时刻(重) | 16：30 | 巅峰时刻(重) | 16：30 | 巅峰时刻(重) | 16：30 | 巅峰时刻(重) | 16：30 | 巅峰时刻(重) | 16：30 | 巅峰时刻(重) |
| 17：00 | 精品动画片(重) | 17：00 | 精品动画片(重) | 17：00 | 精品动画片(重) | 17：00 | 精品动画片(重) | 17：00 | 精品动画片(重) | 17：00 | 精品动画片(重) | 17：00 | 精品动画片(重) |

续表

| 星期一 | | 星期二 | | 星期三 | | 星期四 | | 星期五 | | 星期六 | | 星期日 | |
|---|---|---|---|---|---|---|---|---|---|---|---|---|---|
| 17:30 | 天·地·人(重) | 17:30 | 天·地·人(重) | 17:30 | 天·地·人(重) | 17:30 | 天·地·人(重) | 17:30 | 天·地·人(重) | 17:30 | 天·地·人(重) | 17:30 | 天·地·人(重) |
| 18:00 | 天天快乐(重) | 18:00 | 天天快乐(重) | 18:00 | 天天快乐(重) | 18:00 | 天天快乐(重) | 18:00 | 天天快乐(重) | 18:00 | 欢乐周末 | 18:00 | 中华民族(重) |
| 18:15 | 西部导视 | 18:15 | 西部导视 | 18:15 | 西部导视 | 18:15 | 西部导视 | 18:15 | 西部导视 | | | | |
| 18:20 | 旅游黄金线 | 18:20 | 旅游黄金线 | 18:20 | 旅游黄金线 | 18:20 | 旅游黄金线 | 18:20 | 旅游黄金线 | | | 18:30 | 新闻夜话(重) |
| 18:40 | 新闻夜话(重) | 18:40 | 新闻夜话(重) | 18:40 | 新闻夜话(重) | 18:40 | 新闻夜话(重) | 18:40 | 新闻夜话(重) | | | 18:50 | 一周导视 |
| 19:00 | 西部音画(重) | 19:00 | 西部音画(重) | 19:00 | 西部音画(重) | 19:00 | 西部音画(重) | 19:00 | 西部音画(重) | 19:00 | 西部音画(重) | 19:00 | 西部音画(重) |
| 19:06 | 西部导视 | 19:06 | 西部导视 | 19:06 | 西部导视 | 19:06 | 西部导视 | 19:06 | 西部导视 | 19:06 | 西部导视 | 19:06 | 西部导视 |
| 19:10 | 天天快乐 | 19:10 | 天天快乐 | 19:10 | 天天快乐 | 19:10 | 天天快乐 | 19:10 | 天天快乐 | 19:10 | 天天快乐 | 19:10 | 天天快乐 |
| 19:25 | 西部导视 | 19:25 | 西部导视 | 19:25 | 西部导视 | 19:25 | 西部导视 | 19:25 | 西部导视 | 19:25 | 西部导视 | 19:25 | 西部教育 |
| 19:30 | 天·地·人 | 19:30 | 天·地·人 | 19:30 | 天·地·人 | 19:30 | 天·地·人 | 19:30 | 天·地·人 | 19:30 | 天·地·人 | | |
| 20:00 | 西部导视 | 20:00 | 西部导视 | 20:00 | 西部导视 | 20:00 | 西部导视 | 20:00 | 西部导视 | 20:00 | 西部导视 | | |
| 20:05 | 今日说法(重) | 20:05 | 今日说法(重) | 20:05 | 今日说法(重) | 20:05 | 今日说法(重) | 20:05 | 今日说法(重) | 20:05 | 今日说法(重) | 20:15 | 一周导视 |
| 20:25 | 西部导视 | 20:25 | 西部导视 | 20:25 | 西部导视 | 20:25 | 西部导视 | 20:25 | 西部导视 | 20:25 | 西部导视 | 20:25 | 西部导视 |
| 21:30 | 西部音画(重) | 21:30 | 西部音画(重) | 21:30 | 西部音画(重) | 21:30 | 西部音画(重) | 21:30 | 西部音画(重) | 21:30 | 西部音画(重) | 21:30 | 西部音画(重) |
| 21:36 | 西部导视 | 21:36 | 西部导视 | 21:36 | 西部导视 | 21:36 | 西部导视 | 21:36 | 西部导视 | 21:36 | 西部导视 | 21:36 | 西部导视 |
| 21:40 | 老片新看 | 21:40 | 老片新看 | 21:40 | 老片新看 | 21:40 | 老片新看 | 21:40 | 老片新看 | 21:40 | 魅力12(首) | 21:40 | 精品荟萃 |
| 22:30 | 西部导视 | 22:30 | 西部导视 | 22:30 | 西部导视 | 22:30 | 西部导视 | 22:30 | 西部导视 | 22:30 | 一周导视 | | |
| 22:35 | 老片新看 | 22:35 | 老片新看 | 22:35 | 老片新看 | 22:35 | 老片新看 | 22:35 | 老片新看 | 22:40 | 魅力12(首) | | |
| 23:25 | 西部导视 | 23:25 | 西部导视 | 23:25 | 西部导视 | 23:25 | 西部导视 | 23:25 | 西部导视 | 23:25 | 西部导视 | | |
| 23:30 | 新闻夜话(重) | 23:30 | 新闻夜话(重) | 23:30 | 新闻夜话(重) | 23:30 | 新闻夜话(重) | 23:30 | 新闻夜话(重) | 23:30 | 新闻夜话(重) | 23:30 | 新闻夜话(重) |
| 23:50 | 今日说法(重) | 23:50 | 今日说法(重) | 23:50 | 今日说法(重) | 23:50 | 今日说法(重) | 23:50 | 今日说法(重) | 23:50 | 今日说法(重) | 23:50 | 今日说法(重) |
| 00:10 | 西部导视 | 00:10 | 西部导视 | 00:10 | 西部导视 | 00:10 | 西部导视 | 00:10 | 西部导视 | 00:10 | 西部导视 | 00:10 | 西部导视 |
| 00:15 | 旅游黄金线(重) | 00:15 | 旅游黄金线(重) | 00:15 | 旅游黄金线(重) | 00:15 | 旅游黄金线(重) | 00:15 | 旅游黄金线(重) | 00:15 | 旅游黄金线(重) | 00:15 | 旅游黄金线(重) |
| 00:35 | 西部新闻(重) | 00:35 | 西部新闻(重) | 00:35 | 西部新闻(重) | 00:35 | 西部新闻(重) | 00:35 | 西部新闻(重) | 00:35 | 西部新闻(重) | 00:35 | 西部新闻(重) |
| 01:35 | 西部导视 | 01:35 | 西部导视 | 01:35 | 西部导视 | 01:35 | 西部导视 | 01:35 | 西部导视 | 01:35 | 西部导视 | 01:35 | 西部导视 |
| 01:40 | 天·地·人(重) | 01:40 | 天·地·人(重) | 01:40 | 天·地·人(重) | 01:40 | 天·地·人(重) | 01:40 | 天·地·人(重) | 01:40 | 天·地·人(重) | 01:40 | 天·地·人(重) |
| 02:10 | 新闻夜话(重) | 02:10 | 新闻夜话(重) | 02:10 | 新闻夜话(重) | 02:10 | 新闻夜话(重) | 02:10 | 新闻夜话(重) | 02:10 | 新闻夜话(重) | 02:10 | 新闻夜话(重) |
| 02:30 | 焦点访谈(重) | 02:30 | 焦点访谈(重) | 02:30 | 焦点访谈(重) | 02:30 | 焦点访谈(重) | 02:30 | 焦点访谈(重) | 02:30 | 焦点访谈(重) | 02:30 | 焦点访谈(重) |
| 02:43 | 新闻联播(重) | 02:43 | 新闻联播(重) | 02:43 | 新闻联播(重) | 02:43 | 新闻联播(重) | 02:43 | 新闻联播(重) | 02:43 | 新闻联播(重) | 02:43 | 新闻联播(重) |
| 03:13 | 西部导视 | 03:13 | 西部导视 | 03:13 | 西部导视 | 03:13 | 西部导视 | 03:13 | 西部导视 | 03:13 | 西部导视 | 03:13 | 西部导视 |

# CCTV 少儿频道栏目播出时间表

| 星期一 | | 星期二 | | 星期三 | | 星期四 | | 星期五 | | 星期六 | | 星期日 | |
|---|---|---|---|---|---|---|---|---|---|---|---|---|---|
| 05：55 | 台标 预告 | 05：55 | 台标 预告 | 05：55 | 台标 预告 | 05：55 | 台标 预告 | 05：55 | 台标 预告 | 05：55 | 台标 预告 | 05：55 | 台标 预告 |
| 06：00 | 动画城 | 06：00 | 动画城 | 06：00 | 动画城 | 06：00 | 动画城 | 06：00 | 动画城 | 06：00 | 动画城 | 06：00 | 周末七巧板 |
| 06：30 | 七巧板 | 06：30 | 七巧板 | 06：30 | 七巧板 | 06：30 | 七巧板 | 06：30 | 七巧板 | 06：30 | 七巧板 | 06：30 | 银河剧场 |
| 06：40 | 芝麻开门（首） | 06：40 | 芝麻开门（首） | 06：40 | 芝麻开门（首） | 06：40 | 芝麻开门（首） | 06：40 | 芝麻开门（首） | 06：40 | 银河剧场 | 06：40 | 银河剧场 |
| 06：50 | 大风车 | 06：50 | 大风车 | 06：50 | 大风车 | 06：50 | 大风车 | 06：50 | 大风车 | 06：50 | 大风车 | 06：50 | 大风车 |
| 07：30 | 神奇之窗 | 07：30 | 神奇之窗 | 07：30 | 快乐体验 | 07：30 | 快乐体验 | 07：30 | 快乐体验 | 07：03 | 公德行动 | 07：30 | 周末音乐快递 |
| 08：00 | 中国动画（精品版） | 08：00 | 中国动画（精品版） | 08：00 | 中国动画（精品版） | 08：00 | 中国动画（精品版） | 08：00 | 中国动画（精品版） | 08：00 | 中国动画（精品版） | 08：00 | 中国动画（精品版） |
| 08：30 | 智慧树 | 08：30 | 智慧树 | 08：30 | 智慧树 | 08：30 | 智慧树 | 08：30 | 智慧树 | 08：30 | 智慧树 | 08：30 | 智慧树 |
| 09：00 | 动漫世界 | 09：00 | 动漫世界 | 09：00 | 动漫世界 | 09：00 | 动漫世界 | 09：00 | 动漫世界 | 09：00 | 动漫世界 | 09：00 | 动漫世界 |
| 09：30 | 东方儿童 | 09：30 | 东方儿童 | 09：30 | 东方儿童 | 09：30 | 东方儿童 | 09：30 | 东方儿童 | 09：30 | 东方儿童 | 09：30 | 东方儿童 |
| 10：00 | 动画城 | 10：00 | 动画城 | 10：00 | 动画城 | 10：00 | 动画城 | 10：00 | 动画城 | 10：00 | 动画城 | 10：00 | 周末七巧板（首） |
| 10：30 | 智慧树 | 10：30 | 智慧树 | 10：30 | 智慧树 | 10：30 | 智慧树 | 10：30 | 智慧树 | 10：30 | 智慧树 | 10：30 | 智慧树 |
| 11：00 | 中国动画 | 11：00 | 中国动画 | 11：00 | 中国动画 | 11：00 | 中国动画 | 11：00 | 中国动画 | 11：00 | 中国动画 | 11：00 | 金螺号 |
| 11：15 | 七巧板（首） | 11：15 | 七巧板（首） | 11：15 | 七巧板（首） | 11：15 | 七巧板（首） | 11：15 | 七巧板（首） | 11：15 | 银河剧场 | 11：15 | 同一片蓝天（首） |
| 11：25 | 音乐快递 | 11：25 | 音乐快递 | 11：25 | 音乐快递 | 11：25 | 音乐快递 | 11：25 | 音乐快递 | 11：25 | 音乐快递 | | |
| 11：30 | 成长在线 | 11：30 | 成长在线 | 11：30 | 成长在线 | 11：30 | 成长在线 | 11：30 | 成长在线 | 11：30 | 影像地带 | | |
| 12：00 | 中国动画（精品版）（首） | 12：00 | 中国动画（精品版）（首） | 12：00 | 中国动画（精品版）（首） | 12：00 | 中国动画（精品版）（首） | 12：00 | 中国动画（精品版）（首） | 12：00 | 中国动画（精品版）（首） | 12：00 | 中国动画（精品版）（首） |
| 12：30 | 异想天开 | 12：30 | 异想天开 | 12：30 | 异想天开 | 12：30 | 异想天开 | 12：30 | 异想天开 | 12：30 | 异想天开 | 12：30 | 异想天开 |
| 12：55 | 节目早知道 | 12：55 | 节目早知道 | 12：55 | 节目早知道 | 12：55 | 节目早知道 | 12：55 | 节目早知道 | 12：55 | 节目早知道 | 12：55 | 名师名校 |
| 13：00 | 芝麻开门 | 13：00 | 芝麻开门 | 13：00 | 芝麻开门 | 13：00 | 芝麻开门 | 13：00 | 芝麻开门 | 13：00 | 动感特区 | | |
| 13：10 | 神奇之窗 | 13：10 | 神奇之窗 | 13：10 | 快乐体验 | 13：10 | 快乐体验 | 13：10 | 快乐体验 | | | | |
| 13：40 | 金苹果 | 13：40 | 同一片蓝天 | 13：40 | 第二起跑线 | 13：40 | 三星智力快车 | 13：40 | 少年体校 | 13：50 | 科技英才 | 13：40 | 银河剧场（周末版）（首） |
| | | | | | | | | | | 14：10 | 音乐快递 | | |
| 14：25 | 节目早知道 | 14：25 | 节目早知道 | | | | | | | 14：15 | 同一片蓝天 | | |
| 14：30 | 成长在线 | 14：30 | 成长在线 | 14：30 | 成长在线 | 14：30 | 成长在线 | 14：30 | 成长在线 | | | | |
| 15：00 | 中国动画 | 15：00 | 中国动画 | 15：00 | 中国动画 | 15：00 | 中国动画 | 15：00 | 中国动画 | 15：00 | 中国动画 | | |
| 15：15 | 音乐快递 | 15：15 | 音乐快递 | 15：15 | 音乐快递 | 15：15 | 音乐快递 | 15：15 | 音乐快递 | 15：15 | 音乐快递 | | |
| 15：20 | 东方儿童 | 15：20 | 东方儿童 | 15：20 | 东方儿童 | 15：20 | 东方儿童 | 15：20 | 东方儿童 | 15：20 | 东方儿童 | 15：20 | 东方儿童 |

续表

| 星期一 | | 星期二 | | 星期三 | | 星期四 | | 星期五 | | 星期六 | | 星期日 | |
|---|---|---|---|---|---|---|---|---|---|---|---|---|---|
| 15：50 | 大风车 | 15：50 | 大风车 | 15：50 | 大风车 | 15：50 | 大风车 | 15：50 | 大风车 | 15：50 | 大风车 | 15：50 | 大风车 |
| 16：30 | 异想天开 | 16：30 | 异想天开 | 16：30 | 异想天开 | 16：30 | 异想天开 | 16：30 | 异想天开 | 16：30 | 异想天开 | 16：30 | 异想天开 |
| 16：55 | 节目早知道 | 16：55 | 节目早知道 | 16：55 | 节目早知道 | 16：55 | 节目早知道 | 16：55 | 节目早知道 | 16：55 | 节目早知道 | 16：55 | 节目早知道 |
| 17：00 | 动漫世界 | 17：00 | 动漫世界 | 17：00 | 动漫世界 | 17：00 | 动漫世界 | 17：00 | 动漫世界 | 17：00 | 动漫世界 | 17：00 | 动漫世界 |
| 17：30 | 公德行动 | 17：30 | 影像地带 | 17：30 | 金螺号（首） | 17：30 | 金螺号（重） | 17：30 | 周末七巧板 | 17：30 | 周末音乐快递（首） | 17：30 | 第二起跑线（首） |
| | | | | 17：45 | 银河剧场 | 17：45 | 银河剧场 | | | | | | |
| | | | | 17：55 | 节目早知道 | 17：55 | 节目早知道 | | | | | | |
| 18：00 | 中国动画（首） | 18：00 | 中国动画（首） | 18：00 | 中国动画（首） | 18：00 | 中国动画（首） | 18：00 | 中国动画（首） | 18：00 | 中国动画（首） | | |
| 18：15 | 音乐快递（首） | 18：15 | 音乐快递（首） | 18：15 | 音乐快递（首） | 18：15 | 音乐快递（首） | 18：15 | 音乐快递（首） | 18：15 | 音乐快递（首） | | |
| 18：20 | 银河剧场(首) | 18：20 | 银河剧场(首) | 18：20 | 银河剧场(首) | 18：20 | 银河剧场(首) | 18：20 | 银河剧场（首） | 18：20 | 银河剧场(首) | 18：20 | 银河剧场(首) |
| 18：30 | 东方儿童(首) | 18：30 | 东方儿童(首) | 18：30 | 东方儿童(首) | 18：30 | 东方儿童(首) | 18：30 | 东方儿童(首) | 18：30 | 东方儿童(首) | 18：30 | 东方儿童(首) |
| 19：00 | 中国动画（精品版） | 19：00 | 中国动画（精品版） | 19：00 | 中国动画（精品版） | 19：00 | 中国动画（精品版） | 19：00 | 中国动画（精品版） | 19：00 | 中国动画（精品版） | 19：00 | 中国动画（精品版） |
| 19：30 | 智慧树（首） | 19：30 | 智慧树（首） | 19：30 | 智慧树（首） | 19：30 | 智慧树（首） | 19：30 | 智慧树（首） | 19：30 | 智慧树（首） | 19：30 | 智慧树（首） |
| 20：00 | 动漫世界（首） | 20：00 | 动漫世界（首） | 20：00 | 动漫世界（首） | 20：00 | 动漫世界（首） | 20：00 | 动漫世界（首） | 20：00 | 动漫世界（首） | 20：00 | 动漫世界（首） |
| 20：30 | 异想天开（首） | 20：30 | 异想天开（首） | 20：30 | 异想天开（首） | 20：30 | 异想天开（首） | 20：30 | 异想天开（首） | 20：30 | 异想天开（首） | 20：30 | 异想天开（首） |
| 20：55 | 节目早知道 | 20：55 | 节目早知道 | 20：55 | 节目早知道 | 20：55 | 节目早知道 | 20：55 | 节目早知道 | 20：55 | 节目早知道 | 20：55 | 节目早知道 |
| 21：00 | 神奇之窗 | 21：00 | 神奇之窗 | 21：00 | 神奇之窗 | 21：00 | 神奇之窗 | 21：00 | 神奇之窗 | 21：00 | 神奇之窗 | 21：00 | 神奇之窗 |
| 21：30 | 成长在线（首） | 21：30 | 成长在线（首） | 21：30 | 成长在线（首） | 21：30 | 成长在线（首） | 21：30 | 成长在线（首） | 21：30 | 动感特区（首） | 21：30 | 少年体校（首） |
| 22：00 | 三星智力快车 | 22：00 | 金苹果 | 22：00 | 少年体校 | 22：00 | 第二起跑线 | 22：00 | 名师名校（首） | | | 22：20 | 名师名校 |
| 22：50 | 童心回放 | 22：45 | 节目早知道 | 22：50 | 童心回放 | 22：50 | 选择(首) | 22：45 | 节目早知道 | 22：20 | 童心回放（首） | 23：05 | 选择 |
| | | 22：50 | 动感特区 | | | 23：40 | 神奇之窗 | 22：50 | 银河剧场（周末版） | | | 23：55 | 节目早知道 |
| | | 23：40 | 神奇之窗 | | | | | | | | | | |
| 00：40 | 结束 | 00：10 | 结束 | 00：40 | 结束 | 00：10 | 结束 | 00：30 | 结束 | 00：10 | 结束 | 00：00 | 结束 |

# CCTV 音乐频道栏目播出时间表

| 星期一 | | 星期二 | | 星期三 | | 星期四 | | 星期五 | | 星期六 | | 星期日 | |
|---|---|---|---|---|---|---|---|---|---|---|---|---|---|
| 05:57 | 台标 国歌 | 05:57 | 台标 国歌 | 05:57 | 台标 国歌 | 05:57 | 台标 国歌 | 05:57 | 台标 国歌 | 05:57 | 台标 国歌 | 05:57 | 台标 国歌 |
| 05:58 | 节目预告 | 05:58 | 节目预告 | 05:58 | 节目预告 | 05:58 | 节目预告 | 05:58 | 节目预告 | 05:58 | 节目预告 | 05:58 | 节目预告 |
| 06:00 | CCTV 音乐厅 | 06:00 | 音乐在线 | 06:00 | 音乐在线 | 06:00 | 音乐在线 | 06:00 | 音乐在线 | 06:00 | 音乐在线 | 06:00 | 音乐在线 |
| 07:40 | 每日歌曲 | 07:40 | 每日歌曲 | 07:40 | 每日歌曲 | 07:40 | 每日歌曲 | 07:40 | 每日歌曲 | 07:40 | 每日歌曲 | 07:40 | 每日歌曲 |
| 07:45 | 星光舞台 | 07:45 | 经典 | 07:45 | 经典 | 07:45 | 经典 | 07:45 | 经典 | 07:45 | 经典 | 07:45 | 经典 |
| 08:45 | 包装 | 08:45 | 包装 | 08:45 | 包装 | 08:45 | 包装 | 08:45 | 包装 | 08:45 | 包装 | 08:45 | 包装 |
| 09:15 | 包装 | 08:47 | 民歌·中国 | 08:47 | 民歌·中国 | 08:47 | 民歌·中国 | 08:47 | 民歌·中国 | 08:47 | 民歌·中国 | 08:47 | 民歌·中国 |
| 09:17 | 音乐人生 | 09:17 | 风华国乐 | 09:17 | 风华国乐 | 09:17 | 风华国乐 | 09:17 | 风华国乐 | 09:17 | 风华国乐 | 09:17 | 风华国乐周末版 |
| | | 09:47 | 音乐·故事 | 09:47 | 音乐·故事 | 09:47 | 音乐·故事 | 09:47 | 音乐·故事 | 09:47 | 音乐·故事 | | |
| 10:07 | 影视留声机 | 10:07 | 影视留声机 | 10:07 | 影视留声机 | 10:07 | 影视留声机 | 10:07 | 影视留声机 | 10:07 | 影视留声机 | 10:07 | 影视留声机 |
| 10:17 | CCTV 音乐厅 | 10:17 | CCTV 音乐厅 | 10:17 | CCTV 音乐厅 | 10:17 | CCTV 音乐厅 | 10:17 | CCTV 音乐厅 | 10:17 | CCTV 音乐厅 | 10:17 | CCTV 音乐厅 |
| 11:57 | 包装 | 11:57 | 包装 | 11:57 | 包装 | 11:57 | 包装 | 11:57 | 包装 | 11:57 | 包装 | 11:57 | 包装 |
| 12:00 | 每日歌曲 | 12:00 | 每日歌曲 | 12:00 | 每日歌曲 | 12:00 | 每日歌曲 | 12:00 | 每日歌曲 | 12:00 | 每日歌曲 | 12:00 | 每日歌曲 |
| 12:05 | 影视留声机 | 12:05 | 影视留声机 | 12:05 | 影视留声机 | 12:05 | 影视留声机 | 12:05 | 影视留声机 | 12:05 | 影视留声机 | 12:05 | 影视留声机 |
| 12:15 | 感受交响音乐 | 12:15 | 音乐告诉你 | 12:15 | 音乐告诉你 | 12:15 | 音乐告诉你 | 12:15 | 音乐告诉你 | 12:15 | 音乐告诉你 | 12:15 | 音乐告诉你 |
| 12:45 | 星光舞台 | 12:45 | 经典 | 12:45 | 经典 | 12:45 | 经典 | 12:45 | 经典 | 12:45 | 经典 | 12:45 | 经典 |
| | | 13:45 | 包装 | 13:45 | 包装 | 13:45 | 包装 | 13:45 | 包装 | 13:45 | 包装 | 13:45 | 包装 |
| 14:15 | 包装 | 13:47 | 民歌·中国 | 13:47 | 民歌·中国 | 13:47 | 民歌·中国 | 13:47 | 民歌·中国 | 13:47 | 民歌·中国 | 13:47 | 民歌·中国 |
| 14:17 | 音乐人生 | 14:17 | 风华国乐 | 14:17 | 风华国乐 | 14:17 | 风华国乐 | 14:17 | 风华国乐 | 14:17 | 风华国乐 | 14:17 | 风华国乐周末版 |
| | | 14:47 | 音乐·故事 | 14:47 | 音乐·故事 | 14:47 | 音乐·故事 | 14:47 | 音乐·故事 | 14:47 | 音乐·故事 | | |
| 15:07 | 影视留声机 | 15:07 | 影视留声机 | 15:07 | 影视留声机 | 15:07 | 影视留声机 | 15:07 | 影视留声机 | 15:07 | 影视留声机 | 15:07 | 影视留声机 |
| 15:17 | 包装 | 15:17 | 包装 | 15:17 | 包装 | 15:17 | 包装 | 15:17 | 包装 | 15:17 | 包装 | 15:17 | 包装 |
| 15:19 | CCTV 音乐厅 | 15:19 | CCTV 音乐厅 | 15:19 | CCTV 音乐厅 | 15:19 | CCTV 音乐厅 | 15:19 | CCTV 音乐厅 | 15:19 | CCTV 音乐厅 | 15:19 | CCTV 音乐厅 |
| 16:59 | 每日歌曲 | 16:59 | 每日歌曲 | 16:59 | 每日歌曲 | 16:59 | 每日歌曲 | 16:59 | 每日歌曲 | 16:59 | 每日歌曲 | 16:59 | 每日歌曲 |
| 17:04 | 包装 | 17:04 | 包装 | 17:04 | 包装 | 17:04 | 包装 | 17:04 | 包装 | 17:04 | 包装 | 17:04 | 包装 |
| 17:06 | 经典 | 17:06 | 经典 | 17:06 | 经典 | 17:06 | 经典 | 17:06 | 经典 | 17:06 | 经典 | 17:06 | 风华国乐周末版 |
| | | | | | | | | | | | | 17:56 | 节目推介 |
| 18:06 | 包装 | 18:06 | 包装 | 18:06 | 包装 | 18:06 | 包装 | 18:06 | 包装 | 18:06 | 包装 | 18:06 | 包装 |
| 18:08 | 影视留声机 | 18:08 | 影视留声机 | 18:08 | 影视留声机 | 18:08 | 影视留声机 | 18:08 | 影视留声机 | 18:08 | 影视留声机 | 18:08 | 影视留声机 |
| 18:18 | 包装 | 18:18 | 包装 | 18:18 | 包装 | 18:18 | 包装 | 18:18 | 包装 | 18:18 | 包装 | 18:18 | 包装 |

续表

| 星期一 | | 星期二 | | 星期三 | | 星期四 | | 星期五 | | 星期六 | | 星期日 | |
|---|---|---|---|---|---|---|---|---|---|---|---|---|---|
| 18：20 | 音乐告诉你 | 18：20 | 音乐告诉你 | 18：20 | 音乐告诉你 | 18：20 | 音乐告诉你 | 18：20 | 音乐告诉你 | 18：20 | 音乐告诉你 | 18：20 | 感受交响音乐 |
| 18：50 | 包装 | 18：50 | 包装 | 18：50 | 包装 | 18：50 | 包装 | 18：50 | 包装 | 18：50 | 包装 | 18：50 | 包装 |
| 18：52 | 风华国乐 | 18：52 | 风华国乐 | 18：52 | 风华国乐 | 18：52 | 风华国乐 | 18：52 | 风华国乐 | 18：52 | 风华国乐 | 18：52 | 风华国乐 |
| 19：22 | 每日歌曲 | 19：22 | 每日歌曲 | 19：22 | 每日歌曲 | 19：22 | 每日歌曲 | 19：22 | 每日歌曲 | 19：22 | 每日歌曲 | 19：22 | 每日歌曲 |
| 19：27 | 包装 | 19：27 | 包装 | 19：27 | 包装 | 19：27 | 包装 | 19：27 | 包装 | 19：27 | 包装 | 19：27 | 包装 |
| 19：30 | 经典 | 19：30 | 经典 | 19：30 | 经典 | 20：30 | 包装 | 19：30 | 经典 | 19：30 | 经典 | 19：30 | 星光舞台 |
| 20：30 | 包装 | 20：30 | 包装 | 20：30 | 包装 | 20：30 | 包装 | 20：30 | 包装 | 20：30 | 包装 | | |
| 20：32 | 民歌 · 中国 | 20：32 | 民歌 · 中国 | 20：32 | 民歌 · 中国 | 20：32 | 民歌 · 中国 | 20：32 | 民歌 · 中国 | 20：32 | 民歌 · 中国 | | |
| 21：02 | 风华国乐 | 21：02 | 风华国乐 | 21：02 | 风华国乐 | 21：02 | 风华国乐 | 21：02 | 风华国乐 | 21：02 | 风华国乐周末版 | 21：02 | 音乐人生 |
| 21：32 | 音乐 · 故事 | 21：32 | 音乐 · 故事 | 21：32 | 音乐 · 故事 | 21：32 | 音乐 · 故事 | 21：32 | 音乐 · 故事 | | | | |
| 21：52 | 影视留声机 | 21：52 | 影视留声机 | 21：52 | 影视留声机 | 21：52 | 影视留声机 | 21：52 | 影视留声机 | 21：52 | 影视留声机 | 21：52 | 影视留声机 |
| 22：02 | 包装 | 22：02 | 包装 | 22：02 | 包装 | 22：02 | 包装 | 22：02 | 包装 | 22：02 | 包装 | 22：02 | 包装 |
| 22：04 | CCTV 音乐厅 | 22：04 | CCTV 音乐厅 | 22：04 | CCTV 音乐厅 | 22：04 | CCTV 音乐厅 | 22：04 | CCTV 音乐厅 | 22：04 | CCTV 音乐厅 | 22：04 | CCTV 音乐厅 |
| 23：44 | 节目预告 | 23：44 | 节目预告 | 23：44 | 节目预告 | 23：44 | 节目预告 | 23：44 | 节目预告 | 23：44 | 节目预告 | 23：44 | 节目预告 |
| 23：46 | 节目结束 | 23：46 | 节目结束 | 23：46 | 节目结束 | 23：46 | 节目结束 | 23：46 | 节目结束 | 23：46 | 节目结束 | 23：46 | 节目结束 |

## CCTV 西法语频道栏目播出时间表

| 北京时间 | 语　种 | 星期一 | 星期二 | 星期三 | 星期四 | 星期五 | 星期六 | 星期日 |
|---|---|---|---|---|---|---|---|---|
| 08：00 | 西语 | 综合新闻＋荧屏导视 | 综合新闻＋荧屏导视 | 综合新闻＋荧屏导视 | 综合新闻＋荧屏导视 | 综合新闻＋荧屏导视 | 综合新闻＋荧屏导视 | 综合新闻＋荧屏导视 |
| 08：30 | | 这就是中国 | 这就是中国 | 这就是中国 | 这就是中国 | 这就是中国 | 这就是中国 | 这就是中国 |
| 09：00 | | 文化新闻 | 文化新闻 | 文化新闻 | 文化新闻 | 文化新闻 | 文化新闻 | 文化新闻 |
| 09：15 | | 交际汉语 | 交际汉语 | 交际汉语 | 交际汉语 | 交际汉语 | 交际汉语 | 交际汉语 |
| 09：30 | | 外国人看中国 | 旅游指南 | 外国人看中国 | 旅游指南 | 外国人看中国 | 旅游指南 | 对话 |
| 10：00 | | 体育新闻 | 体育新闻 | 体育新闻 | 体育新闻 | 体育新闻 | 体育新闻 | 体育新闻 |
| 10：15 | | 学做中国菜 | 学做中国菜 | 学做中国菜 | 学做中国菜 | 学做中国菜 | 学做中国菜 | 学做中国菜 |
| 10：30 | | 中华艺苑 | 中华艺苑 | 中华艺苑 | 中华艺苑 | 中华艺苑 | 中华艺苑 | 中华艺苑 |
| 11：00 | | 财经新闻 | 财经新闻 | 财经新闻 | 财经新闻 | 财经新闻 | 财经新闻 | 财经新闻 |
| 11：30 | | 纪录片 | 纪录片 | 纪录片 | 纪录片 | 纪录片 | 纪录片 | 纪录片 |

续表

| 北京时间 | 语种 | 星期一 | 星期二 | 星期三 | 星期四 | 星期五 | 星期六 | 星期日 |
|---|---|---|---|---|---|---|---|---|
| 12：00 | 法语 | 综合新闻 | 综合新闻 | 综合新闻 | 综合新闻 | 综合新闻 | 综合新闻 | 综合新闻 |
| 12：30 |  | 走遍中国 | 走遍中国 | 走遍中国 | 走遍中国 | 走遍中国 | 走遍中国 | 走遍中国 |
| 13：00 |  | 综合要闻 | 综合要闻 | 综合要闻 | 综合要闻 | 综合要闻 | 综合要闻 | 综合要闻 |
| 13：15 |  | 缤纷生活 | 缤纷生活 | 缤纷生活 | 缤纷生活 | 缤纷生活 | 缤纷生活 | 缤纷生活 |
| 13：30 |  | 文艺舞台 | 文艺舞台 | 文艺舞台 | 文艺舞台 | 文艺舞台 | 文艺舞台 | 文艺舞台 |
| 14：00 |  | 简明新闻 | 简明新闻 | 简明新闻 | 简明新闻 | 简明新闻 | 简明新闻 | 简明新闻 |
| 14：10 |  | 电视剧 | 电视剧 | 电视剧 | 电视剧 | 电视剧 | 电视剧 | 电视剧 |
| 15：00 |  | 综合新闻 | 综合新闻 | 综合新闻 | 综合新闻 | 综合新闻 | 综合新闻 | 综合新闻 |
| 15：30 |  | 纪录片 | 纪录片 | 纪录片 | 纪录片 | 纪录片 | 纪录片 | 纪录片 |
| 16：00 | 西语 | 综合新闻＋荧屏导视 | 综合新闻＋荧屏导视 | 综合新闻＋荧屏导视 | 综合新闻＋荧屏导视 | 综合新闻＋荧屏导视 | 综合新闻＋荧屏导视 | 综合新闻＋荧屏导视 |
| 16：30 |  | 这就是中国 | 这就是中国 | 这就是中国 | 这就是中国 | 这就是中国 | 这就是中国 | 这就是中国 |
| 17：00 |  | 文化新闻 | 文化新闻 | 文化新闻 | 文化新闻 | 文化新闻 | 文化新闻 | 文化新闻 |
| 17：15 |  | 交际汉语 | 交际汉语 | 交际汉语 | 交际汉语 | 交际汉语 | 交际汉语 | 交际汉语 |
| 17：30 |  | 外国人看中国 | 旅游指南 | 外国人看中国 | 旅游指南 | 外国人看中国 | 旅游指南 | 对话 |
| 18：00 |  | 体育新闻 | 体育新闻 | 体育新闻 | 体育新闻 | 体育新闻 | 体育新闻 | 体育新闻 |
| 18：15 |  | 学做中国菜 | 学做中国菜 | 学做中国菜 | 学做中国菜 | 学做中国菜 | 学做中国菜 | 学做中国菜 |
| 18：30 |  | 中华艺苑 | 中华艺苑 | 中华艺苑 | 中华艺苑 | 中华艺苑 | 中华艺苑 | 中华艺苑 |
| 19：00 |  | 财经新闻 | 财经新闻 | 财经新闻 | 财经新闻 | 财经新闻 | 财经新闻 | 财经新闻 |
| 19：30 |  | 纪录片 | 纪录片 | 纪录片 | 纪录片 | 纪录片 | 纪录片 | 纪录片 |
| 20：00 | 法语 | 综合新闻 | 综合新闻 | 综合新闻 | 综合新闻 | 综合新闻 | 综合新闻 | 综合新闻 |
| 20：30 |  | 走遍中国 | 走遍中国 | 走遍中国 | 走遍中国 | 走遍中国 | 走遍中国 | 走遍中国 |
| 21：00 |  | 综合要闻 | 综合要闻 | 综合要闻 | 综合要闻 | 综合要闻 | 综合要闻 | 综合要闻 |
| 21：15 |  | 缤纷生活 | 缤纷生活 | 缤纷生活 | 缤纷生活 | 缤纷生活 | 缤纷生活 | 缤纷生活 |
| 21：30 |  | 文艺舞台 | 文艺舞台 | 文艺舞台 | 文艺舞台 | 文艺舞台 | 文艺舞台 | 文艺舞台 |
| 22：00 |  | 简明新闻 | 简明新闻 | 简明新闻 | 简明新闻 | 简明新闻 | 简明新闻 | 简明新闻 |
| 22：10 |  | 电视剧 | 电视剧 | 电视剧 | 电视剧 | 电视剧 | 电视剧 | 电视剧 |
| 23：00 |  | 综合新闻 | 综合新闻 | 综合新闻 | 综合新闻 | 综合新闻 | 综合新闻 | 综合新闻 |
| 23：30 |  | 纪录片 | 纪录片 | 纪录片 | 纪录片 | 纪录片 | 纪录片 | 纪录片 |
| 00：00 | 西语 | 综合新闻 | 综合新闻 | 综合新闻 | 综合新闻 | 综合新闻 | 综合新闻 | 综合新闻 |
| 00：30 |  | 这就是中国 | 这就是中国 | 这就是中国 | 这就是中国 | 这就是中国 | 这就是中国 | 这就是中国 |
| 01：00 |  | 文化新闻 | 文化新闻 | 文化新闻 | 文化新闻 | 文化新闻 | 文化新闻 | 文化新闻 |

续表

| 北京时间 | 语 种 | 星期一 | 星期二 | 星期三 | 星期四 | 星期五 | 星期六 | 星期日 |
|---|---|---|---|---|---|---|---|---|
| 01：15 | 西语 | 交际汉语 | 交际汉语 | 交际汉语 | 交际汉语 | 交际汉语 | 交际汉语 | 交际汉语 |
| 01：30 | | 外国人看中国 | 旅游指南 | 外国人看中国 | 旅游指南 | 外国人看中国 | 旅游指南 | 对话 |
| 02：00 | | 体育新闻 | 体育新闻 | 体育新闻 | 体育新闻 | 体育新闻 | 体育新闻 | 体育新闻 |
| 02：15 | | 学做中国菜 | 学做中国菜 | 学做中国菜 | 学做中国菜 | 学做中国菜 | 学做中国菜 | 学做中国菜 |
| 02：30 | | 中华艺苑 | 中华艺苑 | 中华艺苑 | 中华艺苑 | 中华艺苑 | 中华艺苑 | 中华艺苑 |
| 03：00 | | 财经新闻 | 财经新闻 | 财经新闻 | 财经新闻 | 财经新闻 | 财经新闻 | 财经新闻 |
| 03：30 | | 纪录片 | 纪录片 | 纪录片 | 纪录片 | 纪录片 | 纪录片 | 纪录片 |
| 04：00 | 法语 | 综合新闻 | 综合新闻 | 综合新闻 | 综合新闻 | 综合新闻 | 综合新闻 | 综合新闻 |
| 04：30 | | 走遍中国 | 走遍中国 | 走遍中国 | 走遍中国 | 走遍中国 | 走遍中国 | 走遍中国 |
| 05：00 | | 综合要闻 | 综合要闻 | 综合要闻 | 综合要闻 | 综合要闻 | 综合要闻 | 综合要闻 |
| 05：15 | | 缤纷生活 | 缤纷生活 | 缤纷生活 | 缤纷生活 | 缤纷生活 | 缤纷生活 | 缤纷生活 |
| 05：30 | | 文艺舞台 | 文艺舞台 | 文艺舞台 | 文艺舞台 | 文艺舞台 | 文艺舞台 | 文艺舞台 |
| 06：00 | | 简明新闻 | 简明新闻 | 简明新闻 | 简明新闻 | 简明新闻 | 简明新闻 | 简明新闻 |
| 06：10 | | 电视剧 | 电视剧 | 电视剧 | 电视剧 | 电视剧 | 电视剧 | 电视剧 |
| 07：00 | | 综合新闻 | 综合新闻 | 综合新闻 | 综合新闻 | 综合新闻 | 综合新闻 | 综合新闻 |
| 07：30 | | 纪录片 | 纪录片 | 纪录片 | 纪录片 | 纪录片 | 纪录片 | 纪录片 |

（节目播出管理处提供）

# 2004年中央电视台付费电视栏目播出时间表

| 代码 | 栏 目 | 长度 | 类别 | 分类 | 首播（套） | 部 门 | 播出时间 |
|---|---|---|---|---|---|---|---|
| T419 | 数字先锋 | 15 | 自制 | 专题 | 87 | 中央数字电视台节目有限公司 | 周六10：05 |
| T422 | 世纪回眸 | 50 | 改编 | 专题 | 92 | 中央数字电视台节目有限公司 | 周一至周日23：30 |
| T281 | 欧美现场 | 60 | 译制 | 文艺 | 82 | 中央数字电视台节目有限公司 | 周一至四20：00 |
| T282 | 欧美现场周末版 | 90 | 译制 | 文艺 | 82 | 中央数字电视台节目有限公司 | 周六13：30日19：30 |
| T283 | 榜上风云 | 60 | 译制 | 文艺 | 82 | 中央数字电视台节目有限公司 | 周一8：00二三四19：00五12：00 |
| T284 | 音乐纪录 | 30 | 译制 | 文艺 | 82 | 中央数字电视台节目有限公司 | 周一至五22：00六日21：30 |
| T285 | 流水MV | 150 | 自制 | 文艺 | 82 | 中央数字电视台节目有限公司 | 周一至五9：00六日12：00 |
| T286 | 乐色撩人 | 60 | 译制 | 文艺 | 82 | 中央数字电视台节目有限公司 | 周一7：00二至五21：00 |
| T287 | 乐乐欲视 | 30 | 自制 | 文艺 | 82 | 中央数字电视台节目有限公司 | 周一至五21：00 |
| T297 | 欢乐时光 | 90 | 改编 | 文艺 | 88 | 中央数字电视台节目有限公司 | 周一至五7：30 |
| T298 | 曾经感动 | 50 | 改编 | 文艺 | 92 | 中央数字电视台节目有限公司 | 周六、日00：00 |
| T299 | 一曲难忘 | 5 | 改编 | 文艺 | 92 | 中央数字电视台节目有限公司 | 周一至日22：00 |
| T300 | 百年经典 | 30 | 改编 | 文艺 | 92 | 中央数字电视台节目有限公司 | 周日00：30 |
| F126 | 世界地理频道包装 | 3 | 自制 | 服务 | 86 | 中央数字电视台节目有限公司 | 每日数次 |
| F127 | 风云剧场频道包装 | 3 | 自制 | 服务 | 85 | 中央数字电视台节目有限公司 | 每日数次 |
| F128 | 第一剧场频道包装 | 3 | 自制 | 服务 | 83 | 中央数字电视台节目有限公司 | 每日数次 |
| F129 | 风云音乐频道包装 | 3 | 自制 | 服务 | 82 | 中央数字电视台节目有限公司 | 每日数次 |
| F130 | 高尔夫·网球频道包装 | 3 | 自制 | 服务 | 80 | 中央数字电视台节目有限公司 | 每日数次 |
| F131 | 风云足球频道包装 | 3 | 自制 | 服务 | 81 | 中央数字电视台节目有限公司 | 每日数次 |
| F132 | 电视指南 | 30 | 自制 | 服务 | 87 | 中央数字电视台节目有限公司 | 每日7：00;7：30;8：00 |
| F133 | 电视指南频道包装 | 1 | 自制 | 服务 | 87 | 中央数字电视台节目有限公司 | 周一至日8：55；9：55 |
| F134 | 黄金直播 | 30 | 自制 | 服务 | 87 | 中央数字电视台节目有限公司 | 每日数次20：00;21：00 |
| F135 | CCTV-娱乐频道包装 | 3 | 自制 | 服务 | 88 | 中央数字电视台节目有限公司 | 每日数次 |
| F136 | CCTV-戏曲频道包装 | 3 | 自制 | 服务 | 89 | 中央数字电视台节目有限公司 | 每日数次 |
| F137 | 央视文化精品频道包装 | 3 | 自制 | 服务 | 90 | 中央数字电视台节目有限公司 | 每日数次 |
| F141 | 怀旧经典频道包装 | 3 | 自制 | 服务 | 92 | 中央数字电视台节目有限公司 | 每日数次 |
| M078 | 风云剧场 | 50 | 译制 | 影视 | 85 | 中央数字电视台节目有限公司 | 每日数次 |
| M080 | 星光再现 | 90 | 改编 | 影视 | 92 | 中央数字电视台节目有限公司 | 周一至日22：05 |
| M083 | 热门影院HBO | 300 | 改编 | 影视 | 83 | 中央数字电视台节目有限公司 | 周一至周日20：00 |
| N206 | 精彩集粹 | 30 | 自制 | 新闻 | 85 | 中央数字电视台节目有限公司 | 周一至日7：00；17：50 |
| N208 | 赛场 | 120 | 改编 | 新闻 | 88 | 中央数字电视台节目有限公司 | 周六、日4：00 |
| N209 | 整点冲击播 | 5 | 自制 | 新闻 | 87 | 中央数字电视台节目有限公司 | 周一至日8：00 |
| N210 | 精选黄金档 | 50 | 自制 | 新闻 | 87 | 中央数字电视台节目有限公司 | 周一至日8：05 |
| N211 | 我喜欢我推荐 | 50 | 自制 | 新闻 | 87 | 中央数字电视台节目有限公司 | |

续表

| 代码 | 栏　目 | 长度 | 类别 | 分类 | 首播(套) | 部　门 | 播 出 时 间 |
|---|---|---|---|---|---|---|---|
| N212 | 免费试看 | 15 | 自制 | 新闻 | 87 | 中央数字电视台节目有限公司 | 周一至五10：05 |
| N213 | 收视风云 | 15 | 自制 | 新闻 | 87 | 中央数字电视台节目有限公司 | 周一10：05 |
| N214 | 数字飙榜 | 35 | 自制 | 新闻 | 87 | 中央数字电视台节目有限公司 | 周一至日10：20 |
| S172 | 奥运特别节目 | 0 | 自制 | 体育 | 80 | 中央数字电视台节目有限公司 | (奥运期间) |
| T407 | 世界地理50′ | 50 | 译制 | 专题 | 86 | 中央数字电视台节目有限公司 | 周一7：00二至日20：50 |
| T408 | 世界地理30′ | 30 | 译制 | 专题 | 86 | 中央数字电视台节目有限公司 | 每日18：00 |
| T411 | 经典纪录 | 30 | 改编 | 专题 | 86 | 中央数字电视台节目有限公司 | 每日11：30 |
| T412 | 探索 | 45 | 改编 | 专题 | 86 | 中央数字电视台节目有限公司 | 每日7：50；10：10 |
| T415 | 行游天下 | 40 | 改编 | 专题 | 88 | 中央数字电视台节目有限公司 | 周一至五5：00 |
| T416 | 经典重温 | 50 | 改编 | 专题 | 92 | 中央数字电视台节目有限公司 | 周一至日00：30 |
| T417 | 记忆 | 45 | 改编 | 专题 | 92 | 中央数字电视台节目有限公司 | 周一至五00：00 |
| T418 | 星光依旧 | 30 | 改编 | 专题 | 92 | 中央数字电视台节目有限公司 | 周一8：05、17：05 |
| S169 | 乒乓球时间 | 115 | 自制 | 体育 | 80 | 交互电视筹备部 | |
| S168 | 高尔夫时间 | 175 | 自制 | 体育 | 80 | 交互电视筹备部 | |
| S167 | 拳击时间 | 85 | 自制 | 体育 | 80 | 交互电视筹备部 | |
| S166 | 网球时间 | 120 | 自制 | 体育 | 80 | 交互电视筹备部 | |
| S165 | 单项世锦赛 | 90 | 自制 | 体育 | 80 | 交互电视筹备部 | |
| S162 | 国际足球赛场 | 93 | 自制 | 体育 | 81 | 交互电视筹备部 | |
| S161 | 电子足球 | 25 | 自制 | 体育 | 81 | 交互电视筹备部 | |
| S160 | 足球记忆 | 50 | 自制 | 体育 | 81 | 交互电视筹备部 | |
| S159 | 足球华彩 | 25 | 自制 | 体育 | 81 | 交互电视筹备部 | |
| S158 | 绝妙好球 | 30 | 自制 | 体育 | 81 | 交互电视筹备部 | |
| S157 | 欧陆烽火 | 120 | 自制 | 体育 | 81 | 交互电视筹备部 | |
| S156 | 女足世界杯赛事精选 | 90 | 自制 | 体育 | 81 | 交互电视筹备部 | |
| S155 | 世界杯殿堂 | 90 | 自制 | 体育 | 81 | 交互电视筹备部 | |
| S154 | 第一运动 | 50 | 自制 | 体育 | 81 | 交互电视筹备部 | |
| S153 | 足球亚洲 | 25 | 自制 | 体育 | 81 | 交互电视筹备部 | |
| S152 | 意甲珍藏 | 93 | 自制 | 体育 | 81 | 交互电视筹备部 | |
| S151 | 德甲珍藏 | 93 | 自制 | 体育 | 81 | 交互电视筹备部 | |
| S150 | 英超十年 | 93 | 自制 | 体育 | 81 | 交互电视筹备部 | |
| S149 | 甲A十年 | 83 | 自制 | 体育 | 81 | 交互电视筹备部 | |
| S148 | 经典甲A | 93 | 自制 | 体育 | 81 | 交互电视筹备部 | |
| S147 | 甲A快报 | 85 | 自制 | 体育 | 81 | 交互电视筹备部 | |
| S171 | 足球实况 | 120 | 自制 | 体育 | 81 | 交互电视筹备部 | |
| S170 | 欧战快报 | 50 | 自制 | 体育 | 81 | 交互电视筹备部 | |

# 《中国中央电视台年鉴（2005）》特约编辑名单

| | |
|---|---|
| 台办公室 | 苏晓春 |
| | 程庆生(图片) |
| 总编室 | 武金鑫 |
| 人事办公室 | 邵云翔 |
| 财经办公室 | 何其江 |
| 机关党委 | 宿晓光 |
| 新闻节目中心 | 冯旭宏 |
| 海外节目中心 | 阮晓梅 |
| 社教节目中心 | 王玉清 |
| 文艺节目中心 | 江则理 |
| 广告经济信息中心 | 覃大庆 |
| 体育节目中心 | 冉素霞 |
| 青少年节目中心 | 常 清 |
| 技术管理办公室 | 田敬改 |
| 技术制作中心 | 俞 勤 |
| 播出传送中心 | 谢和平 |
| 分党组纪检组、监察室、机关纪委 | 曾进清 |
| 审计处 | 许 萌 |
| 中国电视报社 | 郭卫翔 |
| 新台址建设工程办公室 | 马晓红 |
| 中国电视剧制作中心 | 任 力 |
| 中央新闻纪录电影制片厂 | 李书珍 |
| 北京科学教育电影制片厂 | 丛志敏 |
| 中国国际电视总公司 | 王 森 |
| 中央卫星电视传播中心 | 薛大力 |
| 中央数字电视传媒有限公司 | 韩 彪 |
| 中国爱乐乐团 | 王晋福 |
| 电影卫星频道节目制作中心 | 韩卫民 |

# 《中国中央电视台年鉴（2005）》资料员名单

| | |
|---|---|
| **台办公室** | |
| 秘书处 | 苏晓春 |
| 保卫处 | 姜 萍 |
| 外事处 | 韩亚男 |
| 法规处 | 达 红 |
| 行政处 | 宋丽云 |
| 房管处 | 杜劲军 |
| 事业发展调研处 | 傅 琼 |
| **总编室** | 贺淑霞 |
| 宣传规划处 | 张红英 |
| 节目播出管理处 | 曹 倩 |
| 节目资料管理处 | 童 瑛 |
| 节目版权管理处 | 程 伟 |
| 观众联系处 | 虢亚冰 |
| 研究处 | 韩玉勤 |
| 网络宣传处 | 王秀云 |
| 音像资料馆 | 张 梅 |
| **人事办公室** | |
| 干部管理处 | 许新颖 |
| 劳动工资处 | 陈 鹏 |
| 培训职称处 | 王 红 |
| 离退休人员管理处 | 王 兵 |
| **财经办公室** | 江幸梅 |
| 综合业务处 | 范丽娟 |
| 计划统计处 | 张惠玲 |
| 财务处 | 赵宇卓 |
| 财产物资处 | 何 昕 |
| 基建处 | 丁 京 |
| **机关党委** | 阎晓文 |
| 党委办公室 | 刘迎春 |
| 工会联合会 | 南 敏 |
| 精神文明协调处 | 狄希兰 |
| **新闻节目中心** | |
| 综合部 | 徐 瑛 |
| 时政新闻部 | 黄美玉 |
| 新闻采访部 | 刘 晨 |
| 社会新闻部 | 周军英 |
| 地方新闻部 | 郭晓燕 |

| | |
|---|---|
| 新闻编辑部 | 刘焕玲 |
| 新闻评论部 | 刘小燕 |
| 新闻频道编辑部 | 张　辉 |
| 军事节目部 | 孙　华 |
| 新闻制作部 | 王燕菊 |
| **海外节目中心** | |
| 综合部 | 宋　丹 |
| 英语频道编辑部 | 胡　怡 |
| 西法语频道编辑部 | 郝　麟 |
| 海外新闻部 | 端木礼昕 |
| 海外专题部 | 卞金花 |
| 海外编辑部 | 蔡桂芬 |
| 海外联络部 | 邓　颖 |
| 对台编辑部 | 徐兰梅 |
| **社教节目中心** | 侯　洁 |
| 综合部 | 赵京津 |
| 教育专题部 | 杨利加 |
| 科技专题部 | 胡东霞 |
| 文化专题部 | 纪淑田 |
| 社会专题部 | 范　华 |
| 频道编辑部 | 于海霞 |
| 法制专题部 | 李承立 |
| **文艺节目中心** | |
| 综合部 | 田珊珊 |
| 文艺部 | 冯夏萍 |
| 国际部 | 杨　蔚 |
| 影视部 | 张　忠 |
| 戏曲・音乐部 | 王　兰 |
| **广告经济信息中心** | |
| 综合部 | 覃大庆 |
| 广告部 | 周加雪 |
| 图文电视部 | 高红雨 |
| **体育节目中心** | |
| 综合部 | 慈勤萍 |
| 体育新闻部 | 陆　维 |
| 体育竞赛部 | 胡振英 |
| 体育编辑部 | 马　宁 |
| **青少年节目中心** | |
| 综合部 | 阎建光 |
| 青年部 | 张丽媛 |
| 少儿部 | 温京丽 |
| 动画部 | 唐伟莉 |
| **技术管理办公室** | 王　丹 |
| 技术业务处 | 陈　红 |
| 质量管理处 | 张建华 |
| 工程管理处 | 王　肖 |
| 信息通讯处 | 居　茵 |
| 动力处 | 刘燕梅 |
| **技术制作中心** | 赵　娜 |
| 综合部 | 赵琛琛 |
| 录制一部 | 张瑞红 |
| 录制二部 | 罗新艳 |
| 录制三部 | 张晓梅 |
| 制作部 | 刘淑英 |
| 音频部 | 王宝莹 |
| **播出传送中心** | |
| 综合部 | 程　昕 |
| 播出部 | 季奕军 |
| 转播部 | 翟素琴 |
| 传送部 | 宋智军 |
| 总控部 | 周联群 |
| **监察室** | 李湘如 |
| **审计处** | 段　炼 |
| **中国电视报社** | 汪慧君 |
| **新台址建设工程办公室** | 马晓红 |
| **中国电视剧制作中心** | 宋　萍 |
| **中央新闻纪录电影制片厂** | 王君芳 |
| **北京科学教育电影制片厂** | 景　虹 |
| **中国国际电视总公司** | 王　森 |
| **中央卫星电视传播中心** | 李　乔 |
| **中央数字电视传媒有限公司** | 孙　慧 |
| **央视风云传播有限公司** | 齐　鲲 |
| **中国爱乐乐团** | 杨小平 |
| **电影卫星频道节目制作中心** | 朱敬阳 |

# SUO YIN

# 索 引

# 索引

## 汉语拼音索引

F

X



Y

## 数字索引



## 英文字母索引